HARRAP'S
DICTIONNAIRE DÉBUTANT

Anglais-Français/Français-Anglais

HARRAP

Édition publiée en France 2005
par Chambers Harrap Publishers Ltd
7 Hopetoun Crescent, Edinburgh EH7 4AY
Grande-Bretagne

Édition précédente publiée en 1997

ISBN 0245 50510 5

Réimprimé en 2006

Dépôt légal : mars 2005

Photocomposition : Chambers Harrap Publishers Ltd
Impression et reliure : Maury, France

Rédactrices
Nadia Cornuau
Laurence Larroche

Coordination éditoriale
Anna Stevenson

Prépresse
Clair Simpson

Direction éditoriale
Patrick White

Direction prépresse
Sharon McTeir

Marques déposées

Les termes considérés comme des marques déposées sont signalés dans ce dictionnaire par le symbole ®. Cependant, la présence ou l'absence de ce symbole ne constitue nullement une indication quant à la valeur juridique de ces termes.

TABLE DES MATIÈRES

PRÉFACE

Le dictionnaire Harrap's Débutant s'adresse à tous ceux qui débutent en anglais. La présente édition, entièrement revue dans le but de fournir aux apprenants de tous âges un outil pratique et utile, comprend tout le vocabulaire de base nécessaire en début d'apprentissage, ainsi que des exemples de phrases, d'expressions idiomatiques et de tournures grammaticales très courantes.

Uniquement destiné aux francophones, cet ouvrage présente des caractéristiques différentes de celles des dictionnaires bilingues traditionnels. Le côté français-anglais a été conçu et structuré de manière à aider l'utilisateur à s'exprimer en anglais tandis que le côté anglais-français privilégie la compréhension de la langue.

Du côté anglais figurent la prononciation (voir les explications pp. viii-x) et les catégories grammaticales. Ces dernières sont uniquement précisées du côté français pour différencier plusieurs catégories grammaticales au sein d'une même entrée ou pour éviter toute confusion avec un autre terme. Les pluriels irréguliers anglais sont inclus des deux côtés du dictionnaire.

Toutes les précisions sur le sens des mots sont données en français. Le côté français contient de nombreux indicateurs de sens qui aideront l'utilisateur à trouver rapidement la traduction anglaise qui convient. Les traductions et les exemples du côté anglais lui permettront de décoder le sens du mot anglais recherché et de choisir la bonne traduction française en fonction du contexte.

En outre, des notes d'usage sur fond grisé ont été incorporées au texte afin de renseigner l'utilisateur sur le niveau de langue familier de certains mots anglais, sur les formes irrégulières des verbes anglais ou sur des éléments importants de grammaire. Il convient aussi de noter la large part faite aux américanismes et à l'orthographe américaine lorsque celle-ci se distingue notablement de l'orthographe britannique.

Enfin, vous trouverez en milieu d'ouvrage la liste des verbes irréguliers les plus courants, ainsi qu'un supplément qui propose de nombreux conseils pratiques pour faciliter l'apprentissage de l'anglais.

Les éditions Harrap tiennent à remercier Michael Janes, rédacteur de l'édition précédente de ce dictionnaire, ainsi que Remo L. Nannetti pour sa contribution au supplément.

PRONONCIATION DE L'ANGLAIS

Pour indiquer la prononciation anglaise, nous avons utilisé dans ce dictionnaire les symboles de l'API (Alphabet phonétique international). Cependant, la prononciation des mots qui renvoient l'utilisateur à un autre terme n'est pas précisée si cette prononciation est la même. Par exemple, l'API ne figure pas en face du mot américain **donut** car celui-ci renvoie à son équivalent britannique **doughnut**, ces deux mots se prononçant de la même manière malgré une orthographe différente.

Pour chaque son anglais, vous trouverez dans le tableau ci-dessous des exemples de mots anglais, suivis de mots français présentant un son similaire. Une explication est donnée lorsqu'il n'y a pas d'équivalent en français.

L'accent tonique, c'est-à-dire la syllabe qui est plus accentuée que les autres, est marqué par une apostrophe devant la syllabe en question. Certains "mots grammaticaux" (prépositions, pronoms, auxiliaires, etc.) ont deux prononciations possibles selon qu'ils sont accentués ou non. Par exemple, le pronom **them** peut se prononcer [ðem] ou, s'il n'est pas accentué, [ðəm].

Caractère API	*Exemple en anglais*	*Exemple en français*
Consonnes		
[b]	**b**a**bb**le	**b**é**b**é
[d]	**d**ig	**d**ent
[dʒ]	**g**iant, **j**ig	**j**ean
[f]	**f**it, **ph**ysics	**f**ace
[g]	**g**rey, bi**g**	**g**a**g**
[h]	**h**appy	h aspiré : à quelques rares exceptions près, il est toujours prononcé en anglais
[j]	**y**ellow	**y**aourt
[k]	**c**lay, **k**ic**k**	**c**ar
[l]	**l**ip, pi**ll**	**l**i**l**as
[m]	**m**u**mm**y	**m**a**m**an
[n]	**n**ip, pi**n**	**n**é
[ŋ]	si**ng**	parki**ng**
[p]	**p**i**p**	**p**a**p**a
[r]	**r**ig, **wr**ite	Pas d'équivalent français : se prononce en plaçant le bout de la langue au milieu du palais

Caractère API	*Exemple en anglais*	*Exemple en français*
[r]		Seulement prononcé en cas de liaison avec la voyelle qui suit comme dans : far away; the car is blue
[s]	sick, science	silence
[ʃ]	ship, nation	chèvre
[t]	tip, butt	tartine
[tʃ]	chip, batch	atchoum
[θ]	thick	Son proche du /s/ français, il se prononce en plaçant le bout de la langue entre les dents du haut et celles du bas
[ð]	this, with	Son proche du /z/ français, il se prononce en plaçant le bout de la langue entre les dents du haut et celles du bas
[v]	vague, give	vie
[w]	wit, why	whisky
[z]	zip, physics	rose
[ʒ]	pleasure	je
[χ]	loch	Existe seulement dans certains mots écossais. Pas d'équivalent français : se prononce du fond de la gorge, comme Bach en allemand ou la 'jota' espagnole.
Voyelles		
[æ]	rag	natte
[ɑː]	large, half	pâte
[e]	set	/e/ moins ouvert que le [ɛ] français
[ɜː]	curtain, were	heure
[ə]	utter	cheval
[ɪ]	big, women	/i/ bref, à mi-chemin entre les sons [ɛ] et [i] français (plus proche de 'net' que de 'vite')
[iː]	leak, wee	/i/ plus long que le [i] français
[ɒ]	lock	bonne – mais plus ouvert et prononcé au fond du palais
[ɔː]	wall, cork	baume – mais plus ouvert et prononcé au fond du palais
[ʊ]	put, look	Son à mi-chemin entre un /ou/ bref et un /o/ ouvert
[uː]	moon	Son /ou/ prolongé
[ʌ]	cup	À mi-chemin entre un /a/ et un /e/ ouverts

Caractère API	*Exemple en anglais*	*Exemple en français*
Diphtongues (rares en français) : Une diphtongue est la combinaison de deux sons.		
[aɪ]	why, h**igh**, l**ie**	a**ï**e
[aʊ]	h**ow**	mi**aou**, **aoû**tat – mais se prononce comme un seul son
[eə]	b**ear**, sh**are**, wh**ere**	fl**air**
[eɪ]	d**ay**, m**a**ke, m**ai**n	merv**eille**
[əʊ]	sh**ow**, g**o**	Combinaison d'un /o/ fermé et d'un /ou/
[ɪə]	h**ere**, g**ear**	Combinaison d'un /i/ long suivi d'un /e/ ouvert bref
[ɔɪ]	b**oy**, s**oi**l	langue d'**oï**l
[ʊə]	s**ure**	Combinaison d'un son /ou/ suivi d'un /e/ ouvert bref

L'accent américain est différent de l'accent anglais : on le constate à propos de la prononciation du mot **tomato** qui se dit [tə'meɪtəʊ] en anglais américain et [tə'mɑːtəʊ] en anglais britannique. Le r, qui disparaît souvent en anglais britannique, est toujours prononcé en américain : **mother** se dit ['mʌðər] aux États-Unis et ['mʌðə] en Grande-Bretagne.

L'accent tonique est lui aussi parfois différent : **address** se dit ['ædres] en américain et [ə'dres] en anglais britannique ; **garage** se prononce [gə'rɑːʒ] aux États-Unis et ['gærɪdʒ] en Grande-Bretagne.

Aa

a [ə, *accentué* eɪ] ▸ *article*
1 un, une : **a man** un homme ; **an apple** une pomme
2 *(profession, situation, nationalité)* **he's a doctor** il est médecin ; **I became a teacher** je suis devenu professeur ; **she's a widow** elle est veuve ; **he's an Englishman** il est anglais
3 le, la : **95 pence a kilo** 95 pence le kilo ; **50 kilometres an hour** 50 kilomètres à l'heure
4 par : **twice a month** deux fois par mois ; **she earns £200 a week** elle gagne 200 livres par semaine

L'article **an** est employé devant une voyelle ou un h muet.

abbreviation [əbriːvɪ'eɪʃən] ▸ *nom* abréviation

ability [ə'bɪlɪtɪ] (*au pluriel* **abilities**) ▸ *nom* aptitude, capacités : **her ability to remember dates** son aptitude à retenir les dates ; **he has the ability to succeed** il est capable de réussir

able ['eɪb(ə)l] ▸ *adjectif* capable : **to be able to do something** être capable de faire quelque chose, pouvoir faire quelque chose ; **I won't be able to come** je ne pourrai pas venir

about [ə'baʊt]
▸ *préposition*
1 sur, au sujet de : **a book/film about children** un livre/film sur les enfants ; **what's the film about?** de quoi parle le film ? ; **what is it about?** c'est à quel sujet ? ; **to talk about something** parler de quelque chose ; **I don't want to talk about it** je ne veux pas en parler
2 what *ou* **how about a drink?** que dirais-tu de prendre un verre ?
▸ *adverbe*
1 environ : **the baby's about two years old** le bébé a environ deux ans ; **at about four o'clock** vers quatre heures
2 dans les parages : **is Jack about?** est-ce que Jack est dans les parages ?, est-ce que Jack est là ?
3 partout : **he leaves his things lying about** il laisse traîner ses affaires partout ; **to run about** courir dans tous les sens
4 to be about to do something être sur le point de faire quelque chose

above [ə'bʌv]
▸ *préposition*
1 au-dessus de : **above the clouds** au-dessus des nuages ; **there's nothing above it** il n'y a rien au-dessus
2 above all surtout, par-dessus tout
3 plus de : **above 12 pounds an hour** plus de 12 livres de l'heure
▸ *adverbe*
1 the flat above l'appartement du dessus ; **from above we can see the whole town** d'en haut on voit toute la ville ; **the paragraph above** le paragraphe ci-dessus
2 plus : **children aged six and above** les enfants âgés de six ans et plus

abroad [ə'brɔːd] ▸ *adverbe* à l'étranger : **to live abroad** vivre à l'étranger ; **we're going abroad** nous partons à l'étranger ; **it comes from abroad** ça vient de l'étranger

absent ['æbsənt] ▸ *adjectif* absent, -ente (**from** de)

absent-minded [æbsənt'maɪndɪd] ▸ *adjectif* distrait, -aite

absolutely ['æbsəluːtlɪ] ▸ *adverbe* absolument : **absolutely not!** absolument pas ! ; **you're absolutely right** vous avez absolument *ou* tout à fait raison ; **he's absolutely mad** il est complètement fou

abuse
▸ *verbe* [ə'bjuːz]
1 maltraiter
2 injurier, insulter
▸ *nom* [ə'bjuːs]
1 mauvais traitements
2 injures, insultes : **they shouted abuse at me** ils m'ont lancé des injures ; **shouts of abuse** des injures

Le mot **abuse** est indénombrable.

accent ['æksənt] ▸ *nom* accent : **to have a French accent** avoir l'accent français ; **to speak without an accent** parler sans accent

accept [ək'sept] ▸ *verbe* accepter

accident ['æksɪdənt] ▸ *nom*
1 accident
2 we met by accident nous nous sommes rencontrés par hasard
3 I broke it by accident je l'ai cassé sans le faire exprès

accidentally [æksɪ'dent(ə)lɪ] ▸ *adverbe* sans le faire exprès

accommodation [əkɒmə'deɪʃən] (*ou* **accommodations** *en américain*) ▸ *nom* logement : **to look for accommodation** chercher un logement

Le mot **accommodation** est indénombrable.

accompany [ə'kʌmpənɪ] ▸ *verbe* accompagner

according to [ə'kɔːdɪŋtuː] ▸ *préposition* selon : **according to the rules** selon les règles ; **according to her** selon elle

accordion [ə'kɔːdɪən] ▸ *nom* accordéon

account [ə'kaʊnt] ▸ *nom*
1 compte *(bancaire)*
2 to take something into account tenir compte de quelque chose, prendre quelque chose en compte
3 on account of à cause de ; **don't go on account of me** ne partez pas à cause de moi

accountant [ə'kaʊntənt] ▸ *nom* comptable

accurate ['ækjʊrət] ▸ *adjectif* exact, -e, précis, -e

accurately ['ækjʊrətlɪ] ▸ *adverbe* avec précision : **to calculate/measure accurately** calculer/mesurer avec précision

accuse [ə'kjuːz] ▸ *verbe* accuser : **to accuse somebody of something** accuser quelqu'un de quelque chose ; **they accused her of cheating** ils l'ont accusée d'avoir triché

ache [eɪk]
▸ *verbe* **my arm aches** *ou* **is aching** mon bras me fait mal, j'ai mal au bras ; **I ache all over** j'ai mal partout
▸ *nom* **I have a stomach ache** j'ai mal au ventre

achieve [ə'tʃiːv] ▸ *verbe* **to achieve excellent results** obtenir d'excellents résultats ; **to achieve a goal** atteindre un objectif

across [ə'krɒs] ▸ *préposition*
1 de l'autre côté de : **they live across the street** ils habitent de l'autre côté de la rue
2 *(d'un côté à l'autre de)* **to walk** *ou* **to go across the street** traverser la rue ; **to run across the street** traverser la rue en courant ; **the bridge across the river** le pont qui traverse la rivière

act [ækt]
▸ *verbe*
1 agir : **we must act quickly** il faut agir rapidement

2 *(dans un film, une pièce de théâtre)* jouer : **to act a part** jouer un rôle ; **they've been acting for years** ils jouent depuis des années ; **stop acting the fool!** arrête de faire l'imbécile !

▸ *nom*

1 *(action)* acte

2 *(partie d'une pièce de théâtre)* acte

3 *(au cirque, dans un spectacle)* numéro : **a juggling act** un numéro de jonglage

action ['ækʃən] ▸ *nom* action ; **to take action** prendre des mesures (**against** contre)

activity [æk'tɪvɪtɪ] (*au pluriel* **activities**) ▸ *nom* activité

actor ['æktər] ▸ *nom* acteur

actress ['æktrɪs] ▸ *nom* actrice

actual ['æktʃʊəl] ▸ *adjectif*

1 réel, -elle, vrai, -e : **the actual reason** la vraie raison ; **to take an actual example** prendre un exemple concret

2 exact, -e : **what were his actual words?** quelles ont été ses paroles exactes ?

3 *(pour insister)* **this is the actual dress she wore on stage** c'est cette robe-là qu'elle portait sur scène

actually ['æktʃʊəlɪ] ▸ *adverbe*

1 vraiment : **she's not actually my friend** ce n'est pas vraiment mon amie ; **what did he actually say?** qu'est-ce qu'il a dit exactement ?

2 en fait : **actually, I stayed at home** en fait, je suis resté chez moi

ad [æd] = **advertisement**

add [æd] ▸ *verbe*

1 ajouter (**to** à)

2 additionner

▸ **add up** additionner : **add up these four numbers** additionnez ces quatre nombres

addition [ə'dɪʃən] ▸ *nom*

1 addition : **they're learning addition** ils apprennent à faire les additions

2 in addition de plus ; **in addition to** en plus de

address [ə'dres, *en américain* 'ædres] ▸ *nom* adresse

adjust [ə'dʒʌst] ▸ *verbe*

1 régler *(un siège, le chauffage)*

2 s'adapter (**to** à)

admire [əd'maɪər] ▸ *verbe* admirer

admit [əd'mɪt] ▸ *verbe*

1 admettre : **he was admitted to hospital** il a été admis à l'hôpital

2 reconnaître : **I admit I was wrong** je reconnais que j'ai eu tort

adult ['ædʌlt, *en américain* ə'dʌlt] ▸ *nom* adulte

advance [əd'vɑːns]

▸ *nom*

1 avance

2 progrès

3 in advance à l'avance : **you have to book seats in advance** il faut réserver des places à l'avance ; **you have to pay in advance** il faut payer d'avance

▸ *verbe* avancer

advanced [əd'vɑːnst] ▸ *adjectif* avancé, -e : **she's very advanced for her age** elle est très avancée *ou* en avance pour son âge

advantage [əd'vɑːntɪdʒ] ▸ *nom*

1 avantage : **it has the advantage of being cheap** ça a l'avantage d'être bon marché

2 to take advantage of profiter de ; **we took advantage of the good weather to have a picnic** nous avons profité du beau temps pour aller pique-niquer ; **he's taking advantage of him** il profite de lui

adventure [əd'ventʃər] ▸ *nom* aventure

advert ['ædvɜːt] = **advertisement**

advertise ['ædvətaɪz] ▸ *verbe*

1 faire de la publicité pour : **the new model is being advertised on TV** on fait de la publicité pour le nouveau modèle à la télé

2 passer une annonce pour : **to advertise a house** passer une annonce pour vendre une maison ; **we need to advertise for a babysitter** nous devons passer une annonce pour trouver une baby-sitter

advertisement [əd'vɜːtɪsmənt, *en américain* ædvə'taɪzmənt] ▸ *nom*
1 publicité : **a toothpaste advertisement** une publicité pour du dentifrice
2 (petite) annonce : **to put an advertisement in the paper** passer une annonce dans le journal

advertising ['ædvətaɪzɪŋ] ▸ *nom* publicité *(en général)*

advice [əd'vaɪs] ▸ *nom* conseils : **to give somebody some advice** donner des conseils *ou* un conseil à quelqu'un ; **a piece of advice** un conseil

Le mot **advice** est indénombrable.

advise [əd'vaɪz] ▸ *verbe* **to advise somebody to do something** conseiller à quelqu'un de faire quelque chose ; **they advised him not to give up** ils lui ont conseillé de ne pas abandonner ; **he advised them against going** il leur a déconseillé d'y aller, il leur a conseillé de ne pas y aller

aerial ['eərɪəl] ▸ *nom* antenne *(de radio, de télé)*

aeroplane ['eərəpleɪn] ▸ *nom* avion

affect [ə'fekt] ▸ *verbe*
1 toucher, concerner : **unemployment affects young people especially** le chômage touche surtout les jeunes ; **that doesn't affect me** ça ne me concerne pas
2 avoir un effet sur, influer sur

afford [ə'fɔːd] ▸ *verbe*
1 avoir les moyens d'acheter : **I can't afford a new car** je n'ai pas les moyens d'acheter une nouvelle voiture ; **we can't afford to go on holiday** nous n'avons pas les moyens de partir en vacances
2 se permettre : **I can't afford to be late** je ne peux pas me permettre d'arriver en retard

afraid [ə'freɪd] ▸ *adjectif*
1 *(effrayé, inquiet)* **to be afraid** avoir peur ; **don't be afraid!** n'ayez pas peur ! ; **to be afraid to do something** *ou* **of doing something** avoir peur de faire quelque chose ; **I'm afraid he might be ill** j'ai peur qu'il ne soit malade
2 *(désolé)* **I'm afraid she's out** je regrette *ou* je suis désolé, mais elle n'est pas là ; **I'm afraid so!** oui, malheureusement !, j'en ai bien peur !

Africa ['æfrɪkə] ▸ *nom* l'Afrique

African ['æfrɪkən]
▸ *adjectif* africain, -aine
▸ *nom* Africain, -aine

after ['ɑːftər]
▸ *préposition*
1 après : **after lunch** après le déjeuner ; **after all** après tout
2 ten after four *(expression américaine)* quatre heures dix
▸ *conjonction* **after doing something** après avoir fait quelque chose ; **after having a shower** *ou* **after I had a shower I went out** après m'être douché, je suis sorti ; **we left after she'd finished her homework** nous sommes partis après qu'elle eut fini ses devoirs
▸ *adverbe* après : **soon after** peu après ; **a long time after** longtemps après

afternoon [ɑːftə'nuːn] ▸ *nom* après-midi : **tomorrow afternoon** demain après-midi ; **she comes to see me in the afternoons** elle vient me voir l'après-midi ; **at two in the afternoon** à deux heures de l'après-midi

afterwards ['ɑːftəwədz] (*ou* **afterward** ['æftərwərd] *en américain*)
▸ *adverbe* après : **soon afterwards** peu après

again [ə'gen] ▸ *adverbe*

1 encore : **it's me again!** c'est encore moi ! ; **not spinach again!** oh non, encore des épinards ! ; **once again** encore une fois, une fois de plus
2 not... again ne... plus : **he won't do it again** il ne le refera plus ; **I never saw them again** je ne les ai plus jamais revus ; **never again!** plus jamais !

against [ə'genst] ▸ *préposition* contre

age [eɪdʒ] ▸ *nom*
1 âge : **from the age of ten** depuis l'âge de dix ans ; **to be 15 years of age** être âgé de 15 ans, avoir 15 ans
2 the Ice Age la période glaciaire ; **the Stone Age** l'âge de pierre
3 I've been waiting for ages ça fait une éternité que j'attends

agenda [ə'dʒendə] ▸ *nom* **to be on the agenda** être au programme ; *(pour une réunion)* être à l'ordre du jour

ago [ə'gəʊ] ▸ *adverbe* il y a : **a year ago** il y a un an ; **how long ago did this happen?** cela c'est produit il y a combien de temps ? ; **a long time ago** il y a longtemps ; **not long ago** il n'y a pas longtemps

agony ['ægənɪ] ▸ *nom* **to be in agony** souffrir horriblement

agree [ə'griː] ▸ *verbe*
1 être d'accord (**with** avec) : **I agree!** je suis d'accord !
2 se mettre d'accord : **they couldn't agree** ils n'ont pas réussi à se mettre d'accord ; **to agree on a date** convenir d'une date
3 accepter : **I agreed to help him** j'ai accepté de l'aider
4 reconnaître (**that** que) : **I agree that it's not possible** je reconnais que ce n'est pas possible

agreement [ə'griːmənt] ▸ *nom* accord : **to be in agreement** être d'accord

ahead [ə'hed] ▸ *adverbe*
1 devant : **she went on ahead** elle est partie devant
2 *(dans le temps)* **you have to book ahead** il faut réserver à l'avance ; **in the months ahead** dans les mois à venir
3 *(dans une compétition)* **he's five points ahead** il a cinq points d'avance ; **our team is ahead** notre équipe est en tête
4 ahead of devant : **he was walking ahead of us** il marchait devant nous

AIDS [eɪdz] ▸ *nom* sida : **to have AIDS** avoir le sida

aim [eɪm]
▸ *nom* but : **with the aim of doing something** dans le but de faire quelque chose
▸ *verbe*
1 to aim a gun at somebody braquer un pistolet sur quelqu'un
2 viser : **she can't aim properly** elle ne sait pas viser ; **to aim at somebody/something** viser quelqu'un/quelque chose
3 destiner : **the programme is aimed at teenagers** l'émission est destinée aux adolescents
4 to aim to do something avoir l'intention de faire quelque chose

air [eər] ▸ *nom*
1 air : **I need some fresh air** j'ai besoin de prendre l'air ; **to throw something into the air** lancer quelque chose en l'air
2 to travel by air voyager par avion ; **an air hostess** une hôtesse de l'air

air-conditioned ['eəkən'dɪʃənd] ▸ *adjectif* climatisé, -e

aircraft ['eəkrɑːft] ▸ *nom* avion

> On n'ajoute pas de **-s** pour former le pluriel.

airfare ['eəfeər] ▸ *nom* prix du billet d'avion

airline ['eəlaɪn] ▸ *nom* compagnie aérienne ; **an airline pilot** un pilote de ligne ; **an airline ticket** un billet d'avion

airmail ['eəmeɪl] ▸ *nom* **to send a letter by airmail** envoyer une lettre par avion

airplane ['eəpleɪn] ▸ *nom (mot américain)* avion

airport ['eəpɔːt] ▸ *nom* aéroport

aisle [aɪl] ▸ *nom (dans un supermarché, un cinéma)* allée ; *(dans un train, un avion)* couloir

alarm [ə'lɑːm] ▸ *nom*
1 alarme : **a burglar alarm** une alarme antivol ; **a fire alarm** une alarme incendie
2 an alarm clock un réveil

alcohol ['ælkəhɒl] ▸ *nom* alcool

A level ['eɪlev(ə)l] ▸ *nom* chacune des épreuves qui constituent l'équivalent du bac en Angleterre ; **to take one's A levels** passer son bac

Algeria [æl'dʒɪərɪə] ▸ *nom* l'Algérie

alight [ə'laɪt] ▸ *adverbe* **to set something alight** mettre le feu à quelque chose

alike [ə'laɪk]
▸ *adjectif* semblable : **to be** *ou* **to look alike** se ressembler
▸ *adverbe* de la même manière : **she treats them all alike** elle les traite tous de la même manière

alive [ə'laɪv] ▸ *adjectif* vivant, -ante

all [ɔːl]
▸ *adjectif*
1 *(devant un nom singulier)* tout, toute : **all the chocolate** tout le chocolat ; **all day** toute la journée
2 *(devant un nom pluriel)* tous, toutes : **all the men** tous les hommes ; **all the women** toutes les femmes
▸ *pronom*
1 *(la totalité)* tout : **he ate it all, he ate all of it** il a tout mangé ; **this is all he has** c'est tout ce qu'il a
2 *(tout le monde)* tous, toutes : **we all love her** nous l'aimons tous ; **all of us** nous tous ; **my sisters are all here** toutes mes sœurs sont là
▸ *adverbe*
1 tout : **all in black** tout en noir ; **they're all wet** ils sont tout mouillés ; **she's all alone** elle est toute seule
2 not at all pas du tout ; **she's not disappointed at all** elle n'est pas du tout déçue ; **I ate nothing at all** je n'ai rien mangé du tout

allow [ə'laʊ] ▸ *verbe*
1 to allow somebody to do something autoriser quelqu'un à faire quelque chose ; **to allow somebody something** autoriser quelque chose à quelqu'un ; **I allowed him to watch TV** je l'ai autorisé à regarder la télé
2 to be allowed to do something avoir le droit de faire quelque chose ; **I'm allowed to do what I want** j'ai le droit de faire ce que je veux

all right [ɔːl'raɪt]
▸ *adjectif*
1 pas mal : **the film was all right** le film n'était pas mal
2 bien : **is everything all right?** est-ce que tout va bien ? ; **are you all right?** ça va ? ; **I'm all right, I feel all right** je vais bien, ça va
3 is it all right if I watchTV? est-ce que je peux regarder la télé ? ; **don't worry, it's all right** ne t'en fais pas, ça ne fait rien
▸ *adverbe*
1 bien : **I can hear all right** j'entends bien
2 d'accord : **let's play tennis – all right!** si on jouait au tennis ? – d'accord !

almond ['ɑːmənd] ▸ *nom* amande

almost ['ɔːlməʊst] ▸ *adverbe* presque : **it's almost three o'clock** il est presque trois heures ; **I almost fell/missed the bus** j'ai failli tomber/rater le bus

alone [ə'ləʊn]
▸ *adjectif* seul, -e
▸ *adverbe*
1 seul, -e : **I came back alone** je suis

rentré seul ; **she lives all alone** elle vit toute seule
2 to leave somebody/something alone laisser quelqu'un/quelque chose tranquille ; **leave me alone!** laisse-moi tranquille ! ; **leave the bag alone!** laisse ce sac tranquille !, ne touche pas à ce sac !

along [ə'lɒŋ]
▸ *préposition* le long de : **I placed the chairs along the wall** j'ai mis les chaises le long du mur ; **to walk along the street** marcher dans la rue
▸ *adverbe*
1 *(avec un verbe de mouvement)* **I was walking along** je me promenais ; **I'll come along later** je viendrai plus tard ; **move along!** avancez un peu ! ; **to bring somebody along** amener quelqu'un ; **to bring something along** apporter quelque chose
2 all along depuis le début ; **I knew it all along** je le savais depuis le début

aloud [ə'laʊd] ▸ *adverbe* à haute voix

Alps [ælps] ▸ *nom pluriel* **the Alps** les Alpes

already [ɔːl'redɪ] ▸ *adverbe* déjà

alright = **all right**

also ['ɔːlsəʊ] ▸ *adverbe* aussi

although [ɔːl'ðəʊ] ▸ *conjonction* bien que : **although he's old, he's still active** bien qu'il soit vieux, il est toujours actif

altogether [ɔːltə'geðər] ▸ *adverbe*
1 tout à fait : **that's not altogether true** ce n'est pas tout à fait vrai
2 en tout : **how much altogether?** ça fait combien en tout ?

always ['ɔːlwɪz, *accentué* 'ɔːlweɪz] ▸ *adverbe* toujours : **she always comes on Mondays** elle vient toujours le lundi

am [æm] *voir* **be**

a.m. ['eɪ'em] ▸ *adverbe* du matin : **it's three a.m.** il est trois heures du matin

amaze [ə'meɪz] ▸ *verbe* stupéfier

amazed [ə'meɪzd] ▸ *adjectif* stupéfait, -aite : **I'm amazed to see him up** je suis stupéfait *ou* très étonné de le voir debout ; **I'm amazed at his courage** son courage m'impressionne

amazing [ə'meɪzɪŋ] ▸ *adjectif* incroyable : **it's amazing that nobody was hurt** c'est incroyable que personne n'ait été blessé ; **the view from up here is amazing** on a une vue incroyable *ou* impressionnante d'ici

ambition [æm'bɪʃən] ▸ *nom* ambition

ambitious [æm'bɪʃəs] ▸ *adjectif* ambitieux, -euse ; **to be ambitious** avoir de l'ambition

America [ə'merɪkə] ▸ *nom* l'Amérique : **North/South America** l'Amérique du Nord/du Sud

American [ə'merɪkən]
▸ *adjectif* américain, -aine
▸ *nom* Américain, -aine

among [ə'mʌŋ] (*ou* **amongst** [ə'mʌŋst]) ▸ *préposition*
1 parmi : **among the crowd** parmi la foule
2 entre : **among friends** entre amis ; **among themselves** entre eux

amount [ə'maʊnt] ▸ *nom*
1 quantité : **a large amount of** une grande quantité de, beaucoup de
2 somme : **a large/small amount of money** une grosse/petite somme d'argent

amuse [ə'mjuːz] ▸ *verbe*
1 amuser, faire rire : **he amuses me** il me fait rire
2 to amuse somebody, to keep somebody amused occuper quelqu'un ; **to amuse oneself doing something** s'amuser à faire quelque chose

amusing [ə'mjuːzɪŋ] ▸ *adjectif* amusant, -ante

an [ən, *accentué* æn] *voir* **a**

anchor ['æŋkər] ▸ *nom* ancre

ancient ['eɪnʃənt] ▸ *adjectif* ancien, -ienne : **an ancient tradition** une tradition ancienne ; **in ancient times** dans l'antiquité

and [ənd, ən, *accentué* ænd] ▸ *conjonction* et : **a brother and sister** un frère et une sœur ; **go and see this film** va voir ce film ; **two hundred and two** deux cent deux

angel ['eɪndʒ(ə)l] ▸ *nom* ange

anger ['æŋgər] ▸ *nom* colère

angry ['æŋgrɪ] ▸ *adjectif* en colère, fâché, -e : **to get angry** se mettre en colère, se fâcher (**with somebody** contre quelqu'un) ; **to make somebody angry** mettre quelqu'un en colère

animal ['ænɪm(ə)l] ▸ *nom* animal

ankle ['æŋk(ə)l] ▸ *nom* cheville

anniversary [ænɪ'vɜːs(ə)rɪ] (*au pluriel* **anniversaries**) ▸ *nom* anniversaire : **a wedding anniversary** un anniversaire de mariage

announce [ə'naʊns] ▸ *verbe* annoncer (**that** que, **to** à)

announcement [ə'naʊnsmənt] ▸ *nom* annonce : **the announcement of the results** l'annonce des résultats

annoy [ə'nɔɪ] ▸ *verbe* agacer : **you're annoying me!** vous m'agacez ! ; **is the noise annoying you?** est-ce que le bruit vous gêne *ou* dérange ?

annoyed [ə'nɔɪd] ▸ *adjectif* énervé, -e, fâché, -e ; **to get annoyed** s'énerver, se fâcher (**with** contre) ; **I'm annoyed with myself** je m'en veux

annoying [ə'nɔɪɪŋ] ▸ *adjectif* agaçant, -ante

another [ə'nʌðər]
▸ *adjectif*
1 *(de plus)* encore un, encore une, un autre, une autre : **would you like another biscuit?** est-ce que vous voulez encore un biscuit *ou* un autre biscuit ? ; **another three** encore trois *ou* trois de plus
2 *(différent)* un autre, une autre : **another woman** une autre femme ; **this glass is dirty, give me another one** ce verre est sale, donnez-m'en un autre
▸ *pronom*
1 un autre, une autre : **she finished her coffee and asked for another** elle a fini son café et en a redemandé un autre
2 *(réciprocité)* **they love one another** ils s'aiment ; **the girls help one another** les filles s'entraident

answer ['ɑːnsər]
▸ *nom* réponse (**to** à) ; **the answer to the problem** la solution du problème ; **there's no answer** *(au téléphone)* ça ne répond pas ; *(chez quelqu'un)* il n'y a personne
▸ *verbe* répondre à : **to answer a question/the telephone** répondre à une question/au téléphone ; **to answer somebody** répondre à quelqu'un ; **to answer the door** aller ouvrir la porte

▸ **answer back** répondre *(avec insolence)* : **don't answer back!** ne réponds pas !

answering machine ['ɑːnsərɪŋmə'ʃiːn] ▸ *nom* répondeur

ant [ænt] ▸ *nom* fourmi

antenna [æn'tenə] ▸ *nom* *(mot américain)* antenne *(de radio, de télé)*

anthem ['ænθəm] ▸ *nom* **a national anthem** un hymne national

antibiotic [æntɪbaɪ'ɒtɪk] ▸ *nom* antibiotique : **he's on antibiotics** il est sous antibiotiques

anxious ['æŋkʃəs] ▸ *adjectif*
1 inquiet, -iète, anxieux, -ieuse ; **to be anxious about something** s'inquiéter à propos de quelque chose
2 impatient, -ente : **they're anxious to start** ils sont impatients *ou* pressés de commencer ; **I'm anxious he**

should leave j'aimerais vraiment qu'il parte

any ['enɪ]
▶ *adjectif*
1 *(phrases interrogatives)* du, de la, des : **do you have any milk/any ice cream/any tickets?** avez-vous du lait/de la glace/des billets ?
2 *(phrases négatives)* de : **he hasn't got any tickets** il n'a pas de billets ; **he doesn't have any water** il n'a pas d'eau ; **she never eats any fish** elle ne mange jamais de poisson
3 *(phrases affirmatives)* n'importe quel, n'importe quelle : **ask any doctor** demande à n'importe quel médecin
▶ *pronom*
1 *(phrases interrogatives)* en : **do you have any?** en avez-vous ?
2 *(phrases négatives) (complément au pluriel)* aucun, -une ; *(complément au singulier)* en : **I don't see any** je n'en vois aucun ; **do you have any money? – no, I don't have any** as-tu de l'argent ? – non, je n'en ai pas
3 *(phrases affirmatives)* n'importe lequel, n'importe laquelle : **take any of the bottles** prenez n'importe laquelle des bouteilles ; **if any of you have a bicycle** si l'un d'entre vous a un vélo
▶ *adverbe*
1 any more encore de : **do you want any more cake?** voulez-vous encore du gâteau ? ; **do you want any more?** en voulez-vous encore ?
2 not... any more ne...plus : **I don't want any more cake** je ne veux plus de gâteau ; **I don't want any more** je n'en veux plus ; **I don't see them any more** je ne les vois plus

anybody ['enɪbɒdɪ] (*ou* **anyone** ['enɪwʌn]) ▶ *pronom*
1 *(phrases interrogatives)* quelqu'un : **has anybody lost their keys?** est-ce que quelqu'un a perdu ses clés ?
2 *(phrases négatives)* personne : **he doesn't know anybody** il ne connaît personne ; **she never sees anybody** elle ne voit jamais personne ; **hardly anybody** presque personne
3 *(phrases affirmatives)* n'importe qui : **anybody will tell you** n'importe qui te le dira

anything ['enɪθɪŋ] ▶ *pronom*
1 *(phrases interrogatives)* quelque chose : **do you want anything?** tu veux quelque chose ?
2 *(phrases négatives)* rien : **she doesn't do anything** elle ne fait rien ; **he never says anything** il ne dit jamais rien ; **hardly anything** presque rien
3 *(phrases affirmatives)* n'importe quoi : **I'm so hungry, I'd eat anything** j'ai tellement faim que je mangerais n'importe quoi ; **eat anything you like** mange tout ce que tu veux ; **anything but** tout sauf

anyway ['enɪweɪ] ▶ *adverbe*
1 de toute façon : **anyway, it's too late** de toute façon, c'est trop tard
2 quand même : **thanks anyway** merci quand même
3 (enfin) bref : **anyway, as I was saying...** bref, comme je disais..

anywhere ['enɪweər] ▶ *adverbe*
1 *(phrases interrogatives)* quelque part : **have you seen my keys anywhere?** est-ce que tu as vu mes clés quelque part ?
2 *(phrases négatives)* nulle part : **I can't find my keys anywhere** je ne trouve mes clés nulle part
3 *(phrases affirmatives)* n'importe où : **put it anywhere** mettez-le n'importe où ; **anywhere you like** où tu veux ; **anywhere you go** partout où tu vas

apart [ə'pɑːt] ▶ *adverbe*
1 *(dans l'espace)* **they are a metre apart** ils sont à un mètre l'un de l'autre ; **we kept them apart** on les tenait séparés
2 *(en morceaux)* **to break apart** s'émietter ; **to take a machine apart** démonter une machine ; **this book is coming apart** ce livre perd ses pages

3 apart from à part : **apart from that, everything's fine** à part ça, tout va bien

apartment [ə'pɑːtmənt] ▸ *nom (mot américain)* appartement ; **an apartment block** un immeuble d'habitation

ape [eɪp] ▸ *nom* grand singe

apologize [ə'pɒlədʒaɪz] ▸ *verbe* s'excuser (**for** de) : **I apologize for being late** je m'excuse *ou* excusez-moi d'être arrivé en retard ; **to apologize to somebody** s'excuser auprès de quelqu'un, faire des excuses à quelqu'un

apology [ə'pɒlədʒɪ] (*au pluriel* **apologies**) ▸ *nom* excuses : **I owe you an apology** je vous dois des excuses

apparently [ə'pærəntlɪ] ▸ *adverbe* apparemment, à ce qu'il paraît ; **apparently they've moved house** il paraît qu'ils ont déménagé

appeal [ə'piːl] ▸ *verbe* **to appeal to somebody** plaire à quelqu'un ; **the idea appealed to me** l'idée m'a plu ; **this film doesn't appeal to me** ce film ne me dit rien

appear [ə'pɪər] ▸ *verbe*
1 apparaître ; **to appear on TV** passer à la télé
2 sembler, paraître : **he appeared to hesitate** il paraissait hésiter, il avait l'air d'hésiter ; **it appears she's ill** il paraît qu'elle est malade

appearance [ə'pɪərəns] ▸ *nom*
1 apparition : **she made a brief appearance at the party** elle a fait une brève apparition à la fête
2 apparence : **don't judge by appearances** ne vous fiez pas aux apparences

appetite ['æpɪtaɪt] ▸ *nom* appétit : **I've lost my appetite** j'ai perdu l'appétit

applause [ə'plɔːz] ▸ *nom* applaudissements

Le mot **applause** est indénombrable.

apple ['æp(ə)l] ▸ *nom* pomme ; **an apple tree** un pommier

appliance [ə'plaɪəns] ▸ *nom* **an electrical appliance** un appareil électrique

application [æplɪ'keɪʃən] ▸ *nom* demande : **a job application** une demande d'emploi, une candidature ; **an application form** un formulaire de demande, un dossier de candidature

apply for [ə'plaɪfɔːr] ▸ *verbe* **to apply for a job** poser sa candidature à un poste ; **to apply for a grant** faire une demande de bourse

appointment [ə'pɔɪntmənt] ▸ *nom* rendez-vous : **I've got a doctor's appointment** j'ai rendez-vous chez le médecin

appreciate [ə'priːʃɪeɪt] ▸ *verbe*
1 apprécier
2 être reconnaissant de : **I appreciate your help** je vous suis reconnaissant de votre aide ; **thank you, I appreciate it!** je vous en remercie !

approve of [ə'pruːvəv] ▸ *verbe* **to approve of a decision** approuver une décision ; **I don't approve of your friends** tes amis ne me plaisent pas

apricot ['eɪprɪkɒt] ▸ *nom* abricot

April ['eɪprɪl] ▸ *nom* avril

apron ['eɪprən] ▸ *nom* tablier

Arab ['ærəb]
▸ *adjectif* arabe
▸ *nom* Arabe

Arabic ['ærəbɪk] ▸ *nom* arabe *(langue)*

arch [ɑːtʃ] ▸ *nom (d'un pont)* arche ; *(dans un bâtiment)* arc, voûte

are [ɑːr] *voir* **be**

area ['eərɪə] ▸ *nom*
1 *(partie d'un pays)* région ; *(partie d'une ville)* quartier
2 superficie : **the room has an area**

of 24 square metres la pièce a une superficie de 24 mètres carrés

aren't [ɑːnt] = **are not**

Argentina [ɑːdʒən'tiːnə] ▸ *nom* l'Argentine

argue ['ɑːgjuː] ▸ *verbe* se disputer (**with** avec, **about** au sujet de)

argument ['ɑːgjʊmənt] ▸ *nom* dispute ; **to have an argument** se disputer (**with** avec)

arithmetic [ə'rɪθmətɪk] ▸ *nom* calcul : **he's good at arithmetic** il est bon en calcul

arm [ɑːm] ▸ *nom* bras : **she broke her arm** elle s'est cassé le bras

armchair ['ɑːmtʃeər] ▸ *nom* fauteuil

army ['ɑːmɪ] (*au pluriel* **armies**) ▸ *nom* armée

around [ə'raʊnd]
▸ *préposition*
1 autour de : **around the table** autour de la table ; **to go around the world** faire le tour du monde
2 dans : **to run around the streets** courir dans les rues
3 around here par ici
4 environ : **it cost around £200** ça a coûté environ 200 livres ; **at around five o'clock** vers cinq heures
▸ *adverbe*
1 autour : **there's a wall all around** il y a un mur tout autour
2 partout : **to run around** courir partout ; **to follow somebody around** suivre quelqu'un partout ; **she leaves her things lying around** elle laisse traîner ses affaires
3 is Jack around? est-ce que Jack est dans le coin ? ; **are you around this weekend?** tu es là ce week-end ?

arrange [ə'reɪndʒ] ▸ *verbe*
1 disposer : **the chairs are arranged in a circle** les chaises sont disposées en cercle
2 to arrange a time/meeting fixer une heure/un rendez-vous ; **to arrange an event** organiser un événement
3 to arrange with somebody to do something convenir avec quelqu'un de faire quelque chose ; **they arranged to meet at the station** ils ont convenu de se retrouver à la gare

arrangement [ə'reɪndʒmənt] ▸ *nom*
1 disposition *(de meubles, de livres)*
2 to make arrangements to do something prendre ses dispositions pour faire quelque chose

arrest [ə'rest] ▸ *verbe* arrêter : **the thief has been arrested** le voleur a été arrêté

arrival [ə'raɪv(ə)l] ▸ *nom* arrivée

arrive [ə'raɪv] ▸ *verbe* arriver

arrow ['ærəʊ] ▸ *nom* flèche

art [ɑːt] ▸ *nom* art

article ['ɑːtɪk(ə)l] ▸ *nom* article

artist ['ɑːtɪst] ▸ *nom* artiste

artistic [ɑː'tɪstɪk] ▸ *adjectif*
1 artistique
2 artiste : **she's very artistic** elle est très artiste

as [əz, *accentué* æz]
▸ *préposition*
1 *(en tant que)* comme : **she works as a teacher** elle travaille comme professeur ; **he's dressed as a clown** il est déguisé en clown
2 as if, as though comme si : **as if you didn't know!** comme si tu ne le savais pas !
▸ *conjonction*
1 comme : **as you know** comme tu le sais
2 au moment où, comme : **he arrived as I was leaving** il est arrivé au moment où *ou* comme je partais
3 pendant que : **as he slept** pendant qu'il dormait
4 as from now à partir de maintenant
5 puisque : **as it's raining I'm stay-**

ing at home puisqu'il pleut, je reste à la maison

▸ *adverbe*

1 as... as aussi... que : **as quickly as you can** *ou* **as possible** aussi vite que possible ; **as soon as possible** aussitôt *ou* dès que possible ; **I'm as tall as you** je suis aussi grand que vous ; **as white as a sheet** blanc comme un linge

2 twice as... as deux fois plus... que ; **it's three times as big as you** c'est trois fois plus grand que toi

3 as much as autant que : **she works as much as me** elle travaille autant que moi

4 as much/many... as autant de... que : **as much money/wine/courage as** autant d'argent/de vin/de courage que ; **as many books/friends as** autant de livres/d'amis que

ash [æʃ] ▸ *nom* cendre

ashamed [ə'ʃeɪmd] ▸ *adjectif* **to be ashamed** avoir honte (**of** de) : **I'm ashamed of myself** j'ai honte ; **to be ashamed to do something** *ou* **of doing something** avoir honte de faire quelque chose

ashtray ['æʃtreɪ] ▸ *nom* cendrier

Asia ['eɪʒə] ▸ *nom* l'Asie

Asian ['eɪʒən]

▸ *adjectif*

1 asiatique

2 d'origine indienne ou pakistanaise

▸ *nom*

1 Asiatique

2 personne d'origine indienne ou pakistanaise

ask [ɑːsk] ▸ *verbe*

1 demander : **I asked the way** j'ai demandé mon chemin ; **I should have asked** j'aurais dû demander ; **he asked to leave the room** il a demandé à sortir ; **they asked me to help them** ils m'ont demandé de les aider ; **to ask for something** demander quelque chose ; **she asked me for a light** elle m'a demandé du feu

2 to ask a question poser une question

3 to ask about something se renseigner sur quelque chose ; **to ask about somebody** demander des nouvelles de quelqu'un

4 inviter : **to ask somebody to a party** inviter quelqu'un à une fête

asleep [ə'sliːp] ▸ *adjectif*

1 to be asleep dormir : **she's asleep** elle dort

2 to fall asleep s'endormir : **he fell asleep** il s'est endormi

assemble [ə'semb(ə)l] ▸ *verbe* se rassembler

assembly [ə'semblɪ] (*au pluriel* **assemblies**) ▸ *nom* rassemblement de tous les élèves de l'établissement avant d'entrer en classe

assistant [ə'sɪstənt] ▸ *nom*

1 assistant, -ante

2 (sales) assistant vendeur, -euse

asthma ['æsmə] ▸ *nom* asthme

at [ət, *accentué* æt] ▸ *préposition*

1 à : **at work** au travail ; **at school** à l'école ; **at the office** au bureau ; **at six o'clock** à six heures ; **at 30 miles an hour** à 50 kilomètres à l'heure

2 chez : **at the doctor's** chez le médecin

3 en : **at sea** en mer ; **at war** en guerre

4 *(pendant)* **at night** la nuit ; **at the weekend** le week-end

5 *(dans les adresses e-mail)* arobase

ate [eɪt] *voir* **eat**

athlete ['æθliːt] ▸ *nom* athlète

Atlantic [ət'læntɪk] ▸ *nom* **the Atlantic** l'Atlantique

atmosphere ['ætməsfɪər] ▸ *nom* atmosphère

attach [ə'tætʃ] ▸ *verbe*

1 accrocher, attacher : **I attached the badge to my jacket** j'ai accroché le badge à ma veste

2 joindre : **he attached the photograph to his email** il a joint la photo à son message

attack [ə'tæk]
▸ *verbe* attaquer
▸ *nom* attaque

attempt [ə'tempt]
▸ *nom* tentative : **at the third attempt** à la troisième tentative ; **to make an attempt to do something** tenter de faire quelque chose
▸ *verbe* **to attempt to do something** tenter de faire quelque chose

attend [ə'tend] ▸ *verbe* **to attend a meeting** assister à une réunion ; **to attend a course** suivre un cours ; **to attend school** aller à l'école

attendant [ə'tendənt] ▸ *nom (de parking, de musée)* gardien, -ienne

attention [ə'tenʃən] ▸ *nom* attention : **to pay attention to** faire attention à ; **I wasn't paying attention** je ne faisais pas attention ; **pay attention to what I'm going to say** écoutez bien ce que je vais dire

attract [ə'trækt] ▸ *verbe* attirer

attractive [ə'træktɪv] ▸ *adjectif* beau, belle : **she's very attractive** elle est très belle

audience ['ɔːdɪəns] ▸ *nom (au théâtre, au cinéma)* spectateurs, public ; *(à la télévision)* téléspectateurs

August ['ɔːgəst] ▸ *nom* août

aunt [ɑːnt] ▸ *nom* tante

Australia [ɒ'streɪlɪə] ▸ *nom* l'Australie

Australian [ɒ'streɪlɪən]
▸ *adjectif* australien, -ienne
▸ *nom* Australien, -ienne

Austria ['ɒstrɪə] ▸ *nom* l'Autriche

Austrian ['ɒstrɪən]
▸ *adjectif* autrichien, -ienne
▸ *nom* Autrichien, -ienne

author ['ɔːθər] ▸ *nom* auteur (**of** de) ; **he's an author** il est écrivain

autumn ['ɔːtəm] ▸ *nom* automne : **in (the) autumn** en automne

available [ə'veɪləb(ə)l] ▸ *adjectif* disponible

avenue ['ævɪnjuː] ▸ *nom* avenue

avoid [ə'vɔɪd] ▸ *verbe* éviter : **to avoid doing something** éviter de faire quelque chose

awake [ə'weɪk] ▸ *adjectif* **to be awake** *(ne plus dormir)* être réveillé, -e ; **he's still awake** il ne dort pas encore ; **to keep somebody awake** empêcher quelqu'un de dormir

away [ə'weɪ] ▸ *adverbe*
1 *(distance)* **it's five kilometres away** c'est à cinq kilomètres d'ici ; **it's a 15-minute walk away** c'est à 15 minutes à pied ; **she lives far away** elle habite loin
2 *(temps)* **a few days away** dans quelques jours
3 *(personne)* **he's away at the moment** il est absent en ce moment ; **she's away in Spain** elle est partie en Espagne
4 to go away s'en aller ; **to run away** s'enfuir ; **to drive away** partir en voiture

awful ['ɔːfʊl] ▸ *adjectif*
1 affreux, -euse : **that's awful!** c'est affreux ! ; **I feel awful** je me sens vraiment mal
2 an awful lot of énormément de

awkward ['ɔːkwəd] ▸ *adjectif*
1 maladroit, -droite
2 difficile : **their house is awkward to get to** leur maison est difficile d'accès
3 gênant, -ante

axe [æks] (*ou* **ax** *en américain*) ▸ *nom* hache

Bb

baby ['beɪbɪ] (*au pluriel* **babies**) ▸ *nom* bébé ; **a baby carriage** *(expression américaine)* un landau

baby-sit ['beɪbɪsɪt] ▸ *verbe* garder des enfants ; **to baby-sit for somebody** garder les enfants de quelqu'un ; **to baby-sit a child** garder un enfant

> I baby-sat, I have baby-sat, I am baby-sitting

bachelor ['bætʃələr] ▸ *nom* célibataire *(homme)*

back [bæk]

▸ *nom*

1 *(d'une personne, d'un animal, d'un livre)* dos : **to lie on one's back** se coucher sur le dos

2 *(d'une chaise)* dossier

3 *(d'une voiture)* arrière : **there's room in the back,** *(en américain)* **there's room in back** il y a de la place à l'arrière

4 *(d'une pièce)* fond : **they're sitting at the back of the classroom** ils sont assis au fond de la classe

5 in back of somebody/something *(expression américaine)* derrière quelqu'un/quelque chose

▸ *adjectif* arrière : **the back seat** le siège arrière ; **the back door** la porte de derrière

▸ *adverbe*

1 to step/to lean back faire un pas/se pencher en arrière

2 to come back, to get back revenir ; **she's back** elle est de retour, elle est revenue ; **the trip there and back** le voyage aller et retour

▸ **back up** ▸ *verbe*

1 to back somebody up soutenir quelqu'un

2 *(en américain)* faire marche arrière

backache ['bækeɪk] ▸ *nom* mal de dos ; **I've got backache** j'ai mal au dos

backpack ['bækpæk] ▸ *nom* sac à dos

backwards ['bækwədz] (*ou* **backward** ['bækwəd]) ▸ *adverbe* en arrière : **I took a few steps backwards** j'ai fait quelques pas en arrière ; **to walk backwards** marcher à reculons

backyard [bæk'jɑːd] ▸ *nom (mot américain)* jardin, cour *(derrière la maison)*

bacon ['beɪkən] ▸ *nom* bacon, lard maigre

bad [bæd] ▸ *adjectif*

1 mauvais, -aise : **a bad smell** une mauvaise odeur ; **to be bad at French/arithmetic** être mauvais en français/calcul ; **they speak bad French** ils parlent mal français ; **that's not bad!** ce n'est pas mal !

2 grave : **a bad accident/wound** un accident/une blessure grave

3 méchant, -ante, vilain, -aine : **he's not a bad boy** ce n'est pas un méchant garçon

4 pourri, -e : **this pear has gone bad** cette poire est pourrie

5 to feel bad *(physiquement)* se sentir mal ; **to have a bad back** avoir des problèmes de dos

6 I feel bad about leaving you alone cela m'ennuie de te laisser tout seul

worse = more bad, **worst** = most bad

badly ['bædlɪ] ▸ *adverbe*
1 mal : **I sing very badly** je chante très mal
2 très : **badly affected** très touché ; **badly hurt** grièvement blessé ; **to want something badly** avoir très envie de quelque chose

bad-tempered [bæd'tempəd] ▸ *adjectif*
1 de mauvaise humeur : **you're so bad-tempered today!** tu es vraiment de mauvaise humeur aujourd'hui !
2 qui a mauvais caractère ; **he's always bad-tempered** il a mauvais caractère

bag [bæg] ▸ *nom* sac : **a plastic bag** un sac (en) plastique ; **a school bag** un cartable ; **to pack one's bags** faire ses bagages

baggage ['bægɪdʒ] ▸ *nom* bagages : **do you have a lot of baggage?** vous avez beaucoup de bagages ?

Le mot **baggage** est indénombrable.

bagpipes ['bægpaɪps] ▸ *nom pluriel* cornemuse

bake [beɪk] ▸ *verbe* faire cuire au four ; **to bake a cake** faire un gâteau ; **I like baking** j'aime bien faire de la pâtisserie

baked [beɪkt] ▸ *adjectif* **baked beans** haricots blancs à la tomate ; **a baked potato** une pomme de terre en robe des champs

baker ['beɪkər] ▸ *nom* boulanger, -ère

bakery ['beɪkərɪ] (*au pluriel* **bakeries**) ▸ *nom* boulangerie

balance ['bæləns] ▸ *nom* équilibre : **to lose one's balance** perdre l'équilibre
▸ *verbe* **to balance something** tenir quelque chose en équilibre (**on** sur) ; **I was balancing on the ledge** je me tenais en équilibre sur le rebord de la fenêtre

balcony ['bælkənɪ] (*au pluriel* **balconies**) ▸ *nom* balcon

bald [bɔːld] ▸ *adjectif* chauve

ball [bɔːl] ▸ *nom*
1 boule : **to roll something into a ball** mettre quelque chose en boule
2 *(de tennis, de cricket, de golf)* balle ; *(de foot, de rugby, de basket)* ballon
3 bal

ballet ['bæleɪ, *en américain* bæ'leɪ] ▸ *nom*
1 ballet : **I'm going to the ballet this evening** je vais voir un ballet ce soir
2 danse classique : **I go to ballet lessons** je prends des cours de danse classique

balloon [bə'luːn] ▸ *nom* ballon *(de baudruche, montgolfière)*

ballpoint ['bɔːlpɔɪnt] ▸ *nom* stylo à bille

ban [bæn]
▸ *verbe* interdire : **to ban somebody from doing something** interdire à quelqu'un de faire quelque chose
▸ *nom* interdiction : **a ban on hunting** l'interdiction de la chasse

banana [bə'nɑːnə] ▸ *nom* banane

band [bænd] ▸ *nom*
1 *(de pop ou de rock)* groupe ; *(de jazz)* orchestre ; *(de cuivres)* fanfare
2 **a rubber** *ou* **an elastic band** un élastique

bandage ['bændɪdʒ]
▸ *nom* bandage : **she has a bandage around her head** elle a un bandage autour de la tête
▸ *verbe* bander : **his wrist had to be bandaged** il a fallu lui bander le poignet

Band-Aid® ['bændeɪd] ▸ *nom* pansement adhésif, sparadrap

bang [bæŋ]
▸ *nom (de fusil, de feu d'artifice)* détonation ; *(d'une porte)* claquement
▸ *verbe*
1 cogner (**on** sur) : **to bang on the**

door cogner à la porte ; **to bang one's arm** se cogner le bras (**on** contre) ; **to bang into something/somebody** heurter quelque chose/quelqu'un

2 claquer : **to bang the door** claquer la porte ; **the door is banging** la porte claque

bangs [bæŋs] ▸ *nom pluriel (mot américain)* frange

banister ['bænɪstər] ▸ *nom* rampe (d'escalier)

bank [bæŋk] ▸ *nom*
1 bord, rive : **on the river bank** au bord de la rivière
2 banque

banknote ['bæŋknəʊt] ▸ *nom* billet de banque

bar [bɑːr] ▸ *nom*
1 *(de métal)* barre ; *(à la fenêtre)* barreau
2 *(café, comptoir)* bar
3 a bar of chocolate une tablette de chocolat ; **a bar of soap** une savonnette

barber ['bɑːbər] ▸ *nom* coiffeur (pour hommes)

bare [beər] ▸ *adjectif* nu, -e

bargain ['bɑːgɪn] ▸ *nom* bonne affaire, occasion : **to get a bargain** faire une bonne affaire

bark [bɑːk]
▸ *nom* écorce
▸ *verbe* aboyer (**at** après)

barn [bɑːn] ▸ *nom* grange

barrel ['bær(ə)l] ▸ *nom* tonneau

base [beɪs] ▸ *nom* base

baseball ['beɪsbɔːl] ▸ *nom* base-ball : **a baseball cap** une casquette de base-ball

basement ['beɪsmənt] ▸ *nom* sous-sol

bash [bæʃ] ▸ *verbe* flanquer un coup à : **I bashed him on the head** je lui ai flanqué un coup sur la tête ; **to bash one's head/knee** se cogner la tête/le genou (**on** contre)

Attention, ce mot est familier.

basin ['beɪs(ə)n] ▸ *nom*
1 lavabo
2 bassine

basket ['bɑːskɪt] ▸ *nom* panier ; *(pour le papier, les fruits, le pain)* corbeille

basketball ['bɑːskɪtbɔːl] ▸ *nom* basket

bat [bæt] ▸ *nom*
1 chauve-souris
2 *(de cricket, de base-ball)* batte ; *(de ping-pong)* raquette

bath [bɑːθ] ▸ *nom*
1 bain : **to have** *ou* **to take a bath** prendre un bain
2 baignoire : **we need to buy a new bath** il faut qu'on achète une nouvelle baignoire

bathe [beɪð] ▸ *verbe*
1 se baigner
2 *(en américain)* prendre un bain
3 to bathe a wound laver une plaie

bathing costume ['beɪðɪŋkɒstjʊm] ▸ *nom* maillot de bain

bathrobe ['bɑːθrəʊb] ▸ *nom* peignoir

bathroom ['bɑːθruːm] ▸ *nom*
1 salle de bains
2 *(en américain)* toilettes : **to go to the bathroom** aller aux toilettes

bathtub ['bɑːθtʌb] ▸ *nom* baignoire

battery ['bæt(ə)rɪ] *(au pluriel* **batteries***)* ▸ *nom (de radio, de jouet, de montre)* pile ; *(de voiture, de portable)* batterie

battle ['bæt(ə)l] ▸ *nom* bataille ; *(contre la maladie, la pauvreté)* lutte

be [biː]
▸ *verbe*
1 être : **I'm a doctor** je suis médecin ; **the sky is blue** le ciel est bleu ; **it's finished** c'est fini ; **it's 3 o'clock** il est 3 heures

2 avoir : **to be hot/cold** avoir chaud/froid ; **to be hungry/thirsty** avoir faim/soif ; **to be right/wrong** avoir raison/tort ; **she's lucky** elle a de la chance ; **he's 20** il a 20 ans
3 *(pour parler de la santé)* aller : **how are you?** comment vas-tu ? ; **I'm well** je vais bien
4 *(indique un déplacement)* **I've been to see her** je suis allé la voir ; **he's already been** il est déjà venu
5 *(pour parler du temps)* faire : **it's cold/hot** il fait froid/chaud ; **it's a nice day today** il fait beau aujourd'hui
6 *(dans les calculs)* faire : **two and two are four** deux et deux font quatre
7 *(prix)* coûter : **it's 50 pence** ça coûte 50 pence ; **how much is it?** *(total)* ça fait combien ?
8 *(dans les questions et les réponses)* **she's ill, isn't she?** elle est malade, n'est-ce pas ?, elle est malade, non ? ; **she is!** oui ! ; **she isn't!** non !
9 there is, there are il y a ; **there was, there were** il y avait ; **there has been** il y a eu ; **there will be** il y aura ; **there's a problem** il y a un problème ; **there isn't any** il n'y en a pas ; **there are no more glasses** il n'y a plus de verres
10 there is, there are *(en désignant)* voilà : **there's my sister!** voilà ma sœur ! ; **there they are!** les voilà !
11 here is, here are voici : **here they are!** les voici !
▸ *auxiliaire*
1 *(pour former les temps progressifs)* **I am working** je travaille ; **she is sleeping** elle dort ; **they were arguing when I came in** ils étaient en train de se disputer quand je suis entré
2 *(pour former le passif)* **the car was driven by a young woman** la voiture était conduite par une jeune femme

> I am, you are, he/she/it is, we/you/they are; I was, you were, he/she/it was, we/you/they were; I have been, he has been *etc*; I am being, he is being *etc*.

beach [biːtʃ] ▸ *nom* plage

bead [biːd] ▸ *nom* perle ; **a string of beads** un collier

beak [biːk] ▸ *nom* bec

bean [biːn] ▸ *nom* haricot : **a green bean** un haricot vert ; **a broad bean** une fève

bear¹ [beər] ▸ *nom* ours

bear² [beər] ▸ *verbe*
1 supporter : **I can't bear him/it** je ne peux pas le supporter/supporter ça
2 to bear something in mind tenir compte de quelque chose ; **bear in mind that...** n'oubliez pas que...

> I bore, I have borne, I am bearing

beard [bɪəd] ▸ *nom* barbe

beast [biːst] ▸ *nom* bête

beat [biːt] ▸ *verbe* battre : **we've beaten their team** nous avons battu leur équipe ; **my heart was beating fast** mon cœur battait très vite ; **first, beat the eggs** battez tout d'abord les œufs
▸ **beat up** tabasser

> I beat, I have beaten, I am beating
> Attention, **to beat up** est familier.

beautiful ['bjuːtɪfʊl] ▸ *adjectif* beau, belle : **beautiful flowers** de belles fleurs

beauty ['bjuːtɪ] ▸ *nom* beauté

became [bɪ'keɪm] *voir* **become**

because [bɪ'kɒz] ▸ *conjonction*
1 parce que : **he didn't come because he was ill** il n'est pas venu parce qu'il était malade
2 because of à cause de : **the road was closed because of the accident** la route était barrée à cause de l'accident

become [bɪ'kʌm] ▸ *verbe* devenir : **to become a painter/doctor** devenir peintre/médecin

> I became, I have become, I am becoming

bed [bed] ▸ *nom* lit : **in bed** au lit, couché, -e ; **to get into bed** se mettre au lit ; **to go to bed** aller au lit, aller se coucher ; **to get out of bed** se lever

bedclothes ['bedkləʊðz] ▸ *nom pluriel* draps et couvertures

bedroom ['bedruːm] ▸ *nom* chambre (à coucher)

bedtime ['bedtaɪm] ▸ *nom* **it's bedtime** c'est l'heure d'aller au lit *ou* d'aller se coucher ; **when is your bedtime?** à quelle heure te couches-tu ? ; **it's past my bedtime** je devrais déjà être couché

bee [biː] ▸ *nom* abeille

beef [biːf] ▸ *nom* bœuf : **I don't like beef** je n'aime pas le bœuf

beehive ['biːhaɪv] ▸ *nom* ruche

been [biːn] *voir* **be**

beer [bɪər] ▸ *nom* bière

beetle ['biːt(ə)l] ▸ *nom* scarabée ; *(insecte en général)* bestiole

before [bɪ'fɔːr]

▸ *préposition* avant : **before the end** avant la fin ; **before him** avant lui ; **the day before yesterday** avant-hier

▸ *adverbe*

1 avant : **two days before** deux jours avant ; **the year before** l'année d'avant ; **the day before** la veille ; **before, I used to have long hair** avant, j'avais les cheveux longs

2 déjà : **I've told you before** je te l'ai déjà dit

3 **never before** jamais : **I have never seen him before** je ne l'ai jamais vu

▸ *conjonction* **before doing something** avant de faire quelque chose ; **I forgot to thank him before I left** j'ai oublié de le remercier avant de partir ; **don't come in before I call you** n'entrez pas avant que je vous appelle

beg [beg] ▸ *verbe*

1 mendier : **to beg for money** mendier

2 **to beg for help/for a favour** demander de l'aide/une faveur

3 **to beg somebody to do something** supplier quelqu'un de faire quelque chose

beggar ['begər] ▸ *nom* mendiant, -ante

began [bɪ'gæn] *voir* **begin**

begin [bɪ'gɪn] ▸ *verbe* commencer : **to begin doing something** *ou* **to do something** commencer à faire quelque chose ; **to begin with something** commencer par quelque chose ; **to begin by doing something** commencer par faire quelque chose

I began, I have begun, I am beginning

beginner [bɪ'gɪnər] ▸ *nom* débutant, -ante

beginning [bɪ'gɪnɪŋ] ▸ *nom* début, commencement : **at** *ou* **in the beginning** au début

begun [bɪ'gʌn] *voir* **begin**

behave [bɪ'heɪv] ▸ *verbe*

1 se conduire, se comporter : **he behaved badly** il s'est mal conduit *ou* comporté

2 **to behave oneself** être sage : **the children behaved themselves** les enfants ont été sages ; **behave (yourself)!** sois sage !, tiens-toi bien !

behaviour [bɪ'heɪvjər] (*ou* **behavior** *en américain*) ▸ *nom* conduite, comportement

behind [bɪ'haɪnd]

▸ *préposition*

1 derrière : **behind the chair** derrière la chaise

2 en retard sur : **I'm behind the other pupils** je suis en retard sur les autres élèves

▸ *adverbe*

1 derrière : **he cycled and I ran behind** il était en vélo et moi je courais derrière

2 en arrière : **to look/stay behind**

regarder/rester en arrière
3 en retard : **I'm behind with my work** je suis en retard dans mon travail ; **to fall behind** prendre du retard

being¹ ['biːɪŋ] *voir* **be**

being² ['biːɪŋ] ▸ *nom* **a human being** un être humain

Belgian ['beldʒən]
▸ *adjectif* belge
▸ *nom* Belge

Belgium ['beldʒəm] ▸ *nom* la Belgique

believe [bɪ'liːv] ▸ *verbe* croire : **I believed him** je l'ai cru ; **I believe so** je crois que oui ; **to believe in something** croire à quelque chose ; **he still believes in Santa Claus** il croit encore au Père Noël ; **he believes in God** il croit en Dieu

bell [bel] ▸ *nom*
1 *(dans une église)* cloche ; *(petite)* clochette
2 *(à la porte, sur un vélo)* sonnette ; *(à l'école)* sonnerie ; **to ring the bell** *(chez quelqu'un)* sonner à la porte

belong [bɪ'lɒŋ] ▸ *verbe* **to belong to somebody** appartenir à quelqu'un ; **it doesn't belong to me** ça ne m'appartient pas, ce n'est pas à moi

belongings [bɪ'lɒŋɪŋz] ▸ *nom pluriel* affaires

below [bɪ'ləʊ]
▸ *préposition*
1 au-dessous de : **below the knee** au-dessous du genou
2 en dessous de : **the flat below ours** l'appartement en dessous du nôtre ; **below average** en dessous de la moyenne
▸ *adverbe*
1 en dessous : **the floor below** l'étage en dessous ; **the flat below** l'appartement du dessous
2 en bas : **in the street below** en bas dans la rue

belt [belt] ▸ *nom* ceinture

bench [bentʃ] ▸ *nom (siège)* banc ; *(dans un atelier)* établi

bend [bend]
▸ *nom*
1 virage
2 coude : **there's a bend in the river** le fleuve fait un coude
▸ *verbe*
1 pencher, baisser : **you have to bend your head** il faut pencher *ou* baisser la tête
2 plier : **to bend one's leg/arm** plier la jambe/le bras
3 tordre, courber
4 *(route)* faire un virage
▸ **bend down** se baisser
▸ **bend over** se pencher

I bent, I have bent, I am bending

beneath [bɪ'niːθ]
▸ *préposition* sous : **beneath the bed** sous le lit
▸ *adverbe* en dessous

bent [bent] ▸ *adjectif (barre, clou)* tordu, -e ; *voir* **bend** *verbe*

berry ['berɪ] *(au pluriel* **berries***)*
▸ *nom* baie

beside [bɪ'saɪd] ▸ *préposition* à côté de

besides [bɪ'saɪdz]
▸ *préposition* en plus de : **besides chess, I play tennis** en plus des échecs, je joue au tennis ; **there are ten of us besides my cousin** nous sommes dix sans compter mon cousin
▸ *adverbe* en plus : **besides, you're my friend** en plus, tu es mon ami

best [best]
▸ *adjectif* meilleur, -e : **the best scene in the film** la meilleure scène du film ; **the best part of something** *(quantité)* la plus grande partie de quelque chose ; **it's best to wait** le mieux, c'est d'attendre
▸ *nom*
1 the best le meilleur, la meilleure : **you're one of the best** tu es l'un des meilleurs

2 to do one's best faire de son mieux
▸ *adverbe* le mieux : **he plays (the) best** c'est lui qui joue le mieux ; **which one do you like (the) best?** lequel préfères-tu ? ; **they are the best paid** ce sont les mieux payés

bet [bet]
▸ *nom* pari : **to make a bet** faire un pari
▸ *verbe* parier (**that** que) : **I bet he won't do it** je parie qu'il ne le fera pas

I bet *ou* betted, I have bet *ou* betted, I am betting

better ['betər]
▸ *adjectif*
1 meilleur, -e : **this cake is better than the others** ce gâteau est meilleur que les autres
2 mieux : **it's better to leave** il vaut mieux partir ; **she's feeling much better** elle se sent beaucoup mieux
▸ *adverbe*
1 mieux (**than** que) : **she plays better than me** elle joue mieux que moi ; **better dressed** mieux habillé ; **I'd better go** il vaut mieux que je parte
2 to get better *(après une maladie)* se remettre ; *(situation, temps)* s'améliorer

between [bɪ'twiːn] ▸ *préposition*
1 entre : **between six and ten** entre six et dix ; **you must choose between the two** il faut que tu choisisses l'un des deux
2 in between entre : **in between the sofa and the table** entre le canapé et la table ; **put them in between** mettez-les entre les deux

beyond [bɪ'jɒnd]
▸ *préposition* après : **the school is beyond the church** l'école est après l'église
▸ *adverbe* au-delà : **you can see the fields and the mountains beyond** on peut voir les champs et au-delà les montagnes

bib [bɪb] ▸ *nom* bavoir

bible ['baɪb(ə)l] ▸ *nom* bible

bicycle ['baɪsɪk(ə)l] ▸ *nom* bicyclette : **by bicycle** à *ou* en bicyclette

big [bɪg] ▸ *adjectif*
1 grand, grande : **a big garden** un grand jardin ; **my big sister** ma grande sœur
2 *(chien, morceau, paquet)* gros, grosse

bike [baɪk] ▸ *nom* vélo : **by bike** à *ou* en vélo

bikini [bɪ'kiːnɪ] ▸ *nom* maillot de bain deux-pièces, bikini

bill [bɪl] ▸ *nom*
1 facture ; *(au restaurant)* addition : **the bill, please!** l'addition, s'il vous plaît !
2 *(en américain)* billet (de banque)

bin [bɪn] ▸ *nom* poubelle

bind [baɪnd] ▸ *verbe* attacher, lier (**to** à)

I bound, I have bound, I am binding

binoculars [bɪ'nɒkjʊləz] ▸ *nom pluriel* jumelles *(lunette)*

bird [bɜːd] ▸ *nom* oiseau

Biro® ['baɪrəʊ] ▸ *nom* stylo à bille, Bic®

birth [bɜːθ] ▸ *nom* naissance ; **to give birth** accoucher ; **she gave birth to a boy** elle a accouché d'un garçon

birthday ['bɜːθdeɪ] ▸ *nom* anniversaire : **happy birthday!** bon *ou* joyeux anniversaire ! ; **a birthday card/cake** une carte/un gâteau d'anniversaire

biscuit ['bɪskɪt] ▸ *nom*
1 biscuit
2 *(en américain)* petit pain au lait

bit¹ [bɪt] *voir* **bite** *verbe*

bit² [bɪt] ▸ *nom*
1 morceau : **a bit of cake** un morceau de gâteau
2 a bit of *(petite quantité)* un peu de :

do you want a bit of cheese? est-ce que tu veux un peu de fromage ?
3 a bit un peu : **you're a bit late** tu es un peu en retard ; **a bit too expensive** un peu trop cher ; **wait a bit** attends un peu ; **we sat down for a bit** on s'est assis un instant
4 not a bit pas du tout : **she wasn't a bit angry** elle n'était pas du tout en colère

bite [baɪt]
▸ *nom*
1 morsure ; *(d'insecte)* piqûre
2 to have a bite to eat manger un morceau
▸ *verbe* mordre ; *(insecte)* piquer : **a dog bit him in the leg, a dog bit his leg** un chien l'a mordu à la jambe ; **to bite one's nails** se ronger les ongles

I bit, I have bitten, I am biting

bitter ['bɪtər] ▸ *adjectif* amer, -ère ; *(froid, vent)* glacial, -e

black [blæk]
▸ *adjectif* noir, -e : **a black hat** un chapeau noir ; **he's black** il est noir
▸ *nom* noir : **black suits her** le noir lui va bien

blackberry ['blækb(ə)rɪ] (*au pluriel* **blackberries**) ▸ *nom* mûre

blackbird ['blækbɜːd] ▸ *nom* merle

blackboard ['blækbɔːd] ▸ *nom* tableau (noir)

blackcurrant [blæk'kʌrənt] ▸ *nom* cassis

blackout ['blækaʊt] ▸ *nom* panne d'électricité

blade [bleɪd] ▸ *nom* lame

blame [bleɪm] ▸ *verbe* **to blame somebody for something** reprocher quelque chose à quelqu'un ; **to blame somebody for doing something** reprocher à quelqu'un d'avoir fait quelque chose ; **you're to blame!, I blame you!** c'est (de) ta faute ! ; **don't blame me!** ce n'est pas (de) ma faute !

blank [blæŋk] ▸ *adjectif*
1 blanc, blanche : **a blank page** une page blanche ; **leave this line blank** n'écrivez rien sur cette ligne
2 *(cassette, disquette, CD)* vierge
3 *(écran)* vide

blanket ['blæŋkɪt] ▸ *nom* couverture

blast [blɑːst] ▸ *nom (bombe)* explosion

blaze [bleɪz]
▸ *nom* incendie
▸ *verbe (feu)* flamber, brûler

bled [bled] *voir* **bleed**

bleed [bliːd] ▸ *verbe* saigner : **his nose is bleeding** il saigne du nez

I bled, I have bled, I am bleeding

blew [bluː] *voir* **blow** *verbe*

blind [blaɪnd]
▸ *adjectif* aveugle : **a blind man** un aveugle ; **a blind woman** une aveugle
▸ *nom (sur une fenêtre)* store

blindfold ['blaɪndfəʊld]
▸ *nom* bandeau
▸ *verbe* bander les yeux à : **they blindfolded him** ils lui ont bandé les yeux

blink [blɪŋk] ▸ *verbe* cligner des yeux

blister ['blɪstər] ▸ *nom* ampoule *(sur la peau)*

block [blɒk]
▸ *nom*
1 immeuble : **a block of flats** un immeuble (d'habitation) ; **an office block** un immeuble de bureaux
2 pâté de maisons
3 bloc *(de pierre, de bois)*
▸ *verbe*
1 bloquer
2 boucher : **the pipe is blocked** le tuyau est bouché ; **my nose is blocked** j'ai le nez bouché
▸ **block up** boucher

blond [blɒnd] ▸ *adjectif* **to have blond hair** avoir les cheveux blonds ; **he's blond** il est blond

blonde [blɒnd] ▸ *adjectif* **to have blonde hair** avoir les cheveux blonds ; **she's blonde** elle est blonde

blood [blʌd] ▸ *nom* sang : **a blood test** une prise de sang

bloom [blu:m]
▸ *nom* **in bloom** *(arbre, jardin)* en fleurs
▸ *verbe* fleurir

blouse [blaʊz] ▸ *nom* chemisier

blow [bləʊ]
▸ *nom*
1 *(avec le poing, un marteau)* coup
2 choc : **her death came as a terrible blow** sa mort a été un choc terrible
▸ *verbe*
1 souffler : **I can hear the wind blowing** j'entends souffler le vent ; **to blow smoke** souffler de la fumée ; **to blow bubbles** faire des bulles ; **to blow a whistle** siffler, donner un coup de sifflet
2 to blow one's nose se moucher

▸ **blow away**
1 emporter : **the wind blew my papers away** le vent a emporté mes papiers
2 s'envoler : **my hat blew away** mon chapeau s'est envolé

▸ **blow down**
1 faire tomber : **the wind blew the chimney down** le vent a fait tomber la cheminée
2 tomber : **the chimney blew down** la cheminée est tombée

▸ **blow off** s'envoler ; **my hat blew off** mon chapeau s'est envolé

▸ **blow out : to blow out a candle** souffler une bougie

▸ **blow up**
1 exploser
2 faire exploser *ou* sauter
3 gonfler

I blew, I have blown, I am blowing

blue [blu:]
▸ *adjectif* bleu, -e
▸ *nom* bleu : **I like blue** j'aime le bleu

blueberry ['blu:b(ə)rɪ] (*au pluriel* **blueberries**) ▸ *nom* myrtille

blunt [blʌnt] ▸ *adjectif (couteau)* qui coupe mal ; *(crayon)* mal taillé, -e

blurred [blɜ:d] ▸ *adjectif* flou, -e

blush [blʌʃ] ▸ *verbe* rougir

board [bɔ:d]
▸ *nom*
1 planche ; *(pour afficher)* tableau, panneau ; *(pour écrire)* tableau
2 on board à bord : **to go on board** monter à bord ; **on board a ship/plane** à bord d'un bateau /d'un avion
▸ *verbe* **to board a ship/plane** monter à bord d'un bateau /d'un avion ; **to board a bus** monter dans un bus ; **flight 123 is now boarding** embarquement immédiat pour le vol 123

boarding school ['bɔ:dɪŋsku:l] ▸ *nom* pensionnat ; **she's at boarding school** elle est en pension, elle est interne

boast [bəʊst] ▸ *verbe* se vanter (**about** de) : **he boasted that he could beat me** il s'est vanté de pouvoir me battre

boat [bəʊt] ▸ *nom* bateau : **by boat** en bateau

body ['bɒdɪ] (*au pluriel* **bodies**) ▸ *nom* corps ; *(mort)* cadavre

boil [bɔɪl]
▸ *nom* furoncle
▸ *verbe*
1 faire bouillir ; *(un œuf)* faire cuire à l'eau
2 bouillir : **the water's boiling** l'eau bout ; **the kettle's boiling** l'eau bout dans la bouilloire

▸ **boil over** *(lait)* déborder

boiled [bɔɪld] ▸ *adjectif* **a boiled potato** une pomme de terre à l'eau ; **a boiled egg** un œuf à la coque

boiling ['bɔɪlɪŋ] ▸ *adjectif*
1 *(eau)* bouillant, -ante

2 boiling hot bouillant, -ante ; **it's boiling hot today** il fait une chaleur infernale aujourd'hui ; **I'm boiling hot** je crève de chaud

bold [bəʊld] ▸ *adjectif* intrépide

bolt [bəʊlt] ▸ *nom*
1 verrou
2 boulon

bomb [bɒm]
▸ *nom* bombe
▸ *verbe* faire sauter ; *(une ville)* bombarder

bone [bəʊn] ▸ *nom* os ; *(d'un poisson)* arête

bonfire ['bɒnfaɪər] ▸ *nom (lors d'une fête)* feu de joie ; *(pour brûler des feuilles)* feu

book [bʊk]
▸ *nom* livre ; *(de tickets, de timbres)* carnet
▸ *verbe* réserver

bookcase ['bʊkkeɪs] ▸ *nom* bibliothèque *(étagères)*

bookshop ['bʊkʃɒp] (*ou* **bookstore** ['bʊkstɔːr] *en américain)*
▸ *nom* librairie

boot [buːt] ▸ *nom*
1 botte ; *(de foot, de marche)* chaussure
2 coffre *(de voiture)*

booth [buːð, buːθ] ▸ *nom (pour téléphoner)* cabine

border ['bɔːdər] ▸ *nom*
1 frontière
2 *(dans un jardin)* bordure

bore[1] ['bɔːr] ▸ *verbe* ennuyer

bore[2] ['bɔːr] *voir* **bear[2]**

bored [bɔːd] ▸ *adjectif* **to be bored, to get bored** s'ennuyer ; **to be bored with** en avoir assez de

boring ['bɔːrɪŋ] ▸ *adjectif* ennuyeux, -euse

born [bɔːn] ▸ *adjectif* né, -e : **I was born in London** je suis né à Londres ; **he's a born writer** c'est un écrivain né

borne [bɔːn] *voir* **bear[2]**

borrow ['bɒrəʊ] ▸ *verbe* emprunter : **to borrow something from somebody** emprunter quelque chose à quelqu'un

boss [bɒs] ▸ *nom* patron, -onne

both [bəʊθ]
▸ *adjectif* les deux : **he speaks both languages fluently** il parle couramment les deux langues
▸ *pronom* tous les deux, toutes les deux : **we're both ill, both of us are ill** nous sommes malades tous les deux ; **both of the boys** les deux garçons ; **Claire and I both went** Claire et moi y sommes allées toutes les deux
▸ *adverbe* à la fois : **she's both intelligent and attractive** elle est à la fois intelligente et belle ; **he speaks both French and Spanish** il parle français et espagnol ; **both you and I** vous et moi

bother ['bɒðər]
▸ *verbe*
1 déranger : **would it bother you if I opened the window?** ça vous dérange si j'ouvre la fenêtre ?
2 tracasser : **something's been bothering me** il y a quelque chose qui me tracasse
3 to bother to do something, to bother doing something se donner la peine de faire quelque chose ; **I can't be bothered** je n'ai pas le courage
4 I'm not bothered ça m'est égal
▸ *nom* **it's no bother** ça ne me dérange pas

bottle ['bɒt(ə)l] ▸ *nom*
1 bouteille ; *(de parfum, de médicament)* flacon
2 biberon

bottom ['bɒtəm]
▸ *nom*
1 *(de la mer, d'une boîte)* fond ; *(d'une page, d'une colline)* bas : **at the bot-**

tom of the bag au fond du sac ; **to be bottom of the class** être le dernier de la classe

2 derrière, fesses

▸ *adjectif* inférieur, -e : **the bottom part** la partie inférieure ; **the bottom shelf** l'étagère du bas

bought [bɔt] *voir* **buy**

bounce [baʊns] ▸ *verbe*

1 rebondir : **the ball bounced down the steps** la balle a rebondi de marche en marche

2 faire rebondir

bound [baʊnd] *voir* **bind**

bow[1] [bəʊ] ▸ *nom*

1 *(arme)* arc

2 nœud : **a bow tie** un nœud papillon

bow[2] [baʊ]

▸ *nom* **to take a bow** *(acteurs)* saluer

▸ *verbe* s'incliner (**to somebody** devant quelqu'un)

bowl [bəʊl] ▸ *nom*

1 bol

2 bassine

box[1] [bɒks] ▸ *nom* boîte

box[2] [bɒks] ▸ *verbe* boxer

boxer ['bɒksər] ▸ *nom*

1 boxeur

2 **boxer shorts** un caleçon

boxing ['bɒksɪŋ] ▸ *nom* boxe

Boxing Day ['bɒksɪŋdeɪ] ▸ *nom* le lendemain de Noël

boy [bɔɪ] ▸ *nom* garçon ; **an English boy** un jeune Anglais

boyfriend ['bɔɪfrend] ▸ *nom* copain, petit ami

bra [brɑː] ▸ *nom* soutien-gorge

braces ['breɪsɪz] ▸ *nom pluriel*

1 bretelles

2 appareil dentaire

braid [breɪd] ▸ *nom (mot américain)* natte, tresse

brain [breɪn] ▸ *nom* cerveau

brake [breɪk]

▸ *nom* frein

▸ *verbe* freiner

branch [brɑːntʃ] ▸ *nom*

1 *(d'un arbre)* branche

2 *(d'un magasin, d'une société)* succursale ; *(d'une banque)* agence

brand [brænd] ▸ *nom* marque *(commerciale)*

brand-new ['bræn(d)'njuː] ▸ *adjectif* tout neuf, toute neuve

brave [breɪv] ▸ *adjectif* courageux, -euse

bravery ['breɪvərɪ] ▸ *nom* courage

Brazil [brə'zɪl] ▸ *nom* le Brésil

bread [bred] ▸ *nom* pain : **a loaf of bread** un pain ; **a slice** *ou* **piece of bread and butter** une tartine beurrée

breadth [bredθ] ▸ *nom* largeur

break [breɪk]

▸ *nom*

1 pause : **to have** *ou* **to take a break** faire une pause

2 récréation

3 vacances : **the Christmas/Easter break** les vacances de Noël/de Pâques

▸ *verbe*

1 casser : **he broke a plate** il a cassé une assiette ; **she has broken her leg** elle s'est cassé la jambe

2 se casser : **the plate broke** l'assiette s'est cassée

▸ **break down**

1 tomber en panne

2 **to break down a door** enfoncer une porte

▸ **break in** entrer par effraction

▸ **break into** cambrioler : **my house was broken into** ma maison a été cambriolée, je me suis fait cambrioler

▸ **break off**

1 détacher, casser

2 se détacher, se casser : **a bit broke off** un morceau s'est détaché *ou* s'est cassé

▸**break out** *(guerre)* éclater ; *(incendie)* se déclarer ; **to break out in a rash** avoir une éruption de boutons

▸**break up**

1 *(foule, groupe)* se disperser ; *(élèves)* partir en vacances

2 to break up with somebody rompre avec quelqu'un ; **they've broken up** ils se sont séparés

3 to break up a fight mettre fin à une bagarre

I broke, I have broken, I am breaking

breakdown ['breɪkdaʊn] ▸ *nom*

1 panne : **to have a breakdown** tomber en panne ; **a breakdown truck** une dépanneuse

2 to have a (nervous) breakdown faire une dépression nerveuse

breakfast ['brekfəst] ▸ *nom* petit déjeuner : **to have breakfast** prendre le petit déjeuner

breast [brest] ▸ *nom*

1 sein

2 blanc *(de poulet)*

breath [breθ] ▸ *nom* souffle, haleine : **out of breath** hors d'haleine, essoufflé, -e ; **to hold one's breath** retenir son souffle

breathe [bri:ð] ▸ *verbe* respirer

▸**breathe in** inspirer

▸**breathe out** expirer

breeze [bri:z] ▸ *nom* brise

brick [brɪk] ▸ *nom* brique : **a brick wall** un mur de brique

bride [braɪd] ▸ *nom* mariée ; **the bride and groom** les mariés

bridegroom ['braɪdgru:m] ▸ *nom* marié

bridesmaid ['braɪdzmeɪd] ▸ *nom* demoiselle d'honneur

bridge [brɪdʒ] ▸ *nom* pont

brief [bri:f] ▸ *adjectif* bref, brève

briefcase ['bri:fkeɪs] ▸ *nom* serviette, mallette

briefs [bri:fs] ▸ *nom pluriel* slip *(d'homme)*

bright [braɪt] ▸ *adjectif*

1 *(étoile, yeux)* brillant, -ante ; *(lumière, couleur)* vif, vive ; *(temps, pièce)* clair, -e

2 intelligent, -ente

brilliant ['brɪljənt] ▸ *adjectif*

1 *(lumière)* éclatant, -ante

2 *(étudiant)* brillant, -ante

3 *(formidable)* génial, -e

Attention, ce dernier sens est familier.

bring [brɪŋ] ▸ *verbe*

1 apporter : **to bring somebody something** apporter quelque chose à quelqu'un ; **bring it to me** apporte-le-moi ; **to bring something to an end** mettre fin à quelque chose

2 amener : **I brought my sister** j'ai amené ma sœur

▸**bring about** entraîner : **what brought about these changes?** qu'est-ce qui a entraîné ces changements ?

▸**bring along** apporter ; *(une personne)* amener

▸**bring back** rapporter ; *(une personne)* ramener

▸**bring down**

1 descendre : **I'll bring the books down for you** je te descends les livres

2 faire baisser, réduire

▸**bring in** rentrer ; *(une personne)* faire entrer

▸**bring up**

1 monter : **bring me up a cup of tea** monte-moi une tasse de thé

2 élever *(un enfant)*

I brought, I have brought, I am bringing

Britain ['brɪt(ə)n] ▸ *nom* la Grande-Bretagne

British ['brɪtɪʃ]

▸ *adjectif* britannique

▸ *nom pluriel* **the British** les Britanniques

Briton ['brɪtən] ▸ *nom* Britannique

broad [brɔːd] ▸ *adjectif* large ; **in broad daylight** en plein jour

broadcast ['brɔːdkɑːst] ▸ *verbe* diffuser : **the match will be broadcast live** le match sera diffusé en direct

I broadcast, I have broadcast, I am broadcasting

broil [brɔɪl] ▸ *verbe (mot américain)* (faire) griller ; **broiled chicken** du poulet grillé

broke [brəʊk] *voir* **break** *verbe*

broken ['brəʊk(ə)n] ▸ *adjectif* cassé, -e ; *voir* **break** *verbe*

brooch [brəʊtʃ] ▸ *nom* broche

broom [bruːm] ▸ *nom* balai

brother ['brʌðər] ▸ *nom* frère

brother-in-law ['brʌðərɪnlɔː] (*au pluriel* **brothers-in-law**) ▸ *nom* beau-frère

brought [brɔːt] *voir* **bring**

brown [braʊn]
▸ *adjectif*
1 marron ; *(cheveux)* châtain
2 bronzé, -e
▸ *nom* marron : **brown is my favourite colour** le marron est ma couleur préférée

browse [braʊz] ▸ *verbe* **to browse the Net/Web** naviguer sur Internet/le Web

bruise [bruːz]
▸ *nom* bleu *(blessure)*
▸ *verbe* se faire un bleu à : **I've bruised my knee** je me suis fait un bleu au genou

bruised [bruːzd] ▸ *adjectif (personne)* couvert, -erte de bleus ; **I've got a bruised leg** j'ai un bleu à la jambe

brush [brʌʃ]
▸ *nom*
1 brosse
2 balai
3 pinceau
▸ *verbe* brosser : **to brush one's hair/teeth** se brosser les cheveux/les dents
▸ **brush away** enlever (d'un coup de brosse)

Brussels ['brʌs(ə)lz] ▸ *nom*
1 Bruxelles
2 a Brussels sprout un chou de Bruxelles

bubble ['bʌb(ə)l]
▸ *nom* bulle
▸ *verbe* bouillonner

buck [bʌk] ▸ *nom (mot américain)* dollar

Attention, ce mot est familier.

bucket ['bʌkɪt] ▸ *nom* seau

buckle ['bʌk(ə)l]
▸ *nom* boucle
▸ *verbe* boucler, attacher

bud [bʌd] ▸ *nom (sur un arbre)* bourgeon ; *(fleur)* bouton

Buddhist ['bʊdɪst] ▸ *nom & adjectif* bouddhiste

buffalo ['bʌfələʊ] (*au pluriel* **buffaloes** *ou* **buffalo**) ▸ *nom* buffle ; **an American buffalo** un bison

bug [bʌg] ▸ *nom*
1 insecte, bestiole
2 virus
3 *(dans un logiciel)* bogue

buggy ['bʌgɪ] (*au pluriel* **buggies**) ▸ *nom* poussette-canne ; *(en américain)* landau

build [bɪld] ▸ *verbe* construire
▸ **build up**
1 accumuler ; **to build up speed/one's strength** prendre de la vitesse/des forces
2 to build up a reputation se faire une réputation

I built, I have built, I am building

bulb [bʌlb] ▸ *nom*
1 *(pour lampe)* ampoule
2 *(de plante)* oignon, bulbe

bull [bʊl] ▸ *nom* taureau

bullet ['bʊlɪt] ▸ *nom* balle *(de pistolet)*

bulletin board ['bʊlɪtɪnbɔːd] ▸ *nom* *(expression américaine)* tableau *ou* panneau d'affichage

bully ['bʊlɪ]
▸ *nom* (*au pluriel* **bullies**) *(à l'école)* petite brute
▸ *verbe* persécuter : **he gets bullied by the other children at school** il se fait persécuter par les autres enfants de l'école

bump [bʌmp]
▸ *nom*
1 bosse
2 choc, coup
▸ *verbe* **to bump one's head/knee** se cogner la tête/le genou
▸ **bump into**
1 rentrer dans : **to bump into a tree** rentrer dans un arbre ; **she bumped into me** elle m'est rentrée dedans
2 to bump into somebody rencontrer quelqu'un par hasard, tomber sur quelqu'un

bumpy ['bʌmpɪ] ▸ *adjectif (route)* cahoteux, -euse ; **we had a bumpy flight** nous avons été secoués dans l'avion

bun [bʌn] ▸ *nom*
1 petit pain au lait
2 chignon

bunch [bʌntʃ] ▸ *nom* **a bunch of flowers** un bouquet de fleurs ; **a bunch of friends** un groupe d'amis ; **a bunch of grapes** une grappe de raisin ; **a bunch of keys** un trousseau de clés

bundle ['bʌnd(ə)l] ▸ *nom* paquet

bungalow ['bʌŋgələʊ] ▸ *nom* maison de plain-pied

burger ['bɜːgər] ▸ *nom* hamburger

burglar ['bɜːglər] ▸ *nom* cambrioleur, -euse ; **a burglar alarm** une alarme antivol

burglary ['bɜːglərɪ] (*au pluriel* **burglaries**) ▸ *nom* cambriolage

burn [bɜːn]
▸ *nom* brûlure
▸ *verbe*
1 brûler : **she burnt her finger** elle s'est brûlé le doigt ; **I burnt the cakes** j'ai laissé brûler les gâteaux ; **the house is burning** la maison brûle
2 graver *(un CD)*
▸ **burn down** être détruit, -uite par le feu

I burned *ou* burnt, I have burned *ou* burnt, I am burning

burst [bɜːst] ▸ *verbe* crever : **the balloon/tyre burst** le ballon/pneu a crevé ; **to burst a balloon/bubble** crever un ballon/une bulle
▸ **burst into**
1 to burst into a room entrer brusquement dans une pièce
2 to burst into flames prendre feu ; **to burst into tears** fondre en larmes

I burst, I have burst, I am bursting

bury ['berɪ] ▸ *verbe* enterrer

bus [bʌs] ▸ *nom* autobus, bus ; *(pour les longs trajets)* autocar, car : **by bus** en autobus, en autocar ; **a bus driver/ticket** un conducteur/un billet d'autobus *ou* d'autocar ; **a bus shelter** un Abribus® ; **a bus stop** un arrêt de bus

business ['bɪznɪs] ▸ *nom*
1 affaires : **business is good/bad** les affaires vont bien/mal ; **he went to Paris on business** il est allé à Paris pour affaires ; **a business meeting/trip** un rendez-vous/voyage d'affaires
2 entreprise
3 that's my business c'est mon affaire ; **that's none of your business!** ça ne te regarde pas ! ; **mind your own business!** occupe-toi de tes affaires !

businessman ['bɪznɪsmən] (*au pluriel* **businessmen** [-men]) ▸ *nom* homme d'affaires

businesswoman ['bɪznɪswʊmən] (*au pluriel* **businesswomen** [-wɪmɪn]) ▸ *nom* femme d'affaires

busy ['bɪzɪ] ▸ *adjectif*
1 occupé, -e : **I'm very busy** je suis très occupé ; **to be busy doing something** être occupé à faire quelque chose
2 a busy day une journée chargée ; **a busy street** une rue animée
3 the line's busy *(expression américaine)* la ligne est occupée

but [bʌt]
▸ *conjonction* mais : **he's rich but he's not happy** il est riche mais il n'est pas heureux
▸ *préposition* sauf : **any day but tomorrow** n'importe quel jour sauf demain ; **no one but you** personne d'autre que toi

butcher ['bʊtʃər] ▸ *nom* boucher, -ère

butter ['bʌtər]
▸ *nom* beurre
▸ *verbe* beurrer

butterfly ['bʌtəflaɪ] (*au pluriel* **butterflies**) ▸ *nom* papillon

button ['bʌtən]
▸ *nom* bouton ; *(du téléphone)* touche
▸ *verbe* boutonner

buy [baɪ] ▸ *verbe* acheter : **I've brought her a present, I've bought a present for her** je lui ai acheté un cadeau ; **I bought this book from Anne** j'ai acheté ce livre à Anne

I bought, I have bought, I am buying

buzz [bʌz] ▸ *verbe* bourdonner

by [baɪ]
▸ *préposition*
1 par : **the road was built by the Romans** la route a été construite par les Romains ; **by sea** par mer ; **by e-mail** par e-mail
2 de : **the house is surrounded by fields** la maison est entourée de champs ; **by day/night** de jour/nuit ; **a book by Toni Morrison** un livre de Toni Morrison
3 en : **he learned to cook by watching his mother** il a appris à faire la cuisine en regardant sa mère ; **by car** en voiture ; **by bus** en autobus
4 à : **by bicycle** à bicyclette ; **one by one** un à un, un par un ; **by the kilo** au kilo
5 à côté de, près de : **he's sitting by the fire** il est assis près du feu ; **by the lake** au bord du lac
6 pour : **it must be done by tomorrow** ça doit être fait pour demain ; **she'll be here by five o'clock** elle sera là pour cinq heures ; **he should be here by now** il devrait déjà être arrivé
7 to do something by oneself faire quelque chose tout seul
▸ *adverbe* **close by** tout près ; **is there a bank close by?** est-ce qu'il y a une banque près d'ici ? ; **to go by, to pass by** passer

bye [baɪ] (*ou* **bye-bye**) ▸ *exclamation* salut !

Attention, ce mot est familier.

Cc

cab [kæb] ▸ *nom* taxi

cabbage ['kæbɪdʒ] ▸ *nom* chou

cable ['keɪb(ə)l] ▸ *nom*
1 câble : **cable TV** la télévision par câble
2 a cable car un téléphérique

cactus ['kæktəs] (*au pluriel* **cacti** ['kæktaɪ] *ou* **cactuses**) ▸ *nom* cactus

café ['kæfeɪ] ▸ *nom (en Grande-Bretagne)* café-restaurant ; *(en France)* café

cage [keɪdʒ] ▸ *nom* cage

cake [keɪk] ▸ *nom (gros)* gâteau ; *(petit)* pâtisserie ; **a cake shop** une pâtisserie

calculate ['kælkjʊleɪt] ▸ *verbe* calculer

calculator ['kælkjʊleɪtər] ▸ *nom* calculatrice

calendar ['kælɪndər] ▸ *nom* calendrier

calf [kɑːf] (*au pluriel* **calves** [kɑːvz]) ▸ *nom*
1 *(animal)* veau
2 *(partie du corps)* mollet

call [kɔːl]
▸ *nom*
1 a (telephone) call un appel, un coup de téléphone : **to make a call** passer un coup de téléphone, téléphoner (**to** à) ; **to get** *ou* **to receive a call** recevoir un appel ; **I'll give you a call later** je t'appelle tout à l'heure
2 cri, appel : **a call for help** un appel au secours ; **I'll give you a call when dinner's ready** je t'appellerai quand le dîner sera prêt
▸ *verbe*
1 appeler : **call your cousin!** appelle ton cousin ! ; **they called their daughter Martine** ils ont appelé leur fille Martine ; **I'm calling from New York** j'appelle de New York ; **who's calling?** qui est à l'appareil ?
2 traiter : **to call somebody a liar/a fool** traiter quelqu'un de menteur/d'idiot
3 passer : **I called at his house** je suis passé chez lui
4 to be called s'appeler : **what's that animal called?** comment s'appelle cet animal ?
▸ **call back** rappeler
▸ **call for** passer prendre : **I'll call for you at 6 o'clock** je passe te prendre à 6 heures
▸ **call in**
1 faire entrer : **call Miss Smith in, please** faites entrer mademoiselle Smith, s'il vous plaît
2 to call in on somebody passer chez quelqu'un
▸ **call off** annuler
▸ **call out**
1 crier
2 *(un médecin)* appeler ; **the army was called out to help** on a fait appel à l'armée pour aider
▸ **call up** appeler, téléphoner à

calm [kɑːm] ▸ *adjectif* calme : **I stayed very calm** je suis resté très calme ; **keep calm!** du calme !
▸ **calm down** ▸ *verbe* se calmer

camcorder ['kæmkɔːdər] ▸ *nom* Caméscope®

came [keɪm] *voir* **come**

camel ['kæməl] ▸ *nom* chameau

camera ['kæmərə] ▸ *nom* appareil photo ; **a film camera** une caméra ; **a TV camera** une caméra de télévision

camp [kæmp]
▸ *nom* camp
▸ *verbe* camper

camping ['kæmpɪŋ] ▸ *nom* camping *(activité)*: **to go camping** faire du camping ; **a camping site** un camping

campsite ['kæmpsaɪt] ▸ *nom* camping *(terrain)*

can¹ [kæn] ▸ *auxiliaire modal*
1 *(capacité, autorisation)* pouvoir : **if I can** si je peux ; **he can't walk** il ne peut pas marcher ; **you can leave now** vous pouvez partir maintenant
2 *(dans les questions)* pouvoir : **can I come in?** est-ce que je peux entrer ?, puis-je entrer ?
3 *(éventualité)* pouvoir : **you can always try again later** tu peux toujours réessayer plus tard
4 *(aptitude)* savoir : **she can swim** elle sait nager ; **she can speak three languages** elle parle trois langues
5 *(avec les verbes de perception)* **I can see her** je la vois ; **I can't hear** je n'entends pas

can² [kæn] ▸ *nom (pour les aliments)* boîte ; *(pour la bière)* canette ; *(pour l'essence, l'huile, l'eau)* bidon

Canada ['kænədə] ▸ *nom* le Canada

Canadian [kə'neɪdɪən]
▸ *adjectif* canadien, -ienne
▸ *nom* Canadien, -ienne

cancel ['kæns(ə)l] ▸ *verbe* annuler

cancer ['kænsər] ▸ *nom* cancer : **lung cancer** le cancer des poumons

candle ['kænd(ə)l] ▸ *nom* bougie

candlestick ['kænd(ə)lstɪk] ▸ *nom* bougeoir

candy ['kændɪ] (*au pluriel* **candies**) ▸ *nom (mot américain)* bonbon : **do you want some candy?** tu veux un bonbon *ou* des bonbons ? ; **a candy store** une confiserie

cane [keɪn] ▸ *nom* canne

canned [kænd] ▸ *adjectif* en boîte : **canned salmon** du saumon en boîte ; **canned food** conserves

cannot ['kænɒt] *voir* **can¹**

can't [kɑːnt] = **cannot**

canteen [kæn'tiːn] ▸ *nom* cantine

cap [kæp] ▸ *nom*
1 casquette ; *(pour nager)* bonnet
2 *(d'une bouteille en plastique, d'un tube)* bouchon ; *(d'une bouteille de bière)* capsule
3 *(d'un stylo)* capuchon

capable ['keɪpəb(ə)l] ▸ *adjectif* capable : **he's quite capable of telling lies!** il est bien capable de mentir !

capital ['kæpɪt(ə)l] ▸ *nom*
1 capitale : **I live in the capital (city)** j'habite dans la capitale
2 majuscule

captain ['kæptɪn] ▸ *nom* capitaine

capture ['kæptjər] ▸ *verbe* prendre, capturer

car [kɑːr] ▸ *nom*
1 voiture : **by car** en voiture ; **a car radio** un autoradio ; **a car ferry** un ferry ; **a car park** un parking
2 *(en américain)* wagon

caravan ['kærəvæn] ▸ *nom* caravane : **a caravan site** un camping pour caravanes

card [kɑːd] ▸ *nom*
1 carte : **a birthday card** une carte d'anniversaire
2 a playing card une carte à jouer **to play cards** jouer aux cartes

cardboard ['kɑːdbɔːd] ▸ *nom* carton : **a cardboard box** un carton

cardigan ['kɑːdɪgən] ▸ *nom* cardigan, gilet

cardphone ['kɑːdfəʊn] ▸ *nom* téléphone à carte

care [keər]
▸ *nom*
1 soin, attention : **with care** avec soin, avec attention ; **to take care to do something** prendre soin de faire quelque chose ; **take care not to spill the paint** fais attention à ne pas renverser la peinture ; **take care!** *(en se quittant)* salut !
2 soins : **dental care** soins dentaires
3 to take care of s'occuper de ; **I can take care of myself** je peux me débrouiller (tout seul) ; **take care of yourself** fais attention à toi
▸ *verbe*
1 *(formule de politesse)* **would you care to try?** aimeriez-vous essayer ?
2 I don't care ça m'est égal ; **he doesn't care what people think** il se moque de ce que les gens peuvent penser ; **who cares?** qu'est-ce que ça peut bien faire ?
▸ **care about**
1 se soucier de : **they don't care about the future** ils ne se soucient pas de l'avenir
2 aimer : **he still cares about her** il l'aime encore
▸ **care for**
1 *(formule de politesse)* **would you care for a drink?** voulez-vous boire quelque chose ?
2 s'occuper de : **she cares for her elderly mother** elle s'occupe de sa mère, qui est âgée

careful ['keəfʊl] ▸ *adjectif*
1 prudent, -ente : **he's a careful driver** c'est un conducteur prudent ; **be careful not to fall** fais attention à ne pas tomber ; **be careful!** (fais) attention !
2 soigné, -e : **a very careful piece of work** un travail très soigné

carefully ['keəfʊlɪ] ▸ *adverbe*
1 prudemment
2 soigneusement

careless ['keəlɪs] ▸ *adjectif*
1 négligent, -ente
2 peu soigné, -e

caretaker ['keəteɪkər] ▸ *nom* concierge, gardien, -ienne

Caribbean [kærɪ'biːən, *en américain* kə'rɪbɪən] ▸ *nom* **the Caribbean** les Antilles

carnival ['kɑːnɪv(ə)l] ▸ *nom* carnaval

carol ['kær(ə)l] ▸ *nom* **a (Christmas) carol** un chant de Noël

carpenter ['kɑːpɪntər] ▸ *nom*
1 menuisier
2 charpentier

carpet ['kɑːpɪt] ▸ *nom*
1 tapis
2 moquette

carriage ['kærɪdʒ] ▸ *nom* wagon

carrier bag ['kærɪəbæg] ▸ *nom* sac en plastique

carrot ['kærət] ▸ *nom* carotte

carry ['kærɪ] ▸ *verbe*
1 porter : **she was carrying a suitcase** elle portait une valise
2 transporter : **this train carries goods and passengers** ce train transporte des marchandises et des passagers
▸ **carry on** continuer : **carry on (with) your work!** continue ton travail ! ; **to carry on doing something** continuer à *ou* de faire quelque chose
▸ **carry out** faire, effectuer ; *(un ordre)* exécuter

cart [kɑːt] ▸ *nom*
1 charrette
2 *(en américain)* chariot *(de supermarché)*

carton ['kɑːtən] ▸ *nom* (boîte en) carton ; *(de lait, de jus de fruit)* brique ; *(de cigarettes)* cartouche

cartoon [kɑː'tuːn] ▸ *nom* dessin animé ; *(dans le journal)* dessin humoristique ; *(livre)* bande dessinée

carve [kɑːv] ▸ *verbe*

1 sculpter, tailler (**out of** dans)
2 *(de la viande)* découper

case [keɪs] ▶ *nom*
1 valise
2 étui ; **a pencil case** une trousse
3 cas : **in that case** dans ce cas ; **in some cases** dans certains cas ; **in any case** en tout cas
4 in case au cas où ; **in case you fall** au cas où tu tomberais ; **in case of an emergency** en cas d'urgence ; **take an umbrella just in case** prends un parapluie au cas où *ou* à tout hasard

cash [kæʃ] ▶ *nom*
1 liquide, espèces : **to pay in cash** payer en liquide *ou* en espèces ; **a cash desk** une caisse
2 argent : **I've run out of cash** je n'ai plus d'argent

cashier [kæ'ʃɪər] ▶ *nom* caissier, -ière

cassette [kə'set] ▶ *nom* cassette : **a cassette player** un lecteur de cassettes ; **a cassette recorder** un magnétophone

castle ['kɑːs(ə)l] ▶ *nom* château

cat [kæt] ▶ *nom* chat, chatte

catch [kætʃ] ▶ *verbe*
1 attraper ; **to catch the train/bus** prendre le train/bus ; **to catch somebody doing something** surprendre quelqu'un en train de faire quelque chose
2 saisir : **I didn't catch the last word** je n'ai pas saisi le dernier mot
3 to catch one's finger in something se prendre le doigt dans quelque chose ; **her skirt got caught in the door** sa jupe s'est prise dans la porte
4 to catch fire, *(en américain)* **to catch on fire** prendre feu

▸**catch up : to catch somebody up, to catch up with somebody** rattraper quelqu'un ; **you must try and catch up** tu dois essayer de rattraper ton retard

I caught, I have caught, I am catching

catching ['kætʃɪŋ] ▶ *adjectif* contagieux, -euse

caterpillar ['kætəpɪlər] ▶ *nom* chenille

cathedral [kə'θiːdrəl] ▶ *nom* cathédrale

Catholic ['kæθlɪk] ▶ *nom & adjectif* catholique

caught [kɔːt] *voir* **catch**

cauliflower ['kɒlɪflaʊər] ▶ *nom* chou-fleur

cause [kɔːz]
▶ *nom* cause
▶ *verbe* causer, provoquer

cautious ['kɔːʃəs] ▶ *adjectif* prudent, -ente

cave [keɪv] ▶ *nom* grotte, caverne

CD [siː'diː] ▶ *nom* CD : **a CD player** un lecteur de CD ; **a CD burner** *ou* **writer** un graveur de CD

CD-ROM [siːdiː'rɒm] ▶ *nom* CD-ROM : **a CD-ROM drive** un lecteur de CD-ROM

ceiling ['siːlɪŋ] ▶ *nom* plafond

celebrate ['selɪbreɪt] ▶ *verbe* fêter ; **let's celebrate!** il faut fêter ça ! ; **they were celebrating** ils faisaient la fête

celery ['selərɪ] ▶ *nom* céleri

cellar ['selər] ▶ *nom* cave

cellphone ['selfəʊn] ▶ *nom (mot américain)* (téléphone) portable

cement [sɪ'ment] ▶ *nom* ciment

cemetery ['semətrɪ] (*au pluriel* **cemeteries**) ▶ *nom* cimetière

cent [sent] ▶ *nom* cent *(pièce de monnaie)*

center *(mot américain)* = **centre**

centimetre ['sentɪmiːtər] (*ou* **centimeter** *en américain*) ▶ *nom* centimètre

centre [sentər] ▸ *nom* centre

century ['sentʃərɪ] (*au pluriel* **centuries**) ▸ *nom* siècle

cereal ['sɪərɪəl] ▸ *nom (pour le petit déjeuner)* céréales : **do you want some cereal?** est-ce que tu veux des céréales ?

Le mot **cereal** est indénombrable dans ce sens.

ceremony ['serɪmənɪ] (*au pluriel* **ceremonies**) ▸ *nom* cérémonie

certain ['sɜːt(ə)n] ▸ *adjectif* certain, -aine : **I'm certain that...** je suis certain que... ; **she's certain to come** c'est certain qu'elle viendra ; **I'm certain of it** j'en suis certain ; **a certain number of people** un certain nombre de gens ; **certain people** certaines personnes

certainly ['sɜːtənlɪ] ▸ *adverbe* certainement : **certainly not!** certainement pas ! ; **he's certainly very friendly** il est vrai qu'il est très sympathique

certificate [sə'tɪfɪkət] ▸ *nom* certificat ; *(universitaire)* diplôme

chain [tʃeɪn] ▸ *nom* chaîne : **a gold chain** une chaîne en or

chair [tʃeər] ▸ *nom*
1 chaise
2 fauteuil

chalk [tʃɔːk] ▸ *nom* craie

champion ['tʃæmpɪən] ▸ *nom* champion, -onne

chance [tʃɑːns] ▸ *nom*
1 chances, chance : **I have a chance of winning** j'ai des chances de gagner ; **they have no chance** ils n'ont aucune chance ; **to take a chance** prendre un risque
2 hasard : **by chance** par hasard
3 I haven't had a chance to do it je n'ai pas trouvé le temps de le faire ; **if you get a chance, call her** si tu trouves un moment, appelle-la

change [tʃeɪndʒ]
▸ *nom*
1 changement ; **for a change** pour changer ; **a change of clothes** des vêtements de rechange
2 monnaie : **to get (some) change** faire de la monnaie
▸ *verbe*
1 changer : **that changes everything** ça change tout ; **to change dollars into euros** changer des dollars en euros ; **you've really changed!** comme tu as changé ! ; **can you change the baby?** tu peux changer le bébé ?
2 changer de : **to change trains** changer de train ; **she changed her skirt** elle a changé de jupe ; **to change gear** changer de vitesse ; **to change the subject** changer de sujet
3 échanger
4 se changer : **he's gone upstairs to change** il est monté se changer
▸ **change over** passer (**from** de, **to** à) : **France changed over to the euro in 2002** la France est passée à l'euro en 2002

changing room ['tʃeɪndʒɪŋruːm] ▸ *nom* vestiaire ; *(dans un magasin)* cabine d'essayage

Channel ['tʃæn(ə)l] ▸ *nom* **the Channel** la Manche : **the Channel Tunnel** le tunnel sous la Manche

channel ['tʃæn(ə)l] ▸ *nom (de télévision)* chaîne : **let's change channel** changeons de chaîne

chapter ['tʃæptər] ▸ *nom* chapitre

character ['kærɪktər] ▸ *nom*
1 caractère : **it's in my character** c'est dans mon caractère
2 personnage : **the main character** le personnage principal

charge [tʃɑːdʒ]
▸ *nom*
1 frais : **delivery charge** frais de livraison ; **free of charge** gratuit, -uite
2 to be in charge être responsable

(**of** de) ; **the person in charge** le/la responsable

▸ *verbe* prendre : **how much do you charge an hour?** combien prenez-vous de l'heure ? ; **they didn't charge us for the coffee** ils ne nous ont pas fait payer le café

charm [tʃɑːm] ▸ *nom* charme : **to have charm** avoir du charme

charming ['tʃɑːmɪŋ] ▸ *adjectif* charmant, -ante

chart [tʃɑːt] ▸ *nom*
1 tableau *(graphique)*
2 the charts le hit-parade

chase [tʃeɪs] ▸ *verbe* poursuivre
▸ **chase after** courir après
▸ **chase away** chasser : **the shopkeeper chased them away** le commerçant les a chassés

chat [tʃæt]
▸ *nom* **to have a chat** bavarder (**with** avec)
▸ *verbe* bavarder (**with** avec)

cheap [tʃiːp] ▸ *adjectif* bon marché, pas cher, pas chère : **cheap shoes** des chaussures bon marché ; **it's cheaper** c'est moins cher ; **this is the cheapest** c'est le moins cher

cheat [tʃiːt]
▸ *verbe* tricher : **don't cheat!** ne triche pas !
▸ *nom* tricheur, -euse

cheater ['tʃiːtər] *(mot américain)* = **cheat** *nom*

check [tʃek]
▸ *nom*
1 contrôle, vérification : **an identity/ a security check** un contrôle d'identité/de sécurité
2 *(en américain)* chèque
3 *(en américain)* addition *(au restaurant)*
4 *(en américain)* croix *(dans une case)*
▸ *adjectif* à carreaux
▸ *verbe*
1 vérifier : **I'll check if the bus leaves at six** je vais vérifier si l'autobus part à six heures
2 contrôler : **he checked our tickets** il a contrôlé nos billets
▸ **check in**
1 *(à l'hôtel)* signer le registre
2 *(à l'aéroport)* se présenter à l'enregistrement ; **to check in one's luggage** enregistrer ses bagages
▸ **check off** *(verbe américain)* cocher
▸ **check out** *(à l'hôtel)* régler sa note

checkers ['tʃekəz] ▸ *nom (mot américain)* dames : **to play checkers** jouer aux dames

checkout ['tʃekaʊt] ▸ *nom* caisse *(au supermarché)*

cheek [tʃiːk] ▸ *nom*
1 joue
2 culot : **what a cheek!** quel culot !

Attention, ce dernier sens est familier.

cheer [tʃɪər]
▸ *nom*
1 acclamation, hourra
2 cheers! *(en buvant)* santé !
▸ *verbe* pousser des hourras
▸ **cheer up** remonter le moral à ; **cheer up!** courage !

cheerful ['tʃɪəfʊl] ▸ *adjectif* gai, -e

cheerio [tʃɪərɪ'əʊ] ▸ *exclamation* salut !

Attention, ce mot est familier.

cheese [tʃiːz] ▸ *nom* fromage

chemical ['kemɪk(ə)l]
▸ *adjectif* chimique
▸ *nom* produit chimique

chemist ['kemɪst] ▸ *nom* pharmacien, -ienne ; **at the chemist** *ou* **chemist's** à la pharmacie

chemistry ['kemɪstrɪ] ▸ *nom* chimie

cheque [tʃek] ▸ *nom* chèque

cherry ['tʃerɪ] (*au pluriel* **cherries**)
▸ *nom* cerise

chess [tʃes] ▸ *nom* échecs : **to play chess** jouer aux échecs

chest [tʃest] ▸ *nom*
1 poitrine
2 coffre ; **a chest of drawers** une commode

chew [tʃu:] ▸ *verbe* mâcher

chick [tʃɪk] ▸ *nom* poussin

chicken ['tʃɪkɪn] ▸ *nom* poulet : **a chicken leg** une cuisse de poulet

chickenpox ['tʃɪkɪnpɒks] ▸ *nom* varicelle

chief [tʃi:f]
▸ *nom* chef
▸ *adjectif* principal, -e : **my chief concern** mon principal souci

child [tʃaɪld] (*au pluriel* **children** ['tʃɪldrən]) ▸ *nom* enfant

childhood ['tʃaɪldhʊd] ▸ *nom* enfance

childminder ▸ *nom* gardienne d'enfants

children ['tʃɪldrən] *voir* **child**

Chile ['tʃɪlɪ] ▸ *nom* le Chili

chill [tʃɪl] ▸ *nom* **to catch a chill** prendre froid

chilly ['tʃɪlɪ] ▸ *adjectif* frais, fraîche : **it's chilly** il fait frais

chimney ['tʃɪmnɪ] ▸ *nom* cheminée

chin [tʃɪn] ▸ *nom* menton

China ['tʃaɪnə] ▸ *nom* la Chine

china ['tʃaɪnə] ▸ *nom* porcelaine : **a china cup** une tasse en porcelaine

Chinese [tʃaɪ'ni:z]
▸ *adjectif* chinois, -oise ; **a Chinese man** un Chinois ; **a Chinese woman** une Chinoise
▸ *nom* chinois *(langue)*
▸ *nom pluriel* **the Chinese** les Chinois

chip [tʃɪp] ▸ *nom*
1 frite
2 *(en américain)* chips
3 *(dans un ordinateur)* puce

choc-ice ['tʃɒkaɪs] ▸ *nom* Esquimau®

chocolate ['tʃɒklət] ▸ *nom* chocolat

choice [tʃɔɪs] ▸ *nom* choix : **you have no choice** tu n'as pas le choix

choir ['kwaɪər] ▸ *nom* chœur, chorale

choke [tʃəʊk] ▸ *verbe* s'étouffer : **to choke on something** s'étouffer en mangeant quelque chose

choose [tʃu:z] ▸ *verbe* choisir (**from** parmi)

I chose, I have chosen, I am choosing

chop [tʃɒp]
▸ *nom* côtelette
▸ *verbe* couper (en morceaux)
▸ **chop down** abattre

chose [tʃəʊz], **chosen** ['tʃəʊzən] *voir* **choose**

Christian ['krɪstʃən] ▸ *nom & adjectif* chrétien, -ienne

Christmas ['krɪsməs] ▸ *nom* Noël : **Merry Christmas!, Happy Christmas!** joyeux Noël ! ; **Father Christmas** le père Noël ; **Christmas Day** le jour de Noël ; **Christmas Eve** la veille de Noël ; **a Christmas tree/card** un sapin/une carte de Noël

church [tʃɜ:tʃ] ▸ *nom* église : **to go to church** aller à l'église

cigar [sɪ'gɑ:r] ▸ *nom* cigare

cigarette [sɪgə'ret] ▸ *nom* cigarette

cinema ['sɪnəmə] ▸ *nom* cinéma

circle ['sɜ:k(ə)l] ▸ *nom* cercle

circus ['sɜ:kəs] ▸ *nom* cirque

citizen ['sɪtɪzən] ▸ *nom* citoyen, -enne

city ['sɪtɪ] (*au pluriel* **cities**) ▸ *nom* (grande) ville ; **the city centre** le centre-ville

clap [klæp] ▸ *verbe* applaudir ; **to clap one's hands** taper des mains, frapper dans ses mains

clapping ['klæpɪŋ] ▸ *nom* applaudissements

Le mot **clapping** est indénombrable.

class [klɑːs] ▸ *nom*
1 classe : **the whole class was there** toute la classe était là
2 cours : **the French class** le cours de français
3 to travel first/second class voyager en première/deuxième classe ; **a first-class/second-class ticket** un billet de première/de deuxième classe

classmate ['klɑːsmeɪt] ▸ *nom* camarade de classe

classroom ['klɑːsruːm] ▸ *nom* salle de classe

claw [klɔː] ▸ *nom* griffe ; *(de crabe)* pince

clay [kleɪ] ▸ *nom* argile

clean [kliːn]
▸ *adjectif* propre
▸ *verbe* nettoyer : **I cleaned the kitchen** j'ai nettoyé la cuisine ; **to clean one's teeth** se brosser les dents

cleaner ['kliːnər] ▸ *nom*
1 femme de ménage
2 at the cleaner *ou* **cleaner's** à la teinturerie ; **to take something to the cleaner** *ou* **the cleaner's** porter quelque chose à la teinturerie *ou* chez le teinturier

cleaning ['kliːnɪŋ] ▸ *nom* ménage : **to do the cleaning** faire le ménage

clear [klɪər]
▸ *adjectif*
1 *(eau, son, explication)* clair, -e ; *(image, photo)* net, nette ; **it's clear that...** il est évident *ou* clair que... ; **to make oneself clear** bien se faire comprendre
2 *(chemin, vue, ciel)* dégagé, -e
▸ *verbe*
1 dégager : **they've cleared the road** ils ont dégagé la route ; **to clear the table** débarrasser la table
2 *(brouillard)* se dissiper
▸ **clear out**
1 vider
2 jeter
▸ **clear up**
1 ranger
2 the weather is clearing up ça s'éclaircit

clearly ['klɪəlɪ] ▸ *adverbe (écrire, dire)* clairement ; *(entendre, voir)* bien

clerk [klɑːk, *en américain* klɜːrk] ▸ *nom*
1 employé, -e (de bureau)
2 *(en américain)* vendeur, -euse

clever ['klevər] ▸ *adjectif*
1 intelligent, -ente
2 astucieux, -euse : **a clever solution** une solution astucieuse
3 doué, -e : **to be clever at something/at doing something** être doué pour *ou* en quelque chose/pour faire quelque chose

cliff [klɪf] ▸ *nom* falaise

climate ['klaɪmət] ▸ *nom* climat

climb [klaɪm] ▸ *verbe* **to climb the stairs** monter l'escalier ; **to climb a hill** grimper une colline ; **to climb a tree/ladder** grimper à *ou* monter à un arbre/une échelle ; **to climb a wall** escalader un mur
▸ **climb down** descendre : **to climb down a wall/ladder** descendre d'un mur/d'une échelle ; **I'm climbing down** je descends
▸ **climb over** escalader
▸ **climb up : to climb up the stairs** monter l'escalier ; **to climb up a hill** grimper une colline

clinic ['klɪnɪk] ▸ *nom*
1 centre médical
2 clinique

clip [klɪp] ▸ *verbe* fixer, attacher (**to** à)

cloakroom ['kləʊkruːm] ▸ *nom*
1 vestiaire

2 toilettes : **where is the ladies' cloakroom?** où sont les toilettes des dames ?

clock [klɒk] ▸ *nom*
1 horloge : **the church clock** l'horloge de l'église
2 pendule : **the kitchen clock** la pendule de la cuisine ; **an alarm clock** un réveil

close
▸ *adjectif* [kləʊs]
1 proche : **a close relative** un parent proche ; **I'm very close to her** je suis très proche d'elle
2 proche, près : **my house is close to the school** ma maison est proche de *ou* près de l'école ; **the closest shops** les magasins les plus proches ; **she lives close by** elle habite tout près ; **I'm close behind** je suis juste derrière
▸ *verbe* [kləʊz]
1 fermer : **close the door!** fermez la porte ! ; **the shop closes at six o'clock** le magasin ferme à six heures
2 se fermer : **his eyes closed** ses yeux se sont fermés

closed [kləʊzd] ▸ *adjectif* fermé, -e

closely ['kləʊslɪ] ▸ *adverbe* de près : **look at it closely** regarde-le de près

closet ['klɒzɪt] ▸ *nom (mot américain)*
1 placard
2 armoire

cloth [klɒθ] ▸ *nom*
1 tissu : **the cap is made of cloth** la casquette est en tissu
2 a cloth *(pour la poussière)* un chiffon ; *(pour la vaisselle)* un torchon ; *(sur la table)* nappe

Le mot **cloth** est indénombrable au sens **1**.

clothes [kləʊðz] ▸ *nom pluriel* vêtements ; **to put one's clothes on** s'habiller ; **to take one's clothes off** se déshabiller ; **a clothes line** une corde à linge ; **a clothes peg,** *(en américain)* **a clothes pin** une pince à linge

clothing ['kləʊðɪŋ] ▸ *nom* vêtements ; **an item** *ou* **a piece of clothing** un vêtement

Le mot **clothing** est indénombrable.

cloud [klaʊd] ▸ *nom* nuage
▸ **cloud over** ▸ *verbe (ciel)* se couvrir

cloudy ['klaʊdɪ] ▸ *adjectif* nuageux, -euse ; **it's cloudy** le temps est couvert

clown [klaʊn] ▸ *nom* clown

club [klʌb] ▸ *nom*
1 club : **a tennis club** un club de tennis
2 boîte (de nuit)

clue [kluː] ▸ *nom*
1 indice
2 I haven't a clue je n'en ai pas la moindre idée

Attention, cette dernière expression est familière.

clumsy ['klʌmzɪ] ▸ *adjectif* maladroit, -droite

coach [kəʊtʃ] ▸ *nom* car, autocar : **by coach** en car, en autocar ; **a coach trip** une excursion en car *ou* en autocar

coal [kəʊl] ▸ *nom* charbon

coast [kəʊst] ▸ *nom* côte

coat [kəʊt] ▸ *nom*
1 manteau ; *(plus court)* veste
2 a coat of paint une couche de peinture

coathanger ['kəʊthæŋər] ▸ *nom* cintre

cobweb ['kɒbweb] ▸ *nom* toile d'araignée

cock [kɒk] (*ou* **cockerel** ['kɒk(ə)r(ə)l]) ▸ *nom* coq

cocoa ['kəʊkəʊ] ▸ *nom* cacao ; **a cup of cocoa** un chocolat chaud

coconut ['kəʊkənʌt] ▸ *nom* noix de coco

cod [kɒd] ▸ *nom* morue

coffee ['kɒfɪ] ▸ *nom*
1 café : **to have a coffee** prendre un café ; **white coffee, coffee with milk** café au lait ; *(au restaurant)* café crème
2 a coffee shop *ou* **bar** un café *(lieu)*

coffin ['kɒfɪn] ▸ *nom* cercueil

coin [kɔɪn] ▸ *nom* pièce (de monnaie)

Coke® [kəʊk] ▸ *nom* Coca

cold [kəʊld]
▸ *adjectif* froid, froide : **a cold night** une nuit froide ; **to be cold, to feel cold** avoir froid ; **it's cold, the weather's cold** il fait froid ; **it's getting cold** le temps se refroidit
▸ *nom*
1 froid : **I don't like the cold** je n'aime pas le froid ; **to catch cold** prendre froid
2 rhume : **a nasty cold** un gros rhume ; **I have a cold** je suis enrhumé

collapse [kə'læps] ▸ *verbe* s'effondrer

collar ['kɒlər] ▸ *nom*
1 *(de vêtement)* col
2 *(de chien)* collier

collect [kə'lekt] ▸ *verbe*
1 ramasser
2 passer prendre, aller chercher : **I'll collect you at the airport** je passerai vous prendre *ou* j'irai vous chercher à l'aéroport
3 collectionner

collection [kə'lekʃən] ▸ *nom* collection

college ['kɒlɪdʒ] ▸ *nom* université ; **a technical college** un IUT ; **he goes to college** il est étudiant

collide [kə'laɪd] ▸ *verbe* entrer en collision (**with** avec)

colour ['kʌlər] (*ou* **color** *en américain*)
▸ *nom* couleur : **what colour is it?** c'est de quelle couleur ? ; **a colour photo/film** une photo/une pellicule couleur *ou* en couleur
▸ *verbe* **to colour (in) something** colorier quelque chose

coloured pencil ['kʌləd'pensəl] (*ou* **colored pencil** *en américain*)
▸ *nom* crayon de couleur

colourful ['kʌləfʊl] (*ou* **colorful** *en américain*) ▸ *adjectif* coloré, -e, aux couleurs vives

column ['kɒləm] ▸ *nom*
1 colonne
2 *(d'un journal)* rubrique

comb [kəʊm]
▸ *nom* peigne
▸ *verbe* **to comb one's hair** se peigner

come [kʌm] ▸ *verbe*
1 venir : **come and see me** viens me voir ; **will you come with me?** tu viendras avec moi ? ; **to come from France/from Paris** venir de France/de Paris
2 arriver : **to come first/second** *(dans une course)* arriver premier/deuxième ; **I've just come from London** j'arrive de Londres ; **I'm coming!, coming!** j'arrive !

▸ **come apart** *(deux objets)* se séparer ; *(un objet)* se défaire, se casser

▸ **come around** *(verbe américain)* = **come round**

▸ **come back** revenir ; *(chez soi)* rentrer

▸ **come down**
1 descendre : **I'm coming down** je descends ; **to come down the stairs** descendre l'escalier
2 *(pluie)* tomber

▸ **come down with** attraper : **he came down with a cold** il a attrapé un rhume, il s'est enrhumé

▸ **come for** venir chercher : **I'll come for you at midday** je viendrai te chercher à midi

▸ **come in** entrer

▸ **come into** entrer dans

▸ **come off**
1 *(bouton)* se détacher ; *(tache)* partir
2 to come off something *(par accident)* tomber de quelque chose ; *(volontairement)* descendre de quelque chose

▸ **come on : come on!** allez !

▸ **come out** sortir : **he came out of the bedroom** il est sorti de la chambre

▸ **come round**
1 passer, venir
2 reprendre connaissance

▸ **come to** s'élever à : **the damage comes to 300 dollars** les dégâts s'élèvent à 300 dollars ; **how much does it come to?** ça fait combien ?

▸ **come up** monter : **I'm coming up** je monte ; **to come up the stairs** monter l'escalier

▸ **come up to** arriver jusqu'à : **the water came up to my knees** l'eau m'arrivait jusqu'aux genoux

I came, I have come, I am coming

comfort ['kʌmfət]
▸ *nom* confort
▸ *verbe* consoler

comfortable ['kʌmfətəb(ə)l] ▸ *adjectif*
1 confortable
2 *(personne)* à l'aise : **make yourself comfortable!** mettez-vous à l'aise !

comic ['kɒmɪk] ▸ *nom* **a comic (strip)** une bande dessinée

comma ['kɒmə] ▸ *nom* virgule

command [kə'mɑːnd]
▸ *nom* ordre
▸ *verbe* ordonner à : **to command somebody to do something** ordonner à quelqu'un de faire quelque chose

comment ['kɒment] ▸ *nom* observation, commentaire

commercial [kə'mɜːʃəl] ▸ *adjectif* commercial, -e

common ['kɒmən] ▸ *adjectif*
1 courant, -ante : **a common mistake** une faute courante
2 commun, -une : **we have common interests** nous avons des intérêts communs
3 in common en commun ; **to have something in common with somebody** avoir quelque chose en commun avec quelqu'un
4 common sense le bon sens

communicate [kə'mjuːnɪkeɪt] ▸ *verbe* communiquer (**with** avec)

communication [kəmjuːnɪ'keɪʃən] ▸ *nom* communication

compact disc ['kɒmpækt'dɪsk] (*ou* **compact disk** *en américain*) ▸ *nom* disque compact

companion [kəm'pænjən] ▸ *nom* compagnon, compagne

company ['kʌmpənɪ] (*au pluriel* **companies**) ▸ *nom*
1 compagnie : **to keep somebody company** tenir compagnie à quelqu'un
2 invités, invitées : **are you expecting company?** vous attendez du monde *ou* des invités ?
3 société ; **an insurance company** une compagnie d'assurances

compare [kəm'peər] ▸ *verbe* comparer (**to, with** à) ; **compared to** *ou* **with** par rapport à

comparison [kəm'pærɪs(ə)n] ▸ *nom* comparaison (**avec** with) ; **in comparison with** par rapport à

compartment [kəm'pɑːtmənt] ▸ *nom* compartiment

compass ['kʌmpəs] ▸ *nom*
1 boussole
2 *(en américain)* compas
▪ **compasses** ▸ *nom pluriel* compas

compete [kəm'piːt] ▸ *verbe*
1 participer (**in** à) : **ten women are competing in the race** dix femmes participent à la course
2 to compete for something se disputer quelque chose
3 to compete against somebody être en compétition avec quelqu'un

competition [kɒmpɪ'tɪʃən] ▸ *nom* concours ; *(en sport)* compétition

complain [kəm'pleɪn] ▸ *verbe* se plaindre (**that** que) : **to complain to somebody about something** se plaindre à quelqu'un de quelque chose

complaint [kəm'pleɪnt] ▸ *nom* plainte ; *(dans un magasin)* réclamation : **to make a complaint** se plaindre, faire une réclamation

complete [kəm'pli:t]
▸ *adjectif*
1 complet, -ète : **a complete list** une liste complète ; **a complete failure** un échec complet
2 terminé, -e, achevé, -e : **the project is complete** le projet est terminé *ou* achevé
▸ *verbe*
1 terminer, achever
2 compléter

completely [kəm'pli:tlɪ] ▸ *adverbe* complètement

complicated ['kɒmplɪkeɪtɪd] ▸ *adjectif* compliqué, -e

composer [kəm'pəʊzər] ▸ *nom* compositeur, -trice

composition [kɒmpə'zɪʃən] ▸ *nom (à l'école)* rédaction

comprehensive school [kɒmprɪ'hensɪvsku:l] ▸ *nom (en Angleterre)* établissement d'enseignement secondaire

compulsory [kəm'pʌlsərɪ] ▸ *adjectif* obligatoire

computer [kəm'pju:tər] ▸ *nom* ordinateur ; **she's in computers** elle est dans l'informatique ; **a computer program/virus** un programme/un virus informatique ; **a computer game** un jeu électronique

concentrate ['kɒnsəntreɪt] ▸ *verbe* se concentrer : **I'm concentrating on my homework** je me concentre sur mes devoirs ; **to concentrate on doing something** s'appliquer à faire quelque chose

concern [kən'sɜ:n] ▸ *verbe*
1 concerner : **it doesn't concern you** ça ne vous concerne pas
2 inquiéter

concerned [kən'sɜ:nd] ▸ *adjectif* inquiet, -iète : **to be concerned about something** être inquiet *ou* s'inquiéter pour quelque chose

concert ['kɒnsət] ▸ *nom* concert

conclusion [kən'klu:ʒən] ▸ *nom* conclusion

concrete ['kɒnkri:t] ▸ *nom* béton : **a concrete wall** un mur en béton

condition [kən'dɪʃən] ▸ *nom*
1 condition : **I'll go with you on one condition** j'irai avec vous à une condition ; **living conditions** les conditions de vie
2 état : **in good/bad condition** en bon/mauvais état

condo ['kɒndəʊ] ▸ *nom (mot américain)* appartement en copropriété

conduct
▸ *nom* ['kɒndʌkt] conduite *(comportement)*
▸ *verbe* [kən'dʌkt] **to conduct an orchestra** diriger un orchestre

conductor [kən'dʌktər] ▸ *nom* chef d'orchestre

cone [kəʊn] ▸ *nom*
1 cône
2 cornet *(de glace)*

confused [kən'fju:zd] ▸ *adjectif (situation, esprit)* confus, -use ; **I'm confused** je m'y perds ; **I'm confused** *ou* **I'm getting confused about these figures/details** je me perds dans tous ces chiffres/tous ces détails ; **she's confused about what to do now** elle ne sait pas ce qu'elle doit faire maintenant

confusing [kən'fju:zɪŋ] ▸ *adjectif* pas clair, -e

congratulate [kən'grætjʊleɪt] ▶ *verbe* féliciter : **to congratulate somebody on something/on doing something** féliciter quelqu'un de quelque chose/d'avoir fait quelque chose

congratulations [kəngrætjʊ'leɪʃənz] ▶ *nom pluriel* félicitations (**on** pour)

connect [kə'nekt] ▶ *verbe*
1 relier : **this road connects the two towns** cette route relie les deux villes
2 brancher ; *(des tuyaux)* raccorder
3 to connect to the Internet se connecter à Internet

connection [kə'nekʃən] ▶ *nom*
1 rapport (**with** avec, **between** entre)
2 correspondance : **I missed my connection** j'ai raté ma correspondance
3 connexion *(sur Internet)*

conscience ['kɒnʃəns] ▶ *nom* conscience

conscious ['kɒnʃəs] ▶ *adjectif* conscient, -ente

consider [kən'sɪdər] ▶ *verbe*
1 considérer : **I consider him a friend** je le considère comme un ami
2 réfléchir à : **I'll consider it** j'y réfléchirai ; **to consider doing something** envisager de faire quelque chose

considering [kən'sɪdərɪŋ]
▶ *préposition* étant donné : **considering your age** étant donné ton âge
▶ *conjonction* **considering you're so young, you've done very well** pour quelqu'un de si jeune, tu t'es très bien débrouillé

consist of [kən'sɪstəv] ▶ *verbe* se composer de

consonant ['kɒnsənənt] ▶ *nom* consonne

constant ['kɒnstənt] ▶ *adjectif* constant, -ante ; *(bruit, questions)* incessant, -ante ; *(problème)* permanent, -ente

constantly ['kɒnstəntlɪ] ▶ *adverbe* constamment, sans arrêt

contact ['kɒntækt] ▶ *nom* contact : **to be in contact with** être en contact avec

contain [kən'teɪn] ▶ *verbe* contenir

container [kən'teɪnər] ▶ *nom* récipient

contest ['kɒntest] ▶ *nom* concours

continual [kən'tɪnjʊəl] ▶ *adjectif* continuel, -elle

continue [kən'tɪnju:] ▶ *verbe*
1 continuer : **to continue doing** *ou* **to do something** continuer à *ou* de faire quelque chose ; **continue with your work!** continue ton travail !
2 reprendre : **we continued work after lunch** nous avons repris notre travail après le déjeuner

continuous [kən'tɪnjʊəs] ▶ *adjectif* continu, -e

control [kən'trəʊl]
▶ *nom*
1 contrôle : **to lose control of one's car** perdre le contrôle de sa voiture ; **to be in control of the situation/of one's car** être maître de la situation/de sa voiture ; **the situation is under control** je contrôle la situation, j'ai la situation en main ; **everything's under control** tout est en ordre ; **the situation is out of control** la situation est devenue incontrôlable
2 the controls *(d'un avion)* les commandes
▶ *verbe* contrôler ; *(la température)* régler ; *(une entreprise)* diriger ; *(la foule)* maîtriser ; **to control the situation** être maître de la situation, contrôler la situation ; **he can't control his pupils/children** il n'arrive pas à tenir ses élèves/enfants ; **to control oneself** se maîtriser, se contrôler

convenient [kən'viːnɪənt] ▸ *adjectif*
1 commode : **a convenient place/tool** un endroit/outil commode
2 to be convenient for somebody convenir à quelqu'un ; **if that's convenient** si cela vous convient
3 bien situé, -e : **it's convenient for the shops** c'est bien situé pour les commerces

conversation [kɒnvə'seɪʃən] ▸ *nom* conversation

convince [kən'vɪns] ▸ *verbe* convaincre, persuader (**of** de)

cook [kʊk]
▸ *verbe*
1 faire la cuisine : **I like cooking** j'aime faire la cuisine
2 cuire : **the carrots are cooking** les carottes sont en train de cuire
3 faire cuire : **cook the chicken in the oven** faites cuire le poulet au four ; **to cook a meal** préparer un repas
▸ *nom* cuisinier, -ière : **she's a good cook** elle est bonne cuisinière

cookbook ['kʊkbʊk] ▸ *nom* livre de cuisine

cooked [kʊkt] ▸ *adjectif* cuit, cuite

cooker ['kʊkər] ▸ *nom* cuisinière *(appareil)*

cookery book ['kʊkərɪbʊk] ▸ *nom* livre de cuisine

cookie ['kʊkɪ] ▸ *nom (mot américain)* biscuit

cooking ['kʊkɪŋ] ▸ *nom* cuisine : **to do the cooking** faire la cuisine ; **French cooking** la cuisine française

cool [kuːl] ▸ *adjectif*
1 frais, fraîche : **a nice cool drink** une boisson bien fraîche ; **it's cool, the weather's cool** il fait frais
2 calme : **to stay** *ou* **to keep cool** rester calme ; **keep cool!** du calme !
▸ **cool down** ▸ *verbe*
1 *(liquide)* refroidir
2 *(personne)* se rafraîchir : **let's have a drink to cool down** prenons un verre pour nous rafraîchir

copy ['kɒpɪ]
▸ *nom (au pluriel* **copies***)* copie ; *(d'un livre, d'un magazine)* exemplaire
▸ *verbe* copier : **to copy something from somebody** *(à l'école)* copier quelque chose sur quelqu'un

cork [kɔːk] ▸ *nom*
1 liège : **a cork notice board** un panneau en liège
2 *(de bouteille)* bouchon

corkscrew ['kɔːkskruː] ▸ *nom* tire-bouchon

corn [kɔːn] ▸ *nom*
1 *(céréale)* blé ; *(en américain)* maïs
2 *(aliment)* maïs : **a corn on the cob** un épi de maïs

corner ['kɔːnər] ▸ *nom*
1 coin : **the table in the corner** la table dans le coin ; **on** *ou* **at the corner of the street** au coin *ou* à l'angle de la rue ; **the school's around the corner** l'école se trouve tout près d'ici
2 virage

cornflakes ['kɔːnfleɪks] ▸ *nom pluriel* corn flakes

Cornwall ['kɔːnw(ə)l] ▸ *nom* la Cornouailles

correct [kə'rekt]
▸ *adjectif*
1 exact, -e : **are these figures correct?** est-ce que ces chiffres sont exacts ? ; **that's correct** c'est correct
2 *(décision, choix, ordre)* bon, bonne : **in the correct order** dans le bon ordre
3 to be correct *(personne)* avoir raison : **she's quite correct** elle a tout à fait raison
▸ *verbe* corriger

correspond [kɒrɪs'pɒnd] ▸ *verbe*
1 to correspond to something correspondre à quelque chose
2 *(par lettres)* correspondre (**with** avec)

correspondence [kɒrɪs'pɒndəns] ▸ *nom* correspondance

corridor ['kɒrɪdɔːr] ▸ *nom* couloir

Corsica ['kɔːsɪkə] ▸ *nom* la Corse

cost [kɒst]
▸ *nom* prix, coût
▸ *verbe* coûter : **how much does it cost?** ça coûte combien ? ; **it costs 50 dollars** ça coûte 50 dollars

It cost, it has cost, it is costing

costume ['kɒstjʊm] ▸ *nom* costume : **to wear national costume** porter le costume de son pays ; **a swimming costume** un maillot de bain

cosy ['kəʊzɪ] ▸ *adjectif (maison, lit)* douillet, -ette ; **we're nice and cosy here** on est bien ici

cot [kɒt] ▸ *nom* lit d'enfant ; *(en américain)* lit de camp

cottage ['kɒtɪdʒ] ▸ *nom* petite maison

cotton ['kɒt(ə)n] ▸ *nom*
1 coton : **a cotton sheet** un drap en coton
2 cotton wool, *(en américain)* **absorbent cotton** du coton hydrophile, de la ouate

couch [kaʊtʃ] ▸ *nom* canapé

cough [kɒf]
▸ *nom* toux ; **to have a cough** tousser ; **cough medicine** *ou* **mixture** du sirop contre la toux
▸ *verbe* tousser

could [kʊd] ▸ *auxiliaire modal*
1 *(capacité)* **she did what she could** elle a fait ce qu'elle pouvait ; **they couldn't help me** ils n'ont pas pu m'aider
2 *(dans les questions)* **could you help me, please?** est-ce que vous pourriez m'aider ? ; **could I borrow your pen?** est-ce que je pourrais t'emprunter ton stylo ?
3 *(éventualité)* **he could come at any moment** il pourrait arriver d'un moment à l'autre ; **you could be wrong** vous avez peut-être tort ; **it could have been worse** ça aurait pu être pire
4 *(aptitude)* **I could swim well at that age** à cet âge-là je savais déjà bien nager ; **she could speak three languages** elle parlait trois langues
5 *(avec les verbes de perception)* **I could see her** je la voyais ; **I couldn't hear anything** je n'entendais rien

couldn't ['kʊdənt] = **could not**

count [kaʊnt] ▸ *verbe*
1 compter : **she was counting her money** elle comptait son argent ; **he doesn't know how to count** il ne sait pas compter ; **that doesn't count** ça ne compte pas
2 to count on somebody compter sur quelqu'un : **you can count on me** vous pouvez compter sur moi

counter ['kaʊntər] ▸ *nom (dans un magasin)* comptoir ; *(à la banque)* guichet

country ['kʌntrɪ] (*au pluriel* **countries**) ▸ *nom*
1 pays : **which country do you come from?** de quel pays venez-vous ?
2 the country la campagne : **to live in the country** vivre à la campagne

countryside ['kʌntrɪsaɪd] ▸ *nom*
1 campagne : **they live in the countryside** ils habitent à la campagne
2 paysage : **there is some magnificent countryside around here** il y a des paysages magnifiques par ici

Le mot **countryside** est indénombrable.

county ['kaʊntɪ] (*au pluriel* **counties**) ▸ *nom* comté

couple ['kʌp(ə)l] ▸ *nom*
1 couple
2 a couple of deux ; *(plus de deux)* quelques : **it happened a couple of**

years ago ça s'est passé il y a environ deux ans ; **take a couple of biscuits** prends quelques biscuits

courage ['kʌrɪdʒ] ▸ *nom* courage

course [kɔːs] ▸ *nom*
1 cours : **a beginners' course** un cours pour débutants ; **she's on a course** elle suit un cours
2 plat : **the main course** le plat principal ; **the first course** l'entrée
3 of course! bien sûr ! ; **of course not!** bien sûr que non !

court [kɔːt] ▸ *nom*
1 tribunal ; **to go to court** aller en justice ; **to take somebody to court** intenter un procès à quelqu'un
2 a tennis court un court de tennis

cousin ['kʌz(ə)n] ▸ *nom* cousin, -ine

cover ['kʌvər]
▸ *nom*
1 *(d'une casserole)* couvercle ; *(d'un livre)* couverture ; *(de meubles)* housse ; **the covers** *(sur un lit)* les draps et les couvertures
2 abri : **to take cover** se mettre à l'abri ; **we're under cover** nous sommes à l'abri
▸ *verbe*
1 couvrir (**with** de) : **we were covered in mud** nous étions couverts de boue
2 recouvrir : **the ground was covered with snow** le sol était recouvert de neige

▸ **cover up** recouvrir

cow [kaʊ] ▸ *nom* vache

coward ['kaʊəd] ▸ *nom* lâche : **he's a coward** il est lâche, c'est un lâche

cozy *(mot américain)* = **cosy**

crab [kræb] ▸ *nom* crabe

crack [kræk]
▸ *nom* fissure ; *(dans le verre, la porcelaine, l'os)* fêlure
▸ *verbe* fissurer ; *(un verre)* fêler ; *(des noisettes, des œufs)* casser

cracked [krækt] ▸ *adjectif* fissuré, -e ; *(verre, porcelaine, os)* fêlé, -e

cradle ['kreɪd(ə)l] ▸ *nom* berceau

crane [kreɪn] ▸ *nom* grue

crash [kræʃ]
▸ *nom*
1 accident : **a plane/car crash** un accident d'avion/de voiture ; **a train crash** un accident *ou* une catastrophe ferroviaire ; **a crash helmet** un casque
2 fracas
▸ *verbe*
1 avoir un accident : **I don't want to crash** je ne veux pas avoir un accident ; **to crash one's car** avoir un accident avec sa voiture ; **to crash one's car into something** rentrer dans quelque chose avec sa voiture ; **to crash into something** rentrer dans quelque chose
2 s'écraser : **the plane crashed** l'avion s'est écrasé

crawl [krɔːl] ▸ *verbe* marcher à quatre pattes ; *(insecte, animal)* ramper

crayon ['kreɪɒn, 'kreɪən] ▸ *nom* crayon de couleur *(en cire)*

crazy ['kreɪzɪ] ▸ *adjectif*
1 fou, folle : **to drive somebody crazy** rendre quelqu'un fou
2 to be crazy about something/somebody être fana de quelque chose/dingue de quelqu'un

Attention, ce dernier sens est familier.

cream [kriːm] ▸ *nom* crème : **strawberries and cream** des fraises à la crème ; **a cream cake** un gâteau à la crème

create [krɪ'eɪt] ▸ *verbe* créer

creature ['kriːtʃər] ▸ *nom*
1 animal
2 a living creature un être vivant

credit ['kredɪt] ▸ *nom* crédit : **on credit** à crédit ; **a credit card** une carte de crédit

crept [krept] *voir* **creep**

creep [kriːp] ▸ *verbe* *(animal)* ramper ;

(personne) se glisser : **the thief crept into the bedroom** le voleur s'est glissé dans la chambre

I crept, I have crept, I am creeping

crew [kruː] ▸ *nom (d'un avion, d'un bateau)* équipage

crib [krɪb] ▸ *nom (mot américain)* lit d'enfant

cricket ['krɪkɪt] ▸ *nom*
1 *(jeu)* cricket
2 *(insecte)* grillon

cried [kraɪd] *voir* **cry** *verbe*

crime [kraɪm] ▸ *nom* délit ; *(plus grave)* crime

criminal ['krɪmɪn(ə)l] ▸ *nom* criminel, -elle

crisp [krɪsps] ▸ *nom* chips : **a packet of crisps** un paquet de chips

criticism ['krɪtɪsɪz(ə)m] ▸ *nom* critique

criticize ['krɪtɪsaɪz] ▸ *verbe* critiquer

crooked ['krʊkɪd] ▸ *adjectif*
1 *(bâton)* recourbé, -e ; *(nez)* crochu, -e
2 *(tableau, cravate)* de travers

cross [krɒs]
▸ *nom* croix
▸ *adjectif* fâché, -e (**with** contre)
▸ *verbe*
1 traverser
2 to cross one's legs croiser les jambes
▸ **cross out** rayer, barrer
▸ **cross over** traverser

crossing ['krɒsɪŋ] ▸ *nom*
1 traversée *(en bateau)*
2 a (pedestrian) crossing un passage pour piétons

crossroads ['krɒsrəʊdz] ▸ *nom* carrefour

crosswalk ['krɒswɔːk] ▸ *nom (mot américain)* passage pour piétons

crossword ['krɒswɜːd] ▸ *nom* mots croisés : **I'm doing the crossword/a crossword** je fais les mots croisés/des mots croisés ; **I like doing crosswords** j'aime les mots croisés

crouch [kraʊtʃ] (*ou* **crouch down**) ▸ *verbe* s'accroupir ; **he's crouching (down)** il est accroupi

crow [krəʊ] ▸ *nom* corbeau

crowd [kraʊd] ▸ *nom*
1 foule : **to draw a crowd** attirer la foule
2 the crowd *(dans un stade)* les spectateurs

crowded ['kraʊdɪd] ▸ *adjectif (salle, train)* bondé, -e ; **a crowded street** une rue pleine de monde

crown [kraʊn] ▸ *nom* couronne

cruel ['krʊəl] ▸ *adjectif* cruel, -elle (**to** envers, avec)

crumb [krʌm] ▸ *nom* miette

crumpet ['krʌmpɪt] ▸ *nom* crêpe épaisse *(servie grillée et beurrée)*

crunchy ['krʌntʃɪ] ▸ *adjectif (pomme)* croquant, -ante ; *(pain)* croustillant, -ante

crush [krʌʃ] ▸ *verbe*
1 écraser
2 froisser

crust [krʌst] ▸ *nom* croûte

crusty ['krʌstɪ] ▸ *adjectif (pain)* croustillant, -ante

cry [kraɪ]
▸ *nom* (*au pluriel* **cries**) cri : **a cry of pain** un cri de douleur ; **I heard his cries for help** je l'ai entendu crier à l'aide
▸ *verbe* pleurer **don't cry!** ne pleure pas !
▸ **cry out**
1 pousser un cri
2 s'écrier : **"help me," she cried out** "aidez-moi", s'écria-t-elle

cub [kʌb] ▸ *nom*
1 *(scout)* louveteau
2 *(animal)* petit

cube [kju:b] ▸ *nom* cube

cucumber ['kju:kʌmbər] ▸ *nom* concombre

cuddle ['kʌd(ə)l]
▸ *verbe* faire un câlin à
▸ *nom* câlin : **to give somebody a cuddle** faire un câlin à quelqu'un

cunning ['kʌnɪŋ] ▸ *adjectif*
1 astucieux, -euse : **a cunning idea** une idée astucieuse
2 rusé, -e : **he's as cunning as a fox** il est rusé comme un renard

cup [kʌp] ▸ *nom*
1 tasse : **a cup of tea** une tasse de thé
2 *(prix)* coupe

cupboard ['kʌbəd] ▸ *nom*
1 placard
2 armoire

curb *(mot américain)* = **kerb**

cure [kjʊər]
▸ *verbe* guérir : **to cure somebody of** guérir quelqu'un de
▸ *nom* remède (**for** contre)

curious ['kjʊərɪəs] ▸ *adjectif* curieux, -euse : **I'm curious to know why** je suis curieux de savoir pourquoi ; **this is a very curious thing** c'est quelque chose de très curieux

curl [kɜ:l] ▸ *nom* boucle *(de cheveux)*

curly ['kɜ:lɪ] ▸ *adjectif*
1 bouclé, -e
2 frisé, -e

curry ['kʌrɪ] (*au pluriel* **curries**)
▸ *nom* curry : **chicken curry** du poulet au curry

curtain ['kɜ:t(ə)n] ▸ *nom* rideau : **to close** *ou* **to draw the curtains** fermer *ou* tirer les rideaux

curve [kɜ:v] ▸ *nom* courbe

curved [kɜ:vd] ▸ *adjectif* *(bord)* arrondi, -e ; *(ligne)* courbe

cushion ['kʊʃən] ▸ *nom* coussin

custom ['kʌstəm] ▸ *nom* coutume

customer ['kʌstəmər] ▸ *nom* client, cliente

customs ['kʌstəmz] ▸ *nom* la douane : **to go through customs** passer la douane

cut [kʌt]
▸ *nom*
1 coupure
2 coupe *(de cheveux)*
▸ *verbe* couper : **cut the cake in half** coupez le gâteau en deux ; **he's cut his finger** il s'est coupé le doigt ; **to have one's hair cut** se faire couper les cheveux

▸ **cut down** abattre, couper
▸ **cut off**
1 couper : **I've been cut off** *(au téléphone)* j'ai été coupé
2 couper, isoler (**from** de) : **to feel cut off** se sentir coupé du monde *ou* isolé
▸ **cut out** découper
▸ **cut up** couper en morceaux

I cut, I have cut, I am cutting

cute [kju:t] ▸ *adjectif* mignon, -onne

Attention, ce mot est familier.

cutlery ['kʌtlərɪ] ▸ *nom* couverts

Le mot **cutlery** est indénombrable.

cycle ['saɪk(ə)l] ▸ *verbe* aller en vélo (**to** à) : **I cycle to school** je vais à l'école en vélo ; **to go cycling** faire du vélo

cyclist ['saɪklɪst] ▸ *nom* cycliste

Cyprus ['saɪprəs] ▸ *nom* Chypre

Czech [tʃek]
▸ *adjectif* tchèque : **the Czech Republic** la République tchèque
▸ *nom*
1 Tchèque
2 tchèque *(langue)*

Dd

dad [dæd] (*ou* **daddy** ['dædɪ]) ▸ *nom*
1 papa : **where's dad?** où est papa ?
2 père : **my dad's a teacher** mon père est professeur

Attention, **daddy** est surtout employé par les enfants.

daffodil ['dæfədɪl] ▸ *nom* jonquille

daily ['deɪlɪ]
▸ *adjectif* quotidien, -ienne : **a daily newspaper** un journal quotidien
▸ *adverbe* tous les jours : **we see each other daily** on se voit tous les jours

daisy ['deɪzɪ] (*au pluriel* **daisies**) ▸ *nom* pâquerette

dam [dæm] ▸ *nom* barrage

damage ['dæmɪdʒ]
▸ *verbe* abîmer, endommager
▸ *nom* dégâts : **to cause (some) damage** causer des dégâts

Le mot **damage** est indénombrable.

damp [dæmp] ▸ *adjectif* humide

dance [dɑːns]
▸ *nom*
1 danse : **a Spanish dance** une danse espagnole ; **do you want to have a dance?** voulez-vous danser avec moi ?
2 bal
▸ *verbe* danser : **to dance with somebody** danser avec quelqu'un ; **to dance the tango** danser le tango

dancer ['dɑːnsər] ▸ *nom* danseur, -euse

Dane [deɪn] ▸ *nom* Danois, -oise

danger ['deɪndʒər] ▸ *nom* danger : **in danger** en danger ; **he's in danger of failing his exams** il risque de rater ses examens

dangerous ['deɪndʒərəs] ▸ *adjectif* dangereux, -euse

Danish ['deɪnɪʃ]
▸ *adjectif* danois, -oise
▸ *nom* danois *(langue)*

dare [deər]
▸ *auxiliaire modal* oser : **to dare do something** oser faire quelque chose ; **I daren't speak to him** je n'ose pas lui parler ; **she didn't dare speak** elle n'osait pas parler

I dare, he dare, I dared, he dared

▸ *verbe* **to dare somebody to do something** défier quelqu'un de faire quelque chose

I dare, he dares, I dared, he dared

daring ['deərɪŋ] ▸ *adjectif* audacieux, -euse

dark [dɑːk]
▸ *adjectif*
1 sombre, obscur, -e : **it's dark** *(dedans)* il fait sombre ; *(dehors)* il fait nuit, il fait noir ; **it's getting dark** il commence à faire nuit *ou* à faire noir
2 foncé, -e : **dark blue/green** bleu/vert foncé ; **she's dark, she has dark hair** elle a les cheveux bruns ; **dark glasses** des lunettes noires
▸ *nom* **the dark** le noir, l'obscurité ; **in the dark** dans le noir, dans l'obscurité ; **before/after dark** avant/après la tombée de la nuit

darling ['dɑːlɪŋ] ▸ *nom* chéri, -e : **yes, darling** oui, mon chéri / ma chérie

dart [dɑːt] ▸ *nom* fléchette

dartboard ['dɑːtbɔːd] ▸ *nom* cible *(de jeu de fléchettes)*

dash [dæʃ] ▸ *verbe* se précipiter (**into** dans) ; **I must dash!** je dois filer !
▸ **dash off** partir en vitesse, filer

date [deɪt] ▸ *nom*
1 date : **date of birth** date de naissance ; **what's the date today?** le combien sommes-nous aujourd'hui ?
2 out of date *(billet, passeport, aliment)* périmé, -e ; *(idées, personne)* dépassé, -e
3 *(fruit)* datte

datebook ['deɪtbʊk] ▸ *nom (mot américain)* agenda

daughter ['dɔːtər] ▸ *nom* fille

daughter-in-law [dɔːtərɪnlɔː] (*au pluriel* **daughters-in-law**) ▸ *nom* belle-fille

dawn [dɔːn] ▸ *nom* aube : **at dawn** à l'aube

day [deɪ] ▸ *nom*
1 jour : **what day is it?** quel jour sommes-nous ?
2 journée : **all day (long)** toute la journée ; **to spend a day in the country** passer une journée à la campagne
3 the day before la veille ; **the day before the party** la veille de la fête ; **the following day, the day after** le lendemain ; **the day after the party** le lendemain de la fête

daylight ['deɪlaɪt] ▸ *nom* jour, lumière (du jour) : **it's daylight** il fait jour

daytime ['deɪtaɪm] ▸ *nom* journée : **in the daytime** pendant la journée

dead [ded] ▸ *adjectif* mort, morte

deaf [def] ▸ *adjectif* sourd, sourde

deal [diːl] ▸ *nom*
1 to make a deal with somebody conclure un marché avec quelqu'un ; **it's a deal!** d'accord ! ; **to get a good deal** faire une bonne affaire
2 a great deal, a good deal beaucoup ; **a great** *ou* **a good deal of work** beaucoup de travail
▸ **deal with** ▸ *verbe* traiter de, s'occuper de

I dealt, I have dealt, I am dealing

dealt [delt] *voir* **deal** *verbe*

dear [dɪər]
▸ *adjectif*
1 cher, chère : **my dearest friends** mes amis les plus chers ; **I'm not going to buy it, it's too dear** je ne vais pas l'acheter, c'est trop cher
2 oh dear! oh là là !
▸ *nom* chéri, -e

death [deθ] ▸ *nom* mort

debt [det] ▸ *nom* dette : **to be in debt** avoir des dettes

deceive [dɪ'siːv] ▸ *verbe* tromper

December [dɪ'sembər] ▸ *nom* décembre

decide [dɪ'saɪd] ▸ *verbe*
1 décider : **to decide to do something** décider de faire quelque chose ; **it's up to you to decide** c'est à toi de décider ; **I decided that I would stay at home** j'ai décidé de rester chez moi
2 se décider : **I can't decide** je n'arrive pas à me décider

decision [dɪ'sɪʒən] ▸ *nom* décision : **to make a decision** prendre une décision

deck [dek] ▸ *nom* pont *(sur un bateau)*

deckchair ['dektʃeər] ▸ *nom* chaise longue, transat

decorate ['dekəreɪt] ▸ *verbe*
1 décorer (**with** de)
2 peindre
3 tapisser

deduct [dɪ'dʌkt] ▸ *verbe* déduire (**from** de)

deep [diːp] ▸ *adjectif* profond, -onde ;

to be 15 metres deep faire 15 mètres de profondeur ; **how deep is the river?** quelle est la profondeur de la rivière ? ; **deep snow** une épaisse couche de neige

deer [dɪər] ▸ *nom* cerf

On n'ajoute pas de **-s** pour former le pluriel de **deer**.

defeat [dɪ'fiːt]
▸ *nom* défaite
▸ *verbe* battre, vaincre

defend [dɪ'fend] ▸ *verbe* défendre : **I know how to defend myself** je sais me défendre

definite ['defɪnɪt] ▸ *adjectif*
1 précis, -ise : **a definite date** une date précise ; **definite plans** des projets précis
2 net, nette : **a definite improvement** une nette amélioration
3 sûr, -e, certain, -aine : **it's not definite yet** ce n'est pas encore sûr *ou* certain

definitely ['defɪnɪtlɪ] ▸ *adverbe* sans aucun doute ; **she's definitely more intelligent** elle est plus intelligente, ça ne fait aucun doute

degree [dɪ'griː] ▸ *nom*
1 degré : **it's 20 degrees** il fait 20 degrés
2 diplôme universitaire ; **she has a master's degree in French** elle a une maîtrise de français

delay [dɪ'leɪ]
▸ *verbe* retarder : **we were delayed by the fog** nous avons été retardés par le brouillard ; **the flight was delayed by two hours** le vol a été retardé de deux heures
▸ *nom* retard ; **without delay** sans tarder

delete [dɪ'liːt] ▸ *verbe* effacer

deliberate [dɪ'lɪb(ə)rət] ▸ *adjectif* *(erreur, mensonge)* délibéré, -e ; **that was deliberate!** c'était fait exprès !

deliberately [dɪ'lɪb(ə)rətlɪ] ▸ *adverbe* exprès : **you did it deliberately!** tu l'as fait exprès !

delicate ['delɪkət] ▸ *adjectif* délicat, -ate

delicious [dɪ'lɪʃəs] ▸ *adjectif* délicieux, -euse

delighted [dɪ'laɪtɪd] ▸ *adjectif* ravi, -e (**with** de) : **I'm delighted to meet you** je suis ravi de faire votre connaissance ; **I'm delighted you can come** je suis ravi que tu puisses venir

delightful [dɪ'laɪtfʊl] ▸ *adjectif* charmant, -ante

deliver [dɪ'lɪvər] ▸ *verbe* livrer ; **to deliver the mail** distribuer le courrier

demand [dɪ'mɑːnd] ▸ *verbe* exiger : **I demand my money back** j'exige que mon argent me soit rendu ; **she demanded to know the truth** elle a exigé de savoir la vérité

Denmark ['denmɑːk] ▸ *nom* le Danemark

dent [dent] ▸ *nom (sur une voiture)* bosse ; **he made a dent in his car** il a cabossé sa voiture

dentist ['dentɪst] ▸ *nom* dentiste : **to go to the dentist** *ou* **dentist's** aller chez le dentiste

depart [dɪ'pɑːt] ▸ *verbe* partir

department [dɪ'pɑːtmənt] ▸ *nom*
1 *(dans un bureau, un hôpital)* service
2 *(dans un magasin)* rayon : **the toy department** le rayon jouets ; **a department store** un grand magasin
3 *(dans une université)* département : **the French department** le département de français

departure [dɪ'pɑːtʃər] ▸ *nom* départ

depend [dɪ'pend] ▸ *verbe*
1 dépendre (**on** de) : **it depends on the weather/on you** ça dépend du temps/de vous ; **it depends, that depends** ça dépend

2 to depend on somebody compter sur quelqu'un ; **I'm depending on you to help me** je compte sur toi pour m'aider

depth [depθ] ▸ *nom* profondeur

describe [dɪs'kraɪb] ▸ *verbe* décrire

desert ['dezət] ▸ *nom* désert

deserve [dɪ'zɜːv] ▸ *verbe* mériter : **he deserves to succeed** il mérite de réussir

design [dɪ'zaɪn]
▸ *verbe* concevoir ; *(un vêtement)* créer, dessiner
▸ *nom*
1 motif : **a geometric design** un motif géométrique
2 plan : **the design for the new museum** les plans du nouveau musée
3 conception : **the design of this watch is very simple** c'est une montre de conception très simple
4 modèle : **this is our latest design** c'est notre dernier modèle

desk [desk] ▸ *nom* bureau ; *(pour les élèves)* table ; *(dans un hôtel)* réception

despite [dɪ'spaɪt] ▸ *préposition* malgré

dessert [dɪ'zɜːt] ▸ *nom* dessert : **what desserts do you have?** qu'est-ce que vous avez comme desserts ? ; **what did you have for dessert?** qu'est-ce que tu as pris comme dessert ?

destroy [dɪ'strɔɪ] ▸ *verbe* détruire

detail ['diːteɪl] ▸ *nom* détail : **in detail** en détail

detective [dɪ'tektɪv] ▸ *nom* inspecteur, -trice de police ; **a private detective** un détective privé

determined [dɪ'tɜːmɪnd] ▸ *adjectif* déterminé, -e ; **to be determined to do something** être bien décidé à faire quelque chose

develop [dɪ'veləp] ▸ *verbe*
1 développer
2 *(enfant, corps)* se développer

devil ['dev(ə)l] ▸ *nom* diable

diabetes [daɪə'biːtiːz] ▸ *nom* diabète

diagram ['daɪəgræm] ▸ *nom* schéma

dial ['daɪəl] ▸ *verbe* **to dial a phone number** faire *ou* composer un numéro de téléphone

diamond ['daɪəmənd] ▸ *nom* diamant : **a diamond ring/necklace** une bague/une rivière de diamants

diaper ['daɪəpər] ▸ *nom (mot américain)* couche *(pour bébé)*

diary ['daɪərɪ] (*au pluriel* **diaries**)
▸ *nom*
1 agenda : **to write something in one's diary** noter quelque chose dans son agenda
2 journal (intime) : **to keep a diary** tenir un journal

dice [daɪs] ▸ *nom* dé : **to throw the dice** lancer le dé *ou* les dés

> On n'ajoute pas de **-s** pour former le pluriel de **dice**.

dictionary ['dɪkʃən(ə)rɪ] (*au pluriel* **dictionaries**) ▸ *nom* dictionnaire

did [dɪd] *voir* **do**

didn't ['dɪd(ə)nt] = **did not**

die [daɪ] ▸ *verbe* mourir (**of** de) : **he died of cancer** il est mort d'un cancer
▸ **die down** *(tempête, vent)* se calmer ; *(bruit)* diminuer, s'affaiblir
▸ **die out** disparaître

diet ['daɪət] ▸ *nom (pour perdre du poids)* régime : **to be on a diet** être au régime ; **to go on a diet** se mettre au régime

difference ['dɪf(ə)rəns] ▸ *nom* différence (**between** entre) : **a difference in age, an age difference** une différence d'âge ; **it makes no difference** ça n'a pas d'importance

different ['dɪf(ə)rənt] ▸ *adjectif* différent, -ente (**from, to** de)

difficult ['dɪfɪkəlt] ▸ *adjectif* difficile : **this book is difficult to read** ce livre est difficile à lire

difficulty ['dɪfɪkəltɪ] (*au pluriel* **difficulties**) ▸ *nom* difficulté : **they have difficulty with French** ils ont des difficultés en français ; **to have difficulty doing something** avoir du mal à faire quelque chose

dig [dɪg] ▸ *verbe* creuser ; *(le jardin)* bêcher
▸ **dig up** déterrer ; *(une plante)* arracher

I dug, I have dug, I am digging

digital ['dɪdʒɪt(ə)l] ▸ *adjectif* numérique : **a digital camera** un appareil photo numérique ; **a digital clock** une horloge à affichage numérique

dim [dɪm] ▸ *adjectif*
1 *(lumière)* faible ; *(pièce)* sombre
2 *(forme, silhouette)* vague

dime [daɪm] ▸ *nom (mot américain)* pièce de dix cents

din [dɪn] ▸ *nom* vacarme

dining room ['daɪnɪŋru:m] ▸ *nom* salle à manger

dinner ['dɪnər] ▸ *nom*
1 *(le soir)* dîner ; **to have dinner** dîner ; **it's dinner time!** à table !
2 *(à midi)* déjeuner ; **to have dinner** déjeuner

direct [dɪ'rekt, daɪ'rekt]
▸ *adjectif* direct, -e
▸ *adverbe* **to fly direct from Paris to Chicago** prendre un vol direct de Paris à Chicago
▸ *verbe* **to direct somebody to the station/airport** indiquer à quelqu'un le chemin de la gare/de l'aéroport

direction [dɪ'rekʃən, daɪ'rekʃən] ▸ *nom* direction : **in the right/wrong direction** dans la bonne/mauvaise direction ; **to go in the opposite direction** aller en sens inverse
▪ **directions** ▸ *nom pluriel*
1 instructions ; **read the directions** lisez le mode d'emploi
2 to ask for directions demander son chemin ; **to give somebody directions** indiquer le chemin à quelqu'un

directly [dɪ'rektlɪ, daɪ'rektlɪ] ▸ *adverbe* directement

dirt [dɜ:t] ▸ *nom*
1 saleté, crasse
2 boue

dirty ['dɜ:tɪ] ▸ *adjectif* sale : **dirty socks** des chaussettes sales ; **to get dirty** se salir ; **to get something dirty** salir quelque chose

disabled [dɪ'seɪb(ə)ld] ▸ *adjectif* handicapé, -e

disadvantage [dɪsəd'vɑ:ntɪdʒ] ▸ *nom* désavantage, inconvénient

disagree [dɪsə'gri:] ▸ *verbe* ne pas être d'accord (**with** avec) : **I disagree!** je ne suis pas d'accord !

disagreement [dɪsə'gri:mənt] ▸ *nom* désaccord

disappear [dɪsə'pɪər] ▸ *verbe* disparaître

disappoint [dɪsə'pɔɪnt] ▸ *verbe* décevoir : **I'm disappointed** je suis déçu ; **I was disappointed with it** ça m'a déçu

disappointing [dɪsə'pɔɪntɪŋ] ▸ *adjectif* décevant, -ante

disaster [dɪ'zɑ:stər] ▸ *nom* catastrophe, désastre

disc [dɪsk] ▸ *nom* disque : **a compact disc** un disque compact

disco ['dɪskəʊ] ▸ *nom*
1 discothèque
2 soirée disco : **there will be a disco after the meal** il y aura une soirée disco après le repas

discover [dɪ'skʌvər] ▸ *verbe* découvrir

discuss [dɪ'skʌs] ▸ *verbe* discuter de :

we'll discuss it nous allons en discuter ; **we want to discuss what to do** nous voulons discuter de ce qu'il faut faire

disease [dɪ'zi:z] ▸ *nom* maladie

disguise [dɪs'gaɪz] ▸ *verbe* **to be disguised as a soldier** être déguisé en soldat

disgusted [dɪs'gʌstɪd] ▸ *adjectif* dégoûté, -e, écœuré, -e ; **I'm disgusted with his behaviour** je trouve son comportement écœurant ; **to be disgusted with oneself** s'en vouloir

disgusting [dɪs'gʌstɪŋ] ▸ *adjectif* dégoûtant, -ante, écœurant, -ante

dish [dɪʃ] ▸ *nom* plat : **a big round dish** un grand plat rond ; **it's a dish I often make** c'est un plat que je prépare souvent ; **to do** *ou* **to wash the dishes** faire la vaisselle

▸**dish up** ▸ *verbe* servir

dishonest [dɪs'ɒnɪst] ▸ *adjectif* malhonnête

dishwasher ['dɪʃwɒʃər] ▸ *nom* lave-vaisselle

disk [dɪsk] ▸ *nom*

1 *(d'ordinateur)* disque : **the hard disk** le disque dur ; **a floppy disk** une disquette ; **on disk** sur disquette

2 *(en américain)* = **disc**

dislike [dɪs'laɪk] ▸ *verbe* ne pas aimer : **she dislikes chocolate** elle n'aime pas le chocolat ; **I don't dislike him** il ne me déplaît pas ; **I dislike doing that** je n'aime pas faire ça

disobey [dɪsə'beɪ] ▸ *verbe* désobéir à

disposable [dɪ'spəʊzəbəl] ▸ *adjectif* jetable : **a disposable camera** un appareil photo jetable

distance ['dɪstəns] ▸ *nom* distance : **at a distance of 100 kilometres** à une distance de 100 kilomètres ; **in the distance** au loin ; **it's within walking distance** on peut y aller à pied

disturb [dɪ'stɜ:b] ▸ *verbe* déranger : **don't disturb him while he's working** ne le dérange pas quand il travaille ; **to disturb somebody's things/books** déranger les affaires/les livres de quelqu'un

ditch [dɪtʃ] ▸ *nom* fossé

dive [daɪv] ▸ *verbe* plonger (**into** dans)

I dived, *(en américain)* I dove, I have dived, I am diving

diver ['daɪvər] ▸ *nom* plongeur, -euse

divide [dɪ'vaɪd] ▸ *verbe*

1 diviser (**into** en) : **I divided it into four parts** je l'ai divisé en quatre parties ; **ten divided by two is five** dix divisé par deux égale cinq

2 partager (**between** entre) : **we divide the work among us** nous nous partageons le travail

diving ['daɪvɪŋ] ▸ *nom* plongée : **to go diving** faire de la plongée

divorced [dɪ'vɔ:st] ▸ *adjectif* divorcé, -e : **they're divorced** ils sont divorcés ; **to get divorced** divorcer

dizzy ['dɪzɪ] ▸ *adjectif* **to feel dizzy** avoir la tête qui tourne

do [du:]

▸ *verbe*

1 faire : **to do the housework** faire le ménage ; **what is she doing?** qu'est-ce qu'elle fait ? ; **she does nothing but sleep** elle ne fait que dormir ; **what have you done with my book?** qu'est-ce que tu as fait de mon livre ? ; **you did well to leave** tu as bien fait de partir

2 marcher, aller : **business is doing well** les affaires marchent bien *ou* vont bien ; **how do you do?** *(quand on rencontre quelqu'un)* enchanté !

3 faire l'affaire, aller : **that will do** ça fera l'affaire, ça ira

4 to have something to do with avoir quelque chose à voir avec ; **that has nothing to do with me** ça n'a rien à voir avec moi

▸ *auxiliaire*

1 *(dans les questions et les phrases*

négatives) **do you know the answer?** est-ce que vous connaissez la réponse ? ; **what did he see?** qu'est-ce qu'il a vu ?, qu'a-t-il vu ? ; **I don't like it** je n'aime pas ça
 2 *(après une question)* **you know him, don't you?** tu le connais, n'est-ce pas ?, tu le connais, non ? ; **she wanted to meet you, didn't she?** elle voulait te rencontrer, n'est-ce pas ?
 3 *(pour renforcer)* **I** *did* **say so** je l'avais bien dit ; **do stay!** reste donc !
 4 *(à la place d'un autre verbe)* **I like chocolate – so do I** j'aime le chocolat – moi aussi ; **I don't like cakes – neither do I** je n'aime pas les gâteaux – moi non plus ; **yes I do!** oui ! ; **no I don't!** non !

▸ **do up**
 1 boutonner ; *(une fermeture Éclair®)* fermer ; *(des lacets)* attacher
 2 *(une maison)* refaire, retaper

▸ **do without** se passer de : **they had to do without food** ils ont dû se passer de nourriture

I do, he does, I did, I have done, I am doing

doctor ['dɒktər] ▸ *nom* médecin : **to go to the doctor** *ou* **doctor's** aller chez le médecin

dodge [dɒdʒ] ▸ *verbe* éviter

does [dʌz] *voir* **do**

doesn't ['dʌz(ə)nt] = **does not**

dog [dɒg] ▸ *nom* chien, chienne : **dog food** de la nourriture pour chien

doghouse ['dɒghaʊs] ▸ *nom (mot américain)* niche

doll [dɒl] ▸ *nom* poupée

dollar ['dɒlər] ▸ *nom* dollar

dolphin ['dɒlfɪn] ▸ *nom* dauphin

done [dʌn] *voir* **do**

donkey ['dɒŋkɪ] ▸ *nom* âne

don't [dəʊnt] = **do not**

donut *(mot américain)* = **doughnut**

door [dɔːr] ▸ *nom* porte

doorbell ['dɔːbel] ▸ *nom* sonnette ; **to ring the doorbell** sonner à la porte

doorstep ['dɔːstep] ▸ *nom* pas de la porte : **he was waiting for me on the doorstep** il m'attendait sur le pas de la porte

doorway ['dɔːweɪ] ▸ *nom* porte : **the sofa got stuck in the doorway** le canapé est resté coincé dans la porte

dormitory ['dɔːmɪt(ə)rɪ] (*au pluriel* **dormitories**) ▸ *nom* dortoir

dot [dɒt] ▸ *nom*
 1 point : **"dot, co, dot, uk"** *(adresse e-mail)* "point, co, point, uk"
 2 pois : **black with white dots** noir à pois blancs

double ['dʌb(ə)l]
 ▸ *adjectif* double ; **a double bed** un grand lit ; **a double room** une chambre pour deux personnes
 ▸ *adverbe* deux fois : **I'm double your age** je suis deux fois plus âgé que vous, j'ai le double de votre âge ; **your room is double the size of mine** ta chambre est deux fois plus grande que la mienne ; **I paid double** j'ai payé le double
 ▸ *verbe* doubler : **his salary doubled** son salaire a doublé ; **they've doubled the prices** ils ont doublé les prix

double-decker bus ['dʌbəldekə-'bʌs] ▸ *nom* autobus à impériale

doubt [daʊt]
 ▸ *nom* doute : **there's no doubt about it** ça ne fait pas de doute ; **I have no doubt about it** je n'en doute pas
 ▸ *verbe* **to doubt something** douter de quelque chose ; **I doubt it** j'en doute ; **I doubt whether** *ou* **that she'll come** je doute qu'elle vienne

doubtful ['daʊtfʊl] ▸ *adjectif* **to be doubtful about something** avoir des doutes sur quelque chose ; **I'm**

doubtful about going j'hésite à y aller ; **it's doubtful that she'll come** ce n'est pas certain qu'elle vienne

dough [dəʊ] ▸ *nom* pâte

doughnut ['dəʊnʌt] ▸ *nom* beignet

dove¹ [dəʊv] *(mot américain) voir* **dive**

dove² [dʌv] ▸ *nom* colombe

down [daʊn]
▸ *adverbe*
1 en bas : **down in the street** en bas dans la rue ; **down below** en bas ; **down there** là-bas en bas ; **to come/to go down** descendre
2 par terre : **he fell down** il est tombé par terre ; **I threw it down** je l'ai jeté par terre
▸ *préposition* **to come down the stairs/the street** descendre l'escalier/la rue ; **to fall down the stairs** tomber dans l'escalier ; **they live down the street** ils habitent plus loin dans la rue

downstairs
▸ *adverbe* [daʊn'steəs] en bas : **she's waiting for me downstairs** elle m'attend en bas ; **to go/to come downstairs** descendre
▸ *adjectif* ['daʊnsteəs] d'en bas : **the downstairs neighbours** les voisins d'en bas *ou* du dessous ; **there's a downstairs bathroom** il y a une salle de bains au rez-de-chaussée

downtown ['daʊn'taʊn] ▸ *adverbe (mot américain)* en ville : **to go/to live downtown** aller/habiter en ville ; **downtown Miami** le centre de Miami

doze [dəʊz]
▸ *nom* petit somme : **to have a doze** faire un petit somme
▸ *verbe* sommeiller
▸ **doze off** s'assoupir

dozen ['dʌz(ə)n] ▸ *nom* **a dozen** une douzaine ; **two dozen** deux douzaines ; **a dozen bottles** une douzaine de bouteilles

draft *(mot américain)* = **draught**

drag [dræg] ▸ *verbe* traîner

drain [dreɪn]
▸ *nom (dans la rue)* égout ; *(sous l'évier)* tuyau d'écoulement
▸ *verbe*
1 égoutter
2 vider : **she drained her glass** elle a vidé son verre

drank [dræŋk] *voir* **drink** *verbe*

draught [drɑːft] ▸ *nom* courant d'air

draughts [drɑːfts] ▸ *nom* dames : **to play draughts** jouer aux dames

draw [drɔː]
▸ *nom* match nul
▸ *verbe*
1 dessiner : **she can draw very well** elle dessine très bien ; **to draw a picture** faire un dessin ; **to draw a picture of a car** dessiner une voiture ; **to draw a circle/a line** tracer un cercle/une ligne
2 **to draw the curtains** tirer les rideaux
3 **to draw somebody's attention to something** attirer l'attention de quelqu'un sur quelque chose
4 *(en sport)* fair match nul

I drew, I have drawn, I am drawing

drawer ['drɔːər] ▸ *nom* tiroir

drawing¹ ['drəːɪŋ] *voir* **draw**

drawing² ['drɔːɪŋ] ▸ *nom*
1 dessin
2 **a drawing pin** une punaise *(clou)*

drawn [drɔːn] *voir* **draw**

dread [dred] ▸ *verbe* appréhender

dreadful ['dredfʊl] ▸ *adjectif* épouvantable, affreux, -euse ; **I feel dreadful** je ne me sens pas bien du tout

dream [driːm]
▸ *nom* rêve : **to have a dream** faire un rêve ; **I had a dream about her** j'ai rêvé d'elle

▸ *verbe* rêver : **to dream that** rêver que ; **to dream of** *ou* **about something/somebody** rêver de quelque chose/de quelqu'un

I dreamed *ou* dreamt, I have dreamed *ou* dreamt, I am dreaming

dreamt [dremt] *voir* **dream**

dress [dres]
▸ *nom* robe
▸ *verbe*
1 s'habiller : **she dresses well** elle s'habille bien
2 habiller : **she dressed the little girl in pink** elle a habillé la petite fille en rose ; **to get dressed** s'habiller

▸ **dress up**
1 se déguiser : **dressed up as a pirate** déguisé en pirate
2 (bien) s'habiller : **I like to dress up when I go out** j'aime m'habiller pour sortir

dressed [drest] ▸ *adjectif* habillé, -e : **dressed in black** habillé en noir ; **he was dressed in a blue shirt** il portait une chemise bleue

dresser ['dresər] ▸ *nom (mot américain)* coiffeuse *(meuble)*

dressing ['dresɪŋ] ▸ *nom*
1 pansement
2 *(pour la salade)* sauce
3 a dressing gown une robe de chambre
4 a dressing table une coiffeuse *(meuble)*

drew [druː] *voir* **draw**

dried [draɪd] ▸ *adjectif (fruits)* sec, sèche ; *(fleurs)* séché, -e

drier = **dryer**

drill [drɪl]
▸ *nom* perceuse
▸ *verbe* percer

drink [drɪŋk]
▸ *nom*
1 boisson : **a hot drink** une boisson chaude ; **to have a drink** boire quelque chose ; **to give somebody a drink** donner à boire à quelqu'un
2 *(boisson alcoolisée)* verre : **to have a drink** prendre *ou* boire un verre
▸ *verbe* boire : **to drink coffee** boire du café ; **she's been drinking** elle a bu

I drank, I have drunk, I am drinking

drinking water ['drɪŋkɪŋwɔːtər] ▸ *nom* eau potable

drip [drɪp] ▸ *verbe* tomber goutte à goutte

drive [draɪv]
▸ *nom*
1 tour *ou* promenade en voiture : **to go for a drive** faire un tour *ou* une promenade en voiture ; **it's an hour's drive** c'est à une heure de voiture
2 *(devant une maison)* allée
▸ *verbe*
1 conduire : **he can drive** il sait conduire ; **I'll drive you to the airport** je te conduirai à l'aéroport ; **to drive a car/bus** conduire une voiture/un bus
2 rouler : **to drive fast/slowly** rouler vite/lentement ; **to drive on the left/on the right** rouler à gauche/à droite
3 aller en voiture : **I drove to Paris** je suis allé à Paris en voiture
4 to drive somebody mad rendre quelqu'un fou

▸ **drive away** partir (en voiture) ; **to drive somebody away** emmener quelqu'un en voiture

▸ **drive off** partir (en voiture)

I drove, I have driven, I am driving

driven ['drɪvən] *voir* **drive** *verbe*

driver ['draɪvər] ▸ *nom* conducteur, -trice ; *(de taxi, de camion)* chauffeur ; **a driver's license** *(expression américaine)* un permis de conduire

driving ['draɪvɪŋ] ▸ *nom* conduite : **a driving lesson** une leçon de conduite ; **a driving licence** un permis de conduire ; **to take/to pass one's driving test** passer/réussir son permis

drop [drɒp] ▸ *nom* goutte
▸ *verbe*
1 laisser tomber : **I dropped the plate** j'ai laissé tomber l'assiette
2 déposer : **she dropped me at the school** elle m'a déposé devant l'école
3 baisser : **prices haven't dropped** les prix n'ont pas baissé
▸ **drop off** déposer *(en voiture)*

drove [drəʊv] *voir* **drive** *verbe*

drown [draʊn] ▸ *verbe* se noyer

drug [drʌg] ▸ *nom*
1 médicament
2 drogue : **soft/hard drugs** drogues douces/dures ; **drugs** la drogue ; **the fight against drugs** la lutte contre la drogue ; **to be on drugs, to take drugs** se droguer ; **a drug addict** un drogué, une droguée

druggist ['drʌgɪst] ▸ *nom (mot américain)* pharmacien, -ienne

drum [drʌm] ▸ *nom* tambour ; **the drums** *(dans un orchestre)* la batterie

drumsticks ['drʌmstɪks] ▸ *nom* baguettes *(chinoises)*

drunk¹ [drʌŋk] *voir* **drink** *verbe*

drunk² [drʌŋk] ▸ *adjectif* soûl, soûle ; **to get drunk** se soûler

dry [draɪ]
▸ *adjectif*
1 sec, sèche ; *(rivière)* à sec
2 *(journée)* sans pluie ; **tomorrow will be dry** demain il ne pleuvra pas
▸ *verbe* sécher : **it takes a long time to dry** ça met longtemps à sécher ; **to dry oneself** se sécher ; **to dry one's hair** se sécher les cheveux ; **to dry the clothes** faire sécher les vêtements ; **to dry the dishes** essuyer la vaisselle

dry-cleaner's ['draɪ'kliːnəz] ▸ *nom* teinturerie, pressing : **to take something to the dry-cleaner's** porter quelque chose à la teinturerie *ou* au pressing

dryer ['draɪər] ▸ *nom*
1 séchoir (à linge) ; *(électrique)* sèche-linge
2 sèche-cheveux

duck [dʌk] ▸ *nom* canard, cane

due to ['djuːtuː] ▸ *préposition* à cause de

dug [dʌg] *voir* **dig**

dull [dʌl] ▸ *adjectif*
1 *(personne, émission)* ennuyeux, -euse
2 *(temps)* maussade
3 *(couleur)* terne

dumb [dʌm] ▸ *adjectif*
1 muet, -ette
2 *(en américain)* bête

Attention, ce dernier sens est familier.

dummy ['dʌmɪ] *(au pluriel* **dummies**)
▸ *nom (pour bébé)* tétine

dump [dʌmp]
▸ *verbe (des ordures)* déverser, déposer
▸ *nom*
1 a rubbish dump, *(en américain)* **a garbage dump** un dépôt d'ordures
2 *(pièce en désordre)* dépotoir

Attention, ce dernier sens est familier.

during ['djʊərɪŋ] ▸ *préposition* pendant : **during our stay** pendant notre séjour

dusk [dʌsk] ▸ *nom* crépuscule

dust [dʌst]
▸ *nom* poussière
▸ *verbe* épousseter ; *(une pièce)* faire la poussière *ou* les poussières dans ; **I'm dusting** je fais la poussière *ou* les poussières

dustbin ['dʌstbɪn] ▸ *nom* poubelle

duster ['dʌstər] ▸ *nom* chiffon à poussière

dustman ['dʌstmən] (*au pluriel* **dustmen** [-men]) ▸ *nom* éboueur

dusty ['dʌstɪ] ▸ *adjectif* poussiéreux, -euse

Dutch [dʌtʃ]
▸ *adjectif* hollandais, -aise
▸ *nom* hollandais *(langue)*
▸ *nom pluriel* **the Dutch** les Hollandais

Dutchman ['dʌtʃmən] (*au pluriel* **Dutchmen** [-men]) ▸ *nom* Hollandais

Dutchwoman ['dʌtʃwʊmən] (*au pluriel* **Dutchwomen** [-wɪmɪn]) ▸ *nom* Hollandaise

duty ['dju:tɪ] (*au pluriel* **duties**) ▸ *nom* devoir : **it's my duty to warn you** c'est mon devoir de vous avertir

duvet ['du:veɪ] ▸ *nom* couette : **a duvet cover** une housse de couette

DVD [di:vi:'di:] ▸ *nom* DVD : **a DVD player** un lecteur de DVD

dwarf [dwɔ:f] (*au pluriel* **dwarves** [dwɔ:vz] *ou* **dwarfs**) ▸ *nom* nain, naine

dying ['daɪɪŋ] *voir* **die**

Ee

each [iːtʃ]
▸ *adjectif* chaque : **each book** chaque livre
▸ *pronom*
1 chacun, -une : **they each have a computer** ils ont chacun un ordinateur ; **each of the girls** chacune des filles ; **these peaches cost 59 pence each** ces pêches coûtent 59 pence chacune *ou* pièce
2 they hate each other ils se détestent ; **we know each other** nous nous connaissons ; **we write to each other** nous nous écrivons

eager [ˈiːgər] ▸ *adjectif*
1 *(foule, supporter)* enthousiaste
2 to be eager to do something tenir beaucoup à faire quelque chose

eagle [ˈiːg(ə)l] ▸ *nom* aigle

ear [ɪər] ▸ *nom* oreille

early [ˈɜːlɪ]
▸ *adverbe*
1 tôt : **to get up/to go to bed early** se lever/se coucher tôt *ou* de bonne heure ; **earlier (on)** plus tôt
2 en avance : **we got there early** nous sommes arrivés en avance ; **they were five minutes early** ils sont arrivés avec cinq minutes d'avance
▸ *adjectif* **to have an early night** se coucher tôt *ou* de bonne heure ; **in early summer** au début de l'été ; **in the early morning** tôt le matin, le matin de bonne heure

earn [ɜːn] ▸ *verbe* gagner : **they earn 50 dollars an hour** ils gagnent 50 dollars de l'heure

earphones [ˈɪəfəʊnz] ▸ *nom pluriel* casque, écouteurs

earring [ˈɪərɪŋ] ▸ *nom* boucle d'oreille

earth [ɜːθ] ▸ *nom* terre

earthquake [ˈɜːθkweɪk] ▸ *nom* tremblement de terre

easily [ˈiːzɪlɪ] ▸ *adverbe* facilement

east [iːst]
▸ *nom* est : **in the east of France** dans l'est de la France ; **to the east of the town** à l'est de la ville
▸ *adjectif* est : **the east coast** la côte est
▸ *adverbe* vers l'est : **to head east** se diriger vers l'est

Easter [ˈiːstər] ▸ *nom* Pâques : **an Easter egg** un œuf de Pâques

eastern [ˈiːstən] ▸ *adjectif* de l'est : **Eastern Europe** l'Europe de l'Est ; **eastern France** l'est de la France

easy [ˈiːzɪ] ▸ *adjectif* facile : **it's easy to understand** c'est facile à comprendre

eat [iːt] ▸ *verbe* manger
▸ **eat out** manger au restaurant

I ate, I have eaten, I am eating

echo [ekəʊ] (*au pluriel* **echoes**) ▸ *nom* écho

economy [ɪˈkɒnəmɪ] (*au pluriel* **economies**) ▸ *nom* économie

edge [edʒ] ▸ *nom* bord ; *(d'un couteau)* tranchant

Edinburgh [ˈedɪnbrə] ▸ *nom* Édimbourg

educated ['edjʊkeɪtɪd] ▶ *adjectif* instruit, -uite

education [edjʊ'keɪʃən] ▶ *nom*
1 éducation : **a good education is important** il est important de recevoir une bonne éducation
2 enseignement : **she's looking for a job in education** elle cherche un poste dans l'enseignement

eel [i:l] ▶ *nom* anguille

effect [ɪ'fekt] ▶ *nom* effet (**sur** on) ; **to take effect** *(médicament)* agir

efficient [ɪ'fɪʃənt] ▶ *adjectif* efficace

effort ['efət] ▶ *nom* effort

egg [eg] ▶ *nom* œuf

Egypt ['i:dʒɪpt] ▶ *nom* l'Égypte

Egyptian [ɪ'dʒɪpʃən]
▶ *adjectif* égyptien, -ienne
▶ *nom* Égyptien, -ienne

eight [eɪt] ▶ *nom & adjectif* huit

Pour des exemples d'emploi, voir **ten**.

eighteen [eɪ'ti:n] ▶ *nom & adjectif* dix-huit

Pour des exemples d'emploi, voir **ten**.

eighteenth [eɪ'ti:nθ] ▶ *nom & adjectif* dix-huitième

Pour des exemples d'emploi, voir **tenth**.

eighth [eɪtθ] ▶ *nom & adjectif* huitième

Pour des exemples d'emploi, voir **tenth**.

eighty ['eɪtɪ] ▶ *nom & adjectif* quatre-vingts

Pour des exemples d'emploi, voir **ten**.

either ['aɪðər, 'i:ðər]
▶ *adjectif*
1 l'un ou l'autre, l'une ou l'autre : **either book** l'un ou l'autre de ces deux livres
2 *(avec "not")* ni l'un ni l'autre, ni l'une ni l'autre : **I didn't like either book** je n'ai aimé ni l'un ni l'autre de ces livres
3 chaque : **on either side** de chaque côté
▶ *pronom*
1 l'un ou l'autre, l'une ou l'autre : **choose either (of them)** choisis l'un ou l'autre
2 *(avec "not")* ni l'un ni l'autre, ni l'une ni l'autre : **I don't know either of them** je ne connais ni l'un ni l'autre
▶ *conjonction* **either... or...** soit... soit... : **either today or tomorrow** soit aujourd'hui, soit demain
▶ *adverbe* non plus : **she can't swim either** elle ne sait pas nager non plus ; **I don't like him – I don't either** je ne l'aime pas – moi non plus

elastic band [ɪ'læstɪk'bænd] ▶ *nom* élastique

elbow ['elbəʊ] ▶ *nom* coude

elder ['eldər] ▶ *adjectif* aîné, -e : **her elder brother** son frère aîné

eldest ['eldɪst]
▶ *adjectif* aîné, -e : **her eldest brother** l'aîné de ses frères ; **the eldest brother** le frère aîné
▶ *nom* aîné, -e : **he's the eldest** il est l'aîné

elderly ['eldəlɪ] ▶ *adjectif* âgé, -e

electrician [ɪlek'trɪʃən] ▶ *nom* électricien, -ienne

electricity [ɪlek'trɪsɪtɪ] ▶ *nom* électricité

elementary school [elɪ'mentərɪsku:l] ▶ *nom (expression américaine)* école primaire

elevator ['elɪveɪtər] ▶ *nom (mot américain)* ascenseur

eleven [ɪ'lev(ə)n] ▶ *nom & adjectif* onze

Pour des exemples d'emploi, voir **ten**.

eleventh [ɪ'lev(ə)nθ] ▶ *nom & adjectif* onzième

Pour des exemples d'emploi, voir **tenth**.

else [els] ▶ *adverbe* d'autre : **some-**

body/nobody/nothing else quelqu'un/personne/rien d'autre ; **everybody else** tous les autres ; **something else** autre chose ; **anything else?** encore quelque chose ? ; **somewhere else** ailleurs ; **or else** ou bien

e-mail ['iːmeɪl]
▸ *nom* e-mail : **an e-mail address** une adresse e-mail
▸ *verbe* **you can e-mail him** tu peux lui envoyer un e-mail ; **e-mail me the document** envoie-moi le document par e-mail

embarrassed [ɪm'bærəst] ▸ *adjectif* gêné, -e

emergency [ɪ'mɜːdʒənsɪ] (*au pluriel* **emergencies**) ▸ *nom* urgence : **it's an emergency** c'est une urgence, c'est urgent ; **an emergency exit** une sortie de secours

employ [ɪm'plɔɪ] ▸ *verbe* employer

employee [ɪm'plɔɪiː] ▸ *nom* employé, -e

employer [ɪm'plɔɪər] ▸ *nom* employeur, -euse

empty ['emptɪ]
▸ *adjectif* vide
▸ *verbe* vider
▸ **empty out** vider

encourage [ɪn'kʌrɪdʒ] ▸ *verbe* encourager : **to encourage somebody to do something** encourager quelqu'un à faire quelque chose

encyclopedia [ɪnsaɪklə'piːdɪə] ▸ *nom* encyclopédie

end [end]
▸ *nom*
1 *(de la rue, d'une table)* bout : **at the end of the corridor** au bout du couloir
2 *(d'une réunion, du mois, d'un livre)* fin : **at the end of the game** à la fin du jeu ; **in the end** à la fin ; **to put an end to something** mettre fin à quelque chose
▸ *verbe*
1 terminer, finir ; *(une guerre, une relation)* mettre fin à
2 se terminer, finir : **it ends at two o'clock** ça finit à deux heures ; **the meeting ended with a discussion** la réunion a fini par une discussion
▸ **end up** finir : **I ended up going home** j'ai fini par rentrer chez moi ; **they ended up in York** ils se sont retrouvés à York

enemy ['enəmɪ] (*au pluriel* **enemies**)
▸ *nom* ennemi, -e

energy ['enədʒɪ] ▸ *nom* énergie

engaged [ɪn'geɪdʒd] ▸ *adjectif*
1 fiancé, -e ; **to get engaged** se fiancer (**to** avec)
2 *(téléphone, toilettes)* occupé, -e

engine ['endʒɪn] ▸ *nom* moteur ; *(d'un train)* locomotive

engineer [endʒɪ'nɪər] ▸ *nom*
1 ingénieur
2 dépanneur

England ['ɪŋglənd] ▸ *nom* l'Angleterre

English ['ɪŋglɪʃ]
▸ *adjectif* anglais
▸ *nom* anglais *(langue)*
▸ *nom pluriel* **the English** les Anglais

Englishman ['ɪŋglɪʃmən] (*au pluriel* **Englishmen** [-men]) ▸ *nom* Anglais

Englishwoman ['ɪŋglɪʃwʊmən] (*au pluriel* **Englishwomen** [-wɪmɪn]) ▸ *nom* Anglaise

enjoy [ɪn'dʒɔɪ] ▸ *verbe*
1 aimer : **I enjoy reading** j'aime lire
2 **to enjoy oneself** s'amuser ; **enjoy yourselves!** amusez-vous bien !

enormous [ɪ'nɔːməs] ▸ *adjectif* énorme

enough [ɪ'nʌf]
▸ *adverbe* assez : **we've suffered enough** nous avons assez souffert ; **she isn't strong enough to lift it** elle n'est pas assez forte pour le soulever
▸ *adjectif* assez de : **enough time/money** assez de temps/d'argent ; **that's enough** ça suffit

▸ *pronom* assez : **there's enough for everybody** il y en a assez pour tout le monde ; **I've had enough!** j'en ai assez ! ; **no thanks, I've had enough** non merci, j'ai assez mangé

enter ['entər] ▸ *verbe* **to enter a room/building** entrer dans une pièce/un bâtiment ; **to enter a competition** se présenter à un concours

entertain [entə'teɪn] ▸ *verbe* amuser

entire [ɪn'taɪər] ▸ *nom* entier, -ière

entirely [ɪn'taɪəlɪ] ▸ *verbe* tout à fait, entièrement : **I entirely agree** je suis tout à fait *ou* entièrement d'accord

entrance ['entrəns] ▸ *nom* entrée : **an entrance exam** un examen d'entrée

entry ['entrɪ] (*au pluriel* **entries**) ▸ *nom* entrée : **no entry** entrée interdite ; *(au départ d'une rue)* sens interdit

envelope ['envələʊp] ▸ *nom* enveloppe

equal ['iːkwəl]
▸ *adjectif* égal, -e (**to** à) ; **we're equal** *(score)* nous sommes à égalité
▸ *verbe* égaler : **three plus two equals five** trois plus deux égalent cinq

erase [ɪ'reɪz] ▸ *verbe* effacer

eraser [ɪ'reɪzər] ▸ *nom (mot américain)* gomme

error ['erər] ▸ *nom* erreur

escalator ['eskəleɪtər] ▸ *nom* escalier roulant

escape [ɪs'keɪp] ▸ *verbe* s'échapper : **the lion escaped from the zoo** le lion s'est échappé du zoo ; **to escape from prison** s'évader de prison ; **to escape from somebody** échapper à quelqu'un

especially [ɪs'peʃəlɪ] ▸ *adverbe*
1 surtout : **I like sport, especially tennis** j'aime le sport, surtout le tennis
2 exprès : **she came especially to see you** elle est venue exprès pour vous voir

essay ['eseɪ] ▸ *nom (à l'école)* rédaction ; *(à l'université)* dissertation

essential [ɪ'senʃəl] ▸ *adjectif* essentiel, -ielle

estate [ɪs'teɪt] ▸ *nom* **a housing estate** une cité (HLM) ; **an estate agent** un agent immobilier

EU [iː'juː] ▸ *nom* **the EU** *(European Union)* l'UE

Europe ['jʊərəp] ▸ *nom* l'Europe

European [jʊərə'piːən]
▸ *adjectif* européen, -enne
▸ *nom* Européen, -enne

eve [iːv] ▸ *nom* veille : **Christmas Eve** la veille de Noël ; **New Year's Eve** la Saint-Sylvestre

even[1] ['iːv(ə)n] ▸ *adverbe*
1 même : **I didn't even see him** je ne l'ai même pas vu ; **even if** même si
2 *(avec "more" ou "less")* encore : **even more** encore plus ; **that's even better** c'est encore mieux ; **he's even less generous than her** il est encore moins généreux qu'elle
3 even though bien que : **he forgot, even though I reminded him** il a oublié, bien que je le lui aie rappelé

even[2] ['iːv(ə)n] ▸ *adjectif*
1 *(surface)* plan, plane
2 égal, -e : **divide it into four even pieces** divise-le en quatre morceaux égaux
3 an even number un nombre pair

evening ['iːvnɪŋ] ▸ *nom*
1 soir : **he came in the evening** il est venu le soir ; **she rides her bike in the evenings** elle fait du vélo le soir ; **at seven in the evening** à sept heures du soir
2 soirée : **all evening, all evening long** toute la soirée

event [ɪ'vent] ▸ *nom*
1 événement
2 *(en sport)* épreuve

ever ['evər] ▸ *adverbe*
1 jamais : **more than ever** plus que

jamais ; **nothing ever happens** il ne se passe jamais rien ; **hardly ever** presque jamais ; **have you ever met him?** est-ce que tu l'as déjà rencontré ? ; **do you ever go to the theatre?** il t'arrive d'aller au théâtre ?
2 ever since depuis : **ever since the accident** depuis l'accident ; **ever since then** depuis ce moment-là ; **ever since I saw her** depuis que je l'ai vue

every ['evrɪ] ▶ *adjectif* chaque : **every time I go out** chaque fois que je sors ; **every one** chacun, -une ; **every day/evening** tous les jours/soirs ; **every Monday** tous les lundis ; **every other day, every two days** tous les deux jours

everybody ['evrɪbɒdɪ] (*ou* **everyone** ['evrɪwʌn]) ▶ *pronom* tout le monde

everyplace ['evrɪpleɪs] *(mot américain)* = **everywhere**

everything ['evrɪθɪŋ] ▶ *pronom* tout : **I've seen everything** j'ai tout vu ; **everything I have** tout ce que j'ai

everywhere ['evrɪweər] ▶ *adverbe* partout : **everywhere she goes** partout où elle va

evil ['iːv(ə)l] ▶ *adjectif* mauvais, -aise

exact [ɪg'zækt] ▶ *adjectif* exact, -e

exactly [ɪg'zæktlɪ] ▶ *adverbe* exactement

exaggerate [ɪg'zædʒəreɪt] ▶ *verbe* exagérer

exam [ɪg'zæm] ▶ *nom* examen : **a French exam** un examen de français ; **the exam results** les résultats de l'examen

examination [ɪgzæmɪ'neɪʃən] ▶ *nom* examen

examine [ɪg'zæmɪn] ▶ *verbe* examiner

example [ɪg'zɑːmp(ə)l] ▶ *nom* exemple : **for example** par exemple

excellent ['eksələnt] ▶ *adjectif* excellent, -ente

except [ɪk'sept] ▶ *préposition* sauf : **except for** à part, sauf ; **except that** sauf que

exception [ɪk'sepʃən] ▶ *nom* exception (**to** à)

exchange [ɪks'tʃeɪndʒ] ▶ *verbe* échanger (**for** contre)

excited [ɪk'saɪtɪd] ▶ *adjectif* excité, -e ; **to get excited** s'exciter, s'emballer

exciting [ɪk'saɪtɪŋ] ▶ *adjectif (livre)* passionnant, -ante ; *(projet, perspective)* excitant, -ante

exclamation [eksklə'meɪʃən] ▶ *nom* exclamation : **an exclamation mark,** *(en américain)* **an exclamation point** un point d'exclamation

excuse
▶ *nom* [ɪks'kjuːs] excuse : **it's an excuse to do less work** c'est une excuse pour travailler moins
▶ *verbe* [ɪks'kjuːz] excuser : **excuse me!** excusez-moi !

exercise ['eksəsaɪz]
▶ *nom* exercice : **to take exercise** faire de l'exercice ; **a grammar exercise** un exercice de grammaire ; **an exercise book** un cahier
▶ *verbe* faire de l'exercice

exhausted [ɪg'zɔːstɪd] ▶ *adjectif* épuisé, -e

exhibition [eksɪ'bɪʃən] ▶ *nom* exposition

exist [ɪg'zɪst] ▶ *verbe* exister

exit ['eksɪt] ▶ *nom* sortie

expect [ɪks'pekt] ▶ *verbe*
1 attendre : **I'm expecting them any moment** je les attends d'un moment à l'autre ; **she's expecting a baby** elle attend un bébé ; **it was expected** c'était prévu
2 I expect you to come je compte que vous viendrez ; **I expected them to bring a present** je m'attendais à ce

qu'ils apportent un cadeau
3 penser, supposer (**that** que) : **I expect so** je pense, je suppose

expenses [ek'spensɪz] ▸ *nom pluriel* frais, dépenses

expensive [ɪks'pensɪv] ▸ *adjectif* cher, chère

experience [ɪks'pɪərɪəns] ▸ *nom* expérience : **you have experience** tu as de l'expérience

experiment [ɪks'perɪmənt] ▸ *nom* expérience *(scientifique)*

expert ['ekspɜːt] ▸ *nom* expert, -erte (**in** en)

expired [ex'paɪəd] ▸ *adjectif* périmé, -e

explain [ɪks'pleɪn] ▸ *verbe* expliquer (**that** que) : **to explain something to somebody** expliquer quelque chose à quelqu'un

explanation [eksplə'neɪʃən] ▸ *nom* explication

explode [ɪks'pləʊd] ▸ *verbe* exploser

explore [ɪks'plɔːr] ▸ *verbe* explorer

express [ɪks'pres] ▸ *verbe* exprimer : **to express oneself** s'exprimer

expression [ɪks'preʃən] ▸ *nom*
1 *(phrase)* expression
2 air : **a puzzled expression** un air perplexe

extra ['ekstrə]
▸ *adjectif (train, heures)* supplémentaire ; **it costs an extra 20 dollars** ça coûte 20 dollars de plus ; **wine is extra** le vin est en supplément
▸ *adverbe*
1 to pay extra payer un supplément
2 extra large très grand ; **be extra careful** sois extrêmement prudent

extremely [ɪks'triːmlɪ] ▸ *adverbe* extrêmement

eye [aɪ] ▸ *nom* œil ; **to keep an eye on something/somebody** surveiller quelque chose/quelqu'un

eyebrow ['aɪbraʊ] ▸ *nom* sourcil

eyelash ['aɪlæʃ] ▸ *nom* cil

eyelid ['aɪlɪd] ▸ *nom* paupière

eyesight ['aɪsaɪt] ▸ *nom* vue : **he has good eyesight** il a une bonne vue

fabric ['fæbrɪk] ▸ *nom* tissu

face [feɪs]
▸ *nom* visage ; **to make faces** *ou* **funny faces** faire des grimaces
▸ *verbe*
1 être en face de ; **the window faces the garden** la fenêtre donne sur le jardin ; **the house faces north** la maison est orientée au nord
2 se tourner vers : **face the wall** tourne-toi vers le mur

fact [fækt] ▸ *nom* fait : **in fact** en fait

factory ['fækt(ə)rɪ] (*au pluriel* **factories**) ▸ *nom* usine

fade [feɪd] ▸ *verbe*
1 *(couleur)* passer ; *(tapis, rideau)* se décolorer
2 *(lumière)* baisser
▸ **fade away** *(bruit)* diminuer

fail [feɪl] ▸ *verbe*
1 échouer : **she passed but her sister failed** elle a réussi, mais sa sœur a échoué ; **to fail an exam** rater un examen
2 to fail to do something ne pas arriver à faire quelque chose ; **I failed to convince them** je ne suis pas arrivé à les convaincre ; **the letter failed to arrive** la lettre n'est pas arrivée

failure ['feɪljər] ▸ *nom*
1 échec ; **his failure to find a job** son incapacité à trouver un emploi
2 raté, -e : **he's a failure** c'est un raté

faint [feɪnt]
▸ *adjectif (voix, lumière)* faible ; *(trace, odeur)* léger, -ère
▸ *verbe* s'évanouir

fair¹ [feər] ▸ *nom*
1 foire
2 fête foraine

fair² [feər] ▸ *adjectif*
1 juste, équitable : **that's not fair!** ce n'est pas juste ! ; **a fair price** un prix raisonnable *ou* correct
2 assez bon, bonne ; **the weather's fair** il fait assez beau
3 assez grand, grande ; **a fair amount of** pas mal de
4 *(cheveux, personne)* blond, blonde ; **to have fair skin** avoir la peau claire

fairly ['feəlɪ] ▸ *adverbe* assez : **fairly big** assez grand

fairy ['feərɪ] (*au pluriel* **fairies**) ▸ *nom* fée : **a fairy tale** un conte de fées

faith [feɪθ] ▸ *nom* foi ; **to have faith in somebody** avoir confiance en quelqu'un

faithful ['feɪθfʊl] ▸ *adjectif* fidèle

fall [fɔːl]
▸ *nom*
1 chute : **to have a fall** faire une chute
2 *(en américain)* automne : **in the fall** en automne
▸ *verbe*
1 tomber : **to fall off a chair** tomber d'une chaise ; **to fall down the stairs/a hole** tomber dans l'escalier/un trou ; **to fall ill** tomber malade
2 *(prix, température)* baisser
▸ **fall apart** tomber en morceaux
▸ **fall down** *(personne)* tomber ; *(bâtiment, mur)* s'effondrer
▸ **fall off** *(feuilles, chapeau)* tomber ; *(bouton)* se détacher

▸ **fall out** *(cheveux, page)* tomber ; **my tooth fell out** j'ai perdu une dent
▸ **fall over** *(personne)* tomber ; *(table, vase)* se renverser

I fell, I have fallen, I am falling

false [fɔ:ls] ▸ *adjectif* faux, fausse

familiar [fə'mɪlɪər] ▸ *adjectif* familier, -ière ; **he looks familiar, he looks familiar to me** je l'ai déjà vu quelque part ; **to be familiar with something** bien connaître quelque chose

family ['fæmɪlɪ, 'fæmlɪ] (*au pluriel* **families**) ▸ *nom* famille

famous ['feɪməs] ▸ *adjectif* célèbre

fan [fæn] ▸ *nom*
1 éventail
2 ventilateur
3 *(d'une star)* fan ; *(d'une équipe)* supporter ; **I'm a rugby fan** je suis passionné de rugby

fancy ['fænsɪ] ▸ *verbe* **to fancy something/doing something** avoir envie de quelque chose/de faire quelque chose : **do you fancy a cup of coffee?** tu as envie d'une tasse de café ?

fantastic [fæn'tæstɪk] ▸ *adjectif* formidable

far [fɑ:r]
▸ *adverbe*
1 loin (**from** de) : **they're too far away** ils sont trop loin ; **how far is it to Dover?** combien y a-t-il d'ici à Douvres ? ; **how far is it from Bristol to Bath?** combien y a-t-il entre Bristol et Bath ? ; **as far as Paris** jusqu'à Paris ; **as far as I know** pour autant que je sache ; **so far** *(dans le temps)* jusqu'ici
2 beaucoup : **far bigger** beaucoup plus gros
▸ *adjectif* **at the far end of the room** à l'autre bout de la pièce ; **the Far East** l'Extrême-Orient

fare [feər] ▸ *nom* prix du billet ; **half fare** demi-tarif ; **full fare** plein tarif

farm [fɑ:m] ▸ *nom* ferme : **he lives on a farm** il habite dans une ferme

farmer ['fɑ:mər] ▸ *nom* agriculteur, -trice

farmhouse ['fɑ:mhaʊs] ▸ *nom* ferme

farming ['fɑ:mɪŋ] ▸ *nom* agriculture

fashion ['fæʃən] ▸ *nom* mode : **in fashion** à la mode ; **out of fashion** démodé, -e

fast [fɑ:st]
▸ *adjectif* rapide ; **to be a fast walker** marcher vite ; **my watch is fast** ma montre avance
▸ *adverbe*
1 vite : **she drives fast** elle conduit vite
2 **he's fast asleep** il est profondément endormi

fasten ['fɑ:s(ə)n] ▸ *verbe*
1 attacher (**to** à) : **fasten your seatbelts** attachez vos ceintures
2 fermer

fast-forward [fɑ:st'fɔ:wəd] ▸ *verbe* mettre en avance rapide

fat [fæt]
▸ *adjectif* gros, grosse : **a fat baby** un gros bébé ; **to get fat** grossir
▸ *nom (sur le corps)* graisse ; *(dans la viande)* gras ; *(pour cuisiner)* matière grasse

father ['fɑ:ðər] ▸ *nom* père

father-in-law ['fɑ:ðərɪnlɔ:] (*au pluriel* **fathers-in-law**) ▸ *nom* beau-père

faucet ['fɔ:sɪt] ▸ *nom (mot américain)* robinet

fault [fɔ:lt] ▸ *nom*
1 faute : **it's your fault** c'est de ta faute, c'est ta faute
2 défaut : **his worst fault is impatience** son plus gros défaut, c'est qu'il manque de patience

favour [feɪvər] (*ou* **favor** *en américain*) ▸ *nom*

1 service : **to do somebody a favour** rendre un service à quelqu'un

2 to be in favour of something être pour quelque chose : **he's in favour of the war** il est pour la guerre

favourite ['feɪv(ə)rɪt] (*ou* **favorite** *en américain*) ▸ *adjectif* préféré, -e, favori, -ite : **that's her favourite toy, that toy is her favourite** c'est son jouet préféré *ou* favori

fax [fæks]

▸ *nom* fax : **by fax** par fax ; **she sent me a fax** elle m'a envoyé un fax

▸ *verbe* faxer, envoyer par fax ; **I'll fax you** je t'enverrai un fax

fear [fɪər] ▸ *nom* peur, crainte

feast [fiːst] ▸ *nom* festin, banquet

feather ['feðər] ▸ *nom* plume

February ['febrʊərɪ] ▸ *nom* février

fed [fed] *voir* **feed**

fed up [fed'ʌp] ▸ *adjectif* **to be fed up** en avoir marre : **I'm fed up with him** j'en ai marre de lui ; **I'm fed up telling you the same thing all the time!** j'en ai marre de te répéter tout le temps la même chose !

Attention, cette expression est familière.

feed [fiːd] ▸ *verbe* donner à manger à : **he feeds the dog twice the day** il donne à manger au chien deux fois par jour ; **to feed a baby** donner le biberon/le sein à un bébé

I fed, I have fed, I am feeding

feel [fiːl] ▸ *verbe*

1 se sentir : **to feel tired/old** se sentir fatigué/vieux ; **I feel hot/sleepy** j'ai chaud/sommeil ; **I feel sad** je suis triste

2 sentir : **I felt the floor trembling** j'ai senti le sol trembler

3 toucher : **feel how soft it is** touche comme c'est doux

4 éprouver, ressentir

5 to feel like something/like doing something avoir envie de quelque chose/de faire quelque chose : **do you feel like going out?** tu as envie de sortir ?

I felt, I have felt, I am feeling

feeling ['fiːlɪŋ] ▸ *nom* sentiment ; *(physique)* sensation

feet [fiːt] *voir* **foot**

fell [fel] *voir* **fall** *verbe*

felt [felt] *voir* **feel**

female ['fiːmeɪl]

▸ *adjectif*

1 femelle : **a female giraffe** une girafe femelle

2 *(équipe, mode)* féminin, -ine ; **a female student** une étudiante

▸ *nom* femelle

fence [fens] ▸ *nom* barrière

fern [fɜːn] ▸ *nom* fougère

fetch [fetʃ] ▸ *verbe* aller chercher : **go and fetch my keys** va me chercher mes clés

fever ['fiːvər] ▸ *nom* fièvre : **to have a fever** avoir de la fièvre

few [fjuː]

▸ *adjectif*

1 peu de : **few teachers/houses** peu de professeurs/de maisons

2 a few quelques : **a few teachers** quelques professeurs ; **quite a few books** un bon nombre de livres

▸ *pronom*

1 peu : **few of them** peu d'entre eux

2 a few quelques-uns, quelques-unes : **a few of us** quelques-uns d'entre nous

fewer ['fjuːər] ▸ *adjectif* moins de : **I have fewer books than you** j'ai moins de livres que vous

field [fiːld] ▸ *nom* champ ; *(pour le sport)* terrain

fierce ['fɪəs] ▸ *adjectif* féroce ; *(attaque, tempête)* violent, -ente

fifteen [fɪf'ti:n, 'fɪfti:n] ▸ *nom & adjectif* quinze

Pour des exemples d'emploi, voir **ten**.

fifteenth [fɪf'ti:nθ, 'fɪfti:nθ] ▸ *nom & adjectif* quinzième

Pour des exemples d'emploi, voir **tenth**.

fifth [fɪfθ] ▸ *nom & adjectif* cinquième

Pour des exemples d'emploi, voir **tenth**.

fifty ['fɪftɪ] ▸ *nom & adjectif* cinquante

Pour des exemples d'emploi, voir **ten**.

fig [fɪg] ▸ *nom* figue

fight [faɪt]
▸ *nom*
1 bagarre
2 dispute ; **she's had a fight with her boyfriend** elle s'est disputée avec son copain
3 lutte : **the fight against terrorism** la lutte contre le terrorisme
▸ *verbe*
1 se battre (**with** avec) : **stop fighting (each other)!** arrêtez de vous battre !
2 se disputer (**over** à propos de)
3 lutter (**for** pour, **against** contre)

I fought, I have fought, I am fighting

figure ['fɪgər] ▸ *nom*
1 chiffre
2 silhouette : **she has a nice figure** elle a une jolie silhouette

file [faɪl] ▸ *nom*
1 dossier (**on** sur) ; **to have something on file** avoir quelque chose dans ses dossiers
2 *(pour classer)* chemise ; *(à anneaux)* classeur
3 *(sur ordinateur)* fichier
4 in single file en file indienne

fill [fɪl] ▸ *verbe* remplir (**with** de)
▸ **fill in**
1 to fill in a hole boucher un trou
2 to fill in a form remplir un formulaire
▸ **fill out : to fill out a form** remplir un formulaire
▸ **fill up**
1 remplir (**with** de)
2 faire le plein *(d'essence)*

film [fɪlm] ▸ *nom*
1 film (**about** sur) ; **a film star** une vedette de cinéma
2 *(pour appareil photo)* pellicule

filthy ['fɪlθɪ] ▸ *adjectif* très sale, dégoûtant, -ante

fin [fɪn] ▸ *nom* nageoire

final ['faɪn(ə)l]
▸ *adjectif* dernier, -ière
▸ *nom* finale

find [faɪnd] ▸ *verbe* trouver : **I can't find my keys** je ne trouve pas mes clés
▸ **find out**
1 découvrir, apprendre : **his wife found out about his affair** sa femme a découvert qu'il avait une liaison
2 se renseigner (**about** sur)

I found, I have found, I am finding

fine[1] [faɪn] ▸ *nom* amende

fine[2] [faɪn]
▸ *adjectif*
1 excellent, -ente : **a fine wine** un excellent vin ; **to feel fine** se sentir bien ; **he's fine** il va bien ; **fine!** bien !, d'accord !
2 *(temps)* **it's fine** il fait beau
3 *(trait, cheveux, pointe)* fin, fine
▸ *adverbe* très bien : **I'm managing fine** je me débrouille très bien

finger ['fɪŋgər] ▸ *nom* doigt : **the little finger** le petit doigt

fingernail ['fɪŋgəneɪl] ▸ *nom* ongle

fingerprint ['fɪŋgəprɪnt] ▸ *nom* empreinte digitale

finish ['fɪnɪʃ]
▸ *nom (d'une course)* arrivée
▸ *verbe*
1 terminer, finir : **I've finished** j'ai fini, j'ai terminé ; **to finish doing something** finir de faire quelque chose ;

have you finished with my book? tu as encore besoin de mon livre ?
2 se terminer, finir : **it finishes at noon** ça se termine *ou* ça finit à midi
▸ **finish up** terminer, finir : **finish up your soup** termine *ou* finis ta soupe

Finland ['fɪnlənd] ▸ *nom* la Finlande

Finn [fɪn] ▸ *nom* Finlandais, -aise

Finnish ['fɪnɪʃ]
▸ *adjectif* finlandais, -aise
▸ *nom* finnois *(langue)*

fir [fɜːr] ▸ *nom* sapin

fire ['faɪər]
▸ *nom*
1 feu ; *(accidentel)* incendie : **on fire** en feu ; **to set fire to** mettre le feu à ; **to light a fire** faire du feu ; **fire!** au feu ! ; **a fire alarm** une alarme incendie ; **the fire brigade,** *(en américain)* **the fire department** les pompiers ; **a fire engine** une voiture de pompiers ; **a fire fighter** un pompier ; **a fire station** une caserne de pompiers
2 radiateur
▸ *verbe* tirer (**at** sur) ; **to fire a gun** tirer un coup de feu *ou* de fusil ; **to fire a bullet** tirer une balle

fireman ['faɪəmən] (*au pluriel* **firemen** [-men]) ▸ *nom* pompier

fireplace ['faɪəpleɪs] ▸ *nom* cheminée

firework ['faɪəwɜːk] ▸ *nom* fusée ; **fireworks** *(spectacle)* un feu d'artifice

firm¹ [fɜːm] ▸ *nom* entreprise

firm² [fɜːm] ▸ *adjectif* ferme : **to be firm with somebody** être ferme avec quelqu'un

first [fɜːst]
▸ *adjectif* premier, -ière : **the first two days** les deux premiers jours ; **first aid** les premiers secours ; **the first one** le premier, la première
▸ *nom*
1 premier, -ière : **they were the first to arrive** ils sont arrivés les premiers
2 *(dans les dates)* premier : **it's the first of July,** *(en américain)* **it's July first** nous sommes le premier juillet
▸ *adverbe*
1 d'abord ; **at first** d'abord
2 pour la première fois : **I first met her in London** je l'ai rencontrée pour la première fois à Londres

firstly ['fɜːstlɪ] ▸ *adverbe* premièrement

fish [fɪʃ]
▸ *nom* poisson : **three fish** trois poissons ; **a fish shop** une poissonnerie

On n'ajoute pas de **-s** pour former le pluriel de **fish**.

▸ *verbe* pêcher

fisherman ['fɪʃəmən] (*au pluriel* **fishermen** [-men]) ▸ *nom* pêcheur

fishing ['fɪʃɪŋ] ▸ *nom* pêche : **to go fishing** aller à la pêche ; **a fishing rod** une canne à pêche

fishmonger ['fɪʃmʌŋgər] ▸ *nom* poissonnier, -ière

fist [fɪst] ▸ *nom* poing

fit¹ [fɪt] ▸ *adjectif*
1 en bonne santé
2 en forme : **to keep fit** se maintenir en forme

fit² [fɪt] ▸ *verbe*
1 to fit somebody *(vêtements)* aller à quelqu'un, être à la taille de quelqu'un ; **this shirt fits** cette chemise me va
2 to fit something into faire entrer quelque chose dans ; **to fit something onto** fixer quelque chose sur ; **it fits into/onto** ça va dans/sur
3 to fit a carpet poser de la moquette

fitted carpet ['fɪtɪd'kɑːpɪt] ▸ *nom* moquette

five [faɪv] ▸ *nom & adjectif* cinq

Pour des exemples d'emploi, voir **ten**.

fix [fɪks] ▸ *verbe*

1 fixer : **let's fix a time to meet** fixons une heure de rendez-vous ; **can you fix the painting to the wall?** est-ce que tu peux fixer le tableau au mur ?
2 réparer, arranger

fixed [fɪkst] ▸ *adjectif (prix)* fixe

fizzy ['fɪzɪ] ▸ *adjectif (vin)* mousseux, -euse ; **a fizzy drink** une boisson gazeuse

flag [flæg] ▸ *nom* drapeau

flame [fleɪm] ▸ *nom* flamme

flap [flæp] ▸ *verbe* **the bird is flapping its wings** l'oiseau bat des ailes

flash [flæʃ]
▸ *nom*
1 éclair ; **a flash of lightning** un éclair
2 *(en photographie)* flash
▸ *verbe (enseigne, lumière)* clignoter

flashlight ['flæʃlaɪt] ▸ *nom (mot américain)* lampe de poche

flask [flɑːsk] ▸ *nom*
1 flasque
2 Thermos®

flat¹ [flæt] ▸ *adjectif* plat, plate ; *(pneu)* à plat, dégonflé, -e

flat² [flæt] ▸ *nom* appartement

flavour ['fleɪvər] (*ou* **flavor** *en américain*) ▸ *nom* goût ; *(de glace, de yaourt)* parfum

flea [fliː] ▸ *nom* puce

fleece [fliːs] ▸ *nom (tissu)* laine polaire ; *(vêtement)* polaire

Flemish ['flemɪʃ]
▸ *adjectif* flamand, -ande
▸ *nom* flamand *(langue)*

flesh [fleʃ] ▸ *nom* chair

flew [fluː] *voir* **fly** *verbe*

flick [flɪk] ▸ *verbe* **to flick a switch** appuyer sur un bouton
▸ **flick off : to flick the light/TV off** éteindre la lumière/télé
▸ **flick on : to flick the light/TV on** allumer la lumière/télé

flight [flaɪt] ▸ *nom*
1 vol : **a flight to Paris** un vol pour Paris
2 a flight of stairs un escalier

flipper [flɪpə] ▸ *nom* palme *(pour nager)*

float [fləʊt] ▸ *verbe* flotter (**on** sur)

flock [flɒk] ▸ *nom* **a flock of sheep** un troupeau de moutons

flood [flʌd] ▸ *nom* inondation

flooded ['flʌdɪd] ▸ *adjectif* inondé, -e

floor [flɔːr] ▸ *nom*
1 sol ; *(en bois)* plancher ; **on the floor** par terre
2 étage : **on the first floor** au premier étage, *(en américain)* au rez-de-chaussée

floppy disk ['flɒpɪ'dɪsk] ▸ *nom* disquette

florist ['flɒrɪst] ▸ *nom* fleuriste

flour ['flaʊər] ▸ *nom* farine

flow [fləʊ] ▸ *verbe* couler

flower ['flaʊər] ▸ *nom* fleur : **a flower pot** un pot de fleurs

flown [fləʊn] *voir* **fly** *verbe*

flu [fluː] ▸ *nom* grippe : **to have (the) flu** avoir la grippe

fluent ['fluːənt] ▸ *adjectif* **to be fluent in French, to speak fluent French** parler couramment le français

fluently ['fluːəntlɪ] ▸ *adverbe* couramment : **she speaks English fluently** elle parle anglais couramment

flute [fluːt] ▸ *nom* flûte

fly [flaɪ]
▸ *nom (au pluriel* **flies**) mouche
▸ *verbe (oiseau, avion)* voler ; *(passager)* prendre l'avion ; **to fly a plane** piloter un avion
▸ **fly away** s'envoler

I flew, I have flown, I am flying

flying ['flaɪɪŋ]
▸ *nom* **she's afraid of flying** elle a

peur de prendre l'avion ; **flying lessons** des cours de pilotage

▶ *adjectif* **a flying saucer** une soucoupe volante

flyover ['flaɪəʊvər] ▶ *nom* pont routier

foal [fəʊl] ▶ *nom* poulain

foam [fəʊm] ▶ *nom*

1 *(sur la mer)* écume ; *(dans le bain)* mousse

2 *(matériau)* mousse : **a foam mattress** un matelas en mousse

fog [fɒg] ▶ *nom* brouillard

foggy ['fɒgɪ] ▶ *adjectif* **it's foggy** il y a du brouillard ; **foggy weather** un temps brumeux

fold [fəʊld]

▶ *nom* pli

▶ *verbe*

1 plier : **to fold something in half** plier quelque chose en deux

2 to fold one's arms croiser les bras

▸ **fold up** plier

folder ['fəʊldər] ▶ *nom* chemise *(classeur)*

follow ['fɒləʊ] ▶ *verbe* suivre : **I followed him** je l'ai suivi

following ['fɒləʊɪŋ] ▶ *adjectif* suivant, -ante : **the following week** la semaine suivante

fond [fɒnd] ▶ *adjectif* **to be fond of something/somebody** aimer beaucoup quelque chose/quelqu'un

food [fu:d] ▶ *nom* nourriture ; **there's no food** il n'y a rien à manger ; **French food** la cuisine française

fool [fu:l] ▶ *nom* imbécile

foolish ['fu:lɪʃ] ▶ *adjectif* bête

foot [fʊt] (*au pluriel* **feet** [fi:t]) ▶ *nom*

1 pied ; *(d'un animal)* patte : **on foot** à pied ; **at the foot of the stairs** en bas de l'escalier

2 *(unité de mesure)* pied *(environ 30 cm)*; **she's five feet tall** elle mesure 1 mètre 50

football ['fʊtbɔ:l] ▶ *nom*

1 foot, football : **he likes playing football** il aime jouer au foot *ou* au football

2 ballon (de football)

3 *(en américain)* football américain

footstep ['fʊtstep] ▶ *nom* pas : **I heard footsteps** j'ai entendu des pas

for [fər, *accentué* fɔ:r] ▶ *préposition*

1 pour : **for you** pour toi ; **it's for eating** c'est pour manger ; **what's it for?** ça sert à quoi ? ; **what's the French for "boy"?** comment dit-on "boy" en français ? ; **she's going to New York for two weeks** elle va à New York pour deux semaines

2 pendant : **he was away for a month** il a été absent pendant un mois ; **she walked for a kilometre** elle a marché pendant un kilomètre

3 depuis : **I've been waiting for a month** j'attends depuis un mois ; **I haven't seen her for a week** je ne l'ai pas vue depuis une semaine

4 avant : **he won't be back for a month** il ne sera pas de retour avant un mois

forbade [fə'bæd, fə'beɪd] *voir* **forbid**

forbid [fə'bɪd] ▶ *verbe* interdire : **I forbid you to go out** je t'interdis de sortir

I forbade, I have forbidden

forbidden [fə'bɪdən] ▶ *adjectif* interdit, -e ; *voir* **forbid**

force [fɔ:s]

▶ *nom* force : **by force** de force

▶ *verbe*

1 to force somebody to do something forcer *ou* obliger quelqu'un à faire quelque chose ; **I was forced to say yes** j'ai été forcé *ou* obligé d'accepter

2 to force something into faire entrer quelque chose de force dans ; **to force (open) a door/lock** forcer une porte/serrure

forehead ['fɒrɪd, 'fɔːhed] ▸ *nom* front

foreign ['fɒrɪn] ▸ *adjectif* étranger, -ère

foreigner ['fɒrɪnər] ▸ *nom* étranger, -ère

forest ['fɒrɪst] ▸ *nom* forêt

forever [fə'revər] ▸ *adverbe*
1 pour toujours : **I could stay here forever** je pourrais rester ici pour toujours
2 sans cesse : **he's forever complaining** il se plaint sans cesse

forgave [fə'geɪv] *voir* **forgive**

forget [fə'get] ▸ *verbe* oublier : **to forget to do something** oublier de faire quelque chose

I forgot, I have forgotten, I am forgetting

forgive [fə'gɪv] ▸ *verbe* pardonner : **to forgive somebody for something** pardonner quelque chose à quelqu'un ; **he never forgave me for lying** il ne m'a jamais pardonné d'avoir menti

I forgave, I have forgiven, I am forgiving

forgot [fə'gɒt], **forgotten** [fə'gɒtən] *voir* **forget**

fork [fɔːk] ▸ *nom*
1 fourchette
2 fourche

form [fɔːm]
▸ *nom*
1 forme
2 formulaire : **can you fill in this form?** pouvez-vous remplir ce formulaire ?
3 *(à l'école)* classe ; **in the sixth form** en première
▸ *verbe* former

former ['fɔːmər] ▸ *adjectif* ancien, -ienne : **a former pupil** un ancien élève

fortnight ['fɔːtnaɪt] ▸ *nom* **a fortnight** quinze jours : **she spent a fortnight in Spain** elle a passé quinze jours en Espagne

fortunate ['fɔːtʃənət] ▸ *adjectif* **to be fortunate** *(personne)* avoir de la chance ; **it's fortunate that...** heureusement que...

fortunately ['fɔːtʃənətlɪ] ▸ *adverbe* heureusement : **fortunately you were there** heureusement (que) tu étais là

fortune ['fɔːtʃən] ▸ *nom* fortune : **to make one's fortune** faire fortune

forty ['fɔːtɪ] ▸ *nom & adjectif* quarante

Pour des exemples d'emploi, voir **ten**.

forward ['fɔːwəd] (*ou* **forwards**) ▸ *adverbe* en avant ; **to go forward, to move forward** avancer

fought [fɔːt] *voir* **fight** *verbe*

found [faʊnd] *voir* **find**

fountain ['faʊntɪn] ▸ *nom* fontaine ; **a fountain pen** un stylo plume

four [fɔːr] ▸ *nom & adjectif* quatre

Pour des exemples d'emploi, voir **ten**.

fourteen ['fɔːtiːn] ▸ *nom & adjectif* quatorze

Pour des exemples d'emploi, voir **ten**.

fourteenth ['fɔːtiːnθ] ▸ *nom & adjectif* quatorzième

Pour des exemples d'emploi, voir **tenth**.

fourth [fɔːθ] ▸ *nom & adjectif* quatrième

Pour des exemples d'emploi, voir **tenth**.

fox [fɒks] ▸ *nom* renard

fragile ['frædʒaɪl] ▸ *adjectif* fragile

frame [freɪm] ▸ *nom* cadre ; **a picture frame** un cadre

France [frɑːns] ▸ *nom* la France

free [friː]
▸ *adjectif*
1 libre : **he's free to leave** il est libre de partir ; **this seat is free** cette place est libre
2 free (of charge) gratuit, -uite ; **a free ticket** un billet gratuit
▸ *verbe* libérer

freedom ['friːdəm] ▸ *nom* liberté

freeze [friːz] ▸ *verbe*
1 *(eau, tuyau)* geler
2 congeler
▸ **freeze up** geler

I froze, I have frozen, I am freezing

freezer ['friːzər] ▸ *nom* congélateur ; *(dans le frigo)* freezer

freezing ['friːzɪŋ] ▸ *adjectif (temps, pièce)* glacial, -e ; *(mains, doigts)* gelé, -e ; **it's freezing here** on gèle ici ; **I'm freezing** je suis gelé

French [frentʃ]
▸ *adjectif* français, -aise ; **French fries** des frites
▸ *nom* français *(langue)*
▸ *nom pluriel* **the French** les Français

Frenchman ['frentʃmən] (*au pluriel* **Frenchmen** [-men]) ▸ *nom* Français

Frenchwoman ['frentʃwʊmən] (*au pluriel* **Frenchwomen** [-wɪmɪn]) ▸ *nom* Française

frequent ['friːkwənt] ▸ *adjectif* fréquent, -ente

fresh [freʃ] ▸ *nom*
1 frais, fraîche ; **to get some fresh air** prendre l'air
2 nouveau, -elle : **start on a fresh page** prenez une nouvelle page

Friday ['fraɪdɪ] ▸ *nom* vendredi : **he came on Friday** il est venu vendredi ; **I work on Fridays** je travaille le vendredi ; **every Friday** tous les vendredis

fridge [frɪdʒ] ▸ *nom* frigo

fried [fraɪd] ▸ *adjectif* frit, frite ; **a fried egg** un œuf sur le plat

friend [frend] ▸ *nom* ami, -e : **we became friends** nous sommes devenus amis

friendly ['frendlɪ] ▸ *adjectif (personne)* aimable, gentil, -ille ; *(sourire)* amical, -e ; *(magasin, ville)* accueillant, -ante

friendship ['frendʃɪp] ▸ *nom* amitié

fright [fraɪt] ▸ *nom* peur : **I had a fright** j'ai eu peur ; **to give somebody a fright** faire peur à quelqu'un

frighten ['fraɪt(ə)n] ▸ *verbe* faire peur à

frightened ['fraɪt(ə)nd] ▸ *adjectif* **to be frightened** avoir peur (**of** de) : **she's frightened of telling him** elle a peur de le lui dire

fringe [frɪndʒ] ▸ *nom* frange

frog [frɒg] ▸ *nom* grenouille

from [frəm, *accentué* frɒm] ▸ *préposition*
1 de : **I come from Leeds** je viens de Leeds ; **where are you from?** d'où êtes-vous ?
2 à partir de : **from today onwards** à partir d'aujourd'hui ; **from 100 dollars** à partir de 100 dollars
3 dans : **to take something from a box** prendre quelque chose dans une boîte ; **to drink from a cup** boire dans une tasse
4 sur : **to take something from a table** prendre quelque chose sur une table
5 par : **from habit** par habitude

front [frʌnt]
▸ *nom*
1 *(d'une maison, d'une chemise)* devant ; **at the front of the book** au début du livre
2 *(d'un véhicule)* avant : **sitting in the front,** *(en américain)* **sitting in front** assis à l'avant ; **a seat at the front of the train** une place en tête du train
3 in front of devant : **he's in front of the door** il est devant la porte
4 in front devant : **to go in front**

passer devant ; **to be in front** *(dans une course)* être en tête

▸ *adjectif* de devant ; **the front door** la porte d'entrée ; **the front seat/wheels** le siège/les roues avant ; **the front row** le premier rang ; **the front page** la première page

frost [frɒst] ▸ *nom* gel

frosty ['frɒstɪ] ▸ *adjectif* **it's frosty** il gèle

frown [fraʊn] ▸ *verbe* froncer les sourcils

froze [frəʊz] *voir* **freeze**

frozen ['frəʊz(ə)n] ▸ *adjectif (lac)* gelé, -e ; *(aliment)* congelé, -e, surgelé, -e : **frozen foods** *ou* **food** les surgelés ; *voir* **freeze**

fruit [fru:t] ▸ *nom* fruit : **some fruit** un fruit, des fruits ; **a piece of fruit** un fruit ; **I like fruit** j'aime les fruits ; **a fruit juice** un jus de fruit ; **a fruit salad** une salade de fruits

Le mot **fruit** est indénombrable.

fry [fraɪ] ▸ *verbe* faire frire

frying pan ['fraɪɪŋpæn] (*ou* **fry pan** ['fraɪpæn] *en américain*) ▸ *nom* poêle (à frire)

fuel ['fjʊəl] ▸ *nom* carburant

full [fʊl] ▸ *adjectif*

1 plein, pleine (**of** de) : **to pay full fare** payer plein tarif

2 *(bus, théâtre, hôtel)* **full (up)** complet, -ète

3 *(après un repas)* **to be full (up)** n'avoir plus faim

4 **a full stop** un point

fun [fʌn] ▸ *nom*

1 **that was fun** c'était très amusant ; **to have fun** s'amuser ; **for fun** pour rire, pour s'amuser

2 **to make fun of somebody** se moquer de quelqu'un

funeral ['fju:nərəl] ▸ *nom* enterrement

funfair ['fʌnfeər] ▸ *nom* fête foraine

funny ['fʌnɪ] ▸ *adjectif*

1 drôle : **a funny story** une histoire drôle

2 bizarre

fur [fɜ:r] ▸ *nom* fourrure

furious ['fjʊərɪəs] ▸ *adjectif* furieux, -euse (**with** contre)

furnish ['fɜ:nɪʃ] ▸ *verbe* meubler

furniture ['fɜ:nɪtʃər] ▸ *nom* meubles : **the furniture is nice** les meubles sont beaux ; **a piece of furniture** un meuble

further ['fɜ:ðər] ▸ *adverbe* plus loin (**than** que) : **they live further away** ils habitent plus loin

furthest ['fɜ:ðɪst] ▸ *adverbe* le plus loin : **I swam (the) furthest** c'est moi qui ai nagé le plus loin

fuss [fʌs] ▸ *nom* **to make a fuss** faire des histoires ; **what a fuss!** que d'histoires !

future ['fju:tʃər] ▸ *nom*

1 avenir : **in the future** dans l'avenir ; **in future I won't be late** à l'avenir, je ne serai pas en retard

2 *(en grammaire)* futur

Gg

gain [geɪn] ▸ *verbe*
1 to gain speed/weight prendre de la vitesse/du poids
2 to gain a lot from something tirer profit de quelque chose

gallon ['gælən] ▸ *nom* gallon *(environ 4,5 litres en Grande-Bretagne et 3,8 litres aux États-Unis)*

gallop ['gæləp] ▸ *verbe* galoper

gamble ['gæmb(ə)l] ▸ *verbe* jouer : **he gambled 50 dollars** il a joué 50 dollars ; **I don't gamble** je ne joue pas pour de l'argent

gambling ['gæmblɪŋ] ▸ *nom* jeux d'argent

game [geɪm] ▸ *nom*
1 jeu : **they're playing a game** ils jouent à un jeu
2 match : **tonight's big game** le grand match de ce soir
3 partie : **to have a game of chess** faire une partie d'échecs
4 games *(à l'école)* sport

gang [gæŋ] ▸ *nom (d'enfants, de criminels)* bande

gap [gæp] ▸ *nom*
1 espace ; *(dans un mur)* trou, brèche
2 *(dans le temps)* intervalle
3 différence, écart (**between** entre)

garage ['gærɑːʒ, 'gærɪdʒ, *en américain* gə'rɑːʒ] ▸ *nom* garage

garbage ['gɑːbɪdʒ] ▸ *nom (mot américain)* ordures ; **a garbage can** une poubelle ; **a garbage man** un éboueur

Le mot **garbage** est indénombrable.

garden ['gɑːd(ə)n] ▸ *nom* jardin

gardener ['gɑːdnər] ▸ *nom* jardinier, -ière

gardening ['gɑːdnɪŋ] ▸ *nom* jardinage

garlic ['gɑːlɪk] ▸ *nom* ail

gas [gæs] ▸ *nom*
1 gaz : **a gas cooker** *ou* **stove** une cuisinière à gaz ; **a gas fire** *ou* **heater** un radiateur à gaz
2 *(en américain)* essence ; **a gas station** une station-service

gate [geɪt] ▸ *nom* barrière ; *(dans un parc)* grille ; *(à l'aéroport)* porte

gather ['gæðər] ▸ *verbe*
1 se rassembler (**round** autour de) ; **gather round!** approchez-vous !
2 cueillir ; *(des cahiers, des livres)* ramasser
3 to gather speed prendre de la vitesse

gave [geɪv] *voir* **give**

gay [geɪ] ▸ *adjectif* homosexuel, -elle

gaze [geɪz] ▸ *verbe* **to gaze at** regarder fixement, fixer du regard ; **to gaze out of the window** regarder par la fenêtre

GCSE [dʒiːsiːes'iː] ▸ *nom (General Certificate of Secondary Education)* première partie de l'examen de fin d'études secondaires en Angleterre

geese [giːs] *voir* **goose**

general ['dʒen(ə)r(ə)l]
▸ *adjectif* général, -e : **in general** en général
▸ *nom (dans l'armée)* général

generally [ˈdʒen(ə)rəlɪ] ▸ *adverbe* généralement

generous [ˈdʒen(ə)rəs] ▸ *adjectif* généreux, -euse

genius [ˈdʒiːnɪəs] ▸ *nom* génie

gentle [ˈdʒent(ə)l] ▸ *adjectif (personne, voix, pente)* doux, douce ; *(brise)* léger, -ère ; *(exercice, vitesse)* modéré, -e ; **to be gentle to somebody** traiter quelqu'un avec douceur

gentleman [ˈdʒent(ə)lmən] (*au pluriel* **gentlemen**) ▸ *nom* monsieur : **good evening, gentlemen!** bonsoir messieurs !

gents [dʒents] ▸ *nom pluriel* **the gents** les toilettes pour hommes

geography [dʒɪˈɒgrəfɪ] ▸ *nom* géographie

germ [dʒɜːm] ▸ *nom* microbe

German [ˈdʒɜːmən]
▸ *adjectif* allemand, -ande
▸ *nom*
1 Allemand, -ande
2 allemand *(langue)*

Germany [ˈdʒɜːmənɪ] ▸ *nom* l'Allemagne

get [get] ▸ *verbe*
1 avoir : **I've got a problem** j'ai un problème ; **she got her visa** elle a eu son visa
2 recevoir : **I got your letter** j'ai reçu ta lettre
3 obtenir : **you have to get permission** il faut obtenir la permission
4 acheter : **where did you get that car?** où as-tu acheté cette voiture ?
5 trouver : **where did he get that stone?** où a-t-il trouvé ce caillou ?
6 attraper : **she got the flu** elle a attrapé la grippe ; **to get the bus/train** prendre le bus/train
7 aller chercher : **go and get my slippers!** va me chercher mes pantoufles !
8 comprendre : **I didn't get what you said** je n'ai pas compris ce que vous avez dit
9 **to get somebody to do something** faire faire quelque chose à quelqu'un ; **get him to read this letter** faites-lui lire cette lettre ; **to get something done** faire faire quelque chose ; **I got a house built** j'ai fait construire une maison
10 aller : **he won't get far** il n'ira pas loin
11 arriver : **we got to Nice at two o'clock** nous sommes arrivés à Nice à deux heures
12 devenir : **you're getting tall** tu deviens grand ; **to get killed** se faire tuer
13 *(exprime l'obligation)* **I've got to leave** je dois partir

▸ **get about** se déplacer

▸ **get across** traverser

▸ **get along** s'entendre (**with** avec) : **we get along fine** on s'entend bien

▸ **get around**
1 contourner *(un problème)*
2 = **get about**

▸ **get away**
1 partir
2 s'échapper

▸ **get back**
1 récupérer : **I didn't get my money back** je n'ai pas récupéré mon argent
2 revenir : **we got back on Saturday** nous sommes revenus samedi

▸ **get down** descendre

▸ **get in**
1 entrer : **the burglars got in through the window** les voleurs sont entrés par la fenêtre ; **a car pulled up and she got in** une voiture s'est arrêtée et elle est montée dedans
2 rentrer : **he got in at midnight** il est rentré à minuit
3 *(avion, train)* arriver

▸ **get into** entrer dans ; **to get into a car** monter dans une voiture

▸ **get off** descendre : **get off at the next stop** descendez au prochain arrêt ; **to get off a bus** descendre d'un bus ; **to get off a chair** se lever d'une chaise

▸ **get on**
1 mettre, enfiler ; **I can't get these trousers on any more** je n'entre plus dans ce pantalon
2 monter : **to get on a bus** monter dans un bus
3 how are you getting on? ça va ?
4 to get on with somebody bien s'entendre avec quelqu'un

▸ **get out** sortir

▸ **get over**
1 traverser
2 se remettre de

▸ **get round** = **get around 1**

▸ **get through**
1 passer : **he got through a hole in the fence** il est passé par un trou dans la clôture
2 to get through an exam être reçu à un examen

▸ **get up** se lever

I got, I have got, *(en américain)* I have gotten, I am getting

ghost [gəʊst] ▸ *nom* fantôme

giant ['dʒaɪənt] ▸ *nom* géant, -ante

gift [gɪft] ▸ *nom* cadeau

gigantic [dʒaɪ'gæntɪk] ▸ *adjectif* gigantesque

giggle ['gɪg(ə)l] ▸ *verbe* rire bêtement

girl [gɜːl] ▸ *nom*
1 (petite) fille : **a little girl** une petite fille, une fillette ; **an English girl** une petite Anglaise
2 jeune fille ; **an English girl** une jeune Anglaise
3 fille : **I've got a girl and a boy** j'ai une fille et un garçon

girlfriend ['gɜːlfrend] ▸ *nom*
1 copine, petite amie
2 amie : **she's gone out with her girlfriends** elle est sortie avec ses amies

give [gɪv] ▸ *verbe*
1 donner : **to give somebody something, to give something to somebody** donner quelque chose à quelqu'un ; **give me that cup** donne-moi cette tasse ; **give it to me** donne-le-moi
2 to give a sigh pousser un soupir ; **to give somebody a smile/fright** sourire/faire peur à quelqu'un

▸ **give away** donner *(gratuitement)*

▸ **give back** rendre : **can you give me back my pen?** peux-tu me rendre mon stylo ?

▸ **give in**
1 céder (**to** à)
2 abandonner : **I give in, what's the answer?** j'abandonne, quelle est la réponse ?

▸ **give out** distribuer

▸ **give up**
1 abandonner : **I give up!** j'abandonne !
2 to give up one's seat céder sa place ; **to give up smoking** arrêter de fumer

▸ **give way**
1 *(branche, personne)* céder (**to** à)
2 céder la priorité *ou* le passage (**to** à)

I gave, I have given, I am giving

glad [glæd] ▸ *adjectif* content, -ente (**about** de) : **I'm glad to see you** je suis content de vous voir ; **I'm glad you've come** je suis content que tu sois venu

glance [glɑːns] ▸ *verbe* jeter un coup d'œil (**at** à, sur)

glass [glɑːs] ▸ *nom* verre : **a glass of water** un verre d'eau ; **it's glass** c'est du verre ; **a glass bottle** une bouteille en verre
▪ **glasses** ▸ *nom pluriel* lunettes : **to wear glasses** porter des lunettes

glide [glaɪd] ▸ *verbe* glisser ; *(oiseau, avion)* planer

glove [glʌv] ▸ *nom* gant

glow [gləʊ] ▸ *verbe* rougeoyer

glue [gluː]
▸ *nom* colle
▸ *verbe* coller (**to** à)

go [gəʊ]
▸ *nom*
1 to have a go at doing something essayer de faire quelque chose
2 *(dans un jeu)* tour : **it's your go** c'est ton tour
▸ *verbe*
1 aller : **she's gone to school** elle est allée à l'école ; **let's go and watch TV** allons regarder la télé ; **let's go!** allons-y ! ; **things are going badly** ça va mal ; **it went well** ça s'est bien passé
2 partir : **are you going?** tu pars ? ; **she's gone** elle est partie ; **it's all gone!** il n'y en a plus !
3 marcher, fonctionner ; **the car isn't going** la voiture ne démarre pas
4 devenir : **he went mad** il est devenu fou
5 faire : **to go riding/on a trip** faire du cheval/un voyage
6 *(futur)* aller : **I'm going to warn her** je vais la prévenir ; **we're going to eat** nous allons manger
▸ **go across** traverser
▸ **go ahead**
1 avancer ; **you go ahead!** partez devant !
2 continuer ; **to go ahead with something** poursuivre quelque chose
3 commencer ; **go ahead!** allez-y !
▸ **go around** = **go round**
▸ **go away** partir, s'en aller : **go away!** va-t-en !
▸ **go back**
1 retourner ; *(chez soi)* rentrer
2 reculer
▸ **go down**
1 descendre : **to go down the stairs** descendre l'escalier
2 *(soleil)* se coucher
3 *(prix, température)* baisser
4 *(ballon, pneu)* se dégonfler
▸ **go in** entrer, rentrer
▸ **go into** entrer dans : **to go into details** entrer dans les détails
▸ **go off**
1 *(bombe)* exploser ; *(alarme)* se déclencher ; *(réveil)* sonner
2 the milk has gone off le lait a tourné
▸ **go on**
1 continuer : **it's still going on** ça continue ; **to go on doing something** continuer à faire quelque chose
2 se passer : **what's going on?** qu'est-ce qui se passe ?
▸ **go out**
1 sortir : **to go out with somebody** sortir avec quelqu'un
2 *(lumière, feu)* s'éteindre
▸ **go over**
1 examiner
2 relire
▸ **go round**
1 tourner : **to go round the corner** tourner au coin de la rue
2 there's enough to go round il y en a assez pour tout le monde
▸ **go through**
1 passer : **he went through a hole in the fence** il est passé par un trou dans la clôture
2 *(comptes, document)* examiner ; *(texte)* relire
3 fouiller dans
▸ **go up** monter : **to go up the stairs** monter l'escalier

I go, he goes, I went, I have gone, I am going

goal [gəʊl] ▸ *nom* but : **to score a goal** marquer un but

goalkeeper ['gəʊlkiːpər] ▸ *nom* gardien, -ienne de but

goat [gəʊt] ▸ *nom* chèvre

god [gɒd] ▸ *nom* dieu ; **God** Dieu

goes [gəʊz] *voir* **go** *verbe*

gold [gəʊld] ▸ *nom* or : **a gold watch** une montre en or

golden ['gəʊld(ə)n] ▸ *adjectif* doré, -e

goldfish ['gəʊldfɪʃ] ▸ *nom* poisson rouge

golf [gɒlf] ▸ *nom* golf : **a golf course** un terrain de golf

gone [gɒn] *voir* **go** *verbe*

good [gʊd] ▸ *adjectif*
1 bon, bonne : **a good film** un bon film ; **it's good for you** c'est bon pour la santé ; **a good while** un bon moment ; **to be good at history/French** être bon en histoire/français
2 bien : **I don't feel too good** je ne me sens pas très bien
3 beau, belle : **good weather** du beau temps
4 sage : **a good child** un enfant sage
5 gentil, -ille (**to** avec) : **that's good of you** c'est gentil de ta part
6 it's a good thing *ou* **job that...** heureusement que...
7 *(pour saluer quelqu'un)* **good morning!, good afternoon!** bonjour ! ; **good evening!** bonsoir ! ; **good night!** bonsoir ! ; *(avant de se coucher)* bonne nuit !

better = more good, **best** = most good

▸ *nom*
1 that's no good *(inutile)* ça ne vaut rien ; *(mal fait)* ça ne va pas ; **this book is no good** ce livre est nul
2 it's no good crying ça ne sert à rien de pleurer
3 it will do you good ça te fera du bien
4 for good pour de bon
▪**goods** ▸ *nom pluriel* marchandises ; *(dans un magasin)* articles : **leather goods** articles en cuir

goodbye ['gʊdbaɪ] ▸ *exclamation* au revoir !

good-looking [gʊd'lʊkɪŋ] ▸ *adjectif* beau, belle

goose [guːs] (*au pluriel* **geese** [giːs]) ▸ *nom* oie

got [gɒt], **gotten** ['gɒtən] *voir* **get**

government ['gʌv(ə)nmənt] ▸ *nom* gouvernement

gown [gaʊn] ▸ *nom* robe

grab [græb] ▸ *verbe* **to grab (hold of)** saisir ; **to grab something from somebody** arracher quelque chose à quelqu'un

grade [greɪd] ▸ *nom*
1 *(à un examen)* note
2 *(en américain)* classe ; **he's in sixth grade** il est en sixième ; **a grade school** une école primaire

gradually ['grædjʊ(ə)lɪ] ▸ *adverbe* peu à peu

grain [greɪn] ▸ *nom* grain

gram [græm] ▸ *nom* gramme

grammar ['græmər] ▸ *nom* grammaire

gramme = **gram**

grand [grænd] ▸ *adjectif* somptueux, -euse

grandad ['grændæd] ▸ *nom* papi, pépé

grandchild ['græntʃaɪld] (*au pluriel* **grandchildren** [-tʃɪldrən]) ▸ *nom* petit-fils, petite-fille ; **grandchildren** petits-enfants

granddad ['grændæd] ▸ *nom* papi, pépé

granddaughter ['grændɔːtər] ▸ *nom* petite-fille

grandfather ['grænfɑːðər] ▸ *nom* grand-père

grandma ['grænmɑː] ▸ *nom* mamie, mémé

grandmother ['grænmʌðər] ▸ *nom* grand-mère

grandparents ['grænpeərənts] ▸ *nom* grands-parents

grandson ['grænsʌn] ▸ *nom* petit-fils

granny ['grænɪ] (*au pluriel* **grannies**) ▸ *nom* mamie, mémé

grape [greɪp] ▸ *nom* grain de raisin ; **some grapes** du raisin ; **a bunch of grapes** une grappe de raisin

grapefruit ['greɪpfruːt] ▸ *nom* pamplemousse

grass [grɑːs] ▸ *nom*
1 herbe
2 pelouse

grasshopper ['grɑːshɒpər] ▸ *nom* sauterelle

grateful ['greɪtfʊl] ▸ *adjectif* reconnaissant, -ante (**to** à, **for** de)

grave [greɪv] ▸ *nom* tombe

gravy ['greɪvɪ] ▸ *nom* jus de viande

gray *(mot américain)* = **grey**

graze [greɪz] ▸ *verbe* écorcher : **to graze oneself** s'écorcher ; **to graze one's knee** s'écorcher le genou

grease [griːs] ▸ *nom* graisse

greasy ['griːsɪ] ▸ *adjectif* gras, grasse ; *(mains, vêtements)* plein, pleine de graisse

great [greɪt] ▸ *adjectif*
1 grand, grande : **a great man** un grand homme ; **the party was a great success** la fête était vraiment réussie
2 formidable, génial, -e : **it's a great film** c'est un film génial

Greece [griːs] ▸ *nom* la Grèce

greedy ['griːdɪ] ▸ *adjectif*
1 gourmand, -ande
2 avide *(d'argent)*

Greek [griːk]
▸ *adjectif* grec, grecque
▸ *nom*
1 Grec, Grecque
2 grec *(langue)*

green [griːn]
▸ *adjectif* vert, verte
▸ *nom*
1 vert : **green suits you** le vert te va bien
2 **greens** les légumes verts

greengrocer ['griːngrəʊsər] ▸ *nom* marchand, -ande de fruits et légumes

greenhouse ['griːnhaʊs] ▸ *nom* serre

greet [griːt] ▸ *verbe*
1 saluer
2 accueillir

greetings ['griːtɪŋz] ▸ *nom pluriel* vœux : **a greetings card** une carte de vœux

grew [gruː] *voir* **grow**

grey [greɪ]
▸ *adjectif* gris, grise ; **he's going grey** il grisonne
▸ *nom* gris : **grey suits you** le gris te va bien

grill [grɪl] ▸ *verbe* (faire) griller ; **grilled chicken** du poulet grillé

grin [grɪn]
▸ *nom* grand sourire
▸ *verbe* faire un grand sourire : **she grinned at me** elle m'a fait un grand sourire

grind [graɪnd] ▸ *verbe* moudre

I ground, I have ground, I am grinding

grip [grɪp] ▸ *verbe*
1 saisir : **he suddenly gripped my arm** soudain, il m'a saisi le bras
2 serrer : **she was gripping my arm** elle me serrait le bras

groan [grəʊn] ▸ *verbe* gémir

grocer ['grəʊsər] ▸ *nom* épicier, -ière ; **a grocer's shop** une épicerie

grocery ['grəʊsərɪ] ▸ *nom* **a grocery store** *(expression américaine)* une épicerie
▪**groceries** ▸ *nom pluriel* provisions

ground¹ [graʊnd] *voir* **grind**

ground² [graʊnd] ▸ *nom* sol, terre ; *(pour le camping, le foot)* terrain ; **to sit on the ground** s'asseoir par terre ; **the ground floor** le rez-de-chaussée ; **on the ground floor** au rez-de-chaussée

group [gruːp] ▸ *nom* groupe

grow [grəʊ] ▸ *verbe*
1 grandir : **she has grown 4 cm** elle a grandi de 4 cm
2 pousser : **the plant grows faster in the summer** cette plante pousse

plus vite pendant l'été ; **to grow a plant** faire pousser une plante ; **to grow a beard** se laisser pousser la barbe

3 to grow old vieillir

▸ **grow up** devenir adulte ; **when you grow up** quand tu seras grand ; **grow up!** sois un peu adulte ! ; *(à un enfant)* arrête tes gamineries !

I grew, I have grown, I am growing

growl [graʊl] ▸ *verbe* grogner

grown-up ['grəʊnʌp] ▸ *nom* grande personne, adulte

grunt [grʌnt] ▸ *verbe* grogner

guard [gɑːd]
▸ *nom*
1 garde ; *(en prison)* gardien, -ienne
2 chef de train
▸ *verbe* garder

guess [ges]
▸ *nom* **to have** *ou* **to take a guess** essayer de deviner
▸ *verbe*
1 deviner : **guess what I did** devine ce que j'ai fait ; **to guess right** deviner juste
2 supposer, croire : **I guess (so)** je crois (que oui) ; **I guess you're right** je suppose que vous avez raison

guest [gest] ▸ *nom* invité, -e ; *(à l'hôtel)* client, -ente

guide [gaɪd]
▸ *nom*
1 *(personne, livre)* guide
2 a (girl) guide une éclaireuse *(scoute)*
▸ *verbe* guider : **a guided tour** une visite guidée

guilty ['gɪltɪ] ▸ *adjectif* coupable : **to be found guilty** être reconnu coupable

guinea pig ['gɪnɪpɪg] ▸ *nom* cochon d'Inde

guitar [gɪ'tɑːr] ▸ *nom* guitare

gum [gʌm] ▸ *nom*
1 chewing-gum
2 gencive

gun [gʌn] ▸ *nom*
1 pistolet, revolver
2 fusil
3 canon

gunshot ['gʌnʃɒt] ▸ *nom* coup de feu

guy [gaɪ] ▸ *nom* type, mec

Attention, ce mot est familier.

gym [dʒɪm] ▸ *nom*
1 gymnase
2 club de gym
3 gym : **to do gym** faire de la gym

habit ['hæbɪt] ▸ *nom* habitude : **to get into the habit of doing something** prendre l'habitude de faire quelque chose ; **to get out of the habit of doing something** perdre l'habitude de faire quelque chose

had [hæd] *voir* **have**

haddock ['hædək] ▸ *nom* églefin, aiglefin

hadn't ['hæd(ə)nt] = **had not**

hail [heɪl]
▸ *nom* grêle
▸ *verbe* grêler : **it's hailing** il grêle

hair [heər] ▸ *nom*
1 cheveux : **she has short hair** elle a les cheveux courts ; **a hair** un cheveu ; **to do one's hair** se coiffer
2 poils ; **a hair** un poil

hairbrush ['heəbrʌʃ] ▸ *nom* brosse à cheveux

haircut ['heəkʌt] ▸ *nom* coupe de cheveux ; **to have a haircut** se faire couper les cheveux

hairdresser ['heədresər] ▸ *nom* coiffeur, -euse

hairdryer ['heədraɪər] ▸ *nom* sèche-cheveux

hairstyle ['heəstaɪl] ▸ *nom* coiffure

hairy ['heərɪ] ▸ *adjectif* poilu, -e

half [hɑːf]
▸ *nom* (*au pluriel* **halves** [hɑːvz])
1 moitié : **half (of) the apple** la moitié de la pomme ; **half an apple** une moitié de pomme
2 demi, -e : **ten and a half** dix et demi ; **she waited an hour and a half** elle a attendu une heure et demie ; **it's half past two** il est deux heures et demie ; **half a day** une demi-journée ; **half a dozen** une demi-douzaine
3 to cut something in half couper quelque chose en deux
▸ *adjectif* demi, -e : **a half day** une demi-journée ; **at half price** à moitié prix
▸ *adverbe* à demi, à moitié : **half full** à demi plein, à moitié plein ; **to be half asleep** dormir à moitié

half-hour [hɑːf'aʊər] ▸ *nom* demi-heure

halfway [hɑːf'weɪ] ▸ *adverbe* à mi-chemin (**between** entre) ; **to fill something halfway** remplir quelque chose à moitié

hall [hɔːl] ▸ *nom*
1 salle
2 entrée *(d'une maison)*

hallo ['hæləʊ] = **hello**

halve [hɑːv] ▸ *verbe*
1 couper en deux
2 réduire de moitié

halves [hɑːvz] *voir* **half**

ham [hæm] ▸ *nom* jambon : **a ham sandwich** un sandwich au jambon

hammer ['hæmər]
▸ *nom* marteau
▸ *verbe* **to hammer a nail into something** enfoncer un clou dans quelque chose

hand [hænd]
▸ *nom*
1 main : **I have it in my hand** je l'ai à la main ; **hands off!** pas touche ! ; **to**

give *ou* **to lend somebody a hand** donner un coup de main à quelqu'un
2 *(d'une montre, d'une horloge)* aiguille
▸ *verbe* donner (**to** à)
▸ **hand in** rendre, remettre (**to** à) ; **to hand in one's resignation** donner sa démission
▸ **hand out** distribuer
▸ **hand over** remettre, donner (**to** à)

handbag ['hændbæg] ▸ *nom* sac à main

handicapped ['hændɪkæpt] ▸ *adjectif* handicapé, -e

handkerchief ['hæŋkətʃɪf] ▸ *nom* mouchoir

handle ['hænd(ə)l]
▸ *nom* poignée ; *(d'un couteau)* manche ; *(d'un seau)* anse ; *(d'une casserole)* queue
▸ *verbe*
1 manipuler, manier
2 faire face à : **can he handle the situation?** est-il capable de faire face à la situation ? ; **to know how to handle somebody** savoir s'y prendre avec quelqu'un

handlebars ['hændəlbɑːz] ▸ *nom pluriel* guidon

handsome ['hænsəm] ▸ *adjectif* beau, belle

handwriting ['hændraɪtɪŋ] ▸ *nom* écriture

handy ['hændɪ] ▸ *adjectif*
1 pratique : **my new bag is very handy** mon nouveau sac est très pratique ; **it comes in very handy** c'est très utile
2 sous la main : **I keep it handy** je l'ai toujours sous la main

hang[1] [hæŋ] ▸ *verbe*
1 accrocher (**on** à) : **he hung the picture on the wall** il a accroché le tableau au mur ; **the picture was hanging on the wall** le tableau était accroché au mur
2 suspendre (**from** à) : **I hung the light from the ceiling** j'ai suspendu la lumière au plafond ; **the light is hanging from the ceiling** la lumière est suspendue au plafond
▸ **hang about** (*ou* **hang around**) traîner : **he's hanging about with his friends** il traîne avec ses copains
▸ **hang down** pendre
▸ **hang out**
1 *(langue)* pendre ; **his shirt tails were hanging out** sa chemise dépassait
2 **to hang out the washing** étendre le linge
▸ **hang up**
1 accrocher
2 raccrocher *(au téléphone)*

I hung, I have hung, I am hanging

hang[2] [hæŋ] ▸ *verbe* pendre *(un criminel)*

they hanged him, they have hanged him, they are hanging him

hanger ['hæŋər] ▸ *nom* cintre

happen ['hæp(ə)n] ▸ *verbe* arriver, se passer : **what's happening?** qu'est-ce qui se passe ? ; **what happened to your teacher?** qu'est-ce qui est arrivé à ton professeur ? ; **something bad has happened** quelque chose de grave est arrivé

happiness ['hæpɪnɪs] ▸ *nom* bonheur

happy ['hæpɪ] ▸ *adjectif*
1 heureux, -euse : **you look happy** tu as l'air heureux
2 content, -ente (**with** de) : **the teacher is happy with her work** le professeur est content de son travail ; **I'm so happy you came** je suis vraiment content que tu sois venu
3 **happy New Year!** bonne année ! ; **happy birthday!** joyeux anniversaire !

harbour ['hɑːbər] (*ou* **harbor** *en américain*) ▸ *nom* port

hard [hɑːd]
▸ *adjectif*
1 dur, -e : **this chair is too hard** cette chaise est trop dure ; **she's hard on me** elle est dure avec moi
2 difficile, dur, -e : **this question is too hard for me** cette question est trop difficile *ou* dure pour moi ; **a hard word/choice** un mot/un choix difficile
▸ *adverbe* **to work hard** travailler dur

hardly [ˈhɑːdlɪ] ▸ *adverbe*
1 à peine : **he hardly talks** il parle à peine
2 presque : **hardly anyone** presque personne ; **hardly ever** presque jamais

hardware [ˈhɑːdweər] ▸ *nom (d'ordinateur)* matériel

hard-working [hɑːdˈwɛːkɪŋ] ▸ *adjectif* travailleur, -euse

hare [heər] ▸ *nom* lièvre

harm [hɑːm]
▸ *nom* mal : **it won't do you any harm** ça ne te fera pas de mal
▸ *verbe* faire du mal à

harmful [ˈhɑːmfʊl] ▸ *nom (produit chimique)* nocif, -ive ; *(insecte)* nuisible ; *(médicament)* dangereux, -euse

harmless [ˈhɑːmlɪs] ▸ *adjectif* inoffensif, -ive

harsh [hɑːʃ] ▸ *adjectif (ton)* dur, -e ; *(climat)* rude ; *(règlement)* sévère

harvest [ˈhɑːvɪst] ▸ *nom (blé)* moisson ; *(fruits)* récolte

has [hæz] *voir* **have**

hasn't [ˈhæz(ə)nt] = **has not**

hat [hæt] ▸ *nom* chapeau ; *(en laine)* bonnet

hatch [hætʃ] ▸ *verbe* éclore

hate [heɪt] ▸ *verbe* détester : **she hates getting up early** elle déteste se lever de bonne heure

have [hæv]
▸ *verbe*
1 avoir : **she has a red car, she's got a red car** elle a une voiture rouge ; **I have one brother, I've got one brother** j'ai un frère ; **to let somebody have something** donner quelque chose à quelqu'un
2 prendre : **to have a shower/a drink** prendre une douche/un verre
3 faire : **to have a walk/a fall/a dream** faire une promenade/une chute/un rêve
4 to have to do something devoir faire quelque chose : **I have to leave, I've got to leave** je dois partir
5 to have something done faire faire quelque chose : **I had a house built** j'ai fait construire une maison
▸ *auxiliaire*
1 *(pour former les temps composés)* avoir, être : **I haven't eaten yet** je n'ai pas encore mangé ; **have you finished?** as-tu terminé ? ; **she's gone** elle est partie ; **I've cut myself** je me suis coupé
2 *(dans les questions et les réponses)* **he's finished, hasn't he?** il a terminé, n'est-ce pas ?, il a terminé, non ? ; **he has!** oui ! ; **he hasn't!** non !

I have, he has, I had, I have had, I am having

haven't [ˈhæv(ə)nt] = **have not**

hay [heɪ] ▸ *nom* foin

he [hiː] ▸ *pronom* il : **he left** il est parti ; **he's a teacher** il est professeur

head [hed] ▸ *nom*
1 tête : **from head to toe** de la tête aux pieds ; **at the head of the government** à la tête du gouvernement
2 chef : **a head of state** un chef d'État ; **the head of the family** le chef de famille
▸ **head for** ▸ *verbe* se diriger vers

headache [ˈhedeɪk] ▸ *nom* **to have a headache** avoir mal à la tête

headlight [ˈhedlaɪt] ▸ *nom* phare

headmaster [hedˈmɑːstər] ▸ *nom*

(d'école) directeur ; *(de collège)* principal ; *(de lycée)* proviseur

headmistress [hed'mɪstrəs] ► *nom (d'école)* directrice ; *(de collège)* principale ; *(de lycée)* proviseur

headphones ['hedfəʊnz] ► *nom pluriel* casque, écouteurs

heal [hi:l] ► *verbe (blessure)* se cicatriser

health [helθ] ► *nom* santé

healthy ['helθɪ] ► *adjectif*
1 en bonne santé
2 *(nourriture, corps, vie)* sain, saine

heap [hi:p] ► *nom* tas : **a heap of stones** un tas de pierres ; **I put them in a heap** je les ai mis en tas

hear [hɪər] ► *verbe*
1 entendre : **I heard him come in** *ou* **coming in** je l'ai entendu entrer ; **I can't hear** je n'entends pas
2 to hear that... entendre dire que..., apprendre que... ; **have you heard the news?** est-ce que tu connais la nouvelle ? ; **how did you hear about it?** comment l'as-tu appris ? ; **I've never heard of him** je n'ai jamais entendu parler de lui ; **I heard from him last week** j'ai eu de ses nouvelles la semaine dernière

I heard, I have heard, I am hearing

heard [hɜ:d] *voir* **hear**

heart [hɑ:t] ► *nom* cœur : **to know/to learn something by heart** savoir/apprendre quelque chose par cœur ; **a heart attack** une crise cardiaque

heat [hi:t]
► *nom* chaleur : **a heat wave** une vague de chaleur
► *verbe* chauffer ; **a heated pool** une piscine chauffée
►**heat up**
1 réchauffer, faire chauffer
2 chauffer : **the water's heating up** l'eau chauffe

heater ['hi:tər] ► *nom* radiateur

heating ['hi:tɪŋ] ► *nom* chauffage : **central heating** le chauffage central

heaven ['hev(ə)n] ► *nom* paradis

heavy ['hevɪ] ► *adjectif*
1 lourd, lourde
2 we had heavy rain nous avons eu beaucoup de pluie ; **he's a heavy drinker** il boit beaucoup
3 a heavy day une journée chargée

Hebrew ['hi:bru:] ► *nom* hébreu *(langue)*

he'd [hi:d] = **he had** *ou* **he would**

hedge [hedʒ] ► *nom* haie

hedgehog ['hedʒhɒg] ► *nom* hérisson

heel [hi:l] ► *nom* talon

height [haɪt] ► *nom* hauteur ; *(d'une personne)* taille ; *(d'un avion, d'une montagne)* altitude

held [held] *voir* **hold** *verbe*

hell [hel] ► *nom* enfer

he'll [hi:l] = **he will**

hello ['heləʊ] ► *exclamation* bonjour ! ; *(au téléphone)* allô ! : **he said hello to me** il m'a dit bonjour

helmet ['helmɪt] ► *nom* casque

help [help]
► *nom* aide : **thank you for your help** merci de votre aide
► *verbe*
1 aider : **I'll help you (to) wash the windows** je t'aiderai à laver les carreaux ; **help!** au secours !
2 to help oneself to something se servir de quelque chose ; **help yourself!** servez-vous !
3 I couldn't help laughing je n'ai pas pu m'empêcher de rire ; **I can't help it** je n'y peux rien, je ne peux pas m'en empêcher

helpful ['helpfʊl] ► *adjectif*
1 serviable
2 utile : **your advice was very helpful** vos conseils m'ont été très utiles

hen [hen] ▸ *nom* poule

her [hər]
▸ *pronom*
1 la : **I know her** je la connais ; **I saw her** je l'ai vue ; **help her** aidez-la
2 elle : **with her** avec elle ; **he's taller than her** il est plus grand qu'elle ; **it's her** c'est elle
3 (to) her lui : **give her the newspaper, give the newspaper to her** donne-lui le journal ; **I'll give it to her** je le lui donnerai
▸ *adjectif*
1 son, sa, ses : **her umbrella** son parapluie ; **her plate** son assiette ; **her house** sa maison ; **her clothes** ses vêtements
2 *(avec les parties du corps)* **she's washing her hands** elle se lave les mains ; **she broke her leg** elle s'est cassé la jambe

herd [hɜːd] ▸ *nom* troupeau

here [hɪər] ▸ *adverbe*
1 ici : **it was here** c'était ici
2 here is, here are voici : **here's my house** voici ma maison ; **here are my pencils** voici mes crayons ; **here I am** me voici

hero ['hɪərəʊ] (*au pluriel* **heroes**) ▸ *nom* héros

heroine ['herəʊɪn] ▸ *nom* héroïne

hers [hɜːz] ▸ *pronom*
1 le sien, la sienne, les siens, les siennes : **my sister and hers** ma sœur et la sienne
2 à elle : **this toy is hers** ce jouet est à elle

herself [hɜː'self] ▸ *pronom*
1 elle-même : **she did it herself** elle l'a fait elle-même
2 se : **she cut herself** elle s'est coupée
3 elle : **she only thinks of herself** elle ne pense qu'à elle

he's [hiːz] = **he is** *ou* **he has**

hesitate ['hezɪteɪt] ▸ *verbe* hésiter : **don't hesitate to ask me** n'hésite pas à me demander

hi [haɪ] ▸ *exclamation* salut !

Attention, ce mot est familier.

hiccups ['hɪkʌps] ▸ *nom pluriel* **to have hiccups** avoir le hoquet

hid [hɪd] *voir* **hide**

hidden ['hɪdən] ▸ *adjectif* caché, -e ; *voir* **hide**

hide [haɪd] ▸ *verbe*
1 cacher : **to hide something from somebody** cacher quelque chose à quelqu'un
2 se cacher : **he hid under the table** il s'est caché sous la table

I hid, I have hidden, I am hiding

hiding place ['haɪdɪŋpleɪs] ▸ *nom* cachette

hi-fi ['haɪ'faɪ] ▸ *nom* chaîne hi-fi

high [haɪ] ▸ *adjectif*
1 haut, haute : **this wall is three metres high** ce mur fait trois mètres de haut
2 *(prix, niveau, nombre)* élevé, -e ; **to have a high temperature** avoir beaucoup de température ; **at high speed** à grande vitesse
3 *(voix)* aigu, -uë
4 a high school *(aux États-Unis)* un lycée ; *(en Grande-Bretagne)* un établissement d'enseignement secondaire regroupant collège et lycée

higher ['haɪər] ▸ *adjectif (nombre, qualité)* supérieur, -e (**than** à)

highway ['haɪweɪ] ▸ *nom (mot américain)* autoroute

hill [hɪl] ▸ *nom* colline

him [hɪm] ▸ *pronom*
1 le : **I know him** je le connais ; **I saw him** je l'ai vu ; **help him** aidez-le
2 lui : **with him** avec lui ; **she's taller than him** elle est plus grande que lui ; **it's him** c'est lui ; **give him the newspaper, give the newspaper to**

him donne-lui le journal ; **I'll give it to him** je le lui donnerai

himself [hɪm'self] ▸ *pronom*
1 lui-même : **he did it himself** il l'a fait lui-même
2 se : **he cut himself** il s'est coupé
3 lui : **he only thinks of himself** il ne pense qu'à lui

Hindu [hɪn'du:]
▸ *adjectif* hindou, -e
▸ *nom* Hindou, -e

hip [hɪp] ▸ *nom* hanche

hire ['haɪər] ▸ *verbe* louer

his [hɪz]
▸ *adjectif*
1 son, sa, ses : **his umbrella** son parapluie ; **his plate** son assiette ; **his house** sa maison ; **his clothes** ses vêtements
2 *(avec les parties du corps)* **he's washing his hands** il se lave les mains ; **he broke his leg** il s'est cassé la jambe
▸ *pronom*
1 le sien, la sienne, les siens, les siennes : **my sister and his** ma sœur et la sienne
2 à lui : **this toy is his** ce jouet est à lui

history ['hɪst(ə)rɪ] ▸ *nom* histoire : **French history** l'histoire de France

hit [hɪt] ▸ *verbe*
1 frapper : **don't hit her!** ne la frappe pas ! ; **I hit my head on the door** je me suis cogné la tête contre la porte
2 heurter ; **a car hit him** une voiture l'a renversé
3 atteindre, toucher : **the bullet hit him in the shoulder** la balle l'a atteint *ou* touché à l'épaule

I hit, I have hit, I am hitting

hive [haɪv] ▸ *nom* ruche

hobby ['hɒbɪ] (*au pluriel* **hobbies**)
▸ *nom* passe-temps

hold [həʊld]
▸ *nom* **to get hold of** *(personne, bras)* saisir, prendre ; *(objet rare)* trouver : **she got** *ou* **took** *ou* **caught hold of my arm** elle m'a saisi *ou* pris par le bras ; **this book is difficult to get hold of** ce livre est difficile à trouver
▸ *verbe*
1 tenir : **they were holding hands** ils se tenaient par la main
2 contenir : **this bottle holds three litres** cette bouteille contient trois litres
3 to hold a party/meeting organiser une fête/réunion ; **the classes are held in the evening** les cours ont lieu le soir
4 to hold one's breath retenir son souffle

▸ **hold on**
1 attendre : **hold on!** attendez ! ; *(au téléphone)* ne quittez pas !
2 to hold on to *(rampe, chien)* tenir ; *(emploi, argent)* garder, conserver ; **hold on!** tenez bon !

▸ **hold out : to hold out one's hand/arm** tendre la main / le bras

▸ **hold up**
1 soutenir
2 to hold up one's hand lever la main
3 to hold somebody up retarder *ou* retenir quelqu'un ; *(physiquement)* soutenir quelqu'un
4 attaquer ; **to hold up a bank** faire un hold-up dans une banque

I held, I have held, I am holding

hold-up ['həʊldʌp] ▸ *nom*
1 hold-up
2 bouchon, embouteillage
3 retard

hole [həʊl] ▸ *nom* trou

holiday ['hɒlɪdeɪ, 'hɒlɪdɪ] ▸ *nom*
1 holiday, holidays vacances : **I'm on holiday** je suis en vacances ; **to go on holiday** partir en vacances ; **the school holidays** les vacances scolaires
2 congé : **two days' holiday** deux jours de congé
3 jour férié ; **tomorrow is a holiday** c'est férié demain

Holland ['hɒlənd] ▸ *nom* la Hollande

hollow ['hɒləʊ] ▸ *adjectif* creux, creuse

holy ['həʊlɪ] ▸ *adjectif* saint, sainte

home [həʊm]
▸ *nom*
1 maison : **at home** à la maison ; **make yourself at home!** mettez-vous à l'aise ! ; **my home town** ma ville natale
2 foyer : **most homes have a TV** la plupart des foyers ont la télévision
3 patrie : **France will always be my home** la France sera toujours ma patrie
▸ *adverbe* à la maison : **to go/to come home** rentrer (à la maison) ; **he's home now** il est rentré maintenant

homeless ['həʊmlɪs] ▸ *adjectif* **to be homeless** être sans abri

homework ['həʊmwɜːk] ▸ *nom* devoirs : **she's doing her homework** elle fait ses devoirs

homosexual [hɒməʊ'seksjʊəl] ▸ *nom & adjectif* homosexuel, -elle

honest ['ɒnɪst] ▸ *adjectif* honnête

honesty ['ɒnɪstɪ] ▸ *nom* honnêteté

honey ['hʌnɪ] ▸ *nom* miel

honk [hɒŋk] ▸ *verbe* klaxonner

honour ['onər] (*ou* **honor** *en américain*) ▸ *nom* honneur

hood [hʊd] ▸ *nom* capuchon, capuche

hoof [huːf] (*au pluriel* **hooves** [huːvz] *ou* **hoofs**) ▸ *nom* sabot

hook [hʊk] ▸ *nom*
1 crochet ; *(sur un vêtement)* agrafe
2 hameçon

hooky ['hʊkɪ] (*ou* **hookey**) ▸ *nom (mot américain)* **to play hooky** sécher les cours

hoot [huːt] ▸ *verbe* klaxonner

Hoover® ['huːvər] ▸ *nom* aspirateur

hoover ['huːvər] ▸ *verbe* passer l'aspirateur : **can you hoover your bedroom?** tu peux passer l'aspirateur dans ta chambre ?

hop [hɒp] ▸ *verbe* sauter à cloche-pied ; *(oiseau)* sautiller

hope [həʊp]
▸ *nom* espoir
▸ *verbe* espérer : **I hope he calls me** j'espère qu'il va m'appeler ; **to hope to do something** espérer faire quelque chose ; **to hope for something** espérer quelque chose ; **I hope so** je l'espère, j'espère bien ; **I hope not** j'espère que non

hopeful ['həʊpfʊl] ▸ *adjectif* optimiste ; **to be hopeful that...** avoir bon espoir que...

hopefully ['həʊpfʊlɪ] ▸ *adverbe* **hopefully, it will be nice tomorrow** j'espère qu'il fera beau demain

hopeless ['həʊplɪs] ▸ *adjectif*
1 *(personne, travail)* nul, nulle
2 *(situation)* désespéré, -e ; **it's hopeless!** ça ne sert à rien !

horizon [hə'raɪz(ə)n] ▸ *nom* horizon : **on the horizon** à l'horizon

horn [hɔːn] ▸ *nom*
1 corne *(d'animal)*
2 Klaxon®

horrible ['hɒrəb(ə)l] ▸ *adjectif* horrible

horror ['hɒrər] ▸ *nom* horreur

horse [hɔːs] ▸ *nom* cheval

horseback ['hɔːsbæk] ▸ *nom* **on horseback** à cheval

hose [həʊz] ▸ *nom* tuyau d'arrosage ; *(de pompier)* lance d'incendie

hospital ['hɒspɪt(ə)l] ▸ *nom* hôpital : **in hospital,** *(en américain)* **in the hospital** à l'hôpital

host [həʊst] ▸ *nom* hôte

hostess ['həʊstɪs] ▸ *nom* hôtesse

hot [hɒt] ▸ *adjectif*
1 chaud, chaude : **I'm hot** j'ai chaud ;

it's hot, the weather's hot il fait chaud ; **a hot dog** un hot dog
2 *(nourriture)* épicé, -e ; *(piment)* piquant, -ante

hotel [həʊ'tel] ▸ *nom* hôtel

hour ['aʊər] ▸ *nom* heure : **a quarter of an hour** un quart d'heure ; **half an hour** une demi-heure

house [haʊs] ▸ *nom* maison ; **at/to my house** chez moi

housewife ['haʊswaɪf] (*au pluriel* **housewives** [-waɪvz]) ▸ *nom* femme au foyer

housework ['haʊswɜːk] ▸ *nom* ménage : **to do the housework** faire le ménage

how [haʊ] ▸ *adverbe*
1 comment : **how are you?** comment allez-vous ? ; **how do you do?** enchanté ! ; **how long/how high is… ?** quelle est la longueur/la hauteur de… ?
2 how much? combien ? ; **how much time/money?** combien de temps/d'argent ?
3 how many? combien ? ; **how many students/apples?** combien d'étudiants/de pommes ?
4 how kind of you! comme c'est gentil ! ; **how incredible!** c'est incroyable !

however [haʊ'evər] ▸ *conjonction* cependant

howl [haʊl] ▸ *verbe* hurler

hug [hʌg]
▸ *nom* **to give somebody a hug** serrer quelqu'un dans ses bras
▸ *verbe* serrer dans ses bras

huge [hjuːdʒ] ▸ *adjectif* énorme

hullo ['hʌləʊ] = **hello**

hum [hʌm] ▸ *verbe* fredonner

human ['hjuːm(ə)n] ▸ *adjectif* humain, -aine : **a human being** un être humain

humour ['hjuːmər] (*ou* **humor** *en américain*) ▸ *nom* humour

hump [hʌmp] ▸ *nom* bosse

hundred ['hʌndrəd]
▸ *nom*
1 a hundred cent ; **two hundred and five** deux cent cinq
2 hundreds of des centaines de
▸ *adjectif* **a hundred pounds** cent livres ; **two hundred pounds** deux cents livres ;

Pour des exemples d'emploi, voir **ten**.

hundredth ['hʌndrədθ] ▸ *nom & adjectif* centième

Pour des exemples d'emploi, voir **tenth**.

hung [hʌŋ] *voir* **hang**[1]

Hungary ['hʌŋgərɪ] ▸ *nom* la Hongrie

hunger ['hʌŋgər] ▸ *nom* faim

hungry ['hʌŋgrɪ] ▸ *adjectif* **to be hungry** avoir faim ; **to make somebody hungry** donner faim à quelqu'un

hunt [hʌnt] ▸ *verbe*
1 chasser ; *(un criminel)* poursuivre ; **to go hunting** aller à la chasse
2 to hunt for something chercher quelque chose

hunter ['hʌntər] ▸ *nom* chasseur, -euse

hurricane ['hʌrɪkən, *en américain* 'hʌrɪkeɪn] ▸ *nom* ouragan

hurry ['hʌrɪ]
▸ *nom* **to be in a hurry** être pressé, -e (**to do** de faire) ; **to do something in a hurry** faire quelque chose à la hâte ; **there's no hurry** rien ne presse
▸ *verbe* se dépêcher (**to do** de faire) : **hurry, we're going to be late!** dépêche-toi, on va être en retard !
▸ **hurry up** se dépêcher : **hurry up!** dépêche-toi !

hurt [hɜːt] ▸ *verbe*
1 faire mal à : **don't hurt her** ne lui fais pas mal ; **my arm hurts** mon bras me fait mal, j'ai mal au bras ; **she's hurt herself** elle s'est fait mal ; **it hurts** ça fait mal
2 blesser : **I've hurt my leg** je me suis

blessé à la jambe ; **this remark hurt me** *ou* **hurt my feelings** cette remarque m'a blessé

I hurt, I have hurt, I am hurting

husband ['hʌzbənd] ▸ *nom* mari

hut [hʌt] ▸ *nom* cabane

hypermarket ['haɪpəmɑːkɪt] ▸ *nom* hypermarché

hyphen ['haɪf(ə)n] ▸ *nom* trait d'union

I [aɪ] ▸ *pronom*
1 je : **I am** je suis ; **I have** j'ai
2 moi : **she and I** elle et moi

ice [aɪs] ▸ *nom* glace ; *(sur la route)* verglas ; **an ice cream** une glace ; **an ice cube** un glaçon

ice-cold ['aɪs'kəʊld] ▸ *adjectif* glacé, -e

Iceland ['aɪslənd] ▸ *nom* l'Islande

icing ['aɪsɪŋ] ▸ *nom* glaçage

icy ['aɪsɪ] ▸ *adjectif* glacé, -e ; *(temps)* glacial, -e ; **the roads are icy** il y a du verglas sur les routes

I'd [aɪd] = **I had** *ou* **I would**

idea [aɪ'dɪə] ▸ *nom* idée : **a good idea** une bonne idée ; **(I've) no idea!** (je n'en ai) aucune idée !

ideal [aɪ'diːəl] ▸ *adjectif* idéal, -e

identical [aɪ'dentɪk(ə)l] ▸ *adjectif* identique (**to** à)

if [ɪf] ▸ *conjonction* si : **if he comes** s'il vient ; **even if...** même si... ; **if only I'd stayed at home!** si seulement j'étais resté chez moi ! ; **...if not I'll do it later** ...sinon, je le ferai plus tard

ignore [ɪg'nɔːr] ▸ *verbe* **to ignore something** ne tenir aucun compte de quelque chose, ne prêter aucune attention à quelque chose ; **to ignore somebody** ignorer quelqu'un

ill [ɪl] ▸ *adjectif* malade : **to fall ill** tomber malade

I'll [aɪl] = **I will**

illness ['ɪlnəs] ▸ *nom* maladie

I'm [aɪm] = **I am**

imagination [ɪmædʒɪ'neɪʃən] ▸ *nom* imagination

imagine [ɪ'mædʒɪn] ▸ *verbe* imaginer : **just imagine my surprise** imagine un peu mon étonnement ; **I imagine so** j'imagine

imitate ['ɪmɪteɪt] ▸ *verbe* imiter

immediate [ɪ'miːdɪət] ▸ *adjectif* immédiat, -ate

immediately [ɪ'miːdɪətlɪ] ▸ *adverbe* tout de suite, immédiatement

impatient [ɪm'peɪʃənt] ▸ *adjectif* impatient, -ente

important [ɪm'pɔːtənt] ▸ *adjectif* important, -ante

impossible [ɪm'pɒsɪb(ə)l] ▸ *adjectif* impossible : **it's impossible to say** c'est impossible à dire ; **it's impossible for me to come** il m'est impossible de venir

impression [ɪm'preʃən] ▸ *nom* impression

improve [ɪm'pruːv] ▸ *verbe*
1 améliorer : **she's gone to Madrid to improve her Spanish** elle est allée à Madrid pour améliorer son espagnol
2 s'améliorer ; **your French has improved** tu as fait des progrès en français

improvement [ɪm'pruːvmənt] ▸ *nom* amélioration ; *(d'un étudiant, d'un patient)* progrès : **there's been a lot of improvement in his work** il a fait de gros progrès dans son travail

in [ɪn]
▸ *préposition*
1 dans : **in the train/the book** dans

le train / le livre ; **I can't find anything in there** je ne trouve rien là-dedans

2 à : **in hospital** à l'hôpital ; **in Montreal** à Montréal ; **in Japan** au Japon ; **in ink** à l'encre ; **the man in the black hat** l'homme au chapeau noir

3 en : **in Italy** en Italie ; **in summer** en été ; **in July** en juillet ; **in Spanish** en espagnol ; **in 2006** en 2006 ; **in black** en noir

4 de : **in a gentle voice** d'une voix douce ; **the best in the class** le meilleur de la classe ; **five o'clock in the morning** cinq heures du matin

5 *(futur)* dans : **in two months, in two months' time** dans deux mois

6 *(temps nécessaire)* en : **I read the paper in two hours** j'ai lu le journal en deux heures

7 in the morning/the evening le matin / le soir ; **one in ten** un sur dix ; **in tens** dix par dix

▸ *adverbe* **is he in?** est-ce qu'il est là ? ; **the train is in** le train est en gare ; **to ask somebody in** inviter quelqu'un à entrer

inch [ɪntʃ] ▸ *nom* pouce *(environ 2,5 cm)*

include [ɪn'klu:d] ▸ *verbe* comprendre : **service is included** le service est compris

including [ɪn'klu:dɪŋ] ▸ *préposition*

1 y compris : **everyone, including the queen** tout le monde, y compris la reine

2 compris : **including service** service compris ; **not including service** service non compris ; **not including the children** sans compter les enfants

income ['ɪnkəm] ▸ *nom* revenu

inconvenient [ɪnkən'vi:njənt] ▸ *adjectif* **to be inconvenient for somebody** déranger quelqu'un ; **if it's inconvenient** si cela vous dérange

incorrect [ɪnkə'rekt] ▸ *adjectif (résultat, réponse)* faux, fausse, inexact, -e ; **to be incorrect** *(personne)* se tromper

increase ['ɪnkri:s]

▸ *nom* augmentation (**in** de) : **an increase in crime** une augmentation de la criminalité

▸ *verbe* augmenter : **prices are going to increase** les prix vont augmenter ; **they increased his pocket money** ils ont augmenté son argent de poch

incredible [ɪn'kredɪb(ə)l] ▸ *adjectif* incroyable

indeed [ɪn'di:d] ▸ *adverbe*

1 en effet : **it's getting late – it is indeed** il se fait tard – en effet ; **yes indeed!** bien sûr !

2 vraiment : **very big indeed** vraiment très grand ; **thank you very much indeed!** merci infiniment !

independence [ɪndɪ'pendəns] ▸ *nom* indépendance

independent [ɪndɪ'pendənt] ▸ *adjectif* indépendant, -ante

India ['ɪndɪə] ▸ *nom* l'Inde

Indian ['ɪndɪən]

▸ *adjectif* indien, -ienne

▸ *nom* Indien, -ienne

individual [ɪndɪ'vɪdjʊəl] ▸ *adjectif* individuel, -elle ; *(cas)* particulier, -ière

indoor ['ɪndɔ:r] ▸ *adjectif* d'intérieur ; **indoor athletics** l'athlétisme en salle ; **an indoor pool** une piscine couverte

indoors [ɪn'dɔ:z] ▸ *adverbe* à l'intérieur ; **to go/to come indoors** rentrer

industry ['ɪndʌstrɪ] *(au pluriel* **industries**) ▸ *nom* industrie

infant ['ɪnfənt] ▸ *nom* bébé ; **an infant school** une école maternelle *(pour enfants de 5 à 7 ans)*

infect [ɪn'fekt] ▸ *verbe* infecter ; **to get infected** s'infecter

influence ['ɪnflʊəns]

▸ *nom* influence (**on** sur)

▸ *verbe* influencer

inform [ɪn'fɔːm] ▸ *verbe* informer (**of** de, **that** que) ; **to keep somebody informed** tenir quelqu'un au courant

information [ɪnfə'meɪʃən] ▸ *nom* renseignements (**about** sur) : **I need some information** j'ai besoin de renseignements ; **a piece of information** un renseignement ; **to give somebody some information** renseigner quelqu'un

Le mot **information** est indénombrable.

inhabitant [ɪn'hæbɪtənt] ▸ *nom* habitant, -ante

initials [ɪ'nɪʃəlz] ▸ *nom pluriel* initiales

injection [ɪn'dʒekʃən] ▸ *nom* piqûre : **to give somebody an injection** faire une piqûre à quelqu'un

injure ['ɪndʒər] ▸ *verbe* blesser : **I injured my leg** je me suis blessé à la jambe

injured ['ɪndʒəd]
▸ *adjectif* blessé, -e
▸ *nom pluriel* **the injured** les blessés

injury ['ɪndʒ(ə)rɪ] (*au pluriel* **injuries**) ▸ *nom* blessure : **a head injury** une blessure à la tête

ink [ɪŋk] ▸ *nom* encre : **an ink stain** une tache d'encre

inn [ɪn] ▸ *nom* auberge

innocent ['ɪnəsənt] ▸ *adjectif* innocent, -ente

insane [ɪn'seɪn] ▸ *adjectif* fou, folle

insect ['ɪnsekt] ▸ *nom* insecte

inside
▸ *adverbe* [ɪn'saɪd] à l'intérieur : **look inside** regarde à l'intérieur ; **to go/to come inside** rentrer ; **inside out** *(chaussette, chemise)* à l'envers
▸ *adjectif* ['ɪnsaɪd] intérieur, -e : **the inside wall** le mur intérieur
▸ *préposition* [ɪn'saɪd] à l'intérieur de : **inside the box** à l'intérieur de la boîte
▸ *nom* ['ɪnsaɪd] intérieur : **the inside of the house** l'intérieur de la maison

insist [ɪn'sɪst] ▸ *verbe* insister : **she's insisting on coming with us** elle insiste pour venir avec nous

inspect [ɪn'spekt] ▸ *verbe* examiner ; *(billet, passeport)* contrôler

inspector [ɪn'spektər] ▸ *nom* inspecteur, -trice ; *(dans les transports en commun)* contrôleur, -euse

instant ['ɪnstənt] ▸ *adjectif* immédiat, -ate ; *(soupe, boisson)* instantané, -e ; **instant coffee** du café soluble

instead [ɪn'sted] ▸ *adverbe*
1 plutôt : **I'll come tomorrow instead** je viendrai plutôt demain
2 if he can't come, take me instead s'il ne peut pas venir, emmenez-moi à sa place ; **use a hammer instead** utilisez un marteau à la place
3 instead of something au lieu de quelque chose ; **instead of somebody** à la place de quelqu'un ; **I went instead of her** j'y suis allé à sa place ; **instead of doing something** au lieu de faire quelque chose

instinct ['ɪnstɪŋkt] ▸ *nom* instinct

instruct [ɪn'strʌkt] ▸ *verbe* **to instruct somebody to do something** charger quelqu'un de faire quelque chose

instructions [ɪn'strʌkʃənz] ▸ *nom pluriel (d'un produit)* mode d'emploi

instrument ['ɪnstrʊmənt] ▸ *nom* instrument : **to play an instrument** jouer d'un instrument

insult ['ɪnsʌlt]
▸ *nom* insulte
▸ *verbe* insulter

insurance [ɪn'ʃʊərəns, ɪn'ʃɔːrəns] ▸ *nom* assurance (**against** contre)

intelligence [ɪn'telɪdʒəns] ▸ *nom*
1 intelligence
2 services secrets

intelligent [ɪn'telɪdʒənt] ▸ *adjectif* intelligent, -ente

intend [ɪn'tend] ▸ *verbe* **to intend to do something** avoir l'intention de faire quelque chose

interest ['ɪnt(ə)rɪst]
▸ *nom* intérêt : **to show interest in something** montrer de l'intérêt pour quelque chose ; **to take an interest in something** s'intéresser à quelque chose ; **my interest is painting** ce qui m'intéresse, c'est la peinture
▸ *verbe* intéresser ; **to be interested in something/somebody** s'intéresser à quelque chose/quelqu'un ; **I'd be interested to meet her, I'd be interested in meeting her** ça m'intéresserait de la rencontrer

interesting ['ɪnt(ə)rɪstɪŋ] ▸ *adjectif* intéressant, -ante

interfere with [ɪntə'fɪəwɪð] ▸ *verbe* toucher à : **don't interfere with my computer** ne touche pas à mon ordinateur

international [ɪntə'næʃən(ə)l] ▸ *adjectif* international, -e

Internet ['ɪntənet] ▸ *nom* Internet : **on the Internet** sur Internet

interrupt [ɪntə'rʌpt] ▸ *verbe* interrompre

into ['ɪntə, *accentué* 'ɪntʊ] ▸ *préposition*
1 dans : **I put it into the box** je l'ai mis dans la boîte
2 en : **to translate into French** traduire en français ; **to break something into pieces** mettre quelque chose en morceaux

introduce [ɪntrə'dju:s] ▸ *verbe* **to introduce somebody to somebody** présenter quelqu'un à quelqu'un ; **to introduce oneself** se présenter

invalid ['ɪnvælɪd] ▸ *nom*
1 malade
2 infirme

invent [ɪn'vent] ▸ *verbe* inventer

inverted commas [ɪn'vɜ:tɪd'kɒməz] ▸ *nom pluriel* guillemets : **in inverted commas** entre guillemets

investigate [ɪn'vestɪgeɪt] ▸ *verbe* enquêter sur

investigation [ɪnvestɪ'geɪʃən] ▸ *nom* enquête (**into** sur)

invitation [ɪnvɪ'teɪʃən] ▸ *nom* invitation

invite [ɪn'vaɪt] ▸ *verbe* inviter (**to** à) : **to invite somebody in** inviter quelqu'un à entrer

Iran [ɪ'rɑ:n, ɪ'ræn] ▸ *nom* l'Iran

Iraq [ɪ'rɑ:k, ɪ'ræk] ▸ *nom* l'Irak

Ireland ['aɪələnd] ▸ *nom* l'Irlande

Irish ['aɪərɪʃ]
▸ *adjectif* irlandais, -aise
▸ *nom* irlandais *(langue)*
▸ *nom pluriel* **the Irish** les Irlandais

Irishman ['aɪərɪʃmən] (*au pluriel* **Irishmen** [-men]) ▸ *nom* Irlandais

Irishwoman ['aɪərɪʃwʊmən] (*au pluriel* **Irishwomen** [-wɪmɪn]) ▸ *nom* Irlandaise

iron ['aɪən]
▸ *nom*
1 fer : **an iron bar** une barre de fer
2 fer à repasser
▸ *verbe* repasser

ironing ['aɪənɪŋ] ▸ *nom* repassage : **to do the ironing** faire le repassage ; **an ironing board** une planche à repasser

is [ɪz] *voir* **be**

Islamic [ɪz'læmɪk] ▸ *adjectif* islamique

island ['aɪlənd] ▸ *nom* île

isn't ['ɪz(ə)nt] = **is not**

isolated ['aɪsəleɪtɪd] ▸ *adjectif* isolé, -e

Israel ['ɪzreɪ(ə)l] ▸ *nom* Israël

Israeli [ɪz'reɪlɪ]
▸ *adjectif* israélien, -ienne
▸ *nom* Israélien, -ienne

it [ɪt] ▸ *pronom*
1 il : **where's my hat? – it's on the**

bed où est mon chapeau ? – il est sur le lit

2 elle : **I'd lend you my hi-fi but it's broken** je te prêterais bien ma chaîne hi-fi mais elle est cassée

3 le : **here's the book, you must read it** voici le livre, tu dois le lire ; **I did it** je l'ai fait

4 la : **take this plate and put it on the table** prends cette assiette et mets-la sur la table ; **I can't find my key, have you seen it?** je ne trouve pas ma clé, est-ce que tu l'as vue ?

5 il *(impersonnel)*: **it's snowing** il neige ; **it's hot** il fait chaud

6 ce : **who is it?** qui est-ce ? ; **it's good** c'est bon

7 ça : **it depends** ça dépend ; **how's it going?** ça va bien ?

8 **he stepped on it** il a marché dessus ; **the bank's on the corner and there's a café beside it** la banque est au coin et il y a un café à côté

9 **of it, from it, about it** en : **he died of it** il en est mort ; **let's talk about it** parlons-en

Italian [ɪ'tæljən]
▸ *adjectif* italien, -ienne
▸ *nom*
1 Italien, -ienne
2 italien *(langue)*

Italy ['ɪtəlɪ] ▸ *nom* l'Italie

itch [ɪtʃ] ▸ *verbe* démanger : **my leg itches** j'ai la jambe qui me démange, ma jambe me démange ; **it itches** ça me démange

itchy ['ɪtʃɪ] ▸ *adjectif* **I have an itchy hand** j'ai la main qui me démange, ma main me démange

it'd ['ɪt(ə)d] = **it had** *ou* **it would**

it'll ['ɪt(ə)l] = **it will**

its [ɪts] ▸ *adjectif* son, sa, ses : **its fur** son poil ; **its tail** sa queue ; **its wings** ses ailes

it's [ɪts] = **it is** *ou* **it has**

itself [ɪt'self] ▸ *pronom*
1 lui-même : **the film itself isn't bad** le film lui-même n'est pas mal
2 elle-même : **the house itself** la maison elle-même
3 se : **the dog hurt itself** le chien s'est fait mal

I've [aɪv] = **I have**

Jj

jacket ['dʒækɪt] ▸ *nom*
1 veste
2 a jacket potato une pomme de terre en robe des champs

jail [dʒeɪl]
▸ *nom* prison : **in jail** en prison ; **to send somebody to jail** mettre quelqu'un en prison ; **to go to jail** aller en prison
▸ *verbe* emprisonner ; **he was jailed for three years** il a été condamné à trois ans de prison

jam [dʒæm] ▸ *nom*
1 confiture : **raspberry jam** de la confiture de framboises
2 a traffic jam un embouteillage

jammed [dʒæmd] ▸ *adjectif*
1 coincé, -e ; **the window got jammed** la fenêtre s'est coincée
2 bourré, -e de monde ; *(route, rue)* embouteillé, -e

January ['dʒænjʊərɪ] ▸ *nom* janvier

Japan [dʒə'pæn] ▸ *nom* le Japon

Japanese [dʒæpə'ni:z]
▸ *adjectif* japonais, -aise ; **a Japanese man** un Japonais ; **a Japanese woman** une Japonaise
▸ *nom* japonais *(langue)*
▸ *nom pluriel* **the Japanese** les Japonais

jar [dʒɑ:r] ▸ *nom* pot : **a jar of jam** un pot de confiture

jaw [dʒɔ:] ▸ *nom* mâchoire

jealous ['dʒeləs] ▸ *adjectif* jaloux, -ouse

jeans [dʒi:nz] ▸ *nom pluriel* jean ; **a pair of jeans** un jean

Jello® ['dʒeləʊ] ▸ *nom (mot américain)* gelée (de fruits)

jelly ['dʒelɪ] (*au pluriel* **jellies**) ▸ *nom* gelée (de fruits) ; *(en américain)* confiture

jet [dʒet] ▸ *nom* jet, avion à réaction

Jew [dʒu:] ▸ *nom* Juif, Juive

jewel ['dʒu:əl] ▸ *nom* bijou

jeweller ['dʒu:ələr] (*ou* **jeweler** *en américain*) ▸ *nom* bijoutier, -ière ; **a jeweller's shop** une bijouterie

jewellery ['dʒu:əlrɪ] (*ou* **jewelry** *en américain*) ▸ *nom* bijoux ; **a jewelry store** *(expression américaine)* une bijouterie

> Le mot **jewellery** (ou **jewelry**) est indénombrable.

Jewish ['dʒu:ɪʃ] ▸ *adjectif* juif, juive

jigsaw ['dʒɪgsɔ:] ▸ *nom* puzzle

job [dʒɒb] ▸ *nom*
1 travail : **he did a good job** il a fait du bon travail ; **to have a hard job doing something** avoir du mal à faire quelque chose
2 emploi, travail : **he's looking for a job** il cherche un emploi *ou* du travail ; **to be out of a job** être sans emploi

jog [dʒɒg] ▸ *verbe*
1 pousser : **he jogged my elbow** il m'a poussé le coude
2 faire du jogging ; **he jogs to work every morning** il fait son jogging tous les matins en allant au travail

jogging ['dʒɒgɪŋ] ▸ *nom* jogging *(activité)*

join [dʒɔɪn] ▸ *verbe*
1 **to join somebody** rejoindre quelqu'un ; **can I join you?** puis-je me joindre à vous ?
2 s'inscrire à, adhérer à
3 relier ; *(des planches)* joindre ; *(des fils)* raccorder ; **to join hands** se donner la main
▸**join in** participer : **she never joins in** elle ne participe jamais ; **to join in something** participer à *ou* prendre part à quelque chose

joke [dʒəʊk]
▸ *nom* plaisanterie
▸ *verbe* plaisanter

jolly ['dʒɒlɪ] ▸ *adjectif* gai, -e, enjoué, -e

journalist ['dʒɜːnəlɪst] ▸ *nom* journaliste

journey ['dʒɜːnɪ] ▸ *nom*
1 voyage : **to go on a journey** faire un voyage
2 trajet : **a bus journey** un trajet en bus

joy [dʒɔɪ] ▸ *nom* joie

judge [dʒʌdʒ]
▸ *nom* juge
▸ *verbe* juger

jug [dʒʌg] ▸ *nom* cruche ; **a milk jug** un pot à lait

juggle ['dʒʌg(ə)l] ▸ *verbe* jongler

juice [dʒuːs] ▸ *nom* jus : **pineapple juice** du jus d'ananas

juicy ['dʒuːsɪ] ▸ *adjectif* juteux, -euse

July [dʒuː'laɪ, dʒʊ'laɪ] ▸ *nom* juillet

jump [dʒʌmp]
▸ *nom* saut ; **a jump rope** *(expression américaine)* une corde à sauter
▸ *verbe*
1 sauter (**over** par-dessus) : **to jump off a wall** sauter d'un mur ; **to jump rope** *(expression américaine)* sauter à la corde
2 sursauter : **you made me jump** tu m'as fait sursauter

jumper ['dʒʌmpər] ▸ *nom* pull-over, pull

June [dʒuːn] ▸ *nom* juin

jungle ['dʒʌŋg(ə)l] ▸ *nom* jungle

junior ['dʒuːnjər] ▸ *nom (en Angleterre)* écolier, -ière *(entre 7 et 11 ans)* ; **a junior school** une école élémentaire *(de 7 à 11 ans)* ; **a junior high school** *(aux États-Unis)* un collège

junk [dʒʌŋk] ▸ *nom (choses inutiles)* bric-à-brac ; *(choses de mauvaise qualité)* camelote

just [dʒʌst] ▸ *adverbe*
1 juste : **just before/after** juste avant/après ; **just enough** juste assez ; **just one** un seul, une seule ; **just over ten** un peu plus de dix ; **just about** presque ; **dinner is just about ready** le dîner est presque prêt ; **I just missed it** je l'ai manqué de peu
2 **just as...** tout aussi... : **it's just as big as the other one** il est tout aussi grand que l'autre
3 **to have just done** venir de faire : **she has just left** elle vient de partir ; **they had just arrived** ils venaient d'arriver

justice ['dʒʌstɪs] ▸ *nom* justice

Kk

keen [kiːn] ▸ *adjectif* enthousiaste ; **he's a keen sportsman** c'est un passionné de sport ; **to be keen on** beaucoup aimer ; **he's keen on golf** il aime beaucoup le golf ; **to be keen to do something** avoir très envie de faire quelque chose ; **I'm keen to try windsurfing** j'ai très envie d'essayer la planche à voile

keep [kiːp] ▸ *verbe*
1 garder : **keep it!** gardez-le ! ; **he kept his hat on** il a gardé son chapeau
2 to keep a diary/promise tenir un journal/une promesse
3 continuer : **to keep (on) doing something** continuer à faire quelque chose ; **he keeps (on) complaining** il n'arrête pas de se plaindre
4 to keep somebody from doing something empêcher quelqu'un de faire quelque chose ; **to keep somebody in/out/awake** empêcher quelqu'un de sortir/d'entrer/de dormir ; **to keep somebody waiting** faire attendre quelqu'un ; **keep away!** ne vous approchez pas ! ; **"keep out"** "défense d'entrer" ; **to keep left** tenir sa gauche

▸ **keep up**
1 continuer
2 entretenir : **she goes to evening classes to keep up her French** elle suit des cours du soir pour entretenir son français
3 to keep up with somebody *(en travaillant)* suivre quelqu'un ; *(en marchant, en courant)* aller aussi vite que quelqu'un ; **he has trouble keeping up with the rest of the class** il a du mal à suivre le reste de la classe

I kept, I have kept, I am keeping

kennel ['ken(ə)l] ▸ *nom* niche

kept [kept] *voir* **keep**

kerb [kɜːb] ▸ *nom* **the kerb** le bord du trottoir

kettle [ket(ə)l] ▸ *nom* bouilloire ; **the kettle's boiling** l'eau bout

key [kiː] ▸ *nom*
1 clé, clef
2 *(de piano, d'ordinateur)* touche

keyboard ['kiːbɔːd] ▸ *nom* clavier

kick [kɪk]
▸ *nom* coup de pied
▸ *verbe* **to kick somebody** donner un coup de pied à quelqu'un ; **to kick a penalty** *(au football)* tirer un penalty ; **to kick a door open** ouvrir une porte d'un coup de pied

kid [kɪd] ▸ *nom* gosse

Attention, ce mot est familier.

kidney ['kɪdnɪ] ▸ *nom* rein ; *(viande)* rognon

kill [kɪl] ▸ *verbe* tuer ; **he got killed** il s'est fait tuer

killer ['kɪlər] ▸ *nom* meurtrier, -ière ; *(professionnel)* tueur, -euse

kilo ['kiːləʊ] ▸ *nom* kilo : **70 pence a kilo** 70 pence le kilo

kilogram ['kɪləgræm] (*ou* **kilogramme**) ▸ *nom* kilogramme

kilometre ['kɪləmiːtər, kɪ'lɒmɪtər] (*ou* **kilometer** *en américain*) ▸ *nom* kilomètre

kind¹ [kaɪnd] ▸ *nom* sorte : **a kind of** une sorte de ; **all kinds of** toutes sortes de ; **what kind of dog is it?** qu'est-ce que c'est comme chien ?

kind² [kaɪnd] ▸ *adjectif* gentil, -ille (**to** avec)

kindergarten ['kɪndəgɑːt(ə)n] ▸ *nom (mot américain)* maternelle

kindness ['kaɪndnɪs] ▸ *nom* gentillesse

king [kɪŋ] ▸ *nom* roi

kingdom ['kɪŋdəm] ▸ *nom* royaume

kiss [kɪs]
▸ *nom* baiser
▸ *verbe*
1 embrasser : **she kissed me** elle m'a embrassé
2 s'embrasser : **they kissed** ils se sont embrassés

kitchen ['kɪtʃɪn] ▸ *nom* cuisine

kite [kaɪt] ▸ *nom* cerf-volant

kitten ['kɪt(ə)n] ▸ *nom* chaton

knee [niː] ▸ *nom* genou : **to be on one's knees** être à genoux

kneel [niːl] (*ou* **kneel down**) ▸ *verbe* se mettre à genoux, s'agenouiller : **I knelt (down)** je me suis mis à genoux *ou* agenouillé ; **to be kneeling (down)** être à genoux

I knelt *ou* kneeled, I have knelt *ou* kneeled, I am kneeling

knelt [nelt] *voir* **kneel**

knew [njuː] *voir* **know**

knickers ['nɪkəz] ▸ *nom pluriel* culotte ; **a pair of knickers** une culotte

knife [naɪf] (*au pluriel* **knives** [naɪvz]) ▸ *nom* couteau

knight [naɪt] ▸ *nom* chevalier

knit [nɪt] ▸ *verbe* tricoter : **I knitted her some gloves** je lui ai tricoté des gants

knitting ['nɪtɪŋ] ▸ *nom* tricot : **to do some knitting** faire du tricot

knob [nɒb] ▸ *nom* bouton *(de porte)*

knock [nɒk]
▸ *nom* coup ; **there was a knock at the door** on a frappé à la porte
▸ *verbe* frapper : **to knock at** *ou* **on the door** frapper à la porte ; **to knock one's head** se cogner la tête (**on** contre)

▸ **knock down**
1 renverser : **he was knocked down by a car** il a été renversé par une voiture
2 démolir

▸ **knock in : to knock a nail in** enfoncer un clou

▸ **knock out : to knock somebody out** assommer quelqu'un ; *(en boxe)* mettre quelqu'un K.-O

▸ **knock over** renverser

knot [nɒt] ▸ *nom* nœud

know [nəʊ] ▸ *verbe*
1 connaître : **I know a good doctor** je connais un bon médecin ; **to get to know somebody** apprendre à connaître quelqu'un
2 savoir : **I know what she wants** je sais ce qu'elle veut ; **to know how to swim/to knit** savoir nager/tricoter ; **she knows French** elle sait parler français ; **I know!** je sais ! ; **I don't know!** je ne sais pas ! ; **I'll let you know** je vous tiendrai au courant
3 to know about something être au courant de quelque chose ; **did you know about his resignation?** tu étais au courant de sa démission ? ; **he knows a lot about cars** il s'y connaît en voitures

I knew, I have known

knowledge ['nɒlɪdʒ] ▸ *nom* connaissance, savoir

known [nəʊn] ▸ *adjectif* connu, -e : **he isn't known in France** il n'est pas connu en France ; *voir* **know**

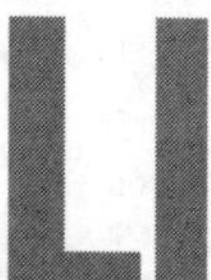

label ['leɪb(ə)l] ▸ *nom* étiquette

labourer ['leɪbərər] (*ou* **laborer** *en américain*) ▸ *nom* ouvrier, -ière, manœuvre ; *(dans une ferme)* ouvrier, -ière agricole

lace [leɪs] ▸ *nom*
1 dentelle : **a lace curtain** un rideau en dentelle
2 lacet

lack [læk] ▸ *nom* manque : **because of his lack of experience** à cause de son manque d'expérience

lad [læd] ▸ *nom* garçon

ladder ['lædər] ▸ *nom* échelle : **to climb a ladder** monter à une échelle

lady ['leɪdɪ] (*au pluriel* **ladies** ['leɪdɪz]) ▸ *nom*
1 dame : **ladies' clothes** vêtements pour dames ; **a young lady** une jeune fille, une jeune femme ; **a lady doctor** une femme médecin
2 the ladies' room, the ladies les toilettes pour dames

ladybird ['leɪdɪbɜːd] (*ou* **ladybug** ['leɪdɪbʌg] *en américain*) ▸ *nom* coccinelle

laid [leɪd] *voir* **lay¹**

lain [leɪn] *voir* **lie²**

lake [leɪk] ▸ *nom* lac

lamb [læm] ▸ *nom* agneau

lame [leɪm] ▸ *adjectif* **to be lame** boiter

lamp [læmp] ▸ *nom* lampe

lamppost ['læmppəʊst] ▸ *nom* lampadaire, réverbère

land [lænd]
▸ *nom*
1 terre : **this is good farming land** c'est de la bonne terre
2 terrain : **they own all the land behind their house** tout le terrain derrière leur maison leur appartient
3 pays
▸ *verbe* atterrir

landing ['lændɪŋ] ▸ *nom*
1 atterrissage
2 palier

landscape ['lændskeɪp] ▸ *nom* paysage

lane [leɪn] ▸ *nom* chemin ; *(sur une route)* voie, file

language ['læŋgwɪdʒ] ▸ *nom*
1 langue : **a language teacher** un professeur de langues
2 langage : **medical language** le langage médical

lap [læp] ▸ *nom* genoux : **on my lap** sur mes genoux

laptop ['læptɒp] ▸ *nom* **a laptop (computer)** un ordinateur portable

large [lɑːdʒ] ▸ *adjectif*
1 grand, grande : **Russia is a large country** la Russie est un grand pays
2 gros, grosse : **he took a large helping of pasta** il a pris une grosse portion de pâtes
3 important, -ante : **a large amount of money** une somme d'argent importante ; **a large number of** beaucoup de

lark [lɑːk] ▸ *nom* alouette

last¹ [lɑːst] ▸ *adjectif* dernier, -ière : **the last paragraph** le dernier para-

graphe ; **last month** le mois dernier ; **the last three numbers** les trois derniers chiffres ; **the last one** le dernier, la dernière
▸ *adverbe*
1 pour la dernière fois : **when did you last see her?** quand l'as-tu vue pour la dernière fois ? ; **when I saw her last** la dernière fois que je l'ai vue
2 en dernier : **to do something last** faire quelque chose en dernier ; **she arrived last** elle est arrivée la dernière *ou* en dernier
3 at last enfin

last² [lɑːst] ▸ *verbe* durer : **it lasted three months** ça a duré trois mois

late [leɪt]
▸ *adjectif*
1 en retard : **to be late** être en retard ; **you're late for school** tu ne seras pas à l'école à l'heure ; **to be an hour late** avoir une heure de retard ; **to make somebody late** mettre quelqu'un en retard
2 tard : **it's late** il est tard ; **it's getting late** il se fait tard ; **to have a late night** se coucher tard
3 in late summer à la fin de l'été
▸ *adverbe*
1 en retard : **to arrive late** arriver en retard
2 tard : **she's working late tonight** elle travaille tard ce soir ; **later (on)** plus tard

lately ['leɪtlɪ] ▸ *adverbe* ces derniers temps

Latin ['lætɪn] ▸ *nom* latin *(langue)*

laugh [lɑːf]
▸ *nom* rire
▸ *verbe* rire : **you make me laugh** tu me fais rire ; **to laugh at somebody** se moquer de quelqu'un

laundry ['lɔːndrɪ] *(au pluriel* **laundries***)* ▸ *nom*
1 blanchisserie
2 linge ; **to do the laundry** faire la lessive

lavatory ['lævətrɪ] *(au pluriel* **lavatories***)* ▸ *nom* toilettes

law [lɔː] ▸ *nom*
1 loi ; **against the law** illégal, -e
2 droit : **I want to study law** je veux faire des études de droit

lawn [lɔːn] ▸ *nom* pelouse

lawnmower ['lɔːnməʊər] ▸ *nom* tondeuse (à gazon)

lay¹ [leɪ] ▸ *verbe*
1 poser : **lay it flat on the table** pose-le à plat sur la table ; **to lay the table** mettre la table
2 to lay an egg pondre un œuf
▸ **lay down** poser

I laid, I have laid, I am laying

lay² [leɪ] *voir* **lie²**

lazy ['leɪzɪ] ▸ *adjectif* paresseux, -euse

lead¹ [led] ▸ *nom*
1 *(métal)* plomb
2 *(de crayon)* mine

lead² [liːd]
▸ *nom*
1 to be in the lead *(dans une course)* être en tête ; *(dans un match)* mener : **at half-time England was in the lead** à la mi-temps l'Angleterre menait
2 *(pour chien)* laisse
▸ *verbe*
1 mener : **this road leads to the town** cette route mène à la ville ; **to lead a happy life** mener une vie heureuse ; **to lead by two goals to one** mener par deux buts à un
2 diriger, être à la tête de
3 to lead the way montrer le chemin
4 *(dans une course)* être en tête
5 to lead to causer, provoquer : **it could lead to civil war** cela pourrait provoquer une guerre civile

I led, I have led, I am leading

leader ['liːdər] ▸ *nom (d'une équipe, d'un groupe)* chef ; *(d'un pays, d'un parti)* dirigeant, -ante

leaf [liːf] (*au pluriel* **leaves** [liːvz])
▸ *nom* feuille

leak [liːk]
▸ *nom* fuite : **a gas leak** une fuite de gaz
▸ *verbe* fuir : **the bath is leaking** la baignoire fuit

lean [liːn] ▸ *verbe*
1 s'appuyer (**on** sur, **against** contre)
2 se pencher : **to lean out of the window** se pencher par la fenêtre
3 *(arbre, mur)* pencher
4 appuyer : **lean your head on my shoulder** appuie ta tête sur mon épaule ; **the bicycle was leaning against the wall** la bicyclette était appuyée contre le mur
▸ **lean forward** se pencher en avant
▸ **lean over** se pencher ; *(arbre, mur)* pencher

I leant *ou* leaned, I have leant *ou* leaned, I am leaning

leant [lent] *voir* **lean**

leap [liːp]
▸ *nom* bond, saut
▸ *verbe* bondir, sauter

I leapt *ou* leaped, I have leapt *ou* leaped, I am leaping

leapt [lept] *voir* **leap** *verbe*

learn [lɜːn] ▸ *verbe* apprendre : **to learn (how) to do something** apprendre à faire quelque chose ; **to learn about something** étudier quelque chose

I learnt *ou* learned, I have learnt *ou* learned, I am learning

learner ['lɜːnər] ▸ *nom* débutant, -ante

learnt [lɜːnt] *voir* **learn**

leash [liːʃ] ▸ *nom* laisse

least [liːst]
▸ *adjectif* **the least** le moins de : **she has the least money** c'est elle qui a le moins d'argent
▸ *pronom* **the least** le moins : **I have the least** c'est moi qui en ai le moins
▸ *adverbe*
1 le moins : **I like this one (the) least** c'est celui-ci que j'aime le moins ; **the least intelligent/expensive** le moins intelligent/cher
2 at least *(prix, quantité)* au moins ; *(restriction)* du moins : **there were at least a hundred people there** il y avait au moins une centaine de personnes ; **she'll be there, at least that's what she told me** elle sera là, du moins c'est ce qu'elle m'a dit

leather ['leðər] ▸ *nom* cuir : **a leather bag** un sac en cuir

leave [liːv] ▸ *verbe*
1 laisser : **I left my scarf at home** j'ai laissé mon écharpe à la maison ; **he left the window open** il a laissé la fenêtre ouverte
2 oublier : **I left my umbrella on the bus** j'ai oublié mon parapluie dans le bus
3 quitter : **to leave the house** quitter la maison
4 partir : **I'm leaving** je pars
▸ **leave behind** *(exprès)* laisser ; *(accidentellement)* oublier
▸ **leave out** oublier

I left, I have left, I am leaving

led [led] *voir* **lead**[2] *verbe*

leek [liːk] ▸ *nom* poireau

left[1] [left] ▸ *adjectif* **to be left** rester : **there's no bread left** il ne reste plus de pain ; **we have ten minutes left** il nous reste dix minutes ; *voir* **leave**

left[2] [left]
▸ *adjectif* gauche : **my left hand** ma main gauche
▸ *adverbe* à gauche : **to turn/to look left** tourner/regarder à gauche
▸ *nom* **the left** la gauche ; **on the left** à gauche ; **it's to the left of the armchair** c'est à gauche du fauteuil

left-hand ['left'hænd] ▸ *adjectif (fenêtre, tiroir)* de gauche ; **on the left-hand side** à gauche

leg [leg] ▸ *nom*
1 jambe ; *(d'animal)* patte
2 a chicken leg une cuisse de poulet
3 *(de meuble)* pied

leisure ['leʒər, *en américain* 'liːʒər] ▸ *nom* **leisure (time)** les loisirs : **a leisure centre** un centre de loisirs

lemon ['lemən] ▸ *nom* citron : **a lemon tea** un thé au citron

lemonade [lemə'neɪd] ▸ *nom (boisson gazeuse)* limonade ; *(avec du sirop)* citronnade

lend [lend] ▸ *verbe* prêter (**to** à) : **could you lend me 50p?** est-ce que tu pourrais me prêter 50 pence ?

I lent, I have lent, I am lending

length [leŋθ] ▸ *nom* longueur

lens [lenz] ▸ *nom*
1 *(de lunettes)* verre ; **a contact lens** une lentille (de contact)
2 *(d'appareil photo)* objectif

lent [lent] *voir* **lend**

less [les]
▸ *adjectif* moins de : **less time/money** moins de temps/d'argent (**than** que)
▸ *pronom* moins : **she has less than me** elle en a moins que moi ; **a bit less** un peu moins ; **less than a kilo** moins d'un kilo
▸ *adverbe* moins : **less intelligent/expensive** moins intelligent/cher (**than** que) ; **less and less** de moins en moins ; **one less** un de moins

lesson ['les(ə)n] ▸ *nom* leçon

let [let] ▸ *verbe*
1 laisser : **they won't let me go out** ils ne veulent pas me laisser sortir ; **to let somebody have something** donner quelque chose à quelqu'un ; **to let go of somebody, to let somebody go** lâcher quelqu'un ; **to let somebody in/out** laisser entrer/sortir quelqu'un
2 *(pour proposer quelque chose)* **let's stay here** restons ici ; **let's go for a walk** allons nous promener ; **let's go!** allons-y !
3 louer : **"house to let"** "maison à louer"

▸ **let down**
1 décevoir
2 faire faux bond à : **we can't go out, the babysitter's let us down** on ne peut pas sortir, la baby-sitter nous a fait faux bond

I let, I have let, I am letting

letter ['letər] ▸ *nom* lettre

letterbox ['letəbɒks] ▸ *nom* boîte aux lettres

lettuce ['letɪs] ▸ *nom* laitue

level ['lev(ə)l]
▸ *nom* niveau
▸ *adjectif*
1 plat, plate
2 horizontal, -e
3 *(dans un match)* à égalité

liar ['laɪər] ▸ *nom* menteur, -euse

library ['laɪbrərɪ] (*au pluriel* **libraries**) ▸ *nom* bibliothèque

lick [lɪk] ▸ *verbe* lécher

lid [lɪd] ▸ *nom* couvercle

lie¹ [laɪ]
▸ *nom* mensonge
▸ *verbe* mentir (**to** à) : **you're lying!** tu mens !

I lied, I have lied, I am lying

lie² [laɪ] ▸ *verbe* **to lie (down)** s'allonger (**on** sur) ; **to be lying (down)** être allongé, -e

▸ **lie around** traîner : **to leave something lying around** laisser traîner quelque chose

I lay, I have lain *(rare)*, I am lying

life [laɪf] (*au pluriel* **lives** [laɪvz]) ▸ *nom* vie ; **a life jacket** un gilet de sauvetage ; **a life preserver** *(expression américaine)* une bouée de sauvetage

lifebelt ['laɪfbelt] ▸ *nom* bouée de sauvetage

lifeboat ['laɪfbəʊt] ▸ *nom* canot de sauvetage

lift [lɪft]
▸ *nom*
1 ascenseur
2 to give somebody a lift emmener quelqu'un en voiture (**to** à)
▸ *verbe* soulever
▸ **lift up** soulever ; *(le bras)* lever

light¹ [laɪt]
▸ *nom*
1 lumière : **to switch on/off a light** allumer/éteindre une lumière ; **the (traffic) lights** *(signalisation)* les feux ; **turn left at the lights** tournez à gauche au feu ; **a light bulb** une ampoule
2 lampe
3 phare *(de voiture)*
4 feu : **to set light to** mettre le feu à ; **have you got a light?** avez-vous du feu ?
▸ *verbe* allumer

I lit, I have lit, I am lighting

light² [laɪt] ▸ *adjectif*
1 léger, -ère
2 clair, -e : **a light green jacket** une veste vert clair ; **this room is very light** cette pièce est très claire

lighter ['laɪtər] ▸ *nom* briquet

lighthouse ['laɪthaʊs] ▸ *nom* phare

lightning ['laɪtnɪŋ] ▸ *nom*
1 éclairs : **there's lightning** il y a des éclairs ; **a flash of lightning** un éclair
2 foudre : **to be struck by lightning** être frappé par la foudre

Le mot **lightning** est indénombrable.

like¹ [laɪk] ▸ *préposition* comme : **like her** comme elle ; **like that** comme ça ; **what's he like?** comment est-il ? ; **to look like somebody/something** ressembler à quelqu'un/quelque chose

like² [laɪk] ▸ *verbe*
1 aimer : **I like/I don't like chocolate** j'aime/je n'aime pas le chocolat ; **I like music** j'aime (bien) la musique ; **I like playing** *ou* **to play chess** j'aime (bien) jouer aux échecs
2 *(une personne)* bien aimer : **I like her** je l'aime bien
3 I would like je voudrais : **I'd like a kilo of apples** je voudrais un kilo de pommes ; **I'd like to leave** je voudrais partir ; **would you like an apple?** voulez-vous une pomme ? ; **if you like** si vous voulez
4 I would like j'aimerais : **I would like to go to the theatre** j'aimerais aller au théâtre ; **I would like him to come** j'aimerais qu'il vienne

likely ['laɪklɪ] ▸ *adjectif* probable : **it's likely she'll come, she's likely to come** il est probable qu'elle vienne

limb [lɪm] ▸ *nom* membre

limit ['lɪmɪt]
▸ *nom* limite
▸ *verbe* limiter (**to** à)

limp [lɪmp] ▸ *verbe* boiter

line [laɪn] ▸ *nom*
1 ligne ; *(pour souligner, raturer)* trait ; *(dans un poème)* vers : **to draw a line** tracer une ligne, tirer un trait
2 rang, file ; **to stand in line** faire la queue
3 voie *(de chemin de fer)*
▸ **line up** ▸ *verbe* se mettre en file

linen ['lɪnɪn] ▸ *nom* linge ; *(tissu)* lin

link [lɪŋk]
▸ *nom* lien (**between** entre)
▸ *verbe* relier (**to** à)

lion ['laɪən] ▸ *nom* lion

lip [lɪp] ▸ *nom* lèvre

lipstick ['lɪpstɪk] ▸ *nom* rouge à lèvres

liquid ['lɪkwɪd] ▸ *nom* liquide

list [lɪst]
▸ *nom* liste
▸ *verbe* faire la liste de

listen ['lɪs(ə)n] ▸ *verbe* écouter : **to listen to something/somebody** écouter quelque chose/quelqu'un

lit [lɪt] ▸ *adjectif* éclairé, -e : **this room is well lit** cette pièce est bien éclairée ; *voir* **light**[1] *verbe*

litre ['li:tər] (*ou* **liter** *en américain*) ▸ *nom* litre

litter ['lɪtər] ▸ *nom* détritus ; **a litter bin** une poubelle

Le mot **litter** est indénombrable.

little ['lɪt(ə)l]
▸ *adjectif*
1 petit, -ite : **a little house** une petite maison
2 peu de : **very little time** très peu de temps
3 a little un peu de : **a little money** un peu d'argent
▸ *pronom*
1 peu : **she eats very little** elle mange très peu
2 a little un peu : **do you want some water? – yes, a little** tu veux de l'eau ? – oui, un peu
▸ *adverbe*
1 un peu ; **a little tired** un peu fatigué ; **I work a little** je travaille un peu
2 little by little peu à peu

live[1] [lɪv] ▸ *verbe*
1 vivre : **he lives in poverty** il vit dans la misère
2 habiter, vivre : **she lives in London** elle habite *ou* vit à Londres

live[2] [laɪv] ▸ *adjectif* en direct : **a live broadcast** une émission en direct

lively ['laɪvlɪ] ▸ *adjectif (personne)* vivant, -ante ; *(endroit)* animé, -e

liver ['lɪvər] ▸ *nom* foie

living ['lɪvɪŋ]
▸ *adjectif* vivant, -ante
▸ *nom* vie : **to earn** *ou* **to make a living** gagner sa vie ; **he makes a good living** il gagne bien sa vie ; **a living room** un salon

lizard ['lɪzəd] ▸ *nom* lézard

load [ləʊd]
▸ *nom*
1 charge
2 loads of *ou* **a load of people/money** un tas de gens/d'argent

Attention, cette dernière expression est familière.

▸ *verbe* charger (**with** de)
▸ **load up** charger (**with** de)

loaf [ləʊf] (*au pluriel* **loaves** [ləʊvz]) ▸ *nom* **a loaf (of bread)** un pain

loan [ləʊn] ▸ *nom* emprunt : **to take out a loan** faire un emprunt ; **I asked him for a loan** je lui ai demandé de me prêter de l'argent ; **she gave me a loan** elle m'a prêté de l'argent

lobster ['lɒbstər] ▸ *nom* homard

local ['ləʊk(ə)l] ▸ *adjectif* local, -e ; *(proche)* du quartier, de quartier : **the local bakery** la boulangerie du coin *ou* du quartier

locally ['ləʊkəlɪ] ▸ *adverbe (habiter)* dans le quartier

lock [lɒk]
▸ *nom* serrure
▸ *verbe* fermer à clé
▸ **lock in : to lock somebody in** enfermer quelqu'un
▸ **lock out : to lock somebody out** enfermer quelqu'un dehors
▸ **lock up** fermer à clé

locker room ['lɒkəru:m] ▸ *nom (expression américaine)* vestiaire

loft [lɒft] ▸ *nom* grenier

log [lɒg] ▸ *nom* bûche

logical ['lɒdʒɪk(ə)l] ▸ *adjectif* logique

lollipop ['lɒlɪpɒp] ▸ *nom* sucette

lolly ['lɒlɪ] (*au pluriel* **lollies**) ▸ *nom* sucette ; **an ice lolly** une glace à l'eau

London ['lʌndən] ▸ *nom* Londres

lonely ['ləʊnlɪ] ▸ *adjectif (personne)* seul, -e ; *(vie)* solitaire ; *(endroit)* isolé, -e

long¹ [lɒŋ] ▸ *adjectif* long, longue : **this wall is five metres long** ce mur fait cinq mètres de long ; **I waited a long time** j'ai attendu longtemps ; **I've been waiting a long time** j'attends depuis longtemps ; **how long has she been here?** depuis combien de temps est-elle ici ? ; **the film is three hours long** le film dure trois heures

▸ *adverbe*

1 longtemps : **she won't stay long** elle ne restera pas longtemps ; **I won't be long** je n'en ai pas pour longtemps ; **don't be long!** dépêche-toi !

2 as long as... *(dans le temps)* aussi longtemps que..., tant que... ; *(si)* à condition que... : **I will stay as long as you need me** je resterai aussi longtemps *ou* tant que tu auras besoin de moi ; **you can go out as long as you're back before midnight** tu peux sortir à condition de rentrer avant minuit

long² [lɒŋ] ▸ *verbe* **to long to do something** avoir très envie de faire quelque chose

longer [lɒŋgər] ▸ *adverbe* **no longer** ne... plus : **she no longer swims** elle ne nage plus

loo [luː] ▸ *nom* toilettes : **where is the loo?** où sont les toilettes ?

Attention, ce mot est familier.

look [lʊk]

▸ *nom*

1 to have *ou* **to take a look** jeter un coup d'œil (**at** à) ; **let me have a look** fais voir ; **to have a look for something** chercher quelque chose

2 *(apparence, expression)* air

▸ *verbe*

1 regarder : **look!** regarde !

2 avoir l'air : **she looks tired** elle a l'air fatiguée ; **it looks dangerous** ça a l'air dangereux ; **you look as if you've drunk too much** tu as l'air d'avoir trop bu ; **she looks like her mother** elle ressemble à sa mère

▸ **look after**

1 s'occuper de ; *(un malade)* soigner

2 garder : **can you look after my bag for me?** est-ce que tu peux (me) garder mon sac ?

▸ **look around**

1 regarder autour de soi

2 visiter, faire un tour dans

3 *(dans un magasin)* jeter un coup d'œil

▸ **look at** regarder

▸ **look down** baisser les yeux

▸ **look for** chercher

▸ **look forward to** attendre avec impatience

▸ **look on to** *(fenêtre)* donner sur

▸ **look out** faire attention (**for** à) ; **look out!** attention !

▸ **look over** examiner ; *(rapidement)* parcourir

▸ **look round**

1 se retourner

2 = **look around**

▸ **look up**

1 lever les yeux

2 to look up a word in a dictionary chercher un mot dans un dictionnaire

loose [luːs] ▸ *adjectif (nœud, ceinture)* desserré, -e ; *(dent)* qui bouge ; *(page)* détaché, -e ; *(vêtements)* ample

loosen ['luːs(ə)n] ▸ *verbe* desserrer

lord [lɔːd] ▸ *nom* seigneur

lorry ['lɒrɪ] (*au pluriel* **lorries**) ▸ *nom* camion

lose [luːz] ▸ *verbe* perdre : **to get lost** *(personne)* se perdre

I lost, I have lost, I am losing

loss [lɒs] ▸ *nom* perte

lost [lɒst] ▸ *adjectif* perdu, -e ; *voir* **lose**

lot [lɒt] ▸ *nom*

1 a lot of, lots of beaucoup de : **a lot of** *ou* **lots of people/money** beaucoup de gens/d'argent ; **quite a lot of** pas mal de ; **quite a lot of books** pas mal de livres

2 a lot beaucoup : **I read a lot** je lis beaucoup ; **I have a lot to do** j'ai beaucoup de choses à faire ; **the lot** le tout

lottery ['lɒtərɪ] (*au pluriel* **lotteries**)
▸ *nom* loterie

loud [laʊd] ▸ *adjectif* fort, forte : **the music's too loud** la musique est trop forte

lousy ['laʊzɪ] ▸ *adjectif* *(repas, temps)* infect, -e ; *(film, vacances)* nul, nulle

Attention, ce mot est familier.

love [lʌv]
▸ *nom* amour ; **he's in love with her** il est amoureux d'elle ; **they're in love** ils s'aiment
▸ *verbe*
1 aimer : **he loves her** il l'aime ; **she loves her parents** elle aime ses parents
2 beaucoup aimer, adorer : **I love playing football** j'adore jouer au foot

lovely ['lʌvlɪ] ▸ *adjectif*
1 *(maison, temps)* beau, belle
2 *(vacances, gâteau)* excellent, -ente
3 *(personne)* charmant, -ante : **her mum's a lovely woman** sa mère est une femme charmante

low [ləʊ]
▸ *adjectif* bas, basse ; *(vitesse, revenu)* faible
▸ *adverbe* bas : **to fly low** voler bas ; **put it lower (down)** mettez-le plus bas

low-fat ['ləʊ'fæt] ▸ *adjectif* allégé, -e

luck [lʌk] ▸ *nom* chance : **good luck!** bonne chance ! ; **it brings me luck** ça me porte bonheur

lucky ['lʌkɪ] ▸ *adjectif* **to be lucky** avoir de la chance : **you're lucky to be alive** tu as de la chance d'être en vie ; **it's lucky I was there** heureusement que j'étais là

luggage ['lʌgɪdʒ] ▸ *nom* bagages

Le mot **luggage** est indénombrable.

lump [lʌmp] ▸ *nom*
1 morceau
2 bosse

lunch [lʌntʃ] ▸ *nom* déjeuner : **what's for lunch?** qu'est-ce qu'il y a pour le déjeuner ? ; **to have lunch** déjeuner

lunchbox ['lʌntʃbɒks] ▸ *nom* boîte à sandwichs

lung [lʌŋ] ▸ *nom* poumon

luxury ['lʌkʃərɪ] ▸ *nom* luxe

lying ['laɪɪŋ] *voir* **lie**[1 & 2]

Mm

mac [mæk] ▸ *nom* imperméable, imper

machine [mə'ʃiːn] ▸ *nom* machine

mad [mæd] ▸ *adjectif*
1 fou, folle : **to drive somebody mad** rendre quelqu'un fou
2 furieux, -euse (**at** contre)
3 to be mad about tennis/music adorer le tennis/la musique

Attention, ce dernier sens est familier.

madam ['mædəm] ▸ *nom* madame

made [meɪd] *voir* **make**

madman ['mædmən] (*au pluriel* **madmen** [-men]) ▸ *nom* fou

madness ['mædnɪs] ▸ *nom* folie : **this is madness!** c'est de la folie !

magazine [mægə'ziːn] ▸ *nom* magazine, revue

magic ['mædʒɪk]
▸ *nom* magie : **as if by magic** comme par magie
▸ *adjectif* magique : **a magic wand** une baguette magique ; **a magic trick** un tour de magie

magician [mə'dʒɪʃən] ▸ *nom* magicien, -ienne

magnet ['mægnɪt] ▸ *nom* aimant

magnifying glass ['mægnɪfaɪɪŋglɑːs] ▸ *nom* loupe

maid [meɪd] ▸ *nom* domestique, bonne ; *(dans un hôtel)* femme de chambre

mail [meɪl]
▸ *nom*
1 courrier
2 poste : **by mail** par la poste
▸ *verbe* poster

mailbox ['meɪlbɒks] ▸ *nom* boîte aux lettres

mailman ['meɪlmæn] (*au pluriel* **mailmen** [-men]) ▸ *nom (mot américain)* facteur

main [meɪn] ▸ *adjectif* principal, -e : **the main course** le plat principal ; **that's the main thing** c'est l'essentiel ; **a main road** une route à grande circulation

mainly ['meɪnlɪ] ▸ *adverbe* surtout

maize [meɪz] ▸ *nom* maïs

majority [mə'dʒɒrɪtɪ] ▸ *nom* majorité (**of** de)

make [meɪk]
▸ *nom* marque *(commerciale)*
▸ *verbe*
1 faire : **to make the bed** faire le lit ; **to make friends** se faire des amis ; **six and four make ten** six et quatre font dix ; **to make somebody do something** faire faire quelque chose à quelqu'un ; **to make somebody laugh/wait** faire rire/attendre quelqu'un ; **they made her jump** ils l'ont obligée à sauter ; **it's made of wood** c'est en bois
2 fabriquer
3 to make a meal préparer un repas
4 to make money gagner de l'argent
5 rendre : **to make somebody happy/ill** rendre quelqu'un heureux/malade ; **to make oneself useful** se rendre utile

▸ **make out**
1 distinguer : **I could barely make**

out the house in the fog je distinguais à peine la maison dans le brouillard

2 comprendre : **I can't make her out at all** je ne la comprends pas du tout

3 to make out a cheque/list faire un chèque/une liste

▸ **make up**

1 inventer ; *(un poème)* écrire

2 former, constituer ; **to be made up of** se composer de

3 to make up *(amis, couple)* se réconcilier

I made, I have made, I am making

make-up ['meɪkʌp] ▸ *nom* maquillage ; **to put on one's make-up** se maquiller

male [meɪl]

▸ *adjectif*

1 mâle : **a male elephant** un éléphant mâle

2 *(équipe, mode)* masculin, -ine ; **a male student** un étudiant

▸ *nom* mâle

mall [mɔːl] ▸ *nom* **a (shopping) mall** un centre commercial

Malta ['mɔːltə] ▸ *nom* Malte

man [mæn] (*au pluriel* **men** [men]) ▸ *nom* homme : **men's clothes** des vêtements pour hommes

manage ['mænɪdʒ] ▸ *verbe*

1 y arriver : **I'll manage!** j'y arriverai ! ; **to manage to do something** réussir à *ou* arriver à faire quelque chose ; **he managed to get a pay rise** il a réussi à avoir une augmentation

2 se débrouiller : **I can manage on my own** je peux me débrouiller tout seul

3 diriger, être à la tête de

manager ['mænɪdʒər] ▸ *nom* directeur, -trice ; *(d'un magasin, d'un café)* gérant, -ante

maniac ['meɪnɪæk] ▸ *nom* fou, folle

manner ['mænər] ▸ *nom* manière, façon : **the manner in which he said it** la manière *ou* la façon dont il l'a dit

▪ **manners** ▸ *nom pluriel (comportement)* manières : **good manners** les bonnes manières ; **it's bad manners to do that** c'est mal élevé de faire cela

many ['menɪ]

▸ *adjectif*

1 beaucoup de : **I don't have (very) many books** je n'ai pas beaucoup de livres ; **many times** bien des fois ; **a good many people** un grand nombre de gens

2 as many... as autant de... que : **she has as many books as me** elle a autant de livres que moi

▸ *pronom* beaucoup : **I don't have (very) many** je n'en ai pas beaucoup

map [mæp] ▸ *nom* carte ; *(d'une ville)* plan

marble ['mɑːb(ə)l] ▸ *nom* marbre ; *(jouet)* bille

March [mɑːtʃ] ▸ *nom* mars

march [mɑːtʃ] ▸ *verbe* défiler

mare [meər] ▸ *nom* jument

mark [mɑːk]

▸ *nom*

1 tache

2 trace, marque : **the cup left a mark on the table** la tasse a laissé une trace *ou* une marque sur la table

3 *(à l'école)* note

▸ *verbe*

1 tacher

2 marquer

3 *(un examen)* corriger ; *(un étudiant)* noter

market ['mɑːkɪt] ▸ *nom* marché

marmalade ['mɑːməleɪd] ▸ *nom* confiture d'oranges

marriage ['mærɪdʒ] ▸ *nom* mariage

married ['mærɪd] ▸ *adjectif* marié, -e : **she's married** elle est mariée ; **to get married** se marier (**to** avec)

marry ['mærɪ] ▸ *verbe* épouser

mashed potatoes [mæʃtpə'teɪtəʊz] ▸ *nom* purée (de pommes de terre)

mask [mɑːsk] ▸ *nom* masque

mass [mæs] ▸ *nom*
1 a mass of une foule de, un tas de ; **masses of** plein de
2 messe

massive ['mæsɪv] ▸ *adjectif* énorme

mast [mɑːst] ▸ *nom* mât

master ['mɑːstər] ▸ *nom* maître

mat [mæt] ▸ *nom*
1 petit tapis ; *(devant la porte)* paillasson
2 a (table) mat un set de table

match [mætʃ]
▸ *nom*
1 allumette : **a box of matches** une boîte d'allumettes
2 match : **a boxing match** un match de boxe
▸ *verbe* aller bien ensemble, être assortis, -ies ; **her handbag matches her shoes** son sac est assorti à ses chaussures

matchbox ['mætʃbɒks] ▸ *nom* boîte d'allumettes

matching ['mætʃɪŋ] ▸ *adjectif* assorti, -e

material [mə'tɪərɪəl] ▸ *nom*
1 matière : **raw materials** les matières premières
2 tissu

math [mæθ] *(mot américain)* = **maths**

mathematics [mæθ(ə)'mætɪks] ▸ *nom* mathématiques

maths [mæθs] ▸ *nom* maths

matter ['mætər]
▸ *nom*
1 affaire, question : **it's a matter of taste** c'est une question de goût
2 what's the matter? qu'est-ce qu'il y a ? ; **what's the matter with you?** qu'est-ce que tu as ? ; **there's something the matter** il y a quelque chose qui ne va pas ; **there's something the matter with my arm** j'ai quelque chose au bras
▸ *verbe* être important, -ante ; **it doesn't matter if/when/who...** peu importe si/quand/qui... ; **it doesn't matter** ça n'a pas d'importance, ça ne fait rien

mattress ['mætrɪs] ▸ *nom* matelas

May [meɪ] ▸ *nom* mai

may [meɪ] ▸ *auxiliaire modal*
1 *(possibilité)* pouvoir : **she may come at any moment** elle peut arriver d'un moment à l'autre ; **she may be ill** elle est peut-être malade ; **we may as well leave** on ferait aussi bien de partir
2 *(permission)* pouvoir : **may I come in?** est-ce que je peux entrer ? ; **you may come in** vous pouvez entrer ; **may I?** vous permettez ?

maybe ['meɪbiː] ▸ *adverbe* peut-être : **maybe he's tired** peut-être qu'il est fatigué, il est peut-être fatigué ; **maybe not** peut-être que non, peut-être pas

me [mɪ, *accentué* miː] ▸ *pronom*
1 me : **he knows me** il me connaît ; **he saw me** il m'a vu
2 moi : **with me** avec moi ; **you're taller than me** tu es plus grand que moi ; **it's me** c'est moi ; **help me** aidez-moi ; **give me the ball, give the ball to me** donnez-moi le ballon ; **she'll give it to me** elle me le donnera

meadow ['medəʊ] ▸ *nom* pré

meal [miːl] ▸ *nom* repas : **to have a meal** prendre un repas ; **to make** *ou* **to cook a meal** préparer un repas

mean¹ [miːn] ▸ *verbe*
1 vouloir dire : **what does that mean?** qu'est-ce que ça veut dire ? ; **what do you mean by that?** que voulez-vous dire par là ?
2 to mean to do something avoir

l'intention de faire *ou* vouloir faire quelque chose ; **I meant to tell her but I forgot** je voulais le lui dire mais j'ai oublié ; **I mean it!** je suis sérieux ! ; **I didn't mean to!** je ne l'ai pas fait exprès ! ; **these flowers are meant for you** ces fleurs sont pour vous ; **you're meant to be standing** tu es censé rester debout

I meant, I have meant

mean² [miːn] ▸ *adjectif*
1 avare
2 méchant, -ante (**to** avec)

meaning ['miːnɪŋ] ▸ *nom* sens

means [miːnz] ▸ *nom* moyen (**to do, of doing** de faire, pour faire) : **a means of transport** un moyen de transport ; **by means of** au moyen de

meant [ment] *voir* **mean¹**

meanwhile ['miːnwaɪl] ▸ *adverbe*
1 en attendant : **dinner will be ready soon, meanwhile you can lay the table** le dîner sera bientôt prêt, en attendant tu peux mettre la table
2 pendant ce temps : **meanwhile I was stuck in the lift** pendant ce temps j'étais coincé dans l'ascenseur

measles ['miːz(ə)lz] ▸ *nom* rougeole

measure ['meʒər] ▸ *verbe* mesurer

measurement ['meʒəmənt] ▸ *nom* *(d'une pièce, d'un meuble)* dimension ; **chest/waist measurement** tour de poitrine/de taille

meat [miːt] ▸ *nom* viande

mechanic [mɪ'kænɪk] ▸ *nom* mécanicien, -ienne

mechanism ['mekənɪz(ə)m] ▸ *nom* mécanisme

medal ['med(ə)l] ▸ *nom* médaille

medical ['medɪk(ə)l] ▸ *adjectif* médical, -e ; *(étudiant)* en médecine ; *(études)* de médecine

medicine ['medɪsɪn] ▸ *nom*
1 médicament
2 médecine : **she's studying medicine** elle fait des études de médecine

Mediterranean [medɪtə'reɪnɪən]
▸ *adjectif* méditerranéen, -enne
▸ *noun* **the Mediterranean** la Méditerranée

medium ['miːdɪəm] ▸ *adjectif* moyen, -enne : **a medium-sized town** une ville (de taille) moyenne

meet [miːt] ▸ *verbe*
1 rencontrer : **I met her at a party** je l'ai rencontrée à une soirée ; **guess who I met in the street?** devine qui j'ai rencontré dans la rue ?
2 se rencontrer : **we met in 2002** nous nous sommes rencontrés en 2002
3 retrouver : **I'm meeting him tonight at nine** je le retrouve ce soir à neuf heures ; **I can't, I'm meeting a friend** je ne peux pas, j'ai rendez-vous avec un ami
4 se retrouver : **shall we meet outside the cinema?** on se retrouve devant le cinéma ?
5 aller chercher : **I told her that I'd meet her at the station** je lui ai dit que j'irais la chercher à la gare
6 venir chercher : **can you meet me at the airport?** tu peux venir me chercher à l'aéroport ?

I met, I have met, I am meeting

meeting ['miːtɪŋ] ▸ *nom*
1 réunion
2 rencontre : **ten years after their first meeting** dix ans après leur première rencontre

melt [melt] ▸ *verbe* fondre : **my ice cream is melting** ma glace est en train de fondre

member ['membər] ▸ *nom* membre

memory ['meməri] (*au pluriel* **memories**) ▸ *nom*
1 mémoire : **to have a good memory** avoir (une) bonne mémoire
2 souvenir : **I have pleasant mem-**

ories of... j'ai gardé un bon souvenir de...

men [men] *voir* **man**

mend [mend] ▸ *verbe* réparer ; *(un vêtement)* raccommoder

mention ['menʃən] ▸ *verbe* parler de, mentionner : **she never mentions her past** elle ne parle jamais de son passé ; **he mentioned her name in his speech** il a mentionné son nom dans son discours ; **to mention that...** dire que...

menu ['menjuː] ▸ *nom* menu : **on the menu** au menu ; **the dessert menu** la carte des desserts

merry ['merɪ] ▸ *adjectif* joyeux, -euse : **Merry Christmas!** joyeux Noël !

mess [mes] ▸ *nom*

1 désordre, pagaille : **to be in a mess** être en désordre ; **to make a mess** mettre le désordre *ou* la pagaille

2 saleté, saletés : **you've made a real mess of the clean tablecloth** tu as fait plein de saletés sur la nappe qui était propre

▸ **mess about** (*ou* **mess around**)

1 faire l'imbécile : **stop messing about and listen to me!** arrête de faire l'imbécile et écoute-moi !

2 s'amuser : **the children are messing about in their room** les enfants s'amusent dans leur chambre ; **to mess about with something** s'amuser avec quelque chose

message ['mesɪdʒ] ▸ *nom* message

messy ['mesɪ] ▸ *adjectif*

1 en désordre

2 sale ; **don't get all messy** ne te salis pas

3 *(travail)* salissant, -ante

met [met] *voir* **meet**

metal ['met(ə)l] ▸ *nom* métal : **a metal chair** une chaise en métal

meter ['miːtər] ▸ *nom*

1 compteur : **to read the meter** relever le compteur

2 **a (parking) meter** un parcmètre

3 *(en américain)* = **metre**

method ['meθəd] ▸ *nom* méthode

metre ['miːtər] ▸ *nom* mètre

Mexican ['meksɪkən]

▸ *adjectif* mexicain, -aine

▸ *nom* Mexicain, -aine

Mexico ['meksɪkəʊ] ▸ *nom* le Mexique ; **Mexico City** Mexico

mice [maɪs] *voir* **mouse**

microchip ['maɪkrəʊtʃɪp] ▸ *nom* puce

microphone ['maɪkrəfəʊn] ▸ *nom* micro

microwave ['maɪkrəʊweɪv] ▸ *nom* micro-ondes : **in the microwave** au micro-ondes ; **a microwave oven** un four à micro-ondes

midday ['mɪd'deɪ] ▸ *nom* midi

middle ['mɪd(ə)l] ▸ *nom* milieu : **in the middle of...** au milieu de... ; **the middle shelf** l'étagère du milieu

midnight ['mɪdnaɪt] ▸ *nom* minuit

might [maɪt] ▸ *auxiliaire modal (possibilité)* pouvoir : **she might come at any moment** elle pourrait arriver d'un moment à l'autre ; **she might be ill** elle est peut-être malade ; **we might as well leave** on ferait aussi bien de partir

mild [maɪld] ▸ *adjectif* doux, douce : **it's mild today** il fait doux aujourd'hui

mile [maɪl] ▸ *nom* mile *(environ 1,6 km)* ; **to walk for miles** marcher pendant des kilomètres

milk [mɪlk] ▸ *nom* lait

milkman ['mɪlkmən] (*au pluriel* **milkmen** [-men]) ▸ *nom* laitier *(qui livre le lait à domicile)*

mill [mɪl] ▸ *nom* moulin

millimetre ['mɪlɪmiːtər] (*ou* **millimeter** *en américain*) ▸ *nom* millimètre

million ['mɪljən] ▸ *nom* **a million** un million : **a million people** un million de personnes ; **two million** deux millions

millionaire [mɪljə'neər] ▸ *nom* millionnaire

mind [maɪnd]
▸ *nom*
1 esprit : **to have a quick mind** avoir l'esprit vif
2 **to change one's mind** changer d'avis ; **to make up one's mind** se décider ; **I have something on my mind** il y a quelque chose qui me préoccupe
▸ *verbe*
1 s'occuper de, garder
2 **do you mind if I smoke?** ça vous gêne si je fume ? ; **do you mind if I go home?** ça ne vous fait rien si je rentre chez moi ? ; **I wouldn't mind a cup of tea** je prendrais bien une tasse de thé ; **I don't mind!** ça m'est égal ! ; **never mind, I'll find another one!** ça ne fait rien, j'en trouverai un autre ! ; **never mind, you'll pass next time!** ne t'en fais pas, tu réussiras la prochaine fois !
3 **mind the step/the car!** attention à la marche/à la voiture !

mine[1] [maɪn] ▸ *pronom*
1 le mien, la mienne, les miens, les miennes : **her aunt and mine** sa tante et la mienne
2 à moi : **this hat is mine** ce chapeau est à moi

mine[2] [maɪn] ▸ *nom* mine : **a coal/gold mine** une mine de charbon/d'or

minister ['mɪnɪstər] ▸ *nom*
1 ministre
2 pasteur

mint [mɪnt] ▸ *nom* menthe

minus ['maɪnəs] ▸ *préposition* moins : **it's minus five (degrees)** il fait moins cinq ; **ten minus four equals six** dix moins quatre égale six

minute ['mɪnɪt] ▸ *nom* minute : **just a minute!** une minute ! ; **he won't be a minute** il sera là dans un instant

mirror ['mɪrər] ▸ *nom* glace, miroir ; *(de voiture)* rétroviseur

mischief ['mɪstʃɪf] ▸ *nom* bêtises : **that child's getting into mischief** *ou* **is up to mischief** cet enfant fait des bêtises

mischievous ['mɪstʃɪvəs] ▸ *adjectif*
1 malicieux, -euse, coquin, -ine
2 vilain, -aine

miserable ['mɪz(ə)rəb(ə)l] ▸ *adjectif* malheureux, -euse : **you look really miserable** tu as l'air vraiment malheureux

miss[1] [mɪs] ▸ *verbe*
1 rater, manquer
2 **I miss her** elle me manque ; **they miss their friends** leurs amis leur manquent
▸ **miss out** sauter, oublier : **they missed out my first name** on a oublié mon prénom

miss[2] [mɪs] ▸ *nom* Mlle, mademoiselle : **Miss Adams** Mlle *ou* Mademoiselle Adams

missing ['mɪsɪŋ] ▸ *adjectif*
1 **to be missing** avoir disparu : **my pen is missing** mon stylo a disparu ; **to go missing** disparaître
2 manquant, -ante, qui manque : **the missing pages** les pages manquantes *ou* qui manquent ; **there are some pages missing** il manque quelques pages

mist [mɪst] ▸ *nom* brume

mistake [mɪs'teɪk]
▸ *nom*
1 faute : **a spelling mistake** une faute d'orthographe
2 erreur : **by mistake** par erreur ; **to make a mistake** faire une erreur, se tromper ; **I made a mistake about the date** je me suis trompé de date
▸ *verbe* **to mistake somebody/something for...** prendre quelqu'un/quelque chose pour... ; **I mistook him for his brother** je l'ai pris pour son frère ; **to be mistaken** se tromper

- I mistook, I have mistaken, I am mistaking

mistress ['mɪstrɪs] ▸ *nom* maîtresse

misty ['mɪstɪ] ▸ *adjectif* brumeux, -euse

mix [mɪks] ▸ *verbe*
1 mélanger
2 to mix with somebody fréquenter quelqu'un : **I don't like the people he mixes with** je n'aime pas les gens qu'il fréquente

▸ **mix up**
1 mettre le désordre dans, mélanger
2 confondre (**with** avec) : **I always mix her up with her sister** je la confonds toujours avec sa sœur ; **I'm getting mixed up** je ne sais plus où j'en suis, je ne m'y retrouve plus

mixture ['mɪkstʃər] ▸ *nom* mélange

moan [məʊn] ▸ *verbe*
1 gémir
2 râler : **he's always moaning** il n'arrête pas de râler

Attention, ce dernier sens est familier.

mobile ['məʊbaɪl]
▸ *adjectif* **a mobile phone** un téléphone portable
▸ *nom* (téléphone) portable

model ['mɒd(ə)l] ▸ *nom*
1 modèle : **the latest model** le dernier modèle
2 modèle réduit, maquette : **a model plane** une maquette d'avion
3 mannequin : **she's a model** elle est mannequin

modern ['mɒdən] ▸ *adjectif* moderne

mold *(mot américain)* = **mould**

mom [mɒm] *(mot américain)* = **mum**

moment ['məʊmənt] ▸ *nom*
1 moment : **at the moment** en ce moment ; **at that moment** à ce moment-là ; **the moment she leaves** dès qu'elle partira
2 instant : **just a moment!** un instant ! ; **for the moment** pour l'instant, pour le moment ; **in a moment** dans un instant ; **she won't be a moment** elle sera là dans un instant

Monday ['mʌndɪ] ▸ *nom* lundi : **I came on Monday** je suis venu lundi ; **they work on Mondays** ils travaillent le lundi ; **every Monday** tous les lundis

money ['mʌnɪ] ▸ *nom* argent : **to earn (some) money** gagner de l'argent

monk [mʌŋk] ▸ *nom* moine

monkey ['mʌŋkɪ] ▸ *nom* singe

monster ['mɒnstər] ▸ *nom* monstre

month [mʌnθ] ▸ *nom* mois

monthly ['mʌnθlɪ] ▸ *adjectif* mensuel, -elle

mood [muːd] ▸ *nom* humeur : **to be in a good/bad mood** être de bonne/mauvaise humeur

moon [muːn] ▸ *nom* lune

moonlight ['muːnlaɪt] ▸ *nom* clair de lune

mop [mɒp]
▸ *nom*
1 balai à franges
2 balai-éponge
▸ *verbe* essuyer, éponger ; **to mop the floor** laver par terre

▸ **mop up** essuyer, éponger

moped ['məʊped] ▸ *nom* vélomoteur, mobylette®

more [mɔːr]
▸ *adjectif*
1 plus de : **more time/books** plus de temps/de livres (**than** que) ; **he has more CDs than me** il a plus de CD que moi
2 encore : **a few more weeks** encore quelques semaines
3 encore de : **some more sugar** encore du sucre ; **more carrots?** encore des carottes ?
4 no more, not... any more ne...

plus : **I have no more money, I don't have any more money** je n'ai plus d'argent

5 more and more... de plus en plus de... : **more and more people work from home** il y a de plus en plus de gens qui travaillent chez eux

► *pronom*

1 plus : **she has more than him** elle en a plus que lui ; **a bit more** un peu plus ; **much more, many more** beaucoup plus

2 more than *(nombre, quantité)* plus de : **more than a kilo** plus d'un kilo ; **more than seven** plus de sept

3 encore : **do you want any more** *ou* **some more?** tu en veux encore ?

► *adverbe*

1 plus : **I read more than you** je lis plus que toi ; **more tired** plus fatigué ; **more quickly** plus vite ; **more or less** plus ou moins ; **more and more** de plus en plus

2 de plus : **take one more** prenez-en un de plus ; **five hours more** cinq heures de plus

3 not... any more ne... plus : **he isn't young any more** il n'est plus jeune

morning ['mɔːnɪŋ] ► *nom*

1 matin : **I'd prefer to see them in the morning** j'aimerais mieux les voir le matin ; **see you in the morning!** à demain matin ! ; **she rides her bike in the mornings** elle fait du vélo le matin ; **at six in the morning** à six heures du matin

2 matinée : **all morning** toute la matinée

Moslem ['mɒzləm] = **Muslim**

mosque [mɒsk] ► *nom* mosquée

mosquito [məs'kiːtəʊ] (*au pluriel* **mosquitoes**) ► *nom* moustique

moss [mɒs] ► *nom* mousse

most [məʊst]

► *adjectif*

1 la plupart des : **most people/houses** la plupart des gens/des maisons

2 the most le plus de : **I have the most books** c'est moi qui ai le plus de livres

► *pronom*

1 la plus grande partie : **most of the cake/day** la plus grande partie du gâteau/de la journée

2 la plupart : **most of the people/houses** la plupart des gens/des maisons ; **most of the time** la plupart du temps ; **most of them** la plupart d'entre eux

3 the most le plus : **I have the most** c'est moi qui en ai le plus

► *adverbe*

1 le plus : **I like this one (the) most** c'est celui-ci que j'aime le plus ; **the most intelligent/expensive** le plus intelligent/cher ; **most of all** surtout

2 at most tout au plus

moth [mɒθ] ► *nom* papillon de nuit ; *(dans les vêtements)* mite

mother ['mʌðər] ► *nom* mère : **Mother's Day** la fête des Mères

mother-in-law ['mʌðərɪnlɔː] (*au pluriel* **mothers-in-law**) ► *nom* belle-mère

motor ['məʊtər] ► *nom* moteur

motorbike ['məʊtəbaɪk] ► *nom* moto

motorist ['məʊtərɪst] ► *nom* automobiliste

motorway ['məʊtəweɪ] ► *nom* autoroute

mountain ['maʊntɪn] ► *nom* montagne

mouse [maʊz] (*au pluriel* **mice** [maɪs]) ► *nom* souris

moustache [məs'tɑːʃ] ► *nom* moustache

mouth [maʊθ] ► *nom* bouche ; *(d'un animal)* gueule

move [muːv]

► *nom*

1 *(dans un jeu)* tour : **it's my move** c'est mon tour
2 to get a move on se dépêcher
▸ *verbe*
1 bouger : **don't move!** ne bougez pas ! ; **to move one's finger/head** bouger *ou* remuer le doigt/la tête ; **move a bit!** avance un peu !
2 déplacer ; *(un malade)* transporter ; *(un employé)* muter
3 changer de place
4 to move (house) déménager
▸ **move about** (*ou* **move around**) se déplacer
▸ **move back** reculer
▸ **move forward** avancer
▸ **move in** emménager
▸ **move out** déménager
▸ **move over** se pousser

movement ['muːvmənt] ▸ *nom* mouvement ; *(avec les mains)* geste

movie ['muːvɪ] ▸ *nom* film (**about** sur)

moving ['muːvɪŋ] ▸ *adjectif*
1 émouvant, -ante
2 *(voiture, train)* en marche

mow [məʊ] ▸ *verbe* **to mow the lawn** tondre la pelouse

I mowed, I have mown *ou* mowed, I am mowing

mown [məʊn] *voir* **mow**

Mr ['mɪstər] ▸ *nom* M., monsieur : **Mr Brown** M. *ou* Monsieur Brown

Mrs ['mɪsɪz] ▸ *nom* Mme, Madame : **Mrs Brown** Mme *ou* Madame Brown

Ms [mɪz] ▸ *nom* Mme, Madame : **Ms Brown** Mme *ou* Madame Brown

much [mʌtʃ]
▸ *adjectif*
1 beaucoup de : **I don't have (very) much time** je n'ai pas beaucoup de temps
2 as much... as autant de... que : **I have as much bread as you** j'ai autant de pain que vous ; **twice as much bread** deux fois plus de pain
▸ *pronom*
1 beaucoup : **I don't have (very) much** je n'en ai pas beaucoup ; **I have much more than him** j'en ai beaucoup plus que lui
2 not (very) much pas grand-chose : **she doesn't say (very) much** elle ne dit pas grand-chose ; **there isn't much to do** il n'y a pas grand-chose à faire
▸ *adverbe* beaucoup : **I like music very much** j'aime beaucoup la musique ; **I don't like tennis (very) much** je n'aime pas beaucoup le tennis ; **much bigger** beaucoup plus grand ; **much more tired** beaucoup plus fatigué ; **much better** beaucoup mieux

mud [mʌd] ▸ *nom* boue

muddy ['mʌdɪ] ▸ *adjectif* boueux, -euse ; *(mains, chaussures)* couvert, -erte de boue

mug¹ [mʌg] ▸ *nom* grande tasse

mug² [mʌg] ▸ *verbe* agresser, attaquer *(dans la rue)*

multiply ['mʌltɪplaɪ] ▸ *verbe* multiplier

mum [mʌm] (*ou* **mummy** ['mʌmɪ])
▸ *nom*
1 maman : **where's mum?** où est maman ?
2 mère : **my mum's a doctor** ma mère est médecin

Attention, **mummy** est surtout employé par les enfants.

mumps [mʌmps] ▸ *nom* oreillons

murder ['mɜːdər]
▸ *nom* meurtre
▸ *verbe* assassiner

murderer ['mɜːdərər] ▸ *nom* meurtrier, -ière

muscle ['mʌs(ə)l] ▸ *nom* muscle

museum [mjuː'zɪəm] ▸ *nom* musée

mushroom ['mʌʃrʊm] ▸ *nom* champignon

music ['mju:zɪk] ▸ *nom* musique

musical ['mju:zɪk(ə)l] ▸ *adjectif* **a musical instrument** un instrument de musique ; **she's very musical** elle est très musicienne

musician [mju:'zɪʃən] ▸ *nom* musicien, -ienne

Muslim ['mʌzlɪm] ▸ *nom & adjectif* musulman, -ane

must [mʌst] ▸ *auxiliaire modal*
1 *(nécessité, obligation)* devoir : **you must obey** tu dois obéir, il faut que tu obéisses ; **I must refuse** je dois refuser ; **you mustn't touch!** il ne faut pas toucher !
2 *(probabilité)* devoir : **she must be delighted** elle doit être ravie ; **I must have seen it** j'ai dû le voir
3 *(suggestion)* **we must go out for a drink one day** il faut que nous allions boire un verre un de ces jours

mustache *(mot américain)* = **moustache**

mustard ['mʌstəd] ▸ *nom* moutarde

mutton ['mʌt(ə)n] ▸ *nom* mouton

my [maɪ] ▸ *adjectif*
1 mon, ma, mes : **my father** mon père ; **my plate** mon assiette ; **my car** ma voiture ; **my books** mes livres
2 *(avec les parties du corps)* **I'm washing my hands** je me lave les mains

myself [maɪ'self] ▸ *pronom*
1 moi-même : **I did it myself** je l'ai fait moi-même
2 me : **I cut myself** je me suis coupé
3 moi : **I'm not just thinking of myself** je ne pense pas qu'à moi

mysterious [mɪs'tɪərɪəs] ▸ *adjectif* mystérieux, -euse

mystery ['mɪstərɪ] (*au pluriel* **mysteries**) ▸ *nom* mystère

Nn

nail [neɪl]
▸ *nom*
1 ongle : **nail polish** *ou* **varnish** du vernis à ongles
2 clou
▸ *verbe* clouer : **he nailed the lid down** il a cloué le couvercle

naked ['neɪkɪd] ▸ *adjectif* nu, -e

name [neɪm]
▸ *nom* nom : **last name** nom de famille ; **first name** prénom ; **what's your name?** quel est votre nom ?, comment vous appelez-vous ? ; **my name is...** je m'appelle...
▸ *verbe*
1 appeler, nommer : **they named her Jemma** ils l'ont appelée Jemma
2 citer le nom de : **name a famous actor** cite-moi le nom d'un acteur célèbre

nap [næp] ▸ *nom* somme : **to take** *ou* **to have a nap** faire un petit somme

napkin ['næpkɪn] ▸ *nom* serviette (de table)

nappy ['næpɪ] (*au pluriel* **nappies**) ▸ *nom* couche *(de bébé)*

narrow ['nærəʊ] ▸ *adjectif* étroit, -oite

nasty ['nɑːstɪ] ▸ *adjectif*
1 mauvais, -aise : **a nasty smell** une mauvaise odeur
2 méchant, -ante (**to** avec)

nation ['neɪʃən] ▸ *nom* nation

national ['næʃən(ə)l] ▸ *adjectif* national, -e

natural ['nætʃərəl] ▸ *adjectif* naturel, -elle

nature ['neɪtʃər] ▸ *nom* nature

naughty ['nɔːtɪ] ▸ *adjectif* vilain, -aine, méchant, -ante : **you naughty boy!** vilain garçon !

near [nɪər]
▸ *adverbe*
1 près : **he lives quite near** il habite tout près ; **too near** trop près ; **nearer** plus près ; **near to** près de ; **come nearer to me** approche-toi
2 the nearest le/la plus proche ; **the nearest supermarkets** les supermarchés les plus proches
▸ *préposition* près de : **near the window** près de la fenêtre ; **near here** près d'ici ; **near the end** vers la fin

nearby
▸ *adverbe* [nɪə'baɪ] tout près : **their school is nearby** leur école est tout près ; **they live nearby** ils habitent tout près d'ici
▸ *adjectif* ['nɪəbaɪ] proche : **a nearby house** une maison toute proche

nearly ['nɪəlɪ] ▸ *adverbe* presque : **it's nearly six o'clock** il est presque six heures ; **I nearly fell/missed the train** j'ai failli tomber/rater le train

neat [niːt] ▸ *adjectif*
1 bien rangé, -e
2 *(vêtements, travail, écriture)* soigné, -e

neatly ['niːtlɪ] ▸ *adverbe* soigneusement

necessary ['nesɪsərɪ] ▸ *adjectif* nécessaire : **have you got the necessary equipment?** as-tu le matériel nécessaire ?

necessity [nɪ'sesɪtɪ] (*au pluriel* **necessities**) ▸ *nom* **that's a necessity** c'est indispensable ; **the bare necessities of life** les choses indispensables à la vie, le minimum vital

neck [nek] ▸ *nom* cou

necklace ['neklɪs] ▸ *nom* collier

need [ni:d]
▸ *nom*
1 besoin : **to be in need of something** avoir besoin de quelque chose
2 there's no need to... ce n'est pas la peine de..., il est inutile de... ; **there's no need to hurry** ce n'est pas la peine *ou* il est inutile de se presser
▸ *verbe*
1 avoir besoin de : **I need more time** j'ai besoin de plus de temps ; **I need it** j'en ai besoin
2 to need to do something *(obligation)* devoir faire quelque chose ; **I need to change the baby** je dois changer le bébé, il faut que je change le bébé ; **the baby needs changing** il faut changer le bébé

I need, he needs, I needed, he needed

▸ *auxiliaire modal* **you needn't worry** ce n'est pas la peine de t'inquiéter ; **you needn't make so much noise** tu n'es pas obligé de faire tout ce bruit

I need, he need, I needed, he needed

needle ['ni:d(ə)l] ▸ *nom* aiguille

neighbour ['neɪbər] (*ou* **neighbor** *en américain)* ▸ *nom* voisin, -ine

neither ['naɪðər, 'ni:ðər]
▸ *adjectif* aucun des deux, aucune des deux : **neither boy came** aucun des deux garçons n'est venu
▸ *pronom* aucun des deux, aucune des deux : **I liked neither of them** aucun des deux ne me plaisait
▸ *conjonction* **neither... nor...** ni... ni... : **it's neither good nor bad** ce n'est ni bien ni mal ; **he neither sings nor dances** il ne chante pas et ne danse pas non plus
▸ *adverbe* non plus : **she won't come and neither will he** elle ne viendra pas et lui non plus

nephew ['nefju:] ▸ *nom* neveu

nerve [nɜ:v] ▸ *nom* nerf : **you're getting on my nerves** tu me tape sur les nerfs

nervous ['nɜ:vəs] ▸ *adjectif* anxieux, -euse : **I'm always nervous before exams** je suis toujours anxieux avant les examens ; **I'm nervous about flying** j'ai peur de prendre en avion

nest [nest] ▸ *nom* nid

net [net] ▸ *nom* filet

never ['nevər] ▸ *adverbe*
1 ne... jamais : **I never tell lies** je ne mens jamais ; **he's never seen me** il ne m'a jamais vu
2 jamais : **help me! – never!** aidez-moi ! – jamais ! ; **never again** plus jamais

new [nju:] ▸ *adjectif*
1 nouveau, -elle : **the new teacher** le nouveau professeur
2 neuf, neuve : **she's got a new car** elle a une voiture neuve
3 autre : **bring me a new glass, this one's dirty** apporte-moi un autre verre, celui-ci est sale

news [nju:z] ▸ *nom*
1 the news les nouvelles ; **have you had any news from her?** est-ce que tu as de ses nouvelles ? ; **a piece of news** une nouvelle ; **that's good news!** quelle bonne nouvelle !
2 the news *(à la radio, à la télé)* les informations

Le mot **news** est indénombrable.

newsagent ['nju:zeɪdʒənt] ▸ *nom* marchand, -ande de journaux

newspaper ['nju:zpeɪpər] ▸ *nom* journal

New Zealand [nju:'zi:lənd] ▸ *nom* la Nouvelle-Zélande

next [nekst]

▸ *adjectif*

1 prochain, -aine : **next month** le mois prochain ; **next time** la prochaine fois ; **the next time you come** la prochaine fois que tu viendras

2 suivant, -ante : **the next page** la page suivante ; **the next day** le lendemain ; **the next morning** le lendemain matin ; **next!** au suivant ! ; **who's next?** à qui le tour ?

3 *(lieu)* **the next room/house** la pièce/la maison d'à côté ; **they live next door** ils habitent à côté ; **next door to us** à côté de chez nous ; **the house next door** la maison d'à côté

▸ *adverbe*

1 ensuite : **what happened next?** que s'est-il passé ensuite ?

2 la prochaine fois : **when you come next** la prochaine fois que tu viendras

3 next to à côté de : **sit next to me** asseyez-vous à côté de moi

nice [naɪs] ▸ *adjectif*

1 bon, bonne : **we had a nice holiday** nous avons passé de bonnes vacances ; **a very nice wine** un très bon vin **the water's nice and warm** l'eau est bien chaude

2 beau, belle, joli, -e : **it's a nice day** il fait beau ; **they have a nice house** ils ont une jolie maison ; **you look nice in that dress** cette robe te va très bien

3 gentil, -ille (**to** avec)

nickel ['nɪk(ə)l] ▸ *nom (mot américain)* cinq cents

nickname ['nɪkneɪm] ▸ *nom* surnom

niece [niːs] ▸ *nom* nièce

night [naɪt] ▸ *nom*

1 nuit : **at night** la nuit ; **in the middle of the night** en pleine nuit ; **to have an early night** se coucher tôt

2 soir : **they don't go out much at night** ils ne sortent pas beaucoup le soir ; **last night** hier soir

nightdress ['naɪtdres] (*ou* **nightie** ['naɪtɪ]) ▸ *nom* chemise de nuit

Attention, **nightie** est familier.

nightmare ['naɪtmeər] ▸ *nom* cauchemar : **to have a nightmare** faire un cauchemar

night-time ['naɪttaɪm] ▸ *nom* nuit

nil [nɪl] ▸ *nom* zéro : **two nil** deux à zéro

nine [naɪn] ▸ *nom & adjectif* neuf

Pour des exemples d'emploi, voir **ten**.

nineteen [naɪn'tiːn] ▸ *nom & adjectif* dix-neuf

Pour des exemples d'emploi, voir **ten**.

nineteenth [naɪn'tiːnθ] ▸ *nom & adjectif* dix-neuvième

Pour des exemples d'emploi, voir **tenth**.

ninety ['naɪntɪ] ▸ *nom & adjectif* quatre-vingt-dix

Pour des exemples d'emploi, voir **ten**.

ninth [naɪnθ] ▸ *nom & adjectif* neuvième

Pour des exemples d'emploi, voir **tenth**.

no [nəʊ]

▸ *adverbe* non : **no!** non ! ; **no, thank you!** non merci !

▸ *adjectif*

1 pas de : **she has no money** elle n'a pas d'argent ; **no problem!** pas de problème ! ; **no two doctors agree** il n'y a pas deux médecins qui soient d'accord

2 aucun, -une : **I have no idea/no family** je n'ai aucune idée/aucune famille

3 *(sur les panneaux)* **no smoking** défense de fumer ; **no parking** stationnement interdit

4 no one = **nobody**

5 no more ne... plus : **I have no more time** je n'ai plus de temps

6 pas : **no later/earlier than** pas plus tard/plus tôt que ; **no more than ten** pas plus de dix ; **no less** *ou* **fewer**

than 30 people pas moins de 30 personnes

nobody ['nəʊbədɪ] ▸ *pronom*
1 ne... personne : **I saw nobody** je n'ai vu personne
2 personne : **nobody came** personne n'est venu ; **who's there? – nobody!** qui est là ? – personne !

nod [nɒd] ▸ *verbe* faire un signe de tête

noise [nɔɪz] ▸ *nom* bruit : **to make a noise** faire du bruit

noisy ['nɔɪzɪ] ▸ *adjectif* bruyant, -ante

none [nʌn] ▸ *pronom*
1 aucun, -une : **none of these books have** *ou* **has been chosen** aucun de ces livres n'a été choisi ; **none of us** aucun d'entre nous ; **she has none of them** elle n'en a aucun
2 *(partie d'un tout)* **none of the mail is for you** il n'y a rien pour vous au courrier ; **none of the water was left** il ne restait plus d'eau ; **I have none at all** je n'en ai pas du tout

nonsense ['nɒns(ə)ns] ▸ *nom* bêtises : **to talk nonsense** dire des bêtises ; **that's nonsense** c'est absurde

Le mot **nonsense** est indénombrable.

non-stop ['nɒn'stɒp] ▸ *adverbe* sans arrêt : **he works non-stop** il travaille sans arrêt

noodles ['nu:dəlz] ▸ *nom pluriel* nouilles

noon [nu:n] ▸ *nom* midi : **at noon** à midi

no-one ['nəʊwʌn] = **nobody**

nor [nɔ:r]
▸ *conjonction* **neither... nor...** ni... ni... : **neither you nor me** ni toi ni moi ; **she neither drinks nor smokes** elle ne fume pas et ne boit pas non plus
▸ *adverbe* non plus : **if you're not going, nor am I** si tu n'y vas pas, moi non plus

normal ['nɔ:m(ə)l] ▸ *adjectif* normal, -e ; **at the normal time** à l'heure habituelle

normally ['nɔ:məlɪ] ▸ *adverbe* normalement

north [nɔ:θ]
▸ *nom* nord : **in the north of France** dans le nord de la France ; **to the north of the town** au nord de la ville ; **North America** l'Amérique du Nord
▸ *adjectif* nord : **the north coast** la côte nord
▸ *adverbe* vers le nord : **to travel north** voyager vers le nord

north-east [nɔ:θ'i:st] ▸ *nom* nord-est

northern ['nɔ:ðən] ▸ *adjectif* du nord : **Northern Europe** l'Europe du Nord ; **Northern Ireland** l'Irlande du Nord ; **northern England** le nord de l'Angleterre

north-west [nɔ:θ'west] ▸ *nom* nord-ouest

Norway ['nɔ:weɪ] ▸ *nom* la Norvège

Norwegian [nɔ:'wi:dʒən]
▸ *adjectif* norvégien, -ienne
▸ *nom*
1 Norvégien, -ienne
2 norvégien *(langue)*

nose [nəʊz] ▸ *nom* nez : **her nose is bleeding** elle saigne du nez

nostril ['nɒstrɪl] ▸ *nom* narine

not [nɒt] ▸ *adverbe*
1 ne... pas : **he's not there, he isn't there** il n'est pas là
2 pas : **not yet** pas encore ; **not at all** pas du tout ; **why not?** pourquoi pas ? ; **not one reply** pas une seule réponse
3 non : **are you coming or not?** tu viens ou non ? ; **I hope not** j'espère que non ; **I'm afraid not!** hélas, non !

À l'oral, et à l'écrit dans un style familier, on utilise généralement **not** à la forme contractée lorsqu'il suit un auxiliaire ou un verbe modal: **don't** go! ; she **wasn't** there ; he **couldn't** see me.

note [nəʊt]
▸ *nom*
1 note : **to take notes** prendre des notes ; **to make a note of something** noter quelque chose
2 (petit) mot : **to write somebody a note** envoyer un mot à quelqu'un
3 note (de musique)
4 billet (de banque)
▸ *verbe* noter, remarquer
▸ **note down** noter, écrire

notebook ['nəʊtbʊk] ▸ *nom* carnet

nothing ['nʌθɪŋ] ▸ *pronom*
1 ne... rien : **I have nothing to eat** je n'ai rien à manger
2 rien : **what are you doing? – nothing!** que faites-vous ? – rien ! ; **nothing big** rien de grand ; **nothing at all** rien du tout ; **nothing much** pas grand-chose ; **for nothing** pour rien ; **to have nothing on** être tout nu

notice ['nəʊtɪs]
▸ *nom*
1 pancarte, écriteau ; **a notice board** un tableau *ou* panneau d'affichage
2 to take no notice of somebody/something ne pas faire attention à quelqu'un/quelque chose
▸ *verbe* remarquer

nought [nɔːt] ▸ *nom* zéro

noun [naʊn] ▸ *nom* nom

novel ['nɒv(ə)l] ▸ *nom* roman

November [nəʊ'vembər] ▸ *nom* novembre

now [naʊ]
▸ *adverbe*
1 maintenant : **from now on** à partir de maintenant ; **for now** pour le moment ; **just now, right now** en ce moment ; **I'm busy just now** *ou* **right now** je suis occupé en ce moment ; **I saw her just now** je viens de la voir ; **now and then, now and again** de temps en temps
2 bon : **now, where was I?** bon, où est-ce que j'en étais ? ; **now then!** bon !, voyons !
▸ *conjonction* **now (that)...** maintenant que... : **now you're older, you can...** maintenant que tu es plus âgé, tu peux...

nowadays ['naʊədeɪz] ▸ *adverbe* de nos jours

nowhere ['nəʊweər] ▸ *adverbe* nulle part : **nowhere else** nulle part ailleurs

nudge [nʌdʒ] ▸ *verbe* donner un coup de coude à

nuisance ['njuːsəns] ▸ *nom* **that's a nuisance** c'est embêtant ; **he's being a nuisance** il embête le monde ; **you're such a nuisance!** ce que tu es pénible !

number ['nʌmbər] ▸ *nom*
1 nombre : **the number 10** le nombre 10 ; **a large number of...** un grand nombre de... ; **a number of...** un certain nombre de...
2 numéro : **a telephone number** un numéro de téléphone
3 chiffre

nun [nʌn] ▸ *nom* religieuse

nurse [nɜːs] ▸ *nom* infirmier, -ière

nursery ['nɜːs(ə)rɪ] (*au pluriel* **nurseries**) ▸ *nom*
1 a (day) nursery une crèche, une garderie ; **a nursery school** une (école) maternelle ; **a nursery rhyme** une comptine
2 *(dans une maison)* chambre d'enfants

nut [nʌt] ▸ *nom*
1 nom générique désignant les fruits tels que noix, noisettes et cacahouètes
2 écrou

Oo

oak [əʊk] ▸ *nom* chêne

oar [ɔːr] ▸ *nom* aviron

oats [əʊts] ▸ *nom pluriel* avoine : **porridge oats** des flocons d'avoine

obedient [ə'biːdɪənt] ▸ *adjectif* obéissant, -ante

obey [ə'beɪ] ▸ *verbe* obéir : **to obey somebody/an order** obéir à quelqu'un/à un ordre

object ['ɒbdʒɪkt] ▸ *nom* objet

observe [əb'zɜːv] ▸ *verbe* observer

obstacle ['ɒbstək(ə)l] ▸ *nom* obstacle

obtain [əb'teɪn] ▸ *verbe* obtenir

occasion [ə'keɪʒən] ▸ *nom* occasion : **on special occasions** pour les grandes occasions ; **on that occasion** cette fois-là

occupation [ɒkjʊ'peɪʃən] ▸ *nom* métier

occupied ['ɒkjʊpaɪd] ▸ *adjectif* occupé, -e : **this seat is occupied** cette place est occupée

occupy ['ɒkjʊpaɪ] ▸ *verbe* occuper : **she kept the children occupied** elle a occupé les enfants

ocean ['əʊʃən] ▸ *nom* océan

o'clock [ə'klɒk] ▸ *adverbe* **it's five o'clock** il est cinq heures ; **at five o'clock** à cinq heures

October [ɒk'təʊbər] ▸ *nom* octobre

octopus ['ɒktəpəs] ▸ *nom* pieuvre

odd [ɒd] ▸ *adjectif*

1 bizarre, étrange

2 an odd number un nombre impair

3 dépareillé, -e : **odd socks** des chaussettes dépareillées

of [əv, *accentué* ɒv] ▸ *préposition*

1 de : **the roof of the house** le toit de la maison ; **the start of the month** le début du mois ; **a woman of 50** une femme de 50 ans ; **he's afraid of the dark** il a peur du noir ; **a friend of his** un de ses amis ; **that's nice of you** c'est gentil de ta part

2 *(après un nombre)* **five of you** cinq d'entre vous ; **there are five of us** nous sommes cinq

3 of it, of them en : **he died of it** il en est mort ; **she has six of them** elle en a six ; **I have a lot of it/of them** j'en ai beaucoup

off [ɒf]

▸ *adjectif*

1 éteint, -einte ; *(gaz, robinet)* fermé, -e

2 annulé, -e : **the concert's off** le concert est annulé

3 *(lait)* tourné, -e ; *(viande, conserves)* avarié, -e

▸ *adverbe*

1 to be off s'en aller : **I'll be off now** je m'en vais ; **I'm off to the swimming pool** je vais à la piscine

2 a day off un jour de congé ; **to take time off** prendre des vacances ; **he's off sick** il est en congé de maladie

3 £5 off 5 livres de réduction ; **20% off** 20% de réduction

▸ *préposition*

1 de : **she fell off the horse** elle est tombée de cheval ; **to jump off a wall** sauter d'un mur ; **to get off the bus** descendre du bus

2 sur : **I took it off the table** je l'ai pris sur la table

offer ['ɒfər]
▸ *nom* offre, proposition
▸ *verbe* offrir, proposer : **she offered me a drink** elle m'a offert quelque chose à boire ; **he offered to drive us to the station** il a proposé de nous conduire à la gare

office ['ɒfɪs] ▸ *nom* bureau : **an office block,** *(en américain)* **an office building** un immeuble de bureaux

officer ['ɒfɪsər] ▸ *nom*
1 a (police) officer un agent de police
2 *(dans l'armée)* officier

official [ə'fɪʃəl] ▸ *adjectif* officiel, -ielle

often ['ɒf(ə)n, 'ɒft(ə)n] ▸ *adverbe* souvent : **I don't often see her** je ne la vois pas souvent ; **how often do you see him?** vous le voyez souvent ? ; **how often do the trains leave?** les trains partent tous les combien ?

oil [ɔɪl] ▸ *nom*
1 huile
2 pétrole

OK [əʊ'keɪ] (*ou* **okay**)
▸ *adjectif*
1 pas mal : **the film was OK** le film n'était pas mal
2 bien : **is everything OK?** est-ce que tout va bien ? ; **are you OK?** ça va ? ; **I'm OK** je vais bien, ça va
3 is it OK if I watch TV? est-ce que je peux regarder la télé ? ; **don't worry, it's OK** ne t'en fais pas, ça ne fait rien
▸ *adverbe*
1 bien : **everything's going OK** tout va bien
2 d'accord : **let's play tennis – OK!** si on jouait au tennis ? – d'accord !

Attention, ce mot est familier.

old [əʊld] ▸ *adjectif*
1 vieux, vieille : **an old man** un vieil homme, un vieillard ; **an old woman** une vieille femme ; **to get old** vieillir ; **old age** la vieillesse
2 âgé, -e : **old people** les personnes âgées ; **he's older than me** il est plus âgé que moi
3 older, oldest aîné, -e : **her older brother** son frère aîné ; **the oldest son** le fils aîné
4 how old is she? quel âge a-t-elle ? ; **she's ten years old** elle a dix ans
5 ancien, -ienne : **my old school** mon ancienne école

old-fashioned [əʊld'fæʃənd] ▸ *adjectif* démodé, -e ; *(personne)* vieux jeu

olive ['ɒlɪv] ▸ *nom* olive : **olive oil** de l'huile d'olive

omelette ['ɒmlɪt] ▸ *nom* omelette

on [ɒn]
▸ *préposition*
1 sur : **on the table** sur la table ; **on CD** sur CD
2 à : **on foot** à pied ; **to have a blister on one's foot** avoir une ampoule au pied ; **on the blackboard** au tableau ; **on page 15** à la page 15
3 en : **I went there on the train/bus** j'y suis allé en train/en bus ; **on strike** en grève
4 dans : **I'm on the train** je suis dans le train
5 to be on a course faire un stage ; **to be on a team** être membre *ou* faire partie d'une équipe
6 *(expressions temporelles)* **on Tuesday** mardi ; **on Tuesdays** le mardi ; **on my birthday** le jour de mon anniversaire
7 sur : **a book on reptiles** un livre sur les reptiles
▸ *adjectif* allumé, -e ; *(gaz, robinet)* ouvert, -erte ; *(machine)* en marche
▸ *adverbe*
1 *(vêtements)* **have you got your gloves on?** est-ce que tu as mis tes gants ? ; **put your coat on** mets ton manteau ; **he's got nothing on** il est tout nu

2 *(spectacles)* **what's on telly?** qu'est-ce qu'il y a à la télé ? ; **what's on at the cinema?** qu'est-ce qu'ils passent au cinéma ?

3 **to play/to sing on** continuer à jouer/à chanter

4 **on and on** sans arrêt : **he was talking on and on** il parlait sans arrêt, il n'arrêtait pas de parler

once [wʌns]

▸ *adverbe*

1 une fois : **once a month** une fois par mois ; **once again, once more** encore une fois

2 autrefois : **once there were no cars** autrefois, il n'y avait pas de voitures

3 **you must do it at once** il faut que tu le fasses tout de suite

4 **everything happened at once** tout est arrivé en même temps

▸ *conjonction* une fois que : **return the book to the library once you've read it** rapporte le livre à la bibliothèque une fois que tu l'auras lu

one [wʌn]

▸ *nom* un : **one and one are two** un et un font deux

▸ *adjectif*

1 un, une : **one kilo** un kilo ; **one woman** une femme ; **page one** la page un

2 seul, -e : **my one friend** mon seul ami

▸ *pronom*

1 un, une : **do you want one?** tu en veux un ? ; **take a big one** prenez-en un grand ; **one of them** l'un d'eux, l'une d'elles ; **that one** celui-là, celle-là ; **he's the one who helped me** c'est celui qui m'a aidé ; **another one** un autre, une autre

2 on : **one never knows** on ne sait jamais

oneself [wʌn'self] ▸ *pronom*

1 soi-même : **it's simpler to do it oneself** c'est plus simple de le faire soi-même

2 se : **to cut oneself** se couper

3 soi : **one shouldn't think only of oneself** il ne faut pas penser qu'à soi

onion ['ʌnjən] ▸ *nom* oignon

only ['əʊnlɪ]

▸ *adjectif*

1 seul, -e : **the only boy** le seul garçon ; **the only one** le seul, la seule

2 unique : **he's an only child** il est fils unique ; **she's an only child** elle est fille unique

▸ *adverbe*

1 seulement : **I'd like to go, but only if you come with me** j'aimerais bien y aller, mais seulement si tu viens avec moi ; **not only is she young but she's beautiful as well** non seulement elle est jeune mais en plus elle est belle

2 ne... que, seulement : **I only have six pounds** je n'ai que six livres, j'ai seulement six livres

▸ *conjonction* mais : **it's a good film, only I've seen it too many times** c'est un bon film mais je l'ai vu trop de fois

onto ['ɒntə, *accentué* 'ɒntʊ] = **on to**

onwards ['ɒnwədz] ▸ *adverbe* **from... onwards** à partir de... : **from tomorrow onwards** à partir de demain

open ['əʊp(ə)n]

▸ *adjectif* ouvert, -erte

▸ *verbe*

1 ouvrir : **to open the door** ouvrir la porte ; **the shop doesn't open until ten on Sundays** le magasin ouvre à dix heures le dimanche

2 s'ouvrir : **the door opens automatically** la porte s'ouvre automatiquement

opening ['əʊpənɪŋ] ▸ *nom* ouverture : **opening times** heures d'ouverture

operate ['ɒpəreɪt] ▸ *verbe* **to operate on somebody** opérer quelqu'un

operation [ɒpə'reɪʃən] ▸ *nom* opération : **to have an operation** se faire opérer, subir une opération

operator ['ɒpəreɪtər] ▸ *nom* opérateur, -trice

opinion [ə'pɪnjən] ▸ *nom* opinion (**on** sur)

opportunity [ɒpə'tjuːnɪtɪ] (*au pluriel* **opportunities**) ▸ *nom* occasion : **it'll be an opportunity to meet him** ce sera une occasion de le rencontrer

opposite ['ɒpəzɪt]
▸ *adjectif* opposé, -e : **in the opposite direction** dans la direction opposée ; **on the opposite side of the street** de l'autre côté de la rue
▸ *adverbe* en face : **she lives opposite** elle habite en face ; **the house opposite** la maison d'en face
▸ *préposition* en face de : **opposite the station** en face de la gare ; **I was sitting opposite Jack** j'étais assis en face de Jack
▸ *nom* **the opposite** le contraire (**of** de)

optician [ɒp'tɪʃən] ▸ *nom* opticien, -ienne

or [ɔːr] ▸ *conjonction* ou : **Paul or his brother** Paul ou son frère ; **or else** ou bien ; **he doesn't drink or smoke** il ne boit pas et ne fume pas non plus

orange ['ɒrɪndʒ]
▸ *nom* orange
▸ *adjectif* orange : **orange shirts** des chemises orange

orchard ['ɔːtʃəd] ▸ *nom* verger

orchestra ['ɔːkɪstrə] ▸ *nom* orchestre

order ['ɔːdər]
▸ *nom*
1 ordre : **to give somebody orders** donner des ordres à quelqu'un ; **in alphabetical order** par ordre alphabétique
2 commande : **to put in** *ou* **to place an order** passer une commande
3 out of order *(machine)* en panne
4 in order to do something pour faire quelque chose
▸ *verbe*
1 ordonner : **he ordered me to leave the room** il m'a ordonné de quitter la pièce
2 commander : **we'd like to order, please** nous voudrions commander, s'il vous plaît

ordinary ['ɔːdɪn(ə)rɪ] ▸ *adjectif* ordinaire : **very ordinary cutlery** des couverts très ordinaires ; **he's just an ordinary tourist** c'est un touriste comme un autre

organ ['ɔːgən] ▸ *nom*
1 organe
2 orgue : **an electronic organ** un orgue électronique

organization [ɔːgənaɪ'zeɪʃən] ▸ *nom* organisation

organize ['ɔːgənaɪz] ▸ *verbe* organiser

original [ə'rɪdʒɪn(ə)l] ▸ *adjectif*
1 original, -e : **a very original idea** une idée très originale
2 originel, -elle : **the original inhabitants of the country** les habitants originels du pays

originally [ə'rɪdʒɪn(ə)lɪ] ▸ *adverbe* au départ

orphan ['ɔːfən] ▸ *nom* orphelin, -ine

ostrich ['ɒstrɪtʃ] ▸ *nom* autruche

other ['ʌðər]
▸ *adjectif* autre : **the other skirt** l'autre jupe ; **other teachers** d'autres professeurs ; **the other one** l'autre
▸ *pronom* **the other** l'autre ; **the others** les autres ; **I'll choose some others** j'en choisirai d'autres ; **some find it hard, others don't** les uns trouvent ça difficile, les autres pas

otherwise ['ʌðəwaɪz] ▸ *adverbe*
1 autrement : **I can't do otherwise** je ne peux pas faire autrement
2 sinon : **don't do it again, other-**

wise I'm leaving ne le refais plus, sinon je m'en vais

ouch [aʊtʃ] ▸ *exclamation* aïe !

ought [ɔːt] ▸ *auxiliaire modal*
1 *(obligation)* devoir : **you ought to leave** tu devrais partir ; **I ought to have done it** j'aurais dû le faire
2 *(probabilité)* devoir : **he ought to win** il devrait gagner

ounce [aʊns] ▸ *nom* once *(environ 30 g)*

our ['aʊər] ▸ *adjectif*
1 notre, nos : **our newspaper** notre journal ; **our books** nos livres
2 *(avec les parties du corps)* **we're washing our hands** nous nous lavons les mains

ours ['aʊəz] ▸ *pronom*
1 le nôtre, la nôtre, les nôtres : **their friends and ours** leurs amis et les nôtres
2 à nous : **this book is ours** ce livre est à nous

ourselves [aʊə'selvz] ▸ *pronom*
1 nous-mêmes : **we did it ourselves** nous l'avons fait nous-mêmes
2 nous : **we cut ourselves** nous nous sommes coupés ; **we don't just think of ourselves** nous ne pensons pas qu'à nous

out [aʊt]
▸ *adjectif (lumière, feu)* éteint, -einte
▸ *adverbe*
1 dehors : **it's cold out** il fait froid dehors ; **to have a day out** sortir pour la journée ; **out there** dehors ; **out in the open** en plein air
2 sorti, -e : **I'm sorry, he's out** je regrette, il est sorti *ou* il n'est pas là
▪**out of** ▸ *préposition*
1 en dehors de : **out of the country** en dehors du pays ; **she's out of town** elle n'est pas en ville ; **out of the water** hors de l'eau
2 par : **he fell out of the window** il est tombé par la fenêtre ; **out of pity** par pitié
3 dans : **to drink out of a cup** boire dans une tasse ; **he copied the article out of a book** il a copié l'article dans un livre
4 avec : **to make something out of a box** faire quelque chose avec une boîte ; **it's made out of wood** c'est en bois
5 sur : **four out of five** quatre sur cinq

outdoor ['aʊtdɔːr] ▸ *adjectif* d'extérieur ; *(activités, jeux)* de plein air ; **an outdoor pool** une piscine en plein air *ou* découverte ; **to lead an outdoor life** vivre au grand air

outdoors [aʊt'dɔːz] ▸ *adverbe* dehors

outing ['aʊtɪŋ] ▸ *nom* excursion, sortie : **to go on an outing** faire une excursion *ou* une sortie

out-of-date [aʊtəv'deɪt] ▸ *adjectif* périmé, -e

outside
▸ *adverbe* [aʊt'saɪd] dehors : **he's waiting for you outside** il vous attend dehors ; **to go outside** sortir
▸ *adjectif* ['aʊtsaɪd] extérieur, -e : **the outside wall** le mur extérieur
▸ *préposition* [aʊt'saɪd]
1 en dehors de : **outside the country** en dehors du pays
2 devant : **he was waiting outside my house** il attendait devant chez moi
▸ *nom* ['aʊtsaɪd] extérieur : **the outside of the house** l'extérieur de la maison

oven ['ʌv(ə)n] ▸ *nom* four

over ['əʊvər]
▸ *préposition*
1 sur : **he spilled wine over his shirt** il a renversé du vin sur sa chemise
2 au-dessus de : **the plane flew over the city** l'avion est passé au-dessus de la ville
3 par-dessus : **we jumped over the gate** nous avons sauté par-dessus la barrière
4 **all over Italy** dans toute l'Italie ; **all**

over the carpet partout sur le tapis
5 de l'autre côté de : **they live over the road** ils habitent de l'autre côté de la rue
6 plus de : **over ten days** plus de dix jours ; **women over fifty** les femmes de plus de cinquante ans
7 pendant : **over the summer** pendant l'été
8 over here ici ; **over there** là-bas
▸ *adverbe*
1 all over partout
2 *(chez quelqu'un)* **come over tomorrow afternoon** passez demain après-midi ; **to ask somebody over** inviter quelqu'un chez soi
3 *(répétition)* **to do something all over again** refaire quelque chose ; **over and over again** encore et encore
▸ *adjectif* fini, -e, terminé, -e : **we'll go as soon as the film is over** nous partirons dès que le film sera terminé ; **it's all over** c'est fini, c'est terminé

overcoat ['əʊvəkəʊt] ▸ *nom* pardessus

overflow ['əʊvəfləʊ] ▸ *verbe* déborder

overlook [əʊvə'lʊk] ▸ *verbe*
1 *(fenêtre, hôtel)* donner sur
2 négliger : **we had overlooked this important problem** nous avions négligé cet important problème

overpass ['əʊvəpɑːs] ▸ *nom* *(mot américain)* toboggan, pont routier

overseas
▸ *adverbe* [əʊvə'siːz] à l'étranger
▸ *adjectif* ['əʊvəsiːz] étranger, -ère

overtake [əʊvə'teɪk] ▸ *verbe* dépasser, doubler : **don't overtake on a bend** ne double pas dans les virages

I overtook, I have overtaken, I am overtaking

owe [əʊ] ▸ *verbe* devoir : **I owe him a lot of money** je lui dois beaucoup d'argent

owl [aʊl] ▸ *nom* hibou, chouette

own [əʊn]
▸ *adjectif* propre : **my own house** ma propre maison
▸ *pronom*
1 *(possession)* **there's no use lending me your mobile, I'll use my own** inutile de me prêter ton portable, je me servirai du mien ; **I'd love to have a house of my own** j'aimerais avoir ma propre maison
2 on one's own tout seul, toute seule : **they did it all on their own** ils l'ont fait tout seuls
3 to get one's own back se venger ; **he got his own back** il s'est vengé
▸ *verbe* posséder, avoir : **she owns three cars** elle a trois voitures
▸ **own up** avouer : **to own up to something** avouer quelque chose

owner ['əʊnər] ▸ *nom* propriétaire

ox [ɒks] (*au pluriel* **oxen** ['ɒks(ə)n]) ▸ *nom* bœuf

oyster ['ɔɪstər] ▸ *nom* huître

Pp

Pacific [pæsɪfɪk] ▸ *nom* **the Pacific** le Pacifique

pacifier ['pæsɪfaɪər] ▸ *nom (mot américain)* tétine *(pour bébé)*

pack [pæk]
▸ *nom*
1 paquet
2 sac à dos
3 *(de bière, de lait)* pack : **a four-pack** un pack de quatre
4 **a pack of cards** un jeu de cartes
▸ *verbe* faire sa valise *ou* ses bagages ; **have you packed a hairdryer?** est-ce que tu as pris un sèche-cheveux ?

package ['pækɪdʒ] ▸ *nom* paquet

packed [pækt] ▸ *adjectif*
1 **packed (with people)** bondé, -e, plein, pleine
2 **a packed lunch** un repas froid *(emporté à l'école ou au travail)*

packet ['pækɪt] ▸ *nom* paquet

paddle ['pæd(ə)l] ▸ *verbe*
1 patauger
2 pagayer

page [peɪdʒ] ▸ *nom* page

paid [peɪd] *voir* **pay**

pail [peɪl] ▸ *nom* seau

pain [peɪn] ▸ *nom* douleur ; **to be in pain** souffrir ; **I have a pain in my leg** j'ai mal à la jambe, j'ai une douleur dans la jambe

painful ['peɪnfʊl] ▸ *adjectif* douloureux, -euse

paint [peɪnt]
▸ *nom* peinture ; **a box of paints** une boîte de couleurs
▸ *verbe* peindre : **to paint something yellow** peindre quelque chose en jaune ; **to paint a picture of something** peindre quelque chose

paintbrush ['peɪntbrʌʃ] ▸ *nom* pinceau

painter ['peɪntər] ▸ *nom* peintre

painting ['peɪntɪŋ] ▸ *nom*
1 peinture : **he likes painting** il aime la peinture
2 tableau, peinture

pair [peər] ▸ *nom* paire : **a pair of gloves** une paire de gants ; **in pairs** deux par deux

pajamas *(mot américain)* = **pyjamas**

pal [pæl] ▸ *nom* copain, copine

Attention, ce mot est familier.

palace ['pælɪs] ▸ *nom* palais

pale [peɪl] ▸ *adjectif* pâle : **you look pale** tu es tout pâle ; **a pale green skirt** une jupe vert pâle

palm [pɑːm] ▸ *nom*
1 paume : **in the palm of his hand** dans la paume de la main
2 **a palm tree** un palmier

pan [pæn] ▸ *nom*
1 casserole
2 poêle

pancake ['pænkeɪk] ▸ *nom* crêpe

pane [peɪn] ▸ *nom* **a pane (of glass)** une vitre

panic ['pænɪk]
▸ *nom* panique

▶ *verbe* paniquer ; **don't panic!** pas de panique !

pant [pænt] ▶ *verbe* souffler, haleter

panties ['pæntɪz] ▶ *nom pluriel (mot américain)* culotte ; **a pair of panties** une culotte

pants [pænts] ▶ *nom pluriel*
1 slip ; *(en forme de short)* caleçon ; **a pair of pants** un slip ; *(en forme de short)* un caleçon
2 *(mot américain)* pantalon : **a pair of pants** un pantalon

paper ['peɪpər] ▶ *nom*
1 papier : **a paper bag** un sac en papier ; **a paper plate/cup** une assiette/un gobelet en carton
2 journal

paragraph ['pærəgrɑːf] ▶ *nom* paragraphe

parakeet ['pærəkiːt] ▶ *nom* perruche

parcel ['pɑːs(ə)l] ▶ *nom* colis, paquet

pardon ['pɑːd(ə)n]
▶ *nom* **I beg your pardon** je vous prie de m'excuser ; *(si on a mal entendu)* vous dites ? ; **pardon?** pardon ?, comment ?
▶ *verbe* **pardon me!** pardon !

parent ['peərənt] ▶ *nom*
1 ask a parent demandez à votre père ou à votre mère ; **when he becomes a parent** quand il deviendra père
2 parents parents : **his parents are Spanish** ses parents sont espagnols

Paris ['pærɪs] ▶ *nom* Paris

park [pɑːk]
▶ *nom*
1 parc
2 a car park un parking
▶ *verbe*
1 se garer : **I'll park outside the shop** je vais me garer devant le magasin ; **to park one's car** garer sa voiture
2 stationner : **you can't park here** vous ne pouvez pas stationner ici

parking ['pɑːkɪŋ] ▶ *nom* stationnement : **no parking** stationnement interdit ; **a parking lot** *(expression américaine)* un parking ; **a parking meter** un parcmètre ; **a parking space** une place de parking

parrot ['pærət] ▶ *nom* perroquet

part [pɑːt]
▶ *nom*
1 partie : **to be a part of something** faire partie de quelque chose
2 rôle : **he plays the part of the husband** il joue le rôle du mari
3 *(en américain)* raie *(dans les cheveux)*
4 to take part in something participer à quelque chose
▶ *verbe* se séparer, se quitter : **they parted on good terms** ils se sont quittés bons amis

particular [pə'tɪkjʊlər] ▶ *adjectif*
1 particulier, -ière : **for no particular reason** sans raison particulière ; **this particular book** ce livre-ci
2 in particular en particulier

parting ['pɑːtɪŋ] ▶ *nom* raie *(dans les cheveux)*

partly ['pɑːtlɪ] ▶ *adverbe* en partie

partner ['pɑːtnər] ▶ *nom*
1 *(dans un sport, un jeu)* partenaire
2 *(dans un couple)* ami, -e, compagnon, compagne

party ['pɑːtɪ] (*au pluriel* **parties**)
▶ *nom*
1 fête : **to have a birthday party** faire une fête pour son anniversaire
2 soirée, réception : **to have a party** donner une soirée
3 parti *(politique)*

pass [pɑːs]
▶ *nom*
1 to get a pass être reçu, -e ; **he got a pass in French** il a été reçu en français
2 carte d'abonnement : **a bus pass** une carte d'abonnement de bus
▶ *verbe*
1 passer : **pass the salt** passez-moi

le sel ; **time's passing** le temps passe ; **we passed through a small village** nous sommes passés par un petit village ; **pass the peanuts round, please** fais passer les cacahouètes, s'il te plaît
2 être reçu, -e : **to pass an exam** être reçu à un examen
3 passer devant ; **I passed him on the street yesterday** je l'ai croisé dans la rue hier
4 *(en américain)* dépasser, doubler
▸ **pass by** passer ; **to pass by something** passer devant quelque chose
▸ **pass out** s'évanouir

passage ['pæsɪdʒ] ▸ *nom*
1 passage
2 couloir

passenger ['pæsəndʒər] ▸ *nom* passager, -ère

passport ['pɑːspɔːt] ▸ *nom* passeport

past [pɑːst]
▸ *préposition*
1 devant : **to go/to walk/to drive past something** passer devant quelque chose ; **to go/to walk/to drive past** passer
2 après : **it's past the station** c'est après la gare
3 *(heure)* **it's past four o'clock** il est quatre heures passées ; **it's five past three** il est trois heures cinq ; **it's half past two** il est deux heures et demie
▸ *adjectif*
1 dernier, -ière : **these past months** ces derniers mois ; **in past times** autrefois
2 the past tense le passé *(en grammaire)*
▸ *nom* passé ; **in the past** autrefois

pasta ['pæstə] ▸ *nom* pâtes : **this pasta is delicious** ces pâtes sont délicieuses

Le mot **pasta** est indénombrable.

paste [peɪst]
▸ *nom* colle
▸ *verbe* coller

pastime ['pɑːstaɪm] ▸ *nom* passe-temps

pastry ['peɪstrɪ] (*au pluriel* **pastries**)
▸ *nom*
1 pâte : **puff pastry** de la pâte feuilletée
2 pâtisserie

pat [pæt] ▸ *verbe* tapoter ; *(un animal)* caresser

patch [pætʃ] ▸ *nom (sur un vêtement)* pièce ; *(sur l'œil)* bandeau

path [pɑːθ] ▸ *nom* sentier, chemin ; *(dans un parc)* allée

patience ['peɪʃəns] ▸ *nom* patience

patient ['peɪʃənt]
▸ *adjectif* patient, -ente : **a patient teacher** un professeur patient
▸ *nom* malade, patient, -ente

patiently ['peɪʃəntlɪ] ▸ *adverbe* avec patience

pattern ['pæt(ə)n] ▸ *nom* motif, dessin

pavement ['peɪvmənt] ▸ *nom* trottoir

paw [pɔː] ▸ *nom* patte

pay [peɪ] ▸ *verbe* payer : **we paid somebody to clean the windows** nous avons payé quelqu'un pour laver les vitres ; **she paid £500 for it** elle l'a payé 500 livres ; **to pay by cheque** payer *ou* régler par chèque
▸ **pay back** rembourser
▸ **pay for** payer : **who paid for the coffees?** qui a payé les cafés ?

I paid, I have paid, I am paying

payment ['peɪmənt] ▸ *nom* paiement

PC ['piː'siː] ▸ *nom (personal computer)* PC

PE [piː'iː] ▸ *nom (physical education)* EPS

pea [piː] ▸ *nom* petit pois

peace [piːs] ▸ *nom*
 1 paix : **in peace** en paix
 2 **peace (and quiet)** le calme, la tranquillité

peaceful ['piːsfʊl] ▸ *adjectif* calme, paisible

peach [piːtʃ] ▸ *nom* pêche

peacock ['piːkɒk] ▸ *nom* paon

peak [piːk] ▸ *nom* sommet

peanut ['piːnʌt] ▸ *nom* cacahouète : **peanut butter** du beurre de cacahouètes

pear [peər] ▸ *nom* poire

pearl [pɜːl] ▸ *nom* perle

pebble ['peb(ə)l] ▸ *nom* caillou ; *(sur la plage)* galet

pedal ['ped(ə)l]
 ▸ *nom* pédale
 ▸ *verbe* pédaler

pedestrian [pɪ'destrɪən] ▸ *nom* piéton : **a pedestrian crossing** un passage pour piétons

peek [piːk] = **peep**

peel [piːl]
 ▸ *nom (de pomme de terre, de pomme)* peau ; *(d'orange, de citron)* écorce
 ▸ *verbe* éplucher
▸ **peel off** décoller, enlever

peep [piːp] ▸ *verbe* **to peep at** regarder furtivement ; **no peeping!** on ne regarde pas !

peg [peg] ▸ *nom*
 1 piquet *(de tente)*
 2 pince à linge
 3 portemanteau

pen [pen] ▸ *nom* stylo

pence [pens] *voir* **penny**

pencil ['pens(ə)l] ▸ *nom* crayon : **in pencil** au crayon ; **a pencil case** une trousse ; **a pencil sharpener** un taille-crayon

penguin ['peŋgwɪn] ▸ *nom* pingouin

penknife ['pennaɪf] (*au pluriel* **penknives** [-naɪvz]) ▸ *nom* canif

penny ['penɪ] (*au pluriel* **pennies** *au sens* **1** *et* **pence** [pens] *au sens* **2**)
 ▸ *nom*
 1 *(pièce) (en Grande-Bretagne)* (pièce d'un) penny ; *(aux États-Unis)* (pièce d'un) cent
 2 *(valeur) (en Grande-Bretagne)* penny ; **it cost me 44 pence** ça m'a coûté 44 pence

people ['piːp(ə)l] ▸ *nom pluriel*
 1 gens : **a lot of people, lots of people** beaucoup de gens
 2 personnes : **three people** trois personnes
 3 *(groupe)* **English people** les Anglais ; **blind people** les aveugles
 4 on : **people think that...** on pense que...

pepper ['pepər] ▸ *nom*
 1 poivre
 2 poivron : **a green pepper** un poivron vert

percent [pə'sent] ▸ *adverbe* pour cent : **five per cent** cinq pour cent

perfect ['pɜːfɪkt] ▸ *adjectif* parfait, -aite

perform [pə'fɔːm] ▸ *verbe*
 1 exécuter, accomplir ; **to perform miracles** faire des miracles
 2 **to perform a part/play** jouer un rôle/une pièce de théâtre

performance [pə'fɔːməns] ▸ *nom (pièce de théâtre)* représentation ; *(film)* séance

perfume ['pɜːfjuːm] ▸ *nom* parfum

perhaps [pə'hæps, præps] ▸ *adverbe* peut-être : **perhaps not** peut-être que non

period ['pɪərɪəd] ▸ *nom*
 1 période ; *(du point de vue historique)* époque
 2 heure de cours ; **a French period** un cours de français ; **a double French**

period deux heures de français
3 règles *(menstruation)*
4 *(en américain)* point

permission [pəˈmɪʃən] ▸ *nom* permission : **you need to ask for permission first** il faut d'abord demander la permission

permit [pɜːˈmɪt] ▸ *verbe* permettre : **is smoking permitted?** est-ce qu'il est permis de fumer ? ; **smoking isn't permitted** il est interdit de fumer

person [ˈpɜːs(ə)n] ▸ *nom* personne

personal [ˈpɜːsən(ə)l] ▸ *adjectif*
1 personnel, -elle
2 **a personal stereo** un baladeur

persuade [pəˈsweɪd] ▸ *verbe* persuader : **to persuade somebody to do something** persuader quelqu'un de faire quelque chose

pest [pest] ▸ *nom*
1 animal nuisible, insecte nuisible
2 *(personne)* **to be a pest** être casse-pieds

Attention, cette dernière expression est familière.

pet [pet] ▸ *nom* animal domestique

petal [ˈpet(ə)l] ▸ *nom* pétale

petrol [ˈpetrəl] ▸ *nom* essence ; **a petrol station** une station-service

pharmacy [ˈfɑːməsɪ] (*au pluriel* **pharmacies**) ▸ *nom* pharmacie

phone [fəʊn]
▸ *nom* téléphone : **to be on the phone** être au téléphone ; **she told me over the phone** elle me l'a dit au téléphone ; **a phone box,** *(en américain)* **a phone booth** une cabine téléphonique ; **a phone call** un coup de fil ; **to make a phone call** téléphoner, passer un coup de fil (**to** à) ; **a phone number** un numéro de téléphone
▸ *verbe*
1 téléphoner à : **I phoned Jessica yesterday** j'ai téléphoné à Jessica hier
2 téléphoner : **who phoned?** qui a téléphoné ? ; **to phone for a taxi** appeler un taxi

▸ **phone back** rappeler

▸ **phone up**
1 téléphoner à
2 téléphoner : **did somebody phone up?** est-ce que quelqu'un a téléphoné ?

phonecard [ˈfəʊnkɑːd] ▸ *nom* carte de téléphone

photo [ˈfəʊtəʊ] ▸ *nom* photo : **in the photo** sur la photo ; **to take a photo** prendre une photo ; **to take a photo of somebody/something** prendre quelqu'un/quelque chose en photo

photocopy [ˈfəʊtəʊkɒpɪ] (*au pluriel* **photocopies**) ▸ *nom* photocopie

photograph [ˈfəʊtəgrɑːf] ▸ *nom* photo

photographer [fəˈtɒgrəfər] ▸ *nom* photographe

phrase [freɪz] ▸ *nom* expression

physical [ˈfɪzɪk(ə)l] ▸ *adjectif* physique

physics [ˈfɪzɪks] ▸ *nom* physique : **physics is an interesting subject** la physique est une matière intéressante

pianist [ˈpɪənɪst] ▸ *nom* pianiste

piano [pɪˈænəʊ] ▸ *nom* piano

pick [pɪk]
▸ *nom* **to take one's pick** faire son choix
▸ *verbe*
1 choisir
2 cueillir

▸ **pick out** choisir

▸ **pick up**
1 ramasser : **pick up your socks** ramasse tes chaussettes
2 relever : **to pick oneself up** *(après être tombé)* se relever
3 **to pick up the phone** décrocher (le téléphone)
4 passer prendre, aller chercher ; **she picked me up at the airport** elle est venue me chercher à l'aéroport ; **to pick up passengers** prendre des voyageurs

5 apprendre : **he picked up a little French during his stay there** il a appris un peu de français pendant son séjour

pickle ['pɪk(ə)l] ▸ *nom (mot américain)* cornichon

picnic ['pɪknɪk] ▸ *nom* pique-nique : **to have a picnic** faire un pique-nique

picture ['pɪktʃər] ▸ *nom*
1 tableau, peinture
2 dessin : **to draw a picture** faire un dessin
3 photo
4 image ; *(avec un texte)* illustration

pie [paɪ] ▸ *nom* tarte ; *(avec de la pâte sur le dessus)* tourte : **an apple pie** une tarte aux pommes

piece [piːs] ▸ *nom*
1 morceau : **a piece of bread** un morceau de pain
2 *(d'une machine, d'un puzzle)* pièce
3 **a piece of news** une nouvelle ; **a piece of advice** un conseil

pier [pɪər] ▸ *nom* jetée

pierce [pɪəs] ▸ *verbe* percer

pig [pɪg] ▸ *nom* cochon

pigeon ['pɪdʒɪn] ▸ *nom* pigeon

pile [paɪl]
▸ *nom* tas ; *(bien ordonné)* pile
▸ *verbe* entasser ; *(de façon ordonnée)* empiler

▸ **pile up** *(dettes, travail)* s'accumuler

pill [pɪl] ▸ *nom* pilule : **to be on the pill** prendre la pilule

pillow ['pɪləʊ] ▸ *nom* oreiller

pilot ['paɪlət] ▸ *nom* pilote

pimple ['pɪmp(ə)l] ▸ *nom* bouton *(sur la peau)*

pin [pɪn] ▸ *nom* épingle ; *(pour accrocher au mur)* punaise

pinch [pɪntʃ] ▸ *verbe*
1 pincer
2 piquer (**from** à) : **who's pinched my pen?** qui m'a piqué mon stylo ?

Attention, ce dernier sens est familier.

pine tree ['paɪntriː] ▸ *nom* pin

pineapple ['paɪnæp(ə)l] ▸ *nom* ananas

pink [pɪŋk]
▸ *adjectif* rose
▸ *nom* rose : **I like pink** j'aime le rose

pint [paɪnt] ▸ *nom*
1 pinte *(environ 0,5 litre)*
2 *(bière)* **I'm going out for a pint** je vais prendre une bière

pip [pɪp] ▸ *nom* pépin

pipe [paɪp] ▸ *nom*
1 tuyau
2 pipe : **to smoke a pipe** fumer la pipe

pirate ['paɪrɪt] ▸ *nom* pirate

pistol ['pɪst(ə)l] ▸ *nom* pistolet : **a water pistol** un pistolet à eau

pit [pɪt] ▸ *nom (mot américain)* noyau

pity ['pɪtɪ] ▸ *nom*
1 pitié : **I did it out of pity** je l'ai fait par pitié
2 **what a pity!** quel dommage ! ; **it's a pity!** c'est dommage ! ; **it's a pity you didn't come** c'est dommage que tu ne sois pas venu

place [pleɪs]
▸ *nom*
1 endroit : **it's an ideal place for a picnic** c'est l'endroit idéal pour piqueniquer
2 place : **to change places with somebody** changer de place avec quelqu'un ; **to take the place of** remplacer
3 maison, appartement : **I'd like to have a place of my own** j'aimerais avoir une maison/un appartement à moi ; **have you ever been to his place?** tu es déjà allé chez lui ? ; **we worked at my place** nous avons travaillé chez moi
4 **to take place** avoir lieu
▸ *verbe* placer, mettre

plain [pleɪn]
▸ *adjectif*
1 clair, -e, évident, -ente ; **I made it plain to her that...** je lui ai fait comprendre que...
2 simple : **I like good plain cooking** j'aime la cuisine simple
3 uni, -e : **a plain fabric** un tissu uni
4 nature : **a plain yoghurt** un yaourt nature
▸ *nom* plaine

plait [plæt] ▸ *nom* natte, tresse

plan [plæn]
▸ *nom*
1 projet : **to make plans** faire des projets
2 plan : **I have a plan** j'ai un plan
▸ *verbe*
1 prévoir : **as planned** comme prévu ; **to plan for something** prévoir quelque chose ; **to plan to do something** avoir l'intention de faire quelque chose
2 préparer, organiser : **everything had been planned in advance** tout avait été organisé à l'avance

plane [pleɪn] ▸ *nom* avion : **by plane** en avion

planet ['plænɪt] ▸ *nom* planète

plank [plæŋk] ▸ *nom* planche

plant [plɑːnt]
▸ *nom* plante
▸ *verbe* planter

plaster ['plɑːstər] ▸ *nom*
1 plâtre : **she has an arm in plaster** elle a un bras dans le plâtre
2 **a sticking plaster** un pansement adhésif

plastic ['plæstɪk] ▸ *nom* plastique : **a plastic bottle** une bouteille en plastique

plate [pleɪt] ▸ *nom* assiette

platform ['plætfɔːm] ▸ *nom*
1 *(dans une gare)* quai
2 estrade

play [pleɪ]
▸ *nom* pièce (de théâtre)
▸ *verbe*
1 jouer : **to play a tune/a part/a game of chess** jouer un air/un rôle/une partie d'échecs
2 jouer à : **to play tennis/cards** jouer au tennis/aux cartes
3 jouer de : **to play the violin/an instrument** jouer du violon/d'un instrument
4 jouer contre : **they're playing Manchester United** ils jouent contre Manchester United
5 **to play a CD** passer *ou* mettre un CD ; **don't play the stereo so loud** ne mets pas la chaîne si fort

▸ **play back** repasser, remettre

player ['pleɪər] ▸ *nom*
1 joueur, -euse ; **he's a football player** il est footballeur
2 **a cassette/CD player** un lecteur de cassettes/CD ; **a DVD player** un lecteur de DVD

playful ['pleɪfʊl] ▸ *adjectif* joueur, -euse

playground ['pleɪgraʊnd] ▸ *nom* cour de récréation ; *(dans un parc)* aire de jeux

playgroup ['pleɪgruːp] ▸ *nom* halte-garderie

playtime ['pleɪtaɪm] ▸ *nom* récréation

pleasant ['plezənt] ▸ *adjectif* agréable

please [pliːz]
▸ *adverbe* s'il te plaît, s'il vous plaît
▸ *verbe* **to please somebody** faire plaisir à quelqu'un ; **do as you please** fais comme tu veux

pleased [pliːzd] ▸ *adjectif* content, -ente (**with** de) : **he's very pleased with his new computer** il est très content de son nouvel ordinateur ; **I'm pleased she came** je suis content qu'elle soit venue ; **pleased to meet you!** enchanté !

pleasure ['pleʒər] ▸ *nom* plaisir

plenty ['plentɪ] ▸ *pronom*
 1 beaucoup : **I have plenty** j'en ai beaucoup ; **plenty of** beaucoup de
 2 that's plenty c'est suffisant

pliers ['plaɪəz] ▸ *nom pluriel* pince

plimsoll ['plɪmsəl] ▸ *nom* (chaussure de) tennis

plough [plaʊ] (*ou* **plow** *en américain*)
 ▸ *nom* charrue
 ▸ *verbe* labourer

plug [plʌg] ▸ *nom*
 1 prise (de courant)
 2 bonde
▸ **plug in** brancher

plum [plʌm] ▸ *nom* prune

plumber ['plʌmər] ▸ *nom* plombier

plural ['plʊər(ə)l] ▸ *nom* pluriel : **in the plural** au pluriel

plus [plʌs] ▸ *préposition* plus : **seven plus three is ten** sept plus trois font dix

p.m. ['piː'em] ▸ *adverbe*
 1 de l'après-midi : **it's three p.m.** il est trois heures de l'après-midi
 2 du soir : **it's eleven p.m.** il est onze heures du soir

pocket ['pɒkɪt] ▸ *nom* poche : **pocket money** de l'argent de poche

poem ['pəʊəm] ▸ *nom* poème

poet ['pəʊɪt] ▸ *nom* poète

point [pɔɪnt]
 ▸ *nom*
 1 point : **to score a point** marquer un point
 2 *(d'une aiguille, d'un crayon)* pointe
 3 virgule : **six point five** six virgule cinq
 4 moment : **at one point** à un moment donné ; **at that point** à ce moment-là
 5 *(utilité)* **what's the point?** à quoi bon ? ; **what's the point of going there?** à quoi bon faire y aller ? ; **there's no point (in) crying like that** ça ne sert à rien de pleurer comme ça
 6 a point of view un point de vue
 ▸ *verbe*
 1 to point one's finger at somebody/something montrer quelqu'un/quelque chose du doigt ; **don't point!** ne montre pas du doigt ! ; **to point at** *ou* **to somebody/something** *(avec le doigt)* montrer quelqu'un/quelque chose
 2 to point a gun at braquer un revolver sur
▸ **point out**
 1 indiquer, montrer : **he pointed out the house to me** il m'a montré la maison du doigt
 2 signaler : **she pointed out several mistakes** elle a signalé plusieurs erreurs

pointed ['pɔɪntɪd] ▸ *adjectif* pointu, -e

pointless ['pɔɪntlɪs] ▸ *adjectif* inutile

poison ['pɔɪzən]
 ▸ *nom* poison
 ▸ *verbe* empoisonner

poisonous ['pɔɪzənəs] ▸ *adjectif* toxique ; *(plante)* vénéneux, -euse ; *(serpent)* venimeux, -euse

Poland ['pəʊlənd] ▸ *nom* la Pologne

polar bear ['pəʊləbeər] ▸ *nom* ours blanc *ou* polaire

Pole [pəʊl] ▸ *nom* Polonais, -aise

pole [pəʊl] ▸ *nom*
 1 poteau
 2 the North/South Pole le pôle Nord/Sud

police [pə'liːs] ▸ *nom* police : **a police car** une voiture de police ; **a police station** le commissariat de police

policeman [pə'liːsmən] (*au pluriel* **policemen** [-men]) ▸ *nom* agent (de police)

policewoman [pə'liːswʊmən] (*au pluriel* **policewomen** [-wɪmɪn]) ▸ *nom* femme policier, policière

Polish ['pəʊlɪʃ]
▸ *adjectif* polonais, -aise
▸ *nom* polonais *(langue)*

polish ['pɒlɪʃ]
▸ *nom* cirage ; *(pour les meubles, le sol)* cire ; *(pour les ongles)* vernis
▸ *verbe* cirer

polite [pə'laɪt] ▸ *adjectif* poli, -e (**to** avec)

political [pə'lɪtɪk(ə)l] ▸ *adjectif* politique

politician [pɒlɪ'tɪʃən] ▸ *nom* homme politique, femme politique

politics ['pɒlɪtɪks] ▸ *nom* politique

pond [pɒnd] ▸ *nom* étang ; *(plus petit)* mare ; *(dans un parc)* bassin

pony ['pəʊnɪ] (*au pluriel* **ponies**) ▸ *nom* poney

poodle ['pu:d(ə)l] ▸ *nom* caniche

pool [pu:l] ▸ *nom*
1 piscine
2 flaque
3 mare
4 billard

poor [pɔ:r] ▸ *adjectif*
1 pauvre : **it's a very poor country** c'est un pays très pauvre ; **poor Paul!** pauvre Paul !
2 mauvais, -aise : **it's poor quality** c'est de la mauvaise qualité

pop[1] [pɒp] ▸ *adjectif* pop : **pop music** de la musique pop

pop[2] [pɒp] ▸ *verbe*
1 mettre (**into** dans) : **pop it in a bag** mets-le dans un sac
2 I'm just popping next door je fais juste un saut chez les voisins ; **to pop round to the baker's** faire un saut chez le boulanger
▸ **pop in** passer : **to pop in to see somebody** passer voir quelqu'un
▸ **pop out** sortir un instant

Attention, tous ces sens du verbe **to pop** sont familiers.

poppy ['pɒpɪ] (*au pluriel* **poppies**) ▸ *nom* coquelicot

Popsicle® ['pɒpsɪk(ə)l] ▸ *nom (mot américain)* glace à l'eau

popular ['pɒpjʊlər] ▸ *adjectif* populaire ; **to be popular with somebody** beaucoup plaire à quelqu'un ; **he's a popular boy** c'est un garçon qui a beaucoup d'amis

porch [pɔ:tʃ] ▸ *nom* porche ; *(en américain)* véranda

pork [pɔ:k] ▸ *nom* porc

porridge ['pɒrɪdʒ] ▸ *nom* porridge *(bouillie de flocons d'avoine)*

port [pɔ:t] ▸ *nom* port

porter ['pɔ:tər] ▸ *nom (à la gare)* porteur

portion ['pɔ:ʃən] ▸ *nom*
1 partie : **a portion of the total price** une partie du prix total
2 portion

portrait ['pɔ:treɪt] ▸ *nom* portrait

Portugal ['pɔ:tjʊg(ə)l] ▸ *nom* le Portugal

Portuguese [pɔ:tjʊ'gi:z]
▸ *adjectif* portugais, -aise ; **a Portuguese man** un Portugais ; **a Portuguese woman** une Portugaise
▸ *nom* portugais *(langue)*
▸ *nom pluriel* **the Portuguese** les Portugais

position [pə'zɪʃən] ▸ *nom* position

positive ['pɒzɪtɪv] ▸ *adjectif*
1 certain (**about** de) : **I'm positive** j'en suis certain
2 *(ton, attitude, test)* positif, -ive

possibility [pɒsɪ'bɪlɪtɪ] (*au pluriel* **possibilities**) ▸ *nom* possibilité

possible ['pɒsɪb(ə)l] ▸ *adjectif* possible : **it's possible that she'll come** il est possible qu'elle vienne ; **if possible** si possible ; **as quickly as possible** le plus rapidement possible ; **to work as much/as little as possible**

travailler le plus/le moins possible ; **as many details as possible** le plus de détails possible ; **as far as possible** autant que possible

post [pəʊst]
▸ *nom*
1 courrier : **is there any post for me?** est-ce qu'il y a du courrier pour moi ?
2 poste : **by post** par la poste ; **a post office** une poste, un bureau de poste
3 poteau
▸ *verbe* poster

postage ['pəʊstɪdʒ] ▸ *nom* tarif postal, affranchissement

postbox ['pəʊstbɒks] ▸ *nom* boîte aux lettres

postcard ['pəʊstkɑːd] ▸ *nom* carte postale

poster ['pəʊstər] ▸ *nom (publicitaire)* affiche ; *(décoratif)* poster

postman ['pəʊstmən] (*au pluriel* **postmen** [-men]) ▸ *nom* facteur

postpone [pəʊst'pəʊn] ▸ *verbe* remettre (à plus tard) : **the meeting was postponed until a later date** la réunion a été remise à une date ultérieure

pot [pɒt] ▸ *nom*
1 pot
2 marmite ; **the pots and pans** les casseroles
3 a pot of tea du thé *(servi dans une théière)*

potato [pə'teɪtəʊ] (*au pluriel* **potatoes**) ▸ *nom* pomme de terre

poultry ['pəʊltrɪ] ▸ *nom* volaille, volailles

Le mot **poultry** est indénombrable.

pound [paʊnd] ▸ *nom*
1 *(poids)* livre *(environ 450 g)*
2 *(argent)* livre : **a pound coin** une pièce d'une livre

pour [pɔːr] ▸ *verbe*
1 verser ; **to pour somebody a drink** servir un verre à quelqu'un
2 it's pouring (with rain) il pleut à verse ; **in the pouring rain** sous une pluie battante
▸ **pour out**
1 verser
2 *(une tasse, un verre)* vider

poverty ['pɒvətɪ] ▸ *nom* pauvreté

powder ['paʊdər] ▸ *nom* poudre

power ['paʊər] ▸ *nom*
1 pouvoir : **to be in power** être au pouvoir
2 puissance : **military power** la puissance militaire
3 énergie : **nuclear power** l'énergie nucléaire
4 courant : **a power cut** une coupure de courant

powerful ['paʊəfʊl] ▸ *adjectif* puissant, -ante

practical ['præktɪk(ə)l] ▸ *adjectif* pratique

practically ['præktɪklɪ] ▸ *adverbe* pratiquement

practice ['præktɪs]
▸ *nom* exercices ; *(en sport)* entraînement : **to be out of practice** manquer d'entraînement
▸ *verbe (mot américain)* = **practise**

practise ['præktɪs] ▸ *verbe*
1 s'entraîner (**doing** à faire) : **to practise speaking French** s'entraîner à parler français
2 *(musicien)* s'exercer ; **to practise the piano/flute** travailler le piano/la flûte

praise [preɪz] ▸ *verbe*
1 to praise somebody for something/for doing something féliciter quelqu'un de quelque chose/d'avoir fait quelque chose
2 faire l'éloge de

pram [præm] ▸ *nom* landau

pray [preɪ] ▸ *verbe* prier : **I prayed**

that they wouldn't hear me j'ai prié pour qu'ils ne m'entendent pas

prayer [preər] ▸ *nom* prière

precious ['preʃəs] ▸ *adjectif* précieux, -euse

prefer [prɪ'fɜːr] ▸ *verbe* préférer (**to** à) : **to prefer to do something** préférer faire quelque chose

pregnant ['pregnənt] ▸ *adjectif* enceinte : **she's eight months pregnant** elle est enceinte de huit mois

prepare [prɪ'peər] ▸ *verbe* préparer ; **to prepare for** *(voyage, événement)* se préparer à ; **to prepare for an exam** préparer un examen ; **to prepare to do something** se préparer à faire quelque chose

prepared [prɪ'peəd] ▸ *adjectif* **to be prepared to do something** être prêt, prête à faire quelque chose ; **I'm prepared for anything** je m'attends à tout

prescription [prɪ'skrɪpʃən] ▸ *nom* ordonnance

presence ['prezəns] ▸ *nom* présence : **in the presence of** en présence de

present ['prezənt]

▸ *adjectif*

1 présent, -ente (**at** à)

2 actuel, -elle : **the present situation is worrying** la situation actuelle est préoccupante

3 the present tense le présent *(en grammaire)*

▸ *nom*

1 cadeau

2 the present le présent ; **for the present** pour le moment ; **at present** à présent

president ['prezɪdənt] ▸ *nom* président, -ente

press [pres] ▸ *verbe*

1 appuyer sur : **I pressed the button** j'ai appuyé sur le bouton ; **she pressed too hard** elle a appuyé trop fort

2 presser

pretend [prɪ'tend] ▸ *verbe* faire semblant (**to do** de faire) : **he pretended he didn't hear** il a fait semblant de ne pas avoir entendu

pretty ['prɪtɪ]

▸ *adjectif* joli, -e

▸ *adverbe* assez : **it's pretty hard** c'est assez difficile

prevent [prɪ'vent] ▸ *verbe* empêcher : **to prevent somebody (from) doing something** empêcher quelqu'un de faire quelque chose ; **his injury has prevented him from playing** sa blessure l'a empêché de jouer

previous ['priːvɪəs] ▸ *adjectif* précédent, -ente

price [praɪs] ▸ *nom* prix : **a price list** une liste des prix, un tarif

prick [prɪk] ▸ *verbe* piquer : **to prick one's finger** se piquer le doigt

pride [praɪd] ▸ *nom* fierté

priest [priːst] ▸ *nom* prêtre

primary school ['praɪmərɪskuːl] ▸ *nom* école primaire

Prime Minister [praɪm'mɪnɪstər] ▸ *nom* Premier ministre

prince [prɪns] ▸ *nom* prince

princess [prɪn'ses] ▸ *nom* princesse

principal ['prɪnsɪp(ə)l] ▸ *nom (d'école)* directeur, -trice ; *(de collège)* principal, -e ; *(de lycée)* proviseur

print [prɪnt] ▸ *verbe*

1 imprimer

2 écrire en caractères d'imprimerie

printer ['prɪntər] ▸ *nom* imprimante

prison ['prɪz(ə)n] ▸ *nom* prison : **in prison** en prison ; **to send somebody to prison** mettre quelqu'un en prison ; **to go to prison** aller en prison

prisoner ['prɪz(ə)nər] ▸ *nom* prisonnier, -ière

private ['praɪvɪt] ▸ *adjectif* privé, -e ; *(cours, salle de bains)* particulier, -ière

prize [praɪz] ▸ *nom* prix ; *(à la loterie)* lot

probable ['prɒbəb(ə)l] ▸ *adjectif* probable

probably ['prɒbəblɪ] ▸ *adverbe* probablement

problem ['prɒbləm] ▸ *nom* problème : **no problem!** pas de problème ! ; **I had problems opening the door** j'ai eu du mal à ouvrir la porte

produce [prə'dju:s] ▸ *verbe* produire

product ['prɒdʌkt] ▸ *nom* produit

profession [prə'feʃən] ▸ *nom* profession

professional [prə'feʃən(ə)l] ▸ *adjectif* professionnel, -elle

profit ['prɒfɪt] ▸ *nom* bénéfice, profit

program ['prəʊgræm] ▸ *nom*
1 *(informatique)* programme
2 *(en américain)* = **programme**

programme ['prəʊgræm] ▸ *nom*
1 émission : **a TV programme** une émission de télévision
2 programme : **what's on the programme for this afternoon?** qu'est-ce qu'il y a au programme cet après-midi ?

progress ['prəʊgres] ▸ *nom* progrès : **to make progress** faire des progrès

Le mot **progress** est indénombrable.

project ['prɒdʒekt] ▸ *nom*
1 projet
2 *(à l'école)* dossier : **David is doing a project on pollution** David fait un dossier sur la pollution
3 *(en américain)* **a housing project** une cité HLM

promise ['prɒmɪs]
▸ *nom* promesse : **to keep one's promise** tenir sa promesse
▸ *verbe* promettre : **to promise somebody something** promettre quelque chose à quelqu'un ; **to promise to do something** promettre de faire quelque chose ; **I promised him that we'd go to the cinema** je lui ai promis que nous irions au cinéma ; **I promise!** je te le promets !

pronounce [prə'naʊns] ▸ *verbe* prononcer

pronunciation [prənʌnsɪ'eɪʃən] ▸ *nom* prononciation

proof [pru:f] ▸ *nom* preuve : **I need proof** il me faut des preuves

Le mot **proof** est indénombrable dans ce sens.

proper ['prɒpər] ▸ *adjectif*
1 qui convient, approprié, -e : **the proper tool** l'outil qui convient, l'outil approprié
2 vrai, -e : **I haven't had a proper holiday for ages** ça fait longtemps que je n'ai pas pris de vraies vacances
3 bon, bonne : **that's not the proper address** ce n'est pas la bonne adresse

properly ['prɒpəlɪ] ▸ *adverbe* correctement

property ['prɒpətɪ] (*au pluriel* **properties**) ▸ *nom* propriété

protect [prə'tekt] ▸ *verbe* protéger (**from** de)

Protestant ['prɒtɪstənt] ▸ *nom & adjectif* protestant, -ante

proud [praʊd] ▸ *adjectif*
1 fier, fière (**of** de)
2 orgueilleux, -euse

prove [pru:v] ▸ *verbe* prouver

provide [prə'vaɪd] ▸ *verbe* fournir : **to provide somebody with something** fournir quelque chose à quelqu'un

prune [pru:n] ▸ *nom* pruneau

pub [pʌb] ▸ *nom* pub *(bar)*

public ['pʌblɪk]
▸ *adjectif*
1 public, -ique ; *(bibliothèque)* municipal, -e

2 a public school *(en Grande-Bretagne)* une école privée ; *(aux États-Unis)* une école publique
3 a public holiday un jour férié
▸ *nom* **the public** le public : **open to the public** ouvert au public ; **in public** en public

publish ['pʌblɪʃ] ▸ *verbe* publier

pudding ['pʊdɪŋ] ▸ *nom*
1 dessert
2 a black pudding un boudin ; **rice pudding** du riz au lait

puddle ['pʌd(ə)l] ▸ *nom* flaque (d'eau)

pull [pʊl]
▸ *nom* **to give something a pull** tirer quelque chose
▸ *verbe* tirer : **to pull on something** tirer sur quelque chose
▸ **pull down**
1 baisser : **pull the blind down** baisse le store
2 démolir
▸ **pull off** enlever, retirer
▸ **pull out**
1 arracher ; *(un bouchon)* enlever
2 to pull something out of one's pocket sortir quelque chose de sa poche
▸ **pull up**
1 remonter : **pull the blind up** remonte le store
2 arracher, déraciner
3 s'arrêter *(en voiture)*

pulse [pʌls] ▸ *nom* pouls

pump [pʌmp] ▸ *nom* pompe : **a bicycle pump** une pompe à vélo
▸ **pump up** gonfler

pumpkin ['pʌmpkɪn] ▸ *nom* citrouille, potiron

punch [pʌntʃ]
▸ *nom* coup de poing
▸ *verbe* donner un coup de poing à

punctual ['pʌŋktjʊəl] ▸ *adjectif* **to be punctual** être à l'heure

punish ['pʌnɪʃ] ▸ *verbe* punir (**for** de) : **to punish somebody for doing something** punir quelqu'un pour avoir fait quelque chose

punishment ['pʌnɪʃmənt] ▸ *nom* punition

pup [pʌp] ▸ *nom* chiot

pupil ['pju:p(ə)l] ▸ *nom*
1 élève
2 pupille *(de l'œil)*

puppet ['pʌpɪt] ▸ *nom* marionnette

puppy ['pʌpɪ] (*au pluriel* **puppies**) ▸ *nom* chiot

pure [pjʊər] ▸ *adjectif* pur, -e

purple ['pɜ:p(ə)l] ▸ *adjectif* violet, -ette

purpose ['pɜ:pəs] ▸ *nom*
1 but : **for this purpose** dans ce but
2 on purpose exprès

purse [pɜ:s] ▸ *nom*
1 porte-monnaie
2 *(en américain)* sac à main

push [pʊʃ]
▸ *nom* **to give somebody a push** pousser quelqu'un
▸ *verbe* pousser ; **to push a button** appuyer sur un bouton ; **to push one's finger/a knife into something** enfoncer son doigt/un couteau dans quelque chose
▸ **push in** resquiller
▸ **push over** renverser, faire tomber

pushchair ['pʊʃtʃeər] ▸ *nom* poussette

put [pʊt] ▸ *verbe* mettre (**on** sur, **in** dans)
▸ **put away** ranger
▸ **put back**
1 remettre (à sa place)
2 to put the clocks back by an hour retarder les pendules d'une heure
▸ **put down**
1 poser
2 noter, inscrire
▸ **put in** installer ; *(une vitre)* poser
▸ **put off**
1 remettre (à plus tard) : **the meet-**

ing has been put off until tomorrow la réunion a été remise à demain

2 éteindre

3 to put somebody off something dégoûter quelqu'un de quelque chose

▸ **put on**

1 mettre : **put your coat on** mets ton manteau

2 to put theTV/heating on allumer la télé/le chauffage

4 to put a film on passer un film ; **to put a CD on** mettre un CD

5 mettre à cuire : **have you put the potatoes on?** est-ce que tu as mis les pommes de terre à cuire ?

6 to put on weight grossir : **she's put on a lot of weight** elle a beaucoup grossi

▸ **put out**

1 éteindre

2 to put out one's hand tendre la main

▸ **put up**

1 lever : **to put up one's hand** lever la main

2 accrocher ; *(une affiche)* mettre

3 installer ; *(une tente)* monter, dresser

4 augmenter : **this will put up the price of meat** ça va faire augmenter le prix de la viande

5 to put up with supporter : **I can't put up with this noise** je ne supporte pas ce bruit

I put, I have put, I am putting

puzzle ['pʌzl]

▸ *nom*

1 a (jigsaw) puzzle un puzzle

2 mystère

▸ *verbe* laisser perplexe ; **I was puzzled** j'étais perplexe

pyjamas [pə'dʒɑːməz] ▸ *nom pluriel* pyjama : **where are your pyjamas?** où est ton pyjama ? ; **a pair of pyjamas** un pyjama

Qq

quality ['kwɒlɪtɪ] ► *nom* qualité

quantity ['kwɒntɪtɪ] (*au pluriel* **quantities**) ► *nom* quantité

quarrel ['kwɒr(ə)l]
► *nom* dispute : **to have a quarrel** se disputer (**with** avec)
► *verbe* se disputer (**with** avec)

quarter ['kwɔːtər] ► *nom*
1 quart : **a quarter of a pound/of a chicken** un quart de livre/de poulet ; **three quarters of the cake** les trois quarts du gâteau ; **to divide something into quarters** diviser quelque chose en quatre
2 a quarter of an hour un quart d'heure ; **two and a quarter hours** deux heures et quart ; **it's a quarter past two,** *(en américain)* **it's a quarter after two** il est deux heures et quart ; **a quarter to two** deux heures moins le quart
3 *(aux États-Unis)* pièce de vingt-cinq cents

quay [kiː] ► *nom* quai

queen [kwiːn] ► *nom* reine

question ['kwestʃən]
► *nom* question : **to ask somebody a question** poser une question à quelqu'un ; **a question mark** un point d'interrogation
► *verbe* interroger, questionner

queue [kjuː]
► *nom* queue : **to form a queue** faire la queue
► *verbe* faire la queue
► **queue up** faire la queue

quick [kwɪk] ► *adjectif* rapide : **that was quick!** ça a été rapide ! ; **be quick!** fais vite ! ; **to have a quick meal** manger en vitesse ; **quick!** vite !

quickly ['kwɪklɪ] ► *verbe* vite

quiet ['kwaɪət] ► *adjectif*
1 tranquille : **a quiet child/corner** un enfant/un coin tranquille
2 silencieux, -euse : **a quiet car** une voiture silencieuse ; **in a quiet voice** à voix basse ; **quiet!** silence ! ; **be quiet and eat!** tais-toi et mange !

quietly ['kwaɪətlɪ] ► *verbe*
1 doucement : **I can't hear you, you're speaking too quietly** je ne t'entends pas, tu parles trop doucement
2 silencieusement, sans bruit

quite [kwaɪt] ► *adverbe*
1 assez : **quite big/small** assez grand/petit
2 tout à fait : **you're quite right** tu as tout à fait raison
3 quite a lot beaucoup : **I read/travel quite a lot** je lis/je voyage beaucoup ; **she goes there quite a lot** elle y va souvent ; **quite a lot of...** pas mal de...

quiz [kwɪz] (*au pluriel* **quizzes**) ► *nom* jeu-concours

quotation marks [kwəʊ'teɪʃən-mɑːks] ► *nom pluriel* guillemets

quote [kwəʊt] ► *verbe* citer

Rr

rabbit ['ræbɪt] ▸ *nom* lapin

race [reɪs]
▸ *nom*
1 course : **a cycle race** une course cycliste ; **the races** les courses (de chevaux)
2 race : **the human race** la race humaine
▸ *verbe* courir : **she raced for the bus** elle a couru pour attraper le bus

racing ['reɪsɪŋ] ▸ *nom* **racing** *(voitures)* la course ; *(chevaux)* les courses ; **a racing car** une voiture de course

rack [ræk] ▸ *nom*
1 étagère
2 porte-bagages

racket ['rækɪt] ▸ *nom*
1 raquette
2 vacarme

radiator ['reɪdɪeɪtər] ▸ *nom* radiateur

radio ['reɪdɪəʊ] ▸ *nom* radio : **to turn the radio on/off** allumer/éteindre la radio ; **on the radio** à la radio

radish ['rædɪʃ] ▸ *nom* radis

rag [ræg] ▸ *nom* chiffon ; **rags** *(vêtements)* haillons, guenilles

rail [reɪl] ▸ *nom*
1 rampe (d'escalier) ; *(sur un balcon)* balustrade
2 rail ; **to travel by rail** voyager par le train ; **to send something by rail** envoyer quelque chose par chemin de fer

railings ['reɪlɪŋz] ▸ *nom pluriel* grille

railway ['reɪlweɪ] (*ou* **railroad** ['reɪlrəʊd] *en américain*) ▸ *nom* chemin de fer : **a railway line** une ligne de chemin de fer ; **a railway station** une gare ; **a railway track** une voie ferrée

rain [reɪn] ▸ *nom* pluie : **in the rain** sous la pluie
▸ *verbe* pleuvoir : **it's raining** il pleut

rainbow ['reɪnbəʊ] ▸ *nom* arc-en-ciel

raincoat ['reɪnkəʊt] ▸ *nom* imperméable

rainy ['reɪnɪ] ▸ *adjectif* pluvieux, -euse

raise [reɪz] ▸ *verbe*
1 lever : **to raise one's hand** lever la main
2 augmenter, faire monter ; **to raise the standard of living** améliorer le niveau de vie
3 to raise one's voice élever la voix
4 to raise funds réunir des fonds

raisin ['reɪz(ə)n] ▸ *nom* raisin sec

rake [reɪk] ▸ *nom* râteau

ran [ræn] *voir* **run**

rang [ræŋ] *voir* **ring**

range [reɪndʒ] ▸ *nom*
1 *(de couleurs)* choix ; *(de produits, de prix)* gamme ; *(de salaires)* éventail ; **children in the same age range** les enfants dans la même tranche d'âge
2 *(en américain)* cuisinière *(appareil)*

rare [reər] ▸ *adjectif*
1 rare
2 *(viande)* saignant, -ante

rash [ræʃ] ▸ *nom* éruption cutanée

raspberry ['rɑːzb(ə)rɪ] (*au pluriel* **raspberries**) ▸ *nom* framboise

rat [ræt] ▸ *nom* rat

rather ['rɑːðər] ▸ *adverbe*
1 plutôt : **rather pleasant** plutôt agréable
2 rather a lot beaucoup : **I read/travel rather a lot** je lis/je voyage beaucoup ; **she goes there rather a lot** elle y va souvent ; **rather a lot of...** pas mal de...
3 *(préférence)* **rather than...** plutôt que... ; **we should go to the museum rather than stay at home** on devrait aller au musée plutôt que de rester à la maison ; **I'd rather stay** j'aimerais mieux rester

rattle ['ræt(ə)l] ▸ *nom* hochet

raw [rɔː] ▸ *adjectif*
1 cru, -e
2 raw materials les matières premières

ray [reɪ] ▸ *nom* rayon

razor ['reɪzər] ▸ *nom* rasoir

reach [riːtʃ] ▸ *verbe*
1 atteindre
2 to reach (out) for something étendre le bras pour prendre quelque chose ; **I can't reach!** je n'y arrive pas !
3 toucher : **he can reach the ceiling** il peut toucher le plafond
4 *(au téléphone)* joindre : **you can reach him on his mobile** tu peux le joindre sur son portable

reaction [rɪ'ækʃən] ▸ *nom* réaction

read [riːd] ▸ *verbe* lire : **to read something to somebody** lire quelque chose à quelqu'un ; **to read to somebody** faire la lecture à quelqu'un ; **she can read** elle sait lire

> I read [red], I have read [red], I am reading ['riːdɪŋ]

reader ['riːdər] ▸ *nom* lecteur, -trice

reading ['riːdɪŋ] ▸ *nom* lecture ; **she likes reading** elle aime lire

ready ['redɪ] ▸ *adjectif*
1 prêt, prête (**to do** à faire)
2 to get ready se préparer ; **to get ready to do something** se préparer à faire quelque chose ; **to get something ready** préparer quelque chose

real [rɪəl] ▸ *adjectif*
1 vrai, -e : **the real reason** la vraie raison ; **it isn't his real name** ce n'est pas son vrai nom
2 véritable, vrai, -e : **it's real leather** c'est du cuir véritable, c'est du vrai cuir
3 réel, -elle : **the real world** le monde réel ; **in real life** dans la réalité

realize ['rɪəlaɪz] ▸ *verbe* se rendre compte de : **do you realize the amount of work involved?** tu te rends compte du travail que ça représente ? ; **to realize that...** se rendre compte que... ; **I hadn't realized why he was doing it** je n'avais pas compris pourquoi il le faisait ; **I didn't realize** je ne savais pas

really ['rɪəlɪ] ▸ *adverbe* vraiment : **she's really nice** elle est vraiment sympathique ; **is it really true?** est-ce bien vrai ? ; **really?** vraiment ?, c'est vrai ?

rear [rɪər] ▸ *adjectif* arrière : **the rear tyres/wheels** les pneus/roues arrière

reason ['riːz(ə)n] ▸ *nom* raison (**for** de) : **for what reason?** pour quelle raison ? ; **the reason why I...** la raison pour laquelle je...

reasonable ['riːz(ə)nəb(ə)l] ▸ *adjectif*
1 raisonnable
2 passable : **the film/the weather was reasonable** le film/le temps était passable

receipt [rɪ'siːt] ▸ *nom* reçu

receive [rɪ'siːv] ▸ *verbe* recevoir

recent ['riːsənt] ▸ *adjectif* récent, -ente ; **in recent years** ces dernières années

recently ['riːsəntlɪ] ▸ *adverbe* récemment ; **until very recently** jusqu'à ces derniers temps

recipe ['resɪpɪ] ▸ *nom* recette

recite [rɪ'saɪt] ▸ *verbe* réciter

reckon ['rekən] ▸ *verbe* penser : **I reckon he must have forgotten** je pense qu'il a dû oublier ; **what do you reckon?** qu'est-ce que tu en penses ?

recognize ['rekəgnaɪz] ▸ *verbe* reconnaître (**by** à)

recommend [rekə'mend] ▸ *verbe* recommander (**to** à)

record
▸ *nom* ['rekɔːd]
1 disque : **to put on a record** mettre un disque
2 record : **to break a record** battre un record
▸ *verbe* [rɪ'kɔːd] enregistrer : **the video is recording** le magnétoscope est en train d'enregistrer

recorder [rɪ'kɔːdər] ▸ *nom* flûte à bec

recover [rɪ'kʌvər] ▸ *verbe* se remettre (**from** de) : **he never recovered from his accident** il ne s'est jamais remis de son accident

red [red]
▸ *adjectif*
1 rouge : **a red skirt** une jupe rouge ; **a red light** *(sur la route)* un feu rouge
2 roux, rousse : **she has red hair** elle a les cheveux roux
▸ *nom* rouge : **I like red** j'aime le rouge

red-haired [red'heəd] ▸ *adjectif* roux, rousse

redid [riː'dɪd] *voir* **redo**

redo [riː'duː] ▸ *verbe* refaire

I redid, I have redone, I am redoing

reduce [rɪ'djuːs] ▸ *verbe* réduire (**by** de) : **they've reduced my salary by 20 percent** ils ont réduit mon salaire de 20 pour cent

reflection [rɪ'flekʃən] ▸ *nom* image, reflet

refreshing [rɪ'freʃɪŋ] ▸ *adjectif* rafraîchissant, -ante

refreshments [rɪ'freʃməntz] ▸ *nom pluriel (boissons)* rafraîchissements ; *(nourriture)* collation

refrigerate [rɪ'frɪdʒəreɪt] ▸ *verbe* conserver au frais

refrigerator [rɪ'frɪdʒəreɪtər] ▸ *nom* réfrigérateur

refuse [re'fjuːz] ▸ *verbe* refuser : **he refused to do his homework** il a refusé de faire ses devoirs ; **I refused** j'ai refusé

region ['riːdʒ(ə)n] ▸ *nom* région

register ['redʒɪstər] ▸ *verbe (à l'école)* **to call** *ou* **to take the register** faire l'appel

regular ['regjʊlər] ▸ *adjectif*
1 régulier, -ière ; **to take regular exercise** faire de l'exercice régulièrement
2 habituel, -elle ; **a regular customer** un client fidèle
3 normal, -e : **a regular portion of chips** une portion de frites normale

regularly ['regjʊləlɪ] ▸ *adverbe* régulièrement

reign [reɪn]
▸ *nom* règne : **in the reign of...** sous le règne de...
▸ *verbe* régner (**over** sur)

reindeer ['reɪndɪər] ▸ *nom* renne

On n'ajoute pas de **-s** pour former le pluriel de **reindeer**.

related [rɪ'leɪtɪd] ▸ *adjectif*
1 parent, -ente : **to be related to somebody** être parent de quelqu'un ; **we're not related** nous n'avons aucun lien de parenté
2 lié, -e : **the two incidents are not related** les deux incidents ne sont pas liés

relation [rɪ'leɪʃən] (*ou* **relative** ['relətɪv]) ▸ *nom* parent, -ente : **my close relations** mes proches parents ; **he has relations in Toronto** il a de la famille à Toronto

relationship [rɪ'leɪʃənʃɪp] ▸ *nom* relation

relax [rɪ'læks] ▸ *verbe* se détendre ; **relax!** *(pour apaiser)* du calme ! ; *(pour rassurer)* ne t'inquiète pas !

relaxed [rɪ'lækst] ▸ *adjectif* décontracté, -e

release [rɪ'liːs] ▸ *verbe*
1 libérer : **the hostages have been released** les otages ont été libérés
2 sortir : **they've just released their second album** ils viennent de sortir leur deuxième album

reliable [rɪ'laɪəb(ə)l] ▸ *adjectif (personne)* sérieux, -euse ; *(machine, voiture)* fiable

religion [rɪ'lɪdʒən] ▸ *nom* religion

religious [rɪ'lɪdʒəs] ▸ *adjectif* religieux, -euse ; *(personne)* croyant, -ante

rely on [rɪ'laɪɒn] ▸ *verbe* compter sur : **you can rely on me** tu peux compter sur moi

remain [rɪ'meɪn] ▸ *verbe* rester

remaining [rɪ'meɪnɪŋ] ▸ *adjectif* qui reste : **he spent the remaining three days in Paris** il a passé les trois jours qui restaient à Paris ; **the remaining tourists** le reste des touristes

remark [rɪ'mɑːk]
▸ *nom* remarque
▸ *verbe* faire remarquer

remember [rɪ'membər] ▸ *verbe* se souvenir de, se rappeler : **do you remember your grandmother?** est-ce que tu te souviens de ta grand-mère ? ; **to remember that...** se rappeler que..., se souvenir que... ; **I don't remember locking the door** je ne me souviens pas d'avoir fermé la porte à clé, je ne me rappelle pas avoir fermé la porte à clé ; **I don't** *ou* **I can't remember!** je ne m'en souviens pas ! ; **remember to water the plants** pense à arroser les plantes, n'oublie pas d'arroser les plantes

remind [rɪ'maɪnd] ▸ *verbe* rappeler : **you remind me of my uncle** tu me rappelles mon oncle, tu me fais penser à mon oncle ; **let me remind you that smoking is not permitted** je vous rappelle qu'il est interdit de fumer ; **remind me to take my gloves** fais-moi penser à prendre mes gants, rappelle-moi de prendre mes gants

remove [rɪ'muːv] ▸ *verbe* enlever (**from** de)

rent [rent]
▸ *nom* loyer
▸ *verbe* louer : **I rented a house** j'ai loué une maison ; **I'm renting a house to students** je loue une maison à des étudiants

repair [rɪ'peər]
▸ *nom* réparation
▸ *verbe* réparer : **to take something in to be repaired** donner quelque chose à réparer ; **my dishwasher is being repaired** mon lave-vaisselle est en réparation

repeat [rɪ'piːt] ▸ *verbe*
1 répéter : **repeat after me** répétez après moi
2 to repeat a year redoubler (une classe)

replace [rɪ'pleɪs] ▸ *verbe*
1 remplacer (**with** par)
2 remettre (à sa place)

reply [rɪ'plaɪ] ▸ *nom* (*au pluriel* **replies**) réponse (**to** à) ; **there's no reply** *(au téléphone)* ça ne répond pas
▸ *verbe* répondre (**to** à, **that** que)

report [rɪ'pɔːt]
▸ *nom*
1 compte-rendu, rapport : **an official report** un rapport officiel

2 a report, *(en américain)* **a report card** un bulletin scolaire

▸ *verbe*

1 signaler : **to report something to the police** signaler quelque chose à la police ; **it wasn't reported in the papers** les journaux n'en ont pas parlé

2 se présenter : **report to my office tomorrow morning** présentez-vous à mon bureau demain matin

reporter [rɪ'pɔːtər] ▸ *nom* journaliste, reporter

represent [reprɪ'zent] ▸ *verbe* représenter

request [rɪ'kwest]

▸ *nom* demande

▸ *verbe* demander ; **to request somebody to do something** prier à quelqu'un de faire quelque chose

rescue ['reskjuː]

▸ *nom* secours : **to come/to go to somebody's rescue** venir/aller au secours de quelqu'un

▸ *verbe* sauver (**from** de)

reserve [rɪ'zɜːv] ▸ *verbe* réserver : **this seat is reserved** cette place est réservée

resist [rɪ'zɪst] ▸ *verbe* résister à : **he couldn't resist temptation** il n'a pas pu résister à la tentation ; **I couldn't resist** je n'ai pas pu résister

respect [rɪ'spekt]

▸ *nom* respect (**for** pour)

▸ *verbe* respecter

responsible [rɪ'spɒnsɪb(ə)l] ▸ *adjectif* responsable (**for** de) : **he claims that he isn't responsible for the accident** il dit qu'il n'est pas responsable de l'accident

rest [rest]

▸ *nom*

1 repos ; **to have** *ou* **to take a rest** se reposer

2 the rest le reste : **the rest of the story** le reste de l'histoire ; **the rest (of them)** les autres ; **the rest of the women** les autres femmes

3 the rest room *(expression américaine)* les toilettes

▸ *verbe*

1 se reposer ; **to rest one's legs** reposer ses jambes

2 appuyer : **he rested the ladder against the wall** il a appuyé l'échelle contre le mur

3 être appuyé, -e : **the ladder was resting against the wall** l'échelle était appuyée contre le mur

restaurant ['restrɒnt] ▸ *nom* restaurant

result [rɪ'zʌlt] ▸ *nom* résultat

retire [rɪ'taɪər] ▸ *verbe* prendre sa retraite ; **to be retired** être à la retraite, être retraité, -e ; **a retired doctor** un médecin à la retraite ; **a retired person** un retraité, une retraitée

return [rɪ'tɜːn]

▸ *nom*

1 retour : **the return flight/trip** le vol/voyage de retour

2 a return (ticket) un aller (et) retour (**to** pour)

3 in return en échange (**for** de)

▸ *verbe*

1 revenir (**to** à) : **he returned half an hour later** il est revenu une demi-heure après

2 retourner (**to** à) : **they didn't like it here so they returned to Australia** ils ne se plaisaient pas ici alors ils sont retournés en Australie

3 rentrer (à la maison)

4 rendre, rapporter (**to** à) : **I haven't returned the book to the library** je n'ai pas rapporté le livre à la bibliothèque

5 remettre (à sa place)

6 renvoyer : **I need to return the form by the end of the week** il faut que je renvoie le formulaire d'ici la fin de la semaine

revenge [rɪ'vendʒ] ▸ *nom* vengeance ; **to get one's revenge on somebody** se venger de quelqu'un

reverse [rɪ'vɜːs] ▸ *verbe (en voiture)* faire marche arrière ; **to reverse in/out** rentrer/sortir en marche arrière

revise [rɪ'vaɪz] ▸ *verbe* réviser : **to revise for one's exams** réviser avant les examens

reward [rɪ'wɔːd]
▸ *nom* récompense
▸ *verbe* récompenser : **he was rewarded for his courage** il a été récompensé pour son courage

rewind [riː'waɪnd] ▸ *verbe* rembobiner

I rewound, I have rewound, I am rewinding

rhyme [raɪm] ▸ *verbe* rimer (**with** avec)

rib [rɪb] ▸ *nom* côte

ribbon ['rɪbən] ▸ *nom* ruban

rice [raɪs] ▸ *nom* riz

rich [rɪtʃ] ▸ *adjectif* riche

rid [rɪd] ▸ *adjectif* **to get rid of something/somebody** se débarrasser de quelque chose/quelqu'un

ridden [rɪdən] *voir* **ride**

riddle ['rɪd(ə)l] ▸ *nom* devinette : **to ask somebody a riddle** poser une devinette à quelqu'un

ride [raɪd]
▸ *nom*
1 promenade : **to go for a ride** faire une promenade
2 trajet : **the bus ride** le trajet en bus ; **he gave me a ride to the airport** il m'a emmené à l'aéroport en voiture
▸ *verbe*
1 *(déplacement)* aller : **he rode his bike to the shops** il est allé faire ses courses en vélo ; **to ride on the bus/in a taxi** prendre le bus/un taxi
2 *(activité)* **to ride (a bicycle)** faire du vélo ; **to ride (a horse)** monter à cheval, faire du cheval
3 I rode 100 kilometres j'ai fait 100 kilomètres

I rode, I have ridden, I am riding

rider ['raɪdər] ▸ *nom (à cheval)* cavalier, -ière ; *(à vélo)* cycliste ; *(à moto)* motocycliste

ridiculous [rɪ'dɪkjʊləs] ▸ *adjectif* ridicule

riding ['raɪdɪŋ] ▸ *nom* **to go (horse) riding** faire du cheval

rifle ['raɪf(ə)l] ▸ *nom* fusil

right [raɪt]
▸ *adjectif*
1 droit, droite : **my right hand** ma main droite
2 bon, bonne : **you made the right choice** tu as fait le bon choix ; **is this the right address?** c'est la bonne adresse ? ; **that's right** c'est ça
3 exact, -e, juste : **what's the right time?** quelle est l'heure exacte *ou* juste ? ; **the clock's right** la pendule est à l'heure
4 to be right *(personne)* avoir raison : **you're right!** tu as raison ! ; **he was right to stand up for her** il a eu raison de la défendre
5 bien : **it's not right to steal** ce n'est pas bien de voler ; **she did the right thing** elle a bien fait
6 juste : **this isn't right!** ce n'est pas juste !
▸ *adverbe*
1 à droite : **to turn/to look right** tourner/regarder à droite
2 *(pour insister)* **he was sitting right next to me** il était assis juste à côté de moi ; **right around** tout autour ; **right now, right away** tout de suite
3 correctement : **try to do it right this time** essaie de le faire correctement cette fois-ci ; **you did right!** tu as bien fait !
4 right! bon !, bien !
▸ *nom*
1 the right la droite ; **on the right** à

droite ; **it's to the right of the table** c'est à droite de la table
2 right and wrong le bien et le mal
3 droit : **you've got the right to choose** tu as le droit de choisir

right-hand ['raɪthænd] ▸ *adjectif (fenêtre, tiroir)* de droite ; **on the right-hand side** à droite

ring [rɪŋ]
▸ *nom*
1 anneau : **a ring binder** un classeur à anneaux
2 bague : **a diamond ring** une bague de diamants
3 cercle : **they were sitting in a ring** il étaient assis en cercle
4 *(à la porte)* coup de sonnette ; *(de téléphone, de réveil)* sonnerie ; **to give somebody a ring** passer un coup de fil à quelqu'un
▸ *verbe*
1 sonner : **to ring the bell** sonner (à la porte)
2 téléphoner : **he rang last night** il a téléphoné hier soir ; **to ring somebody** téléphoner à quelqu'un
▸ **ring back** rappeler
▸ **ring off** raccrocher
▸ **ring up** téléphoner à

I rang, I have rung, I am ringing

rinse [rɪns] ▸ *verbe* rincer

rip [rɪp]
▸ *nom* déchirure
▸ *verbe*
1 déchirer
2 se déchirer : **it rips easily** ça se déchire facilement
▸ **rip up** déchirer

ripe [raɪp] ▸ *adjectif* mûr, -e

rise [raɪz]
▸ *nom* hausse : **the rise in the price of petrol** la hausse du prix de l'essence
▸ *verbe*
1 monter, augmenter
2 *(soleil)* se lever
3 *(fumée, ballon)* monter, s'élever

it rose, it has risen, it is rising

risen ['rɪzən] *voir* **rise**

risk [rɪsk] ▸ *nom* risque : **to take a risk** prendre un risque

river ['rɪvər] ▸ *nom* rivière ; *(qui se jette dans la mer)* fleuve

road [rəʊd] ▸ *nom*
1 route (**to** de) : **by road** par la route ; **a road accident** un accident de la route ; **a road sign** un panneau
2 rue : **over the road, across the road** de l'autre côté de la rue, en face

roam [rəʊm] ▸ *verbe* errer, traîner

roar [rɔːr] ▸ *verbe (lion, moteur)* rugir ; *(personne)* hurler ; *(chute d'eau, tonnerre)* gronder

roast [rəʊst] ▸ *verbe*
1 rôtir : **the meat is roasting** la viande est en train de rôtir
2 faire rôtir : **I'm roasting a chicken for dinner** je fais rôtir un poulet pour ce soir ; **a roast chicken** un poulet rôti ; **roast beef** du rôti de bœuf

rob [rɒb] ▸ *verbe*
1 voler : **to rob somebody** voler quelqu'un ; **to rob somebody of something** voler quelque chose à quelqu'un
2 cambrioler ; *(une banque)* dévaliser

robber ['rɒbər] ▸ *nom* voleur, -euse

robbery ['rɒbərɪ] (*au pluriel* **robberies**) ▸ *nom* vol

robin ['rɒbɪn] ▸ *nom* rouge-gorge

rock [rɒk]
▸ *nom*
1 rocher ; *(matière)* roche ; *(en américain)* pierre
2 rock : **a rock concert** un concert de rock
▸ *verbe*
1 to rock a baby bercer un enfant
2 se balancer

rocket ['rɒkɪt] ▸ *nom* fusée

rod [rɒd] ▸ *nom* **a fishing rod** une canne à pêche

Attention, ce dernier sens est familier.

rode [rəʊd] *voir* **ride**

roll [rəʊl]
▸ *nom*
1 rouleau
2 petit pain
▸ *verbe* rouler
▸ **roll over** se retourner
▸ **roll up** rouler

Rollerblade® ['rəʊləbleɪd] ▸ *nom* patin en ligne, roller *(chaussure)*

rollerblading ['rəʊləbleɪdɪŋ] ▸ *nom* roller *(activité)*: **to go rollerblading** faire du roller

roller-skate ['rəʊləskeɪt] ▸ *nom* patin à roulettes *(chaussure)*

roller-skating ['rəʊləskeɪtɪŋ] ▸ *nom* patin à roulettes *(activité)*: **to go roller-skating** faire du patin à roulettes

Roman ['rəʊmən] ▸ *adjectif* romain, -aine : **Roman numerals** les chiffres romains

Romania [rə'meɪnɪə] ▸ *nom* la Roumanie

roof ▸ *nom* toit

room [ru:m] ▸ *nom*
1 *(dans une maison)* pièce ; *(dans une école, pour les mariages, etc.)* salle
2 chambre : **she's reading in her room** elle lit dans sa chambre
3 place : **there's no room** il n'y a pas de place
4 men's room, ladies' room *(expressions américaines)* toilettes

root [ru:t] ▸ *nom* racine

rope [rəʊp] ▸ *nom* corde

rose¹ [rəʊz] *voir* **rise**

rose² [rəʊz] ▸ *nom* rose

rot [rɒt] ▸ *verbe* pourrir

rotten ['rɒt(ə)n] ▸ *adjectif*
1 pourri, -e ; **to go rotten** pourrir
2 *(temps)* infect, -e ; *(idée)* nul, nulle ; **we had a rotten time at the party** on s'est vraiment embêtés à la soirée

rough [rʌf] ▸ *adjectif*
1 *(surface)* rugueux, -euse ; *(route)* cahoteux, -euse
2 *(comportement, enfant)* brutal, -e ; *(quartier)* difficile
3 *(hiver, vie)* rude ; *(weather)* mauvais, -aise
4 *(mer)* agité, -e
5 *(calcul, idée)* approximatif, -ive

roughly ['rʌflɪ] ▸ *adverbe* à peu près

round [raʊnd]
▸ *adjectif* rond, ronde ; **a round trip** *(expression américaine)* un aller (et) retour
▸ *préposition*
1 autour de : **round the tree** autour de l'arbre ; **to go round the world/ a museum** faire le tour du monde/ d'un musée ; **to go round the shops** faire les boutiques ; **round the corner** tout près ; **round (about) here** par ici
2 round about environ : **round about 500 dollars** environ 500 dollars
▸ *adverbe*
1 autour : **there's a wall all round** il y a un mur tout autour
2 to go round to somebody's house passer chez quelqu'un ; **to ask somebody round** inviter quelqu'un chez soi
▸ *nom (dans une compétition ou un jeu)* manche

route [ru:t] ▸ *nom* itinéraire

row [rəʊ]
▸ *nom*
1 rangée ; *(au spectacle)* rang : **in the front row** au premier rang
2 *(l'un derrière l'autre)* file
3 in a row de suite, d'affilée : **four hours in a row** quatre heures de suite *ou* d'affilée
▸ *verbe* ramer

royal ['rɔɪəl] ▸ *adjectif* royal, -e

rub [rʌb] ▸ *verbe* frotter : **to rub one's hands/eyes** se frotter les mains/les yeux

▸ **rub out** effacer

rubber ['rʌbər] ▸ *nom*
1 caoutchouc : **a rubber ball** une balle en caoutchouc ; **a rubber band** un élastique
2 gomme

rubbish ['rʌbɪʃ] ▸ *nom*
1 ordures ; **a rubbish bin** une poubelle
2 camelote
3 bêtises : **you're talking rubbish** tu dis des bêtises ; **rubbish!** n'importe quoi !
4 it's rubbish ça ne vaut rien, c'est nul

Le mot **rubbish** est indénombrable. Il est également familier aux sens **2**, **3** et **4**.

rude [ru:d] ▸ *adjectif* impoli, -e : **it's rude not to say thank you** c'est impoli de ne pas dire merci ; **to be rude to somebody** être impoli avec *ou* envers quelqu'un ; **a rude word** un gros mot

rug [rʌg] ▸ *nom* tapis

rugby ['rʌgbɪ] ▸ *nom* rugby

ruin ['ru:ɪn] ▸ *verbe*
1 gâcher
2 abîmer
3 ruiner

ruins ['ru:ɪnz] ▸ *nom pluriel* ruines : **the house is in ruins** la maison est en ruine *ou* en ruines

rule [ru:l]
▸ *nom* règle ; **it's against the rules,** *(en américain)* **it's against the rule** c'est contraire au règlement ; **as a rule** en règle générale
▸ *verbe* régner (**over** sur)

ruler ['ru:lər] ▸ *nom* règle *(pour mesurer)*

run [rʌn]
▸ *nom* course : **a 20-kilometre run** une course de 20 kilomètres ; **to go for a run** (aller) courir
▸ *verbe*
1 courir : **to run down/across the street** descendre/traverser la rue en courant ; **to run in the 800 metres, to run the 800 metres** courir le 800 mètres ; **to run after somebody** courir après quelqu'un
2 couler ; **to run a bath** faire couler un bain
3 *(autobus, trains)* circuler
4 fonctionner, marcher ; *(moteur)* tourner
5 diriger, être à la tête de
6 to run somebody home reconduire quelqu'un chez lui ; **he ran me to the supermarket** il m'a conduit au supermarché
7 to run courses organiser des cours
8 to run a temperature avoir de la température

▸ **run along : run along!** filez !

▸ **run away** s'enfuir (**from** de)

▸ **run into**
1 tomber sur : **I ran into Colin on the street yesterday** je suis tombé sur *ou* j'ai croisé Colin hier dans la rue
2 rentrer dans, heurter

▸ **run out**
1 we've run out nous n'en avons plus ; **the coffee/the money is running out** il ne reste plus beaucoup de café/d'argent
2 to run out of ne plus avoir de : **we've run out of coffee** nous n'avons plus de café

▸ **run over** *(blesser)* renverser ; *(tuer)* écraser ; **to get run over** se faire renverser ; *(tuer)* se faire écraser

I ran, I have run, I am running

rung[1] [rʌŋ] *voir* **ring**

rung[2] [rʌŋ] ▸ *nom* barreau *(d'échelle)*

runner ['rʌnər] ▸ *nom* coureur, -euse

running ['rʌnɪŋ] ▸ *nom* course (à pied) ; **to go running** courir, faire de la course à pied

runway ['rʌnweɪ] ▸ *nom* piste *(pour avions)*

rush [rʌʃ]
▸ *nom* **to be in a rush** être pressé, -e (**to do** de faire) ; **to do something in a rush** faire quelque chose à la hâte ; **there's no rush** rien ne presse
▸ *verbe*
1 se dépêcher (**to do** de faire)
2 se précipiter : **to rush to the door/into somebody's arms** se précipiter vers la porte/dans les bras de quelqu'un

Russia ['rʌʃə] ▸ *nom* la Russie

Russian ['rʌʃən]
▸ *adjectif* russe
▸ *nom*
1 Russe
2 russe *(langue)*

rust [rʌst] ▸ *nom* rouille

rusty ['rʌstɪ] ▸ *adjectif* rouillé, -e ; **my Spanish is a bit rusty** je suis un peu rouillé en espagnol

Ss

sack [sæk] ▸ *nom*
1 sac : **a sack of coal** un sac de charbon
2 to get the sack se faire virer

Attention, cette dernière expression est familière.

sad [sæd] ▸ *adjectif* triste

saddle ['sæd(ə)l] ▸ *nom* selle

safe [seɪf]
▸ *adjectif*
1 en sécurité : **to feel safe** se sentir en sécurité ; **to come home safe** rentrer sain et sauf
2 *(voiture, quartier)* sûr, -e ; *(échelle, pont)* solide ; *(conducteur)* prudent, -ente ; **it's safe to go out** on peut sortir sans crainte
▸ *nom* coffre-fort

safely ['seɪflɪ] ▸ *adverbe* en toute sécurité ; *(conduire)* prudemment ; **to go home safely** rentrer sain et sauf ; **to land safely** atterrir sans problème ; **the parcel arrived safely** le colis est bien arrivé

safety ['seɪftɪ] ▸ *nom* sécurité : **a safety belt** une ceinture de sécurité ; **a safety pin** une épingle à nourrice

said [sed] *voir* **say**

sail [seɪl]
▸ *nom* voile *(d'un bateau)*
▸ *verbe*
1 naviguer ; **to sail round the world** faire le tour du monde en bateau ; **to sail a boat** piloter un bateau
2 partir, prendre la mer
3 faire de la voile

sailing ['seɪlɪŋ] ▸ *nom (sport)* voile : **to go sailing** faire de la voile

sailor ['seɪlər] ▸ *nom* marin

saint [seɪnt] ▸ *nom* saint, sainte : **Saint Peter** saint Pierre

salad ['sæləd] ▸ *nom* salade : **a fruit salad** une salade de fruits ; **a salad bowl** un saladier

salary ['sælərɪ] (*au pluriel* **salaries**) ▸ *nom* salaire

sale [seɪl] ▸ *nom*
1 vente : **to be on sale** être en vente (**at** chez) ; **a house for sale** une maison à vendre ; **a sales assistant** un vendeur, une vendeuse
2 the sales les soldes : **to go to the sales** faire les soldes ; **in the sales,** *(en américain)* **on sale** en solde

salesclerk ['seɪlzklɜːk] ▸ *nom (mot américain)* vendeur, -euse

salesman ['seɪlzmən] (*au pluriel* **salesmen** [-men]) ▸ *nom* représentant ; *(dans un magasin)* vendeur

saleswoman ['seɪlzwʊmən] (*au pluriel* **saleswomen** [-wɪmɪn]) ▸ *nom* représentante ; *(dans un magasin)* vendeuse

salmon ['sæmən] ▸ *nom* saumon

salt [sɔːlt] ▸ *nom* sel

salty ['sɔːltɪ] ▸ *adjectif* salé, -e

same [seɪm]
▸ *adjectif* même : **the same car as** la même voiture que ; **the same one** le même, la même ; **the same ones** les mêmes
▸ *pronom*
1 the same le même, la même, les

mêmes : **I thought it was my bag, I have exactly the same** j'ai cru que c'était mon sac ; j'ai exactement le même

2 the same la même chose : **I'll have the same, please** la même chose pour moi, s'il vous plaît ; **it's always the same** c'est toujours la même chose *ou* pareil

▸ *adverbe*

1 to do the same as somebody faire comme quelqu'un ; **to taste the same** avoir le même goût ; **to look the same** se ressembler ; **it's not spelt the same** ça ne s'écrit pas de la même façon

2 all the same quand même

sand [sænd] ▸ *nom* sable

sandal ['sænd(ə)l] ▸ *nom* sandale

sandwich ['sændwɪtʃ] ▸ *nom* sandwich : **a ham sandwich** un sandwich au jambon

sang [sæŋ] *voir* **sing**

sank [sæŋk] *voir* **sink²**

Santa Claus ['sæntəklɔ:z] ▸ *nom* le père Noël

sat [sæt] *voir* **sit**

satellite ['sætəlaɪt] ▸ *nom* satellite : **satellite TV** la télévision par satellite ; **a satellite dish** une antenne parabolique

satisfied ['sætɪsfaɪd] ▸ *adjectif* satisfait, -aite (**with** de)

satisfy ['sætɪsfaɪ] ▸ *verbe* satisfaire

Saturday ['sætədɪ] ▸ *nom* samedi : **she left on Saturday** elle est partie samedi ; **I play tennis on Saturdays** je joue au tennis le samedi ; **every Saturday** tous les samedis

saucepan ['sɔ:spən] ▸ *nom* casserole

saucer ['sɔ:sər] ▸ *nom* soucoupe

sausage ['sɒsɪdʒ] ▸ *nom*

1 saucisse

2 saucisson

save [seɪv] ▸ *verbe*

1 sauver (**from** de) : **he saved him from drowning** il l'a sauvé de la noyade

2 garder : **save it for later** garde-le pour plus tard ; **save me a seat** garde-moi une place

3 sauvegarder, enregistrer : **don't forget to save your files** n'oubliez pas de sauvegarder *ou* d'enregistrer vos fichiers

4 économiser : **I've saved £50** j'ai économisé 50 livres

5 to save time gagner du temps ; **a car would save you time** une voiture te ferait gagner du temps

6 it'll save you getting up early ça t'évitera de te lever tôt

▸ **save up** faire des économies : **I'm saving up for a new car** je fais des économies pour acheter une nouvelle voiture

savings ['seɪvɪŋz] ▸ *nom pluriel* économies ; **a savings account** un compte d'épargne

saw¹ [sɔ:] *voir* **see**

saw² [sɔ:]

▸ *nom* scie

▸ *verbe* scier

I sawed, I have sawn *ou* sawed, I am sawing

sawn [sɔ:n] *voir* **saw** *verbe*

say [seɪ] ▸ *verbe*

1 dire : **he said (that) he was sorry** il a dit qu'il était désolé ; **to say something to somebody** dire quelque chose à quelqu'un ; **could you say that again, please?** pouvez-vous répéter, s'il vous plaît ? ; **they are said to be rich** on dit qu'ils sont riches

2 indiquer : **the clock said ten past five** la pendule indiquait cinq heures dix

I said, I have said, I am saying

saying ['seɪɪŋ] ▸ *nom* dicton

scale [skeɪl] ▸ *nom*

1 échelle *(d'une carte, d'un dessin)*

2 *(en musique)* gamme
▪**scales** ▸ *nom pluriel* balance ; **a set of scales** une balance ; **bathroom scales** un pèse-personne

Scandinavia [skændɪ'neɪvɪə] ▸ *nom* la Scandinavie

Scandinavian [skændɪ'neɪvɪən]
▸ *adjectif* scandinave
▸ *nom* Scandinave

scar [skɑːr] ▸ *nom* cicatrice

scare [skeər] ▸ *verbe* faire peur à

scared ['skeəd] ▸ *adjectif* **to be scared** avoir peur (**of** de) : **I'm scared of snakes** j'ai peur des serpents ; **he's scared to ask her** il a peur de lui demander

scarf [skɑːf] (*au pluriel* **scarves** [skɑːvz] *ou* **scarfs**) ▸ *nom*
1 écharpe
2 foulard

scatter ['skætər] ▸ *verbe*
1 éparpiller : **toys were scattered all over the room** il y avait des jouets éparpillés partout dans la pièce
2 se disperser : **the crowd scattered** la foule s'est dispersée

scene [siːn] ▸ *nom*
1 scène : **a frightening scene** une scène effrayante ; **to set the scene** planter le décor
2 lieu : **the scene of the crime/accident** le lieu du crime/de l'accident ; **the police arrived on the scene** la police est arrivée sur les lieux

scenery ['siːnərɪ] ▸ *nom*
1 paysage : **we drove through beautiful scenery** nous avons traversé de très beaux paysages
2 *(au théâtre)* décor(s)

Le mot **scenery** est indénombrable.

scent [sent] ▸ *nom*
1 odeur
2 parfum

schedule ['ʃedjuːl, *en américain* 'skedʒʊl] ▸ *nom* planning, programme : **to be ahead of/behind schedule** être en avance/en retard sur le programme

school [skuːl] ▸ *nom* école : **to go to school** aller à l'école ; **a school book/trip/year** un livre/un voyage/une année scolaire ; **a school yard** *(expression américaine)* une cour de récréation

schoolbag ['skuːlbæg] ▸ *nom* cartable

schoolboy ['skuːlbɔɪ] ▸ *nom* écolier, élève

schoolgirl ['skuːlgɜːl] ▸ *nom* écolière, élève

schoolteacher ['skuːltiːtʃər] ▸ *nom* instituteur, -trice ; *(dans l'enseignement secondaire)* professeur

science ['saɪəns] ▸ *nom* science : **he's always been interested in science** il a toujours été intéressé par les sciences ; **she studies science** elle fait des études scientifiques

Le mot **science** est indénombrable.

scientific [saɪən'tɪfɪk] ▸ *adjectif* scientifique

scientist ['saɪəntɪst] ▸ *nom* scientifique

scissors ['sɪzəz] ▸ *nom* ciseaux : **a pair of scissors** une paire de ciseaux

scooter ['skuːtər] ▸ *nom*
1 trottinette
2 scooter

score [skɔːr]
▸ *nom*
1 score : **what's the score?** quel est le score ? ; **to keep (the) score** compter les points
2 *(en musique)* partition
▸ *verbe* **to score a goal/point** marquer un but/point

Scot [skɒt] ▸ *nom* Écossais, -aise

Scotch tape® ['skɒtʃteɪp] ▸ *nom* *(expression américaine)* Scotch®

Scotland ['skɒtlənd] ▸ *nom* l'Écosse

Scottish ['skɒtɪʃ] ▸ *adjectif* écossais, -aise

scrape [skreɪp] ▸ *verbe*
1 to scrape one's knee s'écorcher le genou
2 rayer : **he scraped the car** il a rayé la voiture
3 gratter : **to scrape the paint off a door** gratter la peinture d'une porte

scratch [skrætʃ]
▸ *nom*
1 écorchure
2 rayure *(marque)*
▸ *verbe*
1 se gratter : **to scratch one's leg** se gratter la jambe ; **don't scratch!** arrête de te gratter !
2 she scratched her hand on the brambles elle s'est écorché la main dans les ronces ; **the cat scratched my hand** le chat m'a griffé la main
3 rayer : **he scratched the car** il a rayé la voiture ; **that CD is scratched** ce CD est rayé

scream [skri:m]
▸ *nom* cri, hurlement
▸ *verbe* crier, hurler

screen [skri:n] ▸ *nom* écran

screw [skru:] ▸ *nom* vis
▸ **screw on** ▸ *verbe* visser : **screw the lid on** visse le bouchon

screwdriver ['skru:draɪvər] ▸ *nom* tournevis

scribble ['skrɪb(ə)l] ▸ *verbe* griffonner

scrub [skrʌb] ▸ *verbe* frotter

scuba diving ['sku:bədaɪvɪŋ] ▸ *nom* plongée sous-marine

sea [si:] ▸ *nom* mer : **by the sea** au bord de la mer ; **by sea** en bateau, par mer ; **at sea** en mer

seagull ['si:gʌl] ▸ *nom* mouette

seal [si:l] ▸ *nom*
1 *(animal)* phoque
2 *(sur une lettre)* cachet

search [sɜ:tʃ]
▸ *nom* recherche : **to make a search** faire des recherches ; **a search engine** un moteur de recherche
▸ *verbe*
1 fouiller : **the police searched the house for drugs** la police a fouillé la maison à la recherche de drogue
2 to search for something chercher quelque chose ; **I'm searching for my keys** je cherche mes clés ; **I've searched everywhere** j'ai cherché partout

seashell ['si:ʃel] ▸ *nom* coquillage

seaside ['si:saɪd] ▸ *nom* **the seaside** le bord de la mer : **at** *ou* **by the seaside** au bord de la mer

season ['si:z(ə)n] ▸ *nom* saison

seat [si:t] ▸ *nom* siège ; *(dans un parc)* banc ; *(dans un train, au cinéma)* place ; **to take a seat** s'asseoir

seatbelt ['si:tbelt] ▸ *nom* ceinture de sécurité

seaweed ['si:wi:d] ▸ *nom* algues

Le mot **seaweed** est indénombrable.

second[1] ['sekənd] ▸ *nom* seconde : **wait a second!** attendez une seconde !

second[2] ['sekənd]
▸ *adjectif* deuxième : **it's the second time** c'est la deuxième fois ; **the second one** le deuxième, la deuxième
▸ *nom*
1 deuxième : **she was the second to arrive** elle est arrivée la deuxième *ou* en deuxième
2 *(dans les dates)* deux : **it's the second of July,** *(en américain)* **it's July second** nous sommes le deux juillet

secondary ['sekənd(ə)rɪ] ▸ *adjectif* secondaire

second-hand ['sekəndhænd] ▸ *adjectif* d'occasion

secret ['siːkrɪt]
▸ *adjectif* secret, -ète
▸ *nom* secret : **to keep a secret** garder un secret

secretary ['sekrət(ə)rɪ] (*au pluriel* **secretaries**) ▸ *nom*
1 secrétaire
2 ministre

section ['sekʃən] ▸ *nom*
1 partie
2 rubrique : **the sports section** la rubrique sportive

see [siː] ▸ *verbe*
1 voir : **I can't see anything** je ne vois rien ; **go and see the doctor** va voir le médecin ; **we'll see** on verra ; **let me see!** fais voir ! ; **see you soon!** à bientôt ! ; **see you later!** à tout à l'heure ! ; **see you tomorrow!** à demain !
2 accompagner : **I'll see you to the bus stop** je t'accompagne jusqu'à l'arrêt de bus ; **I'll see you home** je te raccompagne chez toi
▸ **see off** dire au revoir à : **she came to see me off at the station** elle est venue à la gare me dire au revoir
▸ **see to**
1 s'occuper de : **I'll see to the dinner** je m'occuperai du dîner ; **I'll see to it that you're not disturbed** je ferai en sorte que tu ne sois pas dérangé
2 **I must get the car seen to** je dois faire réparer la voiture

I saw, I have seen, I am seeing

seed [siːd] ▸ *nom*
1 graine
2 *(en américain)* pépin

seek [siːk] ▸ *verbe* chercher

I sought, I have sought, I am seeking

seem [siːm] ▸ *verbe* sembler : **you seem sad/tired** tu as l'air triste/fatigué ; **it seems (that) she's right** il semble qu'elle ait raison ; **it seems (that) she's ill** *(selon la rumeur)* il paraît qu'elle est malade

seen [siːn] *voir* **see**

seesaw ['siːsɔː] ▸ *nom* bascule, tape-cul

seize [siːz] ▸ *verbe* saisir : **she seized me by the arm** elle m'a saisi *ou* attrapé par le bras ; **to seize something from somebody** arracher quelque chose à quelqu'un

seldom ['seldəm] ▸ *adverbe* rarement

select [sɪ'lekt] ▸ *verbe* choisir (**from** parmi)

self-confidence [self'kɒnfɪdəns] ▸ *nom* confiance en soi

selfish ['selfɪʃ] ▸ *adjectif* égoïste

sell [sel] ▸ *verbe*
1 vendre : **he sold his brother his car, he sold his car to his brother** il a vendu sa voiture à son frère
2 se vendre : **it sells well** ça se vend bien
▸ **sell out : all the tickets are sold out** tous les billets ont été vendus ; **it's sold out** *(pour un spectacle)* c'est complet

I sold, I have sold, I am selling

sell-by date ['selbaɪdeɪt] ▸ *nom* date limite de vente

Sellotape® ['seləteɪp] ▸ *nom* Scotch®

send [send] ▸ *verbe* envoyer (**to** à) : **he sent his son a letter, he sent a letter to his son** il a envoyé une lettre à son fils ; **she sent her daughter to buy some milk** elle a envoyé sa fille acheter du lait
▸ **send back** renvoyer
▸ **send for** appeler : **to send for the doctor** appeler *ou* faire venir le médecin
▸ **send off** envoyer ; *(en sport)* expulser
▸ **send out** envoyer : **have you sent out the invitations?** est-ce que tu as envoyé les invitations ? ; **we sent him out for coffee** nous l'avons envoyé chercher du café

I sent, I have sent, I am sending

senior ['siːnjər]
▸ *adjectif*
1 plus âgé, -e ; **a senior citizen** une personne âgée
2 supérieur, -e : **a senior officer** un officier supérieur
▸ *nom*
1 *(aux États-Unis)* élève de terminale ; *(à l'université)* étudiant, -ante de dernière année
2 *(en Grande-Bretagne)* **the seniors** les élèves des grandes classes

sense [sens] ▸ *nom*
1 sens : **that doesn't make sense** ça n'a aucun sens ; **that makes sense** c'est logique ; **this sentence doesn't make sense** cette phrase ne veut rien dire
2 intelligence : **to have the sense to do something** avoir l'intelligence *ou* le bon sens de faire quelque chose ; **common sense** le bon sense ; **there's no sense in staying** ça ne sert à rien de rester

sensible ['sensɪb(ə)l] ▸ *adjectif*
1 raisonnable, sensé, -e ; **a sensible choice** un choix judicieux ; **a sensible idea** une très bonne idée
2 pratique : **sensible shoes** des chaussures pratiques

sensitive ['sensɪtɪv] ▸ *adjectif*
1 *(personne, peau)* sensible (**to** à) ; *(situation, problème)* délicat, -ate
2 **to be sensitive about something** être susceptible à propos de quelque chose ; **she's very sensitive about her accent** elle n'aime pas qu'on lui parle de son accent

sent [sent] *voir* **send**

sentence ['sentəns] ▸ *nom* *(en grammaire)* phrase

separate
▸ *adjectif* ['sep(ə)rət]
1 à part : **he has a separate room** il a une chambre à part, il a sa chambre à lui ; **we have separate rooms** nous avons chacun notre chambre
2 différent, -ente ; **that's a separate problem** c'est un autre problème
▸ *verbe* ['sepəreɪt]
1 séparer (**from** de)
2 se séparer : **his parents separated last year** ses parents se sont séparés l'année dernière

September [sep'tembər] ▸ *nom* septembre

series ['sɪəriːz] ▸ *nom* série : **a series of attacks** une série d'attentats ; **a TV series** une série télévisée

serious ['sɪərɪəs] ▸ *adjectif*
1 sérieux, -euse
2 **a serious disease/mistake** une maladie/faute grave

seriously ['sɪərɪəslɪ] ▸ *adverbe*
1 sérieusement ; **to take somebody/something seriously** prendre quelque chose/quelqu'un au sérieux
2 **he's seriously ill/injured** il est gravement malade/blessé

servant ['sɜːvənt] ▸ *nom* domestique

serve [sɜːv] ▸ *verbe* servir : **they served me (with) some soup** ils m'ont servi de la soupe

service ['sɜːvɪs] ▸ *nom* service : **service (charge) not included** service non compris

set [set]
▸ *nom*
1 jeu : **a set of keys** un jeu de clés ; **a chess set** un jeu d'échecs
2 poste : **a TV set** un poste de télévision
3 *(au théâtre)* décor ; *(au cinéma)* plateau
▸ *adjectif*
1 fixe : **a set price** un prix fixe
2 prêt, prête : **he's all set to go** il est prêt à partir
3 déterminé, -e (**on doing** à faire)
▸ *verbe*
1 placer, mettre
2 **to set the alarm for six o'clock**

mettre le réveil à six heures ; **to set the table** mettre le couvert

3 fixer : **to set a date** fixer une date

4 donner : **she set us some homework** elle nous a donné des devoirs à faire

5 to set a record établir un record

6 to set somebody free libérer quelqu'un

7 the story is set in Montreal l'histoire se passe à Montréal

8 the sun is setting le soleil se couche

▸ **set down**

1 poser

2 écrire, noter

▸ **set off**

1 partir

2 déclencher ; **to set off a bomb** faire exploser une bombe

▸ **set out** partir : **they set out for school** ils sont partis à l'école

▸ **set up : to set up a company** monter une entreprise ; **to set up a meeting** organiser une réunion

> I set, I have set, I am setting

settee [se'tiː] ▸ *nom* canapé

settle ['set(ə)l] ▸ *verbe*

1 régler

2 that's settled c'est décidé

3 s'installer : **she finally settled abroad** elle s'est finalement installée à l'étranger

▸ **settle down**

1 s'installer

2 se calmer

▸ **settle up** régler ; **to settle up with somebody** régler quelqu'un

seven ['sev(ə)n] ▸ *nom & adjectif* sept

> Pour des exemples d'emploi, voir **ten**.

seventeen [sev(ə)n'tiːn] ▸ *nom & adjectif* dix-sept

> Pour des exemples d'emploi, voir **ten**.

seventeenth [sev(ə)n'tiːnθ] ▸ *nom & adjectif* dix-septième

> Pour des exemples d'emploi, voir **tenth**.

seventh ['sev(ə)nθ] ▸ *nom & adjectif* septième

> Pour des exemples d'emploi, voir **tenth**.

seventy ['sev(ə)ntɪ] ▸ *nom & adjectif* soixante-dix

> Pour des exemples d'emploi, voir **ten**.

several ['sev(ə)r(ə)l]

▸ *adjectif* plusieurs : **several times** plusieurs fois

▸ *pronom* **several of my friends** plusieurs de mes amis ; **I have several of them** j'en ai plusieurs

sew [səʊ] ▸ *verbe* coudre

> I sewed, I have sewn *ou* sewed, I am sewing

sewing ['səʊɪŋ] ▸ *nom* couture ; **she likes sewing** elle aime coudre ; **a sewing machine** une machine à coudre

sewn [səʊn] *voir* **sew**

shabby ['ʃæbɪ] ▸ *adjectif* miteux, -euse ; **a shabby coat** un manteau usé

shade [ʃeɪd] ▸ *nom*

1 ombre : **in the shade** à l'ombre

2 *(en peinture)* nuance, ton ; **it's a nice shade of blue** c'est un joli bleu

3 a window shade *(expression américaine)* un store

shadow ['ʃædəʊ] ▸ *nom* ombre

shady ['ʃeɪdɪ] ▸ *adjectif* ombragé, -e

shake [ʃeɪk] ▸ *verbe*

1 secouer ; **to shake a bottle** agiter une bouteille ; **to shake one's head** faire non de la tête

2 to shake hands with somebody serrer la main à quelqu'un ; **we shook hands** nous nous sommes serré la main

3 trembler (**with** de)

> I shook, I have shaken, I am shaking

shaken ['ʃeɪkən] *voir* **shake**

shall [ʃəl, *accentué* ʃæl] ▸ *auxiliaire modal*
1 *(futur)* **I shall be there** j'y serai ; **we shall see** nous verrons
2 *(dans les questions, les suggestions)* **shall I leave?** veux-tu que je parte ? ; **shall we leave?** on part ? ; **let's go for a swim, shall we?** si on allait nager ?, allons nager !

shallow ['ʃæləʊ] ▸ *adjectif* peu profond, -onde ; *(personne)* superficiel, -ielle

shame [ʃeɪm] ▸ *nom*
1 honte : **shame on you!** tu devrais avoir honte !
2 **it's a shame** c'est dommage ; **it's a shame you didn't come** c'est dommage que tu ne sois pas venu ; **what a shame!** quel dommage !

shampoo [ʃæm'pu:] ▸ *nom* shampooing

shan't [ʃɑ:nt] = **shall not**

shape [ʃeɪp] ▸ *nom* forme

shaped [ʃeɪpt] ▸ *adjectif* **shaped like a triangle** en forme de triangle

share [ʃeər]
▸ *nom* part (**of** de) : **in equal shares** en parts égales
▸ *verbe* partager (**with** avec)
▸ **share out** partager, répartir (**between** entre) ; **they shared out the cakes** ils ont distribué les gâteaux ; *(entre eux)* ils se sont partagé les gâteaux

shark [ʃɑ:k] ▸ *nom* requin

sharp [ʃɑ:p] ▸ *adjectif*
1 tranchant, -ante ; **sharp scissors** des ciseaux qui coupent bien ; **a sharp pencil** un crayon bien taillé ; **a sharp needle** une aiguille pointue ; **sharp words** des propos acerbes
2 brusque : **a sharp movement** un mouvement brusque
3 intelligent, -ente
4 **sharp eyes** une vue perçante
5 **a sharp wind** un vent vif ; **a sharp pain** une douleur vive

sharpen ['ʃɑ:p(ə)n] ▸ *verbe* aiguiser ; *(un crayon)* tailler

shave [ʃeɪv]
▸ *nom* **to have a shave** se raser
▸ *verbe* se raser ; **to shave one's legs/head** se raser les jambes/la tête
▸ **shave off : to shave off one's beard** se raser la barbe

she [ʃi:] ▸ *pronom* elle : **she left** elle est partie ; **she's a doctor** elle est médecin

shed [ʃed] ▸ *nom* hangar ; *(plus petit)* cabane, remise

she'd [ʃi:d] = **she had** *ou* **she would**

sheep [ʃi:p] ▸ *nom* mouton

On n'ajoute pas de **-s** pour former le pluriel de **sheep**.

sheet [ʃi:t] ▸ *nom*
1 drap
2 **a sheet of paper** une feuille de papier

shelf [ʃelf] (*au pluriel* **shelves** [ʃelvz]) ▸ *nom*
1 étagère
2 *(dans un magasin)* rayon

shell [ʃel] ▸ *nom*
1 coquille ; *(d'une tortue)* carapace
2 coquillage

she'll [ʃi:l] = **she will**

shelter ['ʃeltər]
▸ *nom* abri : **to take shelter** se mettre à l'abri (**from** de)
▸ *verbe* s'abriter (**from** de)

shepherd ['ʃepəd] ▸ *nom* berger

she's [ʃi:z] = **she is** *ou* **she has**

shield [ʃi:ld] ▸ *nom* bouclier

shift [ʃɪft] ▸ *verbe* déplacer, bouger

shin [ʃɪn] ▸ *nom* tibia

shine [ʃaɪn] ▸ *verbe*
1 briller
2 **to shine a light on something** éclairer quelque chose

I shone, I have shone, I am shining

shiny ['ʃaɪnɪ] ▸ *adjectif* brillant, -ante

ship [ʃɪp] ▸ *nom* navire, bateau : **to go by ship** prendre le bateau

shipwreck ['ʃɪprek] ▸ *nom* naufrage

shirt [ʃɜːt] ▸ *nom* chemise ; *(d'un sportif)* maillot

shiver ['ʃɪvər]
▸ *nom* frisson
▸ *verbe* trembler (**with** de)

shock [ʃɒk]
▸ *nom*
1 choc : **I got a shock when I saw him again** ça m'a fait un choc de le revoir ; **in shock** en état de choc
2 décharge électrique : **to get a shock** recevoir une décharge électrique
▸ *verbe*
1 choquer
2 stupéfier

shocked [ʃɒkt] ▸ *adjectif*
1 choqué, -e
2 stupéfait, -aite

shocking ['ʃɒkɪŋ] ▸ *adjectif*
1 scandaleux, -euse
2 affreux, -euse

shoe [ʃuː] ▸ *nom* chaussure ; **what's your shoe size?** vous chaussez du combien ?, quelle est votre pointure ? ; **shoe polish** du cirage

shoelace ['ʃuːleɪs] ▸ *nom* lacet

shone [ʃɒn] *voir* **shine**

shook [ʃʊk] *voir* **shake**

shoot [ʃuːt] ▸ *verbe*
1 tirer : **to shoot at somebody/something** tirer sur quelqu'un/quelque chose ; **to shoot a gun/an arrow** tirer un coup de feu/une flèche ; **don't shoot!** ne tirez pas !
2 **to shoot somebody** blesser quelqu'un par balle ; *(tuer)* abattre quelqu'un, tuer quelqu'un par balle
3 **to shoot in/past** entrer/passer en trombe ; **she shot across the road** elle a traversé la rue comme une flèche
4 **to shoot a film** tourner un film

I shot, I have shot, I am shooting

shop [ʃɒp]
▸ *nom* magasin : **a toy shop** un magasin de jouets ; **a shop window** une vitrine ; **a shop assistant** un vendeur, une vendeuse
▸ *verbe* faire ses courses (**at** chez) ; **I went shopping for a new dress** je suis allée faire les magasins pour m'acheter une nouvelle robe

shopkeeper ['ʃɒpkiːpər] ▸ *nom* commerçant, -ante

shopping ['ʃɒpɪŋ] ▸ *nom* courses : **to do the shopping** faire les courses ; **a shopping bag** un sac à provisions ; **a shopping centre** un centre commercial

shore [ʃɔːr] ▸ *nom* rive, rivage

short [ʃɔːt] ▸ *adjectif*
1 court, courte ; *(personne)* petit, -ite : **she has short hair** elle a les cheveux courts ; **a short time ago** il y a peu de temps ; **a short cut** un raccourci
2 **to be short of something** manquer de quelque chose ; **we're short of ten men** il nous manque dix hommes ; **we're short of milk** nous n'avons plus beaucoup de lait
3 **Bill is short for William** Bill est le diminutif de William

shorten ['ʃɔːt(ə)n] ▸ *verbe* raccourcir ; *(un mot)* abréger (**to** en)

shortly ['ʃɔːtlɪ] ▸ *adverbe* bientôt ; **shortly after/before** peu de temps après/avant

shorts [ʃɔːts] ▸ *nom pluriel* short : **a pair of shorts** un short

shot¹ [ʃɒt] *voir* **shoot**

shot² [ʃɒt] ▸ *nom*
1 coup de feu
2 *(au football)* tir ; *(au tennis)* coup

3 photo ; *(au cinéma)* prise de vue
4 piqûre

should [ʃʊd] ▸ *auxiliaire modal*
1 *(obligation, besoin, conseil, regret)* **you should do it** vous devriez le faire ; **I should be working** je devrais être en train de travailler ; **I should have stayed** j'aurais dû rester
2 *(probabilité)* **that should be Daniel** ça doit être Daniel ; **the weather should improve** le temps devrait s'améliorer
3 *(hypothèse)* **if she should come** si elle vient
4 *(conditionnel)* **I should like to thank you** j'aimerais vous remercier ; **I shouldn't be surprised if they got married** cela ne m'étonnerait pas qu'ils se marient ; **I should think so!** j'espère bien !

shoulder ['ʃəʊldər] ▸ *nom* épaule

shouldn't ['ʃʊdənt] = **should not**

shout [ʃaʊt]
▸ *nom* cri
▸ *verbe* crier : **he shouted to her not to move** il lui a crié de ne pas bouger ; **to shout at somebody** crier après quelqu'un

shovel ['ʃʌv(ə)l] ▸ *nom* pelle

show [ʃəʊ]
▸ *nom*
1 spectacle : **to go to a show** aller au spectacle
2 émission
3 exposition ; **to be on show** être exposé, -e
▸ *verbe*
1 montrer : **he showed his mother the letter, he showed the letter to his mother** il a montré la lettre à sa mère ; **I'll show you the way** je vais vous montrer le chemin ; **I'll show you to your room** je vais vous montrer votre chambre
2 passer : **this programme will be shown tomorrow** cette émission passera demain
▸ **show around** faire visiter : **she showed me around the house** elle m'a fait visiter la maison
▸ **show in** faire entrer
▸ **show off** crâner ; **stop showing off!** arrête de faire ton intéressant !
▸ **show out** raccompagner à la porte
▸ **show round** = **show around**
▸ **show up** arriver, se pointer ; **I had invited him but he didn't show up** je l'avais invité mais il n'est pas venu

> I showed, I have shown, I am showing
> Attention, **to show up** est familier.

shower ['ʃaʊər] ▸ *nom*
1 douche : **to have** *ou* **to take a shower** prendre une douche ; **to be in the shower** être sous la douche
2 averse

shown [ʃəʊn] *voir* **show**

shrank [ʃræŋk] *voir* **shrink**

shrink [ʃrɪŋk] ▸ *verbe* rétrécir : **to shrink in the wash** rétrécir au lavage

> it shrank, it has shrunk, it is shrinking

shrunk [ʃrʌŋk] *voir* **shrink**

shut [ʃʌt] ▸ *adjectif* fermé, -e
▸ *verbe*
1 fermer : **shut the door!** fermez la porte ! ; **the shop shuts at six** le magasin ferme à six heures
2 se fermer : **the door shut** la porte s'est fermée
▸ **shut out : to shut somebody out** enfermer quelqu'un dehors
▸ **shut up**
1 fermer
2 se taire : **shut up!** tais-toi !

> I shut, I have shut, I am shutting
> Attention, le sens **2** de **to shut up** est familier.

shuttle ['ʃʌt(ə)l] ▸ *nom* navette : **a space shuttle** une navette spatiale

shy [ʃaɪ] ▸ *adjectif* timide

sick [sɪk] ▸ *adjectif*
1 malade : **to be/to get sick** être/tomber malade

2 *(état passager)* **to be sick** vomir ; **to feel sick** avoir envie de vomir ; **you make me sick!** tu me dégoûtes !

3 to be sick (and tired) of somebody/something en avoir marre de quelqu'un/quelque chose ; **I'm sick and tired of telling you!** j'en ai marre de te le répéter !

Attention, cette dernière expression est familière.

sickness ['sɪknɪs] ▸ *nom*
1 maladie
2 nausée

side [saɪd] ▸ *nom*
1 côté : **on this side** de ce côté ; **on the other side** de l'autre côté ; **by my side** à côté de moi ; **side by side** côte à côte ; **to put something to one side** mettre quelque chose de côté ; **to take somebody to one side** prendre quelqu'un à part
2 bord ; *(d'une colline)* flanc, versant : **I sat on the side of the road/bed** je me suis assis au bord de la route/sur le bord du lit
3 *(en sport)* équipe, camp
4 to take sides prendre parti ; **I'm on your side** je suis de ton côté

sideboard ['saɪdbɔːd] ▸ *nom* buffet

sidewalk ['saɪdwɔːk] ▸ *nom (mot américain)* trottoir

sideways ['saɪdweɪz] ▸ *adverbe* **to step sideways** faire un pas de côté ; **to lean sideways** se pencher sur le côté

sigh [saɪ]
▸ *nom* soupir
▸ *verbe* soupirer

sight [saɪt] ▸ *nom*
1 vue : **he's losing his sight** il perd la vue ; **I know her by sight** je la connais de vue ; **in sight** en vue, visible ; **to come into sight** apparaître ; **to catch sight of something** apercevoir quelque chose
2 the cliffs were an impressive sight les falaises étaient impressionnantes à voir ; **the sights** les attractions touristiques

sightseeing ['saɪtsiːɪŋ] ▸ *nom* tourisme : **to go sightseeing** faire du tourisme ; **I did some sightseeing in Rome** j'ai visité Rome

sign [saɪn]
▸ *nom*
1 signe (**of** de) ; **there were signs of a struggle** il y avait des traces de lutte
2 pancarte, panneau ; *(au-dessus d'un magasin, d'un restaurant)* enseigne
▸ *verbe* signer

signal ['sɪgn(ə)l]
▸ *nom* signal ; **to be a signal that** indiquer que ; **traffic signals** les feux de signalisation
▸ *verbe* **to signal somebody to do something** faire signe à quelqu'un de faire quelque chose

significant [sɪg'nɪfɪkənt] ▸ *adjectif* important, -ante

signpost ['saɪnpəʊst] ▸ *nom* poteau indicateur

silent ['saɪlənt] ▸ *adjectif* silencieux, -euse ; **to keep** *ou* **to remain silent** garder le silence (**about** sur)

silk [sɪlk] ▸ *nom* soie : **a silk tie** une cravate en soie

silly ['sɪlɪ] ▸ *adjectif* bête ; **to say something silly** dire une bêtise

silver ['sɪlvər] ▸ *nom* argent : **a silver spoon** une cuillère en argent

similar ['sɪmɪlər] ▸ *adjectif* semblable (**to** à)

simple ['sɪmp(ə)l] ▸ *adjectif* simple

sin [sɪn] ▸ *nom* péché

since [sɪns]
▸ *préposition* depuis : **she's been waiting since this morning** elle attend depuis ce matin ; **since then** depuis ce moment-là
▸ *conjonction*
1 depuis que : **since I arrived** depuis

que je suis arrivé ; **it's a year since she's seen them** ça fait un an qu'elle ne les a pas vus

2 puisque : **since you don't want to go, I'll go by myself** puisque tu ne veux pas y aller, j'irai tout seul

sincere [sɪn'sɪər] ► *adjectif* sincère

sing [sɪŋ] ► *verbe* chanter

I sang, I have sung, I am singing

singer ['sɪŋər] ► *nom* chanteur, -euse

single ['sɪŋg(ə)l]

► *adjectif*

1 seul, seule : **a single flower** une seule fleur ; **not a single book** pas un seul livre ; **every single day** tous les jours ; **a single ticket** un aller simple (**to** pour)

2 a single room une chambre pour une personne ; **a single bed** un lit à une place

3 célibataire : **she's a single parent** c'est une mère célibataire

► *nom* aller simple : **a single to London** un aller simple pour Londres

singular ['sɪŋgjʊlər] ► *nom* singulier : **in the singular** au singulier

sink¹ [sɪŋk] ► *nom* évier ; *(dans la salle de bains)* lavabo

sink² [sɪŋk] ► *verbe*

1 couler

2 to sink into the mud/sand s'enfoncer dans la boue/le sable

I sank, I have sunk, I am sinking

sip [sɪp]

► *nom* petite gorgée

► *verbe* boire à petites gorgées, siroter

sir [sɜːr] ► *nom* monsieur

siren ['saɪərən] ► *nom* sirène *(alarme)*

sister ['sɪstər] ► *nom* sœur

sister-in-law ['sɪstərɪnlɔː] (*au pluriel* **sisters-in-law**) ► *nom* belle-sœur

sit [sɪt] ► *verbe*

1 s'asseoir : **I sat on the bed** je me suis assis sur le lit ; **to be sitting** être assis, -ise

2 to sit an exam passer un examen

► **sit down** s'asseoir : **sit down!** asseyez-vous !

► **sit up** se redresser : **sit up straight!** redresse-toi !

I sat, I have sat, I am sitting

sitting room ['sɪtɪŋruːm] ► *nom* salon

situated ['sɪtjʊeɪtɪd] ► *adjectif* situé, -e

six [sɪks] ► *nom & adjectif* six

Pour des exemples d'emploi, voir **ten**.

sixteen [sɪks'tiːn] ► *nom & adjectif* seize

Pour des exemples d'emploi, voir **ten**.

sixteenth [sɪks'tiːnθ] ► *nom & adjectif* seizième

Pour des exemples d'emploi, voir **tenth**.

sixth [sɪksθ] ► *nom & adjectif* sixième

Pour des exemples d'emploi, voir **tenth**.

sixty ['sɪkstɪ] ► *nom & adjectif* soixante

Pour des exemples d'emploi, voir **ten**.

size [saɪz] ► *nom*

1 taille ; *(de chaussures)* pointure ; **the chest/waist size** le tour de poitrine/de taille ; **what size are you?, what size do you take?** *(de vêtements)* quelle taille faites-vous ? ; *(de chaussures)* vous chaussez du combien ?

2 *(d'une pièce, d'un meuble)* dimensions

skate [skeɪt]

► *nom* patin

► *verbe*

1 faire du patin à glace

2 faire du patin à roulettes, faire du roller

skating ['skeɪtɪŋ] ► *nom (sur glace)*

patinage ; **a skating rink** une patinoire

skeleton ['skelɪt(ə)n] ▸ *nom* squelette

ski [skiː]
▸ *nom* ski
▸ *verbe* faire du ski, skier

skid [skɪd] ▸ *verbe* déraper

skiing ['skiːɪŋ] ▸ *nom* ski *(activité)*: **cross-country skiing** le ski de fond ; **downhill skiing** le ski alpin

skill [skɪl] ▸ *nom*
1 habileté
2 aptitude, compétence : **what are your skills?, what skills do you have?** quelles sont vos compétences ? ; **computer skills** des compétences en informatique

skin [skɪn] ▸ *nom* peau

skinny ['skɪnɪ] ▸ *adjectif* maigre

skip [skɪp] ▸ *verbe*
1 sautiller
2 sauter à la corde
3 to skip a meal/a page sauter un repas/une page

skirt [skɜːt] ▸ *nom* jupe

skull [skʌl] ▸ *nom* crâne

sky [skaɪ] ▸ *nom* ciel

skyscraper ['skaɪskreɪpər] ▸ *nom* gratte-ciel

slam [slæm] ▸ *verbe* claquer : **he slammed the door in my face** il m'a claqué la porte au nez

slap [slæp] ▸ *verbe* donner une claque à ; **she slapped me on the back/in the face** elle m'a donné une tape dans le dos/elle m'a giflé

slave [sleɪv] ▸ *nom* esclave

sleep [sliːp]
▸ *nom* sommeil ; **to go to sleep** s'endormir ; **to go back to sleep** se rendormir
▸ *verbe* dormir : **he's sleeping** il dort

I slept, I have slept, I am sleeping

sleepy ['sliːpɪ] ▸ *adjectif* **to be** *ou* **to feel sleepy** avoir sommeil

sleeve [sliːv] ▸ *nom* manche *(de vêtement)*

slept [slept] *voir* **sleep** *verbe*

slice [slaɪs]
▸ *nom* tranche ; *(de pizza, de gâteau)* part
▸ *verbe* couper en tranches

slid [slɪd] *voir* **slide** *verbe*

slide [slaɪd]
▸ *nom*
1 toboggan
2 diapositive
▸ *verbe*
1 glisser (**on** sur) ; **I slid the book into my pocket** j'ai glissé le livre dans ma poche ; **she slid the plate across the table** elle a fait glisser l'assiette sur la table
2 se glisser

I slid, I have slid, I am sliding

slight [slaɪt] ▸ *adjectif*
1 léger, -ère, petit, -ite : **there's a slight difference between the two** il y a une légère *ou* petite différence entre les deux
2 I haven't the slightest idea je n'en ai pas la moindre idée

slightly ['slaɪtlɪ] ▸ *adverbe* un peu, légèrement

slim [slɪm] ▸ *adjectif* mince

slip [slɪp]
▸ *nom*
1 a slip of paper un bout de papier
2 erreur ; **a slip of the tongue** un lapsus
▸ *verbe*
1 glisser (**on** sur) ; **it slipped out of my hands** ça m'a glissé des mains ; **I slipped the letter into my bag** j'ai glissé la lettre dans mon sac
2 se glisser : **to slip into bed** se glis-

ser dans son lit ; **she slipped out of the room** elle est sortie discrètement de la pièce

slipper ['slɪpər] ▸ *nom* pantoufle, chausson

slippery ['slɪpərɪ] ▸ *adjectif* glissant, -ante ; **it's slippery** ça glisse

slope [sləʊp]
▸ *nom* pente
▸ *verbe* être en pente

slow [sləʊ]
▸ *adjectif*
1 lent, lente : **he's slow** il est lent
2 my watch is slow ma montre retarde ; **to be three minutes slow** retarder de trois minutes
▸ *adverbe* lentement

▸ **slow down** ▸ *verbe* ralentir

slowly ['sləʊlɪ] ▸ *adverbe* lentement

smack [smæk] ▸ *verbe*
1 donner une claque à ; **she smacked his face** elle l'a giflé
2 donner une fessée à

small [smɔːl] ▸ *adjectif* petit, -ite

smart [smɑːt] ▸ *adjectif*
1 chic, élégant, -ante
2 intelligent, -ente

smash [smæʃ] ▸ *verbe*
1 briser : **to smash a glass** briser un verre ; **to smash a door open** enfoncer une porte
2 se briser : **the vase smashed into pieces** le vase s'est brisé en mille morceaux
3 the car smashed into the lamppost la voiture s'est écrasée contre le réverbère

smell [smel]
▸ *nom*
1 odeur
2 odorat
▸ *verbe*
1 sentir : **I can't smell anything** je ne sens rien ; **to smell good/bad** sentir bon/mauvais ; **to smell of smoke/roses** sentir la fumée/la rose
2 sentir mauvais : **it smells in here!** ça sent mauvais ici !

I smelt *ou* smelled, I have smelt *ou* smelled, I am smelling

smelt [smelt] *voir* **smell** *verbe*

smile [smaɪl]
▸ *nom* sourire : **to give somebody a smile** faire un sourire à quelqu'un
▸ *verbe* sourire (**at** à)

smoke [sməʊk]
▸ *nom* fumée
▸ *verbe* fumer

smoky ['sməʊkɪ] ▸ *adjectif* **their house is always smoky** leur maison est toujours enfumée

smooth [smuːð] ▸ *adjectif*
1 lisse : **smooth skin** une peau lisse *ou* douce
2 sans problèmes

snack [snæk] ▸ *nom* casse-croûte

snail [sneɪl] ▸ *nom* escargot

snake [sneɪk] ▸ *nom* serpent

snap [snæp] ▸ *verbe*
1 casser : **I snapped it in two** je l'ai cassé en deux ; **the rope snapped** la corde a cassé net
2 to snap one's fingers claquer des doigts

snatch [snætʃ] ▸ *verbe* saisir ; **to snatch something from somebody** arracher quelque chose à quelqu'un

sneaker ['sniːkər] ▸ *nom* tennis, chaussure de sport

sneeze [sniːz]
▸ *nom* éternuement
▸ *verbe* éternuer

sniff [snɪf] ▸ *verbe* renifler : **stop sniffing!** arrête de renifler ! ; **the dog sniffed (at) my hand** le chien m'a flairé la main

snore [snɔːr] ▸ *verbe* ronfler

snow [snəʊ]
▸ *nom* neige

► *verbe* neiger : **it's snowing** il neige

snowball ['snəʊbɔːl] ► *nom* boule de neige

snowflake ['snəʊfleɪk] ► *nom* flocon de neige

snowman ['snəʊmæn] (*au pluriel* **snowmen** [-men]) ► *nom* bonhomme de neige

snowstorm ['snəʊstɔːm] ► *nom* tempête de neige

so [səʊ]

► *adverbe*

1 si, tellement : **don't run so fast!** ne cours pas si vite ! ; **he's so big** il est si *ou* tellement grand (**that** que) ; **he's not so big!** il n'est pas si grand que ça !

2 if so si oui ; **I think so** je crois (que oui) ; **I hope so** j'espère bien ; **is that so?** c'est vrai ? ; **you're late – so I am** tu es en retard – ah oui, tu as raison

3 aussi : **so am I** moi aussi ; **so do we** nous aussi ; **so can they** eux aussi

4 or so environ : **ten or so** environ dix, une dizaine

5 so much, so many *(suivi d'un nom)* tellement de, tant de : **so much money** tellement *ou* tant d'argent ; **so many CDs** tellement *ou* tant de CD ; **I've never seen so much money/so many books** je n'ai jamais vu autant d'argent/de livres

6 so much *(suivi d'un verbe)* tellement, tant : **it rained so much** il a tellement *ou* tant plu (**that** que) ; **it's never rained so much** il n'a jamais plu autant, il n'a jamais tant plu

► *conjonction*

1 donc, alors : **the train was late so I missed my flight** le train avait du retard, donc *ou* alors j'ai raté mon avion

2 alors : **so are you coming?** alors, tu viens ? ; **so what** et alors ?

3 so that pour que : **he sat down so that I could see better** il s'est assis pour que je puisse mieux voir

4 so as to afin de, pour : **I took a taxi to the station so as not to miss my train** je suis allé à la gare en taxi pour ne pas rater mon train

soak [səʊk] ► *verbe* tremper

soap [səʊp] ► *nom*

1 savon ; **a bar of soap** un savon

Le mot **soap** est indénombrable dans ce sens.

2 feuilleton populaire

sob [sɒb] ► *verbe* sangloter

soccer ['sɒkər] ► *nom* football : **to play soccer** jouer au football

society [sə'saɪətɪ] (*au pluriel* **societies**) ► *nom* société : **in society** dans la société

sock [sɒk] ► *nom* chaussette

sofa ['səʊfə] ► *nom* canapé

soft [sɒft] ► *nom*

1 doux, douce

2 mou, molle

3 indulgent, -ente

4 a soft drink une boisson non alcoolisée

software ['sɒftweər] ► *nom* logiciel ; **a software package** un logiciel

Le mot **software** est indénombrable.

soil [sɔɪl] ► *nom* terre

sold [səʊld] *voir* **sell**

soldier ['səʊldʒər] ► *nom* soldat

sole [səʊl] ► *nom (d'une chaussure)* semelle

solid ['sɒlɪd] ► *adjectif* solide ; **solid gold** de l'or massif

solve [sɒlv] ► *verbe* résoudre

some [sʌm]

► *adjectif*

1 du, de la, des : **some wine** du vin ; **some jam** de la confiture ; **some water** de l'eau ; **some pictures** des tableaux ; **some pretty pictures** de jolis tableaux

2 un peu de : **he does have some money** il a un peu d'argent

3 quelques, plusieurs : **it happened some months ago** ça s'est passé il y a quelques mois
4 certains, -aines : **some books are difficult to read** certains livres sont difficiles à lire ; **some people** certaines personnes
5 *(indéfini)* **some man came in** un homme est entré ; **some idiot left the door open** un imbécile a laissé la porte ouverte ; **after some time** après un certain temps ; **in some book or other** dans un livre quelconque ; **for some reason or other** pour une raison ou pour une autre ; **some day** un jour ou l'autre
▸ *pronom*
1 *(complément au singulier)* en : **I want some** j'en veux ; **I want some of it** j'en veux un peu
2 *(complément au pluriel)* quelques-uns, quelques-unes, certains, -aines : **I've seen some of her films** j'ai vu quelques-uns *ou* certains de ses films ; **some of my friends** certains de mes amis ; **some are small** certains sont petits ; **some of them are Spanish** certains d'entre eux sont espagnols

somebody ['sʌmbədɪ] ▸ *pronom* quelqu'un

somehow ['sʌmhaʊ] ▸ *adverbe*
1 d'une façon ou d'une autre
2 somehow I'm not surprised he didn't come d'une certaine manière, cela ne m'étonne pas qu'il ne soit pas venu

someone ['sʌmwʌn] = **somebody**

someplace ['sʌmpleɪs] *(mot américain)* = **somewhere**

something ['sʌmθɪŋ] ▸ *pronom* quelque chose

sometime ['sʌmtaɪm] ▸ *adverbe* **come and see us sometime** viens nous voir un de ces jours ; **sometime or other** un jour ou l'autre ; **sometime soon** bientôt ; **sometime last/next week** la semaine dernière/prochaine

sometimes ['sʌmtaɪmz] ▸ *adverbe* quelquefois

somewhere ['sʌmweər] ▸ *adverbe* quelque part ; **I need somewhere quiet** j'ai besoin d'un endroit calme

son [sʌn] ▸ *nom* fils

song [sɒŋ] ▸ *nom* chanson

son-in-law ['sʌnɪnlɔː] (*au pluriel* **sons-in-law**) ▸ *nom* gendre

soon [suːn] ▸ *adverbe*
1 bientôt ; *(au passé)* vite : **see you soon!** à bientôt ! **she soon forgot** elle a vite oublié ; **soon after** peu après
2 tôt : **I arrived too soon** je suis arrivé trop tôt ; **sooner or later** tôt ou tard ; **as soon as possible** le plus tôt possible, aussitôt *ou* dès que possible
3 as soon as aussitôt que, dès que : **as soon as she leaves** aussitôt *ou* dès qu'elle partira
4 I'd just as soon stay j'aimerais autant rester ; **I'd sooner do it alone** je préférerais le faire seul

sore [sɔːr] ▸ *adjectif*
1 douloureux, -euse ; **to have a sore throat** avoir mal à la gorge ; **I'm still sore** j'ai encore mal
2 *(en américain)* en colère (**at** contre, **about** à propos de)

Attention, ce dernier sens est familier.

sorrow ['sɒrəʊ] ▸ *nom* chagrin

sorry ['sɒrɪ] ▸ *adjectif*
1 désolé, -e : **I'm sorry I'm late** je suis désolé d'être en retard ; **sorry for** *ou* **about the delay!** désolé *ou* excusez-moi pour ce retard ! ; **to say sorry to somebody** s'excuser auprès de quelqu'un ; **I'm sorry she can't come** c'est dommage qu'elle ne puisse pas venir ; **she'll be sorry!** elle le regrettera !
2 what's the time? – sorry? quelle heure est-il ? – pardon ?
3 I feel sorry for her je la plains ; **to feel sorry for oneself** s'apitoyer sur son sort

sort [sɔːt]
▸ *nom* sorte : **a sort of** une sorte de ; **all sorts of** toutes sortes de ; **what sort of drink is it?** qu'est-ce que c'est comme boisson ?
▸ *verbe* trier

▸ **sort out**
1 trier
2 ranger
3 arranger : **everything's sorted out now** tout est arrangé *ou* réglé maintenant

sought [sɔːt] *voir* **seek**

sound [saʊnd]
▸ *nom* son, bruit
▸ *verbe*
1 to sound one's horn klaxonner ; **to sound the alarm** sonner l'alarme
2 sembler : **it sounds as if she might be right** il semble qu'elle ait raison ; **that sounds like a good idea** ça me semble être une bonne idée ; **that sounds dangerous** ça a l'air dangereux ; **it sounds like the Beatles** on dirait les Beatles

sour ['saʊər] ▸ *adjectif* aigre

south [saʊθ]
▸ *nom* sud : **in the south of France** dans le sud de la France ; **to the south of the town** au sud de la ville ; **South Africa** l'Afrique du Sud ; **South America** l'Amérique du Sud
▸ *adjectif* sud : **the south coast** la côte sud
▸ *adverbe* vers le sud : **to head south** se diriger vers le sud

south-east [saʊθ'iːst] ▸ *nom* sud-est

southern ['sʌðən] ▸ *adjectif* du sud : **Southern Europe** l'Europe du Sud ; **southern England** le sud de l'Angleterre

south-west [saʊθ'west] ▸ *nom* sud-ouest

sow [səʊ] ▸ *verbe* semer

I sowed, I have sown *ou* sowed, I am sowing

sown [səʊn] *voir* **sew**

space [speɪs] ▸ *nom*
1 espace : **I've left a space** j'ai laissé un espace ; **space travel** les voyages dans l'espace
2 place : **to take up space** prendre de la place ; **a parking space** une place de parking

spaceship ['speɪsʃɪp] ▸ *nom* vaisseau spatial

spacesuit ['speɪssuːt] ▸ *nom* combinaison spatiale

spade [speɪd] ▸ *nom* bêche ; *(jouet pour enfant)* pelle

Spain [speɪn] ▸ *nom* l'Espagne

Spaniard ['spænjəd] ▸ *nom* Espagnol, -e

Spanish ['spænɪʃ]
▸ *adjectif* espagnol, -e
▸ *nom* espagnol *(langue)*

spare ['speər]
▸ *adjectif*
1 en trop, en plus : **I've got two spare tickets** j'ai deux billets en plus
2 disponible : **a spare seat** une place disponible *ou* de libre ; **a spare room** une chambre d'amis ; **spare time** le temps libre, les loisirs
▸ *verbe* **can you spare me five minutes** pouvez-vous m'accorder cinq minutes ?

spark [spɑːk] ▸ *nom* étincelle

sparkle ['spɑːk(ə)l] ▸ *verbe* étinceler

sparrow ['spærəʊ] ▸ *nom* moineau

spat [spæt] *voir* **spit**

speak [spiːk] ▸ *verbe*
1 parler (**to** à, **about** de) ; **to speak French** parler français
2 dire : **the baby spoke a few words** le bébé a dit quelques mots
3 who's speaking? *(au téléphone)* qui est à l'appareil ?

▸ **speak up** parler plus fort

I spoke, I have spoken, I am speaking

special ['speʃəl] ▸ *adjectif* spécial, -e ; **it's a special case** c'est un cas particulier

specially ['speʃəlɪ] ▸ *adverbe*
1 spécialement, exprès : **he came specially to see you** il est venu exprès pour te voir
2 particulièrement, surtout : **he's specially interested in old cars** il s'intéresse tout particulièrement *ou* surtout aux vieilles voitures

sped [sped] *voir* **speed**

speech [spiːtʃ] ▸ *nom* discours : **to give a speech on** *ou* **about** faire un discours sur

speed [spiːd]
▸ *nom* vitesse : **at top speed** à toute vitesse
▸ *verbe* aller à toute allure
▸ **speed up** aller plus vite, accélérer

I sped *ou* speeded, I have sped *ou* speeded, I am speeding

spell¹ [spel] ▸ *nom* **to put a spell on somebody** jeter un sort à quelqu'un

spell² [spel] ▸ *verbe*
1 écrire : **they've spelt my name wrong** ils ont mal écrit mon nom ; **how do you spell it?** comment est-ce que ça s'écrit ? ; **he can't spell** il n'est pas très bon en orthographe
2 épeler : **can you spell that for me?** pouvez-vous l'épeler ?

I spelt *ou* spelled, I have spelt *ou* spelled, I am spelling

spelling ['spelɪŋ] ▸ *nom* orthographe

spelt [spelt] *voir* **spell**

spend [spend] ▸ *verbe*
1 dépenser : **to spend money on clothes** dépenser de l'argent en vêtements
2 passer : **to spend time on something/on doing something** passer du temps sur quelque chose/à faire quelque chose ; **I spent three hours waiting** j'ai passé trois heures à attendre ; **he spent the summer in Greece** il a passé l'été en Grèce

I spent, I have spent, I am spending

spent [spent] *voir* **spend**

spice [spaɪs] ▸ *nom* épice

spicy ['spaɪsɪ] ▸ *adjectif* épicé, -e

spider ['spaɪdər] ▸ *nom* araignée

spill [spɪl] ▸ *verbe*
1 renverser : **I spilled coffee on it** j'ai renversé du café dessus
2 se répandre : **the wine spilled on the carpet** le vin s'est répandu sur la moquette

I spilt *ou* spilled, I have spilt *ou* spilled, I am spilling

spilt [spɪlt] *voir* **spill**

spin [spɪn] (*ou* **spin round**) ▸ *verbe*
1 faire tourner
2 tourner : **the wheel is spinning (round)** la roue tourne

I spun, I have spun, I am spinning

spinach ['spɪnɪtʃ] ▸ *nom* épinards : **I'm eating spinach** je mange des épinards

Le mot **spinach** est indénombrable.

spine [spaɪn] ▸ *nom* colonne vertébrale

spire ['spaɪər] ▸ *nom* flèche *(d'une église)*

spirit ['spɪrɪt] ▸ *nom*
1 esprit
2 alcool, spiritueux

spit [spɪt] ▸ *verbe* cracher

I spat, *(en américain)* I spit, I have spat, *(en américain)* I have spit, I am spitting

spite [spaɪt] ▸ *nom*
1 dépit : **out of spite** par dépit
2 **in spite of** malgré

splash [splæʃ] ▸ *verbe* éclabousser (**with** de)

splinter ['splɪntər] ► *nom (dans le doigt)* écharde

split [splɪt] ► *verbe*
1 fendre *(du bois)*
2 to split one's trousers déchirer son pantalon ; **her dress split** sa robe s'est déchirée
3 to split a group diviser un groupe ; **the team split into two groups** l'équipe s'est divisée en deux
4 partager (**between** entre)
► **split up**
1 diviser, partager ; **we split the children up into groups** nous avons réparti les enfants en plusieurs groupes
2 rompre, se séparer : **they've split up** ils se sont séparés

I split, I have split, I am splitting

spoil [spɔɪl] ► *verbe*
1 gâcher : **you've spoilt everything!** tu as tout gâché !
2 to spoil a child gâter un enfant

I spoilt *ou* spoiled, I have spoilt *ou* spoiled, I am spoiling

spoilt [spɔɪlt] *voir* **spoil**

spoke [spəʊk], **spoken** ['spəʊk(ə)n] *voir* **speak**

sponge [spʌndʒ] ► *nom* éponge

spoon [spuːn] ► *nom* cuillère

spoonful ['spuːnfʊl] ► *nom* cuillerée

sport [spɔːt] ► *nom* sport : **to do** *ou* **to play sport,** *(en américain)* **to do** *ou* **to play sports** faire du sport ; **a sports club** un club sportif

sportsman ['spɔːtsmən] (*au pluriel* **sportsmen** [-men]) ► *nom* sportif

sportswoman ['spɔːtswʊmən] (*au pluriel* **sportswomen** [-wɪmɪn]) ► *nom* sportive

spot [spɒt] ► *nom*
1 tache
2 point ; **a tie with red spots** une cravate à pois rouges
3 bouton *(sur la peau)*
4 endroit, lieu

sprang [spræŋ] *voir* **spring** *verbe*

spray [spreɪ]
► *nom* **a spray can** une bombe aérosol ; **spray paint** de la peinture en bombe
► *verbe*
1 vaporiser
2 arroser ; **to spray somebody with water** asperger quelqu'un d'eau
3 écrire à la bombe

spread [spred] ► *verbe*
1 étaler
2 to spread one's arms/legs écarter les bras/jambes
3 répandre, propager
4 se répandre, se propager : **the news spread** la nouvelle s'est répandue *ou* s'est propagée ; **the fire spread** le feu s'est propagé
► **spread out**
1 étaler : **he spread his papers out on the desk** il étala ses papiers sur le bureau
2 se disperser

I spread, I have spread, I am spreading

spring [sprɪŋ]
► *nom*
1 printemps : **in (the) spring** au printemps
2 source *(d'eau)*
3 ressort
► *verbe*
1 bondir, sauter
2 to spring open s'ouvrir brusquement

I sprang, I have sprung, I am springing

springtime ['sprɪŋtaɪm] ► *nom* printemps

sprung [sprʌŋ] *voir* **spring** *verbe*

spun [spʌn] *voir* **spin**

sprout [spraʊt] ► *nom* **a (Brussels) sprout** un chou de Bruxelles

spy [spaɪ] ► *nom* (*au pluriel* **spies**) espion, -onne

▸**spy on** ▸ *verbe* **to spy on somebody** espionner quelqu'un

square [skweər]
▸ *adjectif* carré, -e
▸ *nom*
1 carré ; *(sur un échiquier, une carte)* case
2 the village square la place du village

squash [skwɒʃ] ▸ *verbe* écraser

squat [skwɒt] (*ou* **squat down**) ▸ *verbe* s'accroupir ; **he's squatting (down)** il est accroupi

squeak [skwiːk] ▸ *verbe*
1 grincer : **the door squeaks every time you open it** la porte grince à chaque fois qu'on l'ouvre
2 pousser un petit cri

squeeze [skwiːz] ▸ *verbe*
1 presser ; **to squeeze somebody's hand/arm** serrer la main/le bras de quelqu'un
2 I can't squeeze another thing into my suitcase je ne peux plus rien rentrer dans ma valise
3 he squeezed past me il s'est glissé devant moi
▸**squeeze in** se faire une petite place
▸**squeeze up** se serrer (**against** contre)

squirrel ['skwɪr(ə)l] ▸ *nom* écureuil

stab [stæb] ▸ *verbe* poignarder

stable ['steɪb(ə)l] ▸ *nom* écurie

stack [stæk] ▸ *nom* pile : **a stack of books** une pile de livres

stadium ['steɪdɪəm] ▸ *nom* stade

staff [stɑːf] ▸ *nom (dans une entreprise)* personnel ; *(dans une école)* professeurs

stag [stæg] ▸ *nom* cerf

stage [steɪdʒ] ▸ *nom (au théâtre)* scène

stain [steɪn]
▸ *nom* tache
▸ *verbe* tacher (**with** de)

staircase ['steəkeɪs] ▸ *nom* escalier

stairs [steəz] ▸ *nom pluriel* **the stairs** l'escalier, les escaliers

stale [steɪl] ▸ *adjectif* **stale bread** du pain rassis

stalk [stɔːk] ▸ *nom (d'une fleur)* tige

stall [stɔːl] ▸ *nom* kiosque ; *(au marché)* étal ; *(dans une foire)* stand

stamp [stæmp]
▸ *nom*
1 timbre
2 a rubber stamp un tampon
▸ *verbe*
1 tamponner
2 to stamp one's foot taper du pied

stand [stænd]
▸ *nom*
1 kiosque ; *(au marché)* étal ; *(dans une foire)* stand ; *(dans un magasin)* présentoir
2 *(dans un stade)* tribune
▸ *verbe*
1 être *ou* se tenir debout
2 rester debout : **I don't mind standing** ça ne me gêne pas de rester debout
3 se lever, se mettre debout
4 supporter : **I can't stand her!** je ne peux pas la supporter !
▸**stand back** reculer
▸**stand for** signifier, vouloir dire : **what does "DNA" stand for?** que veut dire l'abréviation "DNA" ?
▸**stand up**
1 être *ou* se tenir debout
2 se lever, se mettre debout
3 to stand something up mettre quelque chose debout
▸**stand up for** défendre
▸**stand up to: to stand up to somebody** tenir tête à quelqu'un

I stood, I have stood, I am standing

standard ['stændəd] ▸ *nom* niveau : **the standard of living** le niveau de vie

stank [stæŋk] *voir* **stink**

star [stɑːr] ▸ *nom*
1 étoile
2 vedette, star

stare [steər] ▸ *verbe* **to stare at** fixer, regarder fixement

start [stɑːt]
▸ *nom*
1 début ; *(d'une course, d'un voyage)* départ : **at the start of the book** au début du livre ; **to make a start on something** commencer quelque chose
2 sursaut ; **to give somebody a start** faire sursauter quelqu'un
▸ *verbe*
1 commencer : **to start doing something** *ou* **to do something** commencer à faire quelque chose ; **to start with something** commencer par quelque chose ; **to start by doing something** commencer par faire quelque chose ; **to start a business** monter une entreprise
2 démarrer : **the car won't start** la voiture ne veut pas démarrer
3 sursauter
▸ **start out**
1 partir, se mettre en route
2 débuter
▸ **start up** démarrer, mettre en marche

starve [stɑːv] ▸ *verbe* souffrir de la faim ; **to starve (to death)** mourir de faim ; **I'm starving!** je meurs de faim !

State [steɪt] ▸ *nom* État ; **the States** les États-Unis

state¹ [steɪt] ▸ *nom* état : **his car is in a bad state** sa voiture est en mauvais état

state² [steɪt] ▸ *verbe*
1 déclarer (**that** que)
2 indiquer : **please state your age** veuillez indiquer votre âge

statement ['steɪtmənt] ▸ *nom*
1 déclaration
2 relevé de compte

station ['steɪʃən] ▸ *nom*
1 gare ; *(de métro)* station ; **a bus station** une gare routière
2 a police station un poste de police
3 a radio station une station de radio

stationery ['steɪʃən(ə)rɪ] ▸ *nom* papier à lettres ; **office stationery** les fournitures de bureau

> Le mot **stationery** est indénombrable.

stay [steɪ]
▸ *nom* séjour
▸ *verbe*
1 rester : **stay where you are!** reste où tu es ! ; **to stay calm** rester calme
2 loger : **to stay in a hotel/with friends** loger à l'hôtel/chez des amis
▸ **stay away : to stay away from something** ne pas s'approcher de quelque chose ; **stay away!** ne t'approche pas ! ; **to stay away from school** ne pas aller à l'école
▸ **stay in** rester chez soi
▸ **stay out : she stayed out all night** elle n'est pas rentrée de la nuit
▸ **stay up : to stay up late** se coucher tard ; **he stayed up all night** il est resté debout toute la nuit

steady ['stedɪ] ▸ *adjectif*
1 stable ; **a steady hand** une main ferme *ou* sûre ; **in a steady voice** d'une voix assurée
2 régulier, -ière

steal [stiːl] ▸ *verbe* voler : **to steal something from somebody** voler quelque chose à quelqu'un

> I stole, I have stolen, I am stealing

steam [stiːm] ▸ *nom* vapeur ; *(sur une vitre)* buée

steel [stiːl] ▸ *nom* acier : **a steel ladder** une échelle en acier

steep [stiːp] ▸ *adjectif* raide

steer [stɪər] ▸ *verbe* conduire : **this car is easy to steer** cette voiture est facile à conduire

steering wheel ['stɪərɪŋwi:l] ▸ *nom* volant

stem [stem] ▸ *nom (d'une fleur)* tige

step [step]
▸ *nom*
1 pas : **to take a step forward/backwards** faire un pas en avant/en arrière
2 *(d'un escalier)* marche
▸ *verbe* marcher (**on** sur) ; **step forward, please** avancez, s'il vous plaît
▸ **step aside** s'écarter
▸ **step back** reculer

stepdaughter ['stepdɔ:tər] ▸ *nom* belle-fille *(fille du conjoint/de la conjointe)*

stepfather ['stepfɑ:ðər] ▸ *nom* beau-père *(conjoint de la mère)*

stepmother ['stepmʌðər] ▸ *nom* belle-mère *(conjointe du père)*

stepson ['stepsʌn] ▸ *nom* beau-fils *(fils du conjoint/de la conjointe)*

stew [stju:] ▸ *nom* ragoût

stewardess [stjʊə'des] ▸ *nom* hôtesse (de l'air)

stick[1] [stɪk] ▸ *nom* bâton ; *(pour marcher)* canne

stick[2] [stɪk] ▸ *verbe*
1 coller : **to stick a stamp on an envelope** coller un timbre sur une enveloppe
2 planter : **he stuck his fork into the meat** il a planté sa fourchette dans la viande
3 *(tiroir, clé)* se coincer
▸ **stick out : to stick one's tongue out** tirer la langue ; **your ticket is sticking out of your pocket** ton billet dépasse de ta poche
▸ **stick up : to stick up a notice** mettre une affiche ; **to stick up one's hand** lever la main

I stuck, I have stuck, I am sticking

sticky ['stɪkɪ] ▸ *adjectif* collant, -ante ; **sticky tape** du ruban adhésif

stiff [stɪf] ▸ *adjectif*
1 rigide, raide
2 dur, -e
3 to be *ou* **to feel stiff** *(après avoir fait du sport)* avoir des courbatures ; *(après être resté longtemps dans la même position)* être engourdi ; **to have a stiff neck** avoir le torticolis

still[1] [stɪl] ▸ *adverbe*
1 encore : **are you still here?** tu es encore là ? ; **it's better still** c'est encore mieux
2 quand même, tout de même

still[2] [stɪl] ▸ *adjectif*
1 immobile ; **to stand still** ne pas bouger ; **to sit still** se tenir tranquille
2 still water de l'eau plate

sting [stɪŋ]
▸ *nom* piqûre
▸ *verbe* piquer : **a bee stung me** une abeille m'a piqué

it stung, it has stung, it is stinging

stink [stɪŋk] ▸ *verbe* puer

it stank, it has stunk, it is stinking

stir [stɜ:r] ▸ *verbe* remuer

stitch [stɪtʃ]
▸ *nom*
1 *(en couture)* point ; *(en tricot)* maille
2 point de suture
3 point de côté
▸ *verbe* coudre ; *(une blessure)* recoudre

stocking ['stɒkɪŋ] ▸ *nom* bas

stole [stəʊl], **stolen** ['stəʊlən] *voir* **steal**

stomach ['stʌmək] ▸ *nom* estomac, ventre

stomachache ['stʌməkeɪk] ▸ *nom* **to have a stomachache** avoir mal au ventre

stone [stəʊn] ▸ *nom*
1 pierre ; *(plus petit)* caillou
2 *(dans un fruit)* noyau

stood [stʊd] *voir* **stand** *verbe*

stool [stuːl] ▸ *nom* tabouret

stop [stɒp]
▸ *nom*
1 arrêt : **the next stop** le prochain arrêt ; **a bus stop** un arrêt de bus
2 escale
3 to put a stop to something mettre fin à quelque chose
▸ *verbe*
1 arrêter : **stop it!** arrête ! ; **stop complaining!** arrête de te plaindre !
2 s'arrêter : **I stopped to rest** je me suis arrêté pour me reposer ; **it stopped raining** il s'est arrêté de pleuvoir
3 empêcher : **to stop somebody (from) doing something** empêcher quelqu'un de faire quelque chose ; **I couldn't stop him** je n'ai pas pu l'en empêcher

store [stɔːr]
▸ *nom*
1 magasin
2 réserve, provision
▸ *verbe* entreposer, stocker ; **to store food for the winter** faire des provisions pour l'hiver

storey ['stɔːrɪ] ▸ *nom* étage

stork [stɔːk] ▸ *nom* cigogne

storm [stɔːm] ▸ *nom* tempête, orage

story ['stɔːrɪ] (*au pluriel* **stories**)
▸ *nom*
1 histoire
2 *(en américain)* = **storey**

stove [stəʊv] ▸ *nom*
1 *(pour cuisiner)* cuisinière ; *(plus petit)* réchaud
2 *(pour chauffer)* poêle

straight [streɪt]
▸ *adjectif*
1 droit, droite : **a straight line** une ligne droite ; **straight hair** des cheveux raides
2 honnête
3 to put things straight arranger les choses
▸ *adverbe*
1 droit : **to stand up straight** se tenir droit ; **straight ahead, straight on** tout droit ; **to look straight ahead** regarder droit devant soi
2 directement ; **straight away** tout de suite ; **straight after** tout de suite après

strange [streɪndʒ] ▸ *adjectif*
1 bizarre, étrange
2 inconnu, -e

stranger ['streɪndʒər] ▸ *nom*
1 inconnu, -e : **don't talk to strangers** ne parle pas aux inconnus
2 étranger, -ère ; **I'm a stranger here** je ne suis pas d'ici

strangle ['stræŋg(ə)l] ▸ *verbe* étrangler

strap [stræp] ▸ *nom* sangle, lanière ; *(d'une montre)* bracelet ; *(d'un vêtement)* bretelle

straw [strɔː] ▸ *nom* paille

strawberry ['strɔːb(ə)rɪ] (*au pluriel* **strawberries**) ▸ *nom* fraise

stream [striːm] ▸ *nom* ruisseau

street [striːt] ▸ *nom* rue

streetlamp ['striːtlæmp] (*ou* **streetlight** ['striːtlaɪt]) ▸ *nom* réverbère, lampadaire

strength [streŋθ] ▸ *nom* force

stretch [stretʃ] ▸ *verbe*
1 tendre ; *(un élastique)* étirer ; **to stretch one's legs** se dégourdir les jambes
2 s'étirer

▸ **stretch out**
1 to stretch out one's arms/hand tendre les bras/la main
2 s'allonger, s'étendre

strike[1] [straɪk] ▸ *verbe*
1 frapper : **to strike somebody in the face** frapper quelqu'un au visage ; **struck by lightning** frappé par la foudre ; **I was struck by how pale he was** j'ai été frappé par sa pâleur ; **she strikes me as somebody you can trust** j'ai l'impression que c'est

quelqu'un à qui on peut faire confiance
2 heurter : **the car struck the wall** la voiture a heurté le mur
3 to strike a match craquer une allumette
4 sonner : **the clock struck five** l'horloge a sonné cinq heures

I struck, I have struck, I am striking

strike² [straɪk] ▸ *nom* grève : **to go on strike** se mettre en grève

striking ['straɪkɪŋ] ▸ *adjectif* frappant, -ante

string [strɪŋ] ▸ *nom* ficelle ; *(d'un instrument de musique)* corde

strip¹ [strɪp] ▸ *nom* bande : **a comic strip** une bande dessinée

strip² [strɪp] ▸ *verbe* se déshabiller

stripe [straɪp] ▸ *nom* rayure

striped [straɪpt] ▸ *adjectif* à rayures, rayé, -e

stroke [strəʊk]
▸ *nom*
1 caresse
2 *(au tennis)* coup ; *(en natation)* nage
3 he had a stroke il a eu une attaque
▸ *verbe* caresser

stroll [strəʊl] ▸ *verbe* se promener

stroller ['strəʊlər] ▸ *nom*
1 promeneur, -euse
2 *(en américain)* poussette

strong [strɒŋ] ▸ *adjectif* fort, forte ; *(équipe, candidat)* bon, bonne ; *(couleur)* vif, vive

struck [strʌk] *voir* **strike¹**

struggle ['strʌg(ə)l]
▸ *nom* lutte
▸ *verbe*
1 lutter, se battre ; *(pour s'échapper)* se débattre
2 to struggle to do something avoir du mal à faire quelque chose ; **he's struggling with maths** il a des difficultés en maths

stubborn ['stʌbən] ▸ *adjectif* têtu, -e

stuck [stʌk] ▸ *adjectif* bloqué, -e, coincé, -e ; **to get one's finger stuck** se coincer le doigt ; *voir* **stick²**

student ['stju:dənt] ▸ *nom* étudiant, -ante ; *(à l'école)* élève

study ['stʌdɪ]
▸ *nom (au pluriel* **studies***)*
1 étude : **to make a study of something** faire une étude sur quelque chose ; **how are your studies going?** comment vont vos études ?
2 bureau, cabinet de travail
▸ *verbe* étudier ; **to study law/medicine** faire des études de droit/médecine ; **to study for an exam** préparer un examen

stuff¹ [stʌf] ▸ *nom*
1 truc, trucs : **there's all kinds of stuff in this drawer** il y a des tas de trucs dans ce tiroir
2 affaires : **clear your stuff off the table** enlève tes affaires de la table

Le mot **stuff** est indénombrable.

stuff² [stʌf] ▸ *verbe*
1 bourrer, remplir (**with** de)
2 fourrer : **he stuffed the papers into his pocket** il a fourré les papiers dans sa poche
3 *(en cuisine)* farcir

stung [stʌŋ] *voir* **sting** *verbe*

stunk [stʌŋk] *voir* **stink**

stupid ['stju:pɪd] ▸ *verbe* stupide, bête ; **to say something stupid** dire une bêtise

stutter ['stʌtər] ▸ *verbe* bégayer

subject ['sʌbdʒɪkt] ▸ *nom* sujet ; *(à l'école)* matière

submarine [sʌbmə'ri:n] ▸ *nom* sous-marin

subtract [səb'trækt] ▸ *verbe* ôter, retrancher (**from** de)

suburb ['sʌbɜ:b] ▸ *nom* **the suburbs** la banlieue ; **a suburb** une banlieue ; **I live in the suburbs** j'habite en banlieue

subway ['sʌbweɪ] ▸ *nom*
1 passage souterrain
2 *(en américain)* métro

succeed [sək'siːd] ▸ *verbe* réussir : **to succeed in doing something** réussir à faire quelque chose

success [sək'ses] ▸ *nom* réussite, succès : **this film is a success** ce film a du succès ; **the party was a success** la fête était réussie

successful [sək'sesfʊl] ▸ *adjectif* **a successful author** un auteur à succès ; **his book was very succesful** son livre a eu un succès fou ; **he's a successful businessman** il a réussi dans les affaires

such [sʌtʃ]
▸ *adjectif* tel, telle : **such interest** un tel intérêt ; **such a situation** une telle situation ; **such words** de tels mots ; **countries such as Spain or Portugal** des pays comme *ou* tels que l'Espagne ou le Portugal
▸ *adverbe*
1 si, aussi : **such a big house** une si *ou* aussi grande maison
2 tellement : **it was such a long time ago** ça fait tellement longtemps ; **such a lot of books** tellement de livres, tant de livres

suck [sʌk] ▸ *verbe*
1 sucer
2 *(avec une paille)* aspirer

sudden ['sʌd(ə)n] ▸ *adjectif*
1 soudain, -aine ; **a sudden movement** un mouvement brusque
2 all of a sudden tout à coup

suddenly ['sʌd(ə)nlɪ] ▸ *adverbe* tout à coup, soudain ; **to brake suddenly** freiner brusquement ; **to die suddenly** mourir subitement

suffer ['sʌfər] ▸ *verbe* souffrir (**from** de)

sugar ['ʃʊgər] ▸ *nom* sucre

suggest [sə'dʒest] ▸ *verbe* suggérer, proposer (**to** à) : **I suggest we go and see him** je suggère qu'on aille le voir ; **she suggested going for a walk** elle a proposé qu'on aille se promener

suggestion [sə'dʒestʃən] ▸ *nom* suggestion, proposition

suit [s(j)uːt]
▸ *nom*
1 *(pour homme)* costume ; *(pour femme)* tailleur
2 a ski suit une combinaison de ski
▸ *verbe*
1 convenir à : **if that suits you** si ça vous convient ; **Tuesday suits me best** c'est mardi qui me convient *ou* m'arrange le mieux ; **it suits me to stay** ça m'arrange de rester
2 *(vêtement, couleur)* (bien) aller à : **that jacket suits you** cette veste te va bien

suitable ['s(j)uːtəb(ə)l] ▸ *adjectif* qui convient, convenable

suitcase ['s(j)uːtkeɪs] ▸ *nom* valise

sum [sʌm] ▸ *nom*
1 somme : **a large sum of money** une importante somme d'argent
2 calcul : **to be good at sums** être bon en calcul

summary ['sʌmərɪ] (*au pluriel* **summaries**) ▸ *nom* résumé

summer ['sʌmər] ▸ *nom* été : **in (the) summer** en été ; **summer holidays,** *(en américain)* **summer vacation** les grandes vacances

summertime ['sʌmətaɪm] ▸ *nom* été

sun [sʌn] ▸ *nom* soleil : **in the sun** au soleil ; **the sun's out, the sun's shining** il y a du soleil

sunbathe ['sʌnbeɪð] ▸ *verbe* se faire bronzer

sunburnt ['sʌnbɜːnt] (*ou* **sunburned** ['sʌnbɜːnd]) ▸ *adjectif* **to get sunburnt** attraper un coup de soleil

Sunday ['sʌndɪ] ▸ *nom* dimanche :

he came on Sunday il est venu dimanche ; **he plays golf on Sundays** il joue au golf le dimanche ; **every Sunday** tous les dimanches

sung [sʌŋ] *voir* **sing**

sunglasses ['sʌnglɑːsɪz] ▸ *nom pluriel* lunettes de soleil

sunk [sʌŋk] *voir* **sink**[2]

sunlight ['sʌnlaɪt] ▸ *nom* lumière du soleil ; **in the sunlight** au soleil

sunny ['sʌnɪ] ▸ *adjectif* ensoleillé, -e : **a sunny day** une journée ensoleillée ; **it's sunny** il y a du soleil

sunrise ['sʌnraɪz] ▸ *nom* lever du soleil

sunset ['sʌnset] ▸ *nom* coucher du soleil

sunshine ['sʌnʃaɪn] ▸ *nom* soleil

suntan ['sʌntæn] ▸ *nom* bronzage ; **to have a suntan** être bronzé, -e ; **to get a suntan** se faire bronzer

suntanned ['sʌntænd] ▸ *adjectif* bronzé, -e

supermarket ['suːpəmɑːkɪt] ▸ *nom* supermarché

supper ['sʌpər] ▸ *nom (le soir)* dîner ; *(plus tard dans la nuit)* souper ; **to have supper** dîner ; *(plus tard)* souper

supply [sə'plaɪ]
▸ *nom* (*au pluriel* **supplies**) approvisionnement ; *(réserve)* provision ; **supply and demand** l'offre et la demande
▸ *verbe* fournir : **to supply somebody with something** fournir quelque chose à quelqu'un

support [sə'pɔːt] ▸ *verbe*
1 soutenir
2 subvenir aux besoins de

suppose [sə'pəʊz] ▸ *verbe*
1 supposer : **suppose you're right** supposons que tu aies raison
2 penser : **I suppose so!** je pense !
3 suppose we go? et si nous partions ?
4 I'm not supposed to know je ne suis pas censé savoir ; **she's supposed to be in London** elle est censée être à Londres
5 he's supposed to be rich on dit qu'il est riche ; **the film is supposed to be good** il paraît que c'est un bon film

sure [ʃʊər] ▸ *adjectif*
1 sûr, -e (**of, about** de, **that** que) : **that's for sure** ça, c'est sûr ; **she's sure to accept** elle va sûrement accepter ; **sure!** bien sûr !
2 to make sure that s'assurer que, vérifier que ; **make sure you do it!** n'oublie pas de le faire !

surgeon ['sɜːdʒən] ▸ *nom* chirurgien, -ienne

surname ['sɜːneɪm] ▸ *nom* nom de famille

surprise [sə'praɪz]
▸ *nom* surprise : **to give somebody a surprise** faire une surprise à quelqu'un
▸ *verbe* surprendre : **I'm surprised by** *ou* **at his reaction** sa réaction me surprend *ou* m'étonne ; **I'm surprised to see you** je suis surpris de te voir ; **I'm not surprised** ça ne m'étonne pas

surprising [sə'praɪzɪŋ] ▸ *adjectif* surprenant, -ante

surrender [sə'rendər] ▸ *verbe* se rendre (**to** à)

surround [sə'raʊnd] ▸ *verbe*
1 entourer : **surrounded by a wall** entouré d'un mur
2 *(par la police)* cerner

suspect ['sʌspekt] ▸ *verbe* soupçonner (**of** de) : **I suspect him of stealing the money** je le soupçonne d'avoir volé l'argent

suspenders [sə'spendəz] ▸ *nom pluriel (mot américain)* bretelles

suspicion [sə'spɪʃən] ▸ *nom* soupçon

suspicious [sə'spɪʃəs] ▸ *adjectif*
1 méfiant, -ante ; **to be suspicious of** *ou* **about** se méfier de
2 suspect, -ecte : **a suspicious death** une mort suspecte ; **she looks suspicious** elle a l'air louche

swallow ['swɒləʊ] ▸ *verbe* avaler

swam [swæm] *voir* **swim** *verbe*

swan [swɒn] ▸ *nom* cygne

swap [swɒp] ▸ *verbe* échanger (**for** contre) ; **to swap places with somebody** changer de place avec quelqu'un

swarm [swɔːm] ▸ *nom* essaim

swear [sweər] ▸ *verbe*
1 jurer (**that** que) : **to swear to do something** jurer de faire quelque chose
2 dire des gros mots ; **to swear at somebody** injurier quelqu'un

I swore, I have sworn, I am swearing

sweat [swet]
▸ *nom* transpiration, sueur
▸ *verbe* transpirer

sweater ['swetər] ▸ *nom* pull

Swede [swiːd] ▸ *nom* Suédois, -oise

Sweden ['swiːd(ə)n] ▸ *nom* la Suède

Swedish ['swiːdɪʃ]
▸ *adjectif* suédois, -oise
▸ *nom* suédois *(langue)*

sweep [swiːp] ▸ *verbe* balayer : **to sweep the floor** balayer le sol
▸ **sweep up** balayer

I swept, I have swept, I am sweeping

sweet [swiːt]
▸ *adjectif*
1 sucré, -e ; **to have a sweet tooth** aimer les sucreries
2 adorable, mignon, -onne
3 gentil, -ille
▸ *nom*
1 bonbon ; **a sweet shop** une confiserie
2 dessert

sweetcorn ['swiːtkɔːn] ▸ *nom* maïs

swell [swel] ▸ *verbe* enfler

it swelled, it has swollen, it is swelling

swept [swept] *voir* **sweep**

swim [swɪm]
▸ *nom* **to go for a swim** aller se baigner
▸ *verbe* nager ; **to swim across a river** traverser une rivière à la nage

I swam, I have swum, I am swimming

swimming ['swɪmɪŋ] ▸ *nom* natation ; **to go swimming** aller se baigner ; *(en ville)* aller à la piscine ; **a swimming costume** un maillot de bain ; **a swimming pool** une piscine ; **swimming trunks** un slip de bain

swimsuit ['swɪms(j)uːt] ▸ *nom* maillot de bain

swing [swɪŋ]
▸ *nom* balançoire
▸ *verbe*
1 balancer : **to swing one's arms** balancer les bras
2 se balancer : **don't swing on your chair!** ne te balance pas sur ta chaise !

I swung, I have swung, I am swinging

Swiss [swɪs]
▸ *adjectif* suisse ; **a Swiss man** un Suisse ; **a Swiss woman** une Suisse
▸ *nom pluriel* **the Swiss** les Suisses

switch [swɪtʃ]
▸ *nom*
1 interrupteur, bouton
2 changement
▸ *verbe* échanger (**for** contre) ; **to switch places with somebody** changer de place avec quelqu'un
▸ **switch off** éteindre
▸ **switch on** allumer
▸ **switch over** changer de chaîne

Switzerland ['swɪtsələnd] ▸ *nom* la Suisse

swollen ['swəʊl(ə)n] ▸ *adjectif* enflé, -e ; *voir* **swell**

swop = **swap**

sword [sɔːd] ▸ *nom* épée

swore [swɔːr], **sworn** [swɔːn] *voir* **swear**

swum [swʌm] *voir* **swim** *verbe*

swung [swʌŋ] *voir* **swing** *verbe*

syllable ['sɪləb(ə)l] ▸ *nom* syllabe

Tt

table ['teɪb(ə)l] ▸ *nom* table : **to lay** *ou* **to set the table** mettre la table ; **to clear the table** débarrasser la table

tablecloth ['teɪb(ə)lklɒθ] ▸ *nom* nappe

tablespoon ['teɪb(ə)lspuːn] ▸ *nom* cuillère à soupe

tablet ['tæblɪt] ▸ *nom* cachet, comprimé

tag [tæg] ▸ *nom* étiquette

tail [teɪl] ▸ *nom* queue

tailor ['teɪlər] ▸ *nom* tailleur *(personne)*

take [teɪk] ▸ *verbe*

1 prendre : **take your coat!** prends ton manteau ! ; **to take a shower** prendre une douche ; **to take a photo/the train** prendre une photo/le train ; **this seat is taken** cette place est prise

2 emmener : **to take somebody to school** emmener quelqu'un à l'école ; **he took me home** *(à pied)* il m'a raccompagné chez moi ; *(en voiture)* il m'a ramené chez moi

3 apporter : **she took a cup of tea to her mother, she took her mother a cup of tea** elle a apporté une tasse de thé à sa mère ; **take him this book!** apporte-lui ce livre !

4 emporter : **he took his binoculars with him** il a emporté ses jumelles

5 to take an exam passer un examen

6 to take place avoir lieu

7 it takes courage to do it il faut du courage pour le faire ; **it took me two hours to get here** il m'a fallu deux heures pour venir ; **I took an hour to do it** j'ai mis une heure à le faire

▸ **take apart** démonter

▸ **take away**

1 emporter ; *(une personne)* emmener

2 enlever

▸ **take back**

1 reprendre

2 rapporter (**to** à)

3 to take somebody back ramener quelqu'un (**to** à)

▸ **take down**

1 descendre ; *(d'un mur)* enlever, décrocher ; *(d'une étagère)* prendre : **take the rubbish down** descends la poubelle

2 baisser : **he took his trousers down** il a baissé son pantalon

3 to take down notes prendre des notes ; **I took down the number** j'ai noté le numéro

▸ **take in** rentrer : **the waiter took the chairs in** le serveur a rentré les chaises ; **take her in!** faites la entrer !

▸ **take off**

1 enlever

2 *(avion)* décoller

▸ **take out**

1 sortir : **take your hands out of your pockets** sors les mains de tes poches ; **to take money out** retirer de l'argent ; **to take a tooth out** arracher une dent

2 he took me out to dinner/to a movie il m'a emmené au restaurant/au cinéma

▸ **take up**

1 monter : **could you take my suit-**

case up? pouvez-vous monter ma valise ?
2 to take up room prendre de la place
3 he took up tennis/Spanish il s'est mis au tennis/à l'espagnol

I took, I have taken, I am taking

takeaway ['teɪkəweɪ] ▸ *nom*
1 repas à emporter
2 boutique de plats à emporter

taken ['teɪkən] *voir* **take**

takeoff ['teɪkɒf] ▸ *nom* décollage

takeout ['teɪkaʊt] *(mot américain)* = **takeaway**

tale [teɪl] ▸ *nom* histoire, conte

talk [tɔːk]
▸ *nom*
1 conversation ; **to have a talk with somebody** parler à quelqu'un
2 exposé : **to give a talk on** *ou* **about** faire un exposé sur
▸ *verbe* parler (**to** à, **about** de)

talkative ['tɔːkətɪv] ▸ *adjectif* bavard, -arde

tall [tɔːl] ▸ *adjectif* grand, grande ; *(bâtiment)* haut, haute ; **I'm 6 feet tall** je mesure 1 mètre 83 ; **that tower is 100 metres tall** cette tour fait 100 mètres de haut

tame [teɪm] ▸ *adjectif (animal)* apprivoisé, -e

tan [tæn] ▸ *nom* bronzage ; **to have a tan** être bronzé, -e ; **to get a tan** se faire bronzer

tangerine [tændʒə'riːn] ▸ *nom* mandarine

tank [tæŋk] ▸ *nom*
1 tank, char
2 réservoir
3 aquarium

tap [tæp]
▸ *nom*
1 robinet
2 petit coup, petite tape
3 to do tap dancing faire des claquettes
▸ *verbe* taper légèrement, tapoter

tape [teɪp]
▸ *nom*
1 (sticky) tape du ruban adhésif, du Scotch® ; **a tape (measure)** un mètre *(pour mesurer)*
2 cassette : **on tape** en cassette ; **a tape recorder** un magnétophone
▸ *verbe*
1 scotcher
2 enregistrer

target ['tɑːgɪt] ▸ *nom* cible

task [tɑːsk] ▸ *nom* tâche, travail

taste [teɪst]
▸ *nom* goût ; **to have a taste of something** goûter quelque chose
▸ *verbe* **to taste something** goûter quelque chose ; **it tastes of** *ou* **like fish** ça a un goût de poisson ; **it tastes delicious** c'est délicieux

taught [tɔːt] *voir* **teach**

tax [tæks] ▸ *nom* impôt, taxe : **to pay tax** payer des impôts ; **a tax on books** une taxe sur les livres

tea [tiː] ▸ *nom*
1 thé : **a cup of tea** une tasse de thé ; **a tea towel** un torchon
2 *(dans l'après-midi)* goûter ; *(le soir)* dîner

teabag ['tiːbæg] ▸ *nom* sachet de thé

teach [tiːtʃ] ▸ *verbe*
1 apprendre : **to teach somebody something** apprendre quelque chose à quelqu'un ; **he taught me to play the piano** il m'a appris à jouer du piano
2 enseigner : **she teaches French** elle enseigne le français ; **she teaches very young children** elle enseigne à de très jeunes enfants

I taught, I have taught, I am teaching

teacher ['tiːtʃər] ▸ *nom* professeur ; *(à l'école primaire)* instituteur, -trice

team [tiːm] ▸ *nom* équipe

teapot ['tiːpɒt] ▸ *nom* théière

tear[1] [teər]
▸ *nom* déchirure
▸ *verbe* déchirer
▸ **tear out** arracher ; *(un chèque)* détacher
▸ **tear up** déchirer

I tore, I have torn, I am tearing

tear[2] [tɪər] ▸ *nom* larme : **in tears** en larmes

tease [tiːz] ▸ *verbe* taquiner (**about** sur, à propos de)

teaspoon ['tiːspuːn] ▸ *nom* cuillère à café

teddy bear ['tedɪbeər] ▸ *nom* ours en peluche

teenager ['tiːneɪdʒər] ▸ *nom* adolescent, -ente

teeth [tiːθ] *voir* **tooth**

telephone ['telɪfəʊn] ▸ *nom* téléphone : **to be on the telephone** être au téléphone ; **a telephone box,** *(en américain)* **a telephone booth** une cabine téléphonique ; **a telephone call** un coup de téléphone ; **a telephone number** un numéro de téléphone

television [telɪ'vɪʒən] ▸ *nom* télévision : **on (the) television** à la télévision ; **a television set** un poste de télévision

tell [tel] ▸ *verbe*
1 dire : **to tell the truth/a secret** dire la vérité/un secret ; **to tell somebody something** dire quelque chose à quelqu'un ; **I told you** je te l'ai dit ; **she told me not to worry** elle m'a dit de ne pas m'inquiéter
2 to tell somebody a story/joke raconter une histoire/blague à quelqu'un
3 to tell somebody about something parler de quelque chose à quelqu'un ; **I told him about my plans** je lui ai parlé de mes projets
4 how can you tell one from the other? comment les distinguez-vous l'un de l'autre ? ; **I can't tell the difference** je ne vois pas la différence ; **you can tell he's disappointed** ça se voit qu'il est déçu
▸ **tell off : to tell somebody off** réprimander *ou* gronder quelqu'un ; **I got told off** je me suis fait réprimander *ou* gronder

I told, I have told, I am telling

telly ['telɪ] (*au pluriel* **tellies**) ▸ *nom* télé : **on telly** à la télé

Attention, ce mot est familier.

temper ['tempər] ▸ *nom* **to lose one's temper** se mettre en colère ; **to be in a bad temper** être de mauvaise humeur

temperature ['temp(ə)rətʃər] ▸ *nom* température : **to have a temperature** avoir de la température *ou* de la fièvre

temporary ['temp(ə)rərɪ] ▸ *adjectif* provisoire, temporaire

tempt [tem(p)t] ▸ *verbe* tenter : **I'm tempted to accept** je suis tenté d'accepter

ten [ten]
▸ *nom* dix : **she's ten** elle a dix ans ; **it's ten** il est dix heures ; **come at ten** venez à dix heures ; **I've got ten (of them)** j'en ai dix ; **there are ten of them** *(objets)* il y en a dix ; *(personnes)* ils sont dix ; **there are ten of us** nous sommes dix
▸ *adjectif* dix : **ten boys** dix garçons ; **it's ten o'clock** il est dix heures ; **she's ten years old** elle a dix ans ; **it's on page ten** c'est à la page dix

tent [tent] ▸ *nom* tente

tenth [tenθ]
▸ *adjectif* dixième : **this is the tenth time** c'est la dixième fois ; **the tenth one** le/la dixième
▸ *nom*
1 *(personne, chose)* dixième : **you're**

the tenth vous êtes le/la dixième
2 *(fraction)* dixième : **seven-tenths** sept dixièmes
3 *(dans les dates)* dix : **it's the tenth of June,** *(en américain)* **it's June tenth** nous sommes le dix juin

term [tɜːm] ► *nom*
1 terme
2 trimestre

terrible ['terɪb(ə)l] ► *adjectif* épouvantable, affreux, -euse

terrific [tə'rɪfɪk] ► *nom*
1 super, génial, -e
2 énorme, incroyable

terrified ['terɪfaɪd] ► *adjectif* terrifié, -e ; **I'm terrified of spiders** j'ai très peur des araignées

terrify ['terɪfaɪ] ► *verbe* terrifier

test [test]
► *nom* test ; *(à l'école)* interrogation, contrôle ; **I passed my driving test** j'ai eu mon permis de conduire
► *verbe*
1 essayer, tester
2 to test a pupil interroger un élève

text [tekst]
► *nom*
1 texte
2 a text (message) un texto, un SMS
► *verbe* **to text somebody** envoyer un texto *ou* SMS à quelqu'un

than [ðən, *accentué* ðæn] ► *conjonction*
1 que : **you're older than me** tu es plus vieux que moi ; **he has more than her** il en a plus qu'elle
2 *(avec les chiffres)* de : **more than five** plus de cinq

thank [θæŋk] ► *verbe*
1 remercier : **she thanked us for the present/for coming** elle nous a remerciés pour le cadeau/d'être venus
2 thank you! merci ! ; **thank you very much!** merci beaucoup ! ; **thank you for your letter** merci pour ta lettre ; **thank you for helping me** merci de m'avoir aidé

thanks [θæŋks] ► *nom pluriel*
1 remerciements ; **give her my thanks** remercie-la pour moi
2 thanks! merci ! ; **many thanks!** merci beaucoup !, merci bien ! ; **thanks for coming** merci d'être venu
3 thanks to grâce à

that [ðæt]
► *conjonction* que : **I hope that you can come** j'espère que tu peux venir
► *pronom relatif*
1 qui : **the letter that came yesterday** la lettre qui est arrivée hier
2 que : **the book that I read** le livre que j'ai lu
3 *(avec une préposition)* **the person that I gave it to** la personne à laquelle je l'ai donné ; **the woman that I was speaking to** la femme à qui je parlais ; **the book that I'm talking about** le livre dont je parle
► *adjectif démonstratif*
1 ce, cette : **that boy** ce garçon ; **that man** cet homme ; **that house** cette maison
2 *(par opposition à "this")* ce...-là, cette...-là : **I prefer that coat/dress** je préfère ce manteau-là/cette robe-là ; **that one** celui-là, celle-là
► *pronom démonstratif*
1 ça, cela : **I don't like that** je n'aime pas ça
2 ce : **that is, that's** c'est ; **that's right** c'est juste ; **who's that?** qui est-ce ? ; **what's that?** qu'est-ce que c'est ? ; **that's my house** c'est ma maison ; *(en la désignant)* voilà ma maison

thaw [θɔː] ► *verbe* dégeler ; *(un aliment)* décongeler

the [*devant une consonne* ðə, *devant une voyelle* ðɪ, *accentué* ðiː] ► *article*
1 le, la, les : **the sun** le soleil ; **the man** l'homme ; **the chair** la chaise ; **the dogs** les chiens ; **the poor/blind** les pauvres/aveugles ; **the mother of**

the child la mère de l'enfant ; **a passage from the book** un extrait du livre ; **I gave it to the teacher** je l'ai donné au professeur ; **she's at the station** elle est à la gare
2 *(avec les noms)* **the Smiths** les Smith
3 *(dans les dates)* **the 60s** les années 60
4 *(dans les comparaisons)* **the more I see him, the less I like him** plus je le vois, moins je l'apprécie

theatre ['θɪətər] (*ou* **theater** *en américain*) ▸ *nom* théâtre

theft [θeft] ▸ *nom* vol

their [ðeər] ▸ *adjectif*
1 leur, leurs : **their mother** leur mère ; **their mothers** leurs mères
2 *(avec les parties du corps)* **they're washing their hands** ils se lavent les mains

theirs [ðeəz] ▸ *pronom*
1 le leur, la leur, les leurs : **my children and theirs** mes enfants et les leurs
2 à eux : **this car is theirs** cette voiture est à eux

them [ðəm, *accentué* ðem] ▸ *pronom*
1 les : **I know them** je les connais ; **I saw them** je les ai vus ; **help them** aidez-les
2 eux, elles : **I'm going with them** je vais avec eux ; **all of them** tous, toutes
3 (to) them leur : **give them the money, give the money to them** donne-leur l'argent ; **I'll give it to them** je le leur donnerai

themselves [ðəm'selvz, *accentué* ðem'selvz] ▸ *pronom*
1 eux-mêmes, elles-mêmes : **my parents did it themselves** mes parents l'ont fait eux-mêmes
2 se : **they boys hurt themselves** les garçons se sont blessés ; **they're enjoying themselves** ils s'amusent bien
3 eux, elles : **my children only think of themselves** mes enfants ne pensent qu'à eux

then [ðen] ▸ *adverbe*
1 à ce moment-là, à cette époque-là ; **from then on** dès lors ; **since then** depuis ; **until then** jusque-là
2 ensuite, puis
3 alors : **it's raining – then take an umbrella** il pleut – alors prends un parapluie

there [ðər, *accentué* ðeər]
▸ *adverbe*
1 là ; *(plus loin)* là-bas : **he isn't there** il n'est pas là ; **the weather's nice there** il fait beau là-bas ; **they're going there tomorrow** ils y vont demain ; **down there, over there** là-bas ; **up there** là-haut
2 there she is! la voilà ! ; **there they are!** les voilà !
▸ *pronom* **there is, there are** il y a ; *(en désignant)* voilà ; *voir* **be**

therefore ['ðeəfɔːr] ▸ *adverbe* donc

these [ðiːz]
▸ *adjectif*
1 ces : **these houses** ces maisons
2 *(par opposition à "those")* ces...-ci : **I prefer these shoes to those ones** je préfère ces chaussures-ci à celles-là ; **these ones** ceux-ci, celles-ci
▸ *pronom* ceux-ci, celles-ci : **I don't like those shoes, I prefer these** je n'aime pas ces chaussures, je préfère celles-ci ; **these are my friends** ce sont mes amis

they [ðeɪ] ▸ *pronom*
1 ils, elles : **take these books** prends ces livres ; **I know these girls, they're in my school** je connais ces filles, elles sont dans mon école ; **they're doctors** ce sont des médecins
2 *(sujet impersonnel)* on : **they say that...** on dit que...

they'd [ðeɪd] = **they had** *ou* **they would**

they'll [ðeɪl] = **they will**

they're [ðeər] = **they are**

they've [ðeɪv] = **they have**

thick [θɪk] ▸ *adjectif* épais, -aisse

thief [θi:f] (*au pluriel* **thieves** [θi:vz]) ▸ *nom* voleur, -euse

thigh [θaɪ] ▸ *nom* cuisse

thin [θɪn] ▸ *adjectif* mince ; *(papier, tranche)* fin, fine ; *(vêtement)* léger, -ère

thing [θɪŋ] ▸ *nom*
1 chose : **the first thing to say is that...** la première chose à dire, c'est que... ; **the important thing** l'important ; **what's that thing?** qu'est-ce que c'est que ce truc ?
2 one's things ses affaires : **put your things away** ramassez vos affaires ; **my swimming things** mes affaires de piscine

think [θɪŋk] ▸ *verbe*
1 penser : **I'm thinking of her** je pense à elle ; **what do you think about the book?** que pensez-vous du livre ? ; **to be thinking of doing something** penser faire *ou* songer à faire quelque chose
2 to think that croire que, penser que ; **I think so** je crois (que oui), je pense (que oui)
3 réfléchir : **think before you speak** réfléchis avant de parler

I thought, I have thought, I am thinking

third [θɜ:d] ▸ *nom & adjectif* troisième

Pour des exemples d'emploi, voir **tenth**.

thirst [θɜ:st] ▸ *nom* soif

thirsty ['θɜ:stɪ] ▸ *adjectif* **to be thirsty** avoir soif ; **to make somebody thirsty** donner soif à quelqu'un

thirteen [θɜ:'ti:n] ▸ *nom & adjectif* treize

Pour des exemples d'emploi, voir **ten**.

thirteenth [θɜ:'ti:nθ] ▸ *nom & adjectif* treizième

Pour des exemples d'emploi, voir **tenth**.

thirty ['θɜ:tɪ] ▸ *nom & adjectif* trente

Pour des exemples d'emploi, voir **ten**.

this [ðɪs]
▸ *adjectif*
1 ce, cette : **this country** ce pays ; **this man** cet homme ; **this town** cette ville
2 *(par opposition à "that")* ce...-ci, cette...-ci : **take this knife instead** prends ce couteau-ci à la place ; **this one** celui-ci, celle-ci
▸ *pronom*
1 ceci : **listen to this!** écoutez bien ceci !
2 ce : **this is** c'est ; **this is wrong** c'est faux ; **who's this?** qui est-ce ? ; **what's this?** qu'est-ce que c'est ? ; **this is my house** c'est ma maison ; *(en la désignant)* voici ma maison

thorn [θɔ:n] ▸ *nom* épine

thorough ['θʌrə] ▸ *adjectif* minutieux, -euse

those [ðəʊz]
▸ *adjectif*
1 ces : **those cars** ces voitures
2 *(par opposition à "these")* ces...-là : **I prefer those shoes to these ones** je préfère ces chaussures-là à celles-ci ; **those ones** ceux-là, celles-là
▸ *pronom* ceux-là, celles-là : **I don't like these shoes, I prefer those** je n'aime pas ces chaussures, je préfère celles-là ; **those are my friends** ce sont mes amis

though [ðəʊ]
▸ *conjonction*
1 (even) though bien que : **(even) though he's ill** bien qu'il soit malade
2 as though comme si
▸ *adverbe* pourtant : **I like him, though** pourtant je l'aime bien, mais je l'aime bien quand même

thought[1] [θɔ:t] *voir* **think**

thought[2] [θɔ:t] ▸ *nom*
1 idée : **that's a thought!** ça, c'est une idée !

2 pensée, réflexion ; **I'll give it some thought** j'y penserai, j'y réfléchirai ; **after much thought** après mûre réflexion

thousand ['θaʊz(ə)nd]
▸ *nom*
1 a thousand mille ; **the year two thousand** l'an deux mille ; **two thousand and fifty** deux mille cinquante
2 thousands of des milliers de
▸ *adjectif* **a thousand dollars** mille dollars ; **two thousand dollars** deux mille dollars

Pour des exemples d'emploi, voir **ten**.

thread [θred] ▸ *nom* fil

threat [θret] ▸ *nom* menace

threaten ['θret(ə)n] ▸ *verbe* menacer

three [θriː] ▸ *nom & adjectif* trois

Pour des exemples d'emploi, voir **ten**.

threw [θruː] *voir* **throw**

thrilled [θrɪld] ▸ *adjectif* ravi, -e : **I'm thrilled with my present/to see you** je suis ravi de mon cadeau/de vous voir

throat [θrəʊt] ▸ *nom* gorge

throne [θrəʊn] ▸ *nom* trône

through [θruː]
▸ *préposition*
1 par : **through the window** par la fenêtre ; **to go through Montreal** passer par Montréal
2 à travers : **through the curtain/forest** à travers le rideau/la forêt ; **we went through a tunnel** on a traversé un tunnel
3 all through his life pendant toute sa vie
4 I found out through my brother je l'ai appris par mon frère
▸ *adverbe*
1 to get through to somebody *(au téléphone)* joindre quelqu'un ; **to get through to the final** se qualifier pour la finale
2 to let somebody through laisser passer quelqu'un
▸ *adjectif* **to be through** *(expression américaine)* avoir fini

throw [θrəʊ] ▸ *verbe* jeter, lancer (**to** à)
▸ **throw away** jeter *(à la poubelle)*
▸ **throw out** jeter *(à la poubelle)* ; **to throw somebody out** mettre quelqu'un à la porte *ou* dehors

I threw, I have thrown, I am throwing

thrown [θrəʊn] *voir* **throw**

thumb [θʌm] ▸ *nom* pouce

thumbtack ['θʌmtæk] ▸ *nom (mot américain)* punaise *(clou)*

thunder ['θʌndər] ▸ *nom* tonnerre

thunderstorm ['θʌndəstɔːm] ▸ *nom* orage

Thursday ['θɜːzdɪ] ▸ *nom* jeudi : **she left on Thursday** elle est partie jeudi ; **I play tennis on Thursdays** je joue au tennis le jeudi ; **every Thursday** tous les jeudis

tick [tɪk]
▸ *nom* **to put a tick against something** cocher quelque chose
▸ *verbe* cocher, marquer

ticket ['tɪkɪt]
▸ *nom*
1 billet ; *(de bus)* ticket ; **a ticket office** un guichet, une billeterie ; **a ticket inspector** un contrôleur, une contrôleuse
2 contravention, P.-V.

tickle ['tɪk(ə)l] ▸ *verbe* chatouiller

tide [taɪd] ▸ *nom* marée

tidy ['taɪdɪ]
▸ *adjectif*
1 bien rangé, -e
2 *(vêtements, travail)* soigné, -e
3 *(à l'esprit méthodique)* ordonné, -e
▸ *verbe* ranger ; **to tidy the garden** nettoyer le jardin ; **to tidy one's hair** se recoiffer
▸ **tidy up** ranger

tie [taɪ]
▸ *nom*
1 cravate
2 match nul
▸ *verbe*
1 attacher (**to** à) ; **to tie one's shoelaces** lacer ses chaussures, faire ses lacets ; **to tie a knot** faire un nœud (**in** à)
2 faire match nul ; *(dans une compétition)* être ex aequo *ou* à égalité
▸ **tie up** attacher (**to** à) ; **to tie up a parcel** ficeler un paquet

tiger ['taɪgər] ▸ *nom* tigre

tight [taɪt] ▸ *adjectif* serré, -e ; **this skirt is too tight** cette jupe me serre

tighten ['taɪt(ə)n] ▸ *verbe* serrer

tights [taɪts] ▸ *nom pluriel* collant ; **a pair of tights** un collant

tile [taɪl] ▸ *nom (sur le toit)* tuile ; *(au mur, par terre)* carreau

till[1] [tɪl] = **until**

till[2] [tɪl] ▸ *nom* caisse (enregistreuse)

time [taɪm] ▸ *nom*
1 temps : **I don't have (the) time** je n'ai pas le temps ; **most of the time** la plupart du temps ; **at the same time** en même temps (**as** que) ; **it's time to go home** il est temps de rentrer ; **to arrive in time** arriver à temps (**for** pour) ; **from time to time** de temps en temps
2 heure : **what time is it?** quelle heure est-il ? ; **to arrive on time** arriver à l'heure
3 fois : **the first/last time** la première/dernière fois ; **every time** à chaque fois ; **several times** plusieurs fois ; **three times as many books** trois fois plus de livres ; **four times as big as** quatre fois plus grand que ; **one at a time** un à un, un par un ; **two times four is eight** deux fois quatre font huit
4 époque : **at that time** à cette époque-là ; **at this time of year** à cette époque de l'année
5 moment : **at the time** à ce moment-là ; **this isn't the right time** ce n'est pas le bon moment ; **for the time being** pour le moment ; **at times** par moments, parfois
6 **to have a good time** bien s'amuser
7 **in three weeks' time** dans trois semaines

timetable ['taɪmteɪb(ə)l] ▸ *nom (à l'école)* emploi du temps ; *(pour les bus, les trains)* horaire

tin [tɪn] ▸ *nom* boîte de conserve ; **a tin of soup** une boîte de soupe

tinned [tɪnd] ▸ *adjectif* en boîte : **tinned sardines** des sardines en boîte ; **tinned food** les conserves

tiny ['taɪnɪ] ▸ *adjectif* minuscule ; **a tiny bit** un tout petit peu

tip[1] [tɪp] ▸ *nom* bout

tip[2] [tɪp]
▸ *nom*
1 pourboire
2 petit conseil, tuyau
▸ *verbe* donner un pourboire à

tip[3] [tɪp] ▸ *verbe* verser (**into** dans)
▸ **tip out** vider
▸ **tip over** se renverser ; **to tip something over** renverser quelque chose

tiptoe ['tɪptəʊ] ▸ *nom* **on tiptoe** sur la pointe des pieds

tire *(mot américain)* = **tyre**

tired ['taɪəd] ▸ *adjectif* fatigué, -e ; **to be tired of something/of doing something** en avoir assez de quelque chose/de faire quelque chose

tiring ['taɪərɪŋ] ▸ *adjectif* fatigant, -ante

tissue ['tɪsjuː] ▸ *nom* mouchoir en papier

title ['taɪtl] ▸ *nom* titre

to [tə, *accentué* tuː] ▸ *préposition*
1 à : **to go to London/to Japan** aller à Londres/au Japon ; **we go to school** nous allons à l'école ; **from four to five o'clock** de quatre heures à cinq heures

2 en : **to go to France** aller en France ; **to go to town** aller en ville
3 chez : **to go to somebody's house** aller chez quelqu'un ; **she's going to Daniel's** elle va chez Daniel ; **to the baker's** chez le boulanger, à la boulangerie
4 de : **the road to Glasgow** la route de Glasgow ; **the key to the door** la clé de la porte
5 jusqu'à : **she counted to 100** elle a compté jusqu'à 100
6 envers : **kind to somebody** gentil envers quelqu'un
7 it's ten to two il est deux heures moins dix
8 *(objet indirect)* à : **to give/to say something to somebody** donner/dire quelque chose à quelqu'un
9 *(but, raison)* pour : **I did this to please you** j'ai fait ça pour vous faire plaisir
10 *(avec l'infinitif)* **to learn to read** apprendre à lire ; **it's easy to do** c'est facile à faire ; **there's lots to see** il y a beaucoup de choses à voir ; **to decide to do something** décider de faire quelque chose ; **I'm glad to see you** je suis content de vous voir ; **I want him to know the truth** je veux qu'il sache la vérité

toad [təʊd] ▸ *nom* crapaud

toast [təʊst] ▸ *nom* pain grillé : **a piece of toast** une tranche de pain grillé

toaster ['təʊstər] ▸ *nom* grille-pain

tobacco [tə'bækəʊ] ▸ *nom* tabac

today [tə'deɪ] ▸ *adverbe* aujourd'hui

toe [təʊ] ▸ *nom* orteil

together [tə'geðər] ▸ *adverbe*
1 ensemble : **these colours go well together** ces couleurs vont bien ensemble
2 together with ainsi que, avec

toilet ['tɔɪlɪt] ▸ *nom* toilettes : **to go to the toilet** aller aux toilettes ; **toilet paper** du papier hygiénique, du papier toilette

told [təʊld] *voir* **tell**

tomato [tə'mɑːtəʊ, *en américain* tə'meɪtəʊ] (*au pluriel* **tomatoes**) ▸ *nom* tomate

tomorrow [tə'mɒrəʊ] ▸ *adverbe* demain : **tomorrow morning/evening** demain matin/soir ; **the day after tomorrow** après-demain

ton [tʌn] ▸ *nom* tonne

tongue [tʌŋ] ▸ *nom* langue

tonight [tə'naɪt] ▸ *adverbe*
1 ce soir : **I'm going to the cinema tonight** je vais au cinéma ce soir
2 cette nuit : **I hope I sleep well tonight** j'espère que je vais bien dormir cette nuit

too [tuː] ▸ *adverbe*
1 aussi : **I'm tired – me too** je suis fatigué – moi aussi
2 trop : **she's too tired to go out** elle est trop fatiguée pour sortir ; **she works too hard** elle travaille trop ; **you drink too much** tu bois trop ; **you've eaten too many** tu en as trop mangé ; **two glasses too many** deux verres de trop ; **you put too much sugar in it** tu a mis trop de sucre ; **too many people** trop de gens

took [tʊk] *voir* **take**

tool [tuːl] ▸ *nom* outil

tooth [tuːθ] (*au pluriel* **teeth** [tiːθ]) ▸ *nom* dent

toothache ['tuːθeɪk] ▸ *nom* mal de dents ; **to have toothache** avoir mal aux dents

toothbrush ['tuːθbrʌʃ] ▸ *nom* brosse à dents

toothpaste ['tuːθpeɪst] ▸ *nom* dentifrice

top [tɒp]
▸ *nom*
1 *(d'une montagne)* sommet ; *(d'une page, d'une étagère)* haut ; **at the top of the stairs** en haut des escaliers ; **on**

top of the wardrobe sur l'armoire ; **to be at the top of the class** être le premier de la classe
2 *(d'un stylo)* capuchon ; *(d'une bouteille)* bouchon ; *(d'une boîte)* couvercle
3 *(vêtement)* haut
▸ *adjectif*
1 the top shelf/drawer l'étagère/le tiroir du haut ; **the top floor** le dernier étage
2 *(meilleur)* **the top ten** les dix premiers ; **to get top marks,** *(en américain)* **to get top grades** avoir de très bonnes notes

topic ['tɒpɪk] ▸ *nom* sujet, thème

torch [tɔːtʃ] ▸ *nom* torche ; *(électrique)* lampe de poche

tore [tɔːr], **torn** [tɔːn] *voir* **tear**[1] *verbe*

tortoise ['tɔːtəs] ▸ *nom* tortue

toss [tɒs] ▸ *verbe* lancer (**to** à) ; **to toss a coin** jouer à pile ou face

touch [tʌtʃ]
▸ *nom*
1 I felt a touch on my arm j'ai senti qu'on me touchait le bras
2 to be/to get in touch with somebody être/se mettre en contact avec quelqu'un
▸ *verbe*
1 toucher : **don't touch me!** ne me touche pas ! ; **she touched my arm** elle m'a touché le bras
2 toucher à : **don't touch my things!** ne touche pas à mes affaires ! ; **you haven't touched your meal** tu n'as pas touché à ton repas

tough [tʌf] ▸ *adjectif*
1 solide, résistant, -ante
2 dur, -e : **the meat was a bit tough** la viande était un peu dure
3 sévère : **a tough boss** un patron sévère
4 difficile : **a tough choice/question** un choix/une question difficile ; **she had a tough life** elle n'a pas eu une vie facile

tour [tʊər]
▸ *nom*
1 voyage : **he went on a tour of China** il est allé faire un voyage en China
2 visite : **a guided tour** une visite guidée ; **he went on a tour of the factory** il a visité l'usine
3 tournée : **to go on tour** partir en tournée
▸ *verbe*
1 faire du tourisme, voyager
2 to tour a region/a hospital visiter une région/un hôpital
3 the band is touring Europe le groupe est en tournée en Europe

tourist ['tʊərɪst] ▸ *nom* touriste ; **a tourist attraction** un site touristique

towards [tə'wɔːdz] (*ou* **toward** [tə'wɔːd] *en américain*) ▸ *préposition*
1 vers : **she came towards me** elle est venue vers moi
2 envers : **his attitude towards women** son attitude envers les femmes

towel ['taʊəl] ▸ *nom* serviette

tower ['taʊər] ▸ *nom* tour ; **a tower block** une tour (d'habitation)

town [taʊn] ▸ *nom* ville : **to go into town** aller en ville ; **to live in town** habiter en ville ; **the town centre** le centre-ville

toy [tɔɪ] ▸ *nom* jouet

track [træk] ▸ *nom*
1 chemin ; *(en athlétisme)* piste ; **track shoes** *(expression américaine)* des baskets
2 voie ferrée
3 *(sur un CD)* morceau
4 trace
5 I can't keep track of current affairs je n'arrive pas à suivre les actualités ; **I've lost track of how much money I've spent** je ne sais plus combien d'argent j'ai dépensé

tracksuit ['træks(j)uːt] ▸ *nom* survêtement

trade [treɪd]
▸ *nom*
1 commerce ; **a trade fair** une foire commerciale, un salon
2 métier ; **a trade union** un syndicat
▸ *verbe* échanger (**for** contre) ; **to trade places with somebody** changer de place avec quelqu'un

traffic ['træfɪk] ▸ *nom*
1 circulation : **the traffic is heavy/light** la circulation est dense/fluide ; **a traffic jam** un embouteillage ; **the traffic lights** les feux (de signalisation)
2 *(illicite)* trafic

trailer ['treɪlər] ▸ *nom*
1 remorque
2 *(en américain)* caravane, camping-car
3 *(pour un film)* bande-annonce

train [treɪn]
▸ *nom* train : **by train** en train ; **an underground train** une rame de métro
▸ *verbe*
1 former : **to train somebody for something/to do something** former quelqu'un à quelque chose/à faire quelque chose ; **to train as a nurse** suivre une formation d'infirmière
2 *(un sportif, une équipe)* entraîner ; **to train a team** entraîner une équipe ; **to train for a race** s'entraîner pour une course
3 *(un animal)* dresser

trainee [treɪ'niː] ▸ *nom* stagiaire

trainer ['treɪnər] ▸ *nom*
1 entraîneur, -euse
2 chaussure de sport, basket

training ['treɪnɪŋ] ▸ *nom*
1 formation : **a training course** un stage de formation
2 entraînement : **to be out of training** manquer d'entraînement

tramp [træmp] ▸ *nom* clochard, -arde

translate [træns'leɪt] ▸ *verbe* traduire (**from** de, **into** en)

translation [træns'leɪʃən] ▸ *nom* traduction

translator [træns'leɪtər] ▸ *nom* traducteur, -trice

transport ['trænspɔːt] (*ou* **transportation** [trænspɔː'teɪʃən] *en américain*) ▸ *nom* transport (**of** de) : **public transport,** *(en américain)* **public transportation** les transports en commun

Le mot **transport** est indénombrable.

trap [træp] ▸ *nom* piège

trash [træʃ] ▸ *nom (mot américain)* ordures ; **a trash can** une poubelle

Le mot **trash** est indénombrable.

travel ['træv(ə)l]
▸ *verbe*
1 voyager : **to travel around Scotland** voyager en Écosse
2 parcourir
▸ *nom* les voyages ; **a travel agency** une agence de voyages

Le mot **travel** est indénombrable.

traveller ['trævələr] (*ou* **traveler** *en américain*) ▸ *nom* voyageur, -euse

tray [treɪ] ▸ *nom* plateau

tread [tred] ▸ *verbe* marcher (**on** sur)

I trod, I have trodden, I am treading

treasure ['treʒər] ▸ *nom* trésor

treat [triːt]
▸ *nom* cadeau ; *(en général)* (petit) plaisir ; **to give somebody a treat** faire plaisir à quelqu'un ; **these chocolates are a real treat** ces chocolats sont un vrai régal
▸ *verbe*
1 traiter : **to treat somebody well/badly** bien/mal traiter quelqu'un ; **to treat a patient/disease** soigner un patient/une maladie
2 to treat somebody to something offir *ou* payer quelque chose à quelqu'un

treatment ['triːtmənt] ▸ *nom* traitement

tree [triː] ▸ *nom* arbre

trial ['traɪəl] ▸ *nom*
1 essai : **a trial period** une période d'essai
2 procès

trick [trɪk]
▸ *nom* tour : **to play a trick on somebody** jouer un tour à quelqu'un
▸ *verbe* tromper ; **to trick somebody into doing something** amener quelqu'un à faire quelque chose par la ruse

tricky ['trɪkɪ] ▸ *adjectif* difficile

trip [trɪp]
▸ *nom*
1 voyage : **to go on a trip** partir en voyage ; **a day trip** une excursion
2 trajet
▸ *verbe* trébucher (**on, over** sur)
▸ **trip up : to trip somebody up** faire un croche-pied à quelqu'un

trod [trɒd], **trodden** ['trɒdən] *voir* **tread**

trolley ['trɒlɪ] ▸ *nom* chariot

trot [trɒt] ▸ *verbe* trotter

trouble ['trʌb(ə)l]
▸ *verbe* déranger
▸ *nom*
1 ennuis : **to be in/to get into trouble** avoir/s'attirer des ennuis
2 problème : **the trouble is that...** le problème, c'est que...
3 peine : **to take the trouble to do something** se donner la peine de faire quelque chose ; **it's no trouble** ça ne me dérange pas
4 to have trouble doing something avoir du mal à faire quelque chose

Le mot **trouble** est indénombrable.

trousers ['traʊzəz] ▸ *nom pluriel* pantalon ; **a pair of trousers** un pantalon

truant ['truːənt] ▸ *nom* **to play truant** sécher les cours

truck [trʌk] ▸ *nom* camion

true [truː] ▸ *adjectif* vrai, -e : **a true story** une histoire vraie

trumpet ['trʌmpɪt] ▸ *nom* trompette

trunk [trʌŋk] ▸ *nom*
1 tronc
2 trompe *(d'éléphant)*
3 malle
4 *(en américain)* coffre *(de voiture)*
▪ **trunks** ▸ *nom pluriel* slip de bain

trust [trʌst]
▸ *nom* confiance
▸ *verbe* **to trust somebody** faire confiance à quelqu'un

truth [truːθ] ▸ *nom* vérité

try [traɪ]
▸ *nom* (*au pluriel* **tries**) essai ; **it's worth a try** ça vaut le coup d'essayer
▸ *verbe*
1 essayer : **to try to do something** essayer de faire quelque chose
2 goûter
▸ **try on** essayer : **try on this skirt** essaie cette jupe
▸ **try out** essayer : **I'm going to try out my new bike** je vais aller essayer mon nouveau vélo

tub [tʌb] ▸ *nom* baignoire ; *(récipient)* baquet

tube [tjuːb] ▸ *nom*
1 tube
2 the tube *(à Londres)* le métro

Attention, ce dernier sens est familier.

Tuesday ['tjuːzdɪ] ▸ *nom* mardi : **I saw him on Tuesday** je l'ai vu mardi ; **she stays at home on Tuesdays** elle reste chez elle le mardi ; **every Tuesday** tous les mardis

tumble-dryer [tʌmbəl'draɪər] ▸ *nom* sèche-linge

tummy ['tʌmɪ] ▸ *nom* ventre

Attention, ce mot est familier.

tuna ['tju:nə] ▸ *nom* thon

tune [tju:n] ▸ *nom* air *(d'une chanson)*

Turk [tɜ:k] ▸ *nom* Turc, Turque

Turkey ['tɜ:kɪ] ▸ *nom* la Turquie

turkey ['tɜ:kɪ] ▸ *nom* dinde

Turkish ['tɜ:kɪʃ]
▸ *adjectif* turc, turque
▸ *nom* turc *(langue)*

turn [tɜ:n]
▸ *nom*
1 tour : **it's your turn** c'est ton tour ; **whose turn is it?** c'est à qui le tour ? ; **to take it in turns to do something** faire quelque chose à tour de rôle
2 virage
▸ *verbe*
1 tourner : **turn the page** tourne la page ; **turn right** tourne à droite
2 se retourner ; **to turn towards somebody/something** se tourner vers quelqu'un/quelque chose
4 devenir : **it turned blue** c'est devenu bleu
5 to turn into something se transformer en quelque chose ; **to turn something into** transformer quelque chose en ; **the museum has been turned into a library** le musée a été transformé en bibliothèque
▸ **turn around** se retourner
▸ **turn back** faire demi-tour
▸ **turn down**
1 to turn the heating/radio down baisser le chauffage/la radio
2 to turn down an invitation refuser une invitation ; **they've turned down my application** ils ont rejeté ma demande
▸ **turn off : to turn the light/radio off** éteindre la lumière/radio ; **to turn the tap off** fermer le robinet
▸ **turn on : to turn the light/radio on** allumer la lumière/radio ; **to turn the tap on** ouvrir le robinet
▸ **turn out**
1 to turn the light out éteindre la lumière
2 his answer turned out to be wrong sa réponse s'est avérée fausse
3 the evening turned out badly la soirée a mal tourné
▸ **turn over**
1 to turn over a page tourner une page
2 se retourner
▸ **turn round** = **turn around**
▸ **turn up**
1 to turn the radio/oven up mettre la radio/le four plus fort ; **turn the volume up** monte le son
2 arriver ; **she turned up at my office this morning** elle s'est présentée à mon bureau ce matin
3 your keys will turn up tu finiras par retrouver tes clés

turning ['tɜ:nɪŋ] ▸ *nom*
1 route transversale ; *(en ville)* petite rue
2 virage

turtle ['tɜ:t(ə)l] ▸ *nom* tortue

TV [ti:'vi:] ▸ *nom* télé : **on TV** à la télé

tweezers ['twi:zəz] ▸ *nom pluriel* pince à épiler

twelfth [twelfθ] ▸ *nom & adjectif* douzième

Pour des exemples d'emploi, voir **tenth**.

twelve [twelv] ▸ *nom & adjectif* douze

Pour des exemples d'emploi, voir **ten**.

twentieth ['twentɪɪθ] ▸ *nom & adjectif* vingtième

Pour des exemples d'emploi, voir **tenth**.

twenty ['twentɪ] ▸ *nom & adjectif* vingt

Pour des exemples d'emploi, voir **ten**.

twice [twaɪs] ▸ *adverbe* deux fois : **twice a month** deux fois par mois ; **twice as heavy as this one** deux fois plus lourd que celui-ci ; **it costs twice as much** ça coûte le double ; **twice as much money** deux fois plus d'argent

twig [twɪg] ▸ *nom* petite branche, brindille

twin [twɪn] ▸ *nom* jumeau, -elle

twist [twɪst] ▸ *verbe* tordre ; **to twist one's ankle** se fouler la cheville

two [tuː] ▸ *nom & adjectif* deux

Pour des exemples d'emploi, voir **ten**.

type [taɪp]
▸ *nom* genre : **a type of hat** un genre de chapeau
▸ *verbe* taper (à la machine *ou* à l'ordinateur) : **to type a letter** taper une lettre

typewriter ['taɪpraɪtər] ▸ *nom* machine à écrire

tyre ['taɪər] ▸ *nom* pneu

Uu

ugly ['ʌglɪ] ▸ *adjectif* laid, laide

UK [juː'keɪ] ▸ *nom* **the UK** *(United Kingdom)* le Royaume-Uni

Ulster ['ʌlstər] ▸ *nom* l'Irlande du Nord, l'Ulster

umbrella [ʌm'brelə] ▸ *nom* parapluie

unable [ʌn'eɪb(ə)l] ▸ *adjectif* **to be unable to do something** ne pas pouvoir faire quelque chose ; **I'm unable to help you** je ne peux pas t'aider ; **he's unable to walk** il ne peut pas marcher

unbearable [ʌn'beərəb(ə)l] ▸ *adjectif* insupportable

unbelievable [ʌnbɪ'liːvəb(ə)l] ▸ *adjectif* incroyable

uncertain [ʌn'sɜːt(ə)n] ▸ *adjectif* incertain, -aine ; **he's uncertain about his future** il n'est pas sûr de son avenir ; **I'm uncertain whether to go on holiday** je ne sais pas vraiment si je dois partir en vacances

uncle ['ʌŋk(ə)l] ▸ *nom* oncle

uncomfortable [ʌn'kʌmf(ə)təb(ə)l] ▸ *adjectif*
1 inconfortable, peu confortable
2 gêné, -e ; **I feel uncomfortable asking them for money** ça me gêne de leur demander de l'argent

under ['ʌndər] ▸ *préposition*
1 sous : **under the bed** sous le lit ; **under there** là-dessous ; **under it** dessous
2 moins de : **under an hour** moins d'une heure ; **children under ten** les enfants de moins de dix ans

underground ['ʌndəgraʊnd]
▸ *adjectif* souterrain, -aine : **an underground car park** un parking souterrain
▸ *adverbe* sous terre : **to live underground** vivre sous terre
▸ *nom* métro : **an underground station** une station de métro

underline ['ʌndelaɪn] ▸ *verbe* souligner

underneath [ʌndə'niːθ]
▸ *préposition* sous : **underneath the table** sous la table
▸ *adverbe* dessous
▸ *nom* dessous

underpants ['ʌndəpænts] ▸ *nom pluriel* slip ; *(en forme de short)* caleçon ; **a pair of underpants** un slip ; *(en forme de short)* un caleçon

underpass ['ʌndəpɑːs] ▸ *nom (mot américain)* passage souterrain

undershirt ['ʌndəʃɜːt] ▸ *nom (mot américain)* maillot de corps

understand [ʌndə'stænd] ▸ *verbe* comprendre : **I don't understand French** je ne comprends pas le français ; **do you understand?** tu comprends ? ; **to make oneself understood** se faire comprendre

I understood, I have understood

understanding [ʌndə'stændɪŋ]
▸ *adjectif* compréhensif, -ive
▸ *nom*
1 compréhension
2 accord : **to reach an understanding** parvenir à un accord

understood [ʌndə'stʊd] *voir* **understand**

underwater [ʌndə'wɔːtər] ▸ *adverbe* **to swim underwater** nager sous l'eau

underwear ['ʌndəweər] ▸ *nom* sous-vêtements

Le mot **underwear** est indénombrable.

undid [ʌn'dɪd] *voir* **undo**

undo [ʌn'duː] ▸ *verbe* défaire ; *(en informatique)* annuler

I undid, I have undone, I am undoing

undone [ʌn'dʌn] *voir* **undo**

undress [ʌn'dres] ▸ *verbe* **to undress, to get undressed** se déshabiller ; **to undress somebody** déshabiller quelqu'un

unemployed [ʌnɪm'plɔɪd]
▸ *adjectif* au chômage
▸ *nom pluriel* **the unemployed** les chômeurs

unemployment [ʌnɪm'plɔɪmənt] ▸ *nom* chômage

unexpected [ʌnɪks'pektɪd] ▸ *adjectif* inattendu, -e

unfair [ʌn'feər] ▸ *adjectif* injuste (**to** envers)

unfasten [ʌn'fɑːs(ə)n] ▸ *verbe* défaire

unfit [ʌn'fɪt] ▸ *adjectif*
1 **I'm unfit** je ne suis pas en forme
2 **to be unfit to do something** être incapable de faire quelque chose ; **she's unfit for this type of job** elle n'est pas faite pour ce genre de travail

unfold [ʌn'fəʊld] ▸ *verbe*
1 déplier
2 se déplier

unforgivable [ʌnfə'gɪvəb(ə)l] ▸ *adjectif* impardonnable

unfortunate [ʌn'fɔːtjənɪt] ▸ *adjectif* *(situation)* regrettable, fâcheux, -euse ; *(personne)* malchanceux, -euse ; **you were unfortunate** tu n'as pas eu de chance

unfortunately [ʌn'fɔːtjənɪtlɪ] ▸ *adverbe* malheureusement

unfriendly [ʌn'frendlɪ] ▸ *adjectif* froid, peu aimable (**to** avec)

unhappy [ʌn'hæpɪ] ▸ *adjectif*
1 triste, malheureux, -euse
2 mécontent, -ente ; **I'm unhappy with my results** je ne suis pas content de mes résultats

unhealthy [ʌn'helθɪ] ▸ *adjectif* en mauvaise santé ; *(climat, nourriture)* malsain, -aine

unit ['juːnɪt] ▸ *nom*
1 unité : **a unit of measurement** une unité de mesure
2 *(d'un meuble, d'une machine)* élément
3 *(dans un hôpital)* service

unite [juː'naɪt] ▸ *verbe*
1 unir, rassembler
2 s'unir

United Kingdom [juːnaɪtɪd'kɪŋdəm] ▸ *nom* **the United Kingdom** le Royaume-Uni

United States [juːnaɪtɪd'steɪts] ▸ *nom* **the United States** les États-Unis

universe ['juːnɪvɜːs] ▸ *nom* univers

university [juːnɪ'vɜːsɪtɪ] (*au pluriel* **universities**) ▸ *nom* université

unkind [ʌn'kaɪnd] ▸ *adjectif* pas gentil, -ille (**to** avec)

unknown [ʌn'nəʊn] ▸ *adjectif* inconnu, -e

unless [ʌn'les] ▸ *conjonction* à moins que : **unless she comes** à moins qu'elle ne vienne ; **you won't win unless you practise** tu ne gagneras pas si tu ne t'entraînes pas

unlike [ʌn'laɪk] ▸ *préposition* **to be unlike somebody/something** ne pas être comme quelqu'un/quelque chose ; **unlike his brother, he...**

contrairement à son frère, il... ; **it's unlike him to be late** ça ne lui ressemble pas d'être en retard

unlikely [ʌn'laɪklɪ] ▸ *adverbe* peu probable : **it's unlikely she'll come** il est peu probable qu'elle vienne ; **she's unlikely to come** elle ne viendra sûrement pas

unload [ʌn'ləʊd] ▸ *verbe* décharger

unlock [ʌn'lɒk] ▸ *verbe* ouvrir

unlucky [ʌn'lʌkɪ] ▸ *adjectif* **he's unlucky** il n'a pas de chance ; **it's unlucky to break a mirror** ça porte malheur de casser un miroir

unmarried [ʌn'mærɪd] ▸ *adjectif* célibataire, non marié, -e

unpack [ʌn'pæk] ▸ *verbe* **to unpack (one's cases)** défaire ses valises ; **to unpack one's belongings/books** déballer ses affaires/ses livres

unpleasant [ʌn'plezənt] ▸ *adjectif* désagréable

unplug [ʌn'plʌg] ▸ *verbe* débrancher

unsafe [ʌn'seɪf] ▸ *adjectif*
1 dangereux, -euse : **an unsafe toy/neighbourhood** un jouet/quartier dangereux
2 *(personne)* en danger ; **to feel unsafe** ne pas se sentir en sécurité

unscrew [ʌn'skru:] ▸ *verbe*
1 dévisser : **to unscrew a bolt** dévisser un boulon
2 se dévisser : **it unscrews** ça se dévisse

unsuccessful [ʌnsək'sesfʊl] ▸ *adjectif* **to be unsuccessful in doing something** ne pas réussir à faire quelque chose ; **to be unsuccessful in an exam** échouer à un examen ; **my attempts were unsuccessful** mes tentatives ont échoué

untidy [ʌn'taɪdɪ] ▸ *adjectif*
1 en désordre, mal rangé, -e
2 peu soigné, -e ; **her hair is untidy** elle est mal coiffée
3 *(à l'esprit peu méthodique)* désordonné, -e

untie [ʌn'taɪ] ▸ *verbe* **to untie a knot** défaire un nœud ; **to untie somebody** détacher quelqu'un

until [ʌn'tɪl]
▸ *préposition*
1 jusqu'à : **until Saturday** jusqu'à samedi ; **until now** jusqu'ici ; **until then** jusque-là
2 avant : **not until tomorrow/next week** pas avant demain/la semaine prochaine ; **I didn't arrive until yesterday** je ne suis arrivé qu'hier
▸ *conjonction* jusqu'à ce que : **until she comes** jusqu'à ce qu'elle vienne

unusual [ʌn'ju:ʒʊəl] ▸ *adjectif*
1 rare, inhabituel, -elle
2 étrange, bizarre

unwrap [ʌn'ræp] ▸ *verbe* ouvrir, déballer

up [ʌp]
▸ *adverbe*
1 en haut ; **up above** en haut ; **up there** là-haut ; **up here** ici ; **higher up** plus haut ; **to come/to go up** monter
2 prices have gone up les prix ont augmenté
3 *(suivi de "to")* **up to now** jusqu'ici ; **up to then** jusque-là ; **right up to the door** jusqu'à la porte ; **to go up to somebody** s'approcher de quelqu'un ; **what are you up to?** qu'est-ce que tu fais ? ; **that's up to you** ça dépend de toi ; **it's up to you to tell her** c'est à toi de le lui dire
▸ *préposition* **to go up the stairs** monter l'escalier ; **he's up the ladder** il est sur l'échelle
▸ *adjectif* debout, levé, -e : **I was up at seven** j'étais debout *ou* levé à sept heures

uphill ['ʌphɪl] ▸ *adverbe* **to go uphill** monter

upright ['ʌpraɪt] ▸ *adverbe* droit : **to stand upright** se tenir droit

upset [ʌp'set]
▸ *adjectif*
1 triste : **I was upset that she left** j'ai été triste qu'elle parte
2 bouleversé, -e : **she was clearly upset by the pictures** ces images l'avaient manifestement bouleversée
3 vexé, -e, contrarié, -e : **he's upset about losing the deal** il est contrarié d'avoir perdu l'affaire
▸ *verbe*
1 to upset somebody contrarier quelqu'un ; *(rendre triste)* faire de la peine à quelqu'un
2 it upset our routine ça a bouleversé nos habitudes
3 renverser : **to upset a vase** renverser un vase

I upset, I have upset, I am upsetting

upside down ['ʌpsaɪd'daʊn] ▸ *adjectif (objet)* à l'envers ; *(personne)* la tête en bas ; *(maison)* sens dessus dessous

upstairs
▸ *adverbe* [ʌp'steəz] en haut : **she's waiting for me upstairs** elle m'attend en haut ; **to go/to come upstairs** monter
▸ *adjectif* ['ʌpsteəz] du haut : **the upstairs rooms** les pièces du haut ; **the upstairs neighbours** les voisins d'en haut *ou* du dessus

up-to-date [ʌptə'deɪt] ▸ *adjectif*
1 à jour : **to bring somebody up-to-date on something** mettre quelqu'un au courant de quelque chose
2 à la mode

US [ju:'es] ▸ *nom* **the US** *(United States)* les États-Unis, les USA

us [ʌs] ▸ *pronom* nous : **it's us** c'est nous ; **they know us** ils nous connaissent ; **help us!** aidez-nous ! ; **all of us** nous tous ; **give us the money** donnez-nous l'argent ; **he'll give it to us** il nous le donnera ; **let us eat!, let's eat!** mangeons !

use
▸ *nom* [ju:s]
1 usage, emploi ; **to make use of something** se servir de quelque chose
2 to be of use être utile (**to** à)
3 it's no use crying ça ne sert à rien de pleurer
▸ *verbe* [ju:z] **to use something** se servir de quelque chose, utiliser quelque chose ; **we use this room as an office** cette pièce nous sert de bureau ; **what's it used for?** à quoi est-ce que ça sert ? ; **it's used to measure** *ou* **for measuring distances** ça sert à mesurer les distances
▸ *auxiliaire modal* **I used to sing** avant, je chantais ; **I didn't use to like him** avant, je ne l'aimais pas
▸ **use up** finir : **I've used up all the milk** j'ai fini le lait

used ▸ *adjectif*
1 [ju:zd] d'occasion : **a used car** une voiture d'occasion
2 [ju:st] **to be used to something/to doing something** avoir l'habitude de quelque chose/de faire quelque chose ; **I'm used to it** j'y suis habitué ; **to get used to something/to doing something** s'habituer à quelque chose/à faire quelque chose

useful ['ju:sfʊl] ▸ *adjectif* utile (**to** à) ; **to come in useful** être utile ; **to make oneself useful** se rendre utile

useless ['ju:slɪs] ▸ *adjectif*
1 inutile ; **it's useless!** ça ne sert à rien !
2 nul, nulle (**at** en)

user ['ju:zər] ▸ *nom* utilisateur, -trice

usual ['ju:ʒʊəl] ▸ *adjectif* habituel, -elle ; **as usual** comme d'habitude

usually ['ju:ʒʊ(ə)lɪ] ▸ *adverbe* d'habitude

Vv

vacant ['veɪkənt] ▸ *adjectif* libre

vacation [və'keɪʃən] ▸ *nom (mot américain)* vacances ; **to be/to go on vacation** être/partir en vacances

vacuum ['vækjʊəm]
▸ *nom* **a vacuum (cleaner)** un aspirateur
▸ *verbe* **to vacuum a room/carpet** passer l'aspirateur dans une pièce/sur une moquette

valid ['vælɪd] ▸ *adjectif* valable

valley ['vælɪ] ▸ *nom* vallée

valuable ['væljʊəb(ə)l] ▸ *adjectif* **to be valuable** avoir de la valeur ; **a valuable object** un objet de valeur ; **valuable advice** de précieux conseils

value ['vælju:] ▸ *nom* valeur

van [væn] ▸ *nom* camionnette

vanish ['vænɪʃ] ▸ *verbe* disparaître

varied ['veərɪd] ▸ *adjectif* varié, -e

variety [və'raɪətɪ] (*au pluriel* **varieties**) ▸ *nom* variété ; **a wide variety of colours** un grand choix de couleurs

various ['veərɪəs] ▸ *adjectif* plusieurs : **on various occasions** en plusieurs *ou* diverses occasions

vast [vɑ:st] ▸ *adjectif* énorme, immense ; **the vast majority of people** la grande majorité des gens

VCR [vi:si:'ɑ:r] ▸ *nom (video cassette recorder) (mot américain)* magnétoscope

vegetable ['vedʒtəb(ə)l] ▸ *nom* légume

vehicle ['vi:ɪk(ə)l] ▸ *nom* véhicule

veil [veɪl] ▸ *nom* voile

vein [veɪn] ▸ *nom* veine

velvet ['velvɪt] ▸ *nom* velours : **a velvet jacket** une veste en velours

verb [vɜ:b] ▸ *nom* verbe

very ['verɪ]
▸ *adverbe* très : **he's very tired** il est très fatigué
▸ *adjectif*
1 même : **in this very house** dans cette maison même
2 at the very beginning tout au début ; **at the very top** tout en haut

vest [vest] ▸ *nom*
1 maillot de corps ; *(pour femme)* chemise
2 *(en américain)* gilet (de costume)

vet [vet] ▸ *nom* vétérinaire

victory ['vɪktərɪ] (*au pluriel* **victories**) ▸ *nom* victoire

video ['vɪdɪəʊ] ▸ *nom* vidéo : **to watch a video** regarder une vidéo ; **a video (cassette** *ou* **tape)** une cassette vidéo ; **a video (recorder)** un magnétoscope ; **a video camera** une caméra vidéo ; **a video game** un jeu vidéo

view [vju:] ▸ *nom*
1 vue : **we have a lovely view of the town** on a une belle vue sur la ville
2 opinion ; **in my view** à mon avis

village ['vɪlɪdʒ] ▸ *nom* village

vinegar ['vɪnɪgər] ▸ *nom* vinaigre

violent ['vaɪələnt] ▸ *adjectif* violent, -ente

violin [vaɪə'lɪn] ▶ *nom* violon

virus ['vaɪrəs] ▶ *nom* virus

visit ['vɪzɪt]
▶ *nom*
1 visite : **to pay somebody a visit** rendre visite à quelqu'un
2 séjour : **to go on a visit to Spain** faire un séjour en Espagne
▶ *verbe (un lieu)* visiter ; *(une personne)* rendre visite à

visitor ['vɪzɪtər] ▶ *nom* visiteur, -euse ; **you have visitors** vous avez de la visite

vocabulary [və'kæbjʊlərɪ] ▶ *nom* vocabulaire

voice [vɔɪs] ▶ *nom* voix : **in a gentle voice** d'une voix douce

volcano [vɒl'keɪnəʊ] (*au pluriel* **volcanoes**) ▶ *nom* volcan

voluntary ['vɒləntrɪ] ▶ *adjectif* volontaire ; **voluntary work** le bénévolat

vowel ['vaʊəl] ▶ *nom* voyelle

Ww

wag [wæg] ▸ *verbe* remuer : **the dog's wagging its tail** le chien remue la queue

wages ['weɪdʒɪz] ▸ *nom pluriel* salaire, paie

waist [weɪst] ▸ *nom* taille *(partie du corps)*

waistcoat ['weɪskəʊt] ▸ *nom* gilet (de costume)

wait [weɪt]
▸ *nom* attente : **a long wait** une longue attente
▸ *verbe* attendre : **wait until I've gone** attends que je sois parti ; **to wait for somebody/something** attendre quelqu'un/quelque chose ; **to keep somebody waiting** faire attendre quelqu'un ; **I can't wait to see them** j'ai vraiment hâte de les voir

waiter ['weɪtər] ▸ *nom* garçon de café, serveur

waiting ['weɪtɪŋ] ▸ *nom* attente : **a waiting list/room** une liste/salle d'attente

waitress ['weɪtrɪs] ▸ *nom* serveuse

wake up [weɪk'ʌp] ▸ *verbe*
1 se réveiller
2 to wake somebody up réveiller quelqu'un

I woke up, I have woken up, I am waking up

Wales [weɪlz] ▸ *nom* le pays de Galles

walk [wɔːk]
▸ *nom* promenade : **to go for a walk** faire une promenade, se promener ; **to take the dog for a walk** sortir le chien ; **it's five minutes' walk away** c'est à cinq minutes à pied
▸ *verbe*
1 marcher ; **I walk to work** je vais au travail à pied
2 se promener
3 to walk the dog sortir le chien
▸ **walk away** s'en aller, s'éloigner
▸ **walk in** entrer
▸ **walk off** partir, s'en aller
▸ **walk out** sortir

walking ['wɔːkɪŋ] ▸ *nom* marche *(activité)* ; **a walking stick** une canne

wall [wɔːl] ▸ *nom* mur

wallet ['wɒlɪt] ▸ *nom* portefeuille

wallpaper ['wɔːlpeɪpər] ▸ *nom* papier peint, tapisserie

walnut ['wɔːlnʌt] ▸ *nom* noix

wand [wɒnd] ▸ *nom* baguette (magique)

wander ['wɒndər] (*ou* **wander around**) ▸ *verbe* errer, flâner

want [wɒnt] ▸ *verbe*
1 vouloir : **do you want any coffee?** tu veux du café ? ; **I want to stay** je veux rester ; **I want her to leave** je veux qu'elle parte
2 you're wanted on the phone on vous demande au téléphone ; **he's wanted by the police** il est recherché par la policee

war [wɔːr] ▸ *nom* guerre : **at war** en guerre (**with** avec)

ward [wɔːd] ▸ *nom (dans un hôpital)* salle

wardrobe [ˈwɔːdrəʊb] ▸ *nom* armoire, penderie

warm [wɔːm] ▸ *adjectif*
1 chaud, chaude : **I'm warm** j'ai chaud ; **it's (nice and) warm** il fait bon
2 chaleureux, -euse : **a warm welcome** un accueil chaleureux
▸ **warm up** ▸ *verbe*
1 faire chauffer, réchauffer
2 to warm (oneself) up se réchauffer
3 *(danseur, sportif)* s'échauffer

warmth [wɔːmθ] ▸ *nom* chaleur

warn [wɔːn] ▸ *verbe* prévenir, avertir ; **she warned me about him** elle m'a mis en garde contre lui ; **to warn somebody not to do something** déconseiller à quelqu'un de faire quelque chose

warning [ˈwɔːnɪŋ] ▸ *nom* avertissement ; **without warning** sans prévenir

was [wəz, *accentué* wɒz] *voir* **be**

wash [wɒʃ]
▸ *nom* lavage ; **to have a wash** se laver ; **to give something a wash** laver quelque chose
▸ *verbe*
1 laver : **I washed the sheets** j'ai lavé les draps ; **to wash one's hands/hair** se laver les mains/cheveux
2 se laver, faire sa toilette
▸ **wash up**
1 faire la vaisselle
2 *(verbe américain)* se laver

washbasin [ˈwɒʃbeɪs(ə)n] ▸ *nom* lavabo

washing [ˈwɒʃɪŋ] ▸ *nom*
1 lavage ; **to do the washing** faire la lessive, laver le linge ; **a washing machine** une machine à laver ; **washing liquid** la lessive (liquide) ; **washing powder** la lessive (en poudre)
2 linge

washing-up [wɒʃɪŋˈʌp] ▸ *nom* vaisselle : **to do the washing-up** faire la vaisselle ; **washing-up liquid** le liquide vaisselle

wasn't [ˈwɒz(ə)nt] = **was not**

wasp [wɒsp] ▸ *nom* guêpe

waste [weɪst]
▸ *nom* gaspillage : **it's a waste** c'est du gaspillage ; **it's a waste of time** c'est une perte de temps
▸ *verbe* gaspiller ; **to waste time** perdre du temps

wastepaper basket [ˈweɪstpeɪpəbɑːskɪt] ▸ *nom* corbeille à papier

watch [wɒtʃ]
▸ *nom* montre
▸ *verbe* regarder : **to watch somebody do** *ou* **doing something** regarder quelqu'un faire quelque chose ; **watch!** regarde !
▸ **watch out** faire attention (**for** à) ; **watch out!** attention !

water [ˈwɔːtər]
▸ *nom* eau
▸ *verbe* **to water the plants** arroser les plantes

waterfall [ˈwɔːtəfɒːl] ▸ *nom* cascade, chute d'eau

watering can [ˈwɔːtərɪŋkæn] ▸ *nom* arrosoir

wave [weɪv]
▸ *nom*
1 vague
2 signe (de la main) : **to give somebody a wave** faire signe à quelqu'un
▸ *verbe*
1 to wave to somebody faire un signe de la main à quelqu'un ; *(pour dire bonjour)* saluer quelqu'un de la main ; **to wave goodbye** faire au revoir de la main
2 agiter : **to wave one's arms** agiter les bras

wax [wæks]
▸ *nom* cire
▸ *verbe* **to wax one's legs** s'épiler les jambes

way [weɪ] ▸ *nom*

1 chemin : **the way to the station** le chemin de la gare ; **the way in** l'entrée ; **the way out** la sortie ; **to stand in somebody's way** barrer le passage à quelqu'un ; **to get out of the way** s'écarter ; **to lose one's way** se perdre ; **on the way** en chemin, en route ; **I'm on my way!** j'arrive ! ; **a long way away** très loin

2 direction, sens ; **which way did you come?** par où êtes-vous venu ? ; **this way** par ici ; **that way** par là ; **which way up does it go?** ça se met dans quel sens ?

3 manière, façon : **in this way** de cette manière *ou* façon ; **the way he talks** la façon dont il parle ; **you're doing it the wrong way** tu le fais mal ; **no way!** pas question !

4 by the way à propos, au fait

we [wiː] ▸ *pronom* nous : **we are** nous sommes

weak [wiːk] ▸ *adjectif* faible

wealth [welθ] ▸ *nom* richesse

wealthy ['welθɪ] ▸ *adjectif* riche

weapon ['wepən] ▸ *nom* arme

wear [weər] ▸ *verbe* porter : **to wear a hat/glasses** porter un chapeau/des lunettes

I wore, I have worn, I am wearing

weary ['wɪərɪ] ▸ *adjectif* fatigué, -e

weather ['weðər] ▸ *nom* temps : **what's the weather like?** quel temps fait-il ? ; **the weather's nice** il fait beau ; **the weather forecast** la météo ; **what's the weather forecast?** que dit la météo ?

Web [web] ▸ *nom* **the Web** le Web ; **a Web page** une page Web

web [web] ▸ *nom* toile *(d'araignée)*

website [web] ▸ *nom* site Web

we'd [wiːd] = **we had** *ou* **we would**

wedding ['wedɪŋ] ▸ *nom* mariage

Wednesday ['wenzdɪ] ▸ *nom* mercredi : **he came on Wednesday** il est venu mercredi ; **she works on Wednesdays** elle travaille le mercredi ; **every Wednesday** tous les mercredis

weed [wiːd] ▸ *nom* mauvaise herbe

week [wiːk] ▸ *nom* semaine ; **a week (from) tomorrow** demain en huit ; **we're leaving a week on Friday** nous partons vendredi de la semaine prochaine

weekend [wiːk'end] ▸ *nom* week-end : **she goes out at the weekend** elle sort le week-end

weekly ['wiːklɪ] ▸ *adjectif* hebdomadaire

weigh [weɪ] ▸ *verbe* peser : **he weighs 50 kilos** il pèse 50 kilos ; **to weigh oneself** se peser

weight [weɪt] ▸ *nom* poids ; **to put on weight** grossir ; **to lose weight** maigrir

weird [wɪəd] ▸ *adjectif* bizarre

welcome ['welkəm]

▸ *adjectif*

1 bienvenu, -e ; **he's always welcome** il est toujours le bienvenu ; **he made me very welcome** il m'a fait bon accueil ; **welcome to London!** bienvenue à Londres !

2 you're welcome to take my car tu peux prendre ma voiture si tu veux

3 thank you! – you're welcome! merci ! – je vous en prie ! *ou* de rien !

▸ *nom* accueil : **a warm welcome** un accueil chaleureux

▸ *verbe* accueillir, souhaiter la bienvenue à

well[1] [wel] ▸ *nom* puits *(d'eau, de pétrole)*

well[2] [wel]

▸ *adjectif* bien : **she's well** elle va bien ; **I don't feel very well** je ne me sens pas très bien ; **you look well** tu as l'air en forme

▸ *adverbe*

1 bien : **he sings well** il chante bien ; **well done!** bravo !

2 as well aussi : **I want one as well** j'en veux un aussi

3 as well as ainsi que

▸ *exclamation*

1 eh bien ! : **well, who was it?** eh bien, c'était qui ?

2 huge, well, quite big énorme, enfin, assez grand

we'll [wiːl] = **we will**

wellington ['welɪŋtən] ▸ *nom* botte en caoutchouc

well-known [wel'nəʊn] ▸ *adjectif* connu, -e

Welsh [welʃ]

▸ *adjectif* gallois, -oise

▸ *nom* gallois *(langue)*

▸ *nom pluriel* **the Welsh** les Gallois

Welshman ['welʃmən] (*au pluriel* **Welshmen** [-men]) ▸ *nom* Gallois

Welshwoman ['welʃwʊmən] (*au pluriel* **Welshwomen** [-wɪmɪn]) ▸ *nom* Galloise

went [went] *voir* **go**

were [wɜːr] *voir* **be**

we're [wɪər] = **we are**

weren't [wɜːnt] = **were not**

west [west]

▸ *nom* ouest : **in the west of France** dans l'ouest de la France ; **to the west of the town** à l'ouest de la ville

▸ *adjectif* ouest : **the west coast** la côte ouest

▸ *adverbe* vers l'ouest : **to head west** se diriger vers l'ouest

western ['westən] ▸ *adjectif* de l'ouest : **Western Europe** l'Europe de l'Ouest ; **western France** l'ouest de la France ; **the western world** le monde occidental

West Indies [west'ɪndɪz] ▸ *nom* **the West Indies** les Antilles

wet [wet] ▸ *adjectif* mouillé, -e ; **to get wet** se mouiller ; **to get** *ou* **to make something wet** mouiller quelque chose

wetsuit ['wetsuːt] ▸ *nom* combinaison de plongée

we've [wiːv] = **we have**

whale [weɪl] ▸ *nom* baleine

what [wɒt]

▸ *adjectif* quel, quelle : **what actor do you prefer?** quel acteur préférez-vous ? ; **I wonder what time it is** je me demande quelle heure il est ; **what luck!** quelle chance ! ; **what a fool!** quel idiot !

▸ *pronom*

1 qu'est-ce qui : **what's happening?** qu'est-ce qui se passe ? ; **what's making her laugh?** qu'est-ce qui la fait rire ?

2 qu'est-ce que, que : **what does he do?** qu'est-ce qu'il fait ?, que fait-il ? ; **what is it?** qu'est-ce que c'est ?

3 quoi : **what are you thinking about?** à quoi penses-tu ? ; **what for?** pourquoi ? ; **I need a ladder – what for?** j'ai besoin d'une échelle – pour quoi faire ?

4 comment : **what's it called?** comment ça s'appelle ? ; **what?** *(pour demander de répéter)* comment ? ; *(surprise)* quoi ?

5 what about going to London? et si on allait à Londres ?

▸ *pronom relatif*

1 ce qui : **I wonder what will happen** je me demande ce qui va se passer

2 ce que : **I know what she did** je sais ce qu'elle a fait

3 that's what I need c'est ce dont j'ai besoin ; **I don't know what to say** je ne sais pas quoi dire

whatever [wɒt'evər]

▸ *adjectif* quel que soit, quelle que soit : **whatever price they ask** quel que soit le prix qu'ils demandent ; **whatever the mistake may be** quelle que soit l'erreur

▸ *pronom*

1 quoi que : **whatever you do** quoi que tu fasses

2 do whatever you like fais ce que

tu veux ; **whatever is important** tout ce qui est important

wheat [wiːt] ▸ *nom* blé

wheel [wiːl] ▸ *nom* roue

wheelbarrow ['wiːlbærəʊ] ▸ *nom* brouette

wheelchair ['wiːltʃeər] ▸ *nom* fauteuil roulant

when [wen]
▸ *adverbe* quand : **when are we leaving?** quand est-ce qu'on part ?
▸ *conjonction* quand : **I'll phone you when I get there** je t'appellerai quand j'arriverai
▸ *pronom* **the day when** le jour où

whenever [wen'evər] ▸ *conjonction*
1 chaque fois que : **whenever I hear this song** chaque fois que j'entends cette chanson
2 quand : **he can come whenever he likes** il peut venir quand il veut

where [weər]
▸ *adverbe* où : **where are they?** où sont-ils ? ; **where do you come from?** d'où venez-vous ?
▸ *conjonction* **the office where she works** le bureau où elle travaille ; **that's where I fell** c'est là que je suis tombé

wherever [weə'revər] ▸ *conjonction*
1 où que, partout où : **wherever you go in Europe, you meet other tourists** que vous alliez en Europe, vous rencontrez d'autres touristes ; **I see him wherever I go** je le vois partout où je vais
2 où : **we'll go wherever you want** nous irons où tu voudras

whether ['weðər] ▸ *conjonction*
1 si : **I don't know whether to leave** je ne sais pas si je dois partir
2 whether you want to or not que tu le veuilles ou non

which [wɪtʃ]
▸ *adjectif* quel, quelle : **which actor do you prefer?** quel acteur préférez-vous ? ; **which one** lequel, laquelle ; **which ones** lesquels, lesquelles
▸ *pronom* lequel, laquelle : **which of these books is yours?** lequel de ces livres est le tien ? ; **which of us?** lequel d'entre nous ?
▸ *pronom relatif*
1 qui : **the house which is old** la maison qui est vieille
2 que : **the book which I read yesterday** le livre que j'ai lu hier
3 *(avec une préposition)* **the table which I put it on, the table on which I put it** la table sur laquelle je l'ai mis ; **to which** auquel, à laquelle ; **of which** duquel, de laquelle ; **the town which we live in, the town in which we live** la ville où nous habitons
4 ce qui : **he's ill, which is sad** il est malade, ce qui est triste ; **which doesn't surprise me** ce qui ne m'étonne pas
5 ce que : **she was born in Spain, which I didn't know** elle est née en Espagne, ce que je ne savais pas

whichever [wɪtʃ'evər]
▸ *adjectif* quel que soit, quelle que soit : **whichever book you buy** quel que soit le livre que tu achètes ; **take whichever books interest you** prenez les livres qui vous intéressent
▸ *pronom* **whichever you choose, I'm sure she'll like it** quel que soit celui que tu choisisses, je suis sûr que ça lui plaira ; **there are two bedrooms, take whichever you want** il y a deux chambres, prends celle que tu veux

while [waɪl]
▸ *conjonction*
1 pendant que : **make me a coffee while you're in the kitchen** prépare-moi un café pendant que tu es à la cuisine
2 I fell asleep while reading je me suis endormi en lisant
3 alors que : **she likes Spain while I prefer Greece** elle aime bien l'Espagne alors que je préfère la Grèce
▸ *nom* **a while** un moment ; **in a lit-**

tle while avant peu ; **a little while ago** il y a peu de temps ; **a long while** longtemps ; **once in a while** de temps en temps

whip [wɪp]
▶ *nom* fouet
▶ *verbe* fouetter

whiskers ['wɪskəz] ▶ *nom pluriel* moustaches *(d'un animal)*

whisper ['wɪspər] ▶ *verbe* chuchoter

whistle ['wɪs(ə)l]
▶ *nom*
1 sifflement
2 sifflet ; **to blow one's whistle** siffler, donner un coup de sifflet
▶ *verbe* siffler

white [waɪt]
▶ *adjectif* blanc, blanche : **a white shirt** une chemise blanche ; **white coffee** du café au lait
▶ *nom* blanc : **white suits you** le blanc te va bien

who [hu:] ▶ *pronom* qui : **who did that?** qui a fait ça ? ; **the friends who came yesterday** les amis qui sont venus hier

whoever [hu:'evər] ▶ *pronom*
1 celui qui, celle qui : **whoever saw this** celui qui a vu cela ; **whoever wrote that letter** la personne qui a écrit cette lettre
2 qui que : **whoever you are** qui que vous soyez

whole [həʊl] ▶ *adjectif* tout, toute : **the whole truth** toute la vérité ; **a whole week** toute une semaine, une semaine entière ; **the whole lot** le tout ; **the whole world** le monde entier

whom [hu:m] ▶ *pronom*
1 qui : **whom did you see?** qui avez-vous vu ? ; **the person to whom I am writing** la personne à qui j'écris
2 que : **the woman whom you saw** la femme que vous avez vue

whose [hu:z]
▶ *adjectif*
1 à qui : **whose book is this?** à qui est ce livre ?
2 de qui : **whose daughter are you?** de qui êtes-vous la fille ?
3 dont : **the mother whose son is ill** la mère dont le fils est malade
▶ *pronom* à qui : **whose are these keys?** à qui sont ces clés ? ; **whose is this?** à qui est-ce ?

why [waɪ]
▶ *adverbe* pourquoi : **why not?** pourquoi pas ?
▶ *conjonction* pourquoi : **I wonder why he left** je me demande pourquoi il est parti
▶ *pronom* **the reason why** la raison pour laquelle

wicked ['wɪkɪd] ▶ *adjectif*
1 *(personne)* méchant, -ante ; *(temps, caractère)* épouvantable
2 génial, -e

Attention, ce dernier sens est familier.

wide [waɪd]
▶ *adjectif* large : **to be 12 metres wide** faire 12 mètres de large
▶ *adverbe* **wide awake** complètement réveillé ; **wide open** grand ouvert

widow ['wɪdəʊ] ▶ *nom* veuve

widower ['wɪdəʊər] ▶ *nom* veuf

width [wɪdθ] ▶ *nom* largeur

wife [waɪf] (*au pluriel* **wives** [waɪvz])
▶ *nom* femme, épouse

wig [wɪg] ▶ *nom* perruque

wild [waɪld] ▶ *adjectif (animal, plante)* sauvage ; *(personne)* fou, folle

will [wɪl] ▶ *auxiliaire modal*
1 *(futur)* **he will come, he'll come** il viendra ; **you will not come, you won't come** tu ne viendras pas ; **will you be there? – yes I will/no I won't** tu seras là ? – oui/non ; **you'll write to me, won't you?** tu m'écriras,

n'est-ce pas ? ; **I'll leave now** je vais partir

2 vouloir : **will you have a coffee?** voulez-vous prendre un café ? ; **will you help me?** tu veux bien m'aider ? ; **will you be quiet!** voulez-vous vous taire ? ; **the car won't start** la voiture ne veut pas démarrer

willing ['wɪlɪŋ] ▸ *adjectif* **I'm willing to do it** je veux bien le faire

win [wɪn] ▸ *verbe* gagner

I won, I have won, I am winning

wind[1] [wɪnd] ▸ *nom* vent

wind[2] [waɪnd] ▸ *verbe* enrouler (**round** autour de)

▸ **wind up** remonter

I wound, I have wound, I am winding

windmill ['wɪndmɪl] ▸ *nom* moulin à vent

window ['wɪndəʊ] ▸ *nom* fenêtre ; *(d'une voiture)* vitre ; *(d'un magasin)* vitrine

windy ['wɪndɪ] ▸ *adjectif* **it's windy** il y a du vent

wine [waɪn] ▸ *nom* vin

wineglass ['waɪnglɑːs] ▸ *nom* verre à vin

wing [wɪŋ] ▸ *nom* aile

winner ['wɪnər] ▸ *nom* gagnant, -ante

winter ['wɪntər] ▸ *nom* hiver : **in (the) winter** en hiver

wintertime ['wɪntətaɪm] ▸ *nom* hiver

wipe [waɪp] ▸ *verbe* essuyer ; **to wipe one's hands** s'essuyer les mains

▸ **wipe up** essuyer

wire ['waɪər] ▸ *nom*

1 fil de fer

2 fil électrique

wise [waɪz] ▸ *adjectif* sage

wish [wɪʃ]

▸ *nom* vœu : **to make a wish** faire un vœu ; **best wishes for the New Year** meilleurs vœux de bonne et heureuse année

▸ *verbe*

1 souhaiter : **to wish somebody something** souhaiter quelque chose à quelqu'un ; **to wish to do something** souhaiter faire quelque chose ; **to wish for something** souhaiter quelque chose

2 **I wish (that)...** si seulement... : **I wish I hadn't accepted that work** si seulement je n'avais pas accepté ce travail ; **I wish I'd seen it!** j'aurais bien voulu voir ça ! ; **I wish she could come** j'aurais bien aimé qu'elle vienne

witch [wɪtʃ] ▸ *nom* sorcière

with [wɪð] ▸ *préposition*

1 avec : **come with me** viens avec moi ; **to write with a pen** écrire avec un stylo

2 à : **the boy with blue eyes** le garçon aux yeux bleus

3 chez : **she's staying with me** elle loge chez moi

4 de : **to fill with water** remplir d'eau ; **to shiver with cold** grelotter de froid

within [wɪð'ɪn] ▸ *préposition*

1 en moins de : **I read the book within a week** j'ai lu le livre en moins d'une semaine ; **I'll be back within a week** je serai de retour d'ici une semaine ; **within minutes** en quelques minutes

2 à moins de : **it's within 20 kilometres of the city** c'est à moins de 20 kilomètres de la ville

3 à l'intérieur de, au sein de : **there are problems within the company** il y a des problèmes au sein de l'entreprise

without [wɪð'aʊt] ▸ *préposition* sans : **without a tie** sans cravate ; **without saying anything** sans rien dire

witness ['wɪtnɪs] ▸ *nom* témoin

woke up [wəʊk'ʌp], **woken up** [wəʊkən'ʌp] *voir* **wake up**

wolf [wʊlf] (*au pluriel* **wolves** [wʊlvz]) ▸ *nom* loup

woman ['wʊmən] (*au pluriel* **women** ['wɪmɪn]) ▸ *nom* femme : **women's clothes** des vêtements pour femmes

won [wʌn] *voir* **win**

wonder ['wʌndər] ▸ *verbe* se demander (**why** pourquoi, **if, whether** si) ; **to wonder about something** se poser des questions au sujet de quelque chose

wonderful ['wʌndəfʊl] ▸ *adjectif* merveilleux, -euse

won't [wəʊnt] = **will not**

wood [wʊd] ▸ *nom* bois : **it's made of wood** c'est en bois ; **to go for a walk in the woods** aller se promener dans les bois

wooden ['wʊd(ə)n] ▸ *adjectif* en bois : **a wooden bed** un lit en bois

wool [wʊl] ▸ *nom* laine

woollen ['wʊlən] (*ou* **woolen** *en américain*) ▸ *adjectif* en laine

word [wɜːd] ▸ *nom*
1 mot ; **to have a word with somebody** parler à quelqu'un (**about** de)
2 parole : **I give you my word** je te donne ma parole ; **the words of a song** les paroles d'une chanson

wore [wɔːr] *voir* **wear**

work [wɜːk]
▸ *nom*
1 travail : **to start work** se mettre au travail ; **to go to work** aller au travail ; **to be at work** être au travail ; **she's off work today** elle ne travaille pas aujourd'hui ; **he's out of work** il est au chômage
2 **a work of art** une œuvre d'art
▸ *verbe*
1 travailler : **to work hard** travailler dur
2 *(machine)* marcher, fonctionner : **it doesn't work** ça ne marche pas
▸ **work out**
1 résoudre, arranger
2 calculer ; **to work out the total** faire le total
3 **to work out the right answer** trouver la bonne réponse ; **to work out how/why** arriver à comprendre comment/pourquoi

worker ['wɜːkər] ▸ *nom* travailleur, -euse ; *(dans une usine)* ouvrier, -ière ; **office workers** les employés de bureau

workman ['wɜːkmən] (*au pluriel* **workmen** [-men]) ▸ *nom* ouvrier

workshop ['wɜːkʃɒp] ▸ *nom* atelier

world [wɜːld] ▸ *nom* monde : **all over the world** dans le monde entier

worm [wɜːm] ▸ *nom* ver

worn [wɔːn] *voir* **wear**

worn out [wɔːn'aʊt] ▸ *adjectif*
1 usé, -e : **my shoes are worn out** mes chaussures sont complètement usées
2 épuisé, -e : **he's worn out** il est épuisé

worried ['wʌrɪd] ▸ *adjectif* inquiet, -iète (**about** pour, au sujet de)

worry ['wʌrɪ]
▸ *nom* (*au pluriel* **worries**) souci ; **it's causing me a lot of worry** ça m'inquiète beaucoup
▸ *verbe* s'inquiéter (**about** pour, au sujet de) ; **to worry somebody** inquiéter quelqu'un

worse [wɜːs]
▸ *adjectif* pire (**than** que) ; **that's even worse** c'est encore pire ; **to get worse** empirer, s'aggraver
▸ *adverbe* plus mal : **you could do a lot worse** tu aurais pu tomber plus mal

worst [wɜːst]
▸ *adjectif*
1 plus mauvais, -aise : **the worst film I've ever seen** le plus mauvais film que j'aie jamais vu
2 pire : **my worst enemy** mon pire ennemi
▸ *nom*
1 **the worst** le pire, la pire : **she's the worst** c'est elle la pire
2 **at (the) worst** au pire, dans le pire des cas

► *adverbe* le plus mal : **I sing (the) worst** c'est moi qui chante le plus mal ; **they are the worst paid** ce sont les plus mal payés

worth [wɜːθ] ► *préposition*
1 to be worth valoir ; **how much is it worth?** ça vaut combien ?
2 the film's worth seeing le film vaut la peine d'être vu ; **it's worth waiting/trying** ça vaut la peine d'attendre/d'essayer ; **it's not worth it** ça ne vaut pas la peine

would [wʊd] ► *auxiliaire modal*
1 *(conditionnel)* **I would stay, I'd stay** je resterais ; **she would have done it** elle l'aurait fait
2 *(habitude dans le passé)* **I would see her every day** je la voyais tous les jours
3 vouloir : **would you follow me?** voulez-vous me suivre ? ; **the car wouldn't start** la voiture ne voulait pas démarrer ; **would you like a drink?** tu veux boire quelque chose ? ; **he would like to see you** il voudrait vous voir

wouldn't ['wʊdnt] = **would not**

wound¹ [wuːnd] *voir* **wind**

wound² [wuːnd]
► *nom* blessure
► *verbe* blesser

wrap [ræp] (*ou* **wrap up**) ► *verbe* emballer, envelopper

wrapping ['ræpɪŋ] ► *nom* emballage ; **wrapping paper** du papier cadeau ; *(pour un colis)* du papier d'emballage

wreck [rek] ► *verbe* détruire

wrinkle ['rɪŋk(ə)l] ► *nom (sur la peau)* ride

wrist [rɪst] ► *nom* poignet

write [raɪt] ► *verbe*
1 écrire (**to** à) : **to write in pencil** écrire au crayon ; **we write to each other** nous nous écrivons
2 graver *(un CD)*
► **write back** répondre
► **write down** noter

I wrote, I have written, I am writing

writer ['raɪtər] ► *nom* écrivain

writing ['raɪtɪŋ] ► *nom* écriture ; **a writing pad** un bloc-notes ; **writing paper** du papier à lettres ; **in writing** par écrit

written ['rɪtən] *voir* **write**

wrong [rɒŋ]
► *adjectif*
1 mauvais, -aise : **at the wrong time** au mauvais moment ; **in the wrong direction** dans la mauvaise direction ; **they're in the wrong order** ils ne sont pas dans le bon ordre ; **that's the wrong answer** ce n'est pas la bonne réponse ; **you've got the wrong number** vous vous êtes trompé de numéro
2 faux, fausse : **your calculations are wrong** tes calculs sont faux ; **the clock's wrong** la pendule n'est pas à l'heure
3 to be wrong *(personne)* avoir tort (**to do** de faire)
4 it's wrong to tell lies c'est mal de mentir
5 something's wrong quelque chose ne va pas ; **something's wrong with her arm** elle a quelque chose au bras ; **what's wrong with you?** qu'est-ce que tu as ?
► *adverbe* mal ; **to go wrong** *(personne)* se tromper ; *(projet)* mal tourner ; *(machine)* tomber en panne

wrote [rəʊt] *voir* **write**

XyZ

X-ray ['eksreɪ] ▸ *nom* radio : **to have an X-ray** passer une radio

yard [jɑːd] ▸ *nom*
1 cour
2 *(en américain)* jardin
3 *(unité de mesure)* yard *(environ 91,4 cm)*

yarn [jɑːn] ▸ *nom* fil

yawn [jɔːn] ▸ *verbe* bâiller

year [jɪər] ▸ *nom*
1 an : **she's ten years old** elle a dix ans ; **the NewYear** le Nouvel An ; **New Year's Day** le jour de l'An
2 année : **this year** cette année ; **the school year** l'année scolaire

yell [jel] ▸ *verbe* hurler ; **to yell at somebody** crier après quelqu'un

yellow ['jeləʊ]
▸ *adjectif* jaune : **a yellow dress** une robe jaune
▸ *nom* jaune : **I like yellow** j'aime le jaune

yes [jes] ▸ *adverbe* oui, si : **are you coming? – yes!** tu viens ? – oui ! ; **aren't you coming then? – yes!** alors, tu ne ne viens pas ? – si !

yesterday ['jestəd(e)ɪ] ▸ *adverbe* hier : **yesterday morning/evening** hier matin/soir ; **the day before yesterday** avant-hier

yet [jet]
▸ *adverbe*
1 encore : **I haven't finished yet** je n'ai pas encore fini ; **not yet** pas encore
2 déjà : **has he arrived yet?** est-ce qu'il est déjà arrivé ?
▸ *conjonction* pourtant, mais

yoghurt ['jɒgət, *en américain* 'jəʊgərt] ▸ *nom* yaourt

yolk [jəʊk] ▸ *nom* **(egg) yolk** jaune (d'œuf)

you [juː] ▸ *pronom*
1 tu : **are you tired?** es-tu fatigué ?
2 te : **I can see you** je te vois ; **I gave you a present, I gave a present to you** je t'ai fait un cadeau ; **I'll give it to you** je te le donnerai
3 toi : **it's for you** c'est pour toi ; **I'm taller than you** je suis plus grand que toi ; **it's you** c'est toi
4 *(pluriel, vouvoiement)* vous : **are you tired?** *(plusieurs personnes)* êtes-vous fatigués ? ; *(personne que l'on vouvoie)* êtes-vous fatigué ? ; **I know you** je vous connais ; **it's for you** c'est pour vous ; **I gave you a present, I gave a present to you** je vous ai fait un cadeau
5 *(sujet impersonnel)* on : **you never know** on ne sait jamais

you'd [juːd] = **you had** *ou* **you would**

you'll [juːl] = **you will**

young [jʌŋ] ▸ *adjectif* jeune ; **young people** les jeunes ; **he's younger than me** il est plus jeune que moi ; **my younger brother** mon frère cadet, mon petit frère ; **he's the youngest** c'est lui le plus jeune

your [jɔːr] ▸ *adjectif*
1 ton, ta, tes : **your umbrella** ton

parapluie ; **your plate** ton assiette ; **your house** ta maison ; **your clothes** tes vêtements

2 *(pluriel, vouvoiement)* votre, vos : **your newspaper** votre journal ; **your books** vos livres

3 *(avec les parties du corps)* **Elaine, you should wash your hands** Elaine, tu devrais te laver les mains ; **you should all go and wash your hands** vous devriez tous aller vous laver les mains

you're [jɔːr] = **you are**

yours [jɔːz] ▸ *pronom*

1 le tien, la tienne, les tiens, les tiennes : **my sister and yours** ma sœur et la tienne

2 à toi : **this toy is yours** ce jouet est à toi

3 *(pluriel, vouvoiement)* le vôtre, la vôtre, les vôtres : **my friends and yours** mes amis et les vôtres

4 à vous : **excuse me, is this car yours?** excusez-moi, cette voiture est-elle à vous ?

yourself [jɔː'self] ▸ *pronom*

1 toi-même ; *(vouvoiement)* vous-même : **did you do it yourself?** vous l'avez fait vous-même ?/tu l'as fait toi-même ?

2 te ; *(vouvoiement)* vous : **you've cut yourself** vous vous êtes coupé/tu t'es coupé

3 toi ; *(vouvoiement)* vous : **you only think of yourself** vous ne pensez qu'à vous/tu ne penses qu'à toi

yourselves [jɔː'selvz] ▸ *pronom*

1 vous-mêmes : **did you do it yourselves?** vous l'avez fait vous-mêmes ?

2 vous : **you've cut yourselves** vous vous êtes coupés ; **you only think of yourselves** vous ne pensez qu'à vous

youth [juːθ] ▸ *nom*

1 jeunesse

2 adolescent, jeune

you've [juːv] = **you have**

zebra ['zebrə, *en américain* 'ziːbrə] ▸ *nom*

1 zèbre

2 a zebra crossing passage clouté *ou* pour piétons

zero ['zɪərəʊ] ▸ *nom* zéro

zip [zɪp] (*ou* **zipper** ['zɪpər] *en américain*) ▸ *nom* fermeture Éclair®

zoo [zuː] ▸ *nom* zoo

zucchini [zuː'kiːnɪ] (*au pluriel* **zucchini** *ou* **zucchinis**) ▸ *nom (mot américain)* courgette

SUPPLÉMENT

COMMENT TRAVAILLER VOTRE ANGLAIS

Ce supplément, destiné à tous ceux qui souhaitent améliorer leur niveau en anglais, propose des méthodes de travail efficaces, ainsi que de nombreux conseils sur l'utilisation des différents outils d'apprentissage disponibles.

CONSEILS MÉTHODOLOGIQUES

1) La compréhension orale

Comprendre ce que dit un anglophone demande une grande concentration ; c'est un exercice difficile et fatigant pour toute personne qui débute. Il est important de repérer les mots clés car ce sont eux, en plus du contexte, qui vous donneront des indications quant au sujet abordé.

Ne vous laissez pas impressionner par la vitesse à laquelle les phrases sont prononcées. Restez bien concentré. Vous vous habituerez petit à petit au rythme et au débit de la personne qui parle.

> Notez le ton et les différentes intonations du locuteur pour obtenir des indications supplémentaires sur le sens des propos tenus. Si vous avez la personne en face de vous, observez les expressions du visage, l'attitude corporelle et la gestuelle : ces informations paralinguistiques, qui viennent renforcer le discours, sont de très bons indicateurs de sens.

Comment s'entraîner

- S'il s'agit d'un exercice effectué à partir de cassettes audio ou de CD, il est conseillé de procéder comme suit : écoutez – essayez de comprendre – lisez la version écrite du manuel – réécoutez sans le texte – réécoutez avec le texte sous les yeux.
- Faites en sorte d'écouter différents locuteurs pour varier l'accent, la vitesse, le sujet de conversation et le niveau de difficulté.
- Essayez de comprendre les paroles de chansons en anglais et regardez des films en version originale (voir aussi "Les supports audiovisuels" pp. 8–10).
- Apprenez régulièrement du vocabulaire.

2) L'expression orale

• La vitesse et la clarté d'élocution

"Bien parler anglais" ne signifie pas "parler vite". Lorsqu'on débute en anglais, il est important d'adopter une élocution lente afin d'être mieux compris.

Dans les conversations de tous les jours, souvenez-vous que vos interlocuteurs ne sont pas là pour vous juger ni évaluer vos capacités linguistiques. Afin de ne pas rajouter davantage d'obstacles à la communication, il est important d'articuler, de parler fort et de façon intelligible.

> Pour ralentir le rythme de la conversation, faites-vous une liste d'expressions utiles que vous pourrez réutiliser en situation, des expressions du type "Wait a minute... ", "Let me think... ", "That's interesting", etc.

- **La prononciation** : Écoutez attentivement les anglophones, puis améliorez votre prononciation en parlant avec eux. L'apprentissage d'une langue passe par la pratique.
- **L'accent** : Là encore, écoutez puis imitez. Mais souvenez-vous qu'un bon accent s'acquiert avec le temps et qu'il n'est pas primordial de parler comme un Anglais ou un Américain pour se faire comprendre.
- **L'intonation** : L'anglais est une langue accentuée ; l'accent tonique est primordial : un accent tonique sur la mauvaise syllabe rendra vos propos inintelligibles à un anglophone. Les phrases sont énoncées avec des courbes d'intonation, ce qui crée un ton souvent plus contrasté que le français. Essayez de reproduire ces intonations.

• L'art de la paraphrase

Pour pouvoir se faire comprendre dans une langue étrangère, il faut savoir paraphraser, c'est-à-dire trouver des manières différentes d'exprimer la même idée en reformulant ses phrases. Ne restez pas bloqué parce qu'il vous manque un mot. Cherchez à exprimer le sens du mot autrement. Notez au passage que le processus est le même lorsque vous utilisez un glossaire ou un dictionnaire : si un mot ou une expression n'y figure pas, cherchez des synonymes ou des locutions similaires.

• L'esprit d'initiative

La meilleure façon d'améliorer ses capacités d'expression orale, c'est de prendre l'initiative :

- Entamez des conversations avec des anglophones dès que l'occasion se présente.
- N'ayez pas peur de faire des erreurs. Vous aurez parfois la chance d'être corrigé par votre interlocuteur, ce qui est le meilleur moyen d'apprendre.
- N'hésitez pas à interrompre votre interlocuteur pour lui demander de répéter quelque chose que vous n'avez pas compris (voir l'encadré ci-contre). Ne vous laissez pas tenter par la solution de facilité qui consiste à sourire et à

> Apprenez des phrases toutes faites du type "Excuse me, Ididn't understand, could you repeat that?", "Could you say that again, please?", "Sorry, I didn't catch that", etc.

acquiescer d'un signe de tête en faisant semblant d'avoir compris...

▶ Une fois la discussion terminée, notez le vocabulaire que vous avez appris pour le réutiliser dans d'autres conversations.

Comment s'entraîner

▶ Choisissez des interlocuteurs dont la langue maternelle est l'anglais. Profitez des professeurs, des assistants d'anglais dans les établissements scolaires, des voisins de nationalité britannique, des vacanciers dans votre village, etc. Trouvez des anglophones intéressés par des échanges de conversation. Les tableaux d'affichage des universités regorgent de ce type d'annonces.

▶ Parlez tout seul chez vous. Cela peut paraître absurde mais il s'agit d'un bon moyen de s'entraîner : décrivez à haute voix ce que vous êtes en train de faire ou imaginez une conversation.

▶ Révisez souvent vos listes de vocabulaire et les règles de grammaire afin de consolider vos bases.

3) La compréhension écrite

La lecture est un aspect fondamental de l'apprentissage des langues. Et ce ne sont pas les ressources qui manquent !

- **Les ressources**

Vous trouverez différentes ressources en anglais dans les bibliothèques scolaires et municipales, en librairie, chez les marchands de journaux, sur Internet (voir p. 7), etc.

▶ **Les journaux et les magazines** : On trouve deux types de magazines d'actualité : les magazines de la presse anglophone et ceux destinés à l'apprentissage de l'anglais, comme *Today in English*. Ces derniers sont très utiles car ils présentent des articles accompagnés de listes de vocabulaire et d'expressions idiomatiques.

▶ **Les textes littéraires** : La lecture de romans vous semblera dure et laborieuse au début mais vous vous habituerez petit à petit. Ne vous arrêtez pas sur chaque mot nouveau ; cherchez à saisir le sens global. Si vous avez de grosses difficultés de compréhension, choisissez un ouvrage dont vous avez déjà lu la traduction française. Les livres pour enfants ou adolescents sont aussi d'excellents moyens pour commencer.

En outre, il existe dans le commerce des classiques en édition bilingue, c'est-à-dire avec le texte original anglais et sa traduction française en parallèle. Ceci vous dispensera d'un recours fastidieux au dictionnaire.

Enfin, on trouve des collections spécialement conçues pour ceux qui commencent à lire en anglais. Les pages de gauche de ces ouvrages contiennent les textes anglais ; en regard, sur les pages de droite, se trouvent des notes explicatives et du vocabulaire.

- **Comment déchiffrer un texte**

Examinez ce qui entoure le corps du texte. Par exemple, si vous lisez un article de presse, faites attention aux sous-titres. Ces derniers reprennent généralement l'idée principale des paragraphes.

Si vous ne connaissez pas un mot :

▶ Appuyez-vous sur le contexte. Repérez les mots qui entourent le terme en question et voyez s'ils ne donnent pas des indications de sens.

▶ Essayez de voir s'il ressemble à un mot français. Mais méfiez-vous des faux amis !

▶ S'il s'agit d'un mot long, essayez de le découper : est-il formé à partir d'un terme que vous reconnaissez et contient-il un préfixe ou un suffixe ?

Si vous le pouvez, lisez le texte à haute voix. Il se peut que le sens d'une phrase que vous ne comprenez pas vous apparaisse plus clairement. Il s'agit, par ailleurs, d'un bon exercice de prononciation.

Comment s'entraîner

▶ Lisez le plus possible tout en variant le type de lecture. Trouvez des textes qui vous intéressent.

▶ Ne choisissez pas des textes trop faciles ; on progresse plus vite en fournissant des efforts.

▶ Recopiez les mots nouveaux et les tournures grammaticales intéressantes de manière à pouvoir les reconnaître dans d'autres textes.

▶ Entraînez-vous à traduire des passages.

4) L'expression écrite

Qu'il s'agisse d'un exercice effectué dans le cadre d'un cours d'anglais ou d'une correspondance personnelle, la méthode pour améliorer ses compétences en matière d'écriture reste la même.

- **L'étape du brouillon**

▶ Mettez-y les idées principales.

▶ Organisez ces idées en les numérotant en fonction de l'ordre dans lequel vous souhaitez qu'elles apparaissent et en les réunissant dans des sous-parties.

▶ Cherchez le vocabulaire essentiel qui vous manque si vous avez un dictionnaire sous la main. Mais attention, le dictionnaire doit être consulté en dernier recours. Efforcez-vous d'abord d'employer des mots que vous connaissez.

▶ Rédigez les phrases susceptibles de poser problème.

- **La vérification de l'orthographe**

Méfiez-vous des mots qui ressemblent au français mais qui présentent une légère différence orthographique. Faites-vous une liste de ces termes au fur et à mesure de vos lectures (voir l'exemple ci-contre). Ainsi, vous éviterez les fautes les plus courantes.

Français	Anglais
adresse	address
ennemi	enemy
exemple	example
exercice	exercise
indépendance	independence
miroir	mirror
prononciation	pronunciation
recommander	recommend

Souvenez-vous aussi que certains mots prennent une majuscule en anglais, notamment les jours, les mois et les adjectifs de nationalité.

Notez que le travail sur traitement de texte vous offre la possibilité d'utiliser un correcteur orthographique anglais.

- **La vérification de la grammaire**

Faites-vous une "check-list" de toutes les règles délicates qui entraînent souvent des erreurs et servez-vous-en chaque fois que vous devez écrire quelque chose. À titre d'exemple, vous pouvez vérifier un par un les points énumérés ci-dessous :

- ▶ Les verbes sont-ils au temps qui convient et les verbes irréguliers sont-ils corrects ?
- ▶ Ai-je utilisé les bons auxiliaires ?
- ▶ L'emploi des verbes modaux est-il correct ?
- ▶ Ai-je bien pensé à mettre le -s à la fin des verbes conjugués à la troisième personne du singulier du présent ?
- ▶ Ai-je bien employé les pronoms personnels ? (ex : **it** pour les objets)
- ▶ Ai-je bien employé les pronoms possessifs ? (ex : **his** lorsque le possesseur est un homme et **hers** lorsque c'est une femme)
- ▶ Y-a-t-il des pluriels irréguliers dans mon texte et les ai-je bien mis à la forme qui convient ? (Vous pouvez aussi vous faire une liste de ces pluriels irréguliers du type **tooth** -> **teeth**, **child** -> **children**, etc.)

Comment s'entraîner

- ▶ Faites des exercices de grammaire par vous-même, et refaites-les quelques semaines plus tard.
- ▶ Écrivez régulièrement. Vous pouvez tenir une sorte de journal intime pour vous forcer à écrire un peu chaque jour en anglais. Ou bien établissez le plus possible de relations épistolaires ou de contacts e-mail. La messagerie électronique requiert souvent peu d'effort (voir pp. 7–8).

- Si votre écrit est corrigé par quelqu'un, prenez note de vos fautes.
- Apprenez des expressions toutes faites pour structurer vos écrits argumentatifs ("In my opinion", "In other words", "In the first place", etc.) ou vos textes narratifs ("To my amazement", "Shortly afterwards", "Unfortunately", etc)
- Imitez les tournures de phrase rencontrées lors de vos lectures.
- Ne faites pas des phrases trop longues et alambiquées. Contrairement au français, l'anglais préfère les phrases courtes.
- Efforcez-vous de ne pas penser en français pour éviter la traduction mot à mot.

L'UTILISATION DU MULTIMÉDIA

Il fut un temps où l'acquisition d'une langue étrangère se faisait uniquement à l'aide de manuels scolaires. Nous vivons désormais dans un monde interactif : de nouveaux moyens de communication sont apparus et les outils d'apprentissage se sont diversifiés.

1) Les CD-Rom et logiciels d'apprentissage

Il en existe pour tous les âges et tous les niveaux. La plupart de ces outils interactifs ont un côté ludique. Ils proposent généralement des jeux, des dialogues et des exercices de grammaire et de prononciation. Certains mettent l'accent sur les termes et les conversations utiles en voyage. La participation active de l'utilisateur lui permet d'une part d'améliorer sa compréhension et son expression, et d'autre part, de retenir facilement du vocabulaire et des points grammaticaux.

2) Les dictionnaires sur CD-Rom ou sur Internet

Les dictionnaires sur CD-Rom sont très pratiques lorsque vous travaillez déjà sur ordinateur car ils permettent une consultation rapide du mot recherché. La plupart des CD-Rom offre la possibilité d'écouter la prononciation des mots, et de consulter des points de grammaire, des tableaux de conjugaison, des informations culturelles, etc.

On trouve également de nombreux dictionnaires sur Internet mais ils contiennent souvent très peu d'exemples et d'informations. Faites attention aux traductions données : le sens que vous recherchez n'est peut-être pas traité. Vous pouvez éventuellement vous faire une liste des dictionnaires qui vous conviennent. Pour cela, utilisez un moteur de recherche et tapez "dictionnaire anglais français" ou "English French dictionary".

3) Les sites Internet

Le Web offre une richesse d'informations incroyable et des ressources extrêmement variées. Il serait dommage de ne pas les exploiter !

Un nombre illimité de sujets sont traités sur Internet. Recherchez des documents sur les thèmes qui vous intéressent en utilisant des moteurs de recherche tels que Google, Altavista ou la version anglaise de Yahoo.

Lisez également la presse sur Internet. Certains sites Web donnent des listes de liens vers les sites de journaux, de magazines et de chaînes d'information. Pour trouver une telle liste, essayez de taper "presse anglophone" dans un moteur de recherche. Ci-contre se trouve une liste très succincte de ces sites.

La presse en ligne

Quelques sites britanniques :

BBC Online :
http://news.bbc.co.uk

The Guardian :
www.guardian.co.uk

The Independent :
www.independent.co.uk

The Times :
www.the-times.co.uk

The Scotsman :
www.scotsman.com

Quelques sites américains :

CNN Interactive :
www.cnn.com

New York Times :
http://nytimes.com

Washington Post :
www.washingtonpost.com

USA Today :
www.usatoday.com

Nous vous conseillons de :

- Lire un article d'un journal électronique français.
- Chercher un article portant sur le même sujet sur un site d'information anglophone.
- Imprimer les deux articles pour les comparer, comprendre l'article anglais, repérer les mots clés et apprendre du vocabulaire.

Si la lecture de tels articles s'avère trop difficile, consultez les sites de revues de mode, de magazines "people", de journaux sportifs, etc.

Enfin, de nombreux sites conçus pour les apprenants d'anglais mettent en ligne des ressources utiles. On y trouve des explications de règles grammaticales, des exercices (parfois corrigés quotidiennement !), des jeux interactifs, des listes de vocabulaire, des informations culturelles, etc. Certains de ces sites vous autorisent même à télécharger les documents.

4) La correspondance sur Internet

Les ordinateurs ont révolutionné notre manière de communiquer. Il est maintenant extrêmement facile de se mettre en contact avec des personnes du monde entier.

La correspondance via messagerie électronique est simple et rapide. Vous pouvez, par exemple, chercher des étrangers qui étudient le français et qui souhaitent échanger régulièrement des e-mails. Et pourquoi ne pas correspondre en direct avec eux en utilisant des services de messagerie instantanée ? Mais attention, ce moyen de communication est évidemment plus spontané que l'échange d'e-mails : vous n'aurez pas le temps de chercher des mots dans le dictionnaire.

Vous pouvez aussi communiquer avec différentes personnes à la fois sur des sites de "chat". Ces "chats" à plusieurs présentent toutefois deux inconvénients majeurs pour les apprenants : la conversation va très vite et les participants emploient des abréviations anglaises et des symboles qui peuvent nuire à la compréhension si vous n'êtes pas habitué.

Enfin, certains sites Web permettent d'établir des conversations orales entre plusieurs participants. Pour cela, vous devez disposer du matériel nécessaire, et avoir confiance en vos capacités linguistiques !

LES SUPPORTS AUDIOVISUELS

De nombreuses techniques utilisant l'image et/ou le son vous offrent la possibilité d'exercer vos facultés de compréhension orale. Alors ouvrez grand vos yeux et vos oreilles et profitez des différents supports qui sont à votre disposition !

1) La télévision

Grâce au câble et au satellite, il est désormais facile de regarder des chaînes de télévision en anglais. Si vous n'avez pas accès à ces chaînes, vous pouvez demander à une personne de votre entourage de vous enregistrer quelques heures de diffusion. Sachez aussi que la plupart des bibliothèques mettent à disposition des salles audiovisuelles. Certaines chaînes d'information sont également diffusées sur Internet.

Il est important de varier les émissions et d'alterner entre les chaînes américaines et britanniques pour s'habituer aux différents accents.

- **Les publicités**

  Brèves et directes, les publicités peuvent se comprendre facilement grâce à l'image. Toutefois, elles reposent en général sur des jeux de mots ou des références culturelles souvent inconnus des apprenants.

- **Les jeux télévisés**

  Les jeux télévisés testant la culture générale des candidats constituent de très bons exercices non seulement au niveau linguistique mais aussi sur le plan culturel. En effet, les questions portent souvent sur les événements ou les personnages médiatiques du pays. Si vous avez des difficultés de compréhension, optez pour les jeux où la question et les différentes réponses possibles s'affichent à l'écran.

- **Les journaux télévisés et les documentaires**

L'actualité étant présentée en images, on peut deviner le sujet des reportages et les propos des journalistes. Aidez-vous aussi des sous-titres qui résument l'actualité et annoncent les reportages à suivre.

> Regardez d'abord les informations sur une chaîne française afin de savoir ce qui s'est passé dans le monde ce jour-là et de comprendre plus facilement les actualités présentées en anglais.

Si vous ne comprenez pas les présentateurs des chaînes d'information, essayez les documentaires : les commentateurs parlent souvent plus lentement.

- **Les séries et les films en version originale**

De nombreuses séries diffusées sur les chaînes françaises nous viennent tout droit des États-Unis. Essayez de trouver sur le câble ou le satellite vos séries télévisées en version originale. Qu'il y ait des sous-titres ou non, l'écoute de la langue vous sera toujours bénéfique. Certaines chaînes terrestres françaises proposent aussi des films en VO sous-titrée, même si leur diffusion a souvent lieu très tard le soir.

Si vous avez l'occasion de vous rendre à l'étranger, regardez le plus possible la télévision. Même la télé réalité peut s'avérer utile pour écouter des conversations spontanées et apprendre de l'argot !

2) Les cassettes vidéo et les DVD

Comment travailler avec ces supports vidéo ?

- ▶ Enregistrez des émissions à la télévision pour les regarder à nouveau et bien comprendre ce qui se dit. Le processus de répétition peut paraître ennuyeux mais il s'agit d'une méthode très efficace dans l'apprentissage d'une langue. De plus, vous retiendrez, sans vous en apercevoir, de nombreuses expressions idiomatiques.
- ▶ Il est parfois préférable de choisir des films que vous avez déjà vus doublés en français avant de visionner la version originale. Si vous travaillez avec une cassette vidéo sous-titrée, cachez de temps en temps les sous-titres avec un carton afin de vous entraîner à la compréhension.
- ▶ Préférez les DVD aux cassettes vidéo. Ce sont d'excellents outils d'apprentissage puisqu'ils permettent de trouver une scène rapidement et qu'ils offrent la possibilité de sélectionner les sous-titres et les bandes sonores.

3) La radio

L'un des meilleurs moyens de travailler sa compréhension orale est d'écouter la radio en anglais. L'absence d'images oblige l'apprenant francophone à se concentrer davantage. De même que pour les journaux télévisés, nous vous conseillons d'écouter d'abord les actualités sur une radio française.

Vous pouvez, là encore, enregistrer des reportages ou des émissions éducatives et culturelles pour les réécouter ensuite.

Notez qu'il est également possible d'écouter sur Internet des émissions radiophoniques en direct ou pré-enregistrées.

4) Les cassettes audio et les CD

- **Les cassettes et CD vendus avec les méthodes d'anglais**

L'avantage est que vous pouvez les écouter n'importe où. Ces supports audio contiennent des dialogues de tous les jours qui permettent de se familiariser avec la langue. Peu importe que vous ne compreniez pas tout ; l'important est de persévérer et de s'habituer à entendre parler anglais. Que l'écoute soit attentive ou non, vous retiendrez toujours des mots et des expressions idiomatiques.

Après plusieurs écoutes, regardez la transcription des dialogues qui se trouve dans le manuel et réécoutez la conversation tout en lisant le texte.

- **La musique**

Essayez de faire attention aux paroles des chansons anglaises que vous écoutez. Si votre CD contient un livret avec les paroles, regardez-les seulement après avoir fait l'effort de comprendre.

- **Les livres enregistrés**

Il s'agit de livres lus par des acteurs professionnels et enregistrés sur cassettes ou CD. C'est une méthode agréable pour travailler sa compréhension orale et pour se familiariser avec les classiques de la littérature anglaise ou américaine. Le ton employé par les acteurs est vivant, et leur prononciation très claire. Procurez-vous également le livre afin de pouvoir suivre en même temps lorsque vous ne comprenez pas.

LES SÉJOURS LINGUISTIQUES

Il s'agit de la meilleure façon de consolider ses acquis et d'améliorer son niveau d'anglais. On ne peut apprendre une langue sans la pratiquer. Les cours théoriques sont essentiels pour établir de bonnes bases, mais ils ne suffisent pas à maîtriser la langue. L'apprentissage se fait par immersion. Ne laissez donc passer aucune occasion de partir à l'étranger !

1) Les différents types de séjours

- **Les séjours touristiques**

Dès que l'occasion se présente, partez en vacances dans l'un des nombreux pays où l'on parle anglais et profitez au maximum du temps dont vous disposez pour mettre en pratique vos connaissances.

- **Les voyages et les échanges scolaires**

La plupart des écoles organisent des voyages scolaires avec des visites et des activités prévues pendant toute la durée du séjour. L'important est de faire l'effort de communiquer avec votre famille d'accueil.

Si vous participez à un échange scolaire et que vous vous entendez bien avec votre correspondant, ne perdez pas contact ! Continuez de lui écrire. Vous aurez peut-être l'occasion d'y retourner.

Si vous ne pouvez pas partir dans le cadre scolaire mais que vous avez un correspondant à l'étranger, rien ne vous empêche d'organiser vous-même un échange pendant les vacances.

- **Les séjours proposés par des organismes privés**

Il existe de nombreux organismes qui proposent, moyennant un tarif plus ou moins élevé, des cours intensifs de quelques semaines pour jeunes ou pour adultes.

D'autres organisent des séjours linguistiques de longue durée pour lycéens qui, intégrés en milieu scolaire, font d'énormes progrès en anglais.

> Pour vous renseigner sur la qualité des séjours linguistiques et éviter les mauvaises surprises concernant les familles d'accueil ou les activités organisées, contactez l'Union nationale des organisations de séjours linguistiques et des écoles de langues (l'Unosel) ou l'Office national de garantie des séjours et stages linguistiques.

Nous vous conseillons particulièrement les programmes d'échange de longue durée où vous devrez héberger en retour votre "frère ou sœur d'accueil". Vous aurez souvent une bonne expérience dans ces familles qui, n'étant pas rémunérées, manifestent généralement un véritable intérêt pour les échanges culturels.

Parmi la quantité d'organismes existants sur le marché, nous pouvons citer Cap monde, Club langues et civilisations, SILC, STS, AFS Vivre sans frontière, etc.

- **Les échanges universitaires**

La plupart des universités vous offrent la possibilité de partir, en milieu de cursus, dans l'une de leurs universités partenaires à l'étranger où vous pourrez poursuivre vos études tout en perfectionnant votre anglais et en goûtant à une culture et un enseignement différents. Reconnus sur le plan européen, des programmes tels que Erasmus/Socrates vous permettront de valider un ou deux semestres à l'étranger.

Ces échanges sont gratuits mais le séjour peut s'avérer très coûteux. Certains programmes offrent systématiquement des bourses mais ce sont généralement de petites sommes d'argent. Renseignez-vous auprès de votre établissement et de votre région pour savoir si vous pouvez obtenir des bourses supplémentaires.

- **Les expériences professionnelles à l'étranger**

Tout comme les séjours strictement linguistiques, les expériences professionnelles à l'étranger sont toujours un plus sur un CV. Vous pouvez effectuer des stages à l'étranger dans le cadre de vos études ou bien chercher du travail par vous-même (dans la restauration, l'hôtellerie, etc.). Il existe aussi des organismes qui s'occupent de toutes les démarches administratives pour que vous puissiez passer un été à travailler dans un pays anglo-saxon (séjours au pair, animation en colonies de vacances, etc.).

Le bénévolat, proposé par divers organismes internationaux, est un autre moyen de partir à l'étranger. Les projets sont très variés et les bénévoles viennent du monde entier.

2) Comment faire des progrès à l'étranger

- ▸ Utilisez les "ressources humaines" : écoutez attentivement les autochtones parler ; sortez, faites des rencontres, parlez le plus possible avec ces nouvelles connaissances et gardez contact avec elles.
- ▸ Servez-vous de tous les médias : regardez la télé, allez au cinéma, écoutez la radio et lisez tout ce qui vous tombe sous la main (journaux, tabloïds, magazines "people", menus, brochures, etc.).
- ▸ Notez tout le vocabulaire nouveau que vous rencontrez lors de vos lectures et de vos conversations ; relisez-le régulièrement.
- ▸ Adoptez les coutumes du pays et les usages de la région où vous vous trouvez.
- ▸ Commencez un journal de bord et racontez, en anglais bien sûr, vos rencontres, vos impressions et toutes vos péripéties.

VERBES IRRÉGULIERS ANGLAIS

Infinitif	**Prétérit**	**Participe passé**	
to be	was, were	been	*être*
to bear	bore	borne	*porter ; supporter*
to beat	beat	beaten	*battre*
to become	became	become	*devenir*
to begin	began	begun	*commencer*
to bend	bent	bent	*courber*
to bet	bet, betted	bet, betted	*parier*
to bind	bound	bound	*attacher*
to bite	bit	bitten	*mordre*
to bleed	bled	bled	*saigner*
to blow	blew	blown	*souffler*
to break	broke	broken	*casser*
to bring	brought	brought	*apporter*
to broadcast	broadcast	broadcast	*diffuser*
to build	built	built	*construire*
to burn	burnt, burned	burnt, burned	*brûler*
to burst	burst	burst	*éclater*
to buy	bought	bought	*acheter*
to catch	caught	caught	*attraper*
to choose	chose	chosen	*choisir*
to come	came	come	*venir*
to cost	cost	cost	*coûter*
to creep	crept	crept	*ramper*
to cut	cut	cut	*couper*
to deal	dealt	dealt	*traiter*
to dig	dug	dug	*creuser*
to dive	dived, *(en américain)* dove	dived	*plonger*
to draw	drew	drawn	*dessiner ; tirer*
to dream	dreamt, dreamed	dreamt, dreamed	*rêver*
to drink	drank	drunk	*boire*
to drive	drove	driven	*conduire*
to eat	ate	eaten	*manger*
to fall	fell	fallen	*tomber*
to feed	fed	fed	*nourrir*
to feel	felt	felt	*sentir ; ressentir*
to fight	fought	fought	*se battre*
to find	found	found	*trouver*
to fly	flew	flown	*voler ; prendre l'avion*
to forbid	forbade	forbidden	*interdire*
to forget	forgot	forgotten	*oublier*
to forgive	forgave	forgiven	*pardonner*
to freeze	froze	frozen	*geler*
to get	got	got, *(en américain)* gotten	*obtenir, avoir*
to give	gave	given	*donner*
to go	went	gone	*aller*
to grind	ground	ground	*moudre*
to grow	grew	grown	*pousser ; grandir*
to hang	hung	hung	*accrocher, suspendre*
to have	had	had	*avoir*

to hear	heard	heard	*entendre*
to hide	hid	hidden	*cacher*
to hit	hit	hit	*frapper*
to hold	held	held	*tenir*
to hurt	hurt	hurt	*blesser*
to keep	kept	kept	*garder*
to kneel	knelt, kneeled	knelt, kneeled	*s'agenouiller*
to know	knew	known	*savoir ; connaître*
to lay	laid	laid	*poser*
to lead	led	led	*mener*
to lean	leant, leaned	leant, leaned	*s'appuyer*
to leap	leapt, leaped	leapt, leaped	*sauter*
to learn	learnt, learned	learnt, learned	*apprendre*
to leave	left	left	*laisser*
to lend	lent	lent	*prêter*
to let	let	let	*laisser*
to lie	lay	lain *(rare)*	*s'allonger*
to light	lit	lit	*allumer*
to lose	lost	lost	*perdre*
to make	made	made	*faire*
to mean	meant	meant	*signifier*
to meet	met	met	*rencontrer*
to mistake	mistook	mistaken	*se tromper sur*
to mow	mowed	mown, mowed	*tondre ; faucher*
to overtake	overtook	overtaken	*dépasser, doubler*
to pay	paid	paid	*payer*
to put	put	put	*poser*
to read	read	read	*lire*
to redo	redid	redone	*refaire*
to rewind	rewound	rewound	*rembobiner*
to ride	rode	ridden	*aller (à cheval, en vélo)*
to ring	rang	rung	*sonner*
to rise	rose	risen	*se lever*
to run	ran	run	*courir*
to saw	sawed	sawn, sawed	*scier*
to say	said	said	*dire*
to see	saw	seen	*voir*
to seek	sought	sought	*chercher*
to sell	sold	sold	*vendre*
to send	sent	sent	*envoyer*
to set	set	set	*mettre ; fixer*
to sew	sewed	sewn, sewed	*coudre*
to shake	shook	shaken	*secouer*
to shine	shone	shone	*briller*
to shoot	shot	shot	*tirer ; abattre*
to show	showed	shown	*montrer*
to shrink	shrank	shrunk	*rétrécir*
to shut	shut	shut	*fermer*
to sing	sang	sung	*chanter*
to sink	sank	sunk	*couler, sombrer*
to sit	sat	sat	*s'asseoir*
to sleep	slept	slept	*dormir*
to slide	slid	slid	*glisser*
to smell	smelt, smelled	smelt, smelled	*sentir*
to sow	sowed	sown, sowed	*semer*
to speak	spoke	spoken	*parler*

to speed	sped, speeded	sped, speeded	*aller vite*
to spell	spelt, spelled	spelt, spelled	*épeler*
to spend	spent	spent	*dépenser*
to spill	spilt, spilled	spilt, spilled	*renverser*
to spin	spun	spun	*faire tourner*
to spit	spat, *(en américain)* spit	spat, *(en américain)* spit	*cracher*
to split	split	split	*fendre ; déchirer*
to spoil	spoilt, spoiled	spoilt, spoiled	*gâcher*
to spread	spread	spread	*étaler ; répandre*
to spring	sprang	sprung	*bondir*
to stand	stood	stood	*se tenir debout*
to steal	stole	stolen	*voler*
to stick	stuck	stuck	*coller ; se coincer*
to sting	stung	stung	*piquer*
to stink	stank	stunk	*puer*
to strike	struck	struck	*frapper*
to swear	swore	sworn	*jurer*
to sweep	swept	swept	*balayer*
to swell	swelled	swollen	*enfler*
to swim	swam	swum	*nager*
to swing	swung	swung	*se balancer*
to take	took	taken	*prendre*
to teach	taught	taught	*enseigner*
to tear	tore	torn	*déchirer*
to tell	told	told	*dire, raconter*
to think	thought	thought	*penser*
to throw	threw	thrown	*jeter*
to tread	trod	trodden	*marcher*
to understand	understood	understood	*comprendre*
to undo	undid	undone	*défaire*
to upset	upset	upset	*contrarier*
to wake	woke	woken	*se réveiller*
to wear	wore	worn	*porter*
to win	won	won	*gagner*
to wind	wound	wound	*enrouler*
to write	wrote	written	*écrire*

Français–Anglais

Aa

à

1 *(position)* at, in : **être au bureau** to be at *ou* in the office ; **être à Paris** to be in Paris

2 *(direction)* to : **aller à Paris** to go to Paris ; **nous allons à l'école** we go to school

3 *(temps)* **à 8 heures** at 8 o'clock ; **de 3 heures à 4 heures** from 3 to *ou* till 4 o'clock ; **à lundi !** see you on Monday!

4 *(surface)* on : **avoir une ampoule au pied** to have a blister on one's foot ; **écrire au tableau** to write on the board

5 *(description)* with : **l'homme à la barbe blanche** the man with the white beard

6 *(avec un objet indirect)* to : **donner/dire quelque chose à quelqu'un** to give/to say something to somebody

7 *(moyen, manière)* **à bicyclette** by bicycle ; **à pied** on foot ; **vendre au kilo** to sell by the kilo ; **je l'ai écrit au crayon** I wrote it in pencil

8 *(appartenance)* **ce livre est à lui** this book is his ; **à qui est ce livre ?** whose book is this? ; **c'est à moi** it's mine ; **c'est à vous de décider** it's up to you to decide ; **c'est à elle de jouer** it's her turn to play

9 *(but, obligation, possibilité)* to : **apprendre à lire** to learn to read ; **du travail à faire** work to be done ; **il y a beaucoup de choses à voir** there's lots to see

10 *(distance)* away : **c'est à cinq kilomètres d'ici** it's five kilometres away ; **c'est à trois heures de route** it's three hours' drive

abandonner

1 *(une personne, un animal)* to abandon

2 *(une activité)* to give up : **elle a abandonné ses études** she gave up her studies ; **j'abandonne !** I give up!

abattre *(un arbre)* to cut down ; *(un mur)* to knock down

abbaye abbey

abeille bee

abîmer *(un livre, un meuble)* to damage ; *(un vêtement)* to ruin : **mes chaussures sont tout abîmées** my shoes are ruined

abonner (s') to take out a subscription (**à** to)

abord : d'abord first ; **tu dois d'abord trouver un travail** you must first find a job ; **tout d'abord** first of all

aborder

1 *(examiner)* to deal with : **l'auteur n'aborde pas le sujet** the author doesn't deal with the subject

2 *(aller à la rencontre de)* to come up to : **il m'a abordé dans la rue** he came up to me in the street

3 *(toucher terre)* to reach land : **nous avons abordé dans une île** we reached an island

aboutir

1 to succeed : **mes efforts n'ont pas abouti** my efforts didn't succeed

2 aboutir à to lead to ; **ce sentier aboutit à la mer** this path leads to the sea

aboyer to bark : **aboyer après quelqu'un** to bark at somebody

abréger to shorten : **on peut abréger "autobus" en "bus"** you can shorten "autobus" to "bus"

abréviation abbreviation

abri
 1 shelter : **se mettre à l'abri** to take shelter *ou* cover ; **nous sommes à l'abri** we're sheltered, we're under cover
 2 **un abri de jardin** a garden shed
 3 **être sans abri** to be homeless

abricot apricot

abriter (s') to shelter, to take shelter : **je me suis abrité de la pluie sous un arbre** I sheltered *ou* took shelter from the rain under a tree

absence absence : **en l'absence de mes parents** in my parents' absence, while my parents are/were away

absent, -ente absent : **ce professeur est toujours absent** this teacher is always absent ; **absent du bureau** absent *ou* away from the office ; **il est absent en ce moment** he's away at the moment

absolu, -e absolute

absolument
 1 *(tout à fait)* absolutely : **il a absolument raison** he's absolutely right ; **absolument pas !** absolutely not!
 2 *(à tout prix)* really : **il faut absolument que tu partes** you really must go

absurde ridiculous, absurd

abuser
 1 *(exagérer)* to exaggerate, to go too far
 2 **abuser de quelqu'un/quelque chose** *(profiter de)* to take advantage of somebody/something ; **il abuse de ma gentillesse** he takes advantage of my kindness

accélérer to accelerate, to speed up

accent
 1 *(prononciation)* accent : **avoir l'accent anglais** to have an English accent ; **parler sans accent** to speak without an accent
 2 *(sur une voyelle)* accent

accepter
 1 *(un cadeau, des excuses)* to accept
 2 **accepter de faire quelque chose** to agree to do something

accident accident : **avoir un accident** to have an accident ; **un accident de la route** a road accident ; **un accident d'avion** a plane crash

accompagner *(aller avec)* to go with ; *(venir avec)* to come with : **tu vas chez lui ? je t'accompagne** you're going to see him? I'll go with you ; **je serai accompagné de ma cousine** I'll come with my cousin ; **pouvez-vous m'accompagner à l'aéroport ?** *(en voiture)* could you take me to the airport?

accomplir *(un travail, une mission)* to carry out ; **accomplir son devoir** to do one's duty

accord
 1 agreement : **parvenir à un accord** to come to *ou* to reach an agreement
 2 **être d'accord** to agree ; **je suis d'accord avec toi** I agree with you ; **se mettre d'accord** to come to *ou* to reach an agreement, to agree; **d'accord !** all right!

accordéon accordion : **jouer de l'accordéon** to play the accordion

accorder
 1 *(la permission, un entretien)* to grant
 2 *(un instrument de musique)* to tune

accrocher
 1 *(suspendre)* **accrocher un tableau/manteau** to hang (up) a picture/coat (**à** on) ; **ton tableau est accroché au mur** your picture is hanging on the wall
 2 *(attacher)* **accrocher une remorque** to hook up *ou* to hitch up a trailer (**à** to)

3 *(déchirer)* **accrocher son pull/sa jupe** to catch one's sweater/skirt (**à** on)

accroupi, -e squatting (down), crouching (down)

accroupir (s') to squat (down), to crouch (down)

accueil welcome : **recevoir un accueil chaleureux** to receive a warm welcome ; **l'accueil des visiteurs s'est fait devant le lycée** the visitors were welcomed outside the school

accueillir to welcome

accuser to accuse : **accuser quelqu'un de quelque chose** to accuse somebody of something ; **ils l'ont accusé d'avoir volé de l'argent** they accused him of stealing money

achat : faire des achats to do some shopping, to go shopping ; **faire l'achat de quelque chose** to buy something

acheter to buy : **acheter quelque chose à quelqu'un** *(pour quelqu'un)* to buy something for somebody ; *(pour soi)* to buy something from somebody ; **je lui ai acheté un cadeau** I've bought him a present, I've bought a present for him ; **j'ai acheté ce livre à Marie** I bought this book from Marie

achever to finish (off)

acide *(fruit, goût)* sour

acier steel

acquérir
1 *(acheter)* to buy
2 *(obtenir)* to gain, to acquire : **il a acquis de l'expérience/des connaissances** he gained *ou* acquired experience/knowledge

acte *(action, partie d'une pièce de théâtre)* act

acteur, -trice actor/actress : **il est acteur** he's an actor ; **elle est actrice** she's an actress

action
1 action : **il est temps de passer à l'action** it's time for action
2 faire une bonne action to do a good deed

activité
1 activity : **une activité extrascolaire** an after-school activity
2 l'aéroport débordait d'activité the airport was very busy

actualité : l'actualité current affairs ; **les actualités** *(à la télé)* the news

actuel, -elle *(circonstances, système)* present : **à l'heure actuelle** at the present time

actuellement at present

adapter *(fixer)* to fit : **adapter quelque chose à quelque chose** to fit something onto something

addition
1 *(en maths)* sum : **faire des additions** to do sums
2 *(dans un restaurant)* bill, *(en américain)* check : **l'addition, s'il vous plaît !** the bill *ou* the check, please!

additionner to add up : **additionnez ces trois nombres** add up these three numbers

adieu goodbye

admettre
1 *(reconnaître)* to admit : **j'admets que tu as raison** I admit you're right
2 *(laisser entrer, accepter)* to allow, to let in : **ils n'admettent pas les enfants** they don't allow *ou* let in children

admirable
1 *(comportement, efforts)* admirable
2 *(cuisinière, père de famille)* wonderful

admirer to admire

adolescent, -ente teenager : **c'est une adolescente** she's a teenager

adorer to love : **adorer faire quelque chose** to love doing *ou* to do something

adresse address : **voici mon adresse** this is my address ; **une adresse électronique** an e-mail address

adresser
1 *(une lettre, un colis)* to address (**à** to)
2 **adresser la parole à quelqu'un** to speak to somebody
▪**s'adresser : s'adresser à quelqu'un** to speak to somebody ; *(aller trouver quelqu'un)* to go and see somebody ; **adressez-vous au bureau** go and ask at the office

adroit, -oite skilful, *(en américain)* skillful

adulte adult : **devenir adulte** to become an adult

adversaire opponent

aéroport airport

affaire
1 *(question, chose)* matter, business : **c'est une autre affaire** that's another matter ; **c'est mon affaire** that's my business ; **avoir affaire à quelqu'un** to have to deal with somebody
2 **faire une bonne affaire** to get a bargain
▪**affaires**
1 *(objets, vêtements)* things : **j'ai rangé mes affaires** I put my things away
2 *(commerce)* business : **les affaires vont bien/mal** business is good/bad ; **un homme/une femme d'affaires** a businessman/businesswoman (*au pluriel* -men/-women)
3 **occupe-toi de tes affaires !** mind your own business!

affiche *(publicitaire, de cinéma)* poster

affreux, -euse horrible, awful

afin
1 **afin de** in order to, so as to : **il s'est levé tôt afin de terminer son travail** he got up early to finish *ou* in order to finish his work
2 **afin que** so that : **je lui ai donné deux euros afin qu'il puisse s'acheter du chocolat** I gave him two euros so that he could buy some chocolate

Africain, -aine African : **c'est un Africain** he's an African

africain, -aine African

Afrique : l'Afrique Africa ; **aller en Afrique** to go to Africa ; **vivre en Afrique** to live in Africa

agacer to irritate, to annoy

âge age : **depuis l'âge de 10 ans** from the age of 10 ; **quel âge as-tu ?** how old are you?

âgé, -e
1 old : **être âgé de 15 ans** to be 15 years old ; **elle est plus âgée que moi** she's older than I am
2 **les personnes âgées** old *ou* elderly people

agence agency ; *(d'une banque)* branch : **une agence de voyages** a travel agency ; **une agence immobilière** an estate agency, *(en américain)* a real-estate office

agenda diary, *(en américain)* datebook

agent de police policeman/policewoman (*au pluriel* -men/-women) : **son frère est agent de police** his brother's a policeman

agir to act : **il faut agir rapidement** we must act quickly
▪**s'agir : il s'agit de** *(c'est à propos de)* it's about, it's a matter of ; **il s'agit de mon fils** it's about my son ; **il ne s'agissait pas seulement d'argent** it wasn't just a matter of money ; **de quoi s'agit-il ?** what's it about? ; **de qui s'agit-il ?** who is it?

agité, -e
1 *(enfant, malade)* restless
2 *(mer)* rough

agiter *(une bouteille)* to shake ; *(un drapeau)* to wave : **agiter les bras** to wave one's arms

▪**s'agiter** *(bouger)* to fidget : **arrête de t'agiter comme ça !** stop fidgeting!

agneau lamb

agrafeuse stapler

agréable pleasant, nice

agricole agricultural

agriculteur, -trice farmer : **il est agriculteur** he's a farmer

agriculture farming

aide

1 help : **j'ai besoin d'aide** I need help

2 à l'aide de with : **marcher à l'aide d'une canne** to walk with a stick

aider to help : **aider quelqu'un à faire quelque chose** to help somebody (to) do something

aïe *(cri de douleur)* ouch!

aigle eagle

aigre sour

aigu, -uë

1 *(douleur, griffe)* sharp

2 *(son, voix)* high-pitched

3 un accent aigu an acute accent

aiguille

1 *(pour coudre, faire des piqûres)* needle

2 *(de montre)* hand : **la petite aiguille** the hour hand, the little hand ; **la grande aiguille** the minute hand, the big hand

ail garlic

aile wing

ailleurs

1 somewhere else ; **nulle part ailleurs** nowhere else ; **partout ailleurs** everywhere else

2 d'ailleurs besides

aimable kind : **c'est très aimable à vous** that's very kind of you

aimant magnet

aimer

1 *(d'amour)* to love : **il m'aime** he loves me ; **ils s'aiment** they're in love, they love each other

2 *(apprécier)* to like, to be fond of : **je l'aime beaucoup** I'm very fond of him ; **j'aime bien le chocolat** I like chocolate ; **elle aime jouer du piano** she likes playing *ou* to play the piano

3 j'aimerais I would like : **j'aimerais qu'il vienne** I'd like him to come ; **j'aimerais partir** I'd like to leave

4 aimer mieux to prefer : **j'aime mieux la rouge** I prefer the red one ; **j'aimerais mieux qu'elle reste** I'd rather she stayed, I'd prefer her to stay ; **j'aimerais mieux rester à la maison** I'd rather stay at home

aîné, -e

▸ *adjectif (de deux frères ou sœurs)* elder, older ; *(de plusieurs)* eldest, oldest : **la sœur aînée** *(de deux)* the elder *ou* older sister ; *(de plusieurs)* the eldest *ou* oldest sister

▸ *nom* eldest *ou* oldest child ; **c'est lui l'aîné** he's the eldest *ou* oldest ; **c'est elle l'aînée** she's the eldest *ou* oldest

ainsi

1 c'est ainsi qu'il faut écrire ce mot this is how to spell this word ; **c'est ainsi que cela s'est passé** this is how it happened

2 ainsi que as well as

air

1 *(qu'on respire)* air : **je vais prendre l'air** I'm going to get some fresh air ; **elle a lancé la balle en l'air** she threw the ball up into the air ; **en plein air** out in the open, outdoors

2 *(d'une chanson)* tune

3 *(apparence)* expression, look : **un air intelligent** an intelligent expression *ou* look ; **avoir l'air triste/fatigué/dangereux** to look sad/tired/dangerous ; **il a l'air d'un imbécile** he looks like an idiot ; **tu as l'air d'avoir trop mangé** you look as if you've eaten too much

ajouter to add (**à** to)

alarme alarm : **une alarme antivol** a burglar alarm ; **une alarme incendie** a fire alarm

album *(CD, livre)* album : **un album photos** a photo album ; **un album de bandes dessinées** a comic book

alcool alcohol

Algérie : l'Algérie Algeria ; **aller en Algérie** to go to Algeria ; **vivre en Algérie** to live in Algeria

Algérien, -ienne Algerian : **c'est une Algérienne** she's an Algerian

algérien, -ienne Algerian

algue : une algue a piece of seaweed ; **les algues** seaweed

Le mot **seaweed** est indénombrable.

allée
1 *(dans un parc, à la campagne)* path
2 *(devant une maison)* drive, *(en américain)* driveway
3 *(dans un cinéma, un supermarché)* aisle

allégé, -e *(fromage, yaourt)* low-fat

Allemagne : l'Allemagne Germany ; **aller en Allemagne** to go to Germany ; **vivre en Allemagne** to live in Germany

Allemand, -ande German : **c'est un Allemand** he's a German

allemand, -ande
▸ *adjectif* German
▸ *nom masculin (langue)* German : **l'allemand est une langue difficile** German is a difficult language ; **il parle allemand** he speaks German ; **un professeur d'allemand** a German teacher

aller
▸ *verbe*
1 to go : **ils sont allés à l'école** they went to school ; **allons jouer** let's go and play ; **allons-y !** let's go! ; **allez-y !** go ahead! ; **allez ! au lit !** come on, go to bed!
2 aller à quelqu'un to suit somebody ; **cette veste vous va bien** that jacket suits you
3 *(état de santé)* **aller bien/mal** to be well/ill ; **elle va mieux** she's much better ; **comment vas-tu ?** how are you? ; **je vais bien !** I'm fine!
4 *(se passer)* **tout va bien** everything's fine ; **comment ça va ?** how are things? ; **ça va !** all right!, fine!
5 *(futur proche)* **je vais le prévenir** I'm going to warn him ; **il va partir** he's going to leave
▸ *nom masculin*
1 *(trajet)* **je me suis arrêté à l'aller** I stopped on the way there *ou* on the trip out ; **l'aller m'a pris une heure** the trip *ou* journey there took me an hour ; **l'aller retour** the trip *ou* journey there and back
2 *(billet)* single (ticket), *(en américain)* one-way ticket ; **un aller retour** a return (ticket), *(en américain)* a round-trip ticket
▪ **s'en aller** to go (away), to leave : **il faut que je m'en aille** I have to go *ou* to leave

allergie allergy

allô hello : **allô, qui est à l'appareil ?** hello, who's speaking?

allongé, -e *(couché)* lying (down), stretched out

allonger (s') to lie down, to stretch out

allumer
1 *(la lumière, la télévision, le chauffage)* to turn on, to put on, to switch on
2 *(un feu, une bougie, une cigarette, le gaz)* to light

allumette match : **une boîte d'allumettes** a box of matches

allure
1 *(d'un véhicule)* speed ; *(d'un marcheur)* pace
2 *(apparence)* look : **il a une drôle d'allure avec ce chapeau** he looks funny in that hat

alors
1 *(dans ce cas-là)* then, so : **il commence à pleuvoir – alors rentrons** it's starting to rain – let's go inside, then ; **alors, tu viens ?** are you coming then?, so are you coming?
2 *(donc)* so : **ma montre s'est arrêtée, alors j'ai manqué mon rendez-vous** my watch stopped, so I missed my appointment
3 alors que *(pendant que, tandis que)* while ; *(bien que)* even though : **elle dort alors que les autres regardent la télé** she's sleeping while the others are watching TV ; **vous dépensez alors qu'il faudrait économiser** you're spending even though you should be saving

alouette lark

Alpes : les Alpes the Alps ; **skier dans les Alpes** to ski in the Alps ; **aller dans les Alpes** to go to the Alps

alphabet alphabet

altitude height, altitude

amande almond

ambassade embassy

ambiance atmosphere

ambitieux, -euse ambitious

ambition ambition : **manquer d'ambition** to lack ambition ; **avoir de l'ambition** to be ambitious

ambulance ambulance : **en ambulance** by ambulance

âme soul

améliorer to improve : **il faut que j'améliore mon anglais** I need to improve my English
▪**s'améliorer** to improve, to get better : **ma santé s'améliore** my health is improving

amende fine : **avoir une amende de 20 euros** to get a 20-euro fine

amener to bring : **j'ai amené mon père** I brought my father

amer, -ère bitter

Américain, -aine American : **c'est une Américaine** she's an American

américain, -aine American

Amérique : l'Amérique America ; **aller en Amérique** to go to America ; **vivre en Amérique** to live in America ; **l'Amérique du Nord/du Sud** North/South America

ami, -e
1 friend : **c'est mon ami** he's my friend ; **nous sommes devenus amis** we became friends
2 un petit ami a boyfriend ; **une petite amie** a girlfriend ; **c'est ma petite amie** she's my girlfriend

amical, -e friendly

amitié
1 friendship ; **j'ai beaucoup d'amitié pour elle** I'm very fond of her
2 amitiés *(dans une lettre)* best wishes

amour love : **une histoire/chanson d'amour** a love story/song

amoureux, -euse : être/tomber amoureux de quelqu'un to be/to fall in love with somebody

ampoule
1 *(électrique)* (light) bulb
2 *(sur la peau)* blister : **avoir une ampoule au pied** to have a blister on one's foot

amusant, -ante *(drôle)* funny, amusing

amuser to entertain, to amuse
▪**s'amuser**
1 *(se divertir)* to enjoy oneself, to have fun : **amuse-toi bien !** enjoy yourself!, have fun!
2 *(jouer)* to play : **elle s'amuse dehors avec Claire** she's outside playing with Claire

an year : **elle a dix ans** she's ten (years old) ; **le Nouvel An** the New Year ; **le jour de l'An** New Year's Day

ananas pineapple

ancien, -ienne
1 *(vieux)* old : **cette coutume est très ancienne** this custom is very old
2 *(meuble, vase)* antique : **une pendule ancienne** an antique clock ; **cette pendule est ancienne** this clock is an antique
3 *(qui n'est plus)* former : **mon ancien patron** my former boss

ancre anchor

âne donkey

ange angel

angine throat infection

Anglais, -aise Englishman / Englishwoman (*au pluriel* -men / -women) : **c'est un Anglais** he's an Englishman, he's English ; **les Anglais** the English

anglais, -aise
▸ *adjectif* English
▸ *nom masculin (langue)* English : **l'anglais est une langue difficile** English is a difficult language ; **il parle anglais** he speaks English ; **un professeur d'anglais** an English teacher

Angleterre : l'Angleterre England ; **aller en Angleterre** to go to England ; **vivre en Angleterre** to live in England

anguille eel

animal animal ; **un animal domestique** a pet

animé, -e *(rue, soirée)* lively

anneau *(d'un rideau, au doigt)* ring

année year : **cette année** this year ; **bonne année !** happy New Year!

anniversaire
1 *(d'une naissance)* birthday : **bon anniversaire !** happy birthday!
2 *(d'un événement)* anniversary : **leur anniversaire de mariage** their (wedding) anniversary

annonce
1 *(dans le journal)* advertisement, ad
2 *(nouvelle)* announcement : **faire une annonce** to make an announcement

annoncer to announce (**que** that, **à** to)

annuaire *(téléphonique)* phone book, telephone directory

annuler to cancel : **le vol est annulé** the flight has been cancelled

antenne
1 *(de radio)* aerial, *(en américain)* antenna
2 *(d'un insecte)* feeler, antenna

antibiotique antibiotic : **elle est sous antibiotiques** she's on antibiotics

Antilles : les Antilles the West Indies ; **aller aux Antilles** to go to the West Indies ; **vivre aux Antilles** to live in the West Indies

août August : **en août** in August

apercevoir
1 to see : **j'aperçois une maison au loin** I can see a house in the distance ; **je n'ai fait que l'apercevoir** I only caught a glimpse of it
2 **s'apercevoir de quelque chose** to realize *ou* to notice something ; **s'apercevoir que** to realize *ou* to notice that

aphte mouth ulcer

apostrophe apostrophe

apparaître to appear

appareil
1 *(dispositif)* device ; **un appareil photo** a camera ; **un appareil électrique** an electrical appliance ; **un appareil dentaire** a brace
2 *(téléphone)* **qui est à l'appareil ?** who's speaking? ; **Paul à l'appareil !** Paul speaking!

apparence appearance

appartement flat, *(en américain)* apartment

appartenir : appartenir à quelqu'un to belong to somebody ; **ce vélo ne m'appartient pas** this bike doesn't belong to me, this bike isn't mine

appel
1 *(cri)* call, shout
2 *(au téléphone)* phone call : **recevoir un appel** to get a call
3 *(à l'école)* **faire l'appel** to take the register, *(en américain)* to call the roll ; **manquer à l'appel** to be absent

appeler to call : **appeler au secours** to call for help ; **appelle ta sœur !** call your sister! ; **ils ont appelé leur fils Alain** they called their son Alain ; **j'appelle de Montréal** I'm calling from Montreal
▪ **s'appeler :** to be called : **comment s'appelle-t-il ?** what's his name?, what's he called? ; **comment t'appelles-tu ?** what's your name? ; **je m'appelle David** my name's David

appétit appetite : **j'ai perdu l'appétit** I've lost my appetite ; **bon appétit !** enjoy your meal!

applaudir *(un acteur, un chanteur)* to clap, to applaud

applaudissements applause

Le mot **applause** est indénombrable.

appliquer (s')
1 *(faire soigneusement)* to take great care (**à quelque chose** over something) ; **s'appliquer à faire quelque chose** to do something very carefully
2 *(être destiné)* to apply (**à** to) : **cette règle s'applique à nous tous** this rule applies to all of us

apporter to bring : **apporter quelque chose à quelqu'un** to bring somebody something, to bring something to somebody ; **apporte-moi mon journal** bring me my newspaper ; **apporte-le-moi** bring it to me

apprécier *(aimer)* to like, to enjoy : **j'ai beaucoup apprécié ce roman** I liked *ou* enjoyed that novel very much

apprendre
1 *(étudier)* to learn : **j'apprends l'anglais** I'm learning English ; **apprendre à faire quelque chose** to learn to do something
2 *(enseigner)* to teach : **apprendre quelque chose à quelqu'un** to teach somebody something ; **je lui apprends l'anglais** I'm teaching him English ; **apprendre à quelqu'un à faire quelque chose** to teach somebody to do something
3 *(entendre dire)* to hear : **j'ai appris qu'elle était malade** I heard she was ill ; **j'ai appris sa mort à la radio** I heard of his death on the radio
4 *(faire savoir)* to tell : **apprendre quelque chose à quelqu'un** to tell somebody something ; **elle m'a appris ton retour** she told me you were back ; **il m'a appris qu'elle était malade** he told me she was ill

apprentissage apprenticeship ; **être en apprentissage chez quelqu'un** to be apprenticed to somebody

approcher : approcher de to get near *ou* nearer, to get close *ou* closer to ; **elle m'a dit de ne pas approcher du feu** she told me not to go near the fire ; **le jour approchait** the day was getting close
▪ **s'approcher : s'approcher de** to get near *ou* nearer, to come close *ou* closer to ; **approche-toi !** come closer! ; **ne t'approche pas trop !** don't get *ou* come too close!, don't get *ou* come too near! ; **ils se sont approchés de moi** they came up to me

approuver *(une méthode, un comportement)* to approve of : **j'approuve ta décision** I approve of your decision

appuyer
1 *(poser)* to rest, to lean : **appuyer quelque chose sur/contre quelque chose** to rest *ou* to lean something on/against something ; **le vélo était appuyé contre le mur** the bike was leaning against the wall

2 *(presser)* **appuyer sur quelque chose** to press something ; **n'appuie pas sur le bouton !** don't press the button!

▪**s'appuyer : s'appuyer sur/contre quelque chose** to lean on/against something ; **il s'appuyait sur sa canne** he was leaning on his stick

après

▸ *préposition*

1 after : **après un an** after a year ; **après ton départ** after you left ; **je m'en suis souvenu après m'être couché** I remembered after I went to bed ; **après lui avoir parlé** after talking to him

2 **d'après** according to : **d'après mon professeur** according to my teacher ; **d'après moi** in my opinion

▸ *adverbe*

1 after, afterwards : **ça s'est passé longtemps après/peu après** that happened a long time after *ou* afterwards/soon after *ou* afterwards

2 **le jour d'après** the next day ; **je descends à la station d'après** I'm getting off at the next station

3 **après tout** after all

▪**après que** ▸ *conjonction* after : **je suis parti après qu'il t'a vu** I left after he saw you ; **je partirai après qu'il t'aura vu** I'll leave after he's seen you

après-demain the day after tomorrow

après-midi afternoon : **elle vient me voir l'après-midi** she comes to see me in the afternoons ; **à deux heures de l'après-midi** at two o'clock in the afternoon

aquarium aquarium

Arabe Arab

arabe

▸ *adjectif (ville, coutume, civilisation)* Arab ; *(mot, écriture, chiffre)* Arabic

▸ *nom masculin (langue)* Arabic : **elle apprend l'arabe** she's learning Arabic ; **un professeur d'arabe** an Arabic teacher

araignée spider

arbre tree

arc

1 *(arme)* bow : **un arc et des flèches** a bow and arrows

2 *(voûte)* arch

arc-en-ciel rainbow

arche

1 *(de pont)* arch

2 **l'arche de Noé** Noah's Ark

arête *(de poisson)* bone

argent

1 *(monnaie)* money : **gagner de l'argent** to earn (some) money ; **l'argent de poche** pocket money

2 *(métal)* silver : **un bracelet en argent** a silver bracelet

Argentine : l'Argentine Argentina ; **aller en Argentine** to go to Argentina ; **vivre en Argentine** to live in Argentina

argile clay : **un pot en argile** a clay pot

arme weapon

armé, -e ▸ *adjectif* **être armé** to be armed

armée ▸ *nom féminin* army : **être dans l'armée** to be in the army

armoire *(pour vêtements)* wardrobe, *(en américain)* closet

arobase at (sign)

arracher

1 *(une page)* to tear out, to pull out ; *(une plante, une mauvaise herbe)* to pull up, to dig up ; *(un ongle, un cheveu, un poil)* to pull out : **je me suis fait arracher une dent** I had a tooth (pulled) out

2 **arracher quelque chose à quelqu'un** *(prendre)* to snatch something from somebody

arranger
1 *(des fleurs)* to arrange ; *(sa tenue, ses cheveux)* to tidy
2 *(une rencontre, un entretien)* to arrange
3 *(un conflit, un problème)* to settle, to sort out
4 **arranger quelqu'un** *(convenir à)* to suit somebody ; **ça m'arrange bien** that suits me fine
▪**s'arranger**
1 *(se débrouiller)* **arrangez-vous pour être là** make sure you're there ; **je me suis arrangé pour arriver à l'heure** I managed to get there on time
2 *(finir bien)* **ça va s'arranger** things will work out, things will turn out fine

arrêt
1 *(endroit)* stop : **le prochain arrêt** the next stop ; **un arrêt de bus** a bus stop
2 **sans arrêt** constantly ; **elle travaille sans arrêt** she works constantly *ou* non-stop, she's always working ; **il pleut sans arrêt** it's been raining constantly *ou* non-stop

arrêter
1 to stop : **arrête !** stop it! ; **arrête de te plaindre !** stop complaining! ; **il n'arrête pas de tousser** he keeps coughing
2 *(une machine)* to switch off : **arrête le moteur !** switch off the engine!
3 *(un suspect)* to arrest : **l'assassin a été arrêté** the murderer was arrested
▪**s'arrêter** to stop : **elle s'est arrêtée pour se reposer** she stopped to rest ; **s'arrêter de faire quelque chose** to stop doing something ; **il s'est arrêté de pleuvoir** it stopped raining

arrière
▸ *adjectif* back : **le siège arrière** the back seat ; **les roues arrière** the back *ou* rear wheels
▸ *nom masculin* *(d'une voiture)* back : **il y a de la place à l'arrière** there's room in the back, *(en américain)* there's room in back
▪**en arrière** ▸ *adverbe*
1 *(se pencher, tomber)* backwards : **j'ai fait quelques pas en arrière** I took a few steps backwards
2 *(à une certaine distance)* behind : **rester en arrière** to stay behind

arrivée arrival ; *(d'une course)* finish

arriver
1 to arrive : **nous sommes arrivés à l'heure** we arrived on time
2 **arriver à faire quelque chose** to manage to do something ; **je ne peux pas y arriver tout seul** I can't manage by myself
3 *(accident, événement)* to happen : **que vous est-il arrivé ?** what happened to you? ; **il m'arrive d'oublier** I sometimes forget

arroser *(une plante, un jardin)* to water

arrosoir watering can

art art

article
1 *(de journal)* article
2 *(objet en vente)* item ; **des articles de voyage/de luxe** travel/luxury goods

artiste artist : **c'est une artiste** she's an artist

artistique artistic

ascenseur lift, *(en américain)* elevator

Asiatique Asian

asiatique Asian

Asie : l'Asie Asia ; **aller en Asie** to go to Asia ; **vivre en Asie** to live in Asia

aspect *(air)* appearance, look

aspirateur Hoover®, vacuum cleaner ; **passer l'aspirateur dans une pièce/sur une moquette** to hoover *ou* to vacuum a room/carpet

aspirine aspirin

assassin murderer

assassiner to murder

asseoir (s') to sit (down) : **je me suis assis par terre** I sat (down) on the floor ; **asseyez-vous !** sit down!

assez
1 enough : **j'ai assez travaillé** I've worked enough ; **il est assez grand pour s'habiller tout seul** he's old enough to dress himself ; **j'en ai assez !** I've had enough! ; **assez de pain/d'argent** enough bread/money
2 *(plutôt)* quite : **il fait assez froid** it's quite cold ; **elle est assez jolie** she's quite pretty

assiette plate

assis, -ise sitting : **il était assis dans son fauteuil** he was sitting in his armchair

assistant, -ante assistant

assister : assister à une réunion/à un cours to attend a meeting/a class ; **assister à un accident** to witness an accident

association association

assurance
1 insurance : **une assurance contre le vol** insurance against theft
2 *(aisance)* self-confidence ; **avoir de l'assurance** to be self-confident ; **manquer d'assurance** to be insecure

assurer
1 to assure : **je t'assure que c'est vrai** I assure you it's true
2 *(une maison, une voiture)* to insure
▪**s'assurer : s'assurer que** to make sure (that) ; **assure-toi que tu as bien fermé la fenêtre** make sure you shut the window

asthme asthma : **avoir de l'asthme** to have asthma

astronaute astronaut

atelier *(d'un artisan)* workshop ; *(d'un artiste)* studio

athlète athlete

athlétisme athletics

Atlantique : l'Atlantique the Atlantic

atlas atlas

atmosphère atmosphere

attacher
1 *(lier)* to tie (up) : **le chien était attaché à l'arbre** the dog was tied to the tree
2 *(boucler)* to fasten : **attachez vos ceintures !** fasten your seatbelts!

attaque attack

attaquer to attack

atteindre to reach

attendre
1 **attendre quelque chose/quelqu'un** to wait for something/for somebody ; **je t'ai attendu longtemps** I waited a long time for you ; **attendre que quelqu'un fasse quelque chose** to wait for somebody to do something ; **nous attendions que la pluie s'arrête** we were waiting for the rain to stop
2 *(patienter)* to wait : **attends une minute !** wait a minute! ; **faire attendre quelqu'un** to keep somebody waiting
3 *(prévoir l'arrivée de)* to expect : **je l'attends d'un moment à l'autre** I'm expecting him any moment ; **elle attend un bébé** she's expecting a baby
▪**s'attendre : s'attendre à quelque chose** to expect something ; **s'attendre à ce que quelqu'un fasse quelque chose** to expect somebody to do something

attentat attack : **un attentat à la bombe** a bomb attack, a bombing

attente wait : **une longue attente** a long wait ; **il y a deux heures d'attente** there's a two-hour wait ; **pendant l'attente des résultats** while waiting for the results ; **une salle d'attente** a waiting room

attention
1 attention : **faire attention à** *(écou-*

ter) to pay attention to ; *(être prudent avec)* to be careful of ; **je ne faisais pas attention à ce qu'elle disait** I wasn't paying attention to what she was saying ; **tu dois faire attention en traversant la route** you have to be careful when crossing the road ; **faire attention à soi** to look after oneself, to take care of oneself

2 attention ! be careful!, watch out! ; **attention à la marche !** mind the step! ; **attention à la voiture !** watch out for the car!

atterrir *(avion)* to land

atterrissage landing

attirer to attract ; **attirer l'attention de quelqu'un sur quelque chose** to draw somebody's attention to something

attitude attitude

attraper *(une balle, un poisson, un voleur)* to catch ; **attraper un rhume** to catch *ou* to get a cold ; **attraper quelqu'un par le bras** to grab somebody by the arm

au *voir* **à, le**

aube dawn : **à l'aube** at dawn

auberge inn ; **une auberge de jeunesse** a youth hostel

aucun, -une

▸ *adjectif* no : **je n'en ai aucune idée** I have no idea ; **je ne vois aucun livre sur la table** I can't see any books on the table

▸ *pronom* none : **aucun de mes amis n'est venu** none of my friends came ; **aucun d'entre nous** none of us ; **je n'en ai aucun** I don't have any of them, I have none of them

au-delà de beyond : **au-delà des montagnes** beyond the mountains

au-dessous ▸ *adverbe* below : **il habite à l'étage au-dessous** he lives one floor below ; **il habite au-dessous** he lives downstairs ; **la taille au-dessous** the next size down

▪**au-dessous de** ▸ *préposition*

1 below : **au-dessous du genou** below the knee ; **au-dessous du niveau de la mer** below sea level ; **au-dessous de zéro** below zero ; **elle habite au-dessous de chez moi** she lives downstairs from me

2 under : **au-dessous de 15 ans** under 15

au-dessus ▸ *adverbe* above : **il y a une croix au-dessus** there's a cross above it ; **il habite à l'étage au-dessus** he lives on the floor above ; **il habite au-dessus** he lives upstairs ; **la taille au-dessus** the next size up

▪**au-dessus de** ▸ *préposition*

1 above : **au-dessus des nuages** above the clouds ; **au-dessus du niveau de la mer** above sea level ; **au-dessus de zéro** above zero ; **elle habite au-dessus de chez moi** she lives upstairs from me

2 over : **au-dessus de 15 ans** over 15

augmentation increase (**de** in) ; *(de salaire)* pay rise, *(en américain)* raise

augmenter to increase : **on va augmenter les prix** they're going to increase the prices ; **les prix vont augmenter** prices are going to increase *ou* to go up

aujourd'hui today

auquel *voir* **lequel**

aussi

1 *(également)* too, also : **il parle anglais et aussi espagnol** he speaks English and also Spanish ; **je suis fatigué – toi aussi ?** I'm tired – you too? ; **moi aussi je viendrai** I'll come too

2 *(dans une comparaison)* as : **aussi lourd/petit que** as heavy/small as ; **il ne fera pas aussi froid demain** it won't be as cold tomorrow

aussitôt

1 immediately : **aussitôt avant/après** immediately before/after

2 aussitôt que as soon as : **aussitôt qu'elle sera partie** as soon as she's left

Australie : l'Australie Australia ; **aller en Australie** to go to Australia ; **vivre en Australie** to live in Australia

Australien, -ienne Australian : **c'est un Australien** he's an Australian

australien, -ienne Australian

autant
1 *(tant)* so much : **il n'a jamais lu autant** he's never read so much
2 autant de *(quantité)* so much ; *(nombre)* so many : **je n'ai jamais vu autant d'argent/d'oliviers** I've never seen so much money/so many olive trees
3 autant que *(quantité)* as much as ; *(nombre)* as many as : **elle gagne autant que toi** she earns as much as you ; **je ne pensais pas qu'il y en aurait autant que ça** I didn't think there would be as many as that
4 autant de... que *(quantité)* as much... as ; *(nombre)* as many... as : **il a autant d'argent que toi** he has as much money as you ; **il y a autant de femmes que d'hommes** there are as many women as men
5 *(pareil)* **tu devrais en faire autant** you should do the same
6 autant pour moi ! my mistake!

auteur *(de livre)* author

autobus bus

autocar bus, coach

automatique automatic

automne autumn, *(en américain)* fall : **en automne** in (the) autumn, in the fall

automobile *(voiture)* car ; **l'automobile** *(industrie)* the car industry

autoriser : autoriser quelqu'un à faire quelque chose to give somebody permission to do something ; **je suis autorisé à sortir seul** I have permission to go out alone

autoroute motorway, *(en américain)* highway

autour
1 around : **il y a un mur tout autour** there's a wall right round
2 autour de around : **autour de la maison** around the house

autre
▸ *adjectif*
1 other : **l'autre livre** the other book ; **un autre livre** another book ; **d'autres médecins** other doctors
2 autre chose something else ; **autre part** somewhere else
▸ *pronom*
1 l'autre the other (one) ; **les autres** the others ; **donnez-m'en un autre** give me another (one) ; **j'en choisirai d'autres** I'll choose some others ; **d'un moment à l'autre** any moment
2 l'un..., l'autre... one... and the other ; **l'un dit ceci, l'autre dit cela** one says this and the other says that ; **les uns dormaient, les autres jouaient** some were sleeping and others were playing
3 l'un l'autre each other ; **nous allons nous aider les uns les autres** we'll help each other
4 l'un et l'autre both (of them) ; **l'un ou l'autre** either (of them) ; **ni l'un ni l'autre** neither (of them)
5 d'autre else ; **quelqu'un/personne d'autre** somebody/nobody else ; **quelque chose/rien d'autre** something/nothing else ; **qui d'autre ?** who else? ; **quoi d'autre ?** what else?

autrefois in the past, in the old days

autrement otherwise : **je ne peux pas faire autrement** I can't do otherwise, I can't do anything different ; **autrement dit** in other words

Autriche : l'Autriche Austria ; **aller en Autriche** to go to Austria ; **vivre en Autriche** to live in Austria

Autrichien, -ienne Austrian : **c'est une Autrichienne** she's an Austrian

autrichien, -ienne Austrian

autruche ostrich

aux *voir* **à, le**

auxquels, auxquelles *voir* **lequel**

avalanche avalanche

avaler to swallow

avance
1 *(acompte)* advance
2 **en avance** *(sur l'heure prévue)* early : **tu es très en avance** you're very early ; **arriver avec cinq minutes d'avance** to arrive five minutes early
3 **à l'avance, d'avance** in advance : **il faut réserver les places à l'avance** you have to book seats in advance ; **il faut payer d'avance** you have to pay in advance

avancé, -e
1 *(niveau, stade)* advanced
2 **les travaux sont bien avancés** the work is well under way

avancer
1 to move forward : **avance un peu !** move *ou* go forward a bit! ; **avance un peu ta chaise !** move your chair forward a bit!
2 *(une date, un départ)* to bring forward
3 **ma montre avance de cinq minutes** my watch is five minutes fast

avant
▸ *préposition* before : **avant moi** before me ; **avant mon départ** before I leave/left ; **je mangerai avant de me coucher** I'll eat before I go to bed ; **avant de partir** before leaving
▸ *adverbe*
1 before : **un mois avant** a month before ; **avant, je prenais le train** I used to go by train
2 **le jour d'avant** the previous day, the day before
3 **avant tout** *(surtout)* above all
▸ *adjectif* front : **le siège/les roues avant** the front seat/wheels
▸ *nom masculin (d'une voiture)* front : **elle est assise à l'avant** she's sitting in the front, *(en américain)* she's sitting in front
▪ **avant que** ▸ *conjonction* before : **avant qu'il parte** before he leaves
▪ **en avant** ▸ *adverbe*
1 *(se pencher, tomber)* forward : **elle a fait deux pas en avant** she took two steps forward
2 *(en tête)* ahead : **il est parti en avant** he went ahead

avantage advantage : **ça a l'avantage d'être facile à réparer** it has the advantage of being easy to repair

avant-hier the day before yesterday

avec with

avenir future : **dans un avenir proche** in the near future ; **à l'avenir je serai plus prudent** in future I'll be more careful

aventure adventure

avenue avenue

averse shower

avertir : avertir quelqu'un de quelque chose *(informer)* to inform somebody of something ; *(d'un danger)* to warn somebody about something

avertissement warning

aveugle
▸ *adjectif* blind
▸ *nom* blind man/woman (*au pluriel* men/women) ; **c'est un aveugle** he's blind ; **les aveugles** the blind

avion plane : **en avion** by plane

avis opinion : **à mon avis** in my opinion ; **j'ai changé d'avis** I changed my mind

avocat, -ate lawyer : **elle est avocate** she's a lawyer

avoine oats

avoir

▸ *verbe*

1 to have : **ils ont une grande maison** they have a big house, they've got a big house ; **elle a deux sœurs** she has two sisters, she's got two sisters ; **il a les yeux bleus** he has blue eyes, he's got blue eyes ; **il n'a qu'à essayer** he can only try

2 *(obtenir)* to get : **j'ai eu un vélo pour mon anniversaire** I got a bike for my birthday ; **tu auras la réponse demain** you'll get the answer tomorrow

3 *(dans certaines expressions)* to be : **avoir chaud/froid** to be hot/cold ; **avoir faim/soif** to be hungry/thirsty ; **avoir raison/tort** to be right/wrong ; **nous avons de la chance** we're lucky ; **j'ai 50 ans** I'm 50 (years old) ; **qu'est-ce que tu as ?** what's the matter with you?

▸ *auxiliaire* to have : **avoir fait quelque chose** to have done something ; **je l'ai vu** I've seen him ; **je ne l'ai pas encore vu** I haven't seen him yet ; **je l'ai vu la semaine dernière** I saw him last week ; **l'as-tu vu ?** have you seen him?

▪**il y a**

1 *(suivi du singulier)* there is, *(suivi du pluriel)* there are : **il y a un problème** there's a problem ; **il y a des problèmes** there are problems ; **il y a eu un accident** there was an accident ; **il y avait trois chanteurs** there were three singers ; **qu'est-ce qu'il y a ?** what's the matter?

2 *(expression du temps)* ago : **il y a trois ans de ça** three years ago ; **il est parti il y a une heure** he left an hour ago ; **il y a une heure qu'il travaille** he's been working for an hour

avouer *(une faute, un crime)* to confess ; **avouer que** to admit that

avril April : **en avril** in April

Bb

baccalauréat school leaving certificate ; *(en Angleterre)* A levels ; *(aux États-Unis)* high school diploma

bagages luggage, baggage ; **faire ses bagages** to pack

> Les mots **luggage** et **baggage** sont indénombrables.

bagarre fight : **il cherche la bagarre** he's looking for a fight

bague ring

baguette
1 *(pain)* baguette
2 des baguettes *(de tambour)* drumsticks ; *(pour manger)* chopsticks
3 une baguette magique a magic wand

baigner (se) to go swimming

baignoire bath, *(en américain)* bathtub

bâiller to yawn

bain bath : **prendre un bain** to have a bath, *(en américain)* to take a bath ; **je suis dans mon bain** I'm in the bath ; **prendre un bain de soleil** to sunbathe

baiser kiss : **donner un baiser à quelqu'un** to give somebody a kiss

baisse fall, drop (**de** in)

baisser
1 *(température, niveau)* to go down, to drop : **les prix ont baissé** prices have gone down *ou* have dropped
2 baisser le son/chauffage to turn down the sound/heating
3 baisser la vitre *(de voiture)* to wind the window down ; **le tableau est trop haut, baisse-le un peu** the painting is too high, move it down a bit
4 baisser la tête to bend one's head
▪ **se baisser** to bend down

bal *(populaire)* dance ; *(chic)* ball

balade *(à pied)* walk ; *(en voiture)* drive ; *(à vélo, à cheval)* ride

balader (se) *(à pied)* to go for a walk ; *(en voiture)* to go for a drive ; *(à vélo, à cheval)* to go for a ride

baladeur personal stereo, Walkman®

balai broom ; **donner un coup de balai** to sweep up

balance (set of) scales

balancer (se) to swing : **ne te balance pas sur ta chaise !** don't swing on your chair!

balançoire *(suspendue)* swing

balayer *(une pièce, le sol)* to sweep ; *(des feuilles, des miettes)* to sweep up : **il n'a pas encore balayé** he hasn't swept (up) yet

balcon balcony

baleine whale

balle
1 ball : **une balle de tennis** a tennis ball
2 *(d'une arme à feu)* bullet

ballet ballet

ballon
1 ball ; **un ballon de football** a football, *(en américain)* a soccer ball
2 *(de baudruche)* balloon

banane banana

banc *(siège)* bench

bandage bandage

bande[1]

1 *(de terrain, de papier)* strip : **une bande dessinée** a comic strip

2 *(pansement)* bandage

3 **une bande magnétique** a tape

bande[2] *(de malfaiteurs)* gang ; *(d'amis)* group

bandeau *(sur les yeux)* blindfold ; *(sur la tête)* headband

bander *(une cheville, un bras)* to bandage ; **bander les yeux à quelqu'un** to blindfold somebody

banlieue : la banlieue the suburbs ; **une banlieue** a suburb ; **nous habitons en banlieue** we live in the suburbs ; **une maison de banlieue** a suburban house ; **un train de banlieue** a commuter train

banque bank

banquette *(de voiture, de train)* seat

banquier, -ière banker : **il est banquier** he's a banker

baptême christening

bar *(lieu, comptoir)* bar : **au bar** at the bar

barbe beard : **porter la barbe** to have a beard

barbecue barbecue

barbu, -e bearded

barque small boat

barrage *(sur un fleuve)* dam

barre *(de métal, de chocolat)* bar : **une barre de fer** an iron bar

barreau *(d'une échelle)* rung ; *(d'une fenêtre)* bar

barrer

1 *(une route)* to block

2 *(un mot, une phrase)* to cross out

barrière *(autour d'un terrain)* fence ; *(porte)* gate

bas, basse

► *adjectif*

1 low : **des nuages bas** low clouds

2 **parler à voix basse** to speak in a low voice

► *adverbe*

1 low : **voler bas** to fly low ; **mettre une étagère plus bas** to put a shelf lower down

2 **parler tout bas** to speak in a low voice

3 **en bas** down below ; *(de l'escalier)* downstairs ; *(de la page)* at the bottom ; **regarder en bas** to look down **elle m'attend en bas** she's waiting for me downstairs

► *nom masculin*

1 *(partie inférieure)* bottom : **le tiroir/l'étagère du bas** the bottom drawer/shelf ; **au bas de la page/l'escalier** at the bottom of the page/stairs

2 *(chaussette)* stocking : **une paire de bas** a pair of stockings

base base

basket

► *nom masculin* basketball : **jouer au basket** to play basketball

► *nom féminin (chaussure)* trainer, *(en américain)* track shoe

Basque Basque : **c'est un Basque** he's a Basque

basque Basque

basse-cour farmyard

bassin

1 *(dans un jardin)* pond ; *(piscine)* pool

2 *(partie du corps)* pelvis

bassine basin, bowl

bataille battle

bateau boat ; *(plus grand)* ship

bâtiment building

bâtir to build

bâton stick : **donner des coups de bâton à quelqu'un** to hit somebody with a stick

batterie
1 *(de voiture, de portable)* battery
2 jouer de la batterie to play the drums

battre to beat : **nous avons battu nos ennemis** we've beaten our enemies ; **ne bats pas ton frère !** don't hit your brother! ; **mon cœur bat vite** my heart is beating fast
▪**se battre** to fight : **ne te bats pas avec ton cousin !** don't fight with your cousin!

bavard, -arde talkative

bavarder to chat (**avec** with)

baver to drool

bavoir bib

beau, belle
▸ *adjectif (fleur, femme)* beautiful ; *(homme)* good-looking, handsome ; *(maison, chanson, temps)* beautiful, nice
▸ *adverbe*
1 il fait beau it's nice weather
2 j'ai eu beau crier, personne n'est venu however much I shouted, no one came ; **elle avait beau chercher, elle ne trouvait rien** however hard she looked, she couldn't find anything

beaucoup
1 a lot : **il lit/mange beaucoup** he reads/eats a lot ; **j'aime beaucoup le chocolat** I like chocolate very much *ou* a lot ; **je lis beaucoup plus que toi** I read a lot more *ou* much more than you ; **il est beaucoup plus riche que moi** he's a lot richer *ou* much richer than me
2 beaucoup de *(en quantité)* a lot of ; *(en nombre)* a lot of, many : **beaucoup de livres/de gens** a lot of books/people, many books/people ; **beaucoup d'argent/de courage** a lot of money/courage ; **pas beaucoup de gens** not a lot of people, not many people ; **pas beaucoup d'argent** not a lot of money, not much money ; **j'en ai beaucoup** I have a lot ; **j'en ai beaucoup plus que lui** I have a lot more *ou* much more than him

beau-fils
1 *(gendre)* son-in-law (*au pluriel* sons-in-law)
2 *(fils du conjoint/de la conjointe)* stepson

beau-frère brother-in-law (*au pluriel* brothers-in-law)

beau-père
1 *(père du conjoint/de la conjointe)* father-in-law (*au pluriel* fathers-in-law)
2 *(conjoint de la mère)* stepfather

beauté beauty

beaux-parents parents-in-law

bébé baby

bec beak

bêche spade

bêcher *(un jardin)* to dig

bégayer to stutter

beignet doughnut, *(en américain)* donut

Belge Belgian : **c'est une Belge** she's a Belgian

belge Belgian

Belgique : la Belgique Belgium ; **aller en Belgique** to go to Belgium ; **vivre en Belgique** to live in Belgium

belle-fille
1 *(épouse du fils)* daughter-in-law (*au pluriel* daughters-in-law)
2 *(fille du conjoint/de la conjointe)* stepdaughter

belle-mère
1 *(mère du conjoint/de la conjointe)* mother-in-law (*au pluriel* mothers-in-law)
2 *(conjointe du père)* stepfather

belle-sœur sister-in-law (*au pluriel* sisters-in-law)

bénéfice profit

berceau cradle

béquille *(pour marcher)* crutch

besoin need ; **avoir besoin de quelque chose/quelqu'un** to need something/somebody ; **j'ai besoin de vous voir** I need to see you

bétail livestock

bête
▸ *nom féminin* animal
▸ *adjectif (idiot)* stupid, silly

bêtise *(action, parole)* stupid thing : **faire/dire une bêtise** to do/to say something stupid *ou* a stupid thing

béton concrete : **un mur en béton** a concrete wall

beurre butter

beurrer to butter

biberon baby's bottle

bible bible : **dans la Bible** in the Bible

bibliothèque
1 *(lieu)* library
2 *(meuble)* bookcase

Bic® ballpoint

bicyclette bicycle : **à** *ou* **en bicyclette** by bicycle

bidon *(d'essence, d'huile)* can

bien
▸ *adverbe*
1 well : **elle parle bien anglais** she speaks English well ; **je vais bien** I'm fine *ou* well ; **bien !** fine!, right! ; **tu as bien fait** you did the right thing
2 *(très)* very : **bien souvent** very often ; **il est bien fatigué** he's very tired
3 *(beaucoup)* a lot : **tu as bien changé/souffert** you've changed/suffered a lot ; **bien mieux** a lot better, much better
4 *(intensif)* **je te l'avais bien dit** I *told* you so ; **c'est bien assez** that's quite enough
5 bien sûr of course ; **bien sûr que non !** of course not!
▸ *adjectif* good : **le film est bien** the film is good ; **des gens bien** good *ou* nice people ; **ce n'est pas bien de mentir** it's wrong to lie
▸ *nom masculin*
1 good : **ça te fera du bien** it will do you good ; **c'est pour ton bien** it's for your own good ; **le bien et le mal** good and evil
2 *(chose)* possession : **j'ai vendu tous mes biens** I've sold all my possessions
▪**bien que** ▸ *conjonction* although, even though : **il est très généreux bien qu'il ne soit pas très riche** he's very generous although *ou* even though he hasn't got much money

bientôt soon : **à bientôt !** see you soon!

bienvenu, -e ▸ *nom* **soyez le bienvenu !** welcome! ; **vous êtes la bienvenue !** you're welcome!
▪**bienvenue** ▸ *nom féminin* welcome ; **souhaiter la bienvenue à quelqu'un** to welcome somebody

bière beer

bifteck steak

bijou jewel ; **des bijoux** jewellery, *(en américain)* jewelry

Le mot **jewellery** (ou **jewelry**) est indénombrable.

bijouterie jeweller's (shop), *(en américain)* jewelry store

bijoutier, -ière jeweller, *(en américain)* jeweler ; **il est bijoutier** he's a jeweller

billet
1 ticket : **un billet d'avion** a plane ticket
2 *(argent)* (bank)note, *(en américain)* bill

biscuit biscuit, *(en américain)* cookie

bisou kiss ; **bisous** *(en fin de lettre)* love

bizarre strange, odd

blague joke : **faire une blague à**

quelqu'un to play a joke on somebody ; **raconter des blagues** to tell jokes

blanc, blanche
▸ *adjectif* white : **une robe blanche** a white dress ; **une page blanche** a blank page
▸ *nom masculin (couleur)* white : **j'aime le blanc** I like white ; **en blanc** in white

blanchisserie laundry

blé wheat

blessé, -e ▸ *nom* injured person ; **les blessés** the injured

blesser
1 *(dans un accident)* to injure, to hurt ; *(avec un couteau, une balle)* to wound
2 *(offenser)* to hurt : **ses propos m'ont blessé** what he said hurt me
▪ **se blesser** to injure *ou* to hurt oneself ; **je me suis blessé au bras** I've injured *ou* I've hurt my arm

blessure *(dans un accident)* injury ; *(avec un couteau, une balle)* wound

bleu, -e
▸ *adjectif* blue : **une voiture bleue** a blue car
▸ *nom masculin*
1 *(couleur)* blue : **j'aime le bleu** I like blue
2 *(trace de coup)* bruise ; **se faire un bleu au genou** to bruise one's knee

bloc
1 *(de pierre)* block
2 *(de papier)* pad

blond, blonde ▸ *adjectif* fair, blond : **avoir les cheveux blonds** to have fair *ou* blond hair ; **elle est blonde** she's blond

bloquer *(une route, la circulation)* to block

bœuf *(animal)* ox *(au pluriel* oxen) ; *(viande)* beef

boire to drink : **boire du thé** to drink tea ; **il a bu** he's been drinking

bois
1 wood : **c'est du bois** it's (made of) wood ; **un lit en bois** a wooden bed
2 *(forêt)* wood : **aller se promener dans les bois** to go for a walk in the woods

boisson drink

boîte
1 box : **une boîte aux lettres** a letterbox, *(en américain)* a mailbox
2 *(de conserve)* can : **du thon en boîte** canned tuna
3 *(discothèque)* (night)club

boiter to limp

bol bowl

bombarder to bomb

bombe
1 *(projectile)* bomb
2 **une bombe de laque** a can of hairspray ; **en bombe** in a spray can ; **de la peinture en bombe** spray paint

bon, bonne[1]
▸ *adjectif*
1 good : **de bons résultats** good results ; **j'ai attendu un bon moment** I waited a good while ; **être bon en anglais** to be good at English ; **bon anniversaire !** happy birthday! ; **bonne journée !** have a nice day! ; **ah bon ?** really?
2 *(qui convient)* right : **le bon choix/moment** the right choice/time ; **la bonne réponse** the right answer
▸ *adverbe* nice : **ces fleurs sentent bon** these flowers smell nice ; **il fait bon aujourd'hui** it's nice and warm today

bonbon sweet, *(en américain)* candy

bond leap

bondé, -e crowded

bondir to leap

bonheur *(joie)* happiness ; *(chance)* luck ; **par bonheur** luckily

bonhomme *(homme)* guy ; **un bonhomme de neige** a snowman *(au pluriel* -men)

bonjour
▸ *exclamation (le matin)* hello!, good morning! ; *(l'après-midi)* hello!, good afternoon!
▸ *nom masculin* **donner le bonjour à quelqu'un** to say hello to somebody

bonne² ▸ *nom féminin (domestique)* maid

bonnet *(de femme, d'enfant)* hat ; *(de ski, de bain)* cap

bonsoir *(en rencontrant quelqu'un)* hello!, good evening! ; *(en quittant quelqu'un)* goodbye!

bonté kindness

bord
1 edge : **au bord de l'eau** at the water's edge ; **au bord de la mer/ route** at the seaside/roadside ; **le bord du trottoir** the kerb, *(en américain)* the curb
2 à bord d'un navire/avion on board a ship/plane ; **monter à bord** to go on board

bosse *(sur la tête, le sol)* bump

botte *(chaussure)* boot

bouche mouth

boucher¹ *verbe (un évier, un tuyau)* to block up : **j'ai le nez bouché** my nose is blocked (up) ; **boucher un trou** to fill in a hole

boucher², -ère ▸ *nom* butcher : **il est boucher** he's a butcher

boucherie butcher's (shop), *(en américain)* butcher's (store)

bouchon
1 *(de bouteille)* stopper, top ; *(en liège)* cork ; *(de tube, de bidon)* cap
2 *(embouteillage)* traffic jam, hold-up

boucle
1 *(de cheveux)* curl
2 *(de ceinture)* buckle
3 une boucle d'oreille an earring

bouclé, -e *(cheveux)* curly ; *(personne)* curly-haired

boucler *(une ceinture)* to fasten, to buckle

bouclier shield

bouddhiste Buddhist

bouder *(faire la tête)* to sulk

boue mud

boueux, -euse muddy

bougeoir candlestick

bouger to move

bougie *(en cire)* candle

bouillant, -ante boiling : **de l'eau bouillante** boiling water

bouillir to boil : **l'eau bout** the water's boiling ; **faire bouillir de l'eau** to boil water

bouilloire kettle

boulanger, -ère baker : **elle est boulangère** she's a baker

boulangerie baker's (shop), *(en américain)* baker's (store)

boule
1 ball : **une boule de neige** a snowball
2 *(de pétanque, de bowling)* bowl

boulevard boulevard

bouleverser
1 *(quelqu'un)* to upset greatly, to devastate
2 *(des habitudes, des projets)* to disrupt

boulon bolt

boulot *(travail)* work ; *(emploi)* job : **aller au boulot** to go to work ; **chercher du boulot** to look for a job

bouquet : un bouquet de fleurs a bunch of flowers ; *(plus gros, plus décoratif)* a bouquet (of flowers)

bourdonner to buzz

bourgeon bud

bousculer *(un passant)* to push, to jostle

boussole compass

bout
1 end ; *(de la langue, d'un doigt, d'une canne)* tip : **au bout de la rue** at the end of the street
2 *(morceau)* bit, piece : **un bout de papier/pain/ficelle** a piece of paper/bread/string
3 au bout d'un moment after a while

bouteille bottle

boutique shop, *(en américain)* store

bouton
1 *(au visage)* pimple, spot
2 *(de vêtement)* button
3 *(interrupteur)* switch ; *(en informatique)* button
4 *(fleur)* bud

boxe boxing : **aimer la boxe** to like boxing ; **faire de la boxe** to box

boxeur boxer : **il est boxeur** he's a boxer

bracelet bracelet ; *(de montre)* strap, *(en américain)* band

branche branch

brancher *(sur une prise)* to plug in

bras arm

brave *(courageux)* brave ; *(gentil)* nice : **de braves gens** nice people

bravo well done!

bref, brève
▸ *adjectif* short, brief
▸ *adverbe* in a word : **enfin bref, il n'est pas heureux** well, in a word, he just isn't happy

Brésil : le Brésil Brazil ; **aller au Brésil** to go to Brazil ; **vivre au Brésil** to live in Brazil

Bretagne : la Bretagne Brittany ; **aller en Bretagne** to go to Brittany ; **vivre en Bretagne** to live in Brittany

bretelle
1 *(de maillot, de soutien-gorge)* strap
2 des bretelles *(de pantalon)* braces, *(en américain)* suspenders

Breton, -onne Breton ; **c'est un Breton** he's from Brittany

breton, -onne Breton

brevet certificate ; **le brevet des collèges** *(en Angleterre)* GCSEs

brillant, -ante
1 *(chaussure, métal)* shiny ; *(yeux, étoile)* bright
2 *(très intelligent)* brilliant : **un élève brillant** a brilliant student

briller to shine ; **faire briller ses chaussures/une table** to polish one's shoes/a table

brique brick : **un mur en brique** a brick wall

brise breeze

briser *(casser)* to break

Britannique British man/woman (*au pluriel* men/women), Briton ; **les Britanniques** the British

britannique British : **les îles Britanniques** the British Isles

brochure brochure

bronzé, -e suntanned

bronzer to get a suntan ; **se faire bronzer** to sunbathe

brosse brush : **une brosse à cheveux** a hairbrush ; **une brosse à dents** a toothbrush

brosser to brush : **se brosser les cheveux/dents** to brush one's hair/teeth

brouette wheelbarrow

brouillard fog ; **il y a du brouillard** it's foggy

bruit noise : **faire du bruit** to make a noise

brûlant, -ante *(soupe, thé)* boiling hot ; *(soleil, sable, radiateur)* burning hot

brûler to burn : **la maison est en train de brûler** the house is burning ; **j'ai fait brûler les gâteaux** I burnt the cakes

▪**se brûler** to burn onself : **je me suis brûlé** I've burnt myself ; **je me suis brûlé le doigt** I burnt my finger

brûlure burn

brume mist

brun, brune ▸ *adjectif (cheveux, peau)* brown, dark ; *(personne)* dark-haired : **avoir les cheveux bruns** to have brown *ou* dark hair ; **elle est brune** she's dark-haired, she has dark hair

brusque *(mouvement)* sudden ; *(manière, personne)* abrupt

brusquement *(soudainement)* suddenly ; *(sans ménagements)* abruptly

brutal, -e *(violent)* brutal ; *(enfant)* rough

Bruxelles Brussels : **aller à Bruxelles** to go to Brussels ; **vivre à Bruxelles** to live in Brussels

bruyant, -ante noisy

bûche log

buffet *(meuble)* sideboard ; *(repas)* buffet

buisson bush

bulle bubble

bulletin

1 un bulletin scolaire a school report, *(en américain)* a report card

2 un bulletin de vote a ballot paper

3 un bulletin météorologique a weather report ; **un bulletin d'informations** a news bulletin

bureau

1 *(table)* desk

2 *(lieu)* office ; *(à la maison)* study : **un bureau de poste** a post office ; **un bureau de tabac** a tobacconist's (shop), *(en américain)* a tobacco store

bus bus : **en bus** by bus

but

1 *(objectif)* aim : **dans le but de faire quelque chose** with the aim of doing something

2 *(en sport)* goal : **marquer un but** to score a goal

Cc

ça

1 *(objet éloigné)* that ; *(plus proche)* this : **donnez-moi ça !** give me that!, give that to me!

2 *(sujet indéfini)* it, that : **ça dépend** it *ou* that depends ; **comment ça va ?** how's it going?, how are you? ; **ça va !** fine!, OK! ; **c'est ça** that's right, that's it ; **ça y est, j'ai fini !** that's it, I'm done!

cabane *(à outils)* shed

cabine

1 *(de bateau)* cabin

2 une cabine téléphonique a phone box, *(en américain)* a phone booth

3 une cabine d'essayage a changing room, *(en américain)* a dressing room

cabinet

1 *(de médecin)* surgery, *(en américain)* office

2 un cabinet de toilette a small bathroom ; **les cabinets** *(toilettes)* the toilet, *(en américain)* the bathroom

câble

1 *(électrique, en acier)* cable

2 *(télévision par câble)* **avoir le câble** to have cable (TV) ; **sur le câble** on cable

cacahouète peanut

cacao cocoa

cacher to hide : **cacher quelque chose à quelqu'un** to hide something from somebody

▪**se cacher** to hide : **elle s'est cachée derrière un arbre** she hid behind a tree

cachet

1 *(médicament)* tablet ; **un cachet d'aspirine** an aspirin

2 le cachet de la poste the postmark

cachette hiding place ; **en cachette** in secret

cadavre dead body

Caddie® trolley, *(en américain)* cart

cadeau present, gift : **faire un cadeau à quelqu'un** to give somebody a present *ou* gift

cadet, -ette

▸ *adjectif (de deux frères ou sœurs)* younger ; *(de plusieurs)* youngest : **la sœur cadette** *(de deux)* the younger sister ; *(de plusieurs)* the youngest sister

▸ *nom* youngest child ; **c'est lui le cadet** he's the youngest ; **c'est elle la cadette** she's the youngest

cadre

1 *(de tableau, de vélo)* frame

2 *(décor)* setting, surroundings

3 *(d'entreprise)* manager, executive

café

1 coffee : **prendre un café** to have a coffee ; **café au lait** white coffee, *(en américain)* coffee with milk

2 *(bar)* café

cage cage

cahier notebook ; **un cahier de brouillon** a rough book, *(en américain)* a scratch pad

caillou stone

caisse
1 *(boîte)* box, crate
2 *(guichet)* cash desk ; *(au supermarché)* checkout
3 *(appareil)* till, cash register ; **un ticket de caisse** a till receipt, *(en américain)* a sales slip

caissier, -ière *(au supermarché)* checkout assistant, *(en américain)* checkout clerk

calcul
1 calculation : **faire des calculs** to make *ou* to do some calculations
2 **le calcul** arithmetic ; **il est bon en calcul mental** he's good at mental arithmetic

calculatrice calculator

calculer to calculate, to work out

caleçon
1 *(pour homme)* boxer shorts : **où est mon caleçon ?** where are my boxer shorts?
2 *(pour femme)* leggings

calendrier calendar

calme
▸ *adjectif*
1 *(quartier, maison, journée)* quiet
2 *(personne)* calm : **je suis resté très calme** I stayed very calm
▸ *nom masculin*
1 *(d'un endroit)* peace and quiet : **travailler dans le calme** to work in peace and quiet ; **du calme !** *(ne faites pas de bruit)* keep quiet!
2 *(d'une personne)* calm : **du calme !** *(ne vous énervez pas)* calm down!

calmer (se) to calm down

camarade friend ; **un camarade de classe** a classmate

cambriolage burglary

cambrioler *(une maison)* to burgle, *(en américain)* to burglarize ; **se faire cambrioler** to get burgled, *(en américain)* to get burglarized

cambrioleur, -euse burglar

caméra movie camera ; *(de télévision)* TV camera

Caméscope® camcorder

camion lorry, *(en américain)* truck

camionnette van

camp camp : **un camp de vacances** a holiday camp, *(en américain)* a summer camp

campagne
1 **la campagne** the country, the countryside ; **vivre à la campagne** to live in the country
2 **une campagne électorale** an election campaign ; **une campagne publicitaire** an advertising campaign

camper to camp

camping
1 camping : **faire du camping** to go camping
2 *(terrain)* campsite, *(en américain)* campground

Canada : le Canada Canada ; **aller au Canada** to go to Canada ; **vivre au Canada** to live in Canada

Canadien, -ienne Canadian : **c'est une Canadienne** she's a Canadian

canadien, -ienne Canadian

canal canal

canapé *(siège)* sofa, couch

canard duck

canari canary

cancer cancer : **avoir un cancer** to have cancer ; **le cancer du poumon/de la peau** lung/skin cancer

caniche poodle

canicule heat wave

canif penknife (*au pluriel* -knives)

canne
1 *(pour marcher)* walking stick, *(en américain)* cane
2 **une canne à pêche** a fishing rod

canoë canoe

canon (big) gun : **tirer des coups de canon** to fire a gun

canot dinghy : **un canot pneumatique** a rubber dinghy ; **un canot de sauvetage** a lifeboat

cantine canteen ; **manger à la cantine** *(à l'école)* to have school dinners, *(en américain)* to have school lunches

caoutchouc rubber : **une balle en caoutchouc** a rubber ball

capable : être capable de *(physiquement)* to be able to, to be capable of ; *(psychologiquement)* to be capable of ; **elle est capable de porter 30 kilos** she's able to lift *ou* capable of lifting 30 kilos, she can lift 30 kilos ; **je n'en suis pas capable** I can't do it ; **il est bien capable de perdre les clés !** he's quite capable of losing the keys!

capitaine captain

capitale *(ville)* capital (city)

capsule *(de bouteille)* top

capuche hood

capuchon *(de stylo)* cap, top

car¹ ▸ *conjonction* because

car² ▸ *nom masculin* bus, coach : **en car** by bus, by coach ; **un car de ramassage scolaire** a school bus

caractère character, nature : **c'est dans son caractère** it's in his nature ; **avoir bon caractère** to be good-natured ; **avoir mauvais caractère** to be bad-tempered

carafe jug, *(en américain)* pitcher

carapace shell

caravane *(pour camper)* caravan, *(en américain)* trailer

carburant fuel

cardiaque : une crise cardiaque a heart attack

caresse : faire des caresses à un animal to stroke an animal ; **mon chat aime les caresses** my cat likes being stroked

caresser to stroke

cargaison cargo

carnaval carnival

carnet

1 *(cahier)* notebook

2 *(de timbres, de tickets)* book : **un carnet d'adresses** an address book ; **un carnet de chèques** a chequebook, *(en américain)* a checkbook

3 un carnet de notes a school report, *(en américain)* a report card

carotte carrot

carré, -e

▸ *adjectif* square : **une table carrée** a square table ; **un mètre carré** a square metre

▸ *nom masculin* square : **dessiner un carré** to draw a square

carreau

1 *(vitre)* window pane

2 *(de mur, de plancher)* tile

3 une chemise à carreaux a check shirt, *(en américain)* a checkered shirt

4 *(aux cartes)* diamonds

carrefour crossroads : **un carrefour dangereux** a dangerous crossroads

cartable schoolbag

carte

1 card : **une carte d'anniversaire** a birthday card ; **une carte de crédit** a credit card ; **une carte d'identité** an ID card ; **une carte postale** a postcard ; **une carte téléphonique** a phonecard ; **une carte de vœux** a greetings card

2 une carte à jouer a playing card ; **jouer aux cartes** to play cards

3 *(d'un pays)* map : **une carte routière** a road map

4 *(au restaurant)* menu ; **la carte des vins** the wine list

carton

1 *(matière)* cardboard : **une boîte**

en carton a cardboard box
2 *(boîte)* cardboard box

cas
1 case : **dans ce cas** in that case ; **dans certains cas** in some cases ; **en tout cas** in any case ; **en aucun cas** on no account
2 **en cas de** in the event of : **en cas d'accident** in the event of an accident ; **en cas d'urgence** in (case of) an emergency
3 **au cas où** in case, if : **au cas où elle tomberait** in case she falls, if she should fall ; **prenez votre parapluie au cas où** take your umbrella just in case

cascade waterfall

caserne *(militaire)* barracks ; **une caserne de pompiers** a fire station

casque
1 *(de protection)* helmet
2 *(écouteurs)* headphones

casquette cap

casse-croûte snack

casser to break : **j'ai cassé une assiette** I broke a plate
▪**se casser** to break : **l'assiette s'est cassée** the plate broke ; **il s'est cassé le bras** he broke his arm

casserole saucepan

cassette *(pour magnétophone)* tape, cassette ; *(pour magnétoscope)* video (cassette), videotape

catastrophe disaster

cathédrale cathedral

catholique Catholic

cauchemar nightmare : **faire un cauchemar** to have a nightmare

cause
1 cause
2 **à cause de** because of

causer
1 *(provoquer)* to cause
2 *(bavarder)* to chat (**avec** to)

cave cellar

caverne cave

CD CD : **j'ai acheté des CD** I bought some CDs

CD-ROM CD-ROM

ce[1] ▸ *pronom*
1 *(pour désigner)* it, that ; *(suivi d'un pluriel)* they, these : **c'est lui** it's him, that's him ; **ce sont eux** it's them ; **ce sont mes frères** they are my brothers ; **ce sont mes lunettes** these are my glasses ; **qui est-ce ?** who is it? ; *(en montrant quelqu'un)* who is that? ; **qu'est-ce que c'est ?** what is it?
2 *(pour qualifier)* **c'est facile/petit** it's easy/small ; **c'est exact** that's right
3 *(pour donner des informations sur une personne)* he, she ; *(sur plusieurs personnes)* they : **c'est un médecin** he's a doctor ; **c'est un bon traducteur** he's a good translator ; **c'est une femme riche** she's a rich woman ; **ce sont des médecins** they're doctors ; **c'est lui qui l'a dit** he's the one who said it ; **ce sont eux qui me l'ont donné** they're the ones who gave it to me
4 **ce que, ce qui** what ; *(reprenant la proposition)* which : **je sais ce que tu veux** I know what you want ; **c'est ce qui m'énerve** that's what I find irritating ; **elle est malade, ce que je ne savais pas** she's ill, which I didn't know ; **il n'a pas encore téléphoné, ce qui m'inquiète** he hasn't phoned yet, which worries me
5 **ce qu'il est bête !** he's so stupid! ; **ce qu'il fait chaud !** it's so hot!

ce[2]**, cet, cette, ces** ▸ *adjectif*
1 this, that ; *(au pluriel)* these, those : **ce stylo** this pen ; **cet homme** this *ou* that man ; **cette femme** this *ou* that woman ; **ces garçons** these *ou* those boys
2 *(en désignant)* **cet homme-ci** this man ; **cet homme-là** that man ; **ces voitures-ci** these cars ; **ces voitures-là** those cars

ceci this : **retenez bien ceci** remember this ; **ceci va vous étonner** this will surprise you

céder to give in : **céder à une demande** to give in to a request

cédille cedilla

ceinture belt : **une ceinture de sécurité** a seatbelt

cela
1 that : **je n'ai pas dit cela** I didn't say that ; **cela dit** having said that
2 *(sujet indéfini)* it, that : **cela dépend** it *ou* that depends ; **cela ne m'étonnerait pas** it wouldn't surprise me

célèbre famous

céleri celery

célibataire
▸ *adjectif* single : **il est célibataire** he's single
▸ *nom* **un célibataire** a bachelor, a single man ; **une célibataire** a single woman

celui, celle, ceux, celles
1 the one ; *(au pluriel)* those, the ones : **celui que je t'ai donné** the one I gave you ; **celles dont je t'ai parlé** the ones I talked to you about ; **donne-moi celui de mon père** give me my father's (one) ; **celui de Daniel** Daniel's (one) ; **ceux d'Alain** Alain's (ones)
2 celui-ci, celle-ci this one ; **ceux-ci, celles-ci** these (ones) ; **celui-ci est gros** this one is big
3 celui-là, celle-là that one ; **ceux-là, celles-là** those (ones) ; **ceux-là sont gros** those (ones) are big

cendre ash

cendrier ashtray

censé, -e : être censé faire quelque chose to be supposed to do something ; **elle est censée venir** she's supposed to come

cent
1 a hundred : **cent pages** a hundred pages ; **deux cents pages** two hundred pages ; **deux cent trois** two hundred and three
2 cinq pour cent five percent

centaine : une centaine de personnes about a hundred people ; **des centaines de** hundreds of

centième hundredth

centime cent

centimètre centimetre, *(en américain)* centimeter

centre centre, *(en américain)* center : **un centre commercial** a shopping centre, *(en américain)* a mall

centre-ville town *ou* city centre, *(en américain)* downtown : **aller au centre-ville** to go into town, *(en américain)* to go downtown

cependant yet, however

cercle circle

cercueil coffin

céréales *(au petit déjeuner)* cereal : **elle mange des céréales** she eats cereal

cérémonie ceremony

cerf stag

cerf-volant kite

cerise cherry

certain, -aine ▸ *adjectif*
1 *(sûr)* certain, sure : **être certain de quelque chose** to be certain *ou* sure of something ; **je suis certain que** I'm certain *ou* sure that ; **c'est certain que tu réussiras** you're certain *ou* sure to succeed
2 *(indéterminé)* certain, some : **une certaine personne** a certain person ; **certaines personnes** some people, certain people ; **il a un certain charme** he has a certain charm ; **dans certaines circonstances** in certain *ou* some circumstances ; **après un certain temps** after a certain time, after some time ; **attendre un certain temps** to wait a while

▪**certains, -aines** ▸ *pronom pluriel* some : **certains sont verts** some are green ; **certains d'entre eux sont anglais** some of them are English ; **certains pensent le contraire** some people think the opposite

certainement
1 *(probablement)* probably : **elle va certainement t'appeler** she'll probably call you
2 *(dans une réponse)* certainly : **mais certainement !** certainly!, of course! ; **certainement pas !** certainly not!

cerveau brain

ces *voir* **ce**[2]

cesse : sans cesse constantly, all the time

cesser to stop : **cesser de faire quelque chose** to stop doing something ; **il ne cesse pas de parler** he never stops talking

c'est-à-dire that is, in other words ; **c'est-à-dire ?** what do you mean?

cet, cette *voir* **ce**[2]

ceux *voir* **celui**

chacun, -une
1 each : **nous avons chacun un ordinateur portable** we each have a laptop ; **chacun d'entre nous** each of us
2 *(tout le monde)* everyone

chaîne
1 chain : **une chaîne en or** a gold chain
2 *(de télévision)* channel : **changeons de chaîne** let's change channel
3 une chaîne hi-fi a hi-fi (system)

chair flesh

chaise chair

chaleur
1 heat
2 *(d'une personne, d'un accueil)* warmth

chaleureux, -euse warm : **un accueil chaleureux** a warm welcome

chambre bedroom ; *(à l'hôtel)* room

chameau camel

champ field

champignon mushroom

champion, -onne champion : **c'est la championne du monde** she's the world champion

chance
1 luck : **bonne chance !** good luck! ; **avoir de la chance** to be lucky ; **ne pas avoir de chance** to be unlucky
2 *(possibilité)* chance : **tu as des chances de gagner** you have a chance of winning ; **elle n'a aucune chance** she has no chance at all

changement change

changer
1 to change : **ça change tout** that changes everything ; **changer de l'argent** to change money ; **elle a beaucoup changé** she has changed a lot
2 changer de quelque chose to change something ; **j'ai changé de voiture** I've changed my car ; **changer de train** to change trains ; **changer de vitesse** to change gear ; **changer de sujet** to change the subject ; **changer d'avis** to change one's mind
▪**se changer** to get changed, to change one's clothes

chanson song

chant
1 singing : **enseigner le chant** to teach singing ; **une leçon de chant** a singing lesson
2 un chant de Noël a Christmas carol

chanter to sing

chanteur, -euse singer : **elle est chanteuse** she's a singer

chantier building site

chapeau hat

chapitre chapter

chaque every, each : **chaque jour** every day, each day

char *(de combat)* tank

charbon coal

charcuterie
1 *(magasin)* pork butcher's
2 *(produits)* cold meats

charcutier, -ière pork butcher

charger
1 to load (up) : **un véhicule chargé de marchandises** a vehicle loaded with goods ; **cette voiture est trop chargée** this car is overloaded
2 charger quelqu'un de faire quelque chose to tell somebody to do something ; **charger quelqu'un d'un travail** to entrust somebody with a task
▪**se charger : se charger de** to take care of ; **je me charge de tout** I'll take care of everything

chariot *(à bagages, au supermarché)* trolley, *(en américain)* cart

charmant, -ante charming

charme charm ; **avoir du charme** to be charming

charrette cart

charrue plough, *(en américain)* plow

chasse
1 hunting ; *(au petit gibier)* shooting : **aller à la chasse** to go hunting ; *(au petit gibier)* to go shooting ; **la chasse au canard** duck shooting
2 *(d'eau)* flush ; **tirer la chasse d'eau** to flush the toilet

chasser
1 to hunt ; *(le petit gibier)* to shoot
2 *(faire partir)* **chasser quelqu'un** to drive somebody away ; **chasser les mouches** to brush the flies away ; **chasser les mauvaises odeurs** to get rid of bad smells

chasseur, -euse hunter

chat, chatte cat

châtain : elle a les cheveux châtains she has brown hair

château
1 castle : **un chateau fort** a fortified castle
2 *(palais)* palace

chatouiller to tickle

chaud, chaude
▸ *adjectif* hot ; *(doux)* warm : **un plat chaud** a hot dish ; **des vêtements chauds** warm clothes
▸ *adverbe* **il fait chaud** it's hot, the weather's hot
▸ *nom masculin* **rester au chaud** to stay in the warm ; **avoir chaud** to be hot, to be warm

chauffage heating : **le chauffage central** the central heating

chauffer *(une pièce, un bâtiment)* to heat (up) ; **la chambre n'est pas chauffée** there's no heating in the bedroom ; **faire chauffer du lait** to heat up some milk ; **l'eau chauffe** the water's heating

chauffeur driver : **il est chauffeur de taxi** he's a taxi driver

chaussée road

chaussette sock

chausson slipper

chaussure shoe

chauve bald

chauve-souris bat

chef
1 head : **un chef d'État** a head of state ; **le chef de famille** the head of the family
2 *(d'un parti politique, d'une équipe)* leader
3 *(d'une entreprise, d'un service)* manager, boss : **c'est mon chef** he's my boss ; **un chef de rayon** a department manager
4 un chef d'orchestre a conductor
5 un chef cuisinier a chef

chemin
1 road, path : **j'ai pris un petit chemin** I went along a little road *ou* path

2 *(trajet, direction)* way : **j'ai demandé mon chemin** I asked my way ; **le chemin de la gare** the way to the station

chemin de fer railway, *(en américain)* railroad

cheminée
1 *(sur le toit)* chimney
2 *(dans une maison)* fireplace
3 *(de bateau)* funnel, *(en américain)* smokestack

chemise
1 shirt ; **une chemise de nuit** a nightdress
2 *(pour ranger des papiers)* folder

chemisier blouse

chêne oak

chenille caterpillar

chèque cheque, *(en américain)* check : **un chèque de voyage** a traveller's cheque, *(en américain)* a traveler's check

cher, chère
1 *(aimé)* dear : **cher ami** dear friend
2 *(magasin, objet)* expensive : **c'est cher** it's expensive

chercher
1 to look for : **je cherche mon sac** I'm looking for my bag ; **chercher un mot dans le dictionnaire** to look up a word in the dictionary
2 aller chercher quelque chose/quelqu'un to go and get something/somebody ; **il est allé chercher le médecin** he went to get the doctor ; **aller chercher les enfants à l'école** to pick the children up from school

chéri, -e darling : **oui, mon chéri** yes darling

cheval horse : **à cheval** on horseback ; **faire du cheval** to go riding

chevalier knight

cheveu hair : **un cheveu** a hair ; **des cheveux** hairs ; **il y a des cheveux dans le lavabo** there are hairs in the sink ; **les cheveux** hair ; **elle a les cheveux longs** she has long hair

Le mot **hair** est indénombrable lorsqu'il désigne la chevelure.

cheville ankle

chèvre goat

chez
1 être chez quelqu'un to be at somebody's house ; **elle est chez Marie/chez le coiffeur** she's at Marie's/at the hairdresser's ; **je suis chez moi** I'm at home ; **il est chez lui** he's at home
2 aller chez quelqu'un to go to somebody's house ; **elle va chez Marie/chez le coiffeur** she's going to Marie's/to the hairdresser's ; **je vais chez moi** I'm going home ; **il rentre chez lui** he's going home

chic
1 *(élégant)* smart : **une veste chic** a smart jacket
2 *(gentil)* nice : **c'est chic de ta part** that's nice of you

chien, chienne dog

chiffon rag ; *(à poussière)* duster, *(en américain)* dustcloth

chiffre figure, number ; **les chiffres romains** Roman numerals

Chili : le Chili Chile ; **aller au Chili** to go to Chile ; **vivre au Chili** to live in Chile

chimie chemistry

chimique chemical ; **un produit chimique** a chemical

chimpanzé chimpanzee

Chine : la Chine China ; **aller en Chine** to go to China ; **vivre en Chine** to live in China

Chinois, -oise Chinese man/woman (*au pluriel* men/women) ; **c'est un Chinois** he's Chinese ; **les Chinois** the Chinese

chinois, -oise
▸ *adjectif* Chinese

▸ *nom masculin (langue)* Chinese : **il apprend le chinois** he's learning Chinese

chips crisps, *(en américain)* chips : **un paquet de chips** a packet of crisps *ou* chips

choc
1 *(d'objets)* impact
2 *(émotion)* shock

chocolat chocolate : **un gâteau au chocolat** a chocolate cake

choisir to choose

choix choice : **nous n'avons pas le choix** we have no choice

chômage unemployment ; **être au chômage** to be unemployed

chômeur, -euse unemployed person ; **il est chômeur** he's unemployed ; **les chômeurs** the unemployed

choquer to shock

chorale choir

chose thing

chou cabbage ; **un chou de Bruxelles** a Brussels sprout ; **un chou à la crème** a cream puff

chouette *(animal)* owl

chou-fleur cauliflower

chrétien, -ienne Christian

chuchoter to whisper

chut sh!, shush!

chute
1 fall ; **faire une chute** to fall
2 **une chute d'eau** a waterfall ; **une chute de neige** a snowfall

Chypre Cyprus : **aller à Chypre** to go to Cyprus ; **vivre à Chypre** to live in Cyprus

ci
▸ *pronom* **comme ci comme ça** so so
▸ *adverbe*
1 **par-ci par-là** here and there
2 *voir* **ce**[2], **celui**

cible target ; *(au jeu de fléchettes)* dartboard

cicatrice scar

cidre cider, *(en américain)* hard cider

ciel
1 sky : **le ciel est bleu** the sky is blue
2 *(paradis)* heaven : **il est au ciel** he's in heaven

cigare cigar

cigarette cigarette

cigogne stork

cil eyelash

ciment cement

cimetière cemetery, graveyard

cinéma
1 *(art)* cinema
2 *(salle)* cinema, *(en américain)* movie theater

cinq five

Pour des exemples d'emploi, voir **dix**.

cinquantaine : une cinquantaine de personnes about fifty people

cinquante fifty : **cinquante et un** fifty-one ; **cinquante-deux** fifty-two

Pour des exemples d'emploi, voir **dix**.

cinquième
▸ *adjectif* fifth
▸ *nom féminin* **être en cinquième** *(en Angleterre)* to be in the second form ; *(aux États-Unis)* to be in seventh grade

Pour des exemples d'emploi, voir **dixième**.

cintre coathanger

cirage shoe polish

circonflexe : un accent circonflexe a circumflex accent

circuit
1 circuit
2 *(touristique)* tour

circulation
1 traffic : **il y a beaucoup de circulation** there's a lot of traffic
2 *(sanguine)* circulation

circuler
1 *(en voiture)* to drive : **on circule très mal dans Paris** it's very difficult to drive about in Paris
2 *(être en service)* to run : **il y a très peu de trains qui circulent** there are very few trains running

cire wax

cirer to polish

cirque circus

ciseaux scissors : **une paire de ciseaux** a pair of scissors

cité *(résidence)* (housing) estate, *(en américain)* (housing) development : **habiter dans une cité** to live on an estate *ou* in a housing development ; **une cité ouvrière** a council estate, *(en américain)* a housing project

citer to quote : **citer un passage d'un livre** to quote a passage from a book

citoyen, -enne citizen

citron lemon

citrouille pumpkin

clair, -e
▸ *adjectif*
1 *(lumineux)* light : **cette pièce est très claire** this room is very light ; **bleu/vert clair** light blue/green
2 *(limpide)* clear : **l'eau est claire** the water is clear ; **ce qu'elle dit est clair** what she says is clear
▸ *adverbe* **voir clair** to see clearly
▸ *nom masculin* **le clair de lune** moonlight

clairement clearly

claquer to slam, to bang : **(faire) claquer la porte** to slam *ou* to bang the door ; **je n'aime pas les volets qui claquent** I don't like shutters banging

clarté *(lumière)* light

classe
1 class : **une salle de classe** a classroom ; **aller en classe** to go to school
2 un billet de première classe a first-class ticket

classer *(classifier)* to arrange ; *(ranger)* to file

classeur folder

clavier keyboard

clé (*ou* **clef**) key ; **fermer une porte à clé** to lock a door

client, cliente customer

cligner : cligner des yeux to blink

climat climate

climatisé, -e air-conditioned

clin d'œil wink ; **faire un clin d'œil à quelqu'un** to wink at somebody

clinique private clinic

clochard, -arde tramp

cloche bell

clocher *(tour)* church tower ; *(en pointe)* steeple

clochette small bell

clou *(pointe)* nail

clouer to nail (down)

clown clown

club *(groupe)* club : **un club d'échecs** a chess club

Coca Coke®

coccinelle ladybird, *(en américain)* ladybug

cochon pig ; **un cochon d'Inde** a guinea pig

coco : une noix de coco a coconut

code code : **un code postal** a postcode, *(en américain)* a zip code

cœur
1 heart : **une maladie du cœur** heart disease ; **avoir mal au cœur** to

feel sick *ou* nauseous ; **par cœur** by heart

2 *(bons sentiments)* **avoir bon cœur** to be kind-hearted ; **être sans cœur** to be heartless

3 *(aux cartes)* hearts

coffre

1 *(meuble)* chest

2 *(de voiture)* boot, *(en américain)* trunk

coffre-fort safe

cogner to bang : **cogner sur quelque chose** to bang on something ; **cogner à la porte** to bang on the door ▪ **se cogner : se cogner la tête** to bang one's head (**contre** on) ; **se cogner à quelque chose** to bang into something

coiffé, -e : elle est bien coiffée her hair looks very nice

coiffer (se) to do one's hair

coiffeur, -euse hairdresser : **elle est coiffeuse** she's a hairdresser

coiffure hairstyle

coin

1 *(angle)* corner ; **le fauteuil dans le coin** the armchair in the corner ; **au coin de la rue** on *ou* at the corner of the street

2 *(endroit)* spot : **un coin tranquille** a quiet spot ; **le boulanger du coin** the local baker's ; **j'habite dans le coin** I live around here

coincé, -e *(tiroir, personne)* stuck

coincer (se) *(mécanisme)* to get stuck ; **se coincer le doigt dans la porte** to catch one's finger in the door

col *(d'un vêtement)* collar

colère anger ; **être en colère** to be angry (**contre** with) ; **se mettre en colère** to lose one's temper, to get angry

colis parcel

collant, -ante

▸ *adjectif (papier)* sticky ; *(vêtement)* skin-tight

▸ *nom masculin* **un collant** (a pair of) tights, *(en américain)* (a pair of) pantyhose

colle glue

collection collection

collectionner to collect

collège school ; *(aux États-Unis)* junior high school

collégien, -ienne schoolboy/schoolgirl

collègue colleague, *(en américain)* co-worker

coller

1 to stick : **coller une étiquette sur quelque chose** to stick a label on something ; **ce timbre ne colle pas bien** this stamp won't stick properly

2 to press : **coller son nez/oreille contre quelque chose** to press one's nose/ear against something

collier *(bijou)* necklace ; *(de chien, de cheval)* collar

colline hill

colombe dove

colonie : une colonie de vacances a children's holiday camp, *(en américain)* a summer camp

colonne

1 column

2 la colonne vertébrale the spine

colorier to colour (in), *(en américain)* to color (in) : **colorier un dessin en rouge** to colour in a drawing in red

combat fight ; **les combats ont repris** fighting has resumed

combattre to fight

combien

1 *(quantité, somme)* how much : **combien tu pèses ?** how much do you weigh? ; **combien coûte cette voiture ?** how much does this car cost? ; **ça fait combien ?** how much is it? ; **combien de sucre/d'argent ?** how much sugar/money? ;

depuis combien de temps est-il malade ? how long has he been ill?
2 *(nombre)* how many : **vous en avez combien ?** how many do you have? ; **combien de gens/de livres/de fois ?** how many people/books/times?

combinaison
1 *(code, assemblage)* combination
2 *(vêtement de femme)* slip
3 une combinaison de plongée a wetsuit ; **une combinaison de ski** a ski suit ; **une combinaison spatiale** a spacesuit

comédie comedy ; **une comédie musicale** a musical

comique *(amusant)* funny

commandant *(d'un navire, d'un avion)* captain

commande
1 order : **passer une commande** to place an order
2 *(manette)* control : **être aux commandes** *(d'un avion)* to be at the controls

commander
1 commander l'armée to be in command of the army ; **commander à quelqu'un de faire quelque chose** to order somebody to do something ; **c'est lui qui commande** he's the one giving the orders
2 *(un produit, un repas)* to order

comme
▸ *conjonction*
1 *(dans une comparaison)* like : **comme moi** like me ; **comme ça** like this
2 *(indiquant la manière)* as : **il écrit comme il parle** he writes as he speaks
3 *(en tant que)* as : **elle a réussi comme actrice** she's a success as an actress ; **citer quelque chose comme exemple** to quote something as an example
4 *(indiquant la cause)* since, as : **comme tu es mon ami, je vais tout te dire** since *ou* as you're my friend, I'll tell you everything ; **comme si** as if
▸ *adverbe* how : **comme c'est triste !** how sad!, it's so sad!

commencement beginning, start : **au commencement** at the beginning

commencer to start, to begin : **commencer à faire quelque chose** to start *ou* to begin doing *ou* to do something ; **commencer par quelque chose/par faire quelque chose** to start *ou* to begin with something/by doing something

comment
1 how : **comment le sais-tu ?** how do you know? ; **comment allez-vous ?** how are you? ; **comment vous appelez-vous ?** what's your name? ; **comment est-il ?** what's he like?
2 *(pour faire répéter)* **comment ?** what (did you say)?
3 *(pour indiquer la surprise)* **comment ?** what?

commerçant, -ante shopkeeper, *(en américain)* storekeeper

commerce
1 trade : **le commerce mondial** world trade
2 *(affaires)* business : **elle fait du commerce** she's in business
3 *(magasin)* shop, *(en américain)* store : **dans le commerce** in the shops *ou* stores

commercial, -e commercial

commettre *(un crime)* to commit ; *(une erreur)* to make

commissariat police station

commissions shopping : **faire les commissions** to do the shopping

commode[1] ▸ *adjectif (pratique)* handy, convenient

commode[2] ▸ *nom féminin (meuble)* chest of drawers, *(en américain)* dresser

commun, -une
1 *(jardin, cuisine)* shared ; *(langue, ennemi)* common ; *(ami)* mutual

2 en commun in common ; **nous n'avons rien en commun** we have nothing in common

communication
1 communication
2 *(téléphonique)* (phone) call

communiquer to communicate

compagne
1 *(camarade)* companion
2 *(amie, concubine)* partner

compagnie
1 *(présence)* company : **tenir compagnie à quelqu'un** to keep somebody company ; **en compagnie de** with
2 *(société)* company : **une compagnie d'assurances** an insurance company ; **une compagnie aérienne** an airline

compagnon
1 *(camarade)* companion ; **un compagnon de jeu** a playmate
2 *(ami, concubin)* partner

comparaison comparison : **faire une comparaison** to make a comparison

comparer to compare (**à** to)

compartiment compartment

compas (pair of) compasses, *(en américain)* compass

complet, -ète
1 *(collection, liste, repos)* complete
2 *(train, bus, hôtel)* full

complètement completely

compléter to complete

compliment compliment ; **faire des compliments à quelqu'un** to compliment somebody (**sur** on)

compliqué, -e complicated

comportement behaviour, *(en américain)* behavior

comporter (se) to behave

composé, -e : être composé de to be made up of, to consist of

composer
1 *(une chanson)* to compose
2 *(un numéro de téléphone)* to dial
▪**se composer : se composer de** to be made up of, to consist of

comprendre
1 to understand : **je comprends bien !** I understand!
2 *(être composé de)* to consist of ; *(inclure)* to include

comprimé *(médicament)* tablet ; **un comprimé d'aspirine** an aspirin

compris, -ise
1 understood : **alors, c'est compris ?** so, is that understood?
2 *(inclus)* included : **le petit déjeuner n'est pas compris** breakfast is not included ; **tout compris** all inclusive ; **y compris** including ; **ils sont tous partis, y compris ma sœur** they've all left, including my sister

comptable accoutant : **il est comptable** he's an accountant

compte
1 *(bancaire)* account
2 *(calcul)* calculation ; **faire le compte des absents** to count up the number of people absent ; **faire le compte des dépenses** to work out the expenses ; **faire ses comptes** to reckon up
3 tenir compte de quelque chose to take something into account
4 se rendre compte de quelque chose to realize something
5 en fin de compte all things considered

compter
1 to count : **j'ai compté les enfants** I've counted the children
2 compter faire quelque chose *(espérer)* to expect to do something ; *(avoir l'intention)* to intend to do something
3 *(être important)* to count : **ça ne compte pas** that doesn't count

4 compter sur quelqu'un to rely *ou* to count on somebody

comptoir *(de café)* bar ; *(de magasin)* counter

concentrer (se) to concentrate

concerner to concern

concert concert

concierge caretaker, *(en américain)* janitor

conclusion conclusion

concombre cucumber

concours
1 *(jeu)* competition : **un concours de natation** a swimming competition ; **un concours de beauté** a beauty contest
2 *(examen)* competitive examination

concurrent, -ente competitor

condamner *(un accusé)* to sentence : **il a été condamné à trois ans de prison** he was sentenced to three years in prison

condition
1 condition : **je jouerai avec toi à une condition** I'll play with you on one condition ; **les conditions de vie** living conditions
2 à condition que, à condition de provided (that) : **tu peux y aller à condition de ne pas rentrer tard** you can go provided (that) you don't come back late

conducteur, -trice driver : **il est conducteur de bus** he's a bus driver

conduire to drive : **je te conduirai à la gare** I'll drive you to the station
▪**se conduire** to behave

conduite behaviour, *(en américain)* behavior

confiance
1 trust ; **faire confiance à quelqu'un** to trust somebody
2 la confiance en soi self-confidence

confier
1 *(donner)* to entrust : **confier ses clés à un ami** to entrust one's keys to a friend
2 confier un secret à quelqu'un to tell somebody a secret
▪**se confier : se confier à quelqu'un** to confide in somebody

confiserie sweet shop, *(en américain)* candy store

confiture jam : **de la confiture de fraises** strawberry jam

confondre : confondre quelque chose/quelqu'un avec to mistake something/somebody for ; **je la confonds toujours avec sa sœur** I always mistake her for her sister

confort comfort

confortable comfortable

confus, -use
1 *(situation, idée)* confused
2 *(gêné)* embarrassed

confusion
1 confusion
2 *(gêne)* embarrassment

congé holiday, *(en américain)* vacation : **en congé** on holiday, on vacation ; **un congé de maladie** a sick leave ; **trois semaines de congé** three weeks off

congélateur freezer

congeler to freeze

conjugaison conjugation

conjuguer to conjugate

connaissance
1 knowledge : **elle a de bonnes connaissances en mathématiques** she has a good knowledge of mathematics
2 faire la connaissance de quelqu'un to meet somebody
3 *(ami)* acquaintance
4 perdre connaissance to lose consciousness

connaître to know : **je le connais bien** I know him well

▪**se connaître** *(se rencontrer)* to meet : **ils se sont connus à l'université** they met at university ; **nous nous connaissons déjà** we've met before, we know each other

connu, -e *(célèbre)* well-known

consacrer *(du temps, sa vie)* to devote (**à** to)

conscience *(morale)* conscience

conseil : un conseil a piece of advice ; **des conseils** advice ; **donner des conseils à quelqu'un** to give somebody some advice

Le mot **advice** est indénombrable.

conseiller
1 conseiller à quelqu'un de faire quelque chose to advise somebody to do something ; **je lui ai conseillé de ne pas y aller** I advised him not to go ; **être mal conseillé** to be badly advised
2 conseiller quelque chose à quelqu'un to recommend something to somebody

conséquence consequence

conserve : une boîte de conserve a can ; **les conserves** canned food ; **des petits pois en conserve** canned peas

conserver to keep

considérable considerable, great

considérer to consider (**que** that)

consommation
1 consumption
2 *(au café)* drink

consonne consonant

constater to notice (**que** that)

construction *(bâtiment)* building

construire to build

consulter : consulter un médecin to see a doctor

contact contact : **être en contact avec** to be in contact *ou* in touch with

conte tale : **un conte de fées** a fairy tale

contenir
1 to contain : **cette bouteille contient du vin** this bottle contains wine
2 *(avoir comme capacité)* to hold : **le stade peut contenir dix mille personnes** the stadium holds ten thousand people

content, -ente pleased, happy : **je suis content d'elle/de ton travail** I'm pleased with her/your work ; **content de faire quelque chose** pleased *ou* happy to do something ; **je suis très content que vous soyez venu** I'm very pleased *ou* happy you've come

contenter *(faire plaisir à)* to please
▪**se contenter : se contenter de quelque chose** to make do with something

continent continent

continu, -e continuous

continuer
1 to carry on, to continue : **continuez !** go on!, carry on!, continue! ; **continuez votre travail !** carry on with your work!
2 continuer à faire quelque chose to carry on *ou* to continue doing something

contraire : le contraire the opposite (**de** of) ; **au contraire** on the contrary

contrat contract

contre
▸ *préposition*
1 against : **contre le mur** against the wall
2 *(en échange de)* for : **j'ai échangé mon livre contre le sien** I swapped my book for his
▸ *adverbe*
1 against it : **je suis contre** I'm against it ; **elle n'a rien contre** she has nothing against it
2 par contre on the other hand

contrôle
1 *(maîtrise)* control : **perdre le contrôle de sa voiture** to lose control of one's car
2 *(inspection)* check : **un contrôle d'identité/de sécurité** an identity/a security check
3 *(devoir)* test : **un contrôle de maths** a maths test

contrôler
1 *(maîtriser)* to control
2 *(vérifier)* to check, to inspect

contrôleur, -euse ticket inspector

convaincre to convince : **je n'ai pas su le convaincre** I couldn't convince him ; **convaincre quelqu'un de faire quelque chose** to convince somebody to do something

convaincu, -e *(certain)* convinced (**de** of) : **j'en suis convaincu** I'm convinced of it

convenir : convenir à quelqu'un to suit somebody ; **si ça vous convient** if that suits you

conversation conversation

copain, copine friend ; **un (petit) copain** a boyfriend ; **une (petite) copine** a girlfriend

copie
1 *(d'une lettre, d'un CD)* copy
2 *(devoir, examen)* paper

copier to copy : **il a copié la réponse sur moi** he copied the answer from me

coq cock, *(en américain)* rooster

coquelicot poppy

coquillage
1 *(mollusque)* shellfish : **manger des coquillages** to eat shellfish
2 *(coquille)* shell

coquille shell

corbeau crow

corbeille basket : **une corbeille de fruits** a basket of fruit ; **une corbeille à papier** a wastepaper basket

corde
1 rope : **une corde à sauter** a skipping rope, *(en américain)* a jump rope ; **une corde à linge** a clothesline
2 *(d'une raquette, d'un violon)* string

cordonnier, -ière shoe repairer

corne *(d'un animal)* horn

cornet *(de glace)* cone

cornichon gherkin

corps body

correct, -e
1 *(exact)* correct
2 *(acceptable)* reasonable : **un résultat correct** a reasonable result

correspondance
1 *(échange de lettres)* correspondence
2 *(entre trains)* connection

correspondre
1 **correspondre à quelque chose** to correspond to something, to match something
2 *(écrire)* to correspond (**avec** with)

corriger
1 *(une faute, un texte)* to correct
2 *(un devoir, un examen)* to mark, *(en américain)* to grade : **il a corrigé nos copies** he marked *ou* graded our papers

Corse
▸ *nom (personne)* Corsican ; **c'est un Corse** he's from Corsica
▸ *nom féminin* **la Corse** Corsica : **aller en Corse** to go to Corsica ; **vivre en Corse** to live in Corsica

corse
▸ *adjectif* Corsican
▸ *nom masculin (langue)* Corsican

costume
1 *(pantalon et veste)* suit
2 *(d'acteur, de danseur)* costume

côte
1 *(bord de mer)* coast : **sur la côte** on the coast ; **la Côte d'Azur** the French Riviera

2 *(os)* rib : **il s'est cassé une côte** he broke a rib ; **une côte de porc** a pork chop

3 *(pente)* hill : **en haut de la côte** at the top of the hill

4 côte à côte side by side

côté

1 side : **couche-toi sur le côté** lie on your side ; **de l'autre côté du pont** on the other side of the bridge

2 *(direction)* way : **de quel côté ?** which way? ; **de l'autre côté** the other way

3 à côté *(pas très loin)* nearby ; **nous habitons juste à côté** we live next door

4 à côté de next to : **assieds-toi à côté de moi** sit down next to me

coton

1 cotton : **un drap en coton** a cotton sheet

2 du coton hydrophile cotton wool, *(en américain)* absorbent cotton

cou neck

couche

1 *(de poussière, de beurre, d'ozone)* layer ; *(de peinture)* coat

2 *(de bébé)* nappy, *(en américain)* diaper

couché, -e : être couché *(allongé)* to be lying down ; *(au lit)* to be in bed

coucher

▸ *nom masculin* **le coucher du soleil** sunset

▸ *verbe (dormir)* to sleep : **je couche dans la même chambre que mon frère** I sleep in the same room as my brother

▪ **se coucher**

1 *(s'allonger)* to lie down ; *(aller au lit)* to go to bed

2 *(soleil)* to set : **le soleil se couche** the sun is setting

coude elbow ; **donner un coup de coude à quelqu'un** to nudge somebody

coudre *(un ourlet)* to sew ; *(un bouton)* to sew on ; **elle n'aime pas coudre** she doesn't like sewing

couette

1 *(coiffure)* bunch

2 *(édredon)* duvet, *(en américain)* quilt

couler

1 *(rivière, eau)* to flow

2 *(robinet, nez)* to run : **j'ai le nez qui coule** my nose is running *ou* I have a runny nose ; **faire couler un bain** to run a bath

3 *(bateau, nageur)* to sink

couleur colour, *(en américain)* color : **c'est de quelle couleur ?** what colour is it? ; **un photo couleur** a colour picture

couloir *(d'une maison)* corridor

coup

1 blow, knock ; *(à la porte)* knock : **recevoir un coup sur la tête** to get a blow *ou* knock on one's head ; **donner un coup à quelque chose/quelqu'un** to hit something/somebody ; **un coup de bâton** a blow with a stick ; **un coup de poing** a punch ; **un coup de pied** a kick ; **un coup franc** a free kick

2 *(choc émotionnel)* shock : **ça m'a fait un coup !** it gave me such a shock!

3 *(bruit)* **un coup de feu** a (gun)-shot ; **un coup de sifflet** a whistle ; **un coup de sonnette** a ring ; **un coup de téléphone** a telephone call

4 *(mouvement rapide, action soudaine)* **donner un coup de brosse à quelque chose** to give something a brush ; **donne-toi un coup de peigne** give your hair a comb ; **un coup d'œil** a quick look ; **un coup de soleil** sunburn ; **un coup de vent** a gust of wind ; **le coup de foudre** *(en amour)* love at first sight ; **donner un coup de main à quelqu'un** to give somebody a hand ; **avoir un coup de chance** to be lucky

5 après coup afterwards ; **tout à coup, tout d'un coup** suddenly ; **d'un**

seul coup in one go ; **du premier coup** first time, at the first attempt

coupable guilty : **être reconnu coupable** to be found guilty

coupe
1 *(en sport)* cup : **la Coupe du monde** the World Cup
2 une coupe de cheveux a haircut

couper
1 to cut : **j'ai coupé le pain** I cut the bread ; **ce couteau ne coupe pas** this knife doesn't cut ; **couper un arbre** to cut down a tree
2 *(le gaz, le téléphone)* to cut off : **on nous a coupé le courant** they cut off the electricity
▪**se couper** to cut oneself ; **elle s'est coupé le doigt** she cut her finger

couple couple

coupure
1 *(au doigt, au bras)* cut
2 une coupure de courant a power cut

cour *(d'immeuble)* courtyard ; **une cour de récréation** a playground, *(en américain)* a school yard

courage courage ; **bon courage !** good luck!

courageux, -euse brave

couramment
1 fluently : **elle parle couramment anglais** she speaks English fluently
2 *(souvent)* frequently

courant[1], -ante ▸ *adjectif (fréquent)* common

courant[2] ▸ *nom masculin*
1 *(électrique, d'une rivière)* current
2 un courant d'air a draught, *(en américain)* a draft
3 être au courant de quelque chose to know about something ; **mettre quelqu'un au courant de quelque chose** to tell somebody about something ; **je suis au courant** I know about it

courbe curve

courber to bend

coureur, -euse *(à pied)* runner ; **un coureur cycliste** a racing cyclist ; **un coureur automobile** a racing driver

courgette courgette, *(en américain)* zucchini

courir to run : **traverser la rue en courant** to run across the street ; **courir le 800 mètres** to run (in) the 800 metres

couronne crown

courrier
1 *(lettres)* mail, post
2 le courrier électronique e-mail

cours
1 *(à l'école)* lesson, class ; *(particulier)* lesson : **un cours particulier** a private lesson ; **elle prend des cours d'anglais** she's taking English lessons ; **il suit des cours d'informatique** he's taking a computer course
2 au cours de during

course
1 *(action)* running ; *(épreuve de vitesse)* race : **la course à pied** running ; **une course cycliste** a cycle race ; **les courses (de chevaux)** the races ; **une voiture de course** a racing car
2 *(achat)* **j'ai une course à faire** I've got to go and buy something ; **faire les courses** to do the shopping, to go shopping

court[1], courte ▸ *adjectif* short

court[2] ▸ *nom masculin* **un court de tennis** a tennis court

cousin, -ine cousin : **c'est mon cousin** he's my cousin ; **c'est ma cousine** she's my cousin

coussin cushion

couteau knife (*au pluriel* knives)

coûter to cost : **ça coûte combien ?** how much does it cost? ; **ça coûte cher** it's expensive

coutume custom

couture *(de vêtement)* seam ; *(activité)* sewing ; **faire de la couture** to sew

couvercle lid

couvert[1], -erte ▸ *adjectif*
1 covered (**de** with, in) : **couvert de poussière** covered with *ou* in dust
2 *(ciel)* overcast, cloudy

couvert[2] ▸ *nom masculin* **mettre le couvert** to set *ou* to lay the table ; **les couverts** the knives and forks

couverture *(de lit)* blanket ; *(de livre)* cover

couvrir to cover (**de** with)
▪ **se couvrir**
1 *(s'habiller chaudement)* to wrap up
2 le ciel se couvre the sky is clouding over

crabe crab

cracher to spit

craie chalk

craindre to be afraid of : **craindre de faire quelque chose** to be afraid of doing something ; **je crains qu'il ne soit en retard** I'm afraid he might be late

crainte fear

crâne skull

crapaud toad

craquer
1 *(branche)* to snap
2 *(plancher)* to creak
3 *(se déchirer)* to split ; *(sac)* to split open, to burst
4 *(psychologiquement)* to crack up

cravate tie

crayon *(à papier)* pencil ; *(stylo)* pen : **au crayon** in pencil ; **un crayon de couleur** a coloured pencil ; *(en cire)* a crayon ; **un crayon feutre** a felt-tip pen

création creation

crèche *(pour les enfants)* (day) nursery

crédit credit : **à crédit** on credit ; **une carte de crédit** a credit card

créer to create

crème
1 cream : **un gâteau à la crème** a cream cake ; **la crème chantilly** whipped cream
2 la crème hydratante moisturizer

crêpe pancake, crêpe

crépuscule dusk

creuser to dig : **creuser un trou** to dig a hole ; **il creuse la terre** he's digging (a hole in the ground)

creux, creuse hollow

crevé, -e
1 *(ballon, pneu)* burst
2 *(fatigué)* dead beat

crever
1 to burst : **le ballon/pneu a crevé** the balloon/tyre burst ; **crever un ballon/pneu** to burst a balloon/tyre
2 *(mourir)* to die

cri
1 *(de joie, de surprise)* shout, cry ; *(de peur)* scream ; **un cri de douleur** a cry of pain ; **pousser un cri** to shout out, to cry out ; *(de peur)* to scream
2 *(d'un animal)* call, cry

crier to shout (out), to cry (out) ; *(de peur)* to scream : **elle m'a crié de ne pas bouger** she shouted at me not to move ; **crier après quelqu'un** to shout at somebody

crime crime ; *(assassinat)* murder

criminel, -elle ▸ *nom* criminal ; *(assassin)* murderer

crise
1 *(situation difficile)* crisis : **la crise économique** the economic crisis
2 *(de colère)* fit ; **une crise de fou rire** a fit of the giggles
3 une crise cardiaque a heart attack ; **une crise d'asthme** an asthma attack

critique *(reproche)* criticism

critiquer to criticize

crochet *(pour suspendre)* hook

crocodile crocodile

croire
1 to believe : **je vous ai cru** I believed you ; **croire à quelque chose** to believe in something ; **elle croit en Dieu** she believes in God
2 *(penser)* **croire que** to think that, to believe that ; **je crois que oui** I think so, I believe so

croiser
1 **croiser les bras** to fold one's arms ; **croiser les jambes** to cross one's legs
2 **croiser quelqu'un** *(rencontrer)* to meet somebody ; *(sans s'arrêter)* to pass somebody
▪**se croiser** *(se rencontrer)* to meet briefly ; *(sans s'arrêter)* to pass each other

croissant *(pâtisserie)* croissant

croix cross

croquer to crunch

croustillant, -ante *(pain)* crusty ; *(biscuit)* crispy, crunchy

croûte *(de pain)* crust

cru, -e *(viande, poisson, légumes)* raw

cruche *(récipient)* jug

cruel, -elle cruel (**avec, envers** to)

cube
▸ *nom masculin* cube
▸ *adjectif* cubic : **un mètre cube** a cubic metre

cueillir to pick

cuillère spoon : **une petite cuillère, une cuillère à café** a teaspoon ; **une cuillère à soupe** a soup spoon

cuir leather : **un blouson en cuir** a leather jacket

cuire to cook ; *(du pain)* to bake : **faire cuire quelque chose** to cook something ; **les légumes sont en train de cuire** the vegetables are cooking ; **(faire) cuire quelque chose au four** to bake something

cuisine
1 *(pièce)* kitchen
2 *(activité)* cooking : **faire la cuisine** to do the cooking, to cook ; **un livre de cuisine** a cookbook, a cookery book

cuisiner to cook : **j'aime cuisiner** I like cooking ; **elle cuisine bien** she's a good cook

cuisinier, -ière ▸ *nom (personne)* cook : **c'est une très bonne cuisinière** she's a very good cook

cuisinière ▸ *nom féminin (appareil)* cooker, stove, *(en américain)* range

cuisse
1 *(partie du corps)* thigh
2 **une cuisse de poulet** a chicken leg

cuit, cuite cooked ; **bien cuit** well done ; **trop cuit** overdone, overcooked

culotte *(de femme)* pants, *(en américain)* panties

cultivateur, -trice farmer : **il est cultivateur** he's a farmer

cultivé, -e
1 *(champ)* cultivated
2 *(personne)* highly educated

cultiver *(des plantes, des légumes)* to grow ; *(des champs, la terre)* to cultivate

culture
1 *(du sol)* cultivation ; *(de plantes)* growing ; *(espèce cultivée)* crop
2 *(connaissances)* culture, knowledge

curé parish priest

curieux, -euse
1 *(qui veut savoir)* inquisitive, curious
2 *(bizarre)* strange

cuvette *(récipient)* basin, bowl

cycliste
▸ *adjectif* **une course cycliste** a cycle race
▸ *nom* cyclist

cygne swan

Dd

dame
1 *(femme)* lady
2 *(aux cartes, aux échecs)* queen
3 le jeu de dames draughts, *(en américain)* checkers ; **jouer aux dames** to play draughts *ou* checkers

Danemark : le Danemark Denmark ; **aller au Danemark** to go to Denmark ; **vivre au Danemark** to live in Denmark

danger danger : **être en danger** to be in danger ; **mettre quelqu'un/quelque chose en danger** to endanger somebody/something

dangereux, -euse dangerous

Danois, -oise Dane : **c'est une Danoise** she's a Dane

danois, -oise
▸ *adjectif* Danish
▸ *nom masculin (langue)* Danish : **il apprend le danois** he's learning Danish

dans
1 *(à l'intérieur de)* in : **dans la boîte/le journal** in the box/newspaper
2 *(avec un verbe de mouvement)* into : **entrer dans la chambre** to go into the bedroom
3 *(avec les transports en commun)* on : **il est dans le bus/train** he's on the bus/train
4 *(indiquant la provenance)* out of, from : **j'ai pris l'argent dans le tiroir** I took the money out of the drawer ; **boire dans un verre** to drink out of *ou* from a glass
5 *(dans le temps)* in : **dans deux jours** in two days, in two days' time
6 *(environ)* **dans les 20 euros** about 20 euros ; **avoir dans les 50 ans** to be about 50

danse dance ; *(activité)* dancing : **une danse espagnole** a Spanish dance ; **elle aime la danse** she likes dancing ; **la danse classique** ballet (dancing)

danser to dance ; **danser la salsa** to do salsa-dancing

danseur, -euse dancer

date date : **date de naissance** date of birth ; **à quelle date arrivent-ils ?** what date are they coming? ; **date limite de consommation** best-before date

datte date

dauphin dolphin

davantage more : **celui-ci me plaît davantage** I like this one more ; **davantage de temps/d'emplois** more time/jobs

de
▸ *préposition*
1 *(appartenance)* of ; *(à un groupe)* in ; **le livre de Paul** Paul's book ; **les rayons du soleil** the sun's rays ; **le plus jeune de la classe** the youngest in the class ; **le plus riche du monde** the richest man in the world
2 *(description, nature, matière)* **un enfant de six ans** a six-year old child, a child of six ; **un problème d'algèbre** an algebra problem ; **un film d'horreur** a horror movie ; **un pont de fer** an iron bridge
3 *(origine)* from : **venir de** to come from ; **mes amis du village** my friends from the village

4 *(avec l'agent du passif, l'auteur)* by : **être entouré/suivi de** to be surrounded/followed by ; **un livre de Conrad** a book by Conrad
5 *(manière)* in : **d'une voix douce** in a quiet voice ; **ouvre la boîte de cette façon** open the box this way
6 *(cause)* with : **trembler de froid** to shiver with cold ; **content de quelqu'un/quelque chose** pleased with somebody/something
7 *(au sujet de)* about : **parler de quelque chose** to speak about something
8 *(pendant)* **de jour/nuit** by day/night ; **six heures du matin** six o'clock in the morning
9 *(suivi de l'infinitif)* to : **décider de faire** to decide to do ; **être heureux de faire** to be happy to do

▸ *article*
1 some : **donne-moi du vin** give me some wine ; **elle boit du vin** she's drinking wine ; **du sucre** (some) sugar ; **de la confiture** (some) jam ; **des fleurs** (some) flowers
2 *(phrases interrogatives et négatives)* any : **avez-vous du lait/de la glace/des billets ?** do you have any milk/any ice cream/any tickets? ; **voulez-vous de l'eau ?** do you want any water? ; **ils n'ont pas de lait/de glace/de billets** they don't have any milk/any ice cream/any tickets ; **il n'y a pas d'eau** there isn't any water ; **elle ne mange jamais de poisson** she never eats fish ; **je n'ai plus d'argent** I don't have any more money

dé
1 *(à coudre)* thimble
2 *(jeu)* dice : **lancer les dés** to throw the dice

On n'ajoute pas de **-s** pour former le pluriel de **dice**.

déballer *(des affaires, des marchandises)* to unpack

débarquer *(d'un bateau, d'un avion)* to get off

débarrasser *(la table)* to clear
▪**se débarrasser : se débarrasser de quelque chose/quelqu'un** to get rid of something/somebody ; **je n'arrive pas à m'en débarrasser** I can't get rid of it

débattre (se) to put up a fight, to struggle

débordé, -e : être débordé de travail to be snowed under with work

déborder *(fleuve, liquide)* to overflow ; *(en bouillant)* to boil over : **l'eau déborde du vase** the vase is overflowing

debout
1 standing (up) : **être** *ou* **se tenir debout** to be standing (up) ; **rester debout** to stand, to remain standing ; **mettre quelque chose debout** to stand something up ; **se mettre debout** to stand up
2 *(éveillé)* up : **il est debout** he's up ; **debout !** get up!

débrancher to unplug

débrouiller (se) to manage : **se débrouiller pour faire quelque chose** to manage to do something ; **débrouille-toi pour arriver à l'heure !** make sure you're on time!

début beginning, start : **au début** at the beginning

débutant, -ante beginner

débuter to begin, to start

décalage : le décalage horaire the time difference

décembre December : **en décembre** in December

déception disappointment

décès death

décevant, -ante disappointing

décevoir to disappoint : **ce voyage m'a beaucoup déçu** I was very disappointed with the trip

décharger to unload

déchirer
1 to tear ; *(pour détruire)* to tear (up) : **il a déchiré sa veste** he tore his jacket ; **elle a déchiré la lettre** she tore up the letter ; **déchirer une page en deux** to tear a page into two
2 *(arracher)* to tear out : **déchirer une page d'un livre** to tear a page out of a book
▪**se déchirer : mon gant s'est déchiré** my glove got torn

décidé, -e
1 *(air, ton)* determined : **être décidé à faire quelque chose** to be determined to do something
2 c'est décidé ! it's settled!

décider to decide : **j'ai décidé de rester** I've decided to stay ; **c'est à elle de décider** it's up to her (to decide) ; **décider quelqu'un à faire quelque chose** to convince somebody to do something
▪**se décider : décide-toi** make up your mind ; **je n'arrive pas à me décider** I can't make up my mind ; **elle s'est décidée à déménager** she decided to move out

décision decision : **prendre une décision** to make a decision

déclaration *(commentaire)* statement

déclarer to declare (**que** that)
▪**se déclarer** *(incendie)* to break out

décollage takeoff : **au décollage** on takeoff

décoller
1 to take off : **l'avion décolle à trois heures** the plane takes off at three o'clock
2 *(un timbre, une tapisserie)* to peel off
▪**se décoller** to come off

déconcentrer : déconcentrer quelqu'un to distract somebody, to put somebody off
▪**se déconcentrer** to lose one's concentration

décontracté, -e *(détendu)* relaxed

décor *(d'intérieur)* decoration ; *(de théâtre, de cinéma)* set ; *(paysage)* scenery ; *(cadre)* setting

décorer to decorate

découper *(un gâteau)* to cut up ; *(de la viande)* to carve ; *(un article, une image)* to cut out : **découper une annonce dans le journal** to cut an advertisement out of the newspaper

décourager to discourage
▪**se décourager** to get discouraged

découvrir to discover (**que** that)

décrire to describe

décrocher
1 *(un tableau, un rideau)* to take down
2 décrocher le téléphone *(pour répondre)* to pick up the phone ; **j'ai décroché** I picked up the phone

déçu, -e disappointed

dedans inside : **il n'y a rien dedans** there's nothing inside

déduire
1 *(enlever)* to deduct (**de** from)
2 *(conclure)* to deduce (**de** from)

défaire *(un nœud, une cravate, un lacet)* to undo ; **défaire sa valise** to unpack
▪**se défaire** to come undone

défaite defeat

défaut *(d'une personne)* fault ; *(d'un tissu, d'un objet)* flaw

défendre
1 *(protéger)* to defend
2 *(interdire)* to forbid ; **son père lui a défendu de sortir** his father didn't let him go out ; **c'est défendu** it's forbidden ; **il est défendu de fumer ici** smoking is not allowed here

défense
1 *(protection)* defence, *(en américain)* defense
2 *(interdiction)* **défense de fumer**

no smoking; **défense d'entrer** no entry

défi challenge

défilé *(de militaires)* march, parade; **un défilé de mode** a fashion show

définir to define

dégagé, -e *(ciel, route)* clear

dégager
1 *(une route)* to clear
2 *(un blessé)* to free (**de** from)
▪**se dégager** *(d'un piège, d'une voiture accidentée)* to free oneself (**de** from)

dégâts damage: **faire des dégâts** to cause damage

Le mot **damage** est indénombrable.

dégeler
1 *(décongeler)* to defrost
2 *(se réchauffer)* to thaw: **ça dégèle** it's thawing

dégonfler
1 *(un ballon, un pneu)* to deflate, to let the air out of
2 ma cheville a dégonflé my ankle is less swollen

dégoûtant, -ante disgusting

dégoûté, -e
1 *(écœuré)* disgusted
2 être dégoûté de quelque chose to be sick of something

dégoûter
1 *(écœurer)* to disgust
2 dégoûter quelqu'un de quelque chose to put somebody off something

degré *(unité)* degree: **il fait 25 degrés** it's 25 degrees

déguisé, -e
1 *(pour une fête)* dressed up: **être déguisé en clown** to be dressed up as a clown
2 *(pour tromper)* disguised: **être déguisé** to be in disguise, to be disguised; **être déguisé en policier** to be disguised as a policeman

déguiser (se)
1 *(pour une fête)* to dress up (**en** as a)
2 *(pour tromper)* to disguise oneself (**en** as a)

dehors
1 outside: **ne reste pas dehors** don't stay outside; **en dehors du pays** outside the country; **mettre quelqu'un dehors** to throw somebody out
2 en dehors de mes amis apart from my friends

déjà already: **est-il déjà parti?** has he left already *ou* yet?; **elle l'a déjà vu** she's already seen it, she's seen it before; **êtes-vous déjà allé au Canada?** have you ever been to Canada?

déjeuner
▸ *verbe* to have lunch
▸ *nom masculin* lunch; **le petit déjeuner** breakfast

délégué, -e: un délégué de classe a class representative

délicat, -ate
1 *(santé, travail)* delicate
2 *(question, situation)* tricky
3 *(geste)* thoughtful

délicieux, -euse *(plat, repas)* delicious

délit criminal offence

délivrer to release, to set free

demain tomorrow: **demain matin/soir** tomorrow morning/night; **à demain!** see you tomorrow!

demande request (**de** for); **une demande d'emploi** a job application; **faire une demande d'emploi** to apply for a job

demander
1 *(solliciter, réclamer)* to ask for: **demander quelque chose à quelqu'un** to ask somebody for something; **demander la permission** to ask for permission; **demander à quelqu'un de faire quelque chose** to ask somebody to do something; **demander**

quelqu'un en mariage to propose to somebody
2 *(chercher à savoir)* to ask : **demander le chemin/l'heure** to ask the way/the time ; **demander si/où/pourquoi** to ask whether/where/why
3 *(nécessiter)* to require : **ce travail demande toute votre attention** the work requires all your attention ; **ça demande du temps** it takes time
▪ **se demander** to wonder (**pourquoi** why, **si** if)

démangeaison itch ; **avoir des démangeaisons** to be itching *ou* itchy

démanger to itch : **j'ai le bras qui me démange** my arm itches *ou* is itchy ; **ça me démange** it's itchy

démarrer to start : **la voiture ne veut pas démarrer** the car won't start ; **(faire) démarrer la voiture/le moteur** to start the car/engine

déménager to move (house)

demeurer
1 *(rester)* to remain
2 *(habiter)* to live

demi, -e ▸ *adjectif* half : **cinq et demi** five and a half ; **j'ai attendu une heure et demie** I waited for an hour and a half ; **il est une heure et demie** it's half past one, it's one thirty
▪ **à demi** ▸ *adverbe* half : **à demi plein** half full ; **être à demi convaincu** to be half-convinced

demi-douzaine : une demi-douzaine d'œufs half a dozen eggs

demi-finale semi-final

demi-frère half-brother

demi-heure : une demi-heure half an hour

demi-journée : une demi-journée half a day, a half-day

demi-sœur half-sister

demi-tour *(en voiture)* U-turn ; **faire demi-tour** to turn back

démodé, -e old-fashioned

demoiselle young lady ; **une demoiselle d'honneur** a bridesmaid

démolir *(une maison, un mur)* to knock down

démonter *(un meuble, une machine)* to take apart ; *(une tente)* to take down

dénoncer : dénoncer quelqu'un à la police to report somebody to the police ; **dénoncer quelqu'un au professeur** to tell on somebody to the teacher
▪ **se dénoncer** *(à la police)* to give oneself up ; *(au professeur)* to own up (**à** to)

dent tooth (*au pluriel* teeth)

dentelle lace : **des gants en dentelle** lace gloves

dentifrice toothpaste

dentiste dentist : **il est dentiste** he's a dentist ; **aller chez le dentiste** to go to the dentist *ou* dentist's

dépanner *(une voiture)* to fix ; **dépanner quelqu'un** *(qui est en panne)* to help somebody fix his/her car ; *(en général)* to help somebody out

départ
1 *(d'une personne, d'un véhicule)* departure ; *(d'une course)* start ; **on en a parlé après son départ** we discussed it after he left
2 au départ *(à l'origine)* at first

département
1 *(du territoire français)* department
2 *(d'une université)* department : **le département d'anglais** the English department

dépasser
1 *(une personne, une voiture)* to overtake, *(en américain)* to pass ; *(une ville, un panneau)* to go past
2 *(un montant, une température)* to exceed
3 dépasser quelqu'un *(en taille)* to be taller than somebody

4 dépasser de to be sticking out of : **un cahier dépasse de ton sac** there's a notebook sticking out of your bag

dépêcher (se) to hurry (up) : **dépêchez-vous de rentrer** hurry up and come home

dépendre to depend (**de** on) : **ça dépend de la situation** it depends on the situation

dépense expense ; **faire de grosses dépenses** to spend a lot of money

dépenser *(de l'argent)* to spend : **il dépense trop** he spends too much money

déplacer to move, to shift

▪**se déplacer** *(marcher)* to move about, to get around ; *(voyager)* to travel

déplier *(un journal)* to unfold ; *(un canapé)* to open out ; *(les bras, les jambes)* to stretch

déposer

1 *(poser)* to put down (**sur** on) ; *(laisser)* to leave : **il a déposé une lettre pour vous** he left a letter for you

2 déposer quelqu'un to drop somebody (off) : **ils m'ont déposé à la gare** they dropped me (off) at the station

déprimé, -e depressed

depuis

▸ *préposition*

1 *(avec un moment précis)* since : **depuis mardi** since Tuesday ; **depuis 2002** since 2002 ; **je travaille ici depuis l'année dernière** I've been working here since last year

2 *(avec une durée)* for : **je travaille ici depuis deux ans** I've been working here for two years ; **depuis quand êtes-vous là ?** how long have you been here? ; **depuis une heure** for an hour ; **depuis longtemps** for a long time

▸ *adverbe* since (then) : **je ne l'ai pas revu depuis** I haven't seen him since (then)

▪**depuis que** ▸ *conjonction* since : **depuis qu'elle est partie** since she left

déranger *(gêner)* to disturb, to bother : **je ne voulais pas vous déranger** I didn't want to disturb *ou* to bother you ; **ça vous dérange si je fume ?** do you mind if I smoke?

▪**se déranger** *(aller)* to go ; *(venir)* to come : **je refuse de me déranger** I refuse to go ; **j'ai appelé le plombier mais il a refusé de se déranger** I called the plumber but he wouldn't come out ; **ne te dérange pas, je te l'apporte !** don't bother *ou* stay where you are, I'll bring it to you!

déraper to skid

dernier, -ière

▸ *adjectif*

1 last : **le dernier paragraphe** the last paragraph ; **l'année dernière** last year ; **les dix dernières minutes** the last ten minutes ; **au dernier étage** on the top floor

2 *(le plus récent)* latest : **c'est son dernier roman** it's his latest novel ; **les dernières nouvelles** the latest news

▸ *nom* last : **arriver le dernier** to arrive last ; **vous êtes la dernière** you're the last (one) ; **être le dernier de la classe** to be at the bottom of the class

derrière

▸ *préposition* behind : **derrière l'arbre** behind the tree

▸ *adverbe* behind : **je suis assis derrière** I'm sitting behind ; *(dans une voiture)* I'm sitting in the back, *(en américain)* I'm sitting in back

▸ *nom masculin (d'une maison, d'un objet)* back : **la porte de derrière** the back door

des *voir* **de**

dès

1 from : **dès maintenant** from now

on ; **dès le début** right from the start ; **dès mon arrivée** as soon as I arrive

2 dès que as soon as : **dès qu'elle viendra** as soon as she comes

désaccord disagreement

désagréable unpleasant

désastre disaster

désavantage disadvantage

descendre

1 *(aller)* to go down ; *(venir)* to come down : **descendre à la cave** to go down to the cellar ; **descendre les escaliers** *(aller)* to go downstairs *ou* down the stairs ; *(venir)* to come downstairs *ou* down the stairs ; **tu peux descendre ? j'ai besoin de toi à la cuisine** can you come downstairs? I need you in the kitchen ; **descendre en courant** to run down

2 *(porter)* to take down ; *(apporter)* to bring down : **descendre la poubelle** to take the rubbish down ; **peux-tu me descendre ma veste ?** can you bring me down my jacket?

3 descendre d'un train/bus to get off a train/bus ; **descendre d'une voiture** to get out of a car ; **je descends à la prochaine** I'm getting off at the next stop

descente

1 *(pente)* slope

2 la descente nous a pris trois heures it took us three hours to go down

3 à ma descente de l'avion when I got off the plane

description description

désert, -erte

▸ *adjectif* deserted : **une rue déserte** a deserted street ; **une île déserte** a desert island

▸ *nom masculin* desert

désespéré, -e *(personne)* in despair ; *(regard, tentative, situation)* desperate

déshabiller : déshabiller quelqu'un to undress somebody

▪**se déshabiller** to get undressed, to undress

désigner

1 *(montrer)* to point at

2 *(choisir)* to choose : **désigner quelqu'un pour faire quelque chose** to choose somebody to do something

désirer to want : **désirer faire quelque chose** to want to do something ; **je désire que tu restes** I want you to stay

désobéir to disobey : **désobéir à quelqu'un** to disobey somebody

désobéissant, -ante disobedient

désolé, -e sorry : **je suis désolé d'être en retard** I'm sorry I'm late ; **je suis désolé d'avoir oublié ton anniversaire** I'm sorry I forgot your birthday

désordre *(dans une pièce)* mess ; **en désordre** messy, untidy

désormais from now on

desquels, desquelles *voir* **lequel**

desserrer *(une vis, une ceinture)* to loosen

dessert dessert : **qu'est-ce que vous avez comme dessert ?** what do you have for dessert?

dessin

1 drawing : **faire un dessin** to do a drawing, to draw a picture

2 un dessin animé a cartoon

dessiner to draw : **je sais très bien dessiner** I can draw very well

dessous

▸ *adverbe* underneath ; **en dessous** underneath ; **mes pantoufles étaient (en) dessous** my slippers were underneath ; **passer en dessous** to go underneath

▸ *nom masculin (d'une assiette)* bottom ; *(d'une feuille)* underneath ; **l'étage du dessous** the floor below ; **les**

gens du dessous the people downstairs

▪**en dessous de** ▸ *préposition* below : **en dessous de zéro** below zero

dessus

▸ *adverbe (marcher, monter)* on it, on top ; *(passer, lancer)* over it ; **un gâteau avec du chocolat dessus** a cake with chocolate on top

▸ *nom masculin (d'une table)* top ; *(de la main)* back ; **l'étage du dessus** the top floor ; **les gens du dessus** the people upstairs

destination destination ; **un train à destination de Rennes** a train (going) to Rennes

détacher

1 *(une ceinture, un nœud)* to undo ; *(un prisonnier)* to untie

2 *(un rideau, un poster)* to take down (**de** from) ; **détacher un timbre d'un carnet** to tear a stamp out of a book

▪**se détacher** *(ceinture, lacet)* to come undone ; *(étiquette, page)* to come off : **le poster s'est détaché du mur** the poster came off the wall

détail detail : **en détail** in detail

détective detective : **un détective privé** a private detective

détendre (se) *(se reposer)* to relax

détester to hate : **elle déteste se lever tôt** she hates getting up early

détour *(crochet)* detour : **faire un détour par un village** to make a detour through a village

détruire to destroy

dette debt : **avoir des dettes** to be in debt

deuil mourning : **être en deuil** to be in mourning

deux two ; **deux fois** twice ; **tous les deux** both

Pour des exemples d'emploi, voir **dix**.

deuxième

▸ *adjectif* second : **c'est la deuxième fois** it's the second time

▸ *nom (personne, chose)* second : **vous êtes la deuxième** you're the second (one)

▸ *nom masculin (étage)* **au deuxième** on the second floor, *(en américain)* on the third floor

deux-points colon

dévaliser *(une banque, une personne)* to rob

devant

▸ *préposition* in front of : **devant l'hôtel** in front of the hotel ; **passer devant l'hôtel** to go past the hotel

▸ *adverbe* in front : **je me mets devant** I'll go in front ; **je passe devant tous les jours** I go past it every day

▸ *nom masculin (d'une maison, d'une chemise)* front ; **les dents de devant** the front teeth

développer to develop

▪**se développer** *(enfant, corps, pays)* to develop

devenir to become : **devenir professeur/acteur** to become a teacher/an actor

deviner to guess : **devine qui j'ai vu** guess who I saw

devinette riddle : **poser une devinette à quelqu'un** to ask somebody a riddle

dévisser to unscrew

▪**se dévisser : ça se dévisse** it unscrews

devoir[1] ▸ *verbe*

1 devoir de l'argent à quelqu'un to owe somebody money ; **devoir des excuses/des explications à quelqu'un** to owe somebody an apology/ an explanation

2 *(nécessité, obligation)* must, to have to : **je dois refuser** I must refuse, I have to refuse ; **j'ai dû refuser** I had to refuse ; **tu dois apprendre tes le-**

çons you must learn your lessons

3 *(probabilité)* must : **il doit être tard** it must be late ; **elle a dû oublier** she must have forgotten

4 *(au conditionnel)* should : **vous devriez rester** you should stay ; **il aurait dû venir** he should have come

5 *(événement prévu)* to be supposed to, to be due to : **elle doit venir à midi** she's supposed to be coming at noon, she's due to come at noon ; **le train devait arriver à deux heures** the train was due to *ou* supposed to arrive at two o'clock

devoir² ▸ *nom masculin*

1 duty : **c'est ton devoir** it's your duty ; **faire son devoir** to do one's duty

2 *(en classe)* test ; *(chez soi)* exercise, *(en américain)* assignment ; **j'ai un devoir d'anglais à rendre demain** I've got an English exercise *ou* assignment to hand in tomorrow ; **les devoirs** *(à la maison)* homework ; **faire ses devoirs** to do one's homework ; **mes devoirs d'anglais** my English homework

dévorer to devour

dévoué, -e *(infirmière, professeur)* dedicated

diabète diabetes : **avoir du diabète** to have diabetes

diable devil

diamant diamond : **une bague de diamants** a diamond ring

diapositive slide

dictée dictation

dictionnaire dictionary

dieu god ; **croire en Dieu** to believe in God

différence difference

différent, -ente

1 different (**de** from) : **je suis très différent de mon frère** I'm very different from my brother

2 différents *(plusieurs)* various ; **différentes personnes l'ont vu** various people saw him

difficile *(problème, enfant)* difficult : **cette situation est difficile à accepter** this situation is difficult *ou* hard to accept

difficulté difficulty : **elle a des difficultés en anglais** she has difficulty with English ; **être en difficulté** to be in a difficult situation

diffuser *(une émission, un match)* to broadcast

digne : être digne de quelque chose to be worthy of something, to deserve something

dimanche Sunday : **nous sommes dimanche** it's Sunday ; **elle est venue dimanche** she came on Sunday ; **il travaille le dimanche** he works on Sundays ; **tous les dimanches** every Sunday

diminuer

1 *(chômage, nombre)* to decrease ; *(prix, ventes)* to fall, to drop : **le prix des ordinateurs a diminué de 20%** the price of computers has fallen *ou* has dropped by 20%

2 diminuer les impôts/les prix to reduce tax/prices

diminution reduction, decrease (**de** in) : **une diminution du nombre d'étudiants** a decrease *ou* reduction in the number of students

dinde turkey

dîner

▸ *verbe (le soir)* to have dinner ; *(à midi)* to have lunch

▸ *nom masculin (le soir)* dinner ; *(à midi)* lunch

dinosaure dinosaur

diplôme *(de formation professionnelle)* diploma ; *(d'université)* degree

dire

1 *(un mot, une opinion)* to say ; *(un*

secret, la vérité, l'heure) to tell ; **elle dit que tu mens** she says (that) you're lying ; **dire quelque chose à quelqu'un** to tell somebody something ; **il m'a dit qu'il ne viendrait pas** he told me (that) he wouldn't come ; **dire à quelqu'un de faire quelque chose** to tell somebody to do something

2 on dirait un château it looks like a castle ; **on dirait qu'il va pleuvoir** it looks like (it's going to) rain ; **on dirait du Mozart** it sounds like Mozart ; **on dirait du poulet** it tastes like chicken

▪**se dire**

1 comment ça se dit en anglais ? how do you say that in English? ; **ça ne se dit pas** that's not said, you can't say that

2 *(penser)* to think : **je me dis que j'ai eu tort** I think I was wrong

direct, -e

▸ *adjectif (chemin, vol, question)* direct

▸ *nom masculin (à la télévision)* live broadcasting ; **en direct** live ; **une émission en direct** a live broadcast

directement directly

directeur, -trice

1 *(d'une école)* headmaster/headmistress, *(en américain)* principal

2 *(dans une entreprise)* manager, director

direction direction : **dans la bonne/mauvaise direction** in the right/wrong direction ; **prendre la direction de la gare** to go in the direction of the station, to head for the station

diriger

1 *(une entreprise)* to run, to manage ; *(une équipe)* to lead

2 *(une arme, un télescope)* to point (**sur** at) ; *(une conversation, son attention)* to turn (**sur** to)

▪**se diriger : se diriger vers** to make one's way towards, to head for

discothèque *(boîte de nuit)* disco

discours speech

discret, -ète *(personne)* discreet

discussion

1 talk, discussion

2 pas de discussion ! no argument!

discuter

1 *(parler)* to talk (**de** about) : **je discutais avec mes amis** I was talking with my friends

2 *(protester)* to argue (**avec** with) : **ne discutez pas !** don't argue!

disparaître to disappear ; **faire disparaître une tache/la douleur** to get rid of a stain/the pain

disparu, -e *(enfant, soldat)* missing ; **un bateau disparu en mer** a boat lost at sea

disperser (se) *(foule, groupe)* to break up

disponible available

disposé, -e : être disposé à faire quelque chose to be prepared *ou* willing to do something

disposer *(placer)* to arrange, to set out

disposition

1 *(de meubles, de livres)* arrangement

2 je suis à ta disposition I'm at your service ; **avoir quelque chose à sa disposition** to have something at one's disposal ; **mon vélo est à ta disposition** you're welcome to use my bike

▪**dispositions : prendre ses dispositions** to make arrangements

dispute quarrel, argument

disputer (se) to quarrel, to argue (**avec** with)

disque

1 *(cercle)* disc, *(en américain)* disk

2 *(de musique)* record ; **un disque compact** a compact disc *ou* disk

3 *(d'un ordinateur)* disk : **le disque dur** the hard disk

disquette floppy (disk) : **sur disquette** on floppy (disk)

distance distance : **on ne voyait rien à cette distance** you couldn't see anything at that distance

distinctement *(voir, parler)* clearly

distinguer
1 *(voir)* to make out
2 distinguer quelque chose de quelque chose to tell something from something ; **ils n'arrivent pas à distinguer le bien du mal** they can't tell good from evil

distraction entertainment, amusement : **c'est ma seule distraction** it's my only (form of) entertainment ; **il y a beaucoup de distractions** there are many things to do *ou* many amusements

distrait, -aite absent-minded

distribuer *(des copies, des brochures)* to hand out ; *(le courrier)* to deliver ; *(des cartes à jouer)* to deal

distributeur *(de billets)* cashpoint, *(en américain)* ATM ; *(de boissons)* vending machine

divers, -erses
1 *(plusieurs)* various : **pour diverses raisons** for various reasons
2 *(variés)* varied : **des opinions diverses** varied opinions

diviser to divide (**en** into) : **il l'a divisé en trois parties** he divided it into three parts ; **dix divisé par deux** ten divided by two

division division

divorcé, -e ▸ *adjectif* divorced

divorcer to get divorced

dix
1 ten : **dix filles** ten girls ; **j'en ai dix** I've got ten ; **il y en a dix** there are ten (of them) ; **nous sommes dix** there are ten of us ; **c'est à la page dix** it's on page ten ; **il est dix heures** it's ten (o'clock) ; **à dix heures** at ten (o'clock) ; **elle a dix ans** she's ten (years old)
2 *(dans les dates)* tenth : **nous sommes le dix juin** it's the tenth of June, *(en américain)* it's June tenth

dix-huit eighteen

> Pour des exemples d'emploi, voir **dix**.

dix-huitième eighteenth

> Pour des exemples d'emploi, voir **dixième**.

dixième
▸ *adjectif* tenth : **c'est la dixième fois** this is the tenth time
▸ *nom (personne, chose)* tenth : **le dixième en partant de la droite** the tenth from the right ; **vous êtes la dixième** you're the tenth (one)
▸ *nom masculin*
1 *(fraction)* tenth : **trois dixièmes** three-tenths
2 *(étage)* **habiter au dixième** to live on the tenth floor, *(en américain)* to live on the eleventh floor

dix-neuf nineteen

> Pour des exemples d'emploi, voir **dix**.

dix-neuvième nineteenth

> Pour des exemples d'emploi, voir **dixième**.

dix-sept seventeen

> Pour des exemples d'emploi, voir **dix**.

dix-septième seventeenth

> Pour des exemples d'emploi, voir **dixième**.

dizaine : une dizaine de personnes about ten people ; **des dizaines de** dozens of

docteur doctor : **elle est docteur** she's a doctor ; **aller chez le docteur** to go to the doctor *ou* doctor's

doigt finger : **le petit doigt** the little finger, *(en américain)* the pinkie ; **un doigt de pied** a toe

dollar dollar

domestique ▸ *nom* servant

domicile home ; **changer de domicile** to change one's address ; **le boucher livre à domicile** the butcher delivers

dominer
1 *(influencer, contrôler)* to dominate : **se laisser dominer par quelqu'un** to let oneself be dominated by somebody
2 *(être plus fort que)* **ils nous dominent** they have the upper hand, they're stronger than us
3 *(tour, rocher)* to tower above : **le gratte-ciel domine la ville** the skyscraper towers above the city

dommage : c'est dommage ! it's a pity!, it's a shame! ; **c'est dommage qu'elle ne soit pas venue** it's a pity *ou* a shame she didn't come ; **quel dommage !** what a pity!, what a shame!

dommages *(dégâts)* damage : **causer des dommages à** to cause damage to

Le mot **damage** est indénombrable.

donc
1 so : **elle a donc dû annuler son voyage** so she had to cancel her trip
2 *(intensif)* **asseyez-vous donc !** will you sit down! ; **qui donc ?** who?

donné : étant donné que seeing that ; **étant donné la situation** given the situation

donner
1 to give : **donner quelque chose à quelqu'un** to give somebody something, to give something to somebody
2 ça donne soif/faim it makes you thirsty/hungry
3 donner sur la cour *(fenêtre)* to overlook the courtyard ; *(porte)* to open onto the courtyard

dont
1 la fille/le livre dont il est fier the daughter/book he's proud of ; **la femme dont il est amoureux** the woman he's in love with ; **le livre dont elle m'a parlé** the book she spoke to me about ; **le mal dont il souffre** the illness he suffers from ; **la façon dont je joue** the way I play
2 *(appartenance)* whose : **une mère dont le fils est malade** a mother whose son is ill ; **la maison dont on voit le toit** the house whose roof can be seen

doré, -e *(cheveux, lumière)* golden ; *(papier)* gold-coloured

dormir to sleep

dortoir dormitory

dos *(d'une personne, d'un animal)* back : **se coucher sur le dos** to lie on one's back

dossier
1 *(d'un siège)* back
2 *(documents)* file ; *(d'un patient, d'un élève)* record ; *(répertoire informatique)* folder

douane customs : **passer à la douane** to go through customs

double
▸ *adjectif (quantité, chambre, sens)* double
▸ *nom masculin*
1 le double twice as much, double : **j'ai payé le double** I paid twice as much, I paid double ; **j'ai le double de votre âge** I'm twice as old as you are, I'm double your age ; **le double du prix normal** twice *ou* double the normal price
2 *(exemplaire)* copy : **je l'ai en double** I've got two copies, I've got two of them

doubler
1 to double : **leur salaire a doublé** their salary has doubled
2 *(en voiture)* to overtake, *(en américain)* to pass

doucement
1 *(délicatement)* gently : **j'ai freiné doucement** I braked gently

2 *(à voix basse)* softly : **il parle doucement** he speaks softly
3 *(lentement)* slowly : **nous roulons doucement** we're driving slowly

douche shower : **prendre une douche** to have *ou* to take a shower ; **être sous la douche** to be in the shower

doucher (se) to have a shower, *(en américain)* to take a shower

doué, -e gifted ; **être doué en dessin** to be very good at drawing

douleur pain

douloureux, -euse painful

doute doubt : **j'ai des doutes** I have my doubts, I'm doubtful ; **sans doute** probably

douter to doubt : **douter de quelque chose** to doubt something ; **j'en doute** I doubt it
▪**se douter : se douter de quelque chose** to suspect something ; **il ne se doute de rien** he doesn't suspect anything ; **je m'en doute !** I would think so!

doux, douce
1 *(peau, matière)* soft ; *(miel, vin)* sweet ; *(temps, température)* mild ; *(pente)* gentle
2 *(personne)* gentle

douzaine
1 une douzaine a dozen ; **deux douzaines** two dozen ; **une douzaine d'œufs** a dozen eggs
2 *(environ)* **une douzaine de personnes** about twelve people

douze twelve

Pour des exemples d'emploi, voir **dix**.

douzième twelfth

Pour des exemples d'emploi, voir **dixième**.

dragon dragon

drame *(genre littéraire)* drama ; *(catastrophe)* tragedy

drap *(de lit)* sheet

drapeau flag

dresser
1 *(un animal)* to train
2 *(une statue, une tente)* to put up
▪**se dresser** *(personne)* to stand up ; *(monument, montagne)* to stand

drogue : une drogue a drug ; **la drogue** drugs ; **la lutte contre la drogue** the fight against drugs ; **les drogues douces/dures** soft/hard drugs

drogué, -e ▸ *nom* drug addict

droguer (se) to take drugs, to be on drugs

droit[1] ▸ *nom masculin*
1 right (**de faire** to do) : **défendre ses droits** to defend one's rights
2 *(permission)* **avoir le droit de faire quelque chose** to be allowed to do something ; **donner à quelqu'un le droit de faire quelque chose** to allow somebody to do something
3 *(science)* **le droit** law ; **un étudiant en droit** a law student

droit[2]**, droite**[1]
▸ *adjectif (rectiligne, vertical)* straight : **une ligne droite** a straight line ; **se tenir droit** to stand up straight
▸ *adverbe (couper, rouler)* straight ; **tout droit** straight ahead ; **allez tout droit** go straight ahead

droit[3]**, droite**[2] ▸ *adjectif (main, bras, gant)* right ; **du côté droit** on the right-hand side
▪**droite** ▸ *nom féminin* right : **à ma droite** on my right ; **le tiroir de droite** the right-hand drawer ; **tourner à droite** to turn right ; **regarder à droite** to look to the right ; **rouler à droite** to drive on the right ; **la deuxième rue à droite** the second street on the right ; **c'est à droite** it's on the right, it's on the right-hand side ; **c'est à droite du fauteuil** it's to the right of the armchair

droitier, -ière ▸ *adjectif* right-handed

drôle
1 *(amusant)* funny : **une histoire drôle** a funny story
2 *(bizarre)* strange, funny : **une drôle d'idée** a strange *ou* funny idea

du *voir* **de, le**

duquel *voir* **lequel**

dur, -e
▸ *adjectif*
1 *(sol, pain, matelas)* hard
2 *(difficile)* hard, tough : **ce travail est trop dur pour elle** the work is too hard *ou* too tough for her
3 *(personne)* harsh, hard ; *(ton)* harsh : **il est très dur avec moi** he's very hard on me
▸ *adverbe* hard : **travailler dur** to work hard

durant
1 *(au cours de)* during : **durant l'hiver** during the winter
2 *(pour une durée de)* for : **durant des heures** for hours ; **durant plusieurs années** for several years

durée *(d'un voyage, d'un événement)* length ; **quelle est la durée du film ?** how long is the film? ; **un séjour d'une durée de trois semaines** a three-week stay

durement *(répondre, parler)* harshly

durer to last : **le voyage a duré une semaine** the trip lasted a week ; **ça dure depuis un mois** it's been going on for a month

DVD DVD : **j'ai acheté des DVD** I bought some DVDs

Ee

eau water : **de l'eau du robinet** tap water

éboueur dustman (*au pluriel* -men), *(en américain)* garbage man

écart
1 *(distance)* gap (**entre** between)
2 à l'écart du village/de la route away from the village/road ; **nous vivons à l'écart** we live out of the way

écarter
1 *(les doigts, les bras, les jambes)* to spread
2 *(éloigner)* to move away (**de** from) : **écarte la table du mur** move the table away from the wall
▪**s'écarter** *(s'éloigner)* to move out of the way

échange swap, exchange : **faire un échange** to do a swap ; **en échange de** in return for, in exchange for

échanger
1 *(troquer)* to swap, to exchange (**contre** for) : **veux-tu échanger ce CD contre celui-ci ?** will you swap *ou* exchange this CD for that one?
2 *(se donner mutuellement)* to swap, to exchange : **nous avons échangé nos adresses** we swapped *ou* exchanged addresses

échapper : échapper à quelqu'un to escape from somebody ; **échapper à une punition** to escape punishment
▪**s'échapper** to escape (**de** from) : **un tigre s'est échappé du zoo** a tiger escaped from the zoo

écharde splinter

écharpe scarf (*au pluriel* scarfs *ou* scarves)

échec *(défaite)* failure

échecs *(jeu)* chess : **jouer aux échecs** to play chess

échelle
1 ladder : **monter à une échelle** to climb a ladder
2 *(d'une carte)* scale

écho echo

échouer to fail : **échouer à un examen** to fail an exam

éclair *(pendant un orage)* flash of lightning

éclairage lighting

éclairer *(un lieu)* to light (up) ; **cette lampe éclaire bien/mal** this lamp gives a good light/doesn't give much light ; **cette pièce est bien/mal éclairée** this room is well/badly lit

éclat
1 *(d'une lumière)* brightness
2 des éclats de verre pieces of broken glass ; **la lampe a volé en éclats** the lamp was smashed to pieces
3 un éclat de rire a burst of laughter

éclater
1 to burst : **le ballon a éclaté** the balloon burst ; **éclater de rire** to burst out laughing
2 l'orage a éclaté the storm has broken ; **la guerre a éclaté** war has broken out

écœurer : ce gâteau m'écœure this cake makes me feel sick

école school : **être à l'école** to be at school ; **aller à l'école** to go to school ; **une école maternelle** a nursery school, *(en américain)* a kindergarten ; **une école primaire** a primary school, *(en américain)* an elementary school

écolier, -ière schoolboy/schoolgirl

économie economy ; *(discipline)* economics : **il étudie l'économie** he studies economics
▪**économies** *(argent)* savings ; **faire des économies** to save up

économiser *(de l'argent, de l'énergie)* to save ; **économiser sur l'électricité** to save on electricity

écorce *(d'arbre)* bark

écorcher (s') to graze oneself ; **s'écorcher le genou** to graze one's knee

Écossais, -aise Scot : **c'est un Écossais** he's a Scot

écossais, -aise Scottish

Écosse : l'Écosse Scotland ; **aller en Écosse** to go to Scotland ; **vivre en Écosse** to live in Scotland

écouter to listen to : **j'écoute la radio/le professeur** I'm listening to the radio/to the teacher ; **écoutez !** listen!

écran screen

écraser
1 to crush, to squash : **attention, vous m'écrasez !** be careful, you're squashing me *ou* you're crushing me! ; **écraser une cigarette** to put a cigarette out
2 *(avec un véhicule)* to run over : **tu as failli l'écraser** you almost ran him over ; **se faire écraser** to get run over
▪**s'écraser** *(avion, voiture)* to crash

écrier (s') to exclaim (**que** that)

écrire
1 to write (**à** to) : **écrire une lettre** to write a letter ; **écris-le dans la marge** write it in the margin
2 *(épeler)* to spell : **tu écris ça comment ?** how do you spell it?
▪**s'écrire**
1 *(correspondre)* **ils s'écrivent souvent** they write to each other often
2 *(s'orthographier)* to be spelled *ou* spelt : **comment est-ce que ça s'écrit ?** how is it spelled *ou* spelt?, how do you spell it?

écrit ▸ *nom masculin (examen)* written exam ; **par écrit** in writing

écriture writing ; *(façon d'écrire)* handwriting : **elle a une belle écriture** she has good handwriting

écrivain writer : **elle est écrivain** she's a writer

écrou nut : **des écrous et des boulons** nuts and bolts

écureuil squirrel

écurie stable

Édimbourg Edinburgh

éducation *(enseignement)* education ; *(par les parents)* upbringing

effacer to erase ; *(avec un chiffon)* to wipe off ; *(sur ordinateur)* to delete

effectuer *(des changements)* to make, to carry out ; *(une réparation)* to do, to carry out

effet
1 effect : **ça n'a pas eu d'effet sur moi** it had no effect on me
2 faire bon effet to make a good impression
3 en effet actually, in fact ; *(dans une réponse)* indeed : **c'est en effet la meilleure solution** it's actually *ou* in fact the best solution ; **drôle d'idée ! – en effet !** what a funny idea! – indeed!

efficace *(mesure, médicament)* effective ; *(personne)* efficient

effort effort : **faire un effort, faire des efforts** to make an effort ; **faire**

beaucoup d'efforts to try very hard ; **encore un petit effort !** try again!, try a bit harder!

effrayant, -ante frightening

effrayer to frighten, to scare

égal, -e
1 equal (**à** to) : **quatre parties égales** four equal parts ; **nous sommes tous égaux** we're all equal
2 ça m'est égal ! *(ça ne m'intéresse pas)* I don't care! ; *(en choisissant quelque chose)* I don't mind!

également also, as well, too : **il parle également espagnol** he also speaks Spanish, he speaks Spanish too *ou* as well

égaler to equal : **six plus quatre égalent dix** six plus four equals ten

égalité
1 equality
2 être à égalité *(équipes)* to be level *ou* even *ou* equal

égard : à l'égard de quelqu'un towards somebody

église church : **aller à l'église** to go to church

égoïste selfish

Égypte : l'Égypte Egypt ; **aller en Égypte** to go to Egypt ; **vivre en Égypte** to live in Egypt

Égyptien, -ienne Egyptian : **c'est une Égyptienne** she's an Egyptian

égyptien, -ienne Egyptian

eh : eh bien ! well!

élastique ▸ *nom masculin (de bureau)* elastic band, rubber band

électricien, -ienne electrician : **il est électricien** he's an electrician

électricité electricity : **une facture d'électricité** an electricity bill

électrique electric

électronique electronic

élégant, -ante *(personne, vêtement, restaurant)* elegant, smart

élément element ; *(meuble)* unit

éléphant elephant

élève pupil, student

élevé, -e
1 *(nombre, prix, étage)* high
2 être bien/mal élevé to be well-mannered/bad-mannered

élever
1 *(un enfant)* to bring up : **c'est sa tante qui l'a élevé** it was his aunt who brought him up
2 *(des animaux)* to breed, to keep
3 *(un prix, une température, un plancher)* to raise (**de** by) ; **élever la voix** to raise one's voice
▪**s'élever : s'élever à** to come to ; **les réparations s'élèvent à 200 euros** the repairs come to 200 euros

élire to elect

elle
1 *(sujet)* she ; *(chose, animal)* it : **elle mange** she's eating ; **elle est cassée** it's broken
2 *(objet direct ou après une préposition)* her ; *(chose, animal)* it : **c'est elle** it's her ; **c'est pour elle** it's for her ; **c'est à elle** it's hers ; **elle est fière d'elle** she's proud of herself

elle-même herself ; *(animal)* itself

elles
1 *(sujet)* they : **elles mangent** they're eating ; **elles m'appartiennent** they belong to me
2 *(objet direct ou après une préposition)* them : **ce sont elles** it's them ; **c'est pour elles** it's for them ; **cette voiture est à elles** this car is theirs ; **elle sont fières d'elles** they're proud of themselves

elles-mêmes themselves

éloigné, -e
1 *(lieu)* far away (**de** from) ; **une ferme éloignée du village** a farm a long way away from the village
2 *(date, parent)* distant

éloigner (s') *(s'écarter)* to move away (**de** from) ; *(partir)* to go away (**de** from) : **éloignez-vous du bord** move away from the edge ; **ne vous éloignez pas !** don't go too far away!

e-mail e-mail : **par e-mail** by e-mail ; **envoyer un e-mail à quelqu'un** to e-mail somebody

emballage packaging ; *(papier)* wrapping : **du papier d'emballage** wrapping paper

emballer *(dans du papier)* to wrap

embarquer (s') *(monter à bord d'un bateau)* to go on board ; **s'embarquer pour** to sail for

embêtant, -ante annoying

embêter

1 *(agacer)* to annoy

2 *(ennuyer, lasser)* to bore

▪**s'embêter** *(s'ennuyer)* to be bored

embouteillage traffic jam

embrasser *(donner un baiser à)* to kiss

▪**s'embrasser** to kiss (each other) ; **ils se sont embrassés** they kissed (each other)

émission programme, *(en américain)* program : **une émission de radio/télévision** a radio/television programme *ou* program

emmener to take : **emmener quelqu'un à l'école** to take somebody to school ; **je l'ai emmenée voir une pièce de théâtre** I took her to see a play

empêcher to prevent, to stop : **empêcher quelqu'un de faire quelque chose** to prevent *ou* to stop somebody (from) doing something ; **elle a voulu partir, je n'ai pas pu l'en empêcher** she wanted to leave and I couldn't prevent her *ou* stop her

▪**s'empêcher : elle n'a pas pu s'empêcher de rire** she couldn't help laughing

emploi

1 *(travail)* job : **un emploi de secrétaire** a job as a secretary ; **changer d'emploi** to change jobs ; **l'emploi** employment

2 *(usage)* use ; **un mode d'emploi** directions

3 un emploi du temps a timetable

employé, -e employee, worker : **un employé de bureau** an office worker ; **il est employé de banque** he's a bank clerk, he works in a bank

employer

1 *(utiliser)* to use

2 employer quelqu'un to employ somebody

employeur, -euse employer

emporter

1 to take : **j'ai emporté ma boussole** I took my compass with me ; **un repas à emporter** a takeaway, *(en américain)* a takeout

2 le vent a emporté mon chapeau the wind blew my hat off

empreinte *(de pas)* footprint ; **une empreinte digitale** a fingerprint

emprunter to borrow (**à** from) : **je leur ai emprunté 20 euros** I borrowed 20 euros from them

ému, -e *(touché)* moved ; *(triste)* upset

en

▸ *préposition*

1 *(lieu)* in : **être en France** to be in France ; **en ville** in town ; **en forêt** in the forest ; **en mer** at sea

2 *(destination)* to : **aller en France** to go to France ; **aller en ville** to go into town, *(américain)* to go downtown

3 *(date, durée)* in : **en juin** in June ; **en hiver** in winter ; **en 2006** in 2006 ; **j'ai lu le livre en trois heures** I read the book in three hours

4 *(moyen)* by : **en voiture/avion** by car/plane

5 *(état)* in : **en noir** in black ; **en an-**

glais in English ; **en euros** in euros ; **en groupe** in a group ; **en danger** in danger ; **en guerre** at war ; **être bon en maths** to be good at maths

6 *(transformation)* into : **transformer une chambre en bureau** to convert a bedroom into an office

7 *(matière)* **une table en bois** a wooden table ; **elle est en bois** it's made out of wood ; **un bracelet en or** a gold bracelet ; **il est en or** it's gold

8 *(comme)* as : **en cadeau** as a present

9 *(avec un participe présent)* **arriver en criant** to arrive shouting ; **en mangeant** while eating ; **elle est tombée en descendant l'escalier** she fell as she was going down the stairs ; **en arrivant à Toulouse, je...** when I arrived in Toulouse *ou* on arriving in Toulouse, I... ; **traverser en courant** to run across ; **partir en courant** to run off

▸ *pronom*

1 *(avec les adjectifs et verbes construits avec "de")* **il en est content** he's pleased with it ; **en parler** to talk about it ; **en mourir** to die of it ; **je m'en souviens** I remember it ; **j'en viens** I've just come from there

2 *(à la place du nom)* some ; *(dans les phrases négatives)* any : **j'en ai** I have some ; **elle en a cinq** she's got five ; **j'ai fait du café, tu en veux ?** I've made coffee, do you want some? ; **je n'en ai pas** I don't have any

enceinte ▸ *adjectif* pregnant : **elle est enceinte de six mois** she's six months pregnant

enchanté, -e *(ravi)* delighted (**de** with) ; **enchanté de faire votre connaissance !** pleased to meet you!

encore

1 *(toujours)* still : **elle est encore là** she's still there

2 *(avec une négation)* yet : **pas encore** not yet ; **je n'ai pas encore terminé** I haven't finished yet

3 *(de nouveau)* again : **essaie encore** try again ; **c'est encore moi !** it's me again!

4 *(de plus)* **encore un café** another coffee ; **encore une fois** (once) again ; **encore un** another one, one more ; **encore du pain** some more bread ; **pas encore des épinards !** not spinach again! ; **encore quelque chose** something else

5 *(dans les comparaisons)* even : **elle est encore plus grande que vous** she's even taller than you ; **c'est encore mieux** it's even better ; **tu en as encore moins** you have even less

encourager to encourage : **encourager quelqu'un à faire quelque chose** to encourage somebody to do something

encre ink : **une tache d'encre** an ink stain

encyclopédie encyclopedia

endommager to damage

endormi, -e : être endormi to be asleep *ou* sleeping ; **avoir l'air endormi** to look sleepy

endormir (s') to fall asleep, to go to sleep

endroit

1 *(lieu)* place : **l'endroit où je l'ai laissé** the place I left it

2 à l'endroit *(le bon côté à l'extérieur)* the right way out ; *(le bon côté devant)* the right way round ; *(le bon côté en haut)* the right way up : **mes chaussettes sont à l'endroit** I put my socks on the right way out ; **remets ta casquette à l'endroit** put your cap on the right way round ; **remets la bouteille à l'endroit** turn the bottle the right way up

énergie energy

énergique *(personne)* energetic, dynamic ; *(mesures, paroles)* strong

énervant, -ante irritating, annoying

énervé, -e *(tendu)* on edge ; *(excité)* agitated

énerver : énerver quelqu'un *(irriter)* to get on somebody's nerves ; **cette musique m'énerve** this music is getting on my nerves
▪**s'énerver** to get worked up

enfance childhood

enfant child (*au pluriel* children)

enfer hell

enfermer to shut up ; *(à clé)* to lock up (**dans** in)

enfin
1 *(en dernier lieu)* finally
2 *(finalement)* at last : **les voilà enfin !** here they are at last!
3 *(marquant l'hésitation)* well : **elle est blonde, enfin, châtain clair** she's got blond hair, well, light brown

enflé, -e swollen

enfler to swell

enfoncer : enfoncer quelque chose dans quelque chose to push *ou* to stick something into something
▪**s'enfoncer : s'enfoncer dans la boue** to sink into the mud

enfuir (s') to run away (**de** from) ; *(d'une prison)* to escape (**de** from)

enivrer (s') to get drunk

enlever
1 *(un couvercle, une étiquette)* to remove ; **enlever quelque chose à quelqu'un** to take something away from somebody
2 enlever sa chemise/son manteau to take off one's shirt/coat

ennemi enemy

ennui
1 *(lassitude)* boredom
2 *(problème)* problem : **des ennuis de santé** health problems ; **avoir des ennuis** to have trouble (**avec** with)

ennuyer
1 *(contrarier, déranger)* to bother ; **cela vous ennuie si j'ouvre la fenêtre ?** do you mind if I open the window?
2 *(agacer)* to annoy : **tu m'ennuies avec tes questions** you're annoying me with your questions
3 *(lasser)* to bore : **il m'ennuie à mourir** he bores me to death
▪**s'ennuyer** to be bored

ennuyeux, -euse
1 *(pas intéressant)* boring
2 *(agaçant)* annoying

énorme enormous, huge

énormément an awful lot : **il travaille énormément** he works an awful lot ; **énormément d'argent** a huge amount of money ; **énormément de gens** a vast number of people

enquête *(de police)* investigation (**sur** into)

enregistrer
1 *(une chanson, un film)* to record ; **ça enregistre** it's recording
2 *(à l'aéroport)* to check in, *(en américain)* to check : **enregistrer ses bagages** to check (in) one's luggage

enrhumé, -e : être enrhumé to have a cold

enrhumer (s') to catch a cold

enrouler
1 *(mettre en rouleau)* to roll up : **enrouler une carte/un tapis** to roll up a map/carpet
2 enrouler une corde autour d'un arbre to wind a rope round a tree ; **il a enroulé le bandage autour de sa main** he wound the bandage round his hand

enseignement
1 *(formation)* education : **l'enseignement supérieur** higher education
2 *(profession)* teaching : **l'enseignement de l'anglais** the teaching of English

enseigner to teach : **enseigner**

quelque chose à quelqu'un to teach somebody something ; **il enseigne à de très jeunes enfants** he teaches very young children

ensemble
▸ *adverbe* together : **ces couleurs vont bien ensemble** these colours go well together ; **tous ensemble** all together
▸ *nom masculin* **l'ensemble de la classe** the whole class ; **l'ensemble des joueurs** all the players

ensuite *(puis)* then, next ; *(plus tard)* later, afterwards

entendre to hear ; **nous avons entendu dire que...** we heard that...
▪ **s'entendre : bien s'entendre avec quelqu'un** to get along with somebody

entendu
1 **c'est entendu !** agreed!, all right!
2 **bien entendu** of course

enterrement *(cérémonie)* funeral ; *(mise en terre)* burial

enterrer to bury

entier, -ière ▸ *adjectif* whole : **le pays tout entier** the whole country
▪ **en entier** ▸ *adverbe* **elle a lu le livre en entier** she read the whole book

entièrement entirely

entorse *(foulure)* sprain

entourer
1 to surround : **entouré de** surrounded by
2 *(un mot)* to circle

entraîner *(un athlète, une équipe)* to train (**à** for)
▪ **s'entraîner** to train, to practise, *(en américain)* to practice

entre between ; **l'un d'entre vous** one of you ; **certains d'entre eux** some of them ; **entre amis** among friends

entrée
1 *(porte)* entrance ; *(pièce)* (entrance) hall
2 *(accès)* admission (**dans, de** to)
3 *(d'un repas)* starter

entreprise company, firm

entrer *(aller)* to go in ; *(venir)* to come in : **entrez !** come in! ; **entrer dans une pièce** *(aller)* to go into a room ; *(venir)* to come into a room ; **il est entré dans sa chambre** he went into his bedroom ; **le train entre en gare** the train is coming into the station

entretenir *(une route, un jardin, une machine)* to maintain

enveloppe envelope

envelopper to wrap (up) (**dans** in)

envers[1] ▸ *préposition* to, towards, *(en américain)* toward : **être cruel envers quelqu'un** to be cruel to somebody

envers[2] ▸ *nom masculin*
1 *(d'une assiette)* back ; *(d'un tissu)* reverse side
2 **à l'envers** *(l'intérieur à l'extérieur)* inside out ; *(devant derrière)* back to front ; *(le haut en bas)* upside down : **tu as mis tes chaussettes à l'envers** you've put your socks on inside out ; **il porte sa casquette à l'envers** he wears his cap back to front ; **le tableau est à l'envers** the painting is hanging upside down

envie : avoir envie de quelque chose to want something ; **avoir envie de faire quelque chose** to want to do something, to feel like doing something ; **j'ai envie de savoir** I want to know ; **j'avais envie de rire/pleurer** I felt like laughing/crying ; **j'ai envie de vomir** I feel sick

environ *(à peu près)* about : **elle a environ huit ans** she's about eight

environs surrounding area ; **aux environs de Paris** around Paris

envisager : envisager de faire quelque chose to consider doing something

envoler (s')
1 *(oiseau, papillon)* to fly away ; *(avion)* to take off
2 *(chapeau, toit)* to blow off ; *(papiers, tente)* to blow away

envoyer
1 to send : **envoyer quelqu'un chercher quelque chose** to send somebody to get something
2 *(lancer)* to throw

épais, -aisse thick

épaule shoulder

épée sword

épeler to spell

épice spice

épicé, -e spicy

épicerie grocer's shop, *(en américain)* grocery store

épicier, -ière grocer : **il est épicier** he's a grocer

épinards spinach : **j'aime les épinards** I like spinach

Le mot **spinach** est indénombrable.

épine thorn, prickle

épingle pin : **une épingle à nourrice** a safety pin

éplucher to peel

éponge sponge

époque
1 *(historique)* era, age
2 *(moment précis)* time : **à cette époque-là** at that time, then ; **à l'époque où** at the time when

épouser to marry

épouvantable terrifying ; *(mauvais)* appalling

époux, -ouse husband/wife *(au pluriel* wives) ; **les époux** the husband and wife

épreuve
1 *(examen)* test
2 *(sportive)* event

EPS PE : **un cours d'EPS** a PE class

épuisé, -e *(fatigué)* exhausted

équilibre balance : **perdre l'équilibre** to lose one's balance ; **mettre quelque chose en équilibre** to balance something (**sur** on)

équipage crew

équipe team : **une équipe de rugby** a rugby team ; **le travail d'équipe** teamwork

équipé, -e : équipé de equipped with ; **bien équipé** well-equipped

équitation horseriding : **faire de l'équitation** to go horseriding

erreur error, mistake : **faire une erreur** to make a mistake

escale : faire escale à *(avion)* to stop over in

escalier stairs : **dans l'escalier** on the stairs

escargot snail

esclave slave

espace space : **laissez un espace** leave a space ; **un voyage dans l'espace** a space flight

Espagne : l'Espagne Spain ; **aller en Espagne** to go to Spain ; **vivre en Espagne** to live in Spain

Espagnol, -e Spaniard : **c'est un Espagnol** he's a Spaniard ; **les Espagnols** the Spanish

espagnol, -e
▸ *adjectif* Spanish
▸ *nom masculin (langue)* Spanish : **l'espagnol est une langue difficile** Spanish is a difficult language ; **il parle espagnol** he speaks Spanish ; **un professeur d'espagnol** a Spanish teacher

espèce
1 *(sorte)* kind, sort : **une espèce d'insecte** a kind *ou* sort of insect
2 *(animale, végétale)* species : **une espèce en voie de disparition** an endangered species

espérer to hope (**que** that) : **espérer faire quelque chose** to hope to do something ; **espérer quelque chose** to hope for something ; **j'espère bien** I hope so

espion, -onne spy

espionner : espionner quelqu'un to spy on somebody

espoir hope

esprit
1 *(intellectuel)* mind ; **avoir l'esprit vif** to be quick-witted
2 *(attitude mentale)* spirit : **l'esprit d'équipe** team spirit

essai
1 *(tentative)* try, attempt : **au quatrième essai** at the fourth try *ou* attempt
2 *(test)* test : **un essai nucléaire** a nuclear test
3 *(en littérature)* essay
4 *(au rugby)* try

essayer
1 to try : **essayer de faire quelque chose** to try to do something
2 *(des vêtements, des chaussures)* to try on

essence petrol, *(en américain)* gas

essentiel, -ielle
▸ *adjectif* essential
▸ *nom masculin* **c'est l'essentiel** that's the main thing

essoufflé, -e out of breath

essuyer to wipe ; *(la vaisselle)* to dry
▪**s'essuyer** to dry oneself ; **s'essuyer la bouche/les yeux** to wipe one's mouth/eyes ; **s'essuyer les mains** to dry one's hands

est
▸ *nom masculin* east : **à l'est du village** east of the village ; **dans l'est de la France** in the east of France
▸ *adjectif* eastern, east : **la côte est** the east coast

est-ce que : est-ce qu'elle est là ? is she there? ; **est-ce que tu aimes ce film ?** do you like this film? ; **est-ce que tu iras ?** will you go? ; **est-ce que je peux entrer ?** can I come in? ; **quand est-ce que tu l'as acheté ?** when did you buy it?

estomac stomach

et and

établir to establish ; *(une liste, un devis)* to draw up

étage floor : **au premier étage** on the first floor, *(en américain)* on the second floor

étagère shelf (*au pluriel* shelves)

étang pond

étape
1 stage : **par étapes** in stages ; **un voyage en deux étapes** a trip in two stages
2 *(lieu)* stopover ; **faire étape** to stop (over)

État : un État a state ; **l'État** the State

état state, condition : **en bon/mauvais état** in good/bad condition

États-Unis : les États-Unis the United States ; **aller aux États-Unis** to go to the United States ; **vivre aux États-Unis** to live in the United States

été summer : **en été** in (the) summer

éteindre
1 *(la lumière, la télévision, le chauffage)* to turn off, to switch off
2 *(un feu, une cigarette)* to put out ; **éteindre une bougie** *(en soufflant)* to blow a candle out
▪**s'éteindre** *(feu, lumière)* to go out

étendre
1 *(une carte, une nappe)* to spread out ; **étendre les bras/jambes** to stretch (out) one's arms/legs
2 *(du linge)* to hang up ; *(dehors)* to hang out
▪**s'étendre** *(s'allonger)* to lie down, to stretch out

éternuer to sneeze

étiquette label

étoile star

étonnant, -ante surprising

étonné, -e surprised : **être étonné de quelque chose** to be surprised at something ; **je suis étonné de vous voir ici** I'm surprised to see you here

étonner to surprise : **ça m'étonne de vous voir ici** I'm surprised to see you here

étouffer to suffocate ; **on étouffe ici !** it's stifling here!
▪ **s'étouffer** to suffocate ; *(en mangeant)* to choke (**avec** on)

étrange strange, odd

étranger, -ère
▸ *adjectif (d'un autre pays)* foreign
▸ *nom*
1 *(d'un autre pays)* foreigner : **c'est un étranger** he's a foreigner
2 *(inconnu)* stranger
▸ *nom masculin* **ça vient de l'étranger** it comes from abroad ; **aller/vivre à l'étranger** to go/to live abroad

être
▸ *verbe*
1 to be : **elle est dentiste** she's a dentist ; **c'est facile** it's easy ; **il est cinq heures** it's five (o'clock) ; **je suis du sud** I'm from the South
2 *(aller)* to go : **j'ai été à Paris l'an dernier** I went to Paris last year ; **j'ai déjà été à Paris** I've been to Paris
3 **être à quelqu'un** *(appartenir)* to belong to somebody ; **c'est à moi** it belongs to me, it's mine
▸ *auxiliaire*
1 to have : **il est venu** he has come ; **elle était arrivée** she had arrived ; **il serait resté** he would have stayed ; **je suis allé au zoo** I went to the zoo
2 *(au passif)* to be : **la maison va être achetée par des étrangers** the house is going to be bought by foreigners ; **il a été tué** he was killed
▸ *nom masculin* **un être humain** a human being ; **un être vivant** a living creature ; **c'est un être cruel** he's a cruel person

étroit, -oite *(rue, épaules)* narrow ; *(vêtement)* tight

étude study ; **faire des études d'anglais/de médecine** to study English/medicine

étudiant, -ante student : **il est étudiant** he's a student

étudier to study

étui case : **un étui à lunettes** a glasses case

euro euro : **ça coûte 20 euros** it costs 20 euros

Europe : l'Europe Europe ; **aller en Europe** to go to Europe ; **vivre en Europe** to live in Europe ; **l'Europe de l'Est/de l'Ouest** Eastern/Western Europe ; **l'Europe du Nord/du Sud** Northern/Southern Europe

Européen, -enne European : **c'est une Européenne** she's a European

européen, -enne European

eux
1 *(objet direct ou après une préposition)* them : **ce sont eux** it's them ; **c'est pour eux** it's for them ; **cette voiture est à eux** this car is theirs ; **ils sont fiers d'eux** they're proud of themselves
2 *(sujet)* they : **eux, ils ne disent jamais rien** they never say anything

eux-mêmes themselves

évanouir (s') to faint, to pass out

évasion escape (**de** from)

éveillé, -e awake : **rester éveillé** to stay awake

événement event

éventail fan

éventuel, -elle possible

éventuellement possibly ; **j'au-**

rais éventuellement besoin de votre aide I may need your help

évidemment *(bien sûr)* of course, obviously

évident, -ente obvious : **il est évident que...** it is obvious that...

évier sink

éviter
1 to avoid : **éviter de faire quelque chose** to avoid doing something ; **il m'évite** he's avoiding me
2 ça m'évitera d'avoir à le faire it will save me having to do it

exact, -e exact ; *(mot, réponse, heure)* right, correct

exactement exactly

exagérer to exaggerate

examen
1 exam : **un examen d'anglais** an English exam
2 *(médical)* examination

examiner to examine

excellent, -ente excellent

exception exception (**à** to) ; **à l'exception de** apart from

exceptionnel, -elle exceptional

exclamation exclamation

exclamer (s') to exclaim, to cry out

excursion *(en car)* trip : **faire une excursion** to go on a trip

excuse *(raison)* excuse (**pour faire** for doing)
▪**excuses** *(regrets)* apology : **je te dois des excuses** I owe you an apology ; **faire des excuses à quelqu'un** to apologize to somebody

excuser to excuse : **excuser quelqu'un d'avoir fait quelque chose** to excuse somebody for doing something ; **excusez-moi !** *(pour attirer l'attention)* excuse me! ; **excusez-moi de vous déranger** I'm sorry to disturb you
▪**s'excuser** to apologize : **s'excuser auprès de quelqu'un** to apologize to somebody ; **s'excuser de quelque chose/de faire quelque chose** to apologize for something/for doing something ; **je m'excuse !** I'm sorry!

exemplaire ▸ *nom masculin (de livre, de journal)* copy

exemple example : **par exemple** for example

exercer (s') to practise, *(en américain)* to practice (**à faire** doing)

exercice
1 *(de maths, de grammaire)* exercise
2 *(physique)* exercise : **faire de l'exercice** to take exercise, to exercise

exiger *(des excuses, des explications)* to demand

existence *(vie)* life

exister
1 to exist
2 il existe *(il y a)* there is ; *(suivi du pluriel)* there are

expérience
1 experience : **il a de l'expérience** he has experience
2 *(scientifique)* experiment

expert, -erte expert (**en** in)

explication explanation

expliquer to explain (**que** that) : **expliquer quelque chose à quelqu'un** to explain something to somebody

explorer to explore

exploser to explode

explosion explosion

exporter to export (**vers** to)

exposer *(dans un musée, une foire)* to show, to exhibit ; *(dans un magasin)* to display

exposition *(d'œuvres d'art)* exhibition

exprès
1 on purpose : **ils l'ont fait exprès** they did it on purpose
2 *(spécialement)* especially : **je suis**

venu exprès pour te voir I came especially to see you

expression expression

exprimer to express
▪**s'exprimer** to express oneself

extérieur, -e
▸ *adjectif (mur, escalier)* outside ; *(partie)* external
▸ *nom masculin*
1 exterior, outside : **l'extérieur de la boîte** the outside of the box
2 à l'extérieur de outside : **à l'extérieur de la maison** outside the house ; **manger à l'extérieur** *(en plein air)* to eat outside *ou* outdoors

extraordinaire *(aventure, personne)* extraordinary, amazing

extrême extreme : **l'extrême gauche/droite** the extreme *ou* far left/right

extrêmement extremely

Extrême-Orient : l'Extrême-Orient the Far East

fabriquer to make

fac university : **il est en fac** he's at university ; **la fac de sciences** the science faculty

face
1 *(côté d'un objet, d'un cube)* side
2 **regarder quelqu'un en face** to look somebody in the face ; **j'ai le soleil en face** I have the sun in my face
3 **en face de** opposite : **en face de la gare** opposite the station ; **nous habitons en face** we live opposite

fâché, -e
1 *(en colère)* angry (**contre** with) : **il a l'air fâché contre moi** he seems angry with me
2 *(brouillé)* **il est fâché avec elle ; ils ne se sont pas vus depuis un an** he's fallen out with her; they haven't seen each other for a year

fâcher (se)
1 *(se mettre en colère)* to get angry (**contre** with)
2 *(se brouiller)* to fall out (**avec** with)

facile easy : **c'est facile à faire** it's easy to do

facilement easily

façon
1 way : **d'une façon responsable** in a responsible way ; **la façon dont elle parle** the way she talks ; **une façon de voir les choses** a way of looking at things
2 **de toute façon** anyway

facteur, -trice postman/postwoman, *(en américain)* mailman/mailwoman (*au pluriel* -men/-women) : **il est facteur** he's a postman *ou* mailman

facture invoice ; **une facture de gaz/téléphone** a gas/phone bill

faculté *(de médecine, de droit)* faculty ; **un professeur de faculté** a university lecturer, *(en américain)* a college professor

faible *(personne, argument)* weak ; **il est faible en anglais** he's poor at English

faiblesse weakness

faillir : il a failli tomber/se faire écraser he almost fell/got run over

faim hunger ; **avoir faim** to be hungry ; **j'ai faim** I'm hungry ; **ça me donne faim** it makes me hungry

faire
1 to do : **faire son travail** to do one's work ; **qu'est-ce que vous faites ?** what are you doing? ; **qu'est-ce qu'il a fait de mon journal ?** what has he done with my newspaper?
2 *(un gâteau, une faute, du bruit)* to make : **il a fait un nouveau film** he made a new film ; **faire le lit** to make the bed ; **six et quatre font dix** six and four make ten
3 *(suivi d'un infinitif)* **faire pleurer/rire quelqu'un** to make somebody cry/laugh ; **faire réparer quelque chose** to get *ou* to have something repaired ; **faire construire une maison** to have a house built
4 *(jouer à, jouer de)* to play : **faire du tennis/du piano** to play tennis/the

piano ; **faire de l'équitation** to go horseriding

5 *(dans certaines expressions)* to have : **faire une promenade/une chute/la sieste** to have a walk /a fall / a nap

6 *(dans les tournures impersonnelles)* to be : **il fait froid/beau** it's cold/ nice, the weather's cold/nice ; **ça fait 20 euros** it's 20 euros ; **ça fait 12 mètres de long** it's 12 metres long ; **ça fait deux ans que je ne l'ai pas vu** it's been two years since I've seen him

7 ça ne fait rien it doesn't matter ; **ne t'en fais pas !** don't worry!

▪**se faire : se faire des amis** to make friends ; **se faire mal** to hurt oneself ; **se faire tuer** to get killed ; **se faire couper les cheveux** to have one's hair cut

fait ▸ *nom masculin* fact : **c'est un fait** it's a fact ; **au fait** by the way ; **en fait** in fact, actually

falaise cliff

falloir

1 *(besoin, nécessité)* **il faut encore du pain** we need more bread ; **il me faut un stylo** I need a pen ; **il faut deux jours pour faire ça** it takes two days to do that

2 *(obligation)* **il faut travailler** we have to work ; **il faut que je parte** I have to leave

3 *(au conditionnel)* **il faudrait qu'elle s'en aille** she ought to go, she should go

familier, -ière *(visage, voix)* familiar ; *(langage)* informal

famille family : **en famille** with the family ; **une famille d'accueil** a host family ; **une famille nombreuse** a large family

fantôme ghost

farce *(blague)* practical joke

farine flour

fatigant, -ante *(épuisant)* tiring ; *(agaçant)* annoying

fatigue tiredness

fatigué, -e tired

fatiguer : fatiguer quelqu'un *(épuiser)* to make somebody tired ; *(ennuyer)* to wear somebody out ; **tu me fatigues avec tes questions !** you're wearing me out with your questions!

▪**se fatiguer** to get tired ; *(en travaillant beaucoup)* to tire oneself out

faute

1 *(erreur)* mistake : **faire une faute d'orthographe** to make a spelling mistake

2 *(responsabilité)* fault : **c'est de ma faute** it's my fault

3 *(au football)* foul ; *(au tennis)* fault

fauteuil armchair ; **un fauteuil roulant** a wheelchair

faux, fausse

1 *(inexact, incorrect)* wrong : **un faux numéro** a wrong number

2 *(pas vrai)* untrue : **il est faux de dire que...** it's untrue to say that...

3 *(dent, nez, barbe)* false ; *(tableau, pièce de monnaie)* fake

faveur : en faveur de in favour of, *(en américain)* in favor of

favorable favourable, *(en américain)* favorable

favori, -ite favourite, *(en américain)* favorite

fax *(machine, message)* fax : **par fax** by fax

faxer to fax

fée fairy

feignant, -ante ▸ *adjectif* lazy

félicitations congratulations (**pour** on)

féliciter to congratulate : **féliciter quelqu'un de quelque chose/ d'avoir fait quelque chose** to congratulate somebody on something/on doing something

femelle female : **une souris femelle** a female mouse

féminin, -ine
1 *(en grammaire)* feminine
2 *(mode, revue, tennis)* women's

femme
1 woman (*au pluriel* women) : **une femme d'affaires** a businesswoman ; **une femme de ménage** a cleaner ; **une veste pour femme** a lady's jacket
2 *(épouse)* wife (*au pluriel* wives)

fenêtre window

fer
1 iron : **une barre de fer** an iron bar
2 un fer à repasser an iron
3 un fer à cheval a horseshoe

férié, -e : un jour férié a public holiday

ferme[1] ▸ *nom féminin* farm : **à la ferme** on the farm

ferme[2] ▸ *adjectif*
1 *(fruit)* firm ; *(voix, main, pas)* steady
2 être ferme avec quelqu'un to be firm with somebody

fermer
1 to close : **ferme la porte !** close the door! ; **le magasin ferme à midi** the shop closes at noon ; **cette fenêtre ne ferme pas bien** this window doesn't close properly ; **fermer à clé** to lock
2 *(un robinet)* to turn off

fermeture
1 closing : **au moment de la fermeture** *(d'un magasin)* at closing time
2 une fermeture Éclair® a zip, *(en américain)* a zipper

fermier, -ière farmer : **il est fermier** he's a farmer

féroce *(animal)* fierce

fesse buttock ; **les fesses** the bottom

festival festival

fête
1 *(entre amis)* party : **faire une fête** to have a party
2 *(foire)* fair ; *(festival)* festival
3 *(du saint dont on porte le nom)* saint's day, name day
4 *(célébration)* holiday : **les fêtes** *(de fin d'année)* the Christmas holidays ; **les fêtes de Pâques** the Easter holidays ; **la fête des Mères/Pères** Mother's/Father's Day

fêter to celebrate

feu
1 fire : **en feu** on fire ; **mettre le feu à quelque chose** to set fire to something, to set something on fire ; **prendre feu** to catch fire, *(en américain)* to catch on fire ; **faire du feu** to light a fire ; **au feu !** fire!
2 avez-vous du feu ? do you have a light?
3 le feu *ou* **les feux de signalisation** the traffic lights ; **un feu rouge/vert** a red/green light ; **à gauche au feu** left at the traffic lights
4 un feu d'artifice a fireworks display, fireworks
5 à feu doux/vif on a low/high heat

feuille
1 *(d'arbre)* leaf (*au pluriel* leaves)
2 *(de papier)* sheet

février February : **en février** in February

fiancé, -e
▸ *nom* fiancé/fiancée ; **les fiancés** the engaged couple
▸ *adjectif* engaged (**à** to)

fiancer (se) to get engaged (**avec** to)

ficelle string

fichier *(informatique)* file

fidèle faithful

fier, fière proud (**de** of)

fierté pride

fièvre temperature, fever : **avoir de la fièvre** to have a temperature *ou* a fever

figue fig

figure figure ; *(visage)* face

fil
1 *(à coudre)* thread
2 *(métallique, électrique)* wire : **un fil de fer** a wire
3 un coup de fil a phone call ; **passer un coup de fil à quelqu'un** to give somebody a call

file *(de gens, de voitures)* line ; **une file d'attente** a queue, *(en américain)* a line

filet *(de pêcheur, de tennis)* net ; *(à bagages)* rack

fille
1 girl : **une petite fille** a little girl ; **une jeune fille** a girl, a young woman
2 *(descendante)* daughter : **ma fille a six ans** my daughter is six

fillette little girl

film film, movie (**sur** about) : **un film d'horreur** a horror film *ou* movie

fils son : **mon fils a huit ans** my son is eight

fin[1] ▸ *nom féminin* end : **à la fin de, en fin de** at the end of ; **fin juillet** at the end of July

fin[2], fine ▸ *adjectif* *(tranche, couche, taille)* thin ; *(pointe, sable)* fine

finalement in the end

finir to finish : **finir de faire quelque chose** to finish doing something ; **finir par faire quelque chose** to end up doing something ; **il finira par m'oublier** he'll forget me in the end ; **c'est fini** it's over *ou* finished

Finlandais, -aise Finn : **c'est une Finlandaise** she's a Finn

finlandais, -aise Finnish

Finlande : la Finlande Finland ; **aller en Finlande** to go to Finland ; **vivre en Finlande** to live in Finlande

finnois, -oise
▸ *adjectif* Finnish
▸ *nom masculin (langue)* Finnish : **il apprend le finnois** he's learning Finnish

fissure *(d'un mur)* crack

fixe *(heure, prix)* fixed, set : **à heure fixe** at a fixed *ou* set time

fixer
1 to fix
2 *(regarder)* to stare at

Flamand, -ande Fleming ; **les Flamands** the Flemish

flamand, -ande
▸ *adjectif* Flemish
▸ *nom masculin (langue)* Flemish

flamme flame ; **en flammes** on fire

flaque *(d'eau)* puddle ; *(d'huile)* pool

flèche arrow

fléchette dart : **jouer aux fléchettes** to play darts

fleur flower ; **un arbre en fleurs** a tree in bloom

fleuriste florist : **elle est fleuriste** she's a florist

fleuve river

flotter *(sur l'eau)* to float

flou, -e *(photo)* blurred

flûte flute : **jouer de la flûte** to play the flute ; **une flûte à bec** a recorder

foi faith

foie liver

foin hay

foire fair

fois
1 time : **cette fois** this time ; **combien de fois ?** how many times? ; **chaque fois que** every time (that) ; **une chose à la fois** one thing at a time ; **ajoutez les deux à la fois** add both at the same time ; **deux fois quatre font huit** two times four is eight

2 une fois once ; **encore une fois** once more ; **pour une fois** for once ; **deux fois** twice ; **deux fois par jour** twice a day ; **trois fois par mois** three times a month ; **une fois que** once ; **une fois qu'il sera arrivé** once he's arrived

folie madness : **c'est de la folie** it's madness

foncé, -e *(couleur)* dark : **bleu/vert foncé** dark blue/green ; **une jupe bleu foncé** a dark blue skirt

fonction
1 *(rôle)* function, role
2 *(poste)* post
3 en fonction de according to

fonctionnaire civil servant : **elle est fonctionnaire** she's a civil servant

fonctionner *(machine, mécanisme)* to work ; **faire fonctionner une machine** to operate a machine

fond
1 *(d'une boîte, de la mer)* bottom ; *(d'une salle)* back : **au fond de la tasse** at the bottom of the cup ; **au fond de la classe** at the back of the classroom ; **c'est au fond du couloir** it's at the far end of the corridor
2 *(arrière-plan)* background : **sur fond bleu** on a blue background ; **de la musique de fond** background music
3 du fond de teint foundation

fondre to melt ; *(sucre)* to dissolve : **la neige fond** the snow is melting ; **faire fondre du chocolat** to melt chocolate ; **faire fondre du sucre** to dissolve sugar

fontaine fountain

football football, *(en américain)* soccer : **jouer au football** to play football *ou* soccer

footing jogging : **faire du footing** to go jogging

force
1 *(dans les bras, les jambes)* strength
2 *(violence, énergie)* force : **de force** by force
3 à force de crier by shouting so much ; **à force de travail** by sheer hard work

forcément inevitably ; **il sera forcément déçu** he's bound to be disappointed ; **pas forcément** not necessarily

forcer to force : **forcer quelqu'un à faire quelque chose** to force somebody to do something ; **être forcé de faire quelque chose** to be forced to do something

forêt forest

format
1 *(dimension)* size
2 *(en informatique)* format

formation *(éducation)* education, training : **la formation continue** continuing education ; **la formation professionnelle** vocational training

forme
1 shape : **en forme de** in the shape of
2 être en pleine forme to be on top form, to be feeling very well ; **avoir l'air en forme** to be looking well

former *(créer)* to form

formidable great, tremendous

formulaire form

fort, forte
▸ *adjectif*
1 *(personne, café, odeur, accent)* strong ; *(radio, voix)* loud
2 *(doué)* good : **être fort en anglais** to be good at English
▸ *adverbe (frapper, pousser)* hard ; *(parler, chanter)* loud, loudly : **parle plus fort !** speak louder!, speak up! ; **ça sent fort** it has a strong smell

fortune fortune : **faire fortune** to make one's fortune

fossé *(le long de la route)* ditch

fou, folle
▸ *adjectif*
1 mad, crazy : **devenir fou** to go mad ; **rendre quelqu'un fou** to drive

somebody mad *ou* crazy ; **fou d'inquiétude** mad with worry ; **avoir le fou rire** to be hysterical (with laughter)
2 un monde fou a huge number of people ; **ça a mis un temps fou** it took ages
▸ *nom* madman/madwoman (*au pluriel* -men/-women), maniac

foudre lightning : **être frappé par la foudre** to be struck by lightning

fouet whip ; *(de cuisine)* whisk

fouetter to whip ; *(des œufs)* to whisk

fougère fern

fouiller *(une personne, une maison)* to search ; **fouiller dans quelque chose** to go through something

foulard *(autour du cou)* scarf ; *(sur la tête)* headscarf

foule *(de gens)* crowd

fouler (se) : se fouler la cheville to sprain one's ankle

four oven : **un four à micro-ondes** a microwave oven

fourche fork

fourchette fork

fourmi ant

fourneau *(de cuisine)* stove

fournir *(approvisionner)* to supply (**en** with) ; *(procurer)* to provide : **fournir quelque chose à quelqu'un** to provide somebody with something

fourrure fur : **un manteau de fourrure** a fur coat

foyer *(maison)* home ; *(d'étudiants)* residence

fragile *(objet, personne)* fragile ; *(santé)* delicate

frais[1], fraîche
▸ *adjectif*
1 *(œuf, poisson)* fresh
2 *(temps, vent)* cool ; **une boisson fraîche** a cool *ou* cold drink
▸ *adverbe* **il fait frais** it's cool, the weather's cool ; **servir frais** *(sur une étiquette)* serve chilled

frais[2] ▸ *nom masculin pluriel* costs, expenses : **les frais de déplacement** travelling expenses ; **les frais de scolarité** school fees

fraise strawberry

framboise raspberry

franc[1] ▸ *nom masculin (monnaie)* franc

franc[2], franche ▸ *adjectif (sincère)* frank, honest

Français, -aise Frenchman/Frenchwoman (*au pluriel* -men/-women) : **c'est un Français** he's a Frenchman, he's French ; **les Français** the French

français, -aise
▸ *adjectif* French
▸ *nom masculin (langue)* French : **le français est une langue difficile** French is a difficult language ; **je parle français** I speak French ; **un professeur de français** a French teacher

France : la France France ; **aller en France** to go to France ; **vivre en France** to live in France

frange *(de cheveux)* fringe, *(en américain)* bangs

frapper
1 *(donner un coup à)* to hit, to strike ; **frapper à la porte** to knock at the door
2 *(surprendre)* to strike : **être frappé par** to be struck by

fredonner to hum

freezer freezer (compartment)

frein brake ; **donner un coup de frein** to brake

freiner to brake

fréquent, -ente frequent

fréquenter *(un lieu)* to frequent ; **fréquenter quelqu'un** *(voir régulièrement)* to see somebody regularly

frère brother : **mon grand/petit frère** my big/little brother

frigo fridge

frire : faire frire quelque chose to fry something

frisé, -e *(cheveux)* curly ; *(personne)* curly-haired

frit, frite[1] ▸ *adjectif* fried

frite[2] ▸ *nom féminin* chip, *(en américain)* (French) fry : **elle mange des frites** she's eating chips *ou* (French) fries

froid, froide

▸ *adjectif* cold

▸ *adverbe* **il fait froid** it's cold, the weather's cold

▸ *nom masculin* cold : **je n'aime pas le froid** I don't like the cold ; **avoir froid** to be cold

froisser *(une feuille, un vêtement)* to crumple, to crease

frôler *(effleurer)* to brush against

fromage cheese

front *(partie du visage)* forehead

frontière border : **passer la frontière** to cross the border

frotter to rub

▪**se frotter** to rub oneself ; **se frotter les mains/yeux** to rub one's hands/eyes

fruit fruit ; **un fruit** a piece of fruit ; **manger des fruits** to eat (some) fruit ; **aimer les fruits** to like fruit ; **les fruits de mer** seafood

Le mot **fruit** est indénombrable.

fuir

1 *(s'échapper)* to run away (**devant** from) ; **fuir un pays** to flee a country

2 *(gaz, eau, robinet)* to leak

fuite *(d'eau, de gaz)* leak

fumée smoke

fumer to smoke : **fumer une cigarette** to smoke a cigarette ; **elle ne fume pas** she doesn't smoke

fumeur, -euse smoker

furieux, -euse furious (**contre** with)

fusée rocket

fusil rifle, gun ; **un coup de fusil** a gunshot

futur, -e

▸ *adjectif* future ; **mon futur mari** my husband-to-be

▸ *nom masculin* future ; *(en grammaire)* future (tense) : **au futur** in the future (tense)

Gg

gâcher

1 *(gaspiller)* to waste : **gâcher de la nourriture** to waste food

2 *(gâter)* to spoil : **il a gâché la soirée** he spoiled the evening

gagnant, -ante ▸ *nom* winner

gagner

1 *(un match, un prix, la guerre)* to win : **tu as gagné** you've won

2 *(de l'argent)* to earn : **il gagne 2 000 euros par mois** he earns 2,000 euros a month

3 *(du temps)* to save

gai, -e cheerful, happy

Galles : le pays de Galles Wales

Gallois, -oise Welshman / Welshwoman (*au pluriel* -men / -women) : **c'est un Gallois** he's a Welshman, he's Welsh ; **les Gallois** the Welsh

gallois, -oise

▸ *adjectif* Welsh

▸ *nom masculin (langue)* Welsh : **il parle gallois** he speaks Welsh

galoper to gallop

gamin, -ine *(enfant)* kid, child

gamme *(musicale)* scale ; *(de produits, de couleurs)* range

gant glove

garage garage

garagiste *(mécanicien)* car mechanic

garçon

1 boy : **une école de garçons** a boys' school

2 *(fils)* son, boy

3 un garçon de café a waiter ; **un garçon d'honneur** a best man

garde

▸ *nom féminin*

1 la garde des enfants *(après un divorce)* custody of the children

2 mettre quelqu'un en garde to warn somebody (**contre** against)

3 être de garde to be on duty ; **monter la garde** to stand guard

▸ *nom masculin (personne)* guard : **un garde du corps** a bodyguard

garder

1 to keep : **j'ai gardé toutes ses lettres** I kept all his letters ; **garder son chapeau** to keep one's hat on

2 *(un enfant, une valise)* to look after

3 *(un prisonnier, un château)* to guard

gardien, -ienne

1 *(d'immeuble)* caretaker, *(en américain)* janitor

2 *(d'usine, d'entreprise)* (security) guard

3 *(de prison)* guard ; **un gardien de la paix** a police officer

4 *(de zoo, de parc)* keeper

5 *(de musée, de parking)* attendant

6 un gardien de but a goalkeeper

7 une gardienne d'enfants a childminder, *(en américain)* a babysitter

gare (train) station ; **une gare routière** a bus station

garer *(un véhicule)* to park

▪**se garer** to park

gaspiller to waste

gâteau cake ; **un gâteau sec** a biscuit, *(en américain)* a cookie

gâter to spoil

gauche
▸ *adjectif* left ; **du côté gauche** on the left-hand side
▸ *nom féminin* left : **à ma gauche** on my left ; **le tiroir de gauche** the left-hand drawer ; **tourner à gauche** to turn left ; **regarder à gauche** to look to the left ; **rouler à gauche** to drive on the left ; **la troisième rue à gauche** the third street on the left ; **c'est à gauche** it's on the left ; **c'est à gauche de la table** it's to the left of the table

gaucher, -ère ▸ *adjectif* left-handed

gaz gas : **un réchaud à gaz** a gas stove

gazeux, -euse *(boisson)* sparkling

géant, -ante *(arbre, écran)* giant

gel
1 *(verglas)* frost
2 *(pour les cheveux)* gel ; **du gel douche** shower gel

gelé, -e ▸ *adjectif* frozen

gelée ▸ *nom féminin*
1 *(de fruits)* jelly
2 *(gel)* frost

geler *(eau, rivière)* to freeze : **il gèle** it's freezing ; **on gèle ici** it's freezing here

gémir to groan

gênant, -ante *(bruit)* annoying ; *(situation)* awkward, embarrassing

gencive gum

gendarme policeman (*au pluriel* -men) ; **une femme gendarme** a policewoman (*au pluriel* -women)

gendre son-in-law (*au pluriel* sons-in-law)

gêner
1 *(déranger)* to bother ; *(mettre mal à l'aise)* to embarrass
2 *(empêcher un mouvement)* to be *ou* to get in the way of : **tu me gênes !** you're in my way!

général[1], -e ▸ *adjectif* general
▪**en général** ▸ *adverbe* generally, in general

général[2] ▸ *nom masculin (dans l'armée)* general

généralement generally

généreux, -euse generous

génial, -e brilliant, great

génie *(personne)* genius

genou knee ; **être à genoux** to be kneeling, to be on one's knees ; **se mettre à genoux** to kneel down

genre
1 *(sorte)* kind : **c'est quel genre de livre ?** what kind of book is it?
2 *(en grammaire)* gender

gens people

gentil, -ille *(aimable, agréable)* nice, kind (**avec** to)

gentillesse kindness

gentiment *(aimablement)* kindly ; *(sagement)* nicely

géographie geography

geste gesture ; **elle n'a pas fait un geste** she didn't make a move

gifler : gifler quelqu'un to slap somebody in the face

gigantesque gigantic

gigot : un gigot d'agneau a leg of lamb

gilet
1 *(sans manches)* waistcoat, *(en américain)* vest
2 *(tricot)* cardigan
3 un gilet de sauvetage a life jacket

girafe giraffe

glace
1 *(eau gelée)* ice
2 *(dessert)* ice cream : **de la glace à la vanille** vanilla ice cream
3 *(miroir)* mirror

glacé, -e *(eau, vent, mains)* freezing, ice-cold ; **du thé glacé** iced tea

glacial, -e *(froid, vent)* freezing, icy

glaçon ice cube

glissant, -ante slippery

glisser
1 *(perdre l'équilibre)* to slip : **glisser sur une peau de banane** to slip on a banana skin
2 *(se déplacer)* to slide : **il se laissa glisser le long de la corde** he slid down the rope
3 *(avoir une surface glissante)* to be slippery : **attention, ça glisse** watch out, it's slippery

golf golf : **jouer au golf** to play golf

gomme rubber, *(en américain)* eraser

gonflé, -e *(cheville, yeux)* swollen

gonfler *(un ballon, une bouée)* to blow up, to inflate

gorge throat

gorille gorilla

gourmand, -ande ▸ *adjectif* greedy

goût taste ; **avoir bon goût** to taste good ; **ça a un drôle de goût** it tastes funny ; **ce monsieur a du goût** that man has taste

goûter
▸ *verbe*
1 **goûter (à) quelque chose** to taste *ou* to try something
2 *(à quatre heures)* to have an afternoon snack
▸ *nom masculin (collation)* afternoon snack

goutte drop

gouvernement government

grâce à thanks to : **grâce à mes amis** thanks to my friends

grain
1 *(de blé, de riz, de sel)* grain ; **un grain de café** a coffee bean ; **du café en grains** coffee beans
2 **un grain de beauté** a mole, a beauty spot

graine seed

graisse *(d'animal, de personne)* fat

grammaire grammar

gramme gram, gramme

grand, grande big ; *(en taille)* tall ; *(chaleur, découverte, ami)* great ; *(voyage, jambes)* long ; *(famille)* large ; **une grande différence** a big *ou* great difference ; **mon grand frère** my big brother

grand-chose : pas grand-chose not much ; **je n'ai pas grand-chose à faire** I don't have much to do

Grande-Bretagne : la Grande-Bretagne Great Britain ; **aller en Grande-Bretagne** to go to Great Britain ; **vivre en Grande-Bretagne** to live in Great Britain

grandir *(en taille)* to grow ; *(en âge)* to grow up : **elle a grandi de 2 cm** she has grown 2 cm ; **la ville où j'ai grandi** the town where I grew up

grand-mère grandmother

grand-père grandfather

grands-parents grandparents

grange barn

grappe : une grappe de raisin a bunch of grapes

gras, grasse
1 *(viande)* full of fat, fatty : **cette viande est trop grasse** this meat's too fatty ; **la matière grasse** fat
2 *(cheveux, mains)* greasy
3 **un mot en caractères gras** a word in bold
4 **faire la grasse matinée** to have a long lie

gratte-ciel skyscraper

gratter
1 *(avec les ongles, les griffes)* to scratch ; *(avec un outil)* to scrape
2 *(démanger)* to itch : **ça me gratte** it itches, it's itchy
▪**se gratter** to scratch oneself ; **se**

gratter le bras to scratch one's arm

gratuit, -uite free : **un billet gratuit** a free ticket

gratuitement free (of charge)

grave
 1 *(faute, maladie, accident)* serious ; **ce n'est pas grave !** it's not important!, it doesn't matter!
 2 *(voix)* deep ; *(note de musique)* low
 3 un accent grave a grave accent

gravement seriously

graver
 1 *(sur du bois, de la pierre)* to carve ; *(sur du métal)* to engrave
 2 *(un CD)* to burn, to write

graveur[1], -euse ▸ *nom (sur bois, sur pierre)* carver ; *(sur métal)* engraver

graveur[2] ▸ *nom masculin (de CD)* burner, writer

Grec, Grecque Greek : **c'est une Grecque** she's a Greek

grec, grecque
 ▸ *adjectif* Greek
 ▸ *nom masculin (langue)* Greek : **il apprend le grec** he's learning Greek

Grèce : la Grèce Greece ; **aller en Grèce** to go to Greece ; **vivre en Grèce** to live in Greece

grêle hail

grêler to hail : **il grêle** it's hailing

grelotter to shiver : **grelotter de froid** to shiver with cold

grenier attic, loft

grenouille frog

grève strike : **être/se mettre en grève** to be/to go on strike

griffe claw ; **le chat m'a donné un coup de griffe** the cat scratched me

griffer to scratch

grille *(porte)* (iron) gate ; *(clôture basse)* railings

grille-pain toaster

griller
 1 faire griller *(du pain)* to toast ; *(de la viande)* to grill, *(en américain)* to broil
 2 *(ampoule, fusible)* to blow : **l'ampoule a grillé** the bulb has blown
 3 griller un feu rouge to go through a red light

grimper to climb : **grimper à un arbre** to climb a tree

grippe flu : **avoir la grippe** to have (the) flu

gris, grise
 ▸ *adjectif* grey, *(en américain)* gray : **une voiture grise** a grey *ou* gray car
 ▸ *nom masculin (couleur)* grey, *(en américain)* gray : **j'aime le gris** I like grey *ou* gray

grogner *(personne, chien)* to growl ; *(cochon)* to grunt

gronder *(un enfant)* to tell off ; **se faire gronder** to get told off

gros, grosse
 1 *(grand)* big : **un gros gâteau/problème** a big cake/problem
 2 *(gras)* fat

grossier, -ière *(personne, geste)* rude (**avec, envers** to)

grossir to put on weight : **j'ai beaucoup grossi** I've put on a lot of weight ; **elle a grossi de cinq kilos** she put on five kilos

groupe group ; **un groupe de rock** a rock band *ou* group

grouper to put *ou* to group together
 ▪ **se grouper** *(dans un lieu)* to gather

grue crane

guêpe wasp

guérir
 1 *(un malade, une maladie)* to cure : **guérir quelqu'un de quelque chose** to cure somebody of something
 2 guérir d'une maladie to recover from an illness ; **je suis guéri** I'm better, I've recovered ; **ma blessure guérit** my wound is healing

guerre war : **en guerre** at war (**avec** with)

gueule *(d'un animal)* mouth

guichet *(de gare, de cinéma)* ticket office ; *(de banque)* window, counter

guide *(personne, livre)* guide

guider to guide

guidon handlebars

guillemets quotation marks : **entre guillemets** in quotation marks

guirlande : des guirlandes de Noël tinsel ; **une guirlande** a piece of tinsel

Le mot **tinsel** est indénombrable.

guitare guitar : **jouer de la guitare** to play the guitar

gym gym ; *(à l'école)* PE ; **faire de la gym** to work out ; **un professeur de gym** a PE teacher

gymnase *(salle)* gymnasium, gym

gymnastique gymnastics ; *(à l'école)* physical education

habile *(adroit)* skilful, *(en américain)* skillful ; *(rusé, intelligent)* clever ; **il est habile dans son travail** he's good at his work

habillé, -e dressed (**de** in)

habiller to dress
▪**s'habiller** to get dressed, to dress ; *(avec élégance)* to dress up

habitant, -ante *(d'une ville, d'un pays)* inhabitant ; **les habitants du village** the people living in the village

habiter
1 to live : **ils habitent à Londres/en Angleterre** they live in London/in England
2 *(une maison, un quartier)* to live in

habits clothes

habitude
1 habit : **de mauvaises habitudes** bad habits
2 avoir l'habitude de quelque chose/de faire quelque chose to be used to something/to doing something
3 d'habitude usually ; **comme d'habitude** as usual

habituel, -elle usual

habituer (s') : s'habituer à quelque chose/à faire quelque chose to get used to something/to doing something

hache axe, *(en américain)* ax

hacher to chop ; *(de la viande)* to mince, *(en américain)* to grind

haie hedge

haine hatred

haïr to hate

haleine breath : **hors d'haleine** out of breath

hameçon fish hook

hanche hip

handicapé, -e
▸ *adjectif* disabled, handicapped
▸ *nom* disabled *ou* handicapped person ; **les handicapés** the disabled

hangar shed ; *(pour avions)* hangar

haricot bean : **les haricots verts** green beans ; **les haricots blancs** haricot beans

harmonica harmonica : **jouer de l'harmonica** to play the harmonica

hasard : le hasard chance ; **un hasard** a coincidence ; **par hasard** by chance ; **à tout hasard** just in case ; **au hasard** at random

hausse rise, increase (**de** in)

haut, haute
▸ *adjectif*
1 high : **de hautes montagnes** high mountains ; **haut de quatre mètres** four metres high
2 lire à haute voix to read aloud
▸ *adverbe*
1 high : **voler haut** to fly high ; **mettre une étagère plus haut** to put a shelf higher up
2 lire tout haut to read aloud ; **dire quelque chose tout haut** to say something out loud
3 en haut at the top, on the top ; *(de l'escalier)* upstairs : **elle habite en**

haut she lives upstairs ; **regarder en haut** to look up

▸ *nom masculin*

1 *(hauteur)* **faire cinq mètres de haut** to be five metres high

2 *(partie supérieure)* top : **le tiroir/l'étagère du haut** the top drawer/shelf

3 *(vêtement)* top

hauteur height

hebdomadaire weekly

hébergement accommodation, *(en américain)* accommodations

héberger *(un ami)* to put up

hélas unfortunately!

hélicoptère helicopter

herbe

1 *(gazon)* grass

2 une mauvaise herbe a weed

3 les fines herbes herbs

hérisson hedgehog

héros, héroïne hero/heroine

hésiter to hesitate (**à faire** to do); **hésiter entre deux choses** to be unable to decide between two things

heure

1 *(soixante minutes)* hour : **50 km à l'heure** 50 km an hour ; **payé à l'heure** paid by the hour ; **15 euros de l'heure** 15 euros an *ou* per hour

2 *(point précis de la journée)* time : **quelle heure est-il ?** what time is it? ; **il est sept heures** it's seven (o'clock) ; **sept heures cinq** five past seven, *(en américain)* five after seven ; **arriver à l'heure** to arrive on time ; **de bonne heure** early ; **tout à l'heure** *(dans le futur)* later ; *(dans le passé)* a moment ago ; **à tout à l'heure !** see you later!

heureusement fortunately : **heureusement que j'étais là** fortunately I was there

heureux, -euse happy : **être heureux de faire quelque chose** to be happy to do something

heurter *(cogner)* to hit

▪ **se heurter : se heurter à** *(un objet)* to bump into ; *(une difficulté, un refus)* to meet with

hibou owl

hier yesterday : **hier matin/soir** yesterday morning/night

hippopotame hippopotamus

hirondelle swallow

histoire

1 *(discipline)* history : **l'histoire de France** French history

2 *(récit)* story : **raconter une histoire** to tell a story ; **raconter des histoires** *(mentir)* to tell lies

3 faire des histoires to make a fuss ; **s'attirer des histoires** to get oneself into trouble

hiver winter : **en hiver** in (the) winter

HLM block of council flats, *(en américain)* low-rent apartment building

Hollandais, -aise Dutchman/Dutchwoman (*au pluriel* -men/-women) : **c'est un Hollandais** he's a Dutchman, he's Dutch ; **les Hollandais** the Dutch

hollandais, -aise

▸ *adjectif* Dutch

▸ *nom masculin (langue)* Dutch : **il parle hollandais** he speaks Dutch

Hollande : la Hollande Holland ; **aller en Hollande** to go to Holland ; **vivre en Hollande** to live in Holland

homard lobster

homme man (*au pluriel* men) : **des vêtements pour hommes** men's clothes ; **un homme d'affaires** a businessman

homosexuel, -elle homosexual

Hongrie Hungary

honnête *(personne)* honest

honnêteté honesty

honneur honour, *(en américain)* honor

honte shame ; **avoir honte** to be *ou* to feel ashamed ; **elle a honte de lui** she's ashamed of him ; **j'ai honte de lui dire** I'm ashamed to tell him ; **il a honte d'avoir pleuré** he's ashamed of having cried

hôpital hospital : **à l'hôpital** in hospital, *(en américain)* in the hospital

hoquet : avoir le hoquet to have hiccups

horaire *(de bus, de train)* timetable ; *(d'un magasin)* opening hours ; **les horaires de travail** working hours

horizon horizon : **à l'horizon** on the horizon

horloge clock

horreur horror ; **avoir horreur de quelque chose/de faire quelque chose** to hate something/doing something ; **faire horreur à quelqu'un** to horrify somebody

horrible horrible

hors de out of : **hors de la ville** out of town ; **hors d'atteinte** out of reach ; **c'est hors de question** it's out of the question

hôte *(personne qui reçoit)* host ; *(invité)* guest

hôtel hotel : **un hôtel quatre étoiles** a four-star hotel

hôtesse hostess : **une hôtesse de l'air** an air hostess

huile oil

huit eight ; **dans huit jours** in a week

Pour des exemples d'emploi, voir **dix**.

huitième eighth

Pour des exemples d'emploi, voir **dixième**.

huître oyster

humain, -aine human

humeur mood : **être de bonne/mauvaise humeur** to be in a good/bad mood

humide damp

humour humour, *(en américain)* humor

hurler *(animal)* to howl ; *(personne)* to yell, to scream : **hurler après quelqu'un** to yell at somebody ; **hurler de douleur** to scream with pain

hymne : un hymne national a national anthem

hypermarché hypermarket

hypocrite

- ▸ *adjectif* hypocritical
- ▸ *nom* hypocrite

ici

1 here : **elle est ici** she's here ; **passez par ici** go this way ; **ils habitent par ici** they live around here ; **à cinq minutes d'ici** five minutes from here ; **jusqu'ici** up to here, as far as this ; *(dans le temps)* up to now, so far

2 d'ici demain by tomorrow ; **d'ici peu** before long

idéal, -e ideal

idée idea : **une bonne idée** a good idea

identique identical (**à** to)

idiot, -iote

▸ *adjectif* silly, stupid

▸ *nom* idiot : **ne sois pas idiot !** don't be an idiot!

ignorer

1 *(ne pas savoir)* not to know : **j'ignore où il est** I don't know where he is

2 ignorer quelqu'un to ignore somebody

il

1 he ; *(chose, animal)* it : **il mange** he's eating ; **il est cassé** it's broken

2 *(sujet impersonnel)* it : **il pleut** it's raining ; **il fait froid** it's cold ; **il est tard** it's late

3 il y a *voir* **avoir**

île island

ils they : **ils mangent** they're eating

image *(dessin)* picture

imagination imagination

imaginer to imagine (**que** that) : **j'imagine** I imagine so, I suppose

▪**s'imaginer** *(se représenter)* to imagine ; *(croire)* to think : **il s'imagine tout savoir** he thinks he knows everything

imbécile ▸ *nom* idiot, fool

imiter to imitate

immédiat, -iate immediate

immédiatement immediately

immense huge, great

immeuble building ; *(d'habitation)* block of flats, *(en américain)* apartment building

immobile still

impair, -e : un nombre impair an odd number

impardonnable unforgivable

impasse *(rue, situation)* dead end

impatient, -ente impatient (**de faire** to do)

imperméable

▸ *adjectif* waterproof

▸ *nom masculin* raincoat

impoli, -e rude

importance importance ; **ça n'a pas d'importance** it doesn't matter

important, -ante

1 important : **des gens importants** important people

2 *(quantité, somme)* large ; *(retard, dégâts)* considerable

importer[1] *(des marchandises)* to import

importer[2]

1 *(être important)* to matter : **peu**

importe it doesn't matter
2 n'importe qui/quoi anybody/anything ; **n'importe où/quand/comment** anywhere/any time/anyhow ; **n'importe quel** any ; **prends n'importe quelle robe** take any dress ; **prends n'importe laquelle** take any of them ; **tu racontes n'importe quoi !** you're talking nonsense!

impossible impossible : **c'est impossible à faire** it's impossible to do ; **il nous est impossible de le faire** it's impossible for us to do it

impôt tax : **payer des impôts** to pay tax

impression impression ; **avoir l'impression que...** to have the feeling that...

impressionner *(surprendre)* to impress

imprimante *(d'ordinateur)* printer

imprimer to print

inattendu, -e unexpected

incapable : être incapable de faire quelque chose to be incapable of doing *ou* unable to do something

incendie fire

incertain, -aine uncertain ; **le temps est incertain** the weather is unsettled

incident incident ; *(problème)* problem, hitch

inconnu, -e
▸ *adjectif* unknown : **un acteur inconnu** an unknown actor
▸ *nom (étranger)* stranger

inconvénient disadvantage ; **je n'y vois pas d'inconvénient** I have no objection

incroyable incredible

indépendance independence

indépendant, -ante independent ; **un travailleur indépendant** a freelancer

Inde : l'Inde India ; **aller en Inde** to go to India ; **vivre en Inde** to live in India

indications instructions ; *(pour aller quelque part)* directions

indice *(dans une enquête)* clue

Indien, -ienne Indian : **c'est une Indienne** she's an Indian

indien, -ienne Indian

indiquer to show : **indiquer le chemin à quelqu'un** to show somebody the way ; **pouvez-vous m'indiquer la gare ?** could you tell me where the station is?

indispensable essential

individu individual

individuel, -elle *(travail, portion)* individual ; *(chambre)* single

industrie industry

industriel, -ielle industrial

inexact, -e *(réponse, calcul)* incorrect, wrong ; *(description)* inaccurate

infecter (s') to get infected

inférieur, -e
1 *(partie, lèvre)* lower ; **l'étage inférieur** the floor below ; **inférieur à la moyenne** below average
2 *(qualité, personne)* inferior (**à** to)

infirme ▸ *nom* disabled person, invalid

infirmier, -ière nurse : **elle est infirmière** she's a nurse ; **il est infirmier** he's a (male) nurse

influence influence (**sur** on)

influencer to influence

informaticien, -ienne computer scientist : **il est informaticien** he's a computer scientist

information *(renseignement)* (piece of) information ; *(nouvelle)* news item ; **les informations** *(à la télévision)* the news

> Les mots **information** et **news** sont indénombrables.

informatique
▸ *adjectif* computer : **un système informatique** a computer system
▸ *nom féminin* computer science, computing ; **elle travaille dans l'informatique** she's in computers

informer to inform (**de** of)
▪**s'informer** *(se renseigner)* to ask (**de** about)

ingénieur engineer : **elle est ingénieur** she's an engineer

ingrédient ingredient

initiales initials

injure insult

injuste unfair (**avec** to)

innocent, -ente
▸ *adjectif* innocent
▸ *nom* innocent person

inondation flood

inondé, -e flooded

inquiet, -iète worried (**de, au sujet de, pour** about)

inquiétant, -ante worrying

inquiéter to worry
▪**s'inquiéter** to worry (**de, au sujet de, pour** about)

inquiétude worry, anxiety

inscrire *(écrire)* to write down
▪**s'inscrire** to put one's name down, to register ; **s'inscrire à un club** to join a club

insecte insect

insister
1 to insist : **insister pour faire quelque chose** to insist on doing something
2 insister sur *(mettre l'accent sur)* to stress, to emphasize

inspecteur, -trice inspector : **il est inspecteur de police** he's a police inspector

inspirer
1 *(donner de l'inspiration à)* to inspire
2 *(aspirer)* to breathe in

installer *(une machine, un évier, le chauffage)* to put in, to install ; *(une étagère)* to put up
▪**s'installer**
1 *(s'asseoir)* to sit ; *(se mettre à l'aise)* to settle down
2 *(pour vivre)* to settle : **s'installer à la campagne** to settle in the country

instant moment : **pour l'instant** for the moment

instinct instinct

instituteur, -trice (primary) teacher, *(en américain)* (elementary) teacher : **elle est institutrice** she's a primary *ou* elementary teacher ; **demande à ton instituteur** ask your teacher

instructions *(conseils)* instructions

instruit, -uite educated

instrument instrument : **un instrument de musique** a musical instrument

insulte insult

insulter to insult

insupportable unbearable

intelligence intelligence

intelligent, -ente intelligent

intention intention : **dans l'intention de faire quelque chose** with the intention of doing something ; **avoir l'intention de faire quelque chose** to intend to do something ; **à l'intention de** for

interdire to forbid ; **son père lui a interdit de sortir** his father didn't let him go out

interdit, -ite forbidden : **il est interdit de fumer** smoking is forbidden ; **stationnement interdit** no parking

intéressant, -ante *(livre, gens)* interesting

intéresser to interest
▪**s'intéresser : s'intéresser à**

quelque chose to be interested in something

intérêt

1 *(curiosité)* interest : **manifester de l'intérêt pour quelque chose** to show interest in something

2 on a intérêt à prendre les billets à l'avance we'd better buy the tickets in advance

intérieur, -e

▸ *adjectif (poche)* inside ; *(cour)* inner

▸ *nom masculin*

1 interior, inside : **l'intérieur de la boîte** the inside of the box

2 à l'intérieur de inside : **à l'intérieur de la boîte** inside the box ; **regardez à l'intérieur** look inside

international, -e international

internaute Internet user

Internet Internet : **sur Internet** on the Internet

interrogation

1 *(à l'école)* test

2 *(en grammaire)* question

interroger to question ; *(un élève)* to test

interrompre to interrupt

interrupteur switch

intime *(ami)* close ; *(conversation)* private

introduction *(d'un livre)* introduction

inutile *(objet, effort)* useless ; **c'est inutile d'attendre** there's no point in waiting ; **inutile de demander** there's no need to ask

inventer *(une machine)* to invent ; *(une histoire, une excuse)* to make up

invention invention

invisible invisible

invitation invitation

invité, -e ▸ *nom* guest

inviter to invite (**à** to) : **inviter quelqu'un à faire quelque chose** to invite *ou* to ask somebody to do something

Irak : l'Irak Iraq ; **aller en Irak** to go to Iraq ; **vivre en Irak** to live in Iraq

Iran : l'Iran Iran ; **aller en Iran** to go to Iran ; **vivre en Iran** to live in Iran

Irlandais, -aise Irishman/Irishwoman (*au pluriel* -men/-women) : **c'est un Irlandais** he's an Irishman, he's Irish ; **les Irlandais** the Irish

irlandais, -aise

▸ *adjectif* Irish

▸ *nom masculin (langue)* Irish : **il parle irlandais** he speaks Irish

Irlande : l'Irlande Ireland ; **aller en Irlande** to go to Ireland ; **vivre en Irlande** to live in Ireland

irriter *(agacer)* to annoy

islamique Islamic

isolé, -e isolated

Israël Israel : **aller en Israël** to go to Israel ; **vivre en Israël** to live in Israel

Israélien, -ienne Israeli : **c'est une Israélienne** she's an Israeli

israélien, -ienne Israeli

Italie : l'Italie Italy ; **aller en Italie** to go to Italy ; **vivre en Italie** to live in Italy

Italien, -ienne Italian : **c'est une Italienne** she's an Italian

italien, -ienne

▸ *adjectif* Italian

▸ *nom masculin (langue)* Italian : **l'italien est une langue difficile** Italian is a difficult language ; **il parle italien** he speaks Italian ; **un professeur d'italien** an Italian teacher

itinéraire route

ivre drunk

Jj

jaloux, -ouse jealous (**de** of)

jamais
1 *(sens négatif)* never : **ne... jamais** never ; **elle ne sort jamais** she never goes out ; **presque jamais** almost never, hardly ever ; **jamais !** never!
2 *(sens positif)* ever : **si jamais il revenait** if he ever came back ; **le film le plus drôle que j'aie jamais vu** the funniest film I've ever seen

jambe leg

jambon ham

janvier January : **en janvier** in January

Japon : le Japon Japan ; **aller au Japon** to go to Japan ; **vivre au Japon** to live in Japan

Japonais, -aise Japanese man/woman (*au pluriel* men/women) ; **c'est une Japonaise** she's Japanese ; **les Japonais** the Japanese

japonais, -aise
▸ *adjectif* Japanese
▸ *nom masculin (langue)* Japanese : **il apprend le japonais** he's learning Japanese

jardin garden ; **un jardin public** a park

jardinage gardening

jardinier, -ière gardener : **il est jardinier** he's a gardener

jaune
▸ *adjectif* yellow : **une chemise jaune** a yellow shirt
▸ *nom masculin*
1 *(couleur)* yellow : **j'aime le jaune** I like yellow
2 un jaune d'œuf an egg yolk

je I : **je suis** I am ; **j'ai** I have

jean *(pantalon)* (pair of) jeans ; *(tissu)* denim : **acheter un jean** to buy a pair of jeans *ou* some jeans ; **une veste en jean** a denim jacket

jeter
1 *(lancer)* to throw : **il a jeté un os au chien** he threw the dog a bone, he threw a bone to the dog ; **ils nous ont jeté des pierres** they threw stones at us
2 *(se débarrasser de)* to throw away : **jette-le à la poubelle** throw it away

jeu
1 game : **on va jouer à un jeu** let's play a game ; **un jeu de société** a board game ; **un jeu télévisé** a game show ; *(avec des questions)* a quiz show ; **un jeu vidéo** a video game ; **un jeu de cartes** *(activité)* a card game ; *(ensemble des cartes)* a pack of cards, *(en américain)* a deck of cards
2 *(au tennis)* game
3 *(au casino)* **le jeu** gambling
4 un jeu de mots a play on words, a pun

jeudi Thursday : **nous sommes jeudi** it's Thursday ; **il est venu jeudi** he came on Thursday ; **nous sortons le jeudi** we go out on Thursdays ; **tous les jeudis** every Thursday

jeune ▸ *adjectif* young : **un jeune homme/garçon** a young man/a boy ; **une jeune femme/fille** a young woman/a girl
▪**jeunes** ▸ *nom masculin pluriel* young people

jeunesse youth

jogging *(activité)* jogging : **faire du jogging** to jog, to go jogging

joie joy ; **avec joie !** with pleasure!

joindre
1 *(réunir)* to join
2 joindre quelque chose à une lettre to enclose something with a letter ; **joindre quelque chose à un e-mail** to attach something to an e-mail

joli, -e *(ville, robe, fille)* pretty ; *(bébé, enfant)* lovely ; **il est joli garçon** he's nice-looking

jongler to juggle

jonquille daffodil

joue cheek

jouer
1 to play : **jouer au tennis/aux cartes** to play tennis/cards ; **jouer du piano** to play the piano ; **jouer un air de musique/un rôle/une carte** to play a tune/a part/a card
2 *(dans un film, une pièce)* to act ; **il joue bien** he's a good actor
3 *(au casino)* to gamble ; **jouer aux courses** to bet on the horses
4 jouer une pièce de théâtre to put on a play ; **une pièce jouée en anglais** a play performed in English

jouet toy

joueur, -euse player : **un joueur de tennis/guitare** a tennis/guitar player

jour
1 day : **tous les jours** every day ; **deux heures par jour** two hours a day
2 *(lumière)* daylight : **en plein jour** in broad daylight ; **il fait jour** it's light

journal
1 paper, newspaper
2 *(intime)* diary : **tenir un journal** to keep a diary

journaliste journalist : **il est journaliste** he's a journalist

journée day : **toute la journée** all day

joyeux, -euse happy, merry : **joyeux Noël !** happy *ou* merry Christmas! ; **joyeux anniversaire !** happy birthday!

judo judo

juge judge : **il est juge** he's a judge

juger
1 *(un accusé)* to try
2 *(évaluer, trancher)* to judge
3 *(croire)* to consider, to think : **il a jugé nécessaire de lui dire** he thought it (was) necessary to tell him

juif, juive
▸ *adjectif* Jewish : **il est juif** he's Jewish, he's a Jew
▸ *nom* Jew

juillet July : **en juillet** in July

juin June : **en juin** in June

jumeau, -elle ▸ *adjectif* twin : **un frère jumeau** a twin brother ; **une sœur jumelle** a twin sister

jumelles ▸ *nom féminin pluriel* binoculars : **une paire de jumelles** a pair of binoculars

jungle jungle

jupe skirt

jurer to swear (**que** that) : **jurer de faire quelque chose** to swear to do something

jus
1 juice : **du jus de fruit** fruit juice ; **un jus d'orange** an orange juice
2 *(de viande)* gravy

jusque ▸ *préposition*
1 *(espace)* **jusqu'où ?** how far? ; **jusqu'à la gare** as far as *ou* up to the station ; **elle m'a suivi jusque chez moi** she followed me all the way home ; **approchez-vous jusqu'ici** come as far as here ; **on avait de l'eau jusque-là** the water was up to here
2 *(temps)* until : **jusqu'en avril** until April ; **jusqu'à mardi** until Tuesday ; **jusqu'ici, rien de grave** nothing serious so far ; **jusque-là, tout va bien** so far so good ; **tout s'était bien**

passé jusque-là everything had gone well up to then

3 *(limite)* **jusqu'à 50 euros** up to 50 euros

▪**jusqu'à ce que** ▸ *conjonction* until : **jusqu'à ce qu'il vienne** until he comes

juste

▸ *adjectif*

1 fair : **ce n'est pas juste !** it's not fair!

2 *(calcul, réponse)* right

3 *(pantalon, veste)* tight

▸ *adverbe*

1 just : **juste à temps** just in time ; **il vient juste d'arriver** he's just arrived ; **juste avant/après** just before/after

2 **chanter juste** to sing in tune

justement exactly

justice justice

kangourou kangaroo

karaté karate

kilo kilo : **deux euros le kilo** two euros a kilo ; **elle fait 50 kilos** she weighs 50 kilos

kilogramme kilogram, kilogramme

kilomètre kilometre, *(en américain)* kilometer : **100 kilomètres-heure** 100 kilometres *ou* kilometers an hour

kiosque *(à journaux)* newsstand, kiosk

Klaxon® horn

klaxonner to honk one's horn

K-way® cagoule, *(en américain)* windcheater

la *voir* **le**

là

1 *(là-bas)* there ; *(ici)* here : **il n'était pas là** he wasn't there ; **c'est par là** it's over there ; **passez par là** go that way ; **le docteur est là** the doctor's here ; **c'est là que je suis tombé** that's where I fell

2 *(à ce moment)* then : **d'ici là** between now and then ; **jusque-là** up to then ; **c'est là que j'ai compris** that's when I understood

là-bas over there

laboratoire laboratory

labourer to plough, *(en américain)* to plow

lac lake

lacet *(de chaussure)* lace : **faire ses lacets** to tie one's laces

lâche : elle est lâche she's a coward

lâcher to let go of ; *(laisser tomber)* to drop : **lâche-moi !** let go of me!

là-dedans in there

là-dessous under there

là-dessus

1 on there ; **ne t'appuie pas là-dessus !** don't lean on it!

2 *(sur ce sujet)* **nous reviendrons là-dessus** we'll come back to that ; **tout le monde est d'accord là-dessus** everybody agrees

là-haut up there ; *(à l'étage)* upstairs

laid, laide ugly

laine wool ; **une écharpe en laine** a woollen scarf, *(en américain)* a woolen scarf

laisse *(pour chien)* leash : **en laisse** on a leash

laisser

1 to leave : **laisser quelque chose à quelqu'un** *(ne pas prendre)* to leave something for somebody ; **j'ai laissé mon sac à la maison** I left my bag at home ; **laisse-moi tranquille** leave me alone

2 *(permettre à)* to let : **laisser quelqu'un partir** to let somebody go ; **il ne m'a pas laissé parler** he didn't let me speak ; **laisse-le dormir** let him sleep

3 laisser tomber quelque chose to drop something

lait milk

laitue lettuce

lame *(de couteau, de rasoir)* blade

lampadaire *(de rue)* streetlight

lampe lamp ; **une lampe de poche** a torch, *(en américain)* a flashlight

lance-pierres catapult

lancer

1 to throw (**à** to) : **elle m'a lancé la balle** she threw me the ball, she threw the ball to me

2 *(une fusée, un nouveau produit)* to launch ; *(une mode)* to start

landau pram, *(en américain)* baby carriage

langage language

langue

1 tongue : **je me suis brûlé la**

langue I've burnt my tongue
2 language : **parler une langue étrangère** to speak a foreign language

lapin rabbit

laquelle *voir* **lequel**

large
▸ *adjectif (porte, chaussures)* wide ; *(rue, épaules)* broad ; *(vêtement)* big, loose-fitting ; **large de 12 mètres** 12 metres wide
▸ *nom masculin (largeur)* **ça fait 12 mètres de large** it's 12 metres wide

largeur width, breadth

larme tear : **être en larmes** to be in tears

laser laser : **un faisceau laser** a laser beam

lassant, -ante tiresome

latin *(langue)* Latin

lavabo sink

lave-linge washing machine

laver to wash
▪**se laver** to wash, to have a wash ; **se laver les mains** to wash one's hands

lave-vaisselle dishwasher

le, la, les
▸ *article*
1 the : **le garçon** the boy ; **la fille** the girl ; **l'enfant** the child ; **les livres** the books
2 *(non traduit avec les notions, les généralités et les pays)* **le bonheur** happiness ; **les femmes** women ; **j'adore le chocolat** I love chocolate ; **la France** France
3 *(généralement traduit par un possessif avec les parties du corps)* **se laver les mains** to wash one's hands ; **je me suis blessé à la main/au pied** I hurt my hand/my foot ; **il a ouvert la bouche** he opened his mouth
4 *(pour indiquer la fréquence, les quantités)* a : **deux fois la semaine** twice a week ; **deux euros le kilo** two euros a kilo ; **50 kilomètres à l'heure** 50 kilometres an hour
▸ *pronom*
1 *(homme)* him ; *(femme)* her : **je l'ai vu** I saw him ; **je la crois** I believe her
2 *(chose, idée, animal)* it : **voici mon sac, tu peux le garder ?** here's my bag, can you look after it? ; **où est ma pomme ? – je l'ai mangée** where's my apple? – I've eaten it ; **je l'ai fait** I did it
3 *(au pluriel)* them : **je les ai vus** I saw them

lécher to lick
▪**se lécher : se lécher les doigts** to lick one's fingers

leçon lesson

lecteur[1], -trice
1 reader : **lettres de nos lecteurs** letters from our readers
2 *(à l'université)* foreign language assistant

lecteur[2]
1 player : **un lecteur de cassettes** a cassette player ; **un lecteur de CD** a CD player ; **un lecteur de DVD** a DVD player
2 *(en informatique)* drive : **un lecteur de disquettes** a floppy drive ; **un lecteur de CD-ROM** a CD-ROM drive

lecture reading

léger, -ère
1 *(pas lourd)* light
2 *(blessure, différence)* slight ; *(bruit)* faint
3 *(café, thé)* weak

légèrement *(un peu)* slightly

légume vegetable

lendemain : le lendemain the next day ; **le lendemain de la fête** the day after the party ; **le lendemain matin** the next morning

lent, lente slow

lentement slowly

lentille
1 *(légume)* lentil
2 *(de contact)* contact lens

lequel, laquelle
1 *(chose)* which : **lequel veux-tu ?** which (one) do you want? ; **lesquels veux-tu ?** which (ones) do you want? ; **auquel** to which ; **dans lequel** in which ; **avec lequel** with which ; **la maison sur le toit de laquelle...** the house on the roof of which... ; **duquel tu parles ?** which (one) are you talking about? ; **desquels as-tu envie ?** which (ones) would you like?
2 *(personne)* who ; *(après une préposition)* whom : **il était avec sa sœur, laquelle m'a reconnu** he was with his sister, who recognized me ; **le garçon avec lequel il est venu** the boy he came with, the boy with whom he came ; **les personnes auxquelles je parlais** the people I was talking to, the people to whom I was talking

les *voir* **le**

lessive *(en poudre)* washing powder ; *(en liquide)* liquid detergent ; *(en américain)* laundry detergent ; **faire la lessive** to do the laundry

lettre *(caractère alphabétique, message)* letter

leur
▸ *adjectif possessif* their : **leur mère** their mother ; **leurs mères** their mothers
▸ *pronom possessif* **le leur, la leur, les leurs** theirs ; **ma mère et la leur** my mother and theirs ; **mes enfants et les leurs** my children and theirs
▸ *pronom personnel* (to) them : **je leur ai donné des conseils** I gave them some advice, I gave some advice to them ; **dis-leur que je suis malade** tell them I'm ill

levé, -e : être levé to be up ; **tu es déjà levé !** you're already up!

lever
▸ *nom masculin* **le lever du soleil** sunrise ; **le lever du jour** daybreak
▸ *verbe (un objet, la tête, le bras)* to lift, to raise ; **lever le doigt** *ou* **la main avant de prendre la parole** to put up *ou* to raise one's hand before speaking
▪ **se lever**
1 *(se mettre debout)* to stand up ; *(sortir du lit)* to get up : **lève-toi !** get up!
2 *(soleil)* to rise : **le soleil se lève** the sun is rising ; **le jour se lève** it's getting light

lèvre lip

lézard lizard

libérer
1 *(un prisonnier, un pays)* to free
2 *(un appartement, une chambre d'hôtel)* to vacate

liberté freedom, liberty

librairie bookshop, *(en américain)* bookstore

libre free : **elle est libre de partir** she's free to leave ; **cette place est libre** this seat is free

libre-service self-service

licence *(diplôme)* degree

licencier *(pour faute professionnelle)* to dismiss ; *(pour raisons économiques)* to lay off

liège cork : **un bouchon de liège** a cork

lien *(relation)* connection, link (**entre** between) ; *(sur Internet)* a link (**vers** to)

lieu
1 *(endroit)* place
2 **avoir lieu** to take place
3 **au lieu de** instead of : **au lieu de faire quelque chose** instead of doing something

lièvre hare

ligne *(de texte, de métro, télé-*

phonique) line : **tracer une ligne** to draw a line

limite
1 limit : **la limite d'âge** the age limit
2 *(frontière)* boundary, border

limiter *(restreindre)* to limit (**à** to)

limonade lemonade

linge
1 *(draps, serviettes, chemises)* linen
2 *(à laver)* washing : **laver le linge** to do the laundry ; **repasser le linge** to do the ironing

lion lion

liquide
1 liquid : **du liquide vaisselle** washing-up liquid, *(en américain)* dish soap
2 payer en liquide to pay in cash

lire to read : **je l'ai lu dans le journal** I read it in the newspaper

lisse smooth

liste list : **une liste d'attente** a waiting list

lit bed : **un lit une place/deux places** a single/double bed ; **un lit d'enfant** a cot, *(en américain)* a crib

littérature literature

litre litre, *(en américain)* liter

livre[1] ▸ *nom masculin* book ; **un livre de poche** a paperback

livre[2] ▸ *nom féminin (unité de poids, monnaie)* pound : **ça coûte six livres** it costs six pounds

livrer *(des marchandises)* to deliver

local, -e *(anesthésie, radio)* local

locataire tenant ; *(chez le propriétaire)* lodger, *(en américain)* roomer

locomotive *(de train)* engine

logement *(en général)* accommodation, *(en américain)* accommodations ; *(maison)* house ; *(appartement)* flat, *(en américain)* apartment : **je cherche un logement** I'm looking for accommodation *ou* accommodations

> Le mot **accommodation** est indénombrable.

loger *(habiter)* to live ; *(temporairement)* to stay ; **loger quelqu'un** *(héberger)* to put somebody up

logiciel software

logique ▸ *adjectif* logical

loi law

loin far (away) (**de** from) : **ils sont trop loin** they're too far away ; **Boston est loin** Boston is a long way away ; **plus loin** further ; **au loin** in the distance, far away ; **de loin** *(dans l'espace)* from a distance, from far away ; *(de beaucoup)* by far

loisirs *(temps libre)* leisure time, spare time ; *(activités)* leisure activities, hobbies

Londres London

long, longue
▸ *adjectif* long ; **long de 12 mètres** 12 metres long
▸ *nom masculin*
1 *(longueur)* **ce mur fait 12 mètres de long** this wall is 12 metres long
2 le long de along : **le long de la rivière** along the river
3 tout au long de l'année/du livre throughout the year/book

longtemps a long time : **elle a attendu longtemps** she waited a long time ; **je ne resterai pas longtemps** I won't stay long ; **trop longtemps** too long ; **il n'y a pas longtemps** not long ago

longueur length

lors de during : **lors du déjeuner** during lunch

lorsque when

loterie lottery

louer *(donner en location)* to rent (out) (**à** to) ; *(prendre en location)* to rent (**à** from) : **je loue une maison** I'm renting a house ; **louer une chambre à**

quelqu'un to rent a room (out) to somebody ; **louer une voiture** to rent a car

loup
1 wolf (*au pluriel* wolves)
2 avoir une faim de loup to be starving

loupe magnifying glass

lourd, lourde heavy ; *(temps)* close

loyer rent

lui
1 *(objet direct ou après une préposition)* him ; *(chose, animal)* it : **c'est lui** it's him ; **c'est pour lui** it's for him ; **c'est à lui** it's his ; **il est fier de lui** he's proud of himself
2 *(objet indirect) (homme)* (to) him ; *(femme)* (to) her ; *(chose, animal)* (to) it : **il est venu me voir et je lui ai donné un conseil** he came to see me and I gave him some advice *ou* I gave some advice to him ; **c'est Marie au téléphone – dis-lui que je suis occupé** it's Marie on the phone – tell her I'm busy
3 *(sujet)* he ; *(animal)* it : **lui, il a fait un effort** he made an effort

lui-même himself ; *(animal)* itself

lumière light

lundi Monday : **nous sommes lundi** it's Monday ; **il est venu lundi** he came on Monday ; **nous sortons le lundi** we go out on Mondays ; **tous les lundis** every Monday

lune moon

lunettes glasses : **des lunettes de soleil** sunglasses

lutte fight (**contre** against) ; *(sport)* wrestling

lutter to fight (**contre** against)

luxe luxury

lycée secondary school ; *(aux États-Unis)* high school

Mm

ma *voir* **mon**

mâcher to chew

machine machine : **une machine à coudre** a sewing machine ; **une machine à écrire** a typewriter ; **une machine à laver** a washing machine

mâchoire jaw

madame
1 *(souvent non traduit)* **merci, madame** thank you ; **bonjour madame** good morning (madam) ; **bonjour mesdames** good morning (ladies)
2 *(dans une lettre)* **Madame,** Dear Madam,
3 *(devant le nom de famille)* Mrs : **Madame Bertrand** Mrs Bertrand

mademoiselle
1 *(souvent non traduit)* **merci, mademoiselle** thank you ; **bonjour mademoiselle** good morning ; **bonjour, mesdemoiselles** good morning (ladies)
2 *(devant le nom de famille)* Miss : **Mademoiselle Bertrand** Miss Bertrand

magasin shop, *(en américain)* store ; **un grand magasin** a department store

magazine magazine

magicien, -ienne magician

magie magic

magique magic : **une baguette magique** a magic wand

magnétophone tape recorder

magnétoscope video (recorder), *(en américain)* VCR

magnifique splendid

mai May : **en mai** in May

maigre *(personne)* thin

maigrir to lose weight : **elle a beaucoup maigri** she's lost a lot of weight ; **j'ai maigri de quatre kilos** I've lost four kilos

maillot
1 *(de sportif)* shirt
2 un maillot de bain *(de femme)* a swimsuit ; *(d'homme)* swimming trunks
3 un maillot de corps a vest, *(en américain)* an undershirt

main hand : **je l'ai à la main** I have it in my hand ; **je l'ai sous la main** I have it handy ; **donner un coup de main à quelqu'un** to give *ou* to lend somebody a hand

maintenant now

maintenir
1 *(tenir, garder)* to keep : **maintenir quelque chose droit** to keep something straight ; **à maintenir au frais** to be kept in a cool place
2 *(affirmer)* to maintain (**que** that)

maire mayor

mairie *(bâtiment)* town hall, *(en américain)* city hall

mais but ; **mais oui !** yes, of course! ; **mais non !** of course not!

maïs *(plante)* maize, *(en américain)* corn ; *(légume)* sweetcorn

maison
1 house : **une belle maison** a nice house

2 à la maison at home ; **je suis resté à la maison** I stayed at home ; **rentrer à la maison** to go home

maître, -esse
1 master/mistress
2 *(professeur)* teacher

maîtriser *(un animal, un incendie, une émotion)* to control ; *(un sujet, une langue)* to master

majorité majority (**de** of)

majuscule capital : **en majuscules** in capitals

mal¹ ▸ *nom masculin*
1 pain, ache : **avoir mal aux dents/à la tête/au ventre** to have toothache/a headache/a stomachache ; **avoir mal à la gorge** to have a sore throat ; **des maux de tête/de ventre** headaches/stomachaches ; **avoir le mal de mer** to be seasick
2 faire mal à quelqu'un to hurt somebody ; **se faire mal** to hurt oneself ; **ma jambe me fait mal** my leg hurts ; **ça fait mal** it hurts
3 *(difficulté, effort)* trouble : **avoir du mal à faire quelque chose** to have trouble doing something ; **se donner du mal pour faire quelque chose** to go to a lot of trouble to do something

mal²
▸ *adverbe*
1 *(travailler, jouer)* badly ; *(comprendre, entendre)* not very well : **on voit mal d'ici** you can't see very well from here ; **elle chante mal** she's a bad singer ; **la porte est mal fermée** the door isn't closed properly
2 pas mal de quite a lot of : **elle a pas mal d'argent** she's got quite a lot of money
▸ *adjectif*
1 *(immoral)* wrong : **c'est mal de mentir** it's wrong to lie ; **je n'ai rien dit de mal** I haven't said anything wrong
2 ce n'est pas mal ! it's not bad!, it's quite good!

malade
▸ *adjectif* ill, sick
▸ *nom* sick person ; *(à l'hôpital)* patient

maladie illness, disease

maladroit, -oite clumsy

mâle male : **une souris mâle** a male mouse

malgré in spite of ; **malgré tout** *(pourtant)* nevertheless

malheur *(drame)* misfortune

malheureusement unfortunately

malheureux, -euse *(triste)* unhappy, miserable

malhonnête dishonest

malicieux, -euse mischievous

malin, -igne *(rusé)* cunning, shrewd

malle *(coffre)* trunk

mallette *(porte-documents)* briefcase

maman mum, *(en américain)* mom

mamie grandma, granny

Manche : la Manche the (English) Channel

manche¹ ▸ *nom féminin*
1 *(de vêtement)* sleeve
2 *(de jeu, de compétition)* round ; *(au tennis)* set

manche² ▸ *nom masculin* *(d'outil)* handle ; **un manche à balai** a broomstick

mandarine tangerine

manège *(de chevaux de bois)* merry-go-round, *(en américain)* carousel

manger eat ; **donner à manger à** to feed

manier to handle

manière
1 way : **la manière dont elle joue** the way she plays
2 de toute manière anyway
3 de manière à faire quelque

chose so as to do something
▪ **manières** *(conduite)* manners : **avoir de bonnes manières** to have good manners

manifestation *(dans la rue)* demonstration (**contre** against)

manifester *(dans la rue)* to demonstrate (**contre** against)

manque lack (**de** of)

manquer
1 *(une cible, un train, une occasion)* to miss
2 tu me manques I miss you ; **elle lui manque** he misses her ; **mes amis me manquent** I miss my friends
3 manquer de confiance/d'expérience to lack confidence/experience ; **manquer de temps** to be short of time ; **nous manquons de pain/d'argent** we don't have enough bread/money ; **ça manque de sel** there isn't enough salt
4 *(tournure impersonnelle)* **il manque quelques pages** there are some pages missing ; **il manque deux tasses** *(on ne les trouve plus)* there are two cups missing ; *(on n'en a pas assez)* we are two cups short ; **il me manque 12 euros** I'm 12 euros short

manteau coat

maquiller (se) to put on one's make-up

marchand, -ande shopkeeper, *(en américain)* storekeeper ; *(au marché)* stallholder ; *(de voitures, de meubles)* dealer

marchandises goods

marche
1 *(d'escalier)* step
2 *(promenade)* walk : **faire une marche** to go for a walk ; **à une heure de marche** an hour's walk away ; **la marche** *(activité, sport)* walking
3 mettre quelque chose en marche to start something ; **la machine est en marche** the machine is working *ou* running ; **un train en marche** a moving train ; **faire marche arrière** *(en voiture)* to reverse, *(en américain)* to back up

marché
1 market
2 *(accord)* deal : **marché conclu !** it's a deal!
3 bon marché cheap ; **meilleur marché** cheaper

marcher
1 *(à pied)* to walk
2 *(fonctionner)* to work : **ça ne marche pas** it's not working ; **les affaires marchent bien** business is doing *ou* going well

mardi Tuesday : **nous sommes mardi** it's Tuesday ; **il est venu mardi** he came on Tuesday ; **nous sortons le mardi** we go out on Tuesdays ; **tous les mardis** every Tuesday

mare pond

marée tide : **à marée haute/basse** at high/low tide ; **une marée noire** an oil slick

margarine margarine

marguerite daisy

mari husband

mariage
1 marriage : **un mariage heureux** a happy marriage
2 *(cérémonie)* wedding

marié, -e
▸ *adjectif* married : **un couple marié** a married couple ; **elle est mariée avec Paul** she's married to Paul
▸ *nom* **le marié** the groom ; **la mariée** the bride ; **les mariés** the bride and groom

marier (se) to get married ; **se marier avec quelqu'un** to marry somebody

marin sailor : **il est marin** he's a sailor ; **un marin pêcheur** a fisherman (*au pluriel* -men)

marine navy : **il est entré dans la marine** he joined the navy

marionnette puppet

marmite cooking pot

Maroc : le Maroc Morocco ; **aller au Maroc** to go to Morocco ; **vivre au Maroc** to live in Morocco

Marocain, -aine Moroccan : **c'est une Marocaine** she's from Morocco

marocain, -aine Moroccan

marque
1 *(signe, trace)* mark
2 *(d'un produit, d'un appareil)* brand ; *(d'une voiture)* make

marquer
1 *(par un signe)* to mark ; *(écrire)* to write
2 **marquer un point/but** to score a point/goal

marraine godmother

marrant, -ante funny

marre : en avoir marre to be fed up (**de** with) ; **en avoir marre de faire quelque chose** to be fed up with doing something

marron
▸ *adjectif* brown : **des chaussures marron** brown shoes
▸ *nom masculin*
1 *(couleur)* brown : **le marron te va bien** brown suits you
2 *(fruit)* chestnut

mars March : **en mars** in March

marteau hammer

masculin, -ine
1 *(en grammaire)* masculine
2 *(mode, revue, tennis)* men's

masque mask

massage massage : **faire un massage à quelqu'un** to give somebody a massage

masse : une masse de a mass of, lots of

mât *(de bateau)* mast

match match, *(en américain)* game ; **faire match nul** to draw, *(en américain)* to tie

matelas mattress

matériel equipment ; *(informatique)* hardware

maternel, -elle ▸ *adjectif* **mon grand-père maternel** my grandfather on my mother's side

maternelle ▸ *nom féminin* nursery school, *(en américain)* kindergarten

mathématiques mathematics

maths maths, *(en américain)* math

matière
1 *(à l'école)* subject
2 *(substance)* material : **les matières premières** raw materials ; **les matières grasses** fat

matin morning : **il travaille le matin** he works in the mornings ; **à neuf heures du matin** at nine in the morning

matinée morning

mauvais, -aise
▸ *adjectif*
1 bad : **de mauvais résultats** bad results ; **être mauvais en anglais** to be bad at English ; **plus mauvais que** worse than ; **le plus mauvais** the worst ; **en mauvaise santé** in poor health
2 *(qui ne convient pas)* wrong : **le mauvais choix/moment** the wrong choice/time ; **la mauvaise réponse** the wrong answer ; **le mauvais numéro** the wrong number
▸ *adverbe* bad : **ça sent mauvais** it smells bad ; **il fait mauvais aujourd'hui** the weather's bad today

maximum maximum ; **au maximum** *(tout au plus)* at the very most

me
1 *(objet direct)* me : **elle me connaît** she knows me ; **il m'a vu** he saw me

2 *(objet indirect)* (to) me : **il m'a donné un cadeau** he gave me a present, he gave a present to me ; **il m'a dit que...** he told me that...
3 *(emploi réfléchi)* myself : **je m'amusais** I was enjoying myself ; **je me suis fait mal** I hurt myself
4 *(avec les parties du corps)* **je me suis cassé le bras** I broke my arm
5 *(non traduit en anglais)* **je me bats** I fight ; **je m'en souviens** I remember ; **je me suis habillé** I got dressed

mécanicien, -ienne mechanic : **il est mécanicien** he's a mechanic

mécanique ▸ *adjectif* mechanical ; *(jouet, montre)* wind-up

mécanisme mechanism

méchant, -ante nasty (**avec** to) ; *(très cruel)* wicked ; *(enfant)* naughty

mécontent, -ente unhappy (**de** with, about)

médaille medal

médecin doctor : **elle est médecin** she's a doctor ; **aller chez le médecin** to go to the doctor *ou* doctor's

médecine medicine

médical, -e medical

médicament medicine

médiocre poor, second-rate

Méditerranée : la Méditerranée the Mediterranean

méditerranéen, -enne Mediterranean

méduse jellyfish

méfiant, -ante distrustful, suspicious

méfier (se) to be careful ; **se méfier de quelqu'un** not to trust somebody

meilleur, -e
▸ *adjectif*
1 *(comparatif)* better (**que** than) : **elle est meilleure que lui** she's better than him
2 *(superlatif)* best : **le meilleur élève de la classe** the best student in the class
▸ *nom* **le meilleur, la meilleure** the best ; **j'ai choisi les meilleurs** I chose the best (ones)

mélange mixture

mélanger
1 *(des ingrédients)* to mix ; *(des cartes)* to shuffle
2 *(confondre)* to mix up

mêler (se)
1 se mêler de quelque chose to interfere in something ; **mêle-toi de tes affaires !** mind your own business!
2 se mêler à *(la foule)* to mingle with ; *(la conversation)* to join in

melon melon

membre *(d'un groupe)* member

même
▸ *adjectif* same : **en même temps** at the same time (**que** as) ; **il a le même âge que moi** he's the same age as me
▸ *pronom* **le/la même** the same (one) ; **elle va acheter les mêmes** she's going to buy the same (ones)
▸ *adverbe* even : **même ma sœur** even my sister ; **même si** even if

mémoire ▸ *nom féminin* memory : **avoir de la mémoire** to have a good memory

menace threat

menacer to threaten (**de faire** to do)

ménage housework : **faire le ménage** to do the housework

mendiant, -ante beggar

mendier to beg

mener to lead : **cette route mène à l'aéroport** this road leads to the airport ; **mener une vie heureuse** to lead a happy life ; **nous menons par trois buts à deux** we're leading by three goals to two

mensonge lie

mensuel, -elle monthly

menteur, -euse liar

menthe mint

mentir to lie (**à** to) : **tu mens !** you're lying!

menton chin

menu *(au restaurant, en informatique)* menu : **au menu** on the menu

menuisier carpenter : **il est menuisier** he's a carpenter

mépriser to look down on, to despise

mer sea : **en mer** at sea ; **au bord de la mer** by the sea, at the seaside ; **aller à la mer** to go to the seaside

merci thank you, thanks (**de, pour** for) : **merci beaucoup !** thank you very much! ; **merci pour votre aide/de m'avoir aidé** thank you *ou* thanks for your help/for helping me

mercredi Wednesday : **nous sommes mercredi** it's Wednesday ; **il est venu mercredi** he came on Wednesday ; **nous sortons le mercredi** we go out on Wednesdays ; **tous les mercredis** every Wednesday

mère mother

mériter to deserve : **tu mérites de réussir/d'être puni** you deserve to succeed/to be punished

merle blackbird

merveilleux, -euse wonderful

mes *voir* **mon**

mesdames *voir* **madame**

mesdemoiselles *voir* **mademoiselle**

message message

messagerie : la messagerie électronique e-mail ; **la messagerie vocale** voicemail

messe mass : **aller à la messe** to go to mass

messieurs *voir* **monsieur**

mesure
1 *(dimension)* measurement : **prendre les mesures de quelque chose** to take the measurements of something, to measure something
2 *(action)* measure : **prendre des mesures** to take measures
3 à mesure que le temps passe as time goes along ; **dans la mesure du possible** as far as possible ; **dans une certaine mesure** to some extent

mesurer to measure ; **il mesure 1 mètre 80** he's 1 metre 80 tall ; **cet arbre mesure huit mètres** this tree is eight metres high

métal metal

météo weather forecast : **que dit la météo ?** what's the weather forecast?

méthode method : **une méthode pour faire quelque chose** a method of doing something

métier *(travail)* job

mètre
1 *(unité de mesure)* metre, *(en américain)* meter
2 *(instrument de mesure)* tape measure

métro underground, *(en américain)* subway

mettre
1 to put (**sur** on, **dans** in) ; **mettre la table** to set the table
2 *(ses lunettes, un vêtement, de la musique, le chauffage)* to put on : **mets tes chaussures** put your shoes on
3 *(du temps)* to take : **j'ai mis une heure à le faire** it took me an hour to do it, I took an hour to do it
▪**se mettre**
1 se mettre au soleil *(debout)* to stand in the sun ; *(assis)* to sit in the sun ; *(allongé)* to lie in the sun ; **se mettre à table** to sit down at the table ; **se mettre sur le dos/ventre**

to lie on one's back/stomach

2 se mettre en short to put one's shorts on, to get into one's shorts

3 se mettre à faire quelque chose to start doing something ; **se mettre au travail** to get down to work

meuble : des meubles furniture ; **un meuble** a piece of furniture

Le mot **furniture** est indénombrable.

meubler *(une maison)* to furnish

meurtre murder

meurtrier, -ière ▸ *nom* murderer

Mexicain, -aine Mexican : **c'est une Mexicaine** she's a Mexican

mexicain, -aine Mexican

Mexique : le Mexique Mexico ; **aller au Mexique** to go to Mexico ; **vivre au Mexique** to live in Mexico

miauler to miaow, to mew

micro microphone : **parler dans le micro** to speak into the microphone

microbe germ

micro-ondes *(four)* microwave : **au micro-ondes** in the microwave

microscope microscope

midi

1 midday, twelve o'clock : **il est midi** it's midday, it's twelve o'clock ; **midi moins le quart** a quarter to twelve ; **midi vingt** twenty past twelve ; **midi et demi** half-past twelve

2 *(heure du déjeuner)* lunchtime

miel honey

mien, mienne : le mien, la mienne, les miens, les miennes mine ; **c'est le mien** it's mine ; **ce sont les miens** they're mine

miette *(de pain, de gâteau)* crumb

mieux

▸ *adverbe*

1 *(comparatif)* better (**que** than) : **beaucoup mieux** much better ; **il joue mieux que moi** he plays better than me ; **il joue de mieux en mieux** he's playing better and better ; **tu ferais mieux de partir** you'd better leave

2 *(superlatif)* **le mieux** the best ; **c'est elle qui chante le mieux** she sings (the) best

▸ *nom* **le/la mieux** the best (one) ; **la mieux de toutes** the best of all of them ; **les mieux** the best (ones)

mignon, -onne cute

milieu middle : **au milieu de** in the middle of ; **le tiroir du milieu** the middle drawer

militaire

▸ *adjectif* military

▸ *nom masculin* serviceman (*au pluriel* -men), soldier

mille a thousand : **mille euros** a thousand euros ; **dix mille euros** ten thousand euros ; **deux mille trois** two thousand and three

milliard : un milliard a billion ; **un milliard de dollars** a billion dollars ; **dix milliards** ten billion ; **des milliards de** billions of

milliardaire billionaire

millier : un millier de personnes about a thousand people ; **des milliers de** thousands of

millimètre millimetre, *(en américain)* millimeter

million : un million a million ; **un million de personnes** a million people ; **dix millions** ten million ; **des millions de** millions of

millionnaire millionaire

mince *(couche, tranche)* thin ; *(personne)* slim

mine

1 *(air)* look ; **il a bonne/mauvaise mine** he looks well/he doesn't look well

2 *(gisement)* mine : **une mine de charbon/d'or** a coal/gold mine

3 *(de crayon)* lead

minimum minimum ; **au minimum** *(au moins)* at the very least

ministre minister : **le Premier ministre** the Prime Minister

minuit midnight : **il est minuit** it's midnight ; **minuit moins le quart** a quarter to midnight ; **minuit vingt** twenty past midnight ; **minuit et demi** half-past midnight

minuscule
1 *(très petit)* tiny
2 en lettres minuscules in small letters

minute minute

miracle miracle

miroir mirror

mise : mise à jour updating ; **mise en page** *(d'un livre)* layout ; *(sur ordinateur)* editing ; **mise en route** starting up ; **mise en scène** direction

misère extreme poverty ; **être dans la misère** to be poverty-stricken

moche *(laid)* ugly ; *(mauvais)* lousy

mode[1] ▸ *nom féminin* fashion : **être à la mode** to be in fashion, to be fashionable

mode[2] ▸ *nom masculin* **un mode d'emploi** instructions, directions ; **un mode de vie** a way of life

modèle model

moderne modern

modeste modest

moi
1 me : **c'est moi** it's me ; **donnez-moi du pain** give me some bread ; **c'est pour moi** it's for me ; **quant à moi** as for me ; **c'est à moi** it's mine ; **je suis content de moi** I'm pleased with myself
2 *(sujet)* I : **moi, j'y suis allé** I went

moi-même myself

moindre
1 *(comparatif)* lesser : **de moindre importance** of lesser importance
2 *(superlatif)* **le/la moindre** the slightest : **la moindre erreur** the slightest mistake ; **pas la moindre idée/chance** not the slightest idea/chance ; **dans les moindres détails** in the smallest details

moine monk

moineau sparrow

moins
▸ *adverbe*
1 less : **j'en ai moins que vous** I have less than you ; **un peu moins** a bit less ; **elle travaille moins que lui** she works less than him ; **moins cher que celui-ci** less expensive than this one ; **moins grand que sa sœur** not as big as his sister ; **de moins en moins** less and less
2 moins de *(quantité)* less ; *(nombre)* fewer : **moins de temps/de travail** less time/work ; **moins de gens** fewer people ; **tu as moins de livres que moi** you have fewer books than me
3 *(avec un chiffre)* **moins de trois kilos** less than three kilos ; **moins de cinq personnes** fewer than five people
4 de moins less : **un de moins** one less ; **il coûte deux euros de moins que l'autre** it costs two euros less than the other one ; **j'ai dix ans de moins que vous** I'm ten years younger than you
5 *(superlatif)* **le moins** the least : **c'est ce qu'elle aime le moins** she likes that the least ; **le moins cher** the least expensive
6 le moins de the least : **le moins de travail/d'argent possible** the least work/money possible
7 au moins at least ; **du moins** at least
▸ *préposition* minus : **il fait moins dix** it's minus ten ; **deux heures moins cinq** five to two
▪ **à moins que** ▸ *conjonction* unless : **à moins qu'elle ne parte** unless she leaves

mois month

moisson harvest

moitié half (*au pluriel* halves) : **la moitié de la pomme/des livres** half (of) the apple/the books ; **à moitié endormi** half-asleep ; **je l'ai acheté à moitié prix** I bought it for half-price

moment moment : **en ce moment** at the moment ; **à ce moment-là** just then, at that moment ; **arriver au bon moment** to arrive at the right time ; **au moment où j'allais partir, le téléphone a sonné** just as I was leaving, the phone rang

mon, ma, mes my : **mon père** my father ; **ma mère** my mother ; **mon amie** my friend ; **mes livres** my books

monde
1 world : **le monde entier** the whole world ; **le plus célèbre du monde** the most famous in the world
2 du monde *(des gens)* people ; *(beaucoup de gens)* a lot of people ; **pas grand monde** not many people ; **tout le monde** everybody

monnaie
1 *(d'un pays)* currency
2 *(pièces)* change : **faire de la monnaie** to get some change ; **faire de la monnaie à quelqu'un** to give somebody change

monsieur
1 *(homme)* man (*au pluriel* men)
2 *(souvent non traduit)* **merci, monsieur** thank you ; **bonjour monsieur** good morning (sir) ; **bonjour messieurs** good morning (gentlemen)
3 *(dans une lettre)* **Monsieur,** Dear Sir
4 *(devant le nom de famille)* Mr : **Monsieur Blanc** Mr Blanc

monstre monster

montagne mountain ; **à la montagne** in the mountains ; **aller à la montagne** to go to the mountains

monter
1 *(prix)* to go up, to rise
2 *(aller)* to go up ; *(venir)* to come up : **monter au grenier** to go up to the attic ; **monter les escaliers** *(aller)* to go upstairs *ou* up the stairs ; *(venir)* to come upstairs *ou* up the stairs ; **monte me chercher mes pantoufles** go upstairs and get my slippers ; **monter en courant** to run up
3 *(porter)* to take up ; *(apporter)* to bring up : **je vais monter ta valise** I'll take your suitcase up ; **monte-moi mes lunettes** bring my glasses up for me
4 monter dans un train/bus to get on a train/bus ; **monter dans une voiture** to get in *ou* into a car ; **monter sur un vélo** to get on a bike
5 monter à cheval to ride a horse
6 monter sur une échelle/à un arbre to climb a ladder/a tree

montre watch : **il est midi à ma montre** it's twelve o'clock by my watch

montrer to show : **montrer quelque chose à quelqu'un** to show somebody something, to show something to somebody ; **montrer quelque chose/quelqu'un du doigt** to point at something/somebody

moquer (se) : se moquer de *(rire de)* to make fun of, to laugh at ; *(ne pas se soucier de)* not to care about ; **je m'en moque !** I couldn't care less!

moquette (wall-to-wall *ou* fitted) carpet

morceau piece (**de** of) ; *(de sucre)* lump

mordre to bite ; **se faire mordre à la jambe** to be bitten on the leg

mort, morte
▸ *adjectif* dead : **il est mort** he's dead
▸ *nom* dead man/woman (*au pluriel* men/women) ; **les morts** the dead
▪mort ▸ *nom féminin* death

morue cod

mosquée mosque

mot
1 word
2 *(message écrit)* note : **écrire un mot à quelqu'un** to write somebody a note, to drop somebody a line
3 **des mots croisés** a crossword ; **je fais les mots croisés** I'm doing the crossword ; **j'aime les mots croisés** I like crosswords

moteur *(d'une voiture)* engine ; **un moteur de recherche** a search engine

motif
1 *(dessin)* pattern
2 *(raison)* reason

motiver to motivate

moto motorcycle : **faire de la moto** to ride a motorcycle

mou, molle
1 *(lit, oreiller, fruit)* soft
2 *(sans énergie)* **elle est molle** she's really lethargic

mouche fly

moucher (se) to blow one's nose

mouchoir handkerchief ; **un mouchoir en papier** a tissue

mouette seagull

mouillé, -e wet

mouiller : mouiller quelque chose *(volontairement)* to wet something ; *(accidentellement)* to get something wet
▪ **se mouiller : se mouiller les cheveux** *(volontairement)* to wet one's hair ; **attention, tu vas te mouiller les pieds** watch out, you'll get your feet wet

moule[1] ▸ *nom masculin* **un moule à gâteau** a cake tin, *(en américain)* a cake pan ; **un moule à tarte** a pie dish

moule[2] ▸ *nom féminin* mussel

moulin mill : **un moulin à vent** a windmill ; **un moulin à café** a coffee grinder

moulu, -e *(café)* ground

mourir to die (**de** of) : **elle est morte d'un cancer** she died of cancer ; **mourir de faim** to starve to death ; **je meurs de faim !** I'm starving!

mousse
1 *(végétation)* moss
2 *(écume)* foam
3 *(dessert)* mousse

moustache
1 moustache, *(en américain)* mustache
2 **moustaches** *(de chat)* whiskers

moustique mosquito

moutarde mustard

mouton *(animal)* sheep ; *(viande)* mutton

> On n'ajoute pas de **-s** pour former le pluriel de **sheep**.

mouvement movement

moyen[1]**, -enne** ▸ *adjectif*
1 *(taille, format)* medium ; *(ville)* medium-sized
2 *(résultat, élève)* average

moyen[2] ▸ *nom masculin* way, means (**de faire, pour faire** to do) ; **un moyen de transport** a means of transport, *(en américain)* a means of transportation ; **au moyen de** by means of, with
▪ **moyens** *(financiers)* **il n'a pas les moyens d'acheter un ordinateur** he can't afford a computer

moyenne ▸ *nom féminin* average ; *(à un examen)* pass mark, *(en américain)* passing grade ; **en moyenne** on average

Moyen-Orient : le Moyen-Orient the Middle East

muet, -ette ▸ *adjectif*
1 *(qui ne peut pas parler)* dumb ; *(qui reste silencieux)* silent
2 *(voyelle, film)* silent

multiplier to multiply (**par** by)

mur wall

mûr, -e ▸ *adjectif*
1 *(fruit)* ripe
2 *(personne)* mature

mûre ▸ *nom féminin* blackberry

murmurer to murmur

muscle muscle

musée museum

musicien, -ienne musician : **elle est musicienne** she's a musician

musique music

musulman, -ane Muslim

mystère mystery

mystérieux, -euse mysterious

Nn

nage : traverser une rivière à la nage to swim across a river

nageoire *(de poisson)* fin ; *(de dauphin)* flipper

nager to swim : **aller nager** to go swimming, to go for a swim

nageur, -euse swimmer

naïf, -ïve *(crédule)* naive, gullible

nain, naine dwarf (*au pluriel* dwarfs *ou* dwarves)

naissance birth

naître to be born : **elle est née en 1991** she was born in 1991

nappe *(de table)* tablecloth

narine nostril

natation swimming ; **je fais de la natation** I swim

nation nation

national, -e national

nationalité nationality

natte *(de cheveux)* plait, *(en américain)* braid

nature

1 *(monde naturel, caractère)* nature

2 *(campagne)* country : **en pleine nature** in the middle of the country

naturel, -elle natural

naturellement *(bien sûr)* of course

nausée : avoir la nausée to feel sick, *(en américain)* to feel nauseous

navet turnip

navette shuttle : **une navette spatiale** a space shuttle

navigateur *(Internet)* browser

naviguer *(sur l'eau)* to sail ; **naviguer sur Internet** to surf the Net, to browse the Web

navire ship

ne : je ne me sens pas bien I don't feel well ; **je ne les vois plus** I don't see them any more ; **il ne sort jamais** he never goes out ; **elle ne connaît personne** she doesn't know anybody ; **ils n'ont rien vu** they didn't see anything ; **je n'ai que cinq euros** I've only got five euros

né, -e born : **elle est née à Paris** she was born in Paris ; **c'est un écrivain né** he's a born writer

nécessaire ▸ *adjectif* necessary (**à, pour** for)

nectarine nectarine

Néerlandais, -aise Dutchman/ Dutchwoman (*au pluriel* -men/ -women) ; **c'est un Néerlandais** he's a Dutchman, he's Dutch ; **les Néerlandais** the Dutch

néerlandais, -aise

▸ *adjectif* Dutch

▸ *nom masculin (langue)* Dutch : **il apprend le néerlandais** he's learning Dutch

négatif, -ive negative

négligent, -ente careless

neige snow ; **aller à la neige** to go skiing

neiger to snow : **il neige** it's snowing

nerf nerve : **ça me tape sur les nerfs**

it's getting on my nerves ; **être sur les nerfs** to be on edge

nerveux, -euse nervous ; *(énergique)* dynamic

n'est-ce pas : tu viens, n'est-ce pas ? you're coming, aren't you? ; **tu viendras, n'est-ce pas ?** you'll come, won't you? ; **tu l'as, n'est-ce pas ?** you've got it, haven't you? ; **elle est mignonne, n'est-ce pas ?** she's cute, isn't she? ; **vous le connaissez, n'est-ce pas ?** you know him, don't you? ; **ils ont téléphoné, n'est-ce pas ?** they did phone *ou* they phoned, didn't they?

net, nette *(image, idée, réponse)* clear ; *(prix, salaire)* net

nettement clearly ; *(beaucoup)* much : **il va nettement mieux** he's much better

nettoyage cleaning : **le nettoyage à sec** dry-cleaning

nettoyer to clean

neuf[1]**, neuve** new : **tout neuf** brand new

neuf[2] *(nombre)* nine

Pour des exemples d'emploi, voir **dix**.

neuvième ninth

Pour des exemples d'emploi, voir **dixième**.

neveu nephew

nez nose ; **nez à nez** face to face

ni : ni... ni... neither... nor... ; **elle n'a ni faim ni soif** she's neither hungry nor thirsty ; **sans manger ni boire** without eating or drinking ; **ni l'un ni l'autre** neither (of them)

niche *(de chien)* kennel, *(en américain)* doghouse

nid nest

nièce niece

n'importe *voir* **importer**[2] **2**

niveau level : **au niveau de la mer** at sea level ; **ces deux élèves sont au même niveau** the two students are of the same standard *ou* are at the same level ; **le niveau de vie** the standard of living

Noël Christmas : **le père Noël** Father Christmas, Santa Claus ; **le jour de Noël** Christmas Day

nœud knot ; *(ruban)* bow ; **un nœud papillon** a bow tie

noir, -e

▸ *adjectif*

1 black : **un manteau noir** a black coat

2 *(lunettes, nuit)* dark : **il fait noir** it's dark

▸ *nom masculin*

1 *(couleur)* black : **le noir te va bien** black suits you

2 *(obscurité)* dark : **avoir peur du noir** to be afraid of the dark

noisette *(fruit)* hazelnut

noix *(fruit)* walnut ; **une noix de coco** a coconut

nom

1 name ; **un nom de famille** a surname

2 *(en grammaire)* noun

nombre number : **un nombre pair/impair** an even/odd number ; **un grand nombre de** a large number of

nombreux, -euse

1 many : **de nombreux enfants** many children ; **ils sont peu nombreux** there aren't many of them

2 *(famille, groupe)* large

nombril navel

nommer

1 *(appeler)* to name

2 *(à un poste)* to appoint : **il a été nommé directeur** he was appointed manager

non

1 no : **non !** no! ; **non merci** no, thanks

2 *(pas)* not : **non loin d'ici** not far from here ; **non seulement** not only ; **tu viens ou non ?** are you coming or not?
3 *(n'est-ce pas?)* **c'est une bonne idée, non ?** it's a good idea, isn't it?
4 non plus neither, not... either : **je n'ai pas pris de parapluie – moi non plus** I didn't bring an umbrella – neither did I ; **je n'y suis pas allé non plus** I didn't go either

nord
▸ *nom masculin* north : **au nord du village** north of the village ; **dans le nord de la France** in the north of France
▸ *adjectif* northern, north : **la côte nord** the north coast

nord-africain, -aine North African

nord-américain, -aine North American

nord-est north-east

nord-ouest north-west

normal, -e normal ; **ça ne marche pas, ce n'est pas normal** it isn't working, there's something wrong

normalement normally

Normand, -ande Norman ; **c'est un Normand** he's from Normandy

Normandie : la Normandie Normandy ; **aller en Normandie** to go to Normandy ; **vivre en Normandie** to live in Normandy

Norvège : la Norvège Norway ; **aller en Norvège** to go to Norway ; **vivre en Norvège** to live in Norway

Norvégien, -ienne Norwegian : **c'est une Norvégienne** she's a Norwegian

norvégien, -ienne
▸ *adjectif* Norwegian
▸ *nom masculin (langue)* Norwegian : **il apprend le norvégien** he's learning Norwegian

nos *voir* **notre**

note
1 note : **prendre des notes** to take notes
2 *(à l'école)* mark, *(en américain)* grade
3 *(de musique)* note
4 *(facture)* bill ; *(d'hôtel, de restaurant)* bill, *(en américain)* check : **la note, s'il vous plaît !** the bill *ou* the check, please! ; **une note de téléphone** a phone bill

noter *(par écrit)* to note down

notre our : **notre école** our school ; **nos amis** our friends

nôtre : le nôtre, la nôtre, les nôtres ours ; **c'est le nôtre** it's ours ; **leurs enfants et les nôtres** their children and ours

nouilles noodles ; *(pâtes en général)* pasta

Le mot **pasta** est indénombrable.

nourrir *(une personne, un animal)* to feed

nourriture food

nous
1 *(sujet)* we : **nous sommes** we are ; **nous avons** we have
2 *(complément d'objet ou après une préposition)* us : **elle nous a vus** she saw us ; **il nous a donné un conseil** he gave us some advice, he gave some advice to us ; **c'est pour nous** it's for us ; **nous sommes fiers de nous** we're proud of ourselves
3 *(emploi réfléchi)* ourselves : **nous nous amusions** we were enjoying ourselves
4 *(emploi réciproque)* each other : **nous nous connaissons/détestons** we know/hate each other ; **nous nous écrivons** we write to each other
5 *(non traduit en anglais)* **nous nous battons** we fight ; **nous nous sommes habillés** we got dressed ; **nous nous déciderons demain**

we'll decide tomorrow ; **approchons-nous** let's get closer

nous-mêmes ourselves

nouveau, -elle[1] ▶ *adjectif* new : **une nouvelle jupe** a new skirt
▪ **à nouveau** ▶ *adverbe* again

nouvelle[2] ▶ *nom féminin* **la nouvelle, les nouvelles** the news ; **des nouvelles** (some) news ; **une nouvelle** a piece of news ; **avoir des nouvelles de quelqu'un** *(par cette personne)* to have heard from somebody ; *(par quelqu'un d'autre)* to have heard about somebody ; **demander des nouvelles de quelqu'un** to ask after somebody

Le mot **news** est indénombrable.

Nouvelle-Zélande : la Nouvelle-Zélande New Zealand ; **aller en Nouvelle-Zélande** to go to New Zealand ; **vivre en Nouvelle-Zélande** to live in New Zealand

novembre November : **en novembre** in November

noyau *(de fruit)* stone, *(en américain)* pit

noyer (se) to drown

nu, -e
1 *(personne)* naked : **tout nu** completely *ou* stark naked
2 *(partie du corps)* bare ; **être pieds nus** to be barefoot

nuage cloud

nuit
1 night : **en pleine nuit** in the middle of the night ; **travailler la nuit** to work at night ; **cette nuit** *(la nuit dernière)* last night ; *(ce soir)* tonight ; **bonne nuit !** good night!
2 *(obscurité)* dark : **il fait nuit** it's dark

nul, nulle *(film, chanson)* bad ; *(personne)* hopeless : **je suis nul en maths** I'm hopeless at maths

nulle part nowhere : **nulle part ailleurs** nowhere else ; **je ne les vois nulle part** I can't see them anywhere

numérique digital : **un appareil photo numérique** a digital camera

numéro number : **un numéro de téléphone** a phone number

nuque back of the neck

Oo

obéir to obey : **obéir à quelqu'un** to obey somebody ; **obéir aux ordres** to obey orders

objectif
1 *(but, cible)* objective
2 *(d'un appareil photo)* lens

objet object

obligatoire compulsory

obliger : obliger quelqu'un à faire quelque chose to force somebody to do something ; **être obligé de faire quelque chose** to have to do something ; **tu n'es pas obligé de tout manger** you don't have to eat everything

obscur, -e *(rue, pièce)* dark

obscurité darkness

observer *(regarder)* to watch, to observe

obstacle obstacle

obtenir to get, to obtain

occasion
1 chance, opportunity (**de faire** to do) : **sauter sur l'occasion** to seize the opportunity, to jump at the chance ; **profiter de l'occasion pour faire quelque chose** to take the opportunity to do something
2 pour les grandes occasions for special occasions
3 une occasion *(bonne affaire)* a bargain
4 une voiture d'occasion a second-hand car

occupé, -e
1 *(personne)* busy : **je suis très occupé** I'm very busy
2 *(siège)* taken : **cette place est occupée** this seat's taken
3 *(ligne téléphonique)* engaged, *(en américain)* busy
4 *(toilettes)* occupied, engaged

occuper
1 *(une maison, un lieu)* to occupy
2 occuper quelqu'un *(jeu, travail)* to keep somebody busy ; **ça m'occupe !** it keeps me busy!
▪s'occuper
1 *(passer le temps)* to keep oneself busy
2 s'occuper de *(un enfant, un client)* to take care of ; *(un problème)* to deal with
3 ne t'occupe pas de moi ! never mind about me! ; **occupe-toi de tes affaires !** mind your own business!

océan ocean

octobre October : **en octobre** in October

odeur smell

œil eye : **fermez les yeux** close your eyes ; **un coup d'œil** a quick look ; **jeter un coup d'œil sur** to have a look at

œuf egg : **un œuf dur/à la coque/sur le plat** a hard-boiled/boiled/fried egg

œuvre work : **une œuvre d'art** a work of art

officiel, -ielle official

officier *(dans l'armée)* officer

offre offer : **une offre d'emploi** a job offer

offrir
1 *(un cadeau)* to give (**à** to) : **elle me l'a offert pour mon anniversaire** she gave it to me for my birthday ; **je t'offre un verre** I'll buy you a drink ; **il m'a offert le repas** *(au restaurant)* he paid for the meal
2 *(proposer)* to offer : **il m'a offert son aide** he offered to help me

oie goose (*au pluriel* geese)

oignon onion

oiseau bird

olive olive

ombre
1 *(pénombre)* shade : **à l'ombre** in the shade
2 *(forme projetée)* shadow : **mon ombre** my shadow

omelette omelette, *(en américain)* omelet

on
1 *(indéterminé)* you ; *(les gens)* they, people ; *(quelqu'un)* somebody : **on ne sait jamais** you never know ; **on dit que** they say that, people say that ; **on m'a dit que** I was told that ; **on frappe à la porte** somebody's knocking at the door
2 *(nous)* we : **on va au musée** we're going to the museum

oncle uncle

ongle nail

onze eleven

Pour des exemples d'emploi, voir **dix**.

onzième eleventh

Pour des exemples d'emploi, voir **dixième**.

opération operation : **subir une opération** to have an operation

opérer : opérer quelqu'un to operate on somebody ; **se faire opérer** to have an operation

opinion opinion (**sur** on) ; **changer d'opinion** to change one's mind

opposé, -e
1 *(direction)* opposite
2 *(hostile)* **opposé à quelque chose** opposed to something

opposer (s') : s'opposer à quelque chose to be opposed to something

opticien, -ienne optician : **elle est opticienne** she's an optician

optimiste ▸ *adjectif* optimistic

or[1] ▸ *nom masculin* gold : **une montre en or** a gold watch

or[2] ▸ *conjonction (pour introduire une précision)* now ; *(pour introduire une opposition)* well : **or, ce n'est pas toujours le cas** now this is not always the case ; **je pensais que le livre allait être vraiment bien, or il ne l'était pas du tout** I thought the book was going to be really good, well, it wasn't at all

orage thunderstorm

orange
▸ *adjectif* orange : **des robes orange** orange dresses
▸ *nom masculin (couleur)* orange : **l'orange te va bien** orange suits you
▸ *nom féminin (fruit)* orange

orchestre *(classique)* orchestra ; *(de jazz)* band

ordinaire
1 *(commun)* ordinary, *(en américain)* regular
2 *(habituel)* usual ; **peu ordinaire** unusual ; **en temps ordinaire** usually

ordinateur computer ; **un ordinateur portable** a laptop (computer)

ordonnance *(de médecin)* prescription

ordonné, -e *(personne, bureau)* tidy

ordonner *(commander)* to order : **ordonner à quelqu'un de faire quelque chose** to order somebody to do something

ordre

1 order : **donner des ordres** to give orders

2 par ordre alphabétique in alphabetical order

3 mettre de l'ordre dans une pièce to tidy (up) a room ; **la pièce était en ordre** the room was tidy

ordures rubbish, *(en américain)* garbage

Les mots **rubbish** et **garbage** sont indénombrables.

oreille ear

oreiller pillow

organe *(du corps)* organ

organisation organization

organiser to organize

orgueilleux, -euse *(fier)* proud

original, -e *(idée, film)* original

origine origin : **il est d'origine espagnole** he's of Spanish origin ; **à l'origine** originally

orphelin, -ine orphan

orteil toe

orthographe spelling

ortie nettle

os bone

oser to dare : **oser faire quelque chose** to dare do something ; **je n'ose pas leur parler** I daren't speak to them ; **si j'ose dire** if I may say so

otage hostage : **prendre quelqu'un en otage** to take somebody hostage

ôter to take away (**de quelque chose** from something, **à quelqu'un** from somebody) ; *(un vêtement, un chapeau)* to take off

ou or : **ou bien** or else ; **ou c'est lui ou c'est moi !** it's either him or me!

où

1 where : **où est-il ?** where is he? ; **le bureau où je travaille** the office where I work ; **le pays d'où elle vient** the country she comes from ; **vous venez d'où ?** where do you come from? ; **par où ?** which way? ; **jusqu'où ?** how far?

2 le jour où the day when

oublier

1 to forget (**de faire** to do)

2 *(laisser)* to leave : **j'ai oublié mon parapluie à la maison** I left my umbrella at home

ouest

▸ *nom masculin* west : **à l'ouest du village** west of the village ; **dans l'ouest de la France** in the west of France

▸ *adjectif* western, west : **la côte ouest** the west coast

oui yes ; **je crois que oui** I think so ; **ah, oui ?** really?

ouragan hurricane

ours bear : **un ours en peluche** a teddy bear

outil tool

ouvert, -erte open ; *(robinet)* on

ouverture opening : **les heures d'ouverture** the opening hours

ouvrage *(travail, livre)* work

ouvrier, -ière

▸ *adjectif (quartier)* working-class

▸ *nom* worker : **il est ouvrier** he's a worker

ouvrir

1 to open : **ouvrir la porte** to open the door ; **allez ouvrir !** go and open up!

2 *(un robinet)* to turn on

▪**s'ouvrir**

1 to open : **la porte s'ouvre mal** the door doesn't open properly

2 *(se couper)* to cut (open) : **s'ouvrir la main** to cut one's hand (open)

oxygène oxygen

ozone ozone

Pp

Pacifique : le Pacifique the Pacific

pagaille *(désordre)* mess : **ma chambre est en pagaille** my room is a mess

page *(de livre)* page

paiement payment

paille
1 straw : **un chapeau de paille** a straw hat
2 *(pour boire)* straw : **boire avec une paille** to drink through a straw

pain bread : **du pain de mie** sandwich bread ; **un pain** a loaf (*au pluriel* loaves)

pair, -e ▸ *adjectif* **un nombre pair** an even number
▪**paire** ▸ *nom féminin* pair : **une paire de chaussures** a pair of shoes

paix peace : **faire la paix** to make peace ; **avoir la paix** to have peace and quiet

palais *(château)* palace

pâle pale : **il est tout pâle** he looks pale ; **une robe bleu pâle** a pale blue dress

palier *(d'escalier)* landing

palme *(de nageur)* flipper

palmier palm tree

pamplemousse grapefruit

pancarte sign ; *(dans une manifestation)* placard

panier basket

panique panic ; **pas de panique !** don't panic!

panne breakdown ; **tomber en panne** to break down ; **être en panne** to have broken down ; **une panne d'électricité** a power cut, *(en américain)* a power outage

panneau *(sur une route)* sign ; **un panneau d'affichage** a notice board, *(en américain)* a bulletin board

pansement dressing, bandage ; **un pansement adhésif** a sticking plaster, *(en américain)* a Band-Aid®

pantalon trousers, *(en américain)* pants : **mon pantalon est trop court** my trousers *ou* pants are too short ; **un pantalon** a pair of trousers, *(en américain)* a pair of pants

pantoufle slipper

paon peacock

papa dad

pape pope

papi grandad, grandpa

papier
1 paper : **un sac en papier** a paper bag ; **un papier** a piece of paper ; **du papier cadeau** wrapping paper ; **du papier à lettres** writing paper ; **du papier toilette** toilet paper ; **du papier peint** wallpaper
2 les papiers d'identité identity papers

papillon butterfly ; **un papillon de nuit** a moth

pâquerette daisy

Pâques Easter : **à Pâques** at Easter

paquet *(produit emballé)* pack ; *(colis)* package, parcel ; **un paquet de ci-**

garettes a packet of cigarettes, *(en américain)* a pack of cigarettes

par
1 *(avec la voix passive)* by : **être frappé/choisi par** to be hit/chosen by ; **je l'ai appris par un ami** I heard it from a friend
2 *(au moyen de)* by : **retenu par une corde** held by a rope ; **par tous les moyens** by every possible means ; **par avion** by plane ; **prendre quelqu'un par la main** to take somebody by the hand
3 *(à travers)* through : **passer par Londres** to go through London ; **passer par ici/par là** to go this way/that way ; **par la porte** through the door ; **regarder par la fenêtre** *(de l'intérieur)* to look out of the window ; *(de l'extérieur)* to look through the window ; **il l'a jeté par la fenêtre** he threw it out of the window
4 *(cause)* out of : **je l'ai fait par respect/amitié pour elle** I did it out of respect/friendship for her ; **par habitude** out of habit ; **par erreur** by mistake
5 *(fréquence, quantité)* a : **cinq fois par an** five times a year ; **dix dollars par personne** ten dollars a head

parachute parachute ; **faire du parachute** to go parachuting

paradis heaven

paragraphe paragraph

paraître *(sembler)* to seem : **elle paraît fatiguée** she seems *ou* looks tired ; **il paraît que son père est malade** it seems that his father is ill ; **à ce qu'il paraît** apparently

parapluie umbrella

parc park ; *(d'un château)* grounds

parce que because

parcmètre parking meter

parcours
1 *(d'une manifestation, d'un défilé)* route
2 *(d'équitation, de golf)* course
3 *(évolution personnelle)* career, path

par-dessous under, underneath

pardessus *(manteau)* overcoat

par-dessus over : **saute par-dessus le filet** jump over the net ; **saute par-dessus** jump over it ; **il porte un tee-shirt par-dessus** he's wearing a T-shirt on top of it *ou* over it ; **par-dessus tout** most of all

pardon
1 *(pour s'excuser)* **oh pardon !** oh sorry! ; **demander pardon à quelqu'un** to apologize to somebody
2 *(pour interpeller, demander)* **pardon !** excuse me! ; **pardon, auriez-vous un crayon ?** excuse me, would you happen to have a pencil?
3 *(pour faire répéter)* **pardon ?** pardon?, *(en américain)* excuse me?

pardonner to forgive : **pardonner à quelqu'un d'avoir fait quelque chose** to forgive somebody for doing something

pareil, -eille
1 *(identique)* the same : **les deux robes sont pareilles** the two dresses are the same ; **une robe pareille à la sienne** a dress the same as hers ; **j'en veux une pareille** I want one the same
2 *(tel)* such : **je n'ai jamais vu un désordre pareil** I've never seen such a mess *ou* a mess like this

parent, -ente *(tante, oncle, cousin)* relative
▪ **parents** *(mère et père)* parents

paresseux, -euse lazy

parfait, -aite perfect

parfois sometimes

parfum
1 *(de glace, de yaourt)* flavour, *(en américain)* flavor
2 *(liquide)* perfume

pari bet

parier to bet

Paris Paris

Parisien, -ienne Parisian : **c'est un Parisien** he's a Parisian, he's from Paris

parisien, -ienne *(mode, métro)* Paris : **la banlieue parisienne** the Paris suburbs ; **la vie parisienne** life in Paris, Parisian life

parking car park, *(en américain)* parking lot

parler
1 to talk, to speak (**à** to) ; **parle plus fort** speak up ; **parler de quelque chose à quelqu'un** to talk to somebody about something ; **le livre parle de la guerre** the book is *ou* talks about the war
2 *(une langue)* to speak : **parler anglais** to speak English

parmi among

parole
1 *(mot, promesse)* word
2 **adresser/couper la parole à quelqu'un** to speak to/to interrupt somebody

parrain godfather

part
1 share ; *(de gâteau)* piece, slice
2 **prendre part à la conversation** to take part in the conversation ; **faire part de quelque chose à quelqu'un** to inform somebody of something
3 **de la part de** from : **un cadeau de la part de ton père** a present from your father ; **c'est très généreux de ta part** that's very generous of you ; **je viens vous voir de la part de...** I've come to see you on behalf of...
4 **à part** *(sauf)* apart from ; **prendre quelqu'un à part** to take somebody aside

partager
1 *(avoir en commun)* to share (**avec** with)
2 *(répartir)* to divide (up) (**entre** between)

partenaire partner

parti *(politique)* party ; **prendre parti** to take sides

participer : participer à un jeu/concours to take part in a game/competition ; **participer aux dépenses/bénéfices** to share the expenses/to share in the profits ; **tout le monde a participé au cadeau** everyone contributed to the present

particulier, -ière ▸ *adjectif*
1 *(cas, attention)* particular, special : **un problème particulier** a particular *ou* special problem
2 *(avion, intérêts)* private : **une maison/leçon particulière** a private house/lesson
▪**en particulier** ▸ *adverbe (surtout)* in particular

particulièrement particularly

partie
1 part ; **la plus grande partie du livre** most of the book ; **faire partie des risques/du métier** to be part of the risks/job ; **faire partie d'une équipe** to be on a team ; **en partie** partly
2 *(de cartes, de tennis)* game : **faire une partie d'échecs** to play a game of chess

partir
1 *(aller, disparaître)* to go ; *(s'en aller)* to go, to leave ; **il est parti de Montréal ce matin** he left Montreal this morning
2 **à partir de** *(date, prix, endroit)* from ; **à partir de maintenant** from now on

partout everywhere : **chercher quelque chose partout** to look everywhere for something

pas[1] ▸ *adverbe*
1 not ; **ne... pas** not ; **je ne sais pas** I don't know ; **elle ne viendra pas** she won't come ; **pas encore** not yet ; **pas du tout** not at all
2 **pas de sucre** no sugar ; **il n'y a**

pas de pain there's no bread, there isn't any bread

pas² ▸ *nom masculin*
1 step : **faire un pas en avant/en arrière** to take a step forward/backwards
2 pace : **au pas** at a walking pace ; **marcher d'un pas rapide** to walk quickly *ou* at a fast pace
3 *(bruit)* footstep

passage
1 *(d'un livre)* passage
2 **un passage pour piétons** a pedestrian crossing, *(en américain)* a crosswalk ; **un passage souterrain** an underpass
3 **le passage à l'euro** the changeover to the euro

passager, -ère ▸ *nom* passenger

passant, -ante ▸ *nom* passer-by

passé, -e
▸ *adjectif* **il est cinq heures passées** it's gone five ; **la semaine passée** last week
▸ *nom masculin* past ; *(en grammaire)* past (tense) : **par le passé** in the past ; **un verbe au passé** a verb in the past (tense)

passeport passport

passer
1 *(aller)* to go (**à** to) : **passer chez le boulanger** to go round to the baker's ; **passer devant la gare** to go past the station, to pass by the station ; **passer par quelque chose** to go through something ; **laisser passer quelqu'un** to let somebody through ; *(dans une queue)* to let somebody in
2 *(venir)* to come : **il n'est pas encore passé** *(facteur, médecin)* he hasn't come yet *ou* been yet
3 *(donner)* to pass : **passez-moi le sel** pass (me) the salt ; **le temps passe** time is passing
4 *(du temps, ses vacances)* to spend : **j'ai passé deux heures à attendre** I spent two hours waiting ; **elle passe son temps à dormir** she spends her time sleeping
5 **passer un examen** to take an exam
▪**se passer**
1 to happen : **ça s'est passé ce matin** it happened this morning ; **qu'est-ce qui se passe ?** what's happening? ; **l'histoire se passe à Paris** the story takes place in Paris
2 to go : **ça s'est bien passé** it went well
3 **se passer de quelque chose** to do without something

passe-temps pastime, hobby

passionnant, -ante fascinating

passionné, -e ▸ *adjectif* passionate ; **être passionné de quelque chose** to be mad about something

pâte *(à pain)* dough ; *(à tarte)* pastry ; *(à crêpes)* batter
▪**pâtes** pasta : **des pâtes fraîches** fresh pasta

Le mot **pasta** est indénombrable.

paternel, -elle : ma grand-mère paternelle my grandmother on my father's side

patience patience

patient, -ente patient

patin skate : **un patin à glace** an ice skate ; **un patin à roulettes** a roller-skate ; **faire du patin** to skate, to go skating

patinoire ice rink

pâtisserie *(magasin)* cake shop ; *(gâteau)* pastry ; **faire de la pâtisserie** to bake cakes

pâtissier, -ière pastry chef

patron, -onne *(chef)* boss ; *(propriétaire)* owner

patte
1 *(jambe)* leg : **ce chien a une patte cassée** the dog has a broken leg ; **marcher à quatre pattes** to walk on all fours

2 *(pied) (de chien, de chat)* paw ; *(d'oiseau)* foot

paupière eyelid

pause *(dans une activité)* break : **faire une pause** to have a break

pauvre *(sans richesse, malheureux)* poor

pauvreté poverty

payer
1 *(des dettes, des impots)* to pay ; **payer quelqu'un** to pay somebody ; **j'ai payé** I've paid
2 *(un objet, un service)* to pay for : **j'ai payé le repas** I've paid for the meal ; **je l'ai payé 15 euros** I paid 15 euros for it ; **payer à boire à quelqu'un** to buy somebody a drink
3 faire payer quelque chose à quelqu'un to charge somebody for something ; **je lui ai fait payer 20 euros** I charged him 20 euros

pays country

paysage landscape

paysan, -anne ▸ *nom* farmer : **il est paysan** he's a farmer

Pays-Bas : les Pays-Bas the Netherlands ; **aller aux Pays-Bas** to go to the Netherlands ; **vivre aux Pays-Bas** to live in the Netherlands

peau skin

pêche[1] *(activité)* fishing : **aller à la pêche** to go fishing

pêche[2] *(fruit)* peach

péché sin

pêcher to fish ; **pêcher quelque chose** *(attraper)* to catch something

pêcheur fisherman (*au pluriel* -men)

pédale pedal

peigne comb ; **se donner un coup de peigne** to give one's hair a comb

peigner (se) to comb one's hair

peindre to paint : **peindre quelque chose en rouge** to paint something red

peine
1 *(chagrin)* sadness ; **avoir de la peine** to be sad ; **faire de la peine à quelqu'un** to upset somebody
2 *(difficulté, effort)* trouble : **avoir de la peine à faire quelque chose** to have trouble doing something ; **se donner de la peine pour faire quelque chose** to go to a lot of trouble to do something
3 ça vaut la peine d'attendre/d'essayer it's worth waiting/trying ; **ça ne vaut pas la peine** it's not worth it ; **ce n'est pas la peine de te déranger** there's no point in bothering ; **ce n'est pas la peine** there's no point
4 à peine hardly : **elle peut à peine se déplacer** she can hardly get around

peintre painter : **elle est peintre** she's a painter

peinture *(matière)* paint ; *(activité, tableau)* painting

pelle *(pour ramasser)* shovel ; *(pour creuser)* spade ; **une pelle à ordures** a dustpan

pellicule *(pour appareil photo)* film

pelouse lawn

penché, -e leaning

pencher *(arbre, mur)* to lean (over) ; **pencher la tête à droite** to lean one's head to the right
▪**se pencher** to lean over ; **se pencher par la fenêtre** to lean out of the window

pendant ▸ *préposition*
1 *(au cours de)* during : **pendant la nuit** during the night
2 *(pour une durée de)* for : **j'ai attendu pendant deux semaines** I waited for two weeks ; **pendant des heures** for hours ; **pendant plusieurs années** for several years
▪**pendant que** ▸ *conjonction* while : **pendant que j'y pense** while I think of it

pendre to hang : **pendre quelque chose à** to hang something from *ou* on ; **du linge pendait aux fenêtres** there was washing hanging out of the windows ; **pendre quelqu'un** to hang somebody

pendule clock

pénible hard, difficult ; *(agaçant)* annoying ; *(attristant)* distressing

pensée *(idée)* thought : **perdu dans ses pensées** lost in thought

penser
1 to think (**à** about, of) ; **penser que** to think that ; **penser faire quelque chose** to be thinking of doing something ; **il faut penser à te marier** you have to think about getting married ; **que penses-tu du film ?** what do you think of the film?
2 *(ne pas oublier)* to remember : **penser à quelque chose/à faire quelque chose** to remember something/to do something ; **fais-moi penser à prendre les clés** remind me to take the keys ; **cela me fait penser à ma mère** that reminds me of my mother

pension
1 *(pensionnat)* boarding school : **être en pension** to be at boarding school
2 être en pension chez quelqu'un to board with somebody

pensionnat boarding school

pente slope ; **être en pente** to be sloping

pépin *(de fruit)* pip, *(en américain)* seed

percer to pierce ; **percer un trou** *(avec une perceuse)* to drill a hole

perceuse drill

perdant, -ante ▸ *nom* loser

perdre
1 *(égarer)* to lose : **j'ai perdu mes clés** I've lost my keys
2 *(gaspiller)* to waste : **perdre du temps/de l'argent** to waste time/money ; **j'ai perdu une heure à attendre** I wasted an hour waiting
▪ **se perdre** *(s'égarer)* to get lost

perdu, -e
1 *(égaré)* lost
2 c'est du temps perdu it's a waste of time

père father

périmé, -e *(billet, passeport)* expired, out of date

période period

perle *(bijou)* pearl ; *(de verre, de bois)* bead

permettre to allow : **permettre à quelqu'un de faire quelque chose** to allow somebody to do something ; **permettre quelque chose à quelqu'un** to allow somebody something ; **vous permettez ?** may I?

permis : un permis de conduire a driving licence, *(en américain)* a driver's license ; **passer son permis de conduire** to take one's driving test

permission permission : **avoir/demander la permission** to have/to ask permission (**de faire** to do)

perroquet parrot

perruque wig

persil parsley

personnage *(de livre, de film)* character ; **un personnage célèbre** a celebrity

personne[1] ▸ *nom féminin* person ; **deux personnes** two people ; **plusieurs/quelques personnes** several/a few people ; **une grande personne** a grown-up

personne[2] ▸ *pronom*
1 *(sujet)* nobody : **personne n'est venu** nobody came ; **personne d'autre** nobody else
2 *(complément d'objet)* anybody : **je ne vois personne** I can't see anybody : **mieux que personne** better

than anybody ; **elle ne parle à personne d'autre** she doesn't speak to anybody else

personnel[1], -elle ▸ *adjectif* personal

personnel[2] ▸ *nom masculin (d'une entreprise, d'une école)* staff

persuader to persuade : **persuader quelqu'un de faire quelque chose** to persuade somebody to do something ; **être persuadé de** to be convinced of

perte
1 loss
2 *(gaspillage)* waste : **une perte de temps** a waste of time

pèse-personne (bathroom) scales

peser to weigh : **il pèse 60 kilos** he weighs 60 kilos
▪**se peser** to weigh oneself

pessimiste ▸ *adjectif* pessimistic

pétale petal

petit, -ite ▸ *adjectif*
1 small : **une petite maison** a small house ; **une toute petite maison** a tiny house ; **ces gants sont trop petits** these gloves are too small ; **une personne de petite taille** a small *ou* short person
2 *(bref, court)* short : **un petit séjour** a short stay ; **une petite distance** a short distance
3 *(jeune)* little, young : **un petit Français** a little French boy ; **ma petite sœur** my little sister ; **tu es trop petit pour comprendre ça** you're too young to understand
4 *(avec une valeur affective)* little : **le pauvre petit chat !** the poor little cat!
▪**petit à petit** ▸ *adverbe* little by little, gradually

petite-fille granddaughter

petit-fils grandson

petits-enfants grandchildren

pétrole oil

peu
1 *(avec un verbe)* not much : **il mange/travaille peu** he doesn't eat/work much ; **il mange très peu** he doesn't eat very much at all, he eats very little
2 *(avec un adjectif ou un adverbe)* not very : **peu utile** not very useful ; **il est peu intelligent** he's not very clever ; **peu souvent** not very often
3 peu de *(quantité)* not much ; *(nombre)* not many : **il reste peu de temps** there's not much time left ; **peu de chose** not much ; **il y avait peu de gens** there weren't many people
4 très peu de *(quantité)* very little ; *(nombre)* very few : **très peu de temps** very little time ; **très peu de gens** very few people
5 un peu a bit, a little : **elle a mangé un peu** she ate a bit *ou* a little ; **un peu fatigué** a bit tired, a little tired ; **un petit peu** a little bit
6 un peu de a bit of, a little : **un peu de fromage** a bit of cheese, a little cheese ; **un petit peu de** a little bit of
7 peu après/avant shortly after/before
8 à peu près *(presque)* more or less ; *(environ)* about
9 peu à peu little by little

peuple people

peur fear ; **avoir peur** to be afraid *ou* frightened (**de** of) ; **avoir peur de faire quelque chose** to be afraid *ou* frightened to do something *ou* of doing something ; **faire peur à quelqu'un** to frighten *ou* to scare somebody

peut-être perhaps, maybe : **peut-être qu'elle est malade** perhaps *ou* maybe she's ill, she may be ill

phare
1 *(de véhicule)* headlight
2 *(pour bateaux)* lighthouse

pharmacie chemist's (shop), pharmacy, *(en américain)* drugstore

pharmacien, -ienne chemist, *(en*

américain) druggist : **elle est pharmacienne** she's a chemist *ou* druggist

phoque seal

photo photo : **prendre une photo** to take a photo ; **prendre quelqu'un en photo** to take a photo of somebody

photocopie photocopy

photographe photographer : **il est photographe** he's a photographer

photographie *(activité)* photography ; *(cliché)* photograph

photographier to take a photo of, to photograph ; **se faire photographier** to have one's photo taken

phrase sentence

physique[1] ▸ *adjectif* physical : **l'éducation physique** physical education

physique[2] ▸ *nom féminin (science)* physics

piano piano : **jouer du piano** to play the piano

pianiste pianist

pichet jug, *(en américain)* pitcher

pièce
 1 *(salle)* room
 2 *(élément)* piece ; *(d'un mécanisme)* part
 3 une pièce de monnaie a coin
 4 une pièce de théâtre a play
 5 une pièce jointe *(à une lettre)* an enclosure ; *(à un e-mail)* an attachment

pied
 1 foot (*au pluriel* feet) : **à pied** on foot ; **au pied de** at the foot of ; **un coup de pied** a kick ; **donner un coup de pied à quelqu'un** to kick somebody ; **donner un coup de pied dans un ballon** to kick a ball
 2 *(de chaise, de table)* leg

piège trap

pierre stone

piéton, -onne pedestrian

pieuvre octopus

pigeon pigeon

pile
 1 *(électrique)* battery
 2 *(tas)* pile : **en pile** in a pile

pilote *(d'avion)* pilot

piloter *(un avion)* to fly

pilule pill : **prendre la pilule** to be on the pill

piment *(rouge)* chilli

pin pine tree

pince
 1 *(outil)* pliers ; **une pince à cheveux** a hair clip, *(en américain)* a barrette ; **une pince à linge** a clothes peg, *(en américain)* a clothes pin ; **une pince à épiler** tweezers
 2 *(d'un crabe)* claw

pinceau paintbrush

pincer to pinch

pingouin penguin

ping-pong table tennis : **jouer au ping-pong** to play table tennis

pipe pipe : **fumer la pipe** to smoke a pipe

pipi : faire pipi to have a pee, to pee

pique *(aux cartes)* spades

pique-nique picnic : **faire un pique-nique** to have a picnic

piquer
 1 *(avec une pointe)* to prick
 2 piquer quelqu'un *(moustique)* to bite somebody ; *(guêpe)* to sting somebody
 3 ça me pique la langue it burns my tongue ; **ça me pique les yeux** it stings my eyes
 4 *(voler)* to pinch (**à** from)

piqûre
 1 injection : **faire une piqûre à quelqu'un** to give somebody an injection
 2 *(de moustique)* bite ; *(de guêpe)* sting

pirate pirate ; **un pirate de l'air** a hijacker

pire
▸ *adjectif*
1 *(comparatif)* worse (**que** than) : **c'est pire** that's worse ; **c'est de pire en pire** it's getting worse and worse
2 *(superlatif)* worst : **mon pire ennemi** my worst enemy
▸ *nom* **le/la pire** the worst ; **l'ouragan était parmi les pires** the hurricane was one of the worst

piscine swimming pool

piste
1 *(pour avion)* runway
2 *(de course)* track
3 *(de ski)* run
4 *(de danse)* dance floor
5 être sur la piste de quelqu'un to be on somebody's track

pistolet gun, pistol : **un pistolet à eau** a water pistol

pitié pity : **j'ai pitié de lui** I have pity for him, I pity him ; **il me fait pitié** I feel sorry for him, I pity him

pizza pizza

placard cupboard, *(en américain)* closet

place
1 *(espace libre)* room ; *(pour se garer)* space, place : **il n'y a plus de place** there's no more room ; **il n'a pas trouvé de place pour se garer** he couldn't find a parking space *ou* a place to park
2 *(endroit)* place : **je l'ai remis à sa place** I put it back (in its place) ; **changer de place** to change places
3 *(siège)* seat : **cette place est prise** this seat is taken
4 *(billet)* ticket : **j'ai trois places de concert** I have three tickets for the concert
5 *(lieu public)* square
6 à la place de instead of ; **emmenez-moi à sa place** take me instead

placer
1 *(mettre à sa place)* to put, to place ; *(faire asseoir)* to seat
2 *(de l'argent)* to invest

plafond ceiling

plage beach ; **aller en vacances à la plage** to go on holiday to the seaside

plaindre to feel sorry for : **je la plains** I feel sorry for her
▪**se plaindre** to complain (**que** that) : **se plaindre à quelqu'un de quelque chose** to complain to somebody about something

plainte complaint : **porter plainte** to make a complaint (**contre** against)

plaire
1 elle lui plaît he likes her ; **ça me plaît** I like it ; **ce livre m'a plu** I liked the book
2 s'il te/vous plaît please

plaisanter to joke

plaisanterie joke

plaisir pleasure ; **faire plaisir à quelqu'un** to please somebody ; **ça m'a fait plaisir de te revoir** I was pleased to see you again

plan
1 *(de maison)* plan ; *(de ville, de métro)* map
2 *(projet)* plan
3 au premier/second plan in the foreground/background

planche
1 plank ; *(plus large)* board : **une planche à repasser** an ironing board ; **une planche de surf** a surfboard
2 faire de la planche à voile to go windsurfing

plancher *(sol)* floor

planer *(avion, oiseau)* to glide

planète planet

plante *(végétal)* plant

planter
1 *(un arbre, des fleurs)* to plant

2 *(un clou)* to knock in
3 *(une tente)* to put up
4 **mon ordinateur a planté** my computer crashed

plaque *(de beurre)* pack ; *(de métal)* plate : **une plaque chauffante** a hotplate ; **une plaque d'immatriculation** a number plate, *(en américain)* a license plate

plastique plastic : **une bouteille en plastique** a plastic bottle

plat, plate
▸ *adjectif*
1 flat ; **de l'eau plate** *(non gazeuse)* still water
2 **à plat** *(pneu, batterie)* flat ; **poser quelque chose à plat** to lay something down flat ; **couché à plat ventre** lying face down
▸ *nom masculin*
1 *(assiette, nourriture)* dish : **un grand plat rond** a big round dish ; **c'est mon plat préféré** it's my favourite dish
2 *(partie du repas)* course : **le plat de résistance** the main course

plateau
1 *(pour servir)* tray ; **un plateau à fromages** a cheeseboard
2 *(de cinéma, de télévision)* set

plâtre plaster : **elle a la jambe dans le plâtre** she has her leg in plaster

plein, pleine
▸ *adjectif*
1 full (**de** of) ; **un travail à plein temps** a full-time job
2 **en pleine nuit/forêt** in the middle of the night/forest ; **en plein milieu** right in the middle
▸ *nom masculin* **faire le plein d'essence** to fill up with petrol, *(en américain)* to fill up with gas

pleurer to cry

pleuvoir to rain : **il pleut** it's raining

pli *(de papier)* fold ; *(de pantalon)* crease ; *(en couture)* pleat ; **le drap fait des plis** the sheet is creased

plier
1 to fold ; *(une chaise, un parapluie)* to fold up : **plier quelque chose en quatre** to fold something in four
2 **plier le bras/genou** to bend one's arm/knee

plomb
1 *(métal)* lead
2 *(fusible)* fuse

plombier plumber : **il est plombier** he's a plumber

plongée diving : **faire de la plongée** to go diving ; **la plongée sous-marine** scuba diving

plonger to dive (**dans** into)

plongeur, -euse diver : **un plongeur sous-marin** a scuba diver

pluie rain : **sous la pluie** in the rain

plume *(d'oiseau)* feather

plupart : la plupart most ; **la plupart d'entre eux** most of them ; **la plupart du temps** most of the time ; **la plupart des gens/des cas** most people/cases

pluriel plural : **au pluriel** in the plural

plus[1] *(indiquant la négation)* **ne... plus** not... any more, no more ; *(dans le temps)* not... any more, no longer : **il n'a plus de pain** he doesn't have any more bread, he has no more bread ; **il n'y a plus rien** there isn't anything left ; **elle n'est plus très jeune** she isn't young any more, she's no longer young ; **elle ne l'aime plus** she doesn't love him any more, she no longer loves him ; **je ne la reverrai plus** I won't see her again

plus[2]
▸ *adverbe*
1 more : **il en a plus que moi** he has more than me ; **un peu plus** a bit more ; **elle travaille plus que lui** she works more than him ; **plus intelligent** more intelligent ; **plus petit**

smaller ; **plus ou moins** more or less ; **de plus en plus** more and more ; **il fait de plus en plus froid** it's getting colder and colder

2 plus de more ; *(avec un chiffre)* more than : **plus de café/de temps** more coffee/time ; **tu as plus de livres que moi** you have more books than me ; **plus d'un kilo** more than a kilo ; **plus de dix** more than ten ; **il est plus de trois heures** it's after three

3 plus..., plus/moins... the more..., the more/the less : **plus je réfléchis, plus je me dis qu'il a raison** the more I think about it, the more I think he's right

4 de plus more : **un de plus** one more ; **deux heures de plus** two hours more ; **j'ai quatre ans de plus que vous** I'm four years older than you

5 *(superlatif)* **le plus** the most : **c'est ce qu'ils aiment le plus** they like that the most ; **le plus beau** the most attractive (**de** in) ; **le plus grand** the biggest

6 le plus de the most : **c'est moi qui ai le plus de livres** I have the most books

7 en plus, de plus *(en outre)* furthermore, in addition ; **en plus de** in addition to

▸ *conjonction* plus : **six plus quatre font dix** six plus four are ten ; **le transport, plus la nourriture, plus les visites guidées** travel, plus food, plus guided tours

plusieurs several : **plusieurs semaines** several weeks ; **plusieurs de mes amis** several of my friends

plutôt

1 *(assez)* quite, rather : **plutôt agréable/gentil** quite *ou* rather pleasant/nice

2 *(à la place)* instead : **prenez plutôt le rouge** take the red one instead ; **plutôt que de faire quelque chose** instead of doing something, rather than doing something

pneu tyre, *(en américain)* tire

poche pocket : **un couteau de poche** a pocket knife

poêle : une poêle à frire a frying pan, *(en américain)* a fry pan

poème poem

poète poet : **elle est poète** she's a poet

poids

1 weight : **prendre du poids** to put on weight

2 un poids lourd a lorry ; *(en américain)* a truck

poignée

1 *(de porte, de valise)* handle

2 *(quantité)* handful (**de** of)

3 une poignée de main a handshake

poignet wrist

poil *(de personne, d'animal)* hair : **un poil** a hair ; **des poils de chat** cat hairs

poilu, -e hairy

poing fist : **serrer les poings** to clench one's fists ; **un coup de poing** a punch

point

1 *(endroit)* point, spot ; **un point de côté** a stitch

2 *(aspect, question)* point : **un point faible/fort** a weak/strong point ; **un point de vue** a point of view

3 *(score)* point ; *(note scolaire)* mark, point

4 *(sur un i)* dot ; *(en fin de ligne)* full stop, *(en américain)* period ; **un point d'exclamation** an exclamation mark, *(en américain)* an exclamation point ; **un point d'interrogation** a question mark ; **point fr** *(dans les adresses Internet)* dot fr

5 à point *(viande)* medium

6 être sur le point de faire quelque chose to be about to do something

pointe
1 *(de couteau, d'aiguille)* point
2 **sur la pointe des pieds** on tiptoe

pointu, -e *(couteau, crayon)* with a sharp point

point-virgule semicolon

poire pear

poireau leek

pois
1 **les petits pois** peas
2 *(dessin)* spot : **une robe à pois bleus** a dress with blue spots

poison poison

poisson fish : **trois poissons** three fish ; **un poisson rouge** a goldfish

On n'ajoute pas de **-s** pour former le pluriel de **fish**.

poitrine *(thorax)* chest ; *(seins)* bust

poivre pepper

poivron pepper : **un poivron vert** a green pepper

pôle : le pôle Nord/Sud the North/South Pole

poli, -e *(courtois)* polite (**avec** to)

police police : **une voiture de police** a police car

policier, -ière
▸ *adjectif* **une enquête policière** a police investigation ; **un roman policier** a detective novel
▸ *nom* police officer : **il est policier** he's a police officer

politique politics

politique
▸ *adjectif* political ; **un homme politique** a politician
▸ *nom féminin (activité)* politics ; *(stratégie)* policy : **faire de la politique** to be involved in politics ; **la politique intérieure/extérieure** domestic/foreign policy

Pologne : la Pologne Poland ; **aller en Pologne** to go to Poland ; **vivre en Pologne** to live in Poland

Polonais, -aise Pole : **c'est une Polonaise** she's a Pole

polonais, -aise
▸ *adjectif* Polish
▸ *nom masculin (langue)* Polish : **elle apprend le polonais** she's learning Polish

pomme
1 *(fruit)* apple
2 **une pomme de terre** a potato ; **des pommes frites** chips, *(en américain)* (French) fries

pompe *(appareil)* pump : **une pompe à vélo** a bicycle pump

pompier fireman (*au pluriel* -men), firefighter : **il est pompier** he's a fireman *ou* firefighter ; **une voiture de pompiers** a fire engine

pondre *(un œuf)* to lay

poney pony

pont
1 bridge
2 *(d'un bateau)* deck

populaire
1 *(qui plaît)* popular
2 *(ouvrier)* working-class : **un quartier populaire** a working-class area

population population

porc *(animal)* pig ; *(viande)* pork

porcelaine china : **une assiette en porcelaine** a china plate

port *(maritime)* port, harbour, *(en américain)* harbor ; **un port de plaisance** a marina

portable *(ordinateur)* laptop ; *(téléphone)* mobile, *(en américain)* cellphone

porte
1 door ; **mettre quelqu'un à la porte** to throw somebody out
2 *(d'une ville, d'un aéroport)* gate

portefeuille wallet, *(en américain)* billfold

portemanteau *(au mur)* coat rack ; *(sur pied)* coat stand

porte-monnaie purse, *(en américain)* change purse

porter
1 *(dans ses bras, sur le dos)* to carry : **porter un panier** to carry a basket
2 *(sur soi)* to wear : **porter une robe/des lunettes** to wear a dress/glasses
▪ **se porter : se porter bien/mal** to be well/ill ; **comment vous portez-vous ?** how are you?

porteur, -euse *(de bagages)* porter

portion *(de nourriture)* portion

portrait portrait

Portugais, -aise Portuguese man/woman *(au pluriel* men/women) ; **c'est un Portugais** he's Portuguese ; **les Portugais** the Portuguese

portugais, -aise
▸ *adjectif* Portuguese
▸ *nom masculin (langue)* Portuguese : **j'apprends le portugais** I'm learning Portuguese

Portugal : le Portugal Portugal ; **aller au Portugal** to go to Portugal ; **vivre au Portugal** to live in Portugal

poser
1 to put (down) : **poser ses coudes sur la table** to put one's elbows on the table ; **posez vos stylos** put your pens down
2 *(une vitre)* to put in ; *(du papier peint)* to put up ; *(une moquette)* to lay
3 poser une question à quelqu'un to ask somebody a question ; **ça me pose un problème** that's a problem for me
4 poser pour une photo to pose for a photo
▪ **se poser** *(avion, oiseau)* to land

position position

posséder *(un bien)* to own, to have

possibilité
1 *(éventualité)* possibility
2 *(occasion)* opportunity (**de faire** of doing)

possible possible : **il nous est possible de le faire** it's possible for us to do it ; **si possible** if possible ; **le plus rapidement possible** as quickly as possible ; **travailler le plus/le moins possible** to work as much/as little as possible

poste[1] ▸ *nom féminin*
1 *(service)* post, mail : **par la poste** by post, by mail ; **mettre une lettre à la poste** to post *ou* to mail a letter
2 *(bureau de poste)* post office

poste[2] ▸ *nom masculin*
1 *(emploi)* post, job
2 un poste de radio/télévision a radio/TV (set)
3 un poste de police a police station

poster ▸ *verbe (une lettre)* to post, to mail

pot *(récipient)* pot ; *(en verre)* jar : **un pot de fleurs** a flowerpot ; **un pot de confiture** a jar of jam

potable : l'eau potable drinking water

potage soup

poteau post : **un poteau indicateur** a signpost

poterie *(activité)* pottery : **faire de la poterie** to make pottery

pou louse (*au pluriel* lice)

poubelle bin, *(en américain)* wastebasket ; *(d'extérieur)* dustbin, *(en américain)* garbage *ou* trash can

pouce *(doigt)* thumb

poudre powder ; **le lait en poudre** powdered milk

poulain foal

poule hen

poulet chicken

pouls pulse

poumon lung

poupée doll

pour ▸ *préposition*
1 for : **pour elle** for her ; **c'est pour qui ?** who's it for?
2 *(durée)* for : **je vais à Toulon pour trois semaines** I'm going to Toulon for three weeks
3 *(suivi d'un infinitif)* to : **pour faire quelque chose** to do something ; **je travaille pour vivre** I work to live ; **pour ne pas tomber** so as not to fall ; **pour quoi faire ?** what for?
4 dix pour cent ten per cent
▪**pour que** ▸ *conjonction* so that : **pour que tu le saches** so that you may know

pourboire *(argent)* tip

pourquoi why : **pourquoi pas ?** why not?

pourri, -e rotten

pourrir *(fruit)* to go bad *ou* rotten

poursuivre
1 *(courir après)* to chase
2 *(continuer)* to go on : **poursuivez votre lecture** go on reading ; **poursuivez votre travail** get on with your work

pourtant yet : **elle est pourtant bien gentille** and yet she's very nice

pousser
1 to push
2 pousser un cri to shout out ; **pousser un soupir** to sigh
3 *(plante, cheveux)* to grow : **ça pousse bien** it's growing well ; **faire pousser une plante** to grow a plant ; **se laisser pousser la barbe** to grow a beard

poussette pushchair, *(en américain)* stroller

poussière dust

poussin chick

pouvoir[1] ▸ *verbe*
1 *(possibilité, capacité)* can, be able to : **si je peux** if I can ; **elle ne peut pas venir** she can't come ; **je ne pourrai pas y aller** I won't be able to go ; **il ne peut pas marcher** he can't walk, he's unable to walk ; **s'il pouvait venir** if he could come ; **pourrais-tu m'aider ?** could you help me? ; **j'aurais pu gagner** I could have won
2 *(permission)* may, can : **est-ce que je peux entrer ?** may I *ou* can I come in? ; **vous pouvez entrer** you may *ou* you can come in
3 *(éventualité)* may, might : **il peut être sorti** he may *ou* he might be out ; **elle pourrait venir** she might come
▪**se pouvoir : ça se pourrait bien** that's quite possible ; **il se peut qu'elle soit malade** she might be ill

pouvoir[2] ▸ *nom masculin* power

prairie meadow

pratique ▸ *adjectif (outil, objet)* practical, handy

pratiquement *(presque)* practically

pratiquer *(une religion)* to practise, *(en américain)* to practice ; *(une langue)* to speak ; *(un sport)* to do ; **pratiquer la natation** to swim

pré meadow

précédent, -ente previous : **l'année précédente** the previous year, the year before

précieux, -euse *(coûteux)* precious

précipiter (se) to rush (**sur** at, **vers** towards)

précis, -ise precise ; **à deux heures précises** at two o'clock sharp ; **penser à quelque chose de précis** to have something specific in mind

préciser *(une pensée, une opinion)* to clarify ; *(une date, un lieu de rendez-vous)* to specify ; **pourriez-vous préciser ?** could you be more specific?

précision
1 *(d'une description)* accuracy ; *(d'un mouvement)* precision
2 *(détail)* detail

préféré, -e favourite, *(en américain)* favorite

préférer to prefer (**à** to) : **préférer faire quelque chose** to prefer to do something

premier, -ière

▸ *adjectif* first : **les trois premiers mois** the first three months ; **au premier rang** in the front row ; **le Premier ministre** the Prime Minister

▸ *nom (personne, chose)* first : **arriver le premier** to arrive first ; **vous êtes la première** you're the first (one) ; **être le premier de la classe** to be at the top of the class

▸ *nom masculin*

1 *(dans les dates)* **le premier janvier** the first of January, *(en américain)* January first ; **le premier de l'an** New Year's Day

2 *(étage)* **au premier** on the first floor, *(en américain)* on the second floor

▸ *nom féminin*

1 *(au lycée)* **être en première** *(en Angleterre)* to be in the lower sixth form ; *(aux États-Unis)* to be in eleventh grade

2 *(dans un train)* first class : **voyager en première** to travel first class ; **un billet de première** a first-class ticket

premièrement firstly

prendre

1 to take (**à quelqu'un** from somebody) : **prends ton stylo !** take your pen! ; **prendre une douche** to take *ou* to have a shower ; **prendre le train/une photo** to take the train/a photo ; **le voyage nous a pris une heure** the journey took us an hour ; **prendre de la place** to take up room

2 *(un repas, une boisson)* to have : **vous prendrez bien une tasse de thé ?** won't you have a cup of tea?

3 *(un poisson)* to catch

4 *(une décision)* to make

5 passer prendre quelqu'un to pick somebody up

prénom first name

préparer to prepare : **préparer un repas à quelqu'un** to prepare *ou* to make a meal for somebody ; **préparer un examen** to prepare for an exam

▪**se préparer** to get ready : **se préparer à quelque chose/à faire quelque chose** to get ready for something/to do something

près ▸ *adverbe*

1 near : **tout près** nearby ; **trop près** too near ; **plus près** nearer

2 de près *(voir)* at close range ; *(examiner, surveiller)* closely

3 à peu près *(environ)* about ; *(plus ou moins)* more or less

▪**près de** ▸ *préposition*

1 near : **près de la gare** near the station ; **près d'ici** near here

2 *(presque)* nearly : **près de deux ans** nearly two years

présence presence ; *(à l'école)* attendance

présent, -ente

▸ *adjectif* present (**à** at)

▸ *nom masculin* present ; *(en grammaire)* present (tense) : **vivre dans le présent** to live in the present ; **un verbe au présent** a verb in the present (tense)

▪**à présent** ▸ *adverbe* now, at present

présenter

1 *(montrer)* to show (**à** to)

2 *(une personne)* to introduce (**à** to) : **je te présente ma sœur** let me introduce my sister, this is my sister

3 *(un spectacle, une émission)* to present, to host

▪**se présenter** *(dire son nom)* to introduce oneself (**à** to)

président, -ente

1 *(d'un pays)* president

2 *(d'une entreprise, d'un club)* chairman/chairwoman (*au pluriel* -men/-women)

presque
1 *(phrases affirmatives)* almost, nearly
2 *(phrases négatives)* **presque pas** hardly ; **presque jamais** hardly ever ; **presque rien** hardly anything ; **ils ne se sont presque pas parlé** they hardly spoke to each other

pressé, -e *(personne)* in a hurry

presser
1 *(un fruit)* to squeeze
2 **rien ne presse** there's no hurry
▪**se presser** *(se dépêcher)* to hurry (up)

pression pressure

prêt[1], prête ▸ *adjectif* ready (**à faire** to do)

prêt[2] ▸ *nom masculin (bancaire)* loan

prétendre to claim (**que** that)

prêter to lend : **prêter quelque chose à quelqu'un** to lend somebody something, to lend something to somebody ; **je lui ai prêté mon vélo** I lent him my bike

prétexte excuse

prêtre priest : **il est prêtre** he's a priest

preuve proof : **il me faut des preuves** I need proof

> Le mot **proof** est indénombrable dans ce sens.

prévenir
1 *(avertir)* to warn (**que** that, **de** about)
2 *(informer)* to tell (**que** that, **de** about) : **je vais le prévenir** I'll tell him, I'll let him know

prévoir
1 *(une réaction, un changement)* to expect, to anticipate ; *(la météo)* to forecast
2 *(organiser)* to plan : **comme prévu** as planned

prier
1 to pray (**pour** for)
2 **prier quelqu'un de faire quelque chose** to ask somebody to do something
3 **je vous en prie** *(faites donc)* please do ; *(il n'y a pas de quoi)* you're welcome, don't mention it

prière prayer

primaire : une école primaire a primary school, *(en américain)* an elementary school

prince, -esse prince/princess

principal, -e
▸ *adjectif* main
▸ *nom masculin*
1 **le principal** *(l'essentiel)* the most important thing
2 *(de collège)* headmaster/headmistress, *(en américain)* principal

principe ▸ *nom masculin* principle
▪**en principe** ▸ *adverbe*
1 in principle, in theory : **en principe, je devrais pouvoir venir** in theory, I should be able to come
2 *(d'habitude)* usually, as a rule : **en principe, je ne travaille pas le dimanche** as a rule, I don't work on Sundays

printemps spring : **au printemps** in (the) spring

pris, prise[1] ▸ *adjectif*
1 *(siège)* taken : **cette place est prise** this seat is taken
2 *(personne)* busy : **je suis très pris** I'm very busy

prise[2] ▸ *nom féminin*
1 **une prise de courant** *(sur un appareil)* a plug ; *(au mur)* a socket
2 **une prise de sang** a blood test

prison prison : **en prison** in prison ; **mettre quelqu'un en prison** to send somebody to prison ; **aller en prison** to go to prison

prisonnier, -ière ▸ *nom* prisoner

privé, -e private

priver : priver quelqu'un de quelque chose to deprive somebody of something ; **privé de sommeil** deprived of sleep ; **il a été privé de sortie** he wasn't allowed to go out

prix
1 *(d'un objet)* price
2 *(récompense)* prize
3 **à tout prix** come what may, at all costs

probable likely, probable (**que** that) ; **c'est peu probable** it's unlikely

probablement probably

problème problem

prochain, -aine next : **l'année prochaine** next year ; **prenez la prochaine rue à gauche** take the next street on the left

prochainement shortly, soon

proche ▸ *adjectif*
1 near, close : **la ville la plus proche** the nearest *ou* closest town ; **leur maison est proche de la gare** their house is close to *ou* near the station
2 *(ami, parent)* close

producteur, -trice ▸ *nom* producer

produire to produce
▪**se produire** *(événement)* to happen

produit *(article)* product ; **un produit chimique** a chemical

professeur teacher : **elle est professeur** she's a teacher ; **un professeur d'anglais/de piano** an English/a piano teacher

profession occupation ; *(de médecin, de professeur)* profession

professionnel, -elle professional

profit profit ; **tirer profit de quelque chose** to benefit from something

profiter : profiter de quelque chose to take advantage of something (**pour faire** to do) ; **profiter du soleil/de la vie** to make the most of the sunshine/of life

profond, -onde *(lac, trou, sommeil)* deep ; **en eau peu profonde** in shallow water

profondeur depth ; **faire 20 mètres de profondeur** to be 20 metres deep

programme
1 *(de radio, de théâtre)* programme, *(en américain)* program ; **un programme de télévision** a TV guide
2 *(emploi du temps)* schedule : **un programme chargé** a busy schedule
3 *(informatique)* program

progrès progress : **faire des progrès** to make progress

Le mot **progress** est indénombrable.

projet
1 *(intention)* plan : **faire des projets** to make plans
2 *(étude)* project

prolonger to extend

promenade *(à pied)* walk ; *(en voiture)* drive ; *(en vélo, à cheval)* ride : **faire une promenade** to go for a walk ; **faire une promenade en voiture/à cheval** to go for a drive/a ride

promener (se) *(à pied)* to go for a walk

promesse promise : **tenir sa promesse** to keep one's promise

promettre to promise (**que** that) : **promettre quelque chose à quelqu'un** to promise somebody something ; **je te promets de le faire** I promise I'll do it

prononcer *(un mot)* to pronounce ; **mal prononcer** to mispronounce

prononciation pronunciation

propager (se) *(incendie, nouvelle)* to spread

propos (à)
1 **à propos de** about : **il faut que je te parle à propos des vacances** I need to talk to you about the holi-

days ; **c'est à quel propos ?** what's it about?
2 *(au fait)* by the way : **à propos, as-tu reçu ma carte ?** by the way, did you get my postcard?

proposer
1 to suggest : **proposer quelque chose à quelqu'un** to suggest something to somebody ; **je propose qu'on parte** I suggest we leave ; **je te propose de rester** I suggest you stay
2 *(offrir)* to offer : **il m'a proposé un bon prix** he offered me a good price

proposition suggestion ; *(offre)* offer

propre
1 clean : **des mains propres** clean hands
2 *(bien rangé, bien présenté)* neat
3 *(à soi)* own : **mon propre argent/ordinateur** my own money/computer ; **de mes propres yeux** with my own eyes

propriétaire
1 *(d'une voiture, d'un restaurant)* owner
2 *(d'un logement loué)* landlord/landlady

propriété property

protéger to protect (**de** from)

protestant, -ante Protestant

prouver to prove (**que** that)

proverbe proverb, saying

province : la province *(en France)* provincial France ; *(dans d'autres pays)* the provinces ; **s'installer en province** to leave the capital

provisions *(nourriture)* food ; *(courses)* shopping : **avoir des provisions pour un mois** to have enough food for a month ; **aller faire des provisions** to go shopping

provisoire temporary ; *(gouvernement)* provisional

provoquer
1 *(un accident, un incendie)* to cause
2 *(un adversaire)* to provoke

prudent, -ente
1 *(personne)* careful
2 *(décision, réponse)* sensible : **ce n'est pas prudent de faire ça** it's not sensible to do that

prune plum

pruneau prune

public, -ique
▸ *adjectif* public
▸ *nom masculin* public ; *(de spectacle)* audience : **ouvert au public** open to the public ; **en public** in public

publicité advertising ; *(annonce)* advertisement

publier to publish

puce
1 *(insecte)* flea
2 *(d'ordinateur)* chip

puer to stink : **ça pue le poisson** it stinks of fish

puis then ; **et puis** *(et ensuite)* and then ; *(d'ailleurs)* and besides

puisque since, as

puissance power

puissant, -ante powerful

puits *(d'eau, de pétrole)* well

pull sweater : **mets ton pull** put your sweater on

punaise *(pour accrocher)* drawing pin, *(en américain)* thumbtack

punir to punish (**de, pour** for) : **être puni pour avoir fait quelque chose** to be punished for doing something

punition punishment

pur, -e *(air)* pure

puzzle jigsaw puzzle

pyjama pyjamas, *(en américain)* pajamas : **il était en pyjama** he was in his pyjamas *ou* pajamas ; **un pyjama** a pair of pyjamas *ou* pajamas

Pyrénées : les Pyrénées the Pyrenees

Qq

quai
1 *(d'une gare)* platform
2 *(d'un port)* quay
3 *(d'une rivière)* bank, embankment

qualité quality

quand
1 when : **quand est-ce que tu viendras ?** when will you come? ; **je lui en parlerai quand je le verrai** I'll tell him about it when I see him ; **téléphone-moi quand tu arriveras** phone me when you arrive
2 **quand même** all the same : **il n'était pas invité mais il est venu quand même** he wasn't invited but he came all the same

quant à as for : **quant à moi** as for me

quantité quantity, amount ; **une quantité de** *(beaucoup de)* a lot of

quarantaine : une quarantaine de personnes about forty people

quarante forty : **quarante et un** forty-one ; **quarante-deux** forty-two

Pour des exemples d'emploi, voir **dix**.

quart
1 quarter : **un quart de poulet** a quarter of a chicken ; **il en reste les trois quarts** there's three-quarters of it left
2 **un quart d'heure** a quarter of an hour ; **une heure et quart** an hour and a quarter ; **il est une heure et quart** it's a quarter past one ; **une heure moins le quart** a quarter to one

quartier
1 *(d'une ville)* area ; **le médecin de quartier** the local doctor
2 *(de pomme)* piece ; *(d'orange)* segment

quatorze fourteen

Pour des exemples d'emploi, voir **dix**.

quatorzième fourteenth

Pour des exemples d'emploi, voir **dixième**.

quatre four

Pour des exemples d'emploi, voir **dix**.

quatre-vingt-dix ninety

Pour des exemples d'emploi, voir **dix**.

quatre-vingts eighty : **quatre-vingts ans** eighty years ; **quatre-vingt-un** eighty-one

Pour des exemples d'emploi, voir **dix**.

quatrième
▸ *adjectif* fourth
▸ *nom féminin* **être en quatrième** *(en Angleterre)* to be in the third form ; *(aux États-Unis)* to be in eighth grade

Pour des exemples d'emploi, voir **dixième**.

que
▸ *conjonction*
1 that : **je pense qu'elle est malade** I think (that) she's ill ; **je sais que tu mens** I know (that) you're lying ; **je veux qu'il vienne** I want him to come
2 **ne... que** only : **je n'ai que deux**

euros I only have two euros ; **ce n'est que le début** it's only the beginning

3 *(dans les comparaisons)* **plus âgé que** older than ; **moins intelligent que** less intelligent than ; **aussi grand que** as big as ; **le même que** the same as ; **tel que** such as

4 qu'il s'en aille ! let him leave! ; **que tu le veuilles ou non** whether you like it or not

▸ *pronom*

1 *(chose)* that, which : **le livre que j'ai** the book (that *ou* which) I have

2 *(personne)* that : **le professeur qu'elle préfère** the teacher (that) she prefers

3 *(temps)* when : **un jour que** one day when

4 *(phrases interrogatives)* what : **que fait-il ?** what's he doing? ; **que voulez-vous ?** what do you want?

▸ *adverbe* **que c'est beau !** it's really nice! ; **qu'il est bête !** he's so stupid!

Québec : le Québec Quebec ; **aller au Québec** to go to Quebec ; **vivre au Québec** to live in Quebec

quel, quelle

▸ *adjectif*

1 *(personne)* which : **quel acteur préférez-vous ?** which actor do you prefer? ; **quel est ton professeur préféré ?** who is your favourite teacher?

2 *(chose)* what, which : **quelle robe préférez-vous ?** what *ou* which dress do you prefer? ; **quelles sont tes couleurs préférées ?** what *ou* which are your favourite colours? ; **quelle heure est-il ?** what time is it? ;

3 je sais quel est ton but I know what your aim is

4 quel idiot ! what a fool! ; **quelle chance !** what luck!

5 quel que soit *(chose)* whatever ; *(personne)* whoever : **quel que soit le temps** whatever the weather may be ; **quel que soit le coupable** whoever the culprit may be

▸ *pronom* which (one) : **quel est le meilleur ?** which (one) is the best?

quelconque any : **pour une raison quelconque** for any reason

quelque chose something : **est-ce que je peux te dire quelque chose ?** can I tell you something? ; **avez-vous quelque chose à dire ?** do you have something *ou* anything to say? ; **quelque chose d'autre** something else

quelquefois sometimes

quelque part somewhere

quelques some, a few : **quelques femmes/poires** some *ou* a few women/pears ; **quelques jours/mois** a few days/months

quelques-uns, quelques-unes some, a few (**de** of)

quelqu'un

1 somebody : **quelqu'un d'intelligent** somebody clever ; **quelqu'un a cassé un verre** somebody broke a glass

2 *(phrases interrogatives)* anyone : **il y a quelqu'un ?** is there anyone there? ; **est-ce que quelqu'un connaît leur adresse ?** does anyone know their address?

qu'est-ce que what : **qu'est-ce que ça veut dire ?** what does it mean? ; **qu'est-ce qu'il a dit ?** what did he say? ; **qu'est-ce que c'est ?** what is it?

qu'est-ce qui what : **qu'est-ce qui ne va pas ?** what's wrong?

question

1 *(interrogation)* question (**sur** about)

2 *(affaire)* matter : **c'est une question de temps/principe** it's a matter of time/principle

3 il a été question de vous we talked about you

queue

1 *(d'animal)* tail

2 *(file)* queue, *(en américain)* line : **faire la queue** to queue up, *(en américain)* to stand in line

qui

1 *(personne)* who, that : **un garçon qui aime le chocolat** a boy who *ou* that likes chocolate

2 *(chose)* that, which : **la voiture qui est bleue** the car that *ou* which is blue

3 *(après une préposition)* **la femme de qui je parlais** the woman I was talking about ; **le garçon avec qui je dansais** the boy I was dancing with

4 *(phrases interrogatives)* who : **qui aime le chocolat ?** who likes chocolate? ; **qui voulez-vous voir ?** who do you want to see?

5 à qui ? whose? : **à qui est ce livre ?** whose book is this?

quinzaine : une quinzaine de personnes about fifteen people

quinze fifteen ; **dans quinze jours** in two weeks

Pour des exemples d'emploi, voir **dix**.

quinzième fifteenth

Pour des exemples d'emploi, voir **dixième**.

quitter

1 to leave : **j'ai quitté la maison** I left the house

2 *(au téléphone)* **ne quittez pas !** hold the line!

▪**se quitter** to part

quoi

1 what : **je ne sais pas quoi faire** I don't know what to do ; **quoi d'autre ?** what else? ; **à quoi penses-tu ?** what are you thinking about?

2 quoi que whatever : **quoi que tu fasses** whatever you do ; **quoi qu'il arrive** whatever happens

3 merci – il n'y a pas de quoi ! thank you – you're welcome! *ou* don't mention it!

quoique although : **quoiqu'il soit fatigué** although he's tired

quotidien, -ienne

▸ *adjectif* daily

▸ *nom masculin*

1 *(journal)* daily (paper)

2 *(routine)* daily life ; **au quotidien** on a day-to-day basis

Rr

raccompagner : raccompagner quelqu'un *(jusque chez lui)* to take somebody home

raccourci shortcut

raccrocher *(au téléphone)* to hang up : **elle m'a raccroché au nez** she hung up on me

race *(humaine)* race ; *(animale)* breed

racine root

raconter to tell : **raconter une histoire à quelqu'un** to tell somebody a story ; **raconter un voyage/ses vacances à quelqu'un** to tell somebody about a trip/one's holidays ; **raconter à quelqu'un pourquoi/comment** to tell somebody why/how

radiateur radiator ; *(électrique)* heater

radio
1 radio : **à la radio** on the radio
2 *(médicale)* X-ray : **passer une radio** to have an X-ray

radis radish

rafraîchir *(refroidir)* to cool down : **un verre d'eau te rafraîchira** a glass of water will cool you down
▪**se rafraîchir**
1 *(se refroidir)* to get cooler : **le temps se rafraîchit** it's getting cooler
2 *(faire un brin de toilette)* to freshen up
3 *(boire)* to have a drink

ragoût stew

raide
1 *(pente)* steep
2 *(personne)* stiff
3 *(cheveux)* straight

raie *(dans les cheveux)* parting, *(en américain)* part

rail *(sur une voie de chemin de fer)* rail

raisin
1 grapes : **j'aime le raisin** I like grapes ; **un grain de raisin** a grape
2 des raisins secs raisins

raison
1 reason : **la raison de mon absence** the reason for my absence ; **la raison pour laquelle il est venu** the reason (why) he came ; **en raison de** because of
2 avoir raison to be right (**de faire** to do)

raisonnable reasonable ; *(enfant)* sensible

ralentir to slow down

râler to moan : **arrête de râler** stop moaning

ramasser
1 *(un objet à terre)* to pick up
2 *(des fruits, des champignons)* to pick ; *(des coquillages)* to collect ; *(du bois)* to gather
3 *(des copies d'examen)* to collect

rame
1 *(aviron)* oar
2 *(de métro)* train

ramener *(amener)* to bring back ; *(raccompagner)* to take back : **il m'a ramené un cadeau** he brought me back a present ; **un bus les ramènera à l'école** a bus will take them back to the school ; **il m'a ramené** *(jusque chez moi)* he took me home ; **ramener quelqu'un en voiture** to give somebody a lift home, *(en américain)* to give somebody a ride home

ramer *(pagayer)* to row

rampe *(d'escalier)* banister

ramper *(animal, personne)* to crawl

randonnée hike : **faire une randonnée** to go for a hike ; **faire de la randonnée** to go hiking

rang *(de sièges)* row : **au premier rang** in the front row ; **se mettre en rang** to line up

rangée row

ranger
1 *(une pièce, une maison)* to tidy (up)
2 *(ses affaires, ses vêtements)* to put away

râpé, -e *(fromage, carotte)* grated

rapide fast ; *(coup d'œil, décision)* quick

rapidement quickly

rappeler
1 rappeler quelqu'un to call somebody back ; **rappelle dans une heure** call back in an hour
2 *(faire penser à)* to remind : **rappeler quelque chose à quelqu'un** to remind somebody of something ; **il me rappelle mon père** he reminds me of my father ; **rappeler à quelqu'un que** to remind somebody that
▪**se rappeler : se rappeler quelque chose** to remember something ; **je me suis rappelé que...** I remembered that...

rapport
1 *(lien)* connection (**entre** between) ; **ça n'a aucun rapport !** that has nothing to do with it! ; **par rapport à** compared to
2 *(récit)* report

rapporter *(apporter avec soi)* to bring back ; *(rendre)* to return (**à** to) : **il lui a rapporté des cigarettes** he brought him back some cigarettes

rapprocher to bring closer (**de** to)
▪**se rapprocher** to come *ou* to get closer

raquette *(de tennis)* racket ; *(de ping-pong)* bat

rare *(peu commun)* rare

rarement rarely

raser
1 to shave ; *(une barbe, une moustache)* to shave off
2 *(frôler)* to skim, to graze
3 *(détruire)* to raze
▪**se raser** to shave, to have a shave ; **se raser les jambes** to shave one's legs ; **il s'est rasé la barbe** he shaved off his beard

rasoir razor ; *(électrique)* shaver

rassembler to gather (together)
▪**se rassembler** *(manifestants)* to gather ; *(famille, amis)* to get together

rassurer : rassurer quelqu'un to put somebody's mind at rest ; **rassure-toi !** don't worry!

rat *(animal)* rat

râteau rake

rater
1 *(une cible, un train, une occasion)* to miss : **j'ai raté le début** I missed the beginning
2 *(un examen)* to fail ; *(un plat, sa vie)* to ruin, to make a mess of

rattraper
1 *(un chien, un prisonnier)* to recapture
2 *(un objet ou une personne qui tombe)* to catch
3 *(rejoindre)* **rattraper quelqu'un/une voiture** to catch up with somebody/a car
4 rattraper le temps perdu to make up for lost time ; **rattraper son retard** to catch up

ravi, -e delighted (**de quelque chose**

with something) : **je suis ravi de vous voir** I'm delighted to see you ; **ravi de vous connaître** pleased to meet you

rayé, -e
1 *(chemise, pantalon)* striped
2 *(CD, parquet, voiture)* scratched

rayer
1 *(abîmer)* to scratch
2 *(un mot)* to cross out

rayon
1 *(de lumière)* ray, beam : **un rayon de soleil** a ray of sunshine, a sunbeam
2 *(dans un magasin)* department : **le rayon jouets** the toy department
3 *(étagère)* shelf (*au pluriel* shelves)

rayure
1 *(sur un tissu)* stripe
2 *(sur un parquet, une voiture)* scratch

réaction reaction

réagir to react

réalisateur, -trice *(d'un film)* director

réaliser
1 *(un projet)* to carry out ; *(un rêve)* to fulfil, *(en américain)* to fulfill ; *(un film)* to make, to direct
2 *(comprendre)* to realize (**que** that)

réalité reality ; **en réalité** in fact

rebondir to bounce

récemment recently

récent, -ente recent

réception
1 *(d'un hôtel)* reception (desk)
2 *(soirée)* reception, party

recette *(de cuisine)* recipe

recevoir
1 to receive, to get (**de** from) ; *(une gifle, un coup)* to get
2 *(accueillir)* **il m'a très bien reçu** he made me very welcome ; **nous recevons des amis à dîner** we're having friends over for dinner ; **recevoir des patients/clients** to see patients/customers
3 être reçu à un examen to pass an exam

réchaud (portable) stove

réchauffer
1 (faire) réchauffer un plat to heat up *ou* to reheat a dish
2 réchauffer quelqu'un to warm somebody up
▪**se réchauffer** *(temps)* to get warmer ; *(personne)* to get warm ; **se réchauffer les mains** to warm one's hands

rechercher to look for ; *(en informatique)* to search for

récipient container

récit story

réciter to recite

réclamation *(plainte)* complaint

réclamer *(demander)* to ask for

récolte harvest

récolter *(des fruits, des cultures)* to harvest

recommander *(un restaurant, un produit, une personne)* to recommend (**à** to) ; *(conseiller)* to advise

recommencer
1 to start again : **recommencer à travailler** to start working again
2 *(faire de nouveau)* to do again

récompense reward

récompenser to reward

réconforter to comfort

reconnaissant, -ante grateful (**à** to, **de** for)

reconnaître
1 to recognize
2 *(admettre)* to admit (**que** that)

record record : **battre un record** to break a record

recouvrir to cover (**de** with)

récréation break, *(en américain)* recess : **à la récréation** during break, during recess

rectangle rectangle

reçu ▸ *nom masculin (récépissé)* receipt

reculer
1 *(personne)* to move *ou* to step back ; *(voiture)* to reverse, *(en américain)* to back up
2 reculer quelque chose to push *ou* to move something back ; **reculer la date** to put the date back, to postpone the date

reculons (à) : marcher à reculons to walk backwards

récupérer
1 *(avoir de nouveau)* to get back : **j'ai enfin récupéré mon argent/livre** I finally got my money/book back
2 *(passer prendre)* to pick up
3 *(se remettre)* to recover

rédaction *(à l'école)* essay

redescendre
1 *(aller)* to go back down ; *(venir)* to come back down : **je suis redescendu à la cave** I went back down to the cellar ; **il est redescendu pour me dire quelque chose** he came back down *ou* downstairs to tell me something ; **redescendre en courant** to run back down
2 *(porter)* to take back down ; *(apporter)* to bring back down : **il a redescendu l'escabeau alors que j'en avais encore besoin** he took the stepladder back down when I still needed it ; **il m'a redescendu la valise** he brought the suitcase back down for me

réduction
1 reduction (**de** in)
2 *(prix réduit)* discount

réduire to reduce (**de** by)

réel, -elle real

réellement really

refaire
1 *(un exercice, un travail)* to do again, to redo : **ne le refais plus** don't do it again
2 *(un voyage)* to make again ; **je vais refaire du riz** I'll make some more rice
3 *(ses lacets)* to do up
4 *(une maison, une pièce)* to do up

réfléchir *(penser)* to think (**à, sur** about) : **réfléchis-y bien !** think about it carefully!

reflet reflection

réflexion
1 *(pensée)* thought
2 *(remarque)* remark

réfrigérateur refrigerator

refroidir *(liquide chaud)* to cool down
▪**se refroidir** *(temps)* to get colder

réfugier (se) to take shelter *ou* refuge

refuser to refuse (**de faire** to do) ; **refuser quelque chose à quelqu'un** to refuse somebody something

regard look ; **un regard fixe** a stare

regarder
1 to look at : **regarder quelque chose/quelqu'un** to look at something/somebody ; **regarder (quelque chose) par la fenêtre** to look (at something) through the window ; **regarde !** look!
2 *(observer)* to watch : **regarder quelqu'un faire quelque chose** to watch somebody do *ou* doing something ; **regarde, je vais te montrer** watch (me), I'll show you
3 regarder la télé/un documentaire/un DVD to watch TV/a documentary/a DVD
4 *(concerner)* to concern ; **ça ne te regarde pas** that's none of your business

régime *(alimentaire)* diet : **être/se mettre au régime** to be/to go on a diet

région region, area

règle
1 *(de jeu, de grammaire)* rule : **c'est la règle** that's the rule ; **respecter la**

règle du jeu to play by the rules ; **en règle générale** as a general rule
2 *(instrument)* ruler
▪ **règles : avoir ses règles** to have one's period

règlement *(règles)* rules

régler
1 *(un siège, le chauffage)* to adjust ; *(la radio)* to tune
2 *(un problème, un conflit)* to settle
3 *(une facture, un commerçant)* to pay ; *(des achats)* to pay for ; **régler quelqu'un** to settle up with somebody

règne *(d'un souverain)* reign : **sous le règne de** in the reign of

régner *(souverain)* to reign (**sur** over)

regret regret

regretter to be sorry about, to regret ; **je regrette !** I'm sorry! ; **je regrette qu'ils soient partis si tôt** I'm sorry they left so early

régulier, -ière
1 *(à intervalles fixes)* regular
2 *(vitesse, progrès, travail)* steady

régulièrement regularly

rein kidney ; **j'ai mal aux reins** I have pain in my lower back

reine queen

rejoindre
1 *(retrouver)* to meet (up with), to join : **il est parti rejoindre sa famille** he went to meet up with *ou* join his family ; **je te rejoins devant le musée** I'll meet you outside the museum
2 *(rattraper)* to catch up with ; **pars, je te rejoins** go ahead, I'll catch you up
3 *(retourner à)* to go back to
4 *(aboutir sur)* to join (up with) : **le chemin rejoint la route** the path joins (up with) the road

relation relationship : **nous avons de bonnes relations** we have a good relationship

relever
1 *(un objet renversé)* to pick up
2 *(des copies d'examen)* to collect
3 *(ses manches)* to roll up ; *(ses cheveux)* to put up
▪ **se relever** *(après une chute)* to get up

relier to connect, to link (**à** to)

religieux, -euse ▸ *adjectif* religious
▪ **religieuse** ▸ *nom féminin (sœur)* nun

religion religion

relire to read again, to reread ; *(pour corriger les fautes)* to read over (again)

remarquable outstanding, remarkable

remarque remark, comment

remarquer
1 to notice (**que** that) : **j'ai remarqué qu'il avait une cicatrice** I noticed (that) he had a scar
2 faire remarquer quelque chose à quelqu'un to point something out to somebody ; **elle m'a fait remarquer que j'étais en retard** she pointed out to me that I was late
3 se faire remarquer to draw attention to oneself
4 remarque, c'est vrai ! mind you *ou* you know, it's true!

rembobiner to rewind

rembourser *(une personne, un emprunt)* to pay back ; *(un achat)* to refund

remercier to thank (**de, pour** for) : **remercier quelqu'un d'avoir fait quelque chose** to thank somebody for doing something ; **je te remercie d'être venu** thanks for coming

remettre
1 *(replacer)* to put back : **remets le livre où tu l'as trouvé** put the book back where you found it
2 *(ses lunettes, un vêtement, un CD)* to put back on

3 *(ajouter)* to add (**dans** to) : **remettre du sel** to add some more salt
4 *(donner)* to hand over (**à** to) ; *(sa démission, sa dissertation)* to hand in (**à** to)
5 remettre à plus tard to put off ; **la visite est remise à demain** the visit has been put off until tomorrow
▪**se remettre**
1 *(après une maladie, un choc)* to recover (**de** from) ; **remets-toi vite !** get well soon!
2 se remettre à faire quelque chose to start doing something again ; **se remettre au tennis/à l'anglais** to take up tennis/English again

remonter
1 *(aller)* to go back up ; *(venir)* to come back up : **je suis remonté au grenier** I went back up to the attic ; **il est remonté pour me dire quelque chose** he came back up *ou* upstairs to tell me something ; **remonter en courant** to run back up
2 *(porter)* to take back up ; *(apporter)* to bring back up : **il a remonté l'escabeau au grenier** he took the stepladder back up to the attic ; **remonte le marteau, j'en ai encore besoin** bring the hammer back up, I'm not done with it
3 *(une horloge, un jouet, une vitre de voiture)* to wind up

remorque *(véhicule)* trailer

remplacer to replace (**par** with)

remplir
1 to fill (up) (**de** with)
2 remplir un formulaire to fill in *ou* to fill out a form

remuer
1 to move : **remuer la main** to move one's hand ; **voir quelque chose remuer** to see something move
2 *(une sauce, un café)* to stir

renard fox

rencontre meeting ; **faire la rencontre de quelqu'un** to meet somebody

rencontrer *(une personne)* to meet ; *(des difficultés)* to encounter
▪**se rencontrer** to meet

rendez-vous appointment ; *(d'amoureux)* date : **prendre rendez-vous avec quelqu'un** to make an appointment with somebody ; **un rendez-vous chez le dentiste** a dentist's appointment ; **donner rendez-vous à quelqu'un** to arrange to meet somebody ; **j'ai rendez-vous avec un ami** I'm meeting a friend

rendre
1 *(un objet emprunté)* to give back, to return (**à** to) ; **rendre une copie** *(au professeur)* to hand in a paper ; **il a rendu les copies à ses élèves** he gave his students their papers back
2 rendre quelqu'un heureux/malade to make somebody happy/ill ; **rendre quelqu'un fou** to drive somebody mad
▪**se rendre**
1 *(capituler)* to surrender (**à** to)
2 *(aller)* **se rendre à** to go to
3 se rendre compte de quelque chose to realize something

renifler to sniff

renne reindeer

> On n'ajoute pas de **-s** pour former le pluriel de **reindeer**.

renoncer : renoncer à quelque chose to give up something ; **renoncer à faire quelque chose** to give up doing something ; *(avant de commencer)* to give up the idea of doing something

renseignement
1 (piece of) information (**sur** about) ; **demander un** *ou* **des renseignements** to ask for information ; **les renseignements que tu m'as donnés** the information you gave me
2 les renseignements *(bureau)* the

information desk ; *(téléphoniques)* directory inquiries, *(en américain)* information

Le mot **information** est indénombrable.

renseigner: renseigner quelqu'un to give somebody some information (**sur** about) ; **on nous a mal renseignés** we were given wrong information ; **elle peut vous renseigner sur les prix** she can tell you the prices ; **je peux vous renseigner ?** can I help you?
▪**se renseigner** to find out (**sur** about)

rentrée : la rentrée des classes the beginning of the school year

rentrer
1 *(aller à l'intérieur)* to go in ; *(revenir à l'intérieur)* to come in : **la clé ne rentre pas** the key won't go in ; **il est rentré dans ce bar** he went into this bar ; **rentre !** come in! ; **dis aux enfants de rentrer, il fait froid dehors** tell the children to come (back) in, it's cold outside
2 *(retourner)* to go back ; *(revenir)* to come back : **rentrer dans son pays** to go back to one's own country ; **il rentre de vacances demain** he gets back from holiday tomorrow
3 *(aller chez soi)* to go (back) home ; *(revenir à la maison)* to come (back) home : **il est temps que Pierre rentre chez lui** it's time Pierre went home ; **il est rentré à cinq heures du matin, je l'ai entendu** he came (back) home *ou* he got in at five in the morning, I heard him
4 *(heurter)* **rentrer dans** *(en voiture)* to crash into ; *(à pied)* to bang into
5 *(mettre, introduire)* to put in : **rentrer une clé dans une serrure** to put a key in a lock ; **rentre ton chemisier dans ta jupe** tuck your blouse into your skirt
6 *(porter)* to take in ; *(apporter)* to bring in : **le serveur a rentré les chaises quand il a commencé à pleuvoir** the waiter took the chairs in when it started raining ; **il faut que je rentre les plantes avant l'hiver** I must bring the plants in before winter ; **rentrer la voiture** to put the car away

renverser *(un vase)* to knock over ; *(de l'eau, du café)* to spill ; *(un piéton)* to knock down, to run over

renvoyer
1 *(une lettre)* to send back ; **renvoyer un ballon** *(avec les mains)* to throw back ; *(avec les pieds)* to kick back
2 *(un employé)* to dismiss ; *(un élève)* to expel

répandre *(une rumeur)* to spread
▪**se répandre** *(liquide)* to spill ; *(odeur, rumeur)* to spread : **la nouvelle s'est répandue** the news spread

réparation repair ; **ma voiture est en réparation** my car is being repaired

réparer to repair ; **faire réparer quelque chose** to get something repaired

repartir *(retourner)* to go back ; *(partir de nouveau)* to leave again ; *(après un arrêt)* to set off again (**pour** to)

repas meal

repassage *(du linge)* ironing

repasser
1 *(passer à nouveau devant)* to pass by again
2 *(retourner)* to go back ; *(revenir)* to come back : **il faut que je repasse à l'épicerie** I need to go back to the grocer's ; **le docteur repassera ce soir** the doctor will come by again tonight
3 *(un vêtement)* to iron
4 *(un film)* to show again ; *(un CD)* to play again
5 *(un examen)* to take again

répéter *(une question)* to repeat ; *(une pièce de théâtre)* to rehearse

répondeur answering machine

répondre to answer (**que** that) ; **répondre à** to answer ; **réponds à ma question** answer my question ; **répondre au téléphone** to answer the phone ; **répondre à quelqu'un** to answer somebody ; *(être insolent)* to answer somebody back

réponse answer (**à** to)

reportage report

repos rest ; **prendre du repos** to rest

reposer (se) to rest, to have a rest

repousser
1 *(écarter, faire reculer)* to push back
2 *(remettre à plus tard)* to put off (**à** until)
3 *(cheveux, plante)* to grow again

reprendre
1 *(un objet prêté ou donné)* to take back
2 *(une activité)* to take up again ; **reprendre le travail** to go back to work
3 reprendre de la viande/un œuf to take some more meat/another egg
4 la réunion/le cours reprendra dans cinq minutes the meeting/class will start again in five minutes

représentation *(au théâtre)* performance

représenter
1 to represent : **il représente la France** he represents France ; **chaque signe représente un son** each sign represents a sound ; **ça représente beaucoup d'argent** that's a lot of money
2 *(montrer)* to show : **le tableau représente une femme assise** the picture shows a seated woman

reproche criticism ; **faire des reproches à quelqu'un** to criticize somebody

reprocher : reprocher quelque chose à quelqu'un to criticize somebody for something ; **il m'a reproché d'être arrivé en retard** he criticized me for being late

reproduire (se) *(faute, incident)* to happen again

reptile reptile

république republic

requin shark

réserve *(stock)* stock, store, reserve

réserver
1 to reserve : **réserver une place** to reserve a seat ; **cette place est réservée** this seat is reserved
2 *(garder)* to save (**à, pour** for)

réservoir *(d'essence)* tank

résister to resist ; **résister à** *(la tentation, l'ennemi)* to resist ; *(la douleur, la chaleur)* to withstand

résoudre *(un problème)* to solve

respect respect (**pour** for)

respecter to respect

respirer to breathe

responsabilité responsability

responsable
▸ *adjectif* responsible (**de** for)
▸ *nom*
1 *(chef)* person in charge (**de** of)
2 *(coupable)* person responsible (**de** for) ; **les responsables seront punis** those responsible will be punished

ressembler : ressembler à quelqu'un/quelque chose to look like somebody/something ; **elle ressemble à sa mère** she looks like her mother
▪ **se ressembler** to look alike : **les deux sœurs se ressemblent** the two sisters look alike

ressort *(objet)* spring

restaurant restaurant

reste : le reste the rest (**de** of) ; **les restes** *(d'un repas)* the leftovers ; **un reste de fromage** some leftover cheese

rester
1 *(demeurer)* to stay : **restez ici !** stay here! ; **rester jeune/calme** to stay young/calm
2 *(subsister)* to be left : **il reste du pain** there's some bread left ; **il ne reste plus de pain** there isn't any more bread left ; **il me reste cinq minutes/euros** I have five minutes/euros left

résultat result

résumé summary

retard delay ; **en retard** late ; **mettre quelqu'un en retard** to make somebody late ; **avoir une heure de retard** to be an hour late ; **rattraper son retard** to catch up

retarder
1 *(une personne, un départ)* to delay : **le vol a été retardé de trois heures** the flight has been delayed by three hours
2 *(une montre, une horloge)* to put back (**de** by)
3 **ma montre retarde** my watch is slow ; **elle retarde de cinq minutes** it's five minutes slow

retenir
1 *(se souvenir de)* to remember
2 *(réserver)* to reserve, to book
3 **retenir son souffle** to hold one's breath
4 **retenir quelqu'un** *(retarder)* to hold somebody up ; **retenir quelqu'un par le bras** to hold somebody back by the arm

retirer
1 *(ôter)* to take off : **retire tes chaussures** take off your shoes
2 *(faire sortir)* to take out (**de** of)
3 *(confisquer)* to take away (**à** from)
4 *(de l'argent)* to withdraw (**de** from) ; to take out (**de** of)

retour return ; **être de retour** to be back ; **au retour** on the way back ; **dès mon retour** as soon as I get back

retourner
1 to go back, to return (**à** to)
2 *(une carte à jouer)* to turn over ; *(un matelas)* to turn ; *(un gant, un vêtement)* to turn inside out
▪**se retourner**
1 *(pour regarder)* to turn round
2 *(véhicule, lors d'un accident)* to turn over, to overturn

retraite retirement ; *(pension)* (retirement) pension ; **prendre sa retraite** to retire ; **être à la retraite** to be retired

retraité, -e ▸ *nom* retired person ; **les retraités** retired people

rétrécir *(robe, chemise)* to shrink : **rétrécir au lavage** to shrink in the wash

retrouver
1 *(un objet perdu)* to find
2 *(rejoindre)* to meet : **je te retrouve là-bas** I'll meet you there
▪**se retrouver**
1 *(se rejoindre)* to meet (up)
2 **se retrouver en prison/sans travail** to find oneself in prison/without a job

rétroviseur mirror

réunion meeting : **il est en réunion** he's in a meeting

réunir *(des objets, des informations)* to put together, to collect ; *(des personnes)* to bring together
▪**se réunir** *(se rassembler)* to meet, to get together

réussir to be successful ; **réussir à faire quelque chose** to manage to do something ; **réussir en anglais** to do well in English ; **réussir un examen** to pass an exam

revanche
1 revenge
2 *(d'un match, d'un jeu)* return game

rêve dream : **faire un rêve** to have a dream

réveil alarm clock

réveiller : réveiller quelqu'un to

wake somebody up ; **j'ai été réveillé par une explosion** I was woken by an explosion ; **être réveillé** to be awake
▪ **se réveiller** to wake up

revenir
1 to come back : **revenir à Paris/de Paris** to come back to Paris / from Paris
2 *(coûter)* to come to : **ça revient à 15 euros** it comes to 15 euros

revenu income

rêver to dream (**que** that) ; **rêver de quelque chose/de faire quelque chose** to dream of *ou* about something/of *ou* about doing something

réviser *(une leçon)* to revise, *(en américain)* to review

revoir
1 to see again
2 au revoir goodbye

revolver gun, revolver

revue *(journal)* magazine

rez-de-chaussée ground floor, *(en américain)* first floor : **au rez-de-chaussée** on the ground floor *ou* on the first floor

rhinocéros rhinoceros

rhume cold : **attraper un rhume** to catch a cold ; **un gros rhume** a bad cold ; **le rhume des foins** hay fever

riche ▸ *adjectif (personne, pays)* rich, wealthy

richesse wealth

ride *(sur la peau)* wrinkle

rideau curtain

ridicule ▸ *adjectif* ridiculous

rien
1 nothing : **ne... rien** nothing, not... anything ; **je n'ai rien à faire** I've got nothing to do, I don't have anything to do ; **je ne comprends rien** I don't understand anything ; **rien de bon** nothing good ; **rien d'autre** nothing else ; **rien du tout** nothing at all
2 rien que just : **rien que des garçons** just boys ; **rien que pour aller à Londres** just to go to London
3 ça ne fait rien it doesn't matter
4 merci ! – de rien ! thank you! – you're welcome!

rigide *(papier, carton)* stiff

rigoler
1 *(rire)* to laugh
2 *(s'amuser)* to have fun
3 *(plaisanter)* to joke

rimer to rhyme (**avec** with)

rincer to rinse

rire
▸ *nom masculin* laugh ; **entendre des rires** to hear laughing *ou* laughter
▸ *verbe* to laugh : **ne me fais pas rire !** don't make me laugh! ; **pour rire** for fun, for a joke

risque risk : **prendre des risques** to take risks

risquer
1 *(sa vie)* to risk
2 tu risques de tomber you might fall ; **ça risque d'être long** this might take a long time ; **il risque d'avoir un accident/des ennuis** he could easily have an accident / trouble ; **il risque de gagner** he stands a good chance of winning

rivage shore

rivière river

riz rice

robe dress : **une robe de mariée** a wedding dress ; **une robe de chambre** a dressing gown, *(en américain)* a robe

robinet tap, *(en américain)* faucet

robot robot ; **un robot ménager** a food processor

robuste *(personne)* strong, sturdy

roche rock

rocher rock

rock rock (music) : **un concert de rock** a rock concert

roi king

rôle *(fonction)* role ; *(au théâtre, cinéma)* part : **jouer un rôle** to play a part

roller *(chaussure)* Rollerblade® ; **faire du roller** to go rollerblading

romain, -aine Roman

roman novel ; **un roman d'aventures** an adventure story

rompre *(se séparer)* to break up : **rompre avec quelqu'un** to break up with somebody

rond, ronde
▸ *adjectif* round
▸ *nom masculin (cercle)* circle : **s'asseoir en rond** to sit in a circle

rond-point roundabout, *(en américain)* traffic circle

ronfler to snore

rose
▸ *adjectif* pink : **une robe rose** a pink dress
▸ *nom masculin (couleur)* pink : **j'aime le rose** I like pink
▸ *nom féminin (fleur)* rose

roter to burp

rôti ▸ *nom masculin* roast ; **un rôti de porc** *(cuit)* roast pork

rôtir to roast : **la viande est en train de rôtir** the meat is roasting ; **faire rôtir une viande** to roast a piece of meat

roue *(d'un véhicule)* wheel

rouge
▸ *adjectif* red : **une voiture rouge** a red car
▸ *nom masculin*
1 *(couleur)* red : **j'aime le rouge** I like red ; **le feu est au rouge** the traffic lights are red
2 du rouge à lèvres lipstick

rouge-gorge robin

rougeole measles : **avoir la rougeole** to have measles

rougir to turn red ; *(de honte, de gêne)* to blush

rouille rust

rouillé, -e rusty

rouiller to rust, to go rusty

rouleau *(de papier, de pellicule)* roll ; **un rouleau à pâtisserie** a rolling pin

rouler
1 *(pierre, pièce, balle)* to roll ; **faire rouler quelque chose sur le sol** to roll something along the ground
2 *(mettre en rouleau)* to roll up : **rouler un tapis/une carte** to roll up a carpet/a map
3 *(train, voiture)* to go : **nous roulons vite** we're going fast
4 *(conducteur)* to drive : **rouler à gauche** to drive on the left

Roumanie : la Roumanie Romania ; **aller en Roumanie** to go to Romania ; **vivre en Roumanie** to live in Romania

route
1 road : **par la route** by road ; **prendre la route de Bruxelles** to take the road to Brussels
2 *(itinéraire)* way : **je connais la route pour aller chez elle** I know the way to her house
3 *(trajet)* **il y a une heure de route** *(en voiture)* it's an hour's drive ; **en route** *(sur le trajet)* on the way ; **en route !** let's go! ; **se mettre en route** to set out
4 mettre en route *(un appareil, un véhicule)* to start up

routier *(conducteur)* long-distance lorry driver, *(en américain)* truck driver

roux, rousse ▸ *adjectif (cheveux)* red ; *(personne)* red-haired : **avoir les cheveux roux** to have red hair ; **elle est rousse** she's red-haired, she has red hair

royal, -e royal

royaume kingdom

Royaume-Uni : le Royaume-Uni the United Kingdom ; **aller au Royaume-Uni** to go to the United Kingdom ; **vivre au Royaume-Uni** to live in the United Kingdom

ruban

1 ribbon

2 du ruban adhésif sticky tape

ruche *(abri)* beehive ; *(colonie d'abeilles)* hive

rude *(personne, hiver, voix)* harsh ; *(travail, conditions, concurrence)* tough

rue street

rugby rugby : **jouer au rugby** to play rugby

rugir *(lion, personne)* to roar

ruine *(d'un édifice, d'une personne)* ruin : **les ruines d'un château** the ruins of a castle ; **être en ruine** to be in ruins ; **tomber en ruine** to go to ruin

ruiner to ruin

ruisseau stream

rumeur *(nouvelle)* rumour, *(en américain)* rumor

rusé, -e cunning

Russe Russian : **c'est une Russe** she's a Russian

russe

▸ *adjectif* Russian

▸ *nom masculin (langue)* Russian : **il apprend le russe** he's learning Russian

Russie : la Russie Russia ; **aller en Russie** to go to Russia ; **vivre en Russie** to live in Russia

rythme *(allure)* pace ; *(en musique)* beat, rhythm

Ss

sa *voir* **son**[2]

sable sand

sabot
1 *(de cheval)* hoof (*au pluriel* hoofs *ou* hooves)
2 *(chaussure)* clog

sac bag : **un sac à main** a handbag, *(en américain)* a purse ; **un sac à dos** a backpack ; **un sac de couchage** a sleeping bag ; **un sac poubelle** a bin bag, *(en américain)* a garbage bag

sachet sachet ; **un sachet de thé** a teabag

sacré, -e *(saint)* sacred

sage
1 wise : **une sage décision** a wise decision
2 *(enfant)* good, well-behaved : **sois sage !** be good!, behave yourself!

sage-femme midwife (*au pluriel* -wives) : **elle est sage-femme** she's a midwife

saignant, -ante *(viande)* rare

saigner to bleed : **elle saigne du nez** her nose is bleeding

sain, saine
1 healthy
2 sain et sauf unhurt ; **revenir sain et sauf** to come back safe and sound

saint, sainte
▸ *adjectif* holy ; **saint Pierre** Saint Peter
▸ *nom* saint : **vous êtes un saint** you're a saint

saisir
1 to take hold of ; *(brusquement)* to grab
2 *(comprendre)* to get
3 saisir l'occasion to jump at the chance

saison season

salade *(plante)* lettuce ; *(plat)* salad ; **une salade de fruits** a fruit salad

salaire wages ; *(mensuel)* salary

sale dirty

salé, -e *(goût, plat)* salty : **le potage est trop salé** the soup's too salty

saleté *(crasse)* dirt ; **une saleté** a speck *ou* piece of dirt ; **faire des saletés** to make a mess

Le mot **dirt** est indénombrable.

salir : salir quelque chose to make something dirty
▪ **se salir** to get dirty

salle
1 room : **une salle à manger** a dining room ; **une salle de bains** a bathroom
2 *(de château, d'édifice public)* hall ; *(de théâtre)* theatre, *(en américain)* theater ; *(de cinéma)* cinema, *(en américain)* movie theater ; **une salle de spectacle** an auditorium

salon *(de maison)* living room

saluer *(dire bonjour à)* to greet, to say hello to ; **saluer quelqu'un de la main** to wave to somebody ; **saluer quelqu'un de la tête** to nod to somebody

salut *(en arrivant)* hi! ; *(en partant)* bye!

samedi Saturday : **nous sommes**

samedi it's Saturday ; **il est venu samedi** he came on Saturday ; **nous sortons le samedi** we go out on Saturdays ; **tous les samedis** every Saturday

sandale sandal

sandwich sandwich : **un sandwich au jambon** a ham sandwich

sang blood

sanglot : éclater en sanglots to burst into tears

sangloter to sob

sans without : **sans parapluie** without an umbrella ; **sans rien dire** without saying anything ; **sans qu'il le sache** without him *ou* his knowing

santé health : **en bonne santé** in good health, healthy ; **à votre santé !** cheers!

sapin fir tree ; **un sapin de Noël** a Christmas tree

sardine sardine

satellite satellite

satisfaire to satisfy

satisfait, -aite satisfied (**de** with)

sauce sauce ; *(jus de viande)* gravy

saucisse sausage

saucisson dry sausage, salami

sauf

1 except : **sauf que** except that

2 sauf si unless : **sauf s'il pleut** unless it rains

saumon salmon : **du saumon fumé** smoked salmon

saut jump ; **faire un saut** to jump ; **le saut en hauteur** the high jump ; **le saut en longueur** the long jump, *(en américain)* the broad jump ; **le saut à l'élastique** bungee jumping

sauter

1 to jump (**par-dessus** over) ; **sauter à la corde** to skip, *(en américain)* to jump rope

2 *(un mot, un repas, une classe)* to skip

3 faire sauter un pont to blow up a bridge

sauterelle grasshopper

sauvage *(animal, plante)* wild

sauvegarder *(un fichier)* to save

sauver *(une personne)* to rescue (**de** from) ; **sauver la vie à quelqu'un** to save somebody's life

▪ **se sauver**

1 *(s'échapper)* to escape (**de** from)

2 *(partir)* to be off, to go : **je me sauve !** I'm off!, I'm going! ; **sauve-toi !** off you go!

savoir

1 to know : **savoir si/pourquoi/comment/quand** to know if/why/how/when ; **je sais ce que tu veux** I know what you want ; **je sais !** I know! ; **je ne sais pas !** I don't know!

2 faire savoir quelque chose à quelqu'un to let somebody know something

3 *(être capable de)* **je sais nager** I can swim ; **savez-vous conduire ?** can you drive?

savon soap

scandale scandal

scandinave Scandinavian

Scandinavie : la Scandinavie Scandinavia ; **aller en Scandinavie** to go to Scandinavia ; **vivre en Scandinavie** to live in Scandinavia

scène

1 *(plateau)* stage : **entrer en scène** to come on stage ; **mettre en scène** *(une pièce de théâtre)* to stage ; *(un film)* to direct

2 *(partie d'une pièce, d'un film)* scene

schéma diagram

scie saw

science science ; **étudier les scien-**

ces to study science ; **les sciences naturelles** biology

Le mot **science** est indénombrable.

scientifique
▸ *adjectif* scientific
▸ *nom* scientist

scier to saw

scolaire school : **le travail scolaire** school work ; **une année scolaire** a school year

score *(de match)* score

Scotch® *(ruban adhésif)* Sellotape®, *(en américain)* Scotch tape®

sculpture sculpture

se
1 *(emploi réfléchi) (homme)* himself ; *(femme)* herself ; *(chose, animal)* itself ; *(indéfini)* oneself ; *(au pluriel)* themselves : **il s'est acheté une voiture** he bought himself a car ; **elle s'est donné une heure pour le faire** she gave herself one hour to do it ; **le chat s'est brûlé** the cat burnt itself ; **ils se sont amusés** they enjoyed themselves ; **s'exprimer** to express oneself ; **se dire** to say to oneself ; **il s'est dit que...** he said to himself that...
2 *(emploi réciproque)* each other : **ils s'aiment/s'aident** they love/help each other ; **ils se parlent/s'écrivent** they speak/write to each other
3 *(avec les parties du corps)* **se laver les mains** to wash one's hands ; **elles se lavent les mains** they wash their hands ; **il s'est cassé la jambe** he broke his leg ; **elle s'est mordu la langue** she bit her tongue
4 *(non traduit en anglais)* **elle se bat** she fights ; **elles s'en souviennent** they remember ; **il s'est évanoui** he fainted ; **ce modèle se vend bien** this model sells well

séance *(de cinéma)* showing ; *(d'entraînement)* session

seau bucket

sec, sèche dry ; *(fruit)* dried ; **la rivière est à sec** the river is dry

sèche-cheveux hairdryer

sèche-linge tumble-dryer

sécher to dry : **ça met longtemps à sécher** it takes a long time to dry ; **faire sécher** to dry
▪ **se sécher** to dry oneself

sécheresse drought

second, -onde
▸ *adjectif* second : **pour la seconde fois** for the second time
▸ *nom (personne, chose)* second : **vous êtes la seconde** you're the second (one)
▸ *nom masculin (étage)* **au second** on the second floor, *(en américain)* on the third floor

secondaire *(école)* secondary

seconde ▸ *nom féminin*
1 *(instant)* second : **attendez une seconde !** wait a second!, just a second!
2 *(au lycée)* **être en seconde** *(en Angleterre)* to be in the fifth form ; *(aux États-Unis)* to be in tenth grade
3 *(dans un train)* second class : **voyager en seconde** to travel second class

secouer to shake

secours help : **un appel au secours** a call for help ; **au secours !** help! ; **les premiers secours** first aid ; **une sortie de secours** an emergency exit

secret, -ète
▸ *adjectif (code, porte)* secret
▸ *nom masculin* secret : **garder un secret** to keep a secret

secrétaire *(personne)* secretary : **elle est secrétaire** she's a secretary

sécurité safety ; **être en sécurité** to be safe

séduisant, -ante attractive

seigneur lord

sein breast

seize sixteen

Pour des exemples d'emploi, voir **dix**.

seizième sixteenth

Pour des exemples d'emploi, voir **dixième**.

séjour
1 stay : **pendant mon séjour en Espagne** during my stay in Spain ; **faire un séjour à Paris** to spend time in Paris ; **j'ai fait un séjour d'un mois à Paris** I spent a month in Paris
2 une salle de séjour a living room

sel salt

self-service self-service restaurant

selle saddle

selon
1 *(d'après)* according to : **selon les règles** according to the rules ; **selon lui** according to him
2 *(en fonction de)* depending on : **selon le temps qu'il fait** depending on the weather ; **selon que** depending on whether

semaine week : **en semaine** during the week

semblable *(pareil)* similar (**à** to)

semblant : faire semblant to pretend ; **elle fait semblant de pleurer** she's pretending to cry

sembler to seem : **elle semble avoir des problèmes** she seems to have problems ; **il semblait inquiet** he seemed worried ; **il me semble qu'elle a raison** it seems to me she's right, I think she's right

semelle *(de chaussure)* sole

semer *(des graines)* to sow

sens
1 *(direction)* direction : **dans le bon/mauvais sens** in the right/wrong direction ; **aller en sens inverse** to go in the opposite direction ; **une rue en sens unique** a one-way street
2 *(signification)* meaning, sense : **quel est le sens de ce mot ?** what's the meaning of this word? ; **ça n'a pas de sens** that doesn't make sense
3 avoir le sens de l'humour/de l'orientation to have a sense of humour/a good sense of direction ; **avoir le sens des affaires** to have good business sense ; **avoir du bon sens** to have common sense

sensation feeling, sensation

sensible *(personne, peau)* sensitive (**à** to)

sentier path

sentiment feeling

sentir
1 to smell : **je sens une odeur de brûlé** I can smell burning ; **sentir bon/mauvais** to smell good/bad
2 *(avoir l'odeur de)* to smell of : **ça sent la fumée/le poisson** it smells of smoke/of fish
3 *(la douleur, le froid, un caillou)* to feel
4 sentir que *(avoir l'impression que)* to have a feeling that
▪**se sentir : je me sens fatigué/vieux** I feel tired/old ; **il ne se sent pas bien** he doesn't feel well

séparer
1 *(éloigner)* to separate (**de** from)
2 *(partager)* to divide (**en** into)
▪**se séparer** *(couple)* to separate (**de** from), to split up (**de** with)

sept seven

Pour des exemples d'emploi, voir **dix**.

septembre September : **en septembre** in September

septième seventh

Pour des exemples d'emploi, voir **dixième**.

série series : **une série d'attentats** a series of attacks ; **une série télévisée** a TV series

sérieux, -euse
▸ *adjectif (élève, livre, blessure)* serious
▸ *nom masculin* **garder son sérieux** to keep a straight face

serpent snake

serpillère floorcloth ; **passer la serpillère dans la cuisine** to clean the kitchen floor

serre greenhouse

serré, -e
1 *(ceinture, vis)* tight
2 *(gens)* packed together

serrer
1 *(tenir)* to grip ; *(presser)* to hold tight : **serre-moi fort** hold me tight ; **serrer quelqu'un dans ses bras** to hug somebody ; **serrer la main à quelqu'un** to shake hands with somebody
2 *(une ceinture, une vis)* to tighten ; **cette jupe me serre** this skirt is too tight for me ; **serrer les dents/poings** to clench one's teeth/fists
▪**se serrer** to squeeze up ; **se serrer contre quelqu'un** to snuggle up to somebody

serrure lock

serveur, -euse waiter/waitress

service
1 *(aide)* favour, *(en américain)* favor : **pourrais-tu me rendre un service ?** could you do me a favour? ; **ton dictionnaire m'a bien rendu service** your dictionary was very useful
2 *(dans un restaurant)* service : **service non compris** service not included
3 *(dans une entreprise)* department
4 *(au tennis)* serve
5 **le service militaire** military service

serviette *(de toilette)* towel ; *(de table)* napkin, serviette ; **une serviette de plage** a beach towel

servir
1 *(un client, un plat)* to serve
2 *(être utile)* to be useful (**à quelqu'un** to somebody) : **ça peut toujours servir** it might come in useful ; **servir à faire quelque chose** *(outil)* to be used for doing something ; **à quoi ça sert ?** what's it used for? ; **ça ne sert à rien** *(objet)* it's useless ; **ça ne sert à rien de courir** it's no use running, there's no point running
▪**se servir**
1 *(à table)* to help oneself (**de** to) : **sers-toi** help yourself
2 **se servir de quelque chose** *(utiliser)* to use something

ses *voir* **son²**

seul, -e
▸ *adjectif*
1 alone ; **tout seul** by oneself, on one's own ; **je l'ai fait tout seul** I did it by myself ; **se sentir seul** to feel lonely
2 *(unique)* only : **la seule femme** the only woman ; **un seul chien** only one dog ; **pas un seul livre** not a single book
▸ *nom* **le seul, la seule** the only one ; **un seul, une seule** only one ; **pas un seul** not a single one

seulement only : **non seulement il est beau mais en plus il est grand** not only is he good-looking but he's also tall

sévère *(professeur, règle)* strict

shampooing shampoo

short (pair of) shorts : **être en short** to be in shorts ; **se mettre en short** to put one's shorts on, to get into one's shorts

si
▸ *conjonction* if : **s'il vient** if he comes ; **je me demande si** I wonder if ; **si seulement** if only
▸ *adverbe*
1 *(tellement)* so : **elle est si belle** she's so beautiful ; **ne mange pas si vite !** don't eat so fast!
2 **si... que** as... as : **elle n'est pas si**

riche que ça she's not as rich as that
3 *(oui)* yes : **tu ne viens pas ? – si !** aren't you coming? – yes (I am)! ; **tu ne la connais pas – mais si !** you don't know her – yes I do!

sida AIDS : **avoir le sida** to have AIDS

siècle century

siège *(chaise, banquette)* seat

sien, sienne : le sien, la sienne, les siens, les siennes *(possesseur masculin)* his ; *(possesseur féminin)* hers ; **j'ai pris ma voiture et lui la sienne** I took my car and he took his ; **elle est partie avec un sac qui n'était pas le sien** she left with a bag that wasn't hers ; **rends-les-lui, ce sont les siens** give them back to him, they're his ; **chacun doit apporter le sien** everyone must bring their own

sieste : faire la sieste to take a nap

siffler
1 to whistle ; *(avec un sifflet)* to blow one's whistle
2 *(un mauvais acteur)* to boo

sifflet whistle ; **j'ai entendu un coup de sifflet** I heard a whistle

signal signal

signaler : signaler quelque chose à quelqu'un to point something out to somebody ; **je vous signale que...** I wish to point out to you that...

signature signature

signe sign ; **faire un signe de la main/de tête à quelqu'un** to wave at/to nod to somebody ; **fais-leur signe de se taire** signal to them to be quiet ; **il m'a fait signe de sortir** he signalled to me to go out

signer to sign

signifier to mean (**que** that)

silence silence

silencieux, -euse silent, quiet

simple
1 simple : **c'est très simple à utiliser** it's very simple *ou* easy to use
2 un aller simple a single (ticket), *(en américain)* a one-way ticket

simplement simply

sincère sincere, genuine

singe monkey ; **les grands singes** the apes

singulier singular : **au singulier** in the singular

sinon otherwise, or else

sirène *(de véhicule)* siren

sirop *(de sucre, d'érable, contre la toux)* syrup

site site : **un site Web** a website

situation
1 situation
2 *(emploi)* job

situé, -e situated

six six

Pour des exemples d'emploi, voir **dix**.

sixième
▸ *adjectif* sixth
▸ *nom féminin* **être en sixième** *(en Angleterre)* to be in the first form ; *(aux États-Unis)* to be in sixth grade

Pour des exemples d'emploi, voir **dixième**.

ski *(objet)* ski ; **le ski** *(activité)* skiing ; **faire du ski** to ski, to go skiing

skier to ski

slip *(d'homme)* underpants ; *(de femme)* pants, *(en américain)* panties ; **un slip de bain** swimming trunks

SMS text message

social, -e social

société
1 *(entreprise)* company
2 *(communauté)* society : **dans notre societé** in our society

sœur sister

soi oneself ; **chez soi** at home

soie silk : **une cravate en soie** a silk tie

soif thirst ; **avoir soif** to be thirsty ; **j'ai soif** I'm thirsty ; **ça me donne soif** it makes me thirsty

soigner *(s'occuper de)* to look after, to care for ; *(une maladie, un patient)* to treat

soigneux, -euse careful (**avec** with) ; *(ordonné)* tidy

soi-même oneself

soin
1 care : **prendre soin de quelque chose/quelqu'un** to take care of something/somebody ; **avec soin** carefully
2 les soins médicaux/dentaires medical/dental care ; **les premiers soins** first aid

Le mot **care** est indénombrable.

soir evening : **je travaille le soir** I work in the evenings ; **à sept heures du soir** at seven in the evening ; **ce soir** this evening, tonight ; **hier soir** last night

soirée *(soir)* evening ; *(fête)* party

soit : soit... soit... either... or... ; **soit du thé, soit du café** either tea or coffee

soixantaine : une soixantaine de personnes about sixty people

soixante sixty : **soixante et un** sixty-one ; **soixante-deux** sixty-two

Pour des exemples d'emploi, voir **dix**.

soixante-dix seventy : **soixante et onze** seventy-one ; **soixante-douze** seventy-two

Pour des exemples d'emploi, voir **dix**.

soja soya

sol *(terre, surface)* ground ; *(dans une maison)* floor

soldat soldier

soldes : les soldes the sales ; **faire les soldes** to go to the sales

soleil sun : **au soleil** in the sun ; **il y a du soleil** it's sunny ; **attraper un coup de soleil** to get sunburnt

solide *(voiture, pont)* solid ; *(personne)* sturdy, strong ; *(relation, liens)* strong

solitaire ▸ *adjectif (personne, existence)* lonely ; *(par choix)* solitary

solitude loneliness ; *(par choix)* solitude : **rechercher la solitude** to seek solitude ; **il aime la solitude** he likes to be alone

sombre dark : **il fait sombre** it's dark

somme¹ ▸ *nom féminin (argent)* sum

somme² ▸ *nom masculin* nap : **faire un petit somme** to take a nap

sommeil sleep ; **avoir sommeil** to be *ou* to feel sleepy

sommet top

son¹ ▸ *nom masculin (bruit)* sound

son², sa, ses *(possesseur masculin)* his ; *(possesseur féminin)* her ; *(possesseur est un animal, une chose)* its ; *(possesseur indéfini)* one's : **il a demandé à sa mère/son père/ses parents** he asked his mother/father/parents ; **elle a mis sa veste/son chapeau/ses gants** she put her jacket/hat/gloves on ; **l'oiseau déploie ses ailes** the bird is spreading its wings ; **la brosse perd ses poils** the brush is losing its bristles ; **perdre son temps** to waste one's time

songer : songer à to think of ; **songer à faire quelque chose** to think of *ou* to consider doing something

sonner *(personne, cloche, téléphone)* to ring ; *(réveil)* to go off ; **on a sonné** *(à la porte)* somebody has rung the bell

sonnerie *(son)* ringing ; *(sonnette)* bell ; **je n'ai pas entendu la sonnerie du réveil** I didn't hear the alarm (go off)

sonnette *(de porte, de bicyclette)* bell : **appuyer sur la sonnette** to ring the bell

sorcière witch

sort
1 *(magique)* spell : **jeter un sort à quelqu'un** to put a spell on somebody
2 *(destin)* fate ; **tirer au sort** to draw lots

sorte sort, kind : **une sorte de** a sort *ou* kind of ; **toutes sortes de** all sorts *ou* kinds of

sortie *(porte)* exit, way out ; **à la sortie de l'école/du travail** after school/work

sortir
1 *(aller)* to go out ; *(venir)* to come out : **il est sorti faire des courses** he's gone out shopping ; **je l'ai vu qui sortait du théâtre** I saw him coming out of the theatre ; **sortir de son lit** to get out of bed ; **sortir de table** to leave the table ; **sortir en courant** to run out
2 *(pour danser, s'amuser)* to go out : **sortir avec quelqu'un** to go out with somebody
3 *(CD, film, modèle)* to come out : **son livre n'est pas encore sorti** his book hasn't come out yet
4 **sortir quelque chose** to take something out (**de** of) ; **je l'ai sorti de ma poche** I took it out of my pocket

souci worry ; **se faire du souci** to worry

soucoupe saucer ; **une soucoupe volante** a flying saucer

soudain, -aine
▸ *adjectif* sudden
▸ *adverbe* suddenly, all of a sudden : **soudain la porte s'ouvrit** suddenly *ou* all of a sudden, the door opened

souffle *(haleine)* breath : **à bout de souffle** out of breath

souffler
1 *(personne, vent)* to blow : **soufflez fort !** blow hard! ; **le vent souffle fort** there's a strong wind ; **souffler une bougie** to blow out a candle
2 **souffler une réponse à quelqu'un** to whisper an answer to somebody

souffrir to suffer (**de** from) : **il souffre** he's suffering, he's in pain ; **ma jambe me fait souffrir** my leg is hurting me

souhaiter
1 to wish : **je te souhaite une bonne année/un bon anniversaire** I wish you a happy New Year/a happy birthday
2 *(espérer)* **souhaiter quelque chose** to hope *ou* to wish for something ; **souhaiter que** to hope that ; **je vous souhaite de réussir** I hope you'll succeed
3 *(désirer)* **je souhaiterais parler au responsable** I'd like to speak to the person in charge ; **je souhaite faire des études de médecine** I'd like to study medicine

soûl, soûle drunk

soulager to relieve

soulever *(une personne, un objet)* to lift (up)

soulier shoe

souligner *(un mot)* to underline

soupçon suspicion

soupçonner to suspect (**de** of) : **je le soupçonne d'avoir volé l'argent** I suspect him of stealing the money

soupe soup

soupir sigh

soupirer to sigh

souple *(danseur, corps)* supple

source *(d'énergie, d'information)* source ; *(d'eau)* spring : **l'eau de source** spring water

sourcil eyebrow

sourd, sourde
▸ *adjectif* deaf
▸ *nom* deaf man/woman (*au pluriel* men/women) ; **c'est un sourd** he's deaf ; **les sourds** the deaf

sourire
▸ *nom masculin* smile : **faire un sourire à quelqu'un** to give somebody a smile, to smile at somebody
▸ *verbe* to smile (**à** at) : **il m'a souri** he smiled at me

souris mouse (*au pluriel* mice)

sous under : **sous un arbre** under a tree ; **sous terre** underground ; **sous l'eau** underwater

sous-marin ▸ *nom masculin* submarine

sous-sol basement

sous-titre subtitle

sous-vêtements underwear

> Le mot **underwear** est indénombrable.

soutenir *(un toit, une personne)* to support

souterrain ▸ *nom masculin* underpass

soutien-gorge bra

souvenir ▸ *nom masculin*
1 memory : **j'ai gardé un bon souvenir de...** I have good memories of...
2 *(objet, cadeau)* souvenir (**de** of)

souvenir (se) to remember (**que** that) : **se souvenir de quelque chose/de quelqu'un** to remember something/somebody ; **je ne me souviens pas d'avoir fermé la porte** I don't remember closing the door

souvent often

spaghetti : un spaghetti a piece of spaghetti ; **des spaghettis** spaghetti

> Le mot **spaghetti** est indénombrable.

spécial, -e special

spécialement *(exprès)* specially

spectacle
1 *(représentation)* show
2 *(vue)* sight

spectacteur, -trice *(d'un événement sportif)* spectator ; *(d'un spectacle)* member of the audience ; **les spectateurs** *(au spectacle)* the audience

sport sport : **faire du sport** to do sport, *(en américain)* to do sports ; **une voiture de sport** a sports car

sportif, -ive
▸ *adjectif (personne)* sporty ; **un club sportif** a sports club
▸ *nom* sportsman/sportswoman (*au pluriel* -men/-women)

squelette skeleton

stade *(sportif)* stadium

stage *(en entreprise)* (work) placement, *(en américain)* internship

station *(de métro, de radio)* station ; **une station de ski** a ski resort

stationnement parking ; **en stationnement** parked

stationner to park

station-service petrol station, *(en américain)* gas station

statue statue

steak steak ; **un steak haché** a burger

stop : faire du stop to hitchhike

store *(de fenêtre)* blind, *(en américain)* window shade

strict, -e *(parents, règles)* strict

stupide stupid

stylo pen ; **un stylo bille** a ballpoint (pen) ; **un stylo plume** a fountain pen

succès success ; **avoir du succès** to be successful

sucer to suck

sucette *(bonbon)* lollipop

sucre sugar : **du sucre** (some) sugar ; **deux sucres** two sugars

sucré, -e *(thé, goût)* sweet ; *(jus de fruits, lait)* sweetened

sud

▸ *nom masculin* south : **au sud du village** south of the village ; **dans le sud de la France** in the south of France

▸ *adjectif* southern, south : **la côte sud** the south coast

sud-africain, -aine South African

sud-américain, -aine South American

sud-est south-east

sud-ouest south-west

Suède : la Suède Sweden ; **aller en Suède** to go to Sweden ; **vivre en Suède** to live in Sweden

Suédois, -oise Swede : **c'est une Suédoise** she's a Swede

suédois, -oise

▸ *adjectif* Swedish

▸ *nom masculin (langue)* Swedish : **il apprend le suédois** he's learning Swedish

sueur sweat ; **être en sueur** to be sweating

suffire to be enough (**à** for) : **ça suffit** that's enough ; **ça ne me suffit pas pour vivre** that's not enough for me to live on

suffisant, -ante *(en quantité)* **être suffisant** to be enough

suggérer to suggest (**à** to) : **ils m'ont suggéré de renoncer** they suggested that I should give up

Suisse

▸ *nom (personne)* Swiss man/woman (*au pluriel* men/women) ; **c'est une Suisse** she's Swiss ; **les Suisses** the Swiss

▸ *nom féminin* **la Suisse** Switzerland ; **aller en Suisse** to go to Switzerland ; **vivre en Suisse** to live in Switzerland

suisse Swiss

suite

1 *(reste)* rest (**de** of) : **je n'ai pas pu entendre la suite** I couldn't hear the rest

2 *(de film, de roman)* sequel ; *(de feuilleton)* next episode

3 cinq heures/jours de suite five hours/days in a row

4 tout de suite straight away, immediately ; **par la suite** afterwards

suivant, -ante

▸ *adjectif* next, following : **le train suivant** the next *ou* following train ; **les six mois suivants** the next *ou* following six months

▸ *nom* **le suivant, la suivante** the next one ; **au suivant !** next!

suivre

1 to follow : **j'ai suivi cette rue** I followed this road ; **l'exemple qui suit** the following example, the example that follows ; **suivre le mode d'emploi** to follow the instructions ; **suivre des cours** to take lessons

2 cet élève n'arrive pas à suivre this pupil can't keep up

sujet

1 *(de conversation, de livre)* subject ; **un sujet d'examen** an exam question

2 au sujet de about ; **c'est à quel sujet ?** what's it about?

supérieur, -e

1 *(partie, lèvre)* upper ; **l'étage supérieur** the floor above ; **supérieur à la moyenne** above average

2 *(qualité, personne)* superior (**à** to)

3 *(enseignement)* higher ; *(cours)* advanced ; **elle fait des études supérieures** she's at university

supermarché supermarket

supplément *(argent)* extra charge ; **le vin est en supplément** wine is extra ; **un supplément de travail** extra work

supplémentaire extra, additional ; **faire des heures supplémentaires** to work overtime

supplier to beg

supporter *(tolérer, accepter)* to bear, to stand : **je ne peux pas le supporter !** I can't bear *ou* stand him!

supposer to suppose, to assume (**que** that)

supprimer to get rid of ; *(un mot, une phrase)* to delete ; *(un train, un concert)* to cancel

sur
1 *(dessus)* on ; *(au-dessus de)* over : **sur le toit** on the roof ; **un pont sur une rivière** a bridge over a river
2 *(au sujet de)* on, about : **un livre sur les baleines** a book about whales
3 *(parmi)* out of : **trois professeurs sur dix** three teachers out of *ou* in ten ; **sept sur dix** *(note)* seven out of ten ; **un jour sur deux** every other day
4 *(mesure)* by : **12 mètres sur 8** 12 metres by 8

sûr, -e
1 sure, certain (**de** of, **que** that) : **je suis sûr qu'il viendra** I'm sure he'll come ; **c'est sûr** that's for certain *ou* sure
2 *(lieu)* safe
3 *(digne de confiance)* reliable

sûrement probably ; **sûrement pas !** certainly not!

surface *(aire, étendue)* area ; *(partie extérieure)* surface

surgelé, -e
▶ *adjectif* frozen
▶ *nom masculin pluriel* **les surgelés** frozen foods

surnom nickname

surprenant, -ante surprising

surprendre
1 *(étonner)* to surprise
2 surprendre quelqu'un en train de faire quelque chose to catch somebody doing something

surpris, -ise ▶ *adjectif* surprised : **être supris de quelque chose** to be surprised at something ; **je suis surpris de te voir** I'm surprised to see you
▪**surprise** ▶ *nom féminin* surprise : **faire une surprise à quelqu'un** to give somebody a surprise

sursauter to jump, to start ; **faire sursauter quelqu'un** to make somebody jump, to startle somebody

surtout
1 *(en particulier)* especially : **j'aime surtout le chocolat** I especially like chocolate ; **surtout que** especially since
2 *(avant tout)* above all ; **surtout, téléphonez-moi !** you must call me!

surveiller *(un enfant, des bagages)* to watch, to keep an eye on ; **les enfants sont toujours surveillés** the children are always supervised

survêtement tracksuit, *(en américain)* sweatsuit

susceptible touchy

suspendre *(accrocher)* to hang (**à** on) ; **je l'ai suspendu au plafond** I hung it from the ceiling

syllabe syllable

sympa nice : **elle est très sympa** she's very nice

sympathie : avoir de la sympathie pour quelqu'un to be fond of somebody

synagogue synagogue

système system

Tt

ta *voir* **ton**[2]

tabac tobacco ; **le tabac peut provoquer le cancer** smoking can cause cancer

table table : **passer à table** to sit down at the table ; **être à table** to be (sitting) at the table ; **à table !** food's ready! ; **une table à repasser** an ironing board

tableau
 1 *(image)* picture, painting
 2 un tableau noir a (black)board ; **écrit au tableau** written on the (black)board
 3 un tableau d'affichage a notice board, *(en américain)* a bulletin board

tablier apron

tabouret stool

tache stain : **une tache d'encre** an ink stain

taché, -e *(vêtement)* stained

tâche task

tacher to stain

tâcher : tâcher de faire quelque chose to try to do something

taille
 1 *(partie du corps)* waist
 2 *(hauteur d'une personne)* height
 3 *(d'un objet, d'un vêtement)* size : **quelle taille faites-vous ?** what size are you?

taille-crayon pencil sharpener

tailler *(un crayon)* to sharpen ; *(un arbre)* to prune ; *(une haie, une barbe)* to trim

tailleur
 1 *(couturier)* tailor
 2 *(ensemble pour femme)* suit

taire (se) *(ne rien dire)* to keep quiet ; *(s'arrêter de parler)* to stop talking ; **tais-toi !** be quiet!

talon *(de chaussure)* heel

tambour drum

tandis que *(alors que)* while

tant ▸ *adverbe*
 1 *(avec un verbe)* so much (**que** that) : **elle l'aime tant** she loves him so much ; **j'ai tant crié que j'ai perdu ma voix** I shouted so much that I lost my voice
 2 tant de *(quantité)* so much ; *(nombre)* so many (**que** that) : **tu fais tant de bruit que je ne peux pas dormir** you're making so much noise I can't sleep ; **il a tant de livres qu'il ne sait plus où les mettre** he has so many books he doesn't know where to put them all
 3 tant mieux ! so much the better! ; **tant pis !** too bad!
 ▪ **tant que** ▸ *conjonction*
 1 *(aussi longtemps que)* as long as : **tu peux rester tant que tu veux** you can stay as long as you like ; **je resterai tant qu'il ne m'aura pas donné sa réponse** I'll stay until he's given me his answer
 2 *(pendant que)* while : **sortons nous promener tant qu'il fait beau** let's go out for a walk while it's still nice
 3 *(autant que) (quantité)* as much as ; *(nombre)* as many as : **mange tant que tu veux** eat as much as you like ;

j'ai acheté des pommes, manges-en tant que tu veux I've bought some apples, have as many as you like

tante aunt

tantôt sometimes : **tantôt elle est à Paris, tantôt à Londres** sometimes she's in Paris and sometimes in London

taper
1 *(frapper)* to hit : **il m'a tapé** he hit me ; **taper sur quelque chose** to bang on something
2 taper du pied to stamp one's foot ; **taper des mains** to clap one's hands
3 taper à la machine to type ; **taper une lettre** to type a letter

tapis carpet ; *(de petite taille)* rug ; *(de gymnastique)* mat

tapisserie *(tenture)* tapestry ; *(papier peint)* wallpaper

taquiner *(faire enrager)* to tease

tard late : **il est tard** it's late ; **il se fait tard** it's getting late ; **plus tard** later (on) ; **au plus tard** at the latest

tarif
1 *(tableau des prix)* price list
2 *(prix)* rate ; *(d'un billet de train)* fare : **plein tarif** full fare ; *(au cinéma)* full price ; **tarif réduit** reduced fare ; *(au cinéma)* reduced price

tarte tart

tartine slice of bread : **une tartine de confiture** a slice of bread and jam ; **une tartine grillée** a slice *ou* piece of toast

tas *(de dossiers, de vêtements)* pile, heap ; *(de sable)* heap ; **un tas de** *(beaucoup de)* lots of

tasse cup

taureau bull

taxi taxi : **en taxi** by taxi

Tchèque Czech : **c'est une Tchèque** she's a Czech

tchèque
▸ *adjectif* Czech : **la République tchèque** the Czech Republic
▸ *nom masculin (langue)* Czech : **il apprend le tchèque** he's learning Czech

te
1 *(objet direct)* you : **ils te connaissent** they know you ; **je t'ai vu** I saw you
2 *(objet indirect)* (to) you : **je t'ai donné un conseil** I gave you some advice, I gave some advice to you ; **elle t'a dit que...** she told you that...
3 *(emploi réfléchi)* yourself : **tu t'amusais** you were enjoying yourself ; **tu t'es fait mal ?** did you hurt yourself?
4 *(avec les parties du corps)* **va te laver les mains** go and wash your hands
5 *(non traduit en anglais)* **tu te bats** you fight ; **tu t'en souviens** you remember ; **tu t'es trompé** you made a mistake

technique
▸ *adjectif* technical
▸ *nom féminin* technique

teint *(du visage)* complexion

tel, telle
1 such : **un tel intérêt** such interest ; **une telle situation** such a situation ; **de tels mots** such words ; **tel que** such as
2 tel quel, telle quelle just as it is : **il a tout laissé tel quel** he left everything just as it was

télé TV : **à la télé** on TV

télécharger to download

télécommande remote control

téléphérique cable car

téléphone (tele)phone : **être au téléphone** to be on the phone ; **répondre au téléphone** to answer the phone ; **un coup de téléphone** a phone call ; **passer un coup de téléphone à quelqu'un** to give somebody a call, to call *ou* phone somebody ; **un**

téléphone portable a mobile phone, *(en américain)* a cellphone

téléphoner : téléphoner à quelqu'un to phone somebody

téléscope telescope

télévision television : **à la télévision** on television ; **la télévision par câble/satellite** cable/satellite television

tellement
1 *(si)* so : **il est tellement grand** he's so big (**que** that)
2 *(tant)* so much : **il a tellement plu** it's rained so much (**que** that) ; **pas tellement !** not much!
3 **tellement de** *(quantité)* so much ; *(nombre)* so many : **tellement de travail/d'argent** so much work/money ; **tellement de soucis/de gens** so many worries/people

témoin *(personne)* witness

température temperature : **avoir de la température** to have a temperature

tempête storm

temple temple

temps
1 time : **je n'ai pas le temps** I don't have the time ; **il est temps de rentrer** it's time to go home ; **arriver à temps** to arrive in time (**pour** for) ; **de temps en temps** from time to time ; **ces derniers temps** lately
2 *(climat)* weather : **quel temps fait-il ?** what's the weather like?
3 *(d'un verbe)* tense

tendance : avoir tendance à faire quelque chose to tend to do something

tendre[1] ▸ *verbe*
1 *(une corde, un filet)* to tighten
2 **tendre quelque chose à quelqu'un** to hold out something to somebody ; **tendre la main** *(pour mendier, serrer la main)* to hold out one's hand (**à quelqu'un** to somebody) ; **tendre le bras** *(pour prendre)* to reach out ; **tendre les bras** *(pour accueillir)* to hold out one's arms
3 **tendre un piège à quelqu'un** to set a trap for somebody

tendre[2] ▸ *adjectif*
1 *(bois)* soft ; *(viande, légumes)* tender
2 *(personne)* loving (**avec** towards)

tendresse love, affection

tendu, -e
1 *(corde)* tight
2 *(personne, ambiance)* tense

tenir
1 to hold : **il tenait un verre à la main** he was holding a glass in his hand ; **tenez !** *(prenez)* here you are!
2 *(une promesse)* to keep
3 **tenir dans** to fit in : **ça tient dans la poche** it fits in your pocket
4 **tenir à quelqu'un/quelque chose** to be fond of somebody/something
5 **il tient à le faire lui-même** he insists on doing it himself ; **je ne tiens pas à ce qu'il vienne** I don't particularly want him to come
6 **il tient de son père** he takes after his father
7 **tiens !** *(surprise)* well!, hey!
▪**se tenir**
1 to stand : **se tenir debout** to be standing (up) ; **se tenir droit** to stand up straight ; *(personne assise)* to sit up straight
2 *(avoir lieu)* to take place
3 **bien se tenir** to behave oneself ; **se tenir tranquille** to keep quiet
4 **tiens-toi à la rampe** hold on to the banister ; **ils se tenaient par la main** they were holding hands

tennis
▸ *nom masculin* tennis : **jouer au tennis** to play tennis
▸ *nom féminin (chaussure)* plimsoll, *(en américain)* sneaker

tentative attempt

tente tent

tenter
1 *(faire envie à)* to tempt : **être tenté de faire quelque chose** to be tempted to do something
2 *(essayer)* to attempt : **tenter de faire quelque chose** to attempt to do something

terminale ▸ *nom féminin* **être en terminale** *(en Angleterre)* to be in the upper sixth form ; *(aux États-Unis)* to be in twelfth grade

terminer to finish : **j'ai terminé mon travail** I've finished my work
▪**se terminer** to end : **la soirée s'est terminée par une discussion** the evening ended with a talk

terrain
1 land : **un terrain** some land, a piece of land

Le mot **land** est indénombrable.

2 *(de football, de rugby)* field ; **un terrain de golf** a golf course ; **un terrain de sport** a sports ground, *(en américain)* an athletic field ; **un terrain de camping** a campsite ; **un terrain de jeux** *(pour enfants)* a playground

terrasse
1 *(de maison)* terrace
2 *(de café)* **nous étions assis à la terrasse** we were sitting outside

terre
1 *(matière)* earth, soil ; *(étendue)* land
2 la Terre the Earth
3 par terre on the ground ; *(sur le plancher)* on the floor ; **s'asseoir par terre** to sit on the ground *ou* floor ; **tomber par terre** to fall down

terrible
1 terrible, awful
2 pas terrible nothing special, not terribly good

territoire territory

tes *voir* **ton**[2]

test test

tête
1 head ; **j'avais un chapeau sur la tête** I had a hat on ; **à la tête du gouvernement** at the head of the government
2 *(visage)* face
3 être en tête *(d'une course)* to be in the lead

tétine *(sucette)* dummy, *(en américain)* pacifier

têtu, -e stubborn, obstinate

texte text

texto text message

thé tea

théâtre theatre, *(en américain)* theater : **aller au théâtre** to go to the theatre *ou* theater ; **je préfère le théâtre** I prefer theatre *ou* theater ; **il fait du théâtre** he does some acting ; *(professionnellement)* he's an actor

théière teapot

thermomètre thermometer

thon tuna

tibia shin

ticket ticket ; **un ticket de caisse** a till receipt, *(en américain)* a sales slip

tiède *(eau, vent)* warm ; *(bain, boisson)* lukewarm

tien, tienne : le tien, la tienne, les tiens, les tiennes yours ; **c'est le tien** it's yours ; **ce sont les tiens** they're yours

tiers *(fraction)* third

tige *(de plante)* stem, stalk

tigre tiger

timbre *(pour lettre)* stamp

timide shy

tir *(activité)* shooting ; **le tir à l'arc** archery

tire-bouchon corkscrew

tirer
1 to pull : **tirer quelque chose de** to

pull something out of ; **tirer sur quelque chose** to pull on something
2 tirer les rideaux/un trait to draw the curtains/a line
3 tirer un coup de feu to fire a gun ; **tirer sur quelqu'un** to fire *ou* to shoot at somebody ; **ne tirez pas !** don't shoot!

tiroir drawer

tissu *(étoffe)* material, cloth

titre *(de film, de livre)* title

toboggan *(pour enfants)* slide

toi
1 you : **c'est toi** it's you ; **c'est pour toi** it's for you ; **c'est à toi** it's yours ; **tu es content de toi ?** are you pleased with yourself?
2 *(sujet)* you : **toi, tu pleures toujours** you're always crying
3 *(non traduit en anglais)* **assieds-toi** sit down ; **dépêche-toi** hurry up

toile
1 *(tissu)* cloth ; **de la toile de lin** linen ; **une toile de tente** a canvas
2 *(tableau)* canvas
3 une toile d'araignée a spider's web

toilette : faire sa toilette to wash, to get washed
▪**toilettes** *(dans un café)* toilets, *(en américain)* restroom ; *(chez soi)* toilet, *(en américain)* bathroom

toi-même yourself

toit roof

tomate tomato

tombe *(sépulture)* grave

tomber
1 to fall : **tomber malade** to fall ill ; **tomber par terre** to fall down ; **il est tombé de sa chaise** he fell off his chair
2 faire tomber quelqu'un *(en le bousculant)* to knock somebody over ; **faire tomber quelque chose** *(en le renversant)* to knock something over ; *(en le lâchant)* to drop something
3 tomber sur quelqu'un/quelque chose to come across somebody/something

ton[1] ▸ *nom masculin*
1 tone of voice : **d'un ton aimable** in a friendly tone of voice
2 *(couleur)* shade

ton[2]**, ta, tes** your : **ton père** your father ; **ta mère** your mother ; **ton amie** your friend ; **tes livres** your books

tondeuse *(à gazon)* lawnmower

tondre : tondre la pelouse to mow the lawn

tonne tonne, metric ton

tonnerre thunder : **un coup de tonnerre** a thunderclap

torchon *(à vaisselle)* tea towel, *(en américain)* dish towel

tordre *(un fil de fer)* to twist ; **il m'a tordu le bras** he twisted my arm
▪**se tordre : se tordre la cheville** to twist one's ankle ; **se tordre le doigt** to bend one's finger

torrent torrent

tort : avoir tort to be wrong (**de faire** to do)

tortue tortoise, *(de mer)* turtle

tôt early : **il est tôt** it's early ; **au plus tôt** at the earliest ; **tôt ou tard** sooner or later ; **le plus tôt possible** *(bientôt)* as soon as possible

total, -e
▸ *adjectif* total : **le prix total** the total price
▸ *nom masculin* total ; **au total** altogether, all in all

totalement totally, completely

touche *(d'un clavier, d'un piano)* key ; *(d'un téléviseur)* button ; *(d'un téléphone)* key, button

toucher
1 to touch : **ne me touche pas !**

don't touch me! ; **toucher à quelque chose** to touch something
2 *(une cible, un adversaire)* to hit : **touché à la jambe** hit in the leg
3 *(de l'argent, un salaire)* to get, to receive
4 *(émouvoir)* to move, to touch

toujours
1 always ; **pour toujours** forever
2 *(encore)* still : **elle n'est toujours pas rentrée** she's still not back

tour[1] ▸ *nom féminin* tower ; *(immeuble)* tower block, high-rise

tour[2] ▸ *nom masculin*
1 turn : **c'est mon tour** it's my turn ; **c'est à qui le tour ?** whose turn is it?
2 **faire un tour** to go for a walk ; *(en voiture)* to go for a drive ; **faire le tour d'un parc/du monde** to go round a park/the world
3 *(farce)* trick : **jouer un tour à quelqu'un** to play a trick on somebody

touriste tourist

tourner
1 to turn : **tourne la page** turn the page ; **tourne à gauche** turn left ; **tourner autour de quelque chose** to go round something
2 *(lait, sauce)* to go off
▪ **se tourner** to turn (**vers** towards)

tournevis screwdriver

tous *voir* **tout**

tousser to cough

tout, toute
▸ *adjectif*
1 all, the whole : **tout le temps** all the time ; **tout le village** all the village, the whole village ; **toute la nuit/journée** all night/day, the whole night/day ; **tous les livres** all the books ; **toutes les femmes** all the women ; **toute la classe** the whole class ; **toute cette histoire** this whole story ; **il a mangé tout le gâteau** he ate the whole cake *ou* all the cake ; **tout le monde** everyone
2 **tous les deux** both : **nous sommes tous les deux fatigués** we're both tired, both of us are tired ; **je les aime toutes les deux** I like both of them, I like them both ; **ils nous ont invités tous les trois** they've invited all three of us
3 *(chaque)* every : **tous les ans** every year ; **tous les six mois** every six months
4 *(n'importe quel)* any : **tout candidat surpris en train de tricher sera éliminé** any candidate caught cheating will be disqualified ; **à tout moment** at any time ; **de toute façon** in any case
▸ *pronom*
1 *(au singulier)* everything, all ; *(n'importe quoi)* anything : **j'ai tout jeté** I threw everything away ; **c'est tout ce que j'ai** it's everything I have, it's all I have ; **tout peut arriver** anything can happen ; **il mange de tout** he eats anything ; **c'est tout** that's all ; **en tout** in all
2 *(au pluriel)* all : **ils sont tous là** they're all there ; **je les connais toutes** I know all of them
▸ *adverbe*
1 *(très)* very : **tout petit** very small ; **tout près** very close ; **tout simplement** quite simply
2 *(complètement)* completely : **des poissons tout blancs** completely white fish ; **tout en haut** right at the top ; **tout autour** all around
3 **tout à coup** suddenly ; **tout à fait** completely ; **tout de même** all the same ; **tout de suite** straight away ; **à tout de suite !** see you in a minute! ; **à tout à l'heure !** see you later!
4 **tout en** while : **tout en chantant** while singing
▸ *nom masculin*
1 **le tout** *(l'ensemble)* everything, the lot ; **le tout, c'est de se concentrer** the most important thing is to concentrate
2 **pas du tout** not at all ; **rien du tout**

nothing at all ; **il n'a rien mangé du tout** he hasn't eaten anything at all, he's eaten nothing at all

toutefois however

toux cough

trace
1 *(indice, tache)* trace : **des traces de boue/sang** traces of mud/blood ; **sans laisser de traces** without a trace
2 *(empreinte)* mark ; *(d'un animal)* track : **des traces de doigts** finger marks ; **des traces de pas** footprints ; **des traces de pneu** tyre marks, *(en américain)* tire marks

tracer *(une ligne)* to draw

tracteur tractor

traducteur, -trice translator : **elle est traductrice** she's a translator

traduction translation

traduire to translate (**de** from, **en** into)

train
1 train : **en train** by train
2 être en train de faire quelque chose to be doing something ; **j'étais en train de travailler** I was working, I was busy working

traîner
1 *(jouets, papiers)* to lie around : **laisser traîner quelque chose** to leave something lying around
2 *(errer)* to hang around
3 *(tirer)* to drag ; *(une caravane)* to pull
4 traîner en longueur to drag on

trait line : **tirer un trait** to draw a line ; **un trait d'union** a hyphen

traitement
1 *(d'une personne, d'une maladie)* treatment
2 le traitement de texte word processing

traiter
1 to treat : **être bien/mal traité** to be well/badly treated
2 traiter quelqu'un de lâche/d'idiot to call somebody a coward/an idiot
3 le texte traite de la pollution the text deals with *ou* is about pollution

trajet
1 *(voyage)* trip
2 *(itinéraire)* route

tranche *(de pain, de viande)* slice

tranquille
1 quiet
2 laisser quelqu'un/quelque chose tranquille to leave somebody/something alone
3 sois tranquille ! don't worry!

transformer
1 to change
2 transformer quelque chose en to turn something into ; **le musée a été transformé en bibliothèque** the museum has been turned into a library

transparent, -ente clear, transparent

transpirer to sweat

transport transport (**de** of) : **les transports en commun** public transport, *(en américain)* public transportation

transporter to carry, to transport

travail
1 work : **je finis le travail à cinq heures** I finish work at five ; **il va au travail** he's going to work ; **elle est au travail** she's at work
2 *(emploi)* job : **chercher du travail** to look for a job
3 *(tâche, devoir)* job, piece of work : **c'est un travail excellent** it's an excellent piece of work

> Le mot **work** est indénombrable dans ce sens.

travailler to work

travailleur, -euse
▸ *adjectif* hard-working
▸ *nom* worker

travers

1 à travers through : **à travers le rideau/la forêt** through the curtain/forest ; **je ne vois rien à travers** I can't see anything through it

2 en travers de across : **en travers de la route** across the road

3 de travers *(en biais)* crooked : **ton chapeau est de travers** your hat is crooked ; **tu l'as mis de travers** you put it on crooked

4 de travers *(mal)* the wrong way : **il prend tout de travers** he takes everything the wrong way ; **j'ai avalé de travers** it went down the wrong way ; **il marche de travers** he isn't walking in a straight line ; **comprendre de travers** to misunderstand

traversée *(d'une rivière)* crossing

traverser *(une rivière, une route)* to cross ; *(une ville, un pays, la foule)* to go through ; **traverser la rue en courant** to run across the street

trèfle

1 *(plante)* clover

2 *(aux cartes)* clubs

treize thirteen

Pour des exemples d'emploi, voir **dix**.

treizième thirteenth

Pour des exemples d'emploi, voir **dixième**.

tremblement shaking ; **un tremblement de terre** an earthquake

trembler to shake, to tremble (**de** with) ; **trembler de froid** to shiver with cold

tremper

1 *(mouiller)* to soak : **je suis trempé** I'm soaked ; **se faire tremper** to get soaked

2 *(plonger)* to dip (**dans** in)

trentaine : une trentaine de personnes about thirty people

trente thirty : **trente et un** thirty-one ; **trente-deux** thirty-two

Pour des exemples d'emploi, voir **dix**.

très very

trésor treasure

tresse *(de cheveux)* plait, *(en américain)* braid

triangle triangle

tribunal court

tricher to cheat

tricot

1 knitting : **faire du tricot** to do some knitting

2 *(pull)* sweater

tricoter to knit

trimestre *(scolaire)* term, *(en américain)* trimester

triste sad

tristesse sadness

trois three

Pour des exemples d'emploi, voir **dix**.

troisième

▸ *adjectif* third

▸ *nom féminin* **être en troisième** *(en Angleterre)* to be in the fourth form ; *(aux États-Unis)* to be in ninth grade

Pour des exemples d'emploi, voir **dixième**.

trompe *(d'éléphant)* trunk

tromper

1 *(induire en erreur)* to mislead, to deceive (**sur** about)

2 *(être infidèle à)* to be unfaithful to

▪ **se tromper** to make a mistake ; **se tromper de route/train** to take the wrong road/train ; **se tromper de numéro** *(au téléphone)* to get the wrong number ; **se tromper de date** to get the date wrong

trompette trumpet

tronc trunk : **un tronc d'arbre** a tree trunk

trop
1 too : **je suis trop fatigué pour jouer** I'm too tired to play
2 too much : **il boit trop** he drinks too much
3 *(quantité)* **trop de sel** too much salt ; **un euro de trop** one euro too much
4 *(nombre)* **trop de gens** too many people ; **trois verres de trop** three glasses too many

trotter to trot

trottinette scooter

trottoir pavement, *(en américain)* sidewalk

trou hole ; **un trou de mémoire** a memory lapse

troupeau *(de vaches)* herd ; *(de moutons)* flock

trousse *(d'écolier)* pencil case ; **une trousse de toilette** a toilet bag

trouver
1 to find : **je ne trouve pas mes clés** I can't find my keys
2 *(penser)* to think : **je trouve ça idiot** I think it's stupid ; **tu trouves ?** do you think so?
▪ **se trouver**
1 to be : **ils se trouvent à Madrid** they're in Madrid
2 il se trouve petit he thinks he's small ; **se trouver mal** to feel faint

truc
1 *(chose)* thing
2 *(astuce)* trick : **un truc pour enlever les taches** a trick for *ou* a clever way of removing stains

tu you : **tu es fatigué ?** are you tired?

tube tube

tuer to kill ; **se faire tuer** to get killed

tuile tile : **un toit en tuiles** a tiled roof

tulipe tulip

tunnel tunnel : **le tunnel sous la Manche** the Channel Tunnel

Turc, Turque Turk : **c'est une Turque** she's a Turk

turc, turque
► *adjectif* Turkish
► *nom masculin (langue)* Turkish : **il comprend le turc** he understands Turkish

Turquie : la Turquie Turkey ; **aller en Turquie** to go to Turkey ; **vivre en Turquie** to live in Turkey

tuyau *(conduit)* pipe : **un tuyau d'échappement** an exhaust pipe, *(en américain)* a tailpipe ; **un tuyau d'arrosage/d'incendie** a garden/fire hose

type
1 *(genre)* type
2 *(homme)* guy

Uu

un, une

▸ *article* a, *(devant une voyelle ou un h muet)* an : **un livre** a book ; **une page** a page ; **un ange** an angel ; **une maison** a house ; **une heure** an hour

▸ *adjectif* one : **il est une heure** it's one o'clock ; **la page un** page one

▸ *pronom* one : **l'un d'eux, l'une d'elles** one of them ; **l'un des meilleurs** one of the best ; **l'une de mes amies** one of my friends ; **j'en ai une** I have one

▸ *nom masculin (chiffre)* one : **un et un font deux** one and one are two

uniforme uniform

unique

1 *(ami, espoir)* only : **un enfant unique** an only child

2 *(exceptionnel)* unique : **une occasion unique** a unique opportunity

uniquement only

unir *(des personnes, des pays)* to unite
▪ **s'unir** *(se regrouper)* to unite

unité

1 *(de mesure)* unit

2 *(élément)* unit ; **12 euros l'unité** 12 euros each

univers universe

université university : **aller à l'université** to go to university, *(en américain)* to go to college

urgent, -ente urgent

usage use (**de** of) ; **hors d'usage** out of order

usé, -e *(vêtement)* worn : **une chemise un peu usée** a slightly worn shirt ; **tes chaussures sont complètement usées** your shoes are completely worn out

user

1 *(de l'électricité)* to use

2 *(des vêtements)* to wear out

▪ **s'user** to wear out

usine factory

utile

1 useful (**à** to) : **se rendre utile** to make oneself useful

2 *(nécessaire)* necessary ; **il n'est pas utile de lui dire** there's no need to tell him

utiliser to use

utilité use, usefulness ; **être d'une grande utilité** to be very useful

Vv

vacances holiday(s), *(en américain)* vacation : **être/partir en vacances** to be/to go on holiday *ou* on vacation ; **les grandes vacances** the summer holidays *ou* vacation

vache *(animal)* cow

vague[1] ▸ *nom féminin (sur l'eau)* wave

vague[2] ▸ *adjectif (peu précis)* vague

vaincre *(un ennemi)* to defeat, to beat

vaincu, -e ▸ *nom (sportif)* loser

vainqueur *(sportif)* winner

vaisseau
1 un vaisseau sanguin a blood vessel
2 un vaisseau spatial a spaceship

vaisselle *(service)* tableware ; *(ustensiles sales)* dishes : **faire la vaisselle** to do *ou* to wash the dishes

valable *(billet)* valid

valeur value ; **avoir de la valeur** to be valuable ; **d'une valeur de 20 euros** worth 20 euros ; **sans valeur** of no value, worthless

valise suitcase : **faire/défaire ses valises** to pack/to unpack (one's suitcases)

vallée valley

valoir
1 to be worth : **ce tableau vaut cher** this painting is worth a lot of money ; **cette veste vaut cher** this jacket is expensive ; **ça ne vaut rien** *(film, produit)* it's no good
2 ça vaut le coup d'essayer/d'y aller it's worth trying/going ; **ça vaut le coup** it's worth it
3 valoir mieux to be better : **il vaut mieux rester** it is better *ou* it would be better to stay

vanille vanilla

vanter (se) to boast (**de** about)

vapeur *(d'eau)* steam

varicelle chickenpox : **avoir la varicelle** to have chickenpox

varié, -e *(programme, travail)* varied

variété variety

vase ▸ *nom masculin* vase

vaste huge, vast

veau *(animal)* calf (*au pluriel* calves) ; *(viande)* veal

vedette *(de cinéma)* star

végétarien, -ienne vegetarian

véhicule vehicle

veille : la veille the day before ; **la veille de l'examen** the day before the exam ; **la veille de Noël** Christmas Eve

veine vein

vélo bike, bicycle : **en vélo** by bike, by bicycle ; **faire du vélo** to go cycling

velours velvet : **des rideaux en velours** velvet curtains ; **du velours côtelé** corduroy

vendanges grape harvest ; **faire les vendanges** to harvest the grapes

vendeur, -euse shop assistant, *(en américain)* salesclerk

vendre to sell : **vendre quelque chose à quelqu'un** to sell somebody something, to sell something to somebody ; **il a vendu sa voiture à son frère** he sold his brother his car, he sold his car to his brother ; **maison à vendre** house for sale
▪ **se vendre** to sell : **ça se vend bien** it sells well

vendredi Friday : **nous sommes vendredi** it's Friday ; **ils sont venus vendredi** they came on Friday ; **il travaille le vendredi** he works on Fridays ; **tous les vendredis** every Friday

vengeance revenge

venger (se) to get one's revenge (**de quelqu'un** on somebody)

venir
1 to come : **venez me voir** come and see me ; **elle est venue me voir** she came to see me ; **il vient de Montréal** he comes from Montreal ; **faire venir quelqu'un** to send for somebody
2 venir de faire quelque chose to have just done something ; **il vient de partir** he has just left ; **je venais de terminer** I had just finished

vent wind ; **il y a du vent** it's windy

vente sale : **être en vente** to be on sale (**chez** at)

ventilateur *(électrique)* fan

ventre stomach : **avoir mal au ventre** to have a stomach ache *ou* a sore stomach

ver *(dans la terre)* worm : **un ver de terre** an earthworm

verbe *(en grammaire)* verb

verger orchard

verglas black ice, *(en américain)* glare ice

vérifier to check : **je vais vérifier** I'll check

véritable *(or, cuir, soie)* real ; *(ami)* true ; **une véritable catastrophe** a real disaster

vérité truth : **dire la vérité** to tell the truth

verre
1 glass : **un verre d'eau** a glass of water ; **un verre à vin** a wineglass ; **c'est du verre** it's glass ; **une bouteille en verre** a glass bottle
2 boire *ou* **prendre un verre** to have a drink
3 *(de lunettes)* lens

verrou bolt ; **mettre le verrou** to bolt the door

vers[1] ▸ *adjectif*
1 towards, *(en américain)* toward : **il est venu vers nous** he came towards *ou* toward us
2 *(environ)* around, about : **vers la mi-juillet** around mid-July ; **vers midi** around midday ; **vers trois heures** at about three o'clock
3 *(aux alentours de)* near : **vers Paris** near Paris

vers[2] ▸ *nom masculin (d'un poème)* line

verse (à) : il pleut à verse it's pouring (with rain)

verser *(un liquide)* to pour (**dans** into)

vert, verte
▸ *adjectif* green : **un pull vert** a green sweater
▸ *nom masculin (couleur)* green : **j'aime le vert** I like green

veste jacket

vestiaire *(de piscine, de stade)* changing room, *(en américain)* locker room ; *(de théâtre)* cloakroom

vêtement article *ou* piece of clothing ; **des vêtements** clothes, clothing ; **des vêtements de travail** work clothes

> Le mot **clothing** est indénombrable.

vétérinaire vet : **elle est vétérinaire** she's a vet

veuf, veuve
▸ *nom* widower/widow

▸ *adjectif* **il est veuf** he's a widower ; **elle est veuve** she's a widow

vexer : vexer quelqu'un to hurt somebody's feelings, to upset somebody
▪**se vexer** to be upset, to be offended ; **se vexer facilement** to be easily offended

viande meat

victime victim

victoire victory

vide ▸ *adjectif* empty

vidéo *(jeu, magasin)* video : **une caméra vidéo** a video camera ; **une cassette vidéo** a video

vider to empty

vie life ; **être en vie** to be alive ; **gagner sa vie** to earn one's living

vieillard old man

vieillesse old age

vieillir to get old ; *(changer)* to age

vieux, vieille
▸ *adjectif* old : **un vieil homme** an old man
▸ *nom* old man/woman (*au pluriel* men/women) ; **les vieux** old people

vif, vive
1 *(enfant)* lively
2 *(esprit, douleur)* sharp
3 *(couleur, lumière)* bright

vigne *(arbre)* vine ; *(vignoble)* vineyard

vilain, -aine
1 *(laid)* ugly
2 *(pas sage)* naughty

village village

ville town ; *(de grande taille)* city ; **aller en ville** *(au centre-ville)* to go into town, *(en américain)* to go downtown

vin wine

vingt twenty : **vingt et un** twenty-one ; **vingt-deux** twenty-two

Pour des exemples d'emploi, voir **dix**.

vingtaine : une vingtaine de personnes about twenty people

vingtième twentieth

Pour des exemples d'emploi, voir **dixième**.

violent, -ente violent

violet, -ette
▸ *adjectif* purple : **un pull violet** a purple sweater
▸ *nom masculin (couleur)* purple : **j'aime le violet** I like purple
▸ *nom féminin (fleur)* violet

violon violin : **jouer du violon** to play the violin

virage *(d'une route)* bend

virgule
1 *(dans une phrase)* comma
2 *(entre deux chiffres)* (decimal) point : **deux virgule cinq** two point five

virus virus

vis ▸ *nom féminin* screw

visage face

viser : viser quelqu'un/quelque chose *(avec une arme, une balle)* to aim at somebody/something

visible visible

visite visit ; **rendre visite à quelqu'un** to visit somebody ; **tu as de la visite** *(un visiteur)* you have a visitor ; *(plusieurs visiteurs)* you have visitors ; **les heures de visite** visiting times ; **une visite guidée** a guided tour

visiter *(un lieu touristique)* to visit

visiteur, -euse visitor

visser *(un couvercle)* to screw on

vitamine vitamin

vite
1 quickly, fast : **elle mange trop vite** she eats too quickly *ou* too fast ; **il conduit vite** he drives fast ; **le temps passe vite** time passes quickly ; **allez, vite !** come on, quick! ; **faites vite !** be quick!

2 *(bientôt)* soon : **tu seras vite guéri** you'll soon be better

vitesse speed : **à toute vitesse** at top speed ; **en vitesse** quickly

vitre window (pane)

vitrine shop window, *(en américain)* store window

vivant, -ante
1 *(en vie)* alive : **il est encore vivant** he's still alive
2 *(doué de vie)* living : **un être vivant** a living thing
3 *(plein de vie)* lively : **c'est un quartier très vivant** it's a very lively area

vivre to live : **il n'a pas vécu longtemps** he didn't live long ; **elles vivent au Québec** they live in Quebec ; **il vit encore** he's still alive

vocabulaire vocabulary

vœu wish : **meilleurs vœux** best wishes

voici here is, this is ; *(au pluriel)* here are, these are : **voici ma maison** here's my house, this is my house ; **voici les résultats** here are the results, these are the results ; **voici mon fils** *(en le présentant)* this is my son ; **me voici** here I am

voie
1 *(partie de route)* lane
2 *(rails)* track

voilà there is, that is ; *(au pluriel)* there are, those are : **voilà sa maison** there's his house, that's his house ; **voilà les enfants !** there are the children! ; **voilà ma fille** *(en la présentant)* that's my daughter ; **le voilà !** there he is!

voile¹ ▸ *nom masculin* veil : **un voile de mariée** a bridal veil

voile² ▸ *nom féminin (de bateau)* sail ; *(sport)* sailing ; **faire de la voile** to sail, to go sailing

voir
1 to see : **je ne vois rien** I can't see anything ; **va voir le médecin** go and see the doctor ; **ne pleure pas, voyons !** come on, don't cry!
2 faire voir quelque chose à quelqu'un to show somebody something ; **fais voir !** let me see!
3 ça n'a rien à voir avec moi that has nothing to do with me
▪**se voir**
1 *(se rencontrer)* to see each other : **on se voit demain ?** can we see each other tomorrow?
2 *(être visible)* **la tache se voit encore** you can still see the stain ; **ça se voit qu'il porte une perruque** you can tell he wears a wig

voisin, -ine ▸ *nom* neighbour, *(en américain)* neighbor

voiture
1 car : **en voiture** by car
2 *(wagon)* carriage, *(en américain)* car

voix voice ; **à voix haute** aloud ; **parler à voix basse** to speak in a low voice

vol
1 *(d'avion, d'oiseau)* flight : **un vol direct** a direct flight
2 *(délit)* theft ; **un vol à main armée** an armed robbery

volaille : une volaille a fowl ; **des volailles** poultry

> Le mot **poultry** est indénombrable.

volant *(de voiture)* steering wheel

volcan volcano

voler
1 *(avion, oiseau)* to fly
2 *(prendre)* to steal : **voler quelque chose à quelqu'un** to steal something from somebody ; **je me suis fait voler mon portefeuille** I've had my wallet stolen

volet *(de fenêtre)* shutter

voleur, -euse thief (*au pluriel* thieves)

volonté willpower : **avoir de la vo-**

lonté to have willpower ; **la bonne volonté** goodwill, willingness

volontiers *(avec plaisir)* gladly : **j'irais volontiers avec lui** I'd gladly go with him ; **vous prendrez du café ? – volontiers !** would you like some coffee? – I'd love some!

vomir to be sick, to vomit ; **avoir envie de vomir** to feel sick

vos *voir* **votre**

voter to vote

votre your : **votre père** your father ; **vos chaussures** your shoes

vôtre : le vôtre, la vôtre, les vôtres yours ; **c'est le vôtre** it's yours ; **mes enfants et les vôtres** my children and yours

vouloir

1 to want : **tu veux du pain ?** do you want any bread? ; **je veux partir** I want to leave ; **je veux qu'il parte** I want him to leave ; **voulez-vous me suivre** will you follow me ; **si vous voulez** if you like ; **sans le vouloir** accidentally

2 je voudrais I would like : **je voudrais un café** I'd like a coffee ; **elle voudrait vous voir** she'd like to see you

3 je veux bien attendre I don't mind waiting ; **elle veut bien qu'on aille au théâtre** she doesn't mind if we go to *ou* our going to the theatre

4 vouloir dire to mean : **que veut dire ce mot ?** what does this word mean?

5 en vouloir à quelqu'un to be angry with somebody ; **je lui en veux de m'avoir menti** I'm angry with him for lying to me

vous

1 you : **vous êtes** you are ; **vous avez** you have ; **je vous connais** I know you ; **je vous ai donné un cadeau** I gave you a present ; **c'est pour vous** it's for you

2 *(emploi réfléchi)* yourself ; *(au pluriel)* yourselves : **vous vous amusez** you are enjoying yourself ; *(au pluriel)* you are enjoying yourselves

3 *(emploi réciproque)* each other : **vous vous aimez/connaissez** you love/know each other ; **vous vous parlez encore ?** do you still speak to each other?

4 *(non traduit en anglais)* **vous vous battez** you fight ; **vous vous déciderez plus tard** you'll decide later ; **asseyez-vous** sit down ; **allez-vous en !** go away!

vous-même yourself

vous-mêmes yourselves

voyage trip ; *(trajet)* journey : **partir en voyage** to go on a trip ; **faire un voyage en Italie** to go on a trip to Italy ; **il est en voyage** he's away on a trip ; **bon voyage !** have a good trip! ; **vous avez fait bon voyage ?** did you have a good journey? ; **un voyage d'affaires** a business trip ; **un voyage de noces** a honeymoon ; **un voyage organisé** a package tour

voyager to travel

voyageur, -euse *(dans les transports en commun)* passenger

voyelle vowel

vrai, -e

1 *(indéniable)* true : **c'est vrai** it's true

2 *(véritable)* real : **c'est un vrai diamant** it's a real diamond ; **la vraie raison** the real reason

vraiment really

vue

1 *(sens)* eyesight : **avoir une très bonne vue** to have very good eyesight

2 *(panorama)* view : **on a une belle vue sur la ville** we have a lovely view of the town

WyZ

wagon *(de passagers)* carriage, *(en américain)* car

W.-C. : les W.-C. *(dans un café)* toilets, *(en américain)* restroom ; *(chez soi)* toilet, *(en américain)* bathroom

week-end weekend

y

1 *(là-bas)* there : **vous y allez souvent ?** do you go there a lot? ; **j'y étais ce matin** I was there this morning

2 *(à cela)* **j'y pense** I'm thinking about it ; **je m'y attendais** I was expecting it ; **ça y est !** that's it!

3 il y a *voir* **avoir**

yaourt yoghurt

yeux *voir* **œil**

zèbre zebra

zéro zero ; **gagner deux à zéro** to win two nil, *(en américain)* to win two nothing *ou* two zero

zone area

zoo zoo